우리들은 개발자 No.02

웹 서비스 & 애플리케이션 개발을 위한 입문서

JSP Web Programming

이지훈

머리말

JSP 웹 프로그래밍 입문 과정 강의를 시작하거나 수강 전 상담 시 학생들의 질문에서 가장 많이 언급되는 단어는 'Spring'이다. Spring은 2009년 안전행정부(당시 행정안전부)에서 발표한 전자정부 표준 프레임워크의 근간이 되는 오픈 소스 프레임워크로, 국내 여러 프로젝트에서 활용되고 있다. 필자 역시 참여했던 여러 프로젝트에서 Spring 혹은 전자정부 표준 프레임워크를 활용했기 때문에, 서블릿과 JSP가 무엇인지도 모르는 학생이 실무에서 가장 '핫'하게 사용되는 Spring을 언급할 때 그 열정과 관심을 높게 평가하면서도, 웹 프로그래밍의 첫 걸음마를 떼기도 전에 현업에서 사용되는 중고급 기술을 걱정해야 하는 국내 소프트웨어 정세에 안타까운 마음이 들기도 한다.

서블릿과 JSP는 프로그래밍 언어인 Java를 사용하여 웹 서비스를 구현하기 위한 기술로, 활용도 측면에서 세계적으로 최상위를 다툴 정도로 대중화되어 있고, 국내에서는 전자정부 표준 프레임워크로 인해 그 입지가 더욱 공고해지고 있다. 서블릿/JSP를 활용한 웹 서비스 구축 방식에는 Model1 방식과 Model2 방식이 있으며, Spring, Struts2, MyBatis, Hibernate 등과 같은 유려한 오픈소스 프레임워크들은 대부분 MVC 기반 Model2 방식을 지원한다. 이러한 프레임워크는 서블릿/JSP를 활용한 웹 애플리케이션 제작 및 유지보수 시 태생적으로 발생할 수밖에 없는 반복적인 작업을 줄이고, 점점 규모가 커져가는 프로젝트의 구축 · 관리를 용이하게 하는 데 그 목적이 있다. 따라서 다양한 프레임워크가 지향하는 바를 이해하고, 그들이 제공하는 여러 유익한 도구들을 제대로 사용하려면 서블릿/JSP를 이용한 기본적인 웹 애플리케이션의 구현 방법과 동작 방식의 이해가 필수적으로 선행되어야 한다.

이 책은 프로그래밍 강의를 하는 강사이자 업계에 먼저 몸담고 있는 선배 프로그래머의 입장에서 웹 애플리케이션의 동작 방식과 서블릿/JSP를 사용하여 웹 애플리케이션을 구현하기 위한 기본 사용법 및 활용 방법을 소개하고 있다. 이 책을 통해 얻은 지식과 기술은 이후 여러 프레임워크의 사용과 안드로이드 서버 사이드 프로그래밍 학습에도 도움이 될 것이다. 모쪼록 웹 프로그래밍의 첫발을 내딛는 여러분에게 이 책이 좋은 길잡이가 되기를 소망한다.

마지막으로 이 책을 선택해주신 독자 분들과 프로그래밍 집필로 이끌어주신 OKJSP 허광남 대표님, 집필 중 모든 과정을 성심껏 도와주신 홍성근 대표님, 예문사 관계자 분께 감사의 뜻을 전하고 싶다. 한양대 컴퓨터공학과 및 성균관대 정보통신대학원 학우들과 교수님, HEMA, Lunar Clan, 천사동, 진태원 박사님과 선우엽, 송선미 누님, 박수연, 최윤재, 그리고 이상혁, 이제영, 이강일을 비롯한 SIST 동기, 최백규, 윤형석 형님을 포함한 CALS 동료, OKJSP 내 많은 개발자 분께도 감사의 뜻을 표한다. 집필을 허락해주신 INT Soft, 이보현 부원장님 외 SBS 아카데미 임직원 분께도 감사의 뜻을 전한다. 끝으로 정신적 멘토인 재시지혜 누님, 늘 조언과 격려를 아끼지 않는 장미정 누님, 이연희, 김근아 누님, 조영민, 신효진 대리님, 유미상, 이안상, 그리고 프로그래밍 멘토인 안종필 군, 항상 함께해준 평생지기 여치훈, 김지수, 신지원 군과 부모님께 이 글을 빌어 감사와 존경의 뜻을 표한다.

저자 | **이지훈**

INFO

이 책의 독자와 구성

이 책은 웹 프로그래밍 관련 과목을 수강한 대학생들을 대상으로 대학 정규 한 학기 내 웹 애플리케이션의 동작 방식과 서블릿 3.0, JSP 2.2 버전을 활용한 제작 방법을 학습할 수 있도록 구성되어 있다. 실무자 입장에서 웹 애플리케이션 제작에 반드시 필요한 이론적인 부분과 현업에서 실제 활용되는 기술을 중점적으로 설명하고 있다. 따라서 비전공자 혹은 프로그래밍과 관련이 없는 초보자, 웹 프로그래밍을 처음 시작하려 하거나 관련 업계에 취업을 생각하는 독자들에게 좋은 기본서가 될 것이다. 서블릿/JSP를 활용한 웹 프로그래밍은 HTML과 Java의 이해가 선행되어야 하므로 이 책에서는 웹 프로그래밍에 필요한 기본적인 HTML 및 Java 문법 내용들을 다루고 있으며, 더 깊이 있는 학습을 위해 HTML 및 Java 기본서 혹은 인터넷을 통한 추가 학습을 병행한다면 큰 효과를 기대할 수 있다.

이 책은 웹 애플리케이션의 기본 동작 과정을 시작으로, 서블릿/JSP의 기본 사용법을 익히는 Part 01 그리고 중고급 웹 프로그래머로 성장하기 위해 필요한 기술들과 활용 방법을 다룬 Part 02와 부록으로 구성된다. 각 파트별 챕터 구성은 다음과 같다.

Part 01. 서블릿/JSP 기본

Chap 01. 웹 프로그래밍

웹 프로그래밍의 의미와 웹 서비스의 구성요소, 동작 방식을 통해 웹 애플리케이션 구현 방식을 학습한다. 웹 애플리케이션의 기본적인 지식이 있는 경우, 이 챕터는 넘어가도 된다.

Chap 02. 개발환경 구축

웹 애플리케이션 구현에 필요한 개발환경인 JDK와 Apache Tomcat을 설치하여 환경 변수를 설정하고, 웹 애플리케이션의 파일 구조와 배포 방법을 알아본 후 Java 애플리케이션 개발 시 실무에서 가장 많이 활용되는 IDE인 이클립스를 설치하고 연동한다.

Chap 03. Java 기본 문법

서블릿과 JSP 학습에 앞서 Java의 데이터 타입, 연산자, 조건문, 반복분, 문자열, 클래스에 이르는 기본 문법을 익힌다. Java 프로그래밍 학습을 선행한 경우 이번 챕터는 넘어가도 된다.

Chap 04. 서블릿(Servlet)

서블릿의 동작 방식과 기본 구현 방법을 학습한다.

Chap 05. JSP 기초

JSP의 동작과 지시자, 스크립팅 요소 등의 기본 문법을 학습한다.

Chap 06. JSP의 내장객체

JSP에서 선언 없이 사용할 수 있는 내장객체에 대해 소개한다.

Chap 07. JSP의 에러 처리

JSP 페이지 실행 도중 발생한 예외를 처리하기 위한 에러 처리 페이지를 excetpion 내장객체와 더불어 학습한다.

Chap 08. JSP의 세션 관리

여러 가지 JSP 세션 관리 기법을 살펴본다. HTTP 프로토콜의 방식과 함께 기존 기능을 사용한 방식, Cookie 및 HttpSession을 사용한 세션 관리 기법을 학습한다.

Part 02. 서블릿/JSP 활용

Chap 09. JSP의 액션 태그

JSP의 기본적인 몇몇 기능들을 태그 형태로 구현할 수 있는 액션 태그의 사용법을 자바 빈 클래스와 함께 살펴본다.

Chap 10. 데이터베이스 프로그래밍

데이터베이스의 사용 방법과 설치, 기본 SQL문을 학습한 후 JDBC를 이용한 데이터베이스 프로그래밍을 웹 애플리케이션에 적용하고, 커넥션 풀 활용법에 대해 알아본다.

Chap 11. EL(Expression Language)

JSP 2.0 버전부터 지원되는 스크립트 기술인 EL의 기본적인 사용법과 활용법을 학습한다.

Chap 12. 커스텀 태그

커스텀 태그(Custom Tag)의 의미와 심플 태그 핸들러 및 태그 파일을 사용한 커스텀 태그 제작 방법에 대해 살펴본다.

Chap 13. JSTL

JSP 표준 태그 라이브러리인 JSTL에 대해 설명한 후 사용 방법에 대해 학습한다.

Chap 14. Model2 방식의 게시판 설계 및 구축

Model1, Model2 방식에 대해 설명한 후 앞서 학습했던 기술들과 DAO, Front Controller 방식을 활용하여 답변형 게시판을 구현한다.

Appendix. 어노테이션과 파일 업로드

Appendix 01 . 어노테이션

Servlet 3.0부터 사용할 수 있는 어노테이션에 대해 설명한다.

Appendix 02. 파일 업로드

데이터 전송방식을 통해 파일 업로드 기능을 살펴본 후 cos 라이브러리와 FileUpload API를 사용한 파일 업로드 구현 방법을 살펴본다.

INFO

이 책의 소스코드 사용법

이 책에 사용되는 예제 소스코드는 예문사 홈페이지 자료실(http://www.yeamoonsa.com/cscenter/data.php)에서 다운로드할 수 있으며, Apache Tomcat 환경에 바로 적용할 수 있는 소스코드 파일과 이클립스에서 import 기능을 통해 사용할 수 있는 소스코드 파일 두 가지 방식으로 제공된다.

다운로드한 압축 파일 내 [webapps] 폴더의 파일들은 톰캣이 설치된 경로 내에 webapps 폴더에 복사하면(2장의 설치를 따를 경우 C:₩jspbook₩apache-tomcat-7.0.33₩webapps) 바로 사용이 가능하다. Apache Tomcat 환경에서 웹 애플리케이션을 구동하는 방법은 2장을 참고하길 바란다.

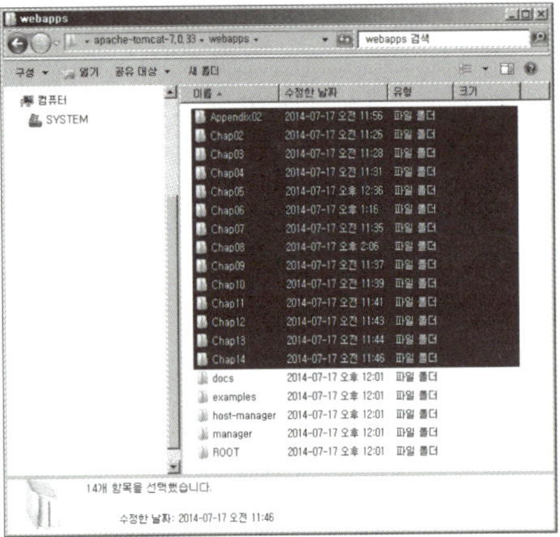

이클립스를 통해 예제 코드를 사용하고자 할 경우, 다운로드 받은 압축파일 내에 [eclipse_src] 폴더의 파일들을 이용할 수 있으며, 이클립스에 톰캣을 먼저 연동시켜주어야 한다. 이클립스의 설치와 설치된 톰캣과의 연동은 2장을 참고하길 바란다. 톰캣이 연동된 이클립스에서 아래와 같이 [File]-[Import..]을 클릭하면 이클립스 import할 수 있다.

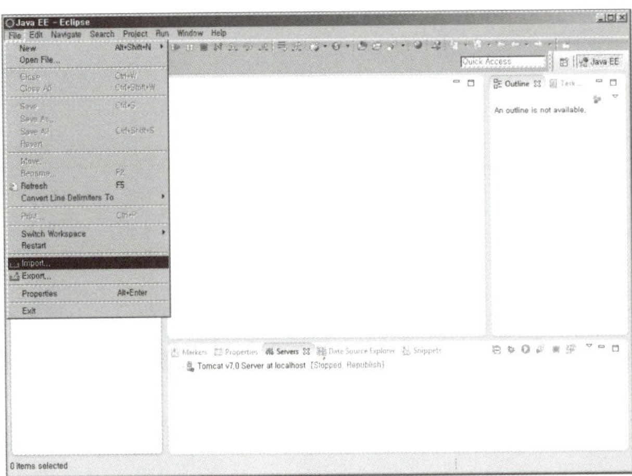

[Import] 창에서 [Grneral]–[Existing Projects into Workspace]를 선택하고 [Next] 버튼을 클릭한 후 [eclipse_src] 폴더 내 [workspace] 폴더를 지정하면 import 가능 소스코드 목록이 나타난다. [Copy projects into workspace] 옵션을 클릭하여 이클립스에 지정한 workspace 폴더에 해당 소스 코드 파일들이 복사되도록 한 후 [Finish] 버튼을 눌러 Import를 마친다.

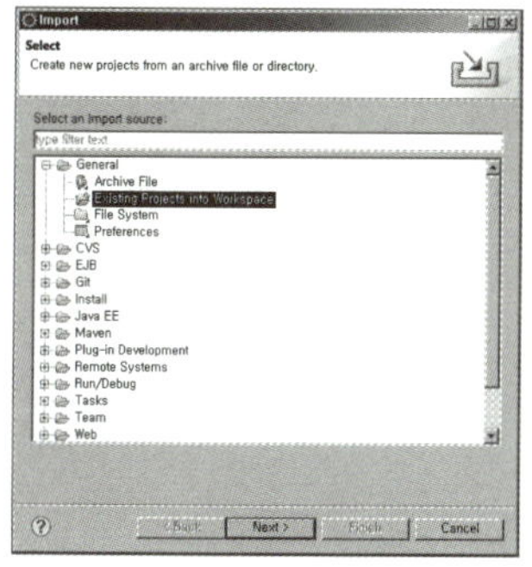

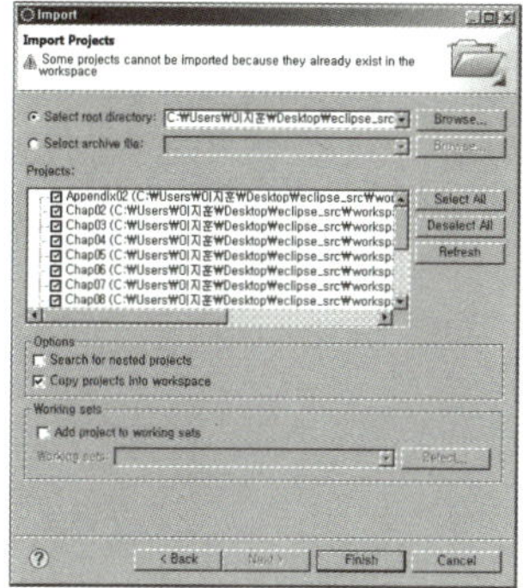

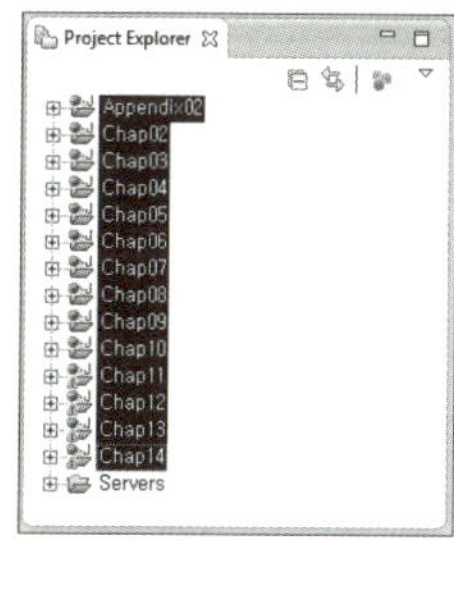

만약, 이 책에서 사용하는 JDK 버전보다 상위 버전의 JDK를 이클립스에서 사용할 경우 각 프로젝트에 에러 표시가 날 수 있으며, 이 경우 각 프로젝트의 [Properties] 란에서 [Java Build Path] 메뉴의 [Libraries] 탭에서 [JRE System Library]를 선택하여 [Edit] 버튼을 선택한 후 이클립스에서 사용 중인 JRE 환경을 아래와 같이 선택해 사용한다.

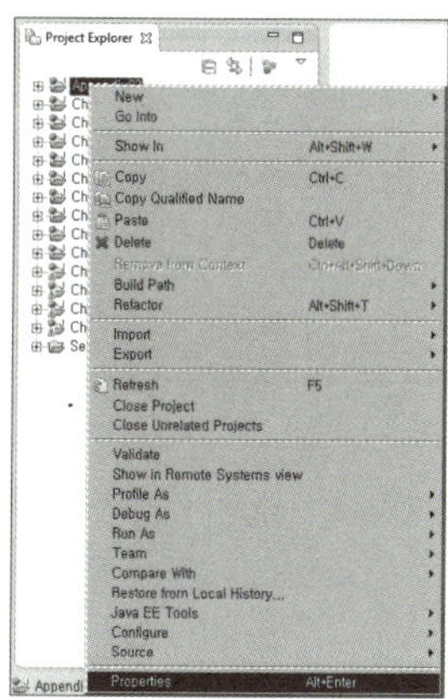

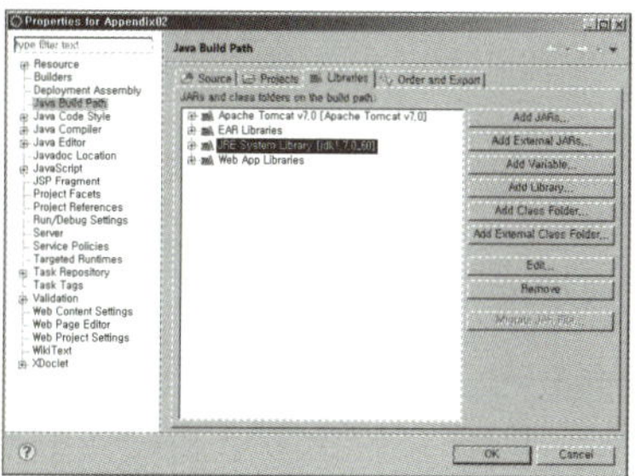

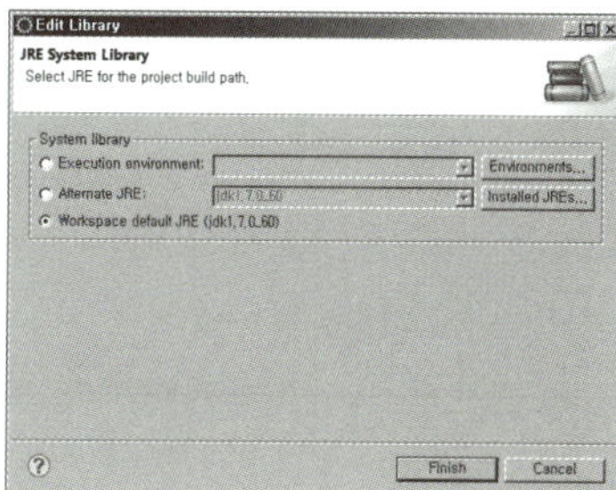

PART 01 서블릿/JSP 기본

CON
TENTS

Appendix 어노테이션과 파일 업로드

PART

01
서블릿/JSP 기본

서블릿과 JSP는 Java 언어를 사용하여 웹 애플리케이션을 구현하기 위한 기술로, 국내외 많은 웹 프로젝트에서 활용되고 있다. 이번 파트에서는 웹 프로그래밍의 개요, 웹 애플리케이션의 동작 방식과 더불어 서블릿/JSP 사용을 위한 개발환경을 구축하고, 기본적인 서블릿/JSP 사용법을 학습할 것이다.

CHAPTER 01

웹 프로그래밍의 소개

웹 프로그래밍이란 인터넷 서비스 중 가장 대중적으로 이용되는 월드 와이드 웹 서비스를 위한 웹 애플리케이션을 구현하는 것을 의미한다. 이번 장에서는 서블릿/JSP 프로그래밍 학습에 앞서, 웹 프로그래밍의 의미와 발전과정에 대해 알아보도록 하겠다.

01 | 웹 프로그래밍(Web Programming)의 의미

웹 프로그래밍은 웹(Web)에서 사용되는 프로그램을 제작한다는 의미를 가진다. 여기서는 웹과 프로그래밍에 대한 정의를 먼저 간략하게 살펴보도록 하자.

1.1 웹(Web)이란?

웹(Web)은 월드 와이드 웹(World Wide Web)을 의미하는 단어로, 텔넷(Telnet)과 파일전송규약(FTP)과 같은 인터넷 서비스 중 하나이다. 앞 글자만을 사용해 WWW, W3 혹은 웹(Web)으로 지칭한다. 일반적으로 인터넷(Internet)이라고 지칭하는 서비스는 웹 서비스를 가리키는 것이며, 이 책에서는 월드 와이드 웹 서비스를 웹 서비스(Web Service)로 표현하도록 하겠다.

웹 서비스는 하이퍼링크(Hyperlink)를 통해 매우 간편한 조작만으로 서비스를 제공받을 수 있어 여타의 인터넷 서비스 중 가장 널리 사용되는 서비스가 되었다. 웹 서비스가 상대적으로 더 포괄적인 개념인 인터넷 서비스와 동일시되는 경향을 보이는 까닭도 여기에 있다.

하이퍼텍스트(Hypertext)와 하이퍼링크(Hyperlink)

하이퍼텍스트는 Hyper+Text의 합성어로, 1960년대에 테오도르 넬슨(Theodore Nelson)이 만들어 낸 용어이며 '일반적인 텍스트 문자의 의미를 초월한다'는 뜻을 가진다. 기존의 문서나 책, 텍스트 파일에서 정보를 얻으려면 문자가 작성된 순서대로 읽어나가야 하는 반면, 하이퍼텍스트를 이용한 문서는 문장 중 일부의 어구나 단어가 다른 문서의 열람을 지정하는 포인터(Pointer)로 사용이 가능하다. 즉, 문서 내용 중 하이퍼텍스트로 만들어진 텍스트를 클릭하면 그 텍스트에 지정해 놓은 다른 정보에 접근이 가능하다는 뜻이다. 이러한 하이퍼텍스트와 다른 정보 간의 연결을 하이퍼링크(Hyperlink)라고 한다.

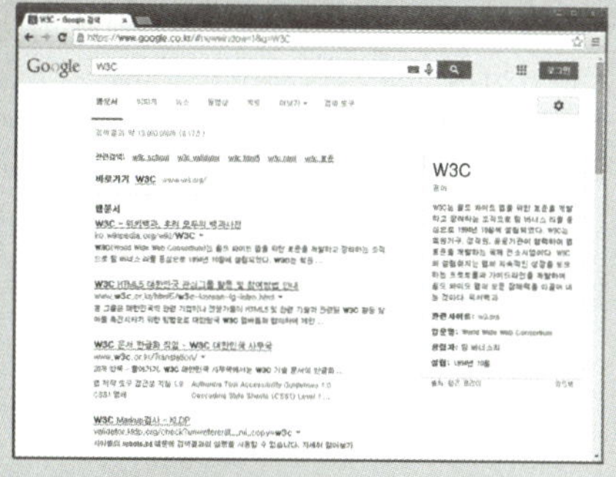

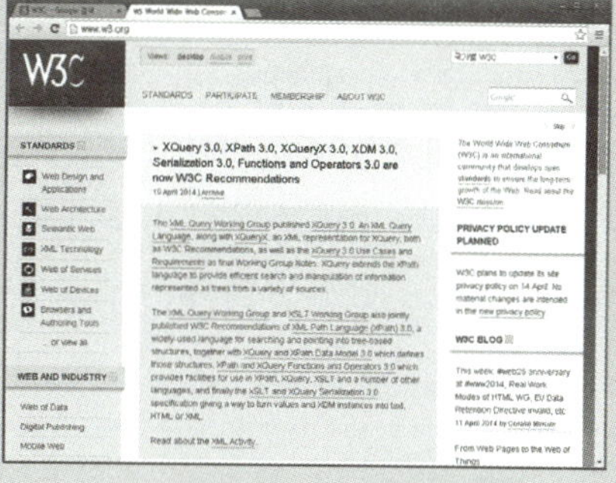

▲ 하이퍼링크를 통한 웹 서비스 이용

하이퍼텍스트는 기존 텍스트가 가지는 선형성, 고정성, 유한성 등의 여러 한계를 극복할 수 있어 사용자가 원하는 순서나 시점에 따라 특정 정보에 즉시 접근할 수 있는 정보 이동 능력을 사용자에게 제공한다. 이러한 장점을 지닌 하이퍼텍스트의 사용으로 인해 월드 와이드 웹은 인터넷 서비스 중 가장 편리하고 널리 이용되는 서비스로 발돋움하게 되었다.

1.2 웹 프로그래밍(Web Programming)이란?

프로그램(Program)은 컴퓨터에게 작업을 수행시키기 위한 일련의 명령어들을 순서대로 작성하여 놓은 문서 파일로 일정한 작성 규칙이 정해져 있으며, 프로그램을 작성하는 행위를 프로그래밍(Programming), 프로그램을 전문적으로 작성 혹은 제작하는 사람들을 프로그래머(Programmer)라고 부른다. 따라서 웹 프로그래밍은 월드 와이드 웹 인터넷 서비스를 제공하기 위해 사용되는 프로그램을 제작하는 행위를 의미한다.

이 책에서는 웹 프로그래밍을 통해 나올 결과물인 프로그램을 웹 프로그램이라는 명칭으로 부르지 않고, 웹 서비스(Web Service)를 제공하는 프로그램(Program)이라는 의미로서 가장 일반적으로 많이 사용되는 웹 애플리케이션(Web Application)이라는 용어를 사용하도록 하겠다. 그럼 웹 서비스가 어떻게 동작하는지 알아보도록 하자.

02 | 웹 서비스(Web Service)의 개요

앞서 우리는 웹 프로그래밍에 대해 알아보았다. 지금부터는 웹 서비스 동작에 필요한 구성 요소들과 동작 방식을 살펴보도록 하겠다. 웹 서비스 동작 방식은 웹 프로그래밍 시 기초가 되는 내용이므로 잘 알아 두어야 한다.

2.1 웹 서비스 동작의 구성요소

웹 서비스가 동작하려면 웹 클라이언트(Web Client)와 웹 서버(Web Server), 웹 브라우저(Web Browser) 이 세 가지 필수 구성요소가 필요하다. 웹 클라이언트는 웹 서비스를 제공받기 위해 사용하는 컴퓨터이고, 웹 브라우저는 인터넷 익스플로러(Internet Explorer)와 같이 프로그래밍 언어를 우리가 보기 쉽게 변경해주는 프로그램이다. 웹 서버는 서비스를 제공하는 회사나 단체 등에서 가지고 있는 웹 애플리케이션이 포함된 서버 컴퓨터라고 볼 수 있다.

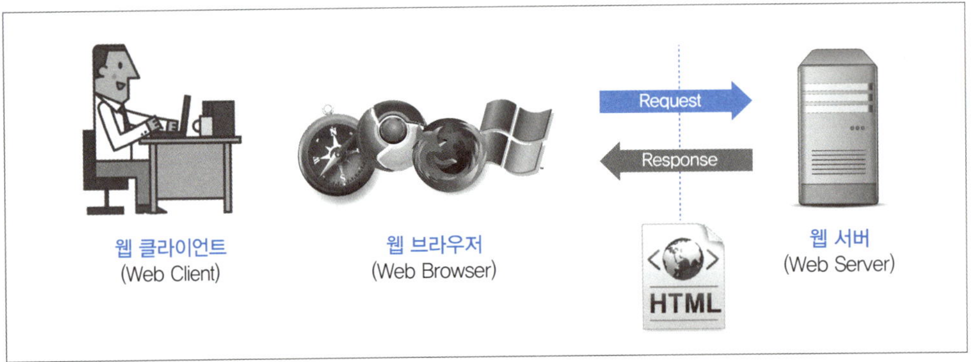

▲ 웹 서비스의 구성요소

따라서 웹 애플리케이션을 통해 웹 서비스가 제공되는 과정은 아래와 같다.

① 웹 클라이언트는 웹 브라우저에 보이는 HTML(Hypertext Markup Language) 문서 내에서 마우스 클릭과 같은 행위를 통해 웹 서버에 서비스를 요청(Request)한다.	➡	② 서비스 요청을 받은 웹 서버는 웹 클라이언트가 보낸 요청에 알맞은 정보를 제공하기 위해 HTML 문서를 전송, 즉 응답(Response)하게 된다.	➡	③ 웹 브라우저는 웹 서버가 전송한 응답 결과인 HTML 문서를 해석하여 사용자에게 출력해주며, 이후 출력된 화면에서 다시 ①번 과정을 통해 진행된다.

결국 웹 애플리케이션을 통한 웹 서비스의 진행은 웹 클라이언트의 요청(Request)과 응답(Response)의 반복으로 이루어지며, 이러한 웹 서비스 진행을 위한 규약이 HTTP(Hypertext Transfer Protocol)이다.

2.2 HTTP(Hypertext Transfer Protocol)

웹 서비스 구성요소 중 하나인 웹 브라우저는 웹 클라이언트와 웹 서버 간의 통신을 중개하는 프로그램으로 마이크로소프트사의 인터넷 익스플로러 외에 구글의 크롬, 애플의 사파리, 모질라 재단의 파이어폭스 등 다양한 종류가 존재한다. 각각의 웹 브라우저가 웹 클라이언트의 요청과 웹 서버의 응답을 동일하게 처리할 수 있는 것은 통신 방법에 '약속'이 존재하기 때문이고 이러한 컴퓨터들 간의 정보 교환을 위해 미리 그 방법을 약속해 놓은 것을 프로토콜(Protocol)이라고 한다. HTTP는 Hypertext Transfer Protocol의 약어로, 웹 클라이언트가 웹 브라우저를 통해 정보를 요청(Request)하고 웹 서버가 그 요청에 응답(Response)하여 웹 브라우저에서 해당 응답을 처리한 후 결과를 출력해주기까지 웹 서비스 전반에 걸친 규칙들을 규명해 놓은 프로토콜이다. 웹 브라우저를 통해 웹 사이트에 접속하려고 할 때 사용하는 주소 첫 부분인 'http://'가 바로 이 HTTP 프로토콜을 사용한다는 것을 의미한다.

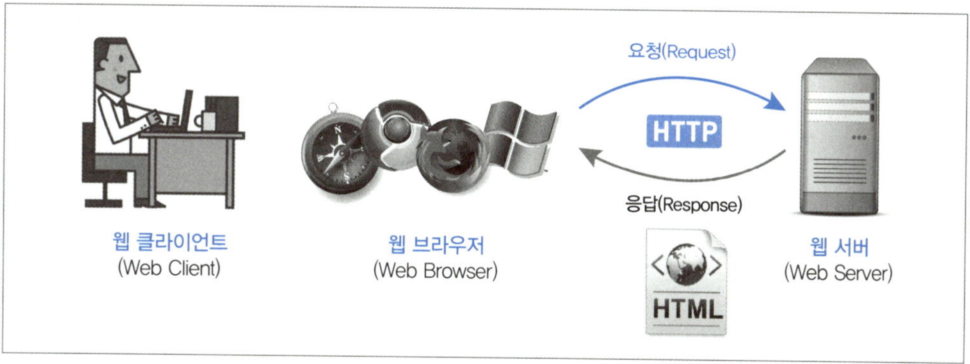

▲ HTTP 프로토콜 과정

2.3 웹 서비스의 동작 과정

구글과 같은 웹 포털 사이트에서 'OKJSP' 검색어를 입력하고 Enter키를 누르는 것은 해당 포털 사이트의 웹 서버에 'OKJSP' 문자열과 관련된 정보의 검색을 요청(Request)하는 행위이다. 웹 서버는 'OKJSP' 검색어에 대한 검색 결과를 보여 달라는 요청을 받았으므로 해당 검색 결과를 HTML 문서 형태로 웹 클라이언트에 전송하게 된다. 전송받은 HTML 문서는 웹 브라우저에 의해 해석되고 웹 브라우저 내 화면에 출력됨으로써 사용자의 검색 요청에 대한 응답 과정이 마무리된다. 이후 출력된 HTML 문서에서 OKJSP 사이트가 링크된 하이퍼링크를 클릭하면(즉, 요청을 보내면) OKJSP 사이트로 페이지가 이동되면서 다시 한 번 요청과 응답이 일어난다.

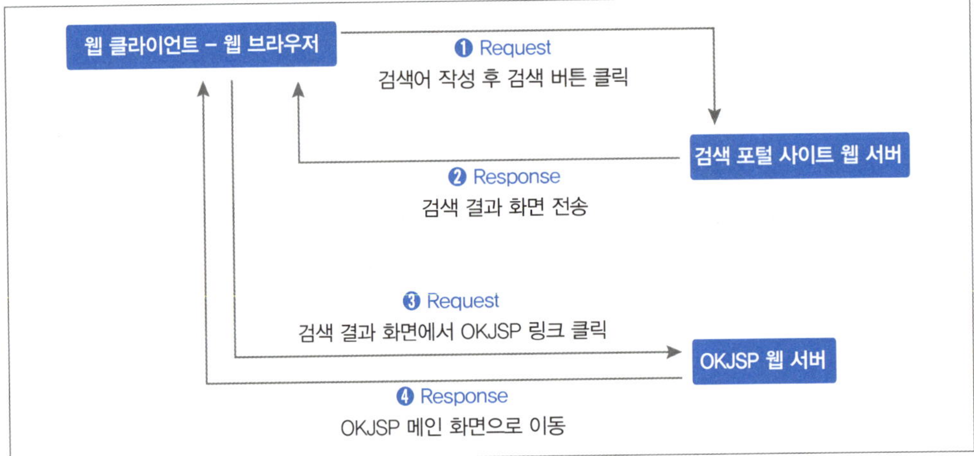

▲ 검색 후 웹 사이트 이동까지의 동작 과정

위에서 살펴본 바와 같이 HTTP 프로토콜을 이용한 웹 서비스의 동작 과정은 웹 클라이언트의 요청과 웹 서버의 응답으로 진행된다.

HTML(Hypertext Markup Language)

웹의 동작 과정 중 웹 서버가 응답(Response)할 때 웹 브라우저로 전송하는 출력 화면은 HTML로 제작한다. HTML은 'Hypertext Markup Language'의 약자이다. 여기서 '마크업(Markup)'이라는 단어는 문서의 활자, 조판 지정을 표시하는 등의 문서 처리를 지원하기 위해 문서에 추가되는 정보를 뜻한다. HTML은 문서의 내용이 출력될 때 글자 크기, 문단 정렬 방식, 글자색 등과 같은 정보를 지정하는 역할 처리가 가능한 하이퍼텍스트 기반 언어로서, 웹 브라우저를 통해 볼 수 있는 화면, 즉 웹 페이지(Web Page)를 제작하기 위해 사용된다.

HTML은 다음과 같은 형식으로 태그(Tag)를 이용하여 하이퍼링크나 마크업 기능을 정의한다.

형식	예문
〈태그〉 문장 〈태그〉	〈h1〉 테스트 〈/h1〉
〈태그 속성 = "값"〉 문장〈/태그〉	〈a href="test.html"〉테스트〈/a〉
〈태그〉, 〈태그/〉	〈br〉, 〈br/〉

```
〈html〉          : HTML 시작
    〈head〉      : HTML 헤더 시작
    …            : HTML 헤더 정보
    〈/head〉     : HTML 헤더 끝
    〈body〉      : HTML 바디 시작
    …            : HTML 바디 내용
    〈/body〉     : HTML 바디 끝
〈/html〉         : HTML 끝
```

03 | 웹 서비스(Web Service) 동작 방식

웹 서비스의 동작 방식은 정적 웹 페이지로 시작하여 동적 웹 페이지 구현을 위해 여러 단계를 거쳐 서블릿/JSP에 이르게 되었다. 이번 절에서는 웹 동작 방식의 종류와 장단점을 통해 어떻게 서블릿/JSP 기술이 등장하게 되었는지 살펴보도록 하겠다.

3.1 정적 웹 페이지(Static Web Page) 방식

정적 웹 페이지에서 '정적'을 의미하는 'static'은 '고정적인', '정지 상태인' 등의 의미를 가지고 있다. 정적 웹 페이지 방식은 웹 클라이언트의 정보 요청을 이미 완성되어 있는 HTML 문서로 응답하는 방식을 의미한다. 인터넷 주소에서 사용되는 웹 페이지 파일의 마지막 확장자가 '.htm', '.html'로 끝나는 페이지들이 이에 해당한다.

정적 웹 페이지 방식의 웹 서비스는 웹 클라이언트가 웹 브라우저를 통해 웹 서버에게 요청하였을 때 웹 서버에 해당 요청을 처리할 수 있는 완성된 HTML 문서가 없을 경우 응답이 불가능하다. 더 정확히 말하면, 정적 웹 페이지 방식은 웹 브라우저의 인터넷 주소창에 입력되는 주소 혹은 화면 내 버튼과 같은 사용자 요청을 처리하기 위한 HTML 문서 파일이 웹 서버 내에 존재해야 응답이 가능한 방식이다.

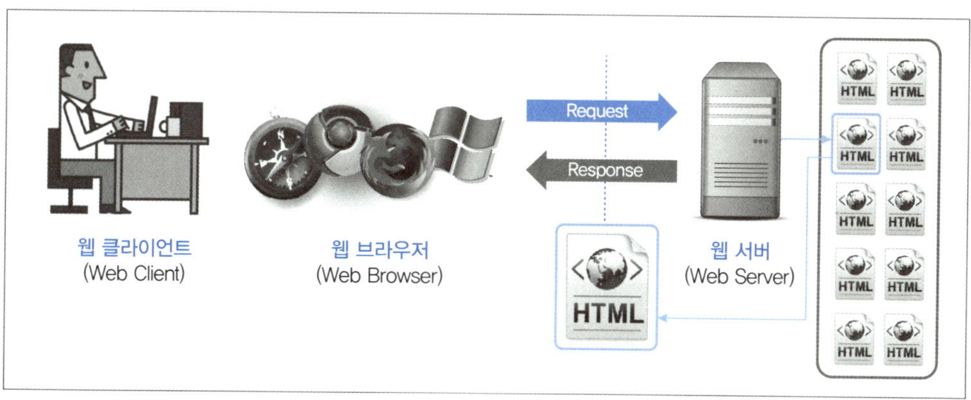

▲ 정적 웹 페이지 방식

정적 웹 페이지 방식은 가장 기본적인 웹 서비스 구현 방식으로, 사용자의 요청 종류나 사용자의 특성에 관계없이 항상 동일한 응답만을 제공할 수밖에 없다는 단점이 있다.

3.2 동적 웹 페이지(Dynamic Web Page) 방식

동적 웹 페이지 방식은 정적 웹 페이지와는 달리 응답을 위해 미리 작성된 HTML 문서 파일이 웹 서버 측에 저장되어 있지 않다. 동적 웹 페이지 방식은 필요할 때마다 요청에 알맞은 HTML을 제작하여 전송하는 방식을 취한다. 미리 제작해 놓은 HTML 문서를 전송하는 정적인(static) 방법이 아니라 웹 클라이언트의 요청이 있을 때마다 웹 서버에서 요청에 맞는 HTML 문서를 다이내믹(dynamic)하게 제작하여 응답으로 전송하는 것이다.

▲ 동적 웹 페이지 방식

이렇게 동적으로 응답하는 HTML 문서가 제작되려면 프로그래밍적 요소가 필요하다. 요청에 따라 응답해줄 수 있는 프로그램이 활용되는 것이다. 따라서 동적 웹 페이지 방식은 정적 웹 페이지 방식에 비해 웹 클라이언트의 요청에 유연한 응답처리가 가능하다. 이에 대한 자세한 내용은 이후 서블릿(Servlet)과 JSP(Java Server Pages) 부분을 살펴보며 알아보겠다.

3.3 CGI(Common Gateway Interface) 방식

CGI는 Common Gateway Interface의 약어로, 동적 웹 페이지 방식으로 웹 서비스를 구현하기 위해 사용되는 기술이다. CGI는 웹 서버와 외부 프로그램이 정보를 어떻게 주고받을지에 대한 규칙을 정의하여 웹 동작 방식에 Perl이나 C++과 같은 프로그래밍적 요소를 더해주는 역할을 한다. CGI 방식을 이용하여 구현한 동적 웹 페이지의 동작 과정은 다음과 같다.

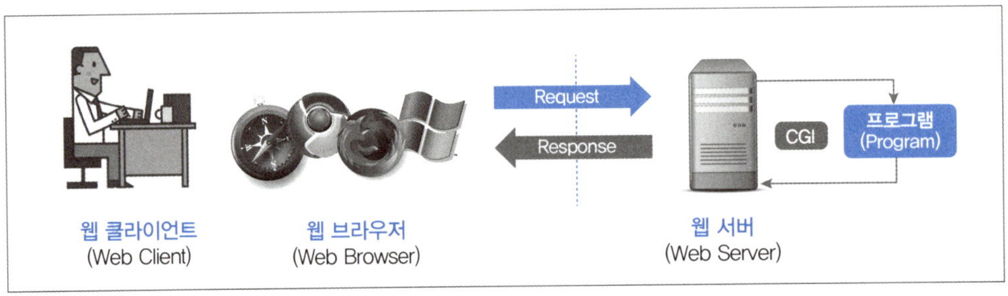

▲ CGI 방식을 이용한 동적 웹 서비스 동작 과정

① 웹 클라이언트에서 웹 브라우저를 통해 웹 서버에 정보를 요청(Request)
(CGI 방식을 이용한 동적 웹 페이지는 요청 URL 주소가 'cgi'로 끝난다.)
② 웹 서버는 전송된 요청을 처리하기 위해 CGI 프로그램을 직접 호출하고, 프로세스를 생성하여 실행
③ 웹 서버는 CGI 프로그램에서 수행된 결과를 웹 브라우저로 전송

위의 두 번째 과정인 웹 서버가 CGI 프로그램을 호출하는 과정을 좀 더 자세하게 살펴보도록 하자. 웹 브라우저를 통해 웹 서버에게 요청이 전달되면 웹 서버는 CGI 프로그램을 직접 호출하고 프로세스가 생성되어 실행된다.

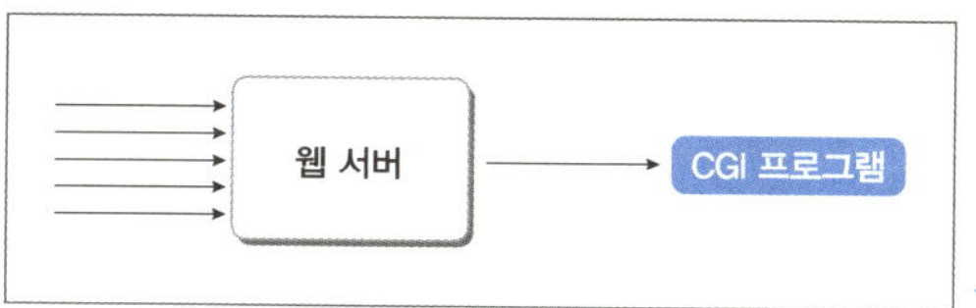

◀ CGI 프로그램은 웹 서버에 의해 호출

프로그램(Program)과 프로세스(Process)

프로세스는 '현재 실행 중인 프로그램'을 뜻한다. 프로그램은 컴퓨터에게 어떠한 기능 수행을 시키기 위해 명령어를 미리 작성해둔 문서이므로 그 자체만으로는 컴퓨터 하드디스크에 저장된 문서 파일에 지나지 않는다. 프로그램에 작성된 내용이 수행되려면 저장되어 있는 프로그램이 메모리를 할당받아 활성화되는 과정이 필요하다. 이렇게 프로그램이 메모리를 통해 활성화되어 있는 상태를 '프로세스'라고 한다.

그러나 이러한 CGI 프로그램 호출 과정은 동시에 동일한 요청이 여러 곳에서 발생되었을 경우 요청된 수만큼 동일한 프로세스가 생성되어 메모리 효율을 낮춘다는 단점을 가진다.

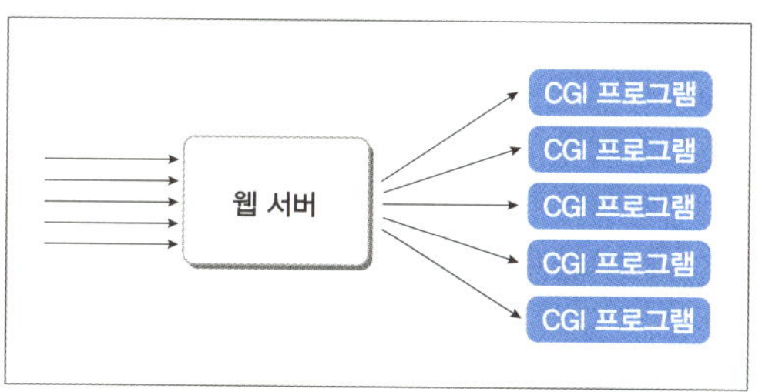

◀ 동일한 요청이 동시에 발생할 경우 여러 개의 프로세스를 생성하여 실행

따라서 동시다발적으로 일어나는 요청을 처리하기에 기존의 CGI 방식은 태생적 한계를 가지고 있으며, 이러한 CGI 방식의 한계를 뛰어넘고자 고안된 방식이 바로 애플리케이션 서버 방식이다.

3.4 애플리케이션 서버(Application Server) 방식

애플리케이션 서버 방식은 웹 서버가 요청을 처리하기 위한 외부 프로그램을 직접 실행하는 것이 아니라 프로그램 실행 과정을 애플리케이션 서버에게 위임함으로써 간접적으로 프로그램 수행을 명령하는 방식이다.

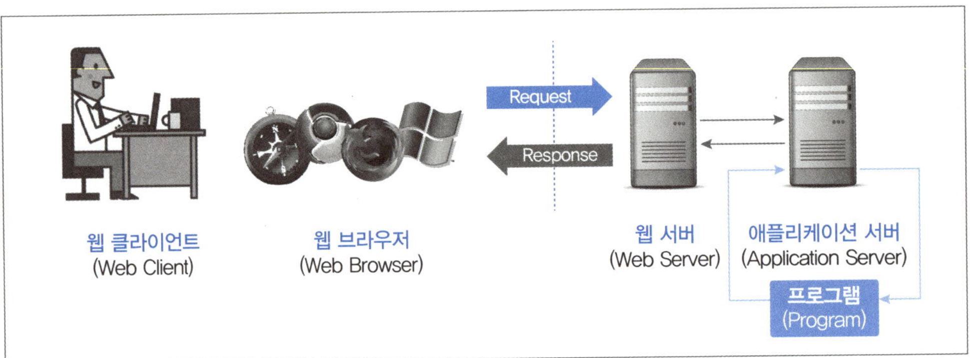

▲ 애플리케이션 서버 방식을 이용한 웹 서비스 동작 과정

기존 CGI 방식에서 웹 서버와 프로그램 사이에 애플리케이션 서버를 추가하여 확장 CGI 방식으로 부르기도 하는 애플리케이션 서버 방식은 동적 웹 서비스를 다음과 같이 진행하게 된다.

① 웹 클라이언트에서 웹 브라우저를 통해 웹 서버에 정보를 요청(Request)
② 웹 서버는 전송된 요청(Request) 처리를 위한 프로그램 실행을 애플리케이션 서버에 일임
③ 애플리케이션 서버는 요청에 맞는 프로그램을 스레드(Thread)를 생성하여 실행
④ 웹 서버는 프로그램에서 수행된 결과를 웹 브라우저로 전송

애플리케이션 서버는 동시에 여러 웹 브라우저가 동일한 요청, 즉 동일한 프로그램 실행을 요구하더라도 하나의 프로세스만을 사용하여 수행이 가능하다. 각각의 요청을 스레드(Thread)로 처리하기 때문에 기존 CGI 방식에 비해 메모리 사용 효율이 높다는 장점을 지닌다.

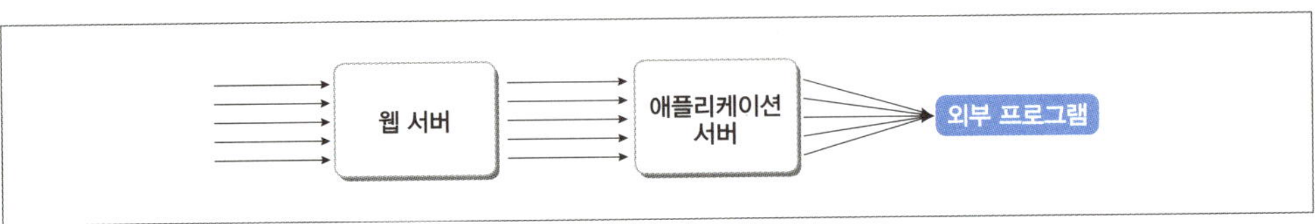

▲ 애블리케이션 서버 방식

따라서 최근 대부분의 웹 서비스는 애플리케이션 서버 방식을 이용하여 동적 웹 서비스를 제공하고 있으며, 우리가 학습할 서블릿/JSP가 바로 아파치 톰캣(Apache Tomcat)을 이용한 애플리케이션 서버 방식을 활용하는 기술이다.

TiP

스레드(Thread)

스레드는 운영체제에서 사용되는 용어로, 프로그램이 수행되는 상태인 프로세스 내부에 존재하는 수행 경로를 일컫는다. 즉, 실제로 실행되는 코드를 가지는데 기본적으로 프로세스가 생성되면 주스레드가 생성되면서 작업이 시작되고 작업이 끝나면 주스레드가 종료되면서 프로세스도 함께 종료된다. 이렇게 실제 작업 수행 스레드는 하나의 프로세스가 메모리에 실행되고 있어도 동시에 여러 개 실행되는 것이 가능하며 이를 멀티스레딩(Multi-Threading)이라고 한다. 즉, 프로그램이 실행될 때 메모리에 작업 내용이 로드되어 있는 상태인 프로세스는 하나이지만, 똑같은 작업을 동시다발적으로 수행할 수 있으며 그로 인해 메모리 사용 절약이 가능하다는 큰 장점을 가진다. 애플리케이션 서버 방식을 사용한 동적 웹 페이지 구현은 프로그램 실행 시 스레드를 이용하여 하나의 프로세스로 동시다발적으로 전송되는 요청처리가 가능해지므로 CGI 방식과 비교해 자원의 효율성을 극대화할 수 있다.

04 | 애플리케이션 구현 방식과 서블릿/JSP의 특징

서블릿과 JSP는 모두 Java 프로그래밍 언어를 사용하여 애플리케이션 서버 방식으로 동적 웹 서비스를 구현하는 기술이다. 이 두 가지 기술은 구현 방식에 따라 컴파일(Compile) 방식과 스크립트(Script) 방식으로 분류된다. 여기서는 이 두 가지 방식에 대해 알아본 후 서블릿/JSP의 특징을 알아보도록 하겠다.

4.1 컴파일(Compile) 방식과 스크립트(Script) 방식

동적 웹 서비스를 구현하는 방식에는 크게 컴파일(Compile) 방식과 스크립트(Script) 방식이 있다. 아래의 표를 통해 두 방식의 특성과 차이를 살펴보도록 하자.

구분	컴파일 방식	스크립트 방식
언어 종류	Perl, C 기반 CGI 프로그램, 서블릿	JSP, ASP, .Net , PHP, Ruby 등
코드 형태	컴파일(번역)이 끝난 실행 프로그램	컴파일 전 스크립트 코드
컴파일 시점	프로그래머가 프로그램 실행 전 직접 실행	요청 시 자동으로 애플리케이션 서버 실행
코드 실행	컴파일된 기계어 실행	스크립트 코드를 해석하여 실행
코드 변경	소스 코드 재컴파일(재번역)	스크립트 코드를 수정하면 웹 요청 시 자동 재컴파일

구현 방식이 다르다고 해도 모두 프로그래밍 언어를 사용하므로 작성된 프로그램이 실행되기 위해서는 반드시 컴파일 과정을 거쳐야 하며 컴파일 방식과 스크립트 방식이 가장 큰 차이를 보이는 것은 이러한 컴파일이 수행되는 시점이다. 컴파일 방식은 프로그램을 만든 후 프로그램을 실행시키기 전에 반드시 프로그래머가 컴파일 작업을 직접 수행해야 한다. 반면에 스크립트 방식은 웹 클라이언트의 요청이 발생할 때 애플리케이션 서버가 알아서 컴파일 작업을 수행한다.

▲ 컴파일 방식

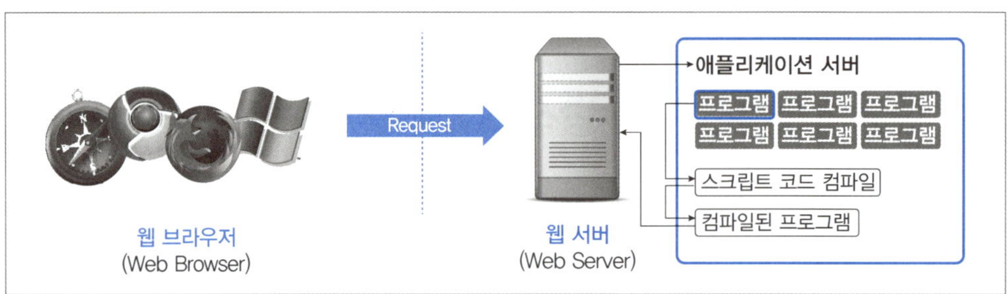

▲ 스크립트 방식

TiP

컴파일(Compile)과 컴파일러(Compiler)

서블릿과 JSP는 모두 Java를 기반으로 하고 있고 Java에서 사용되는 문법과 명령어들은 인간이 이해할 수 있는 영어로 작성된다. 그러나 컴퓨터와 같은 기계는 0과 1로만 이루어진 기계어를 사용하기 때문에 우리가 사용하는 프로그래밍 언어를 바로 이해할 수 없으므로 인간의 언어로 표현된 프로그래밍 언어를 기계어로 바꿔야 하는 과정이 필요하다. 이 과정을 컴파일(Compile)이라고 한다. 그리고 이 컴파일을 수행하는, 즉 프로그래밍 언어를 기계어로 번역해주는 역할을 하는 것을 컴파일러(Compiler)라고 한다.

스크립트 방식은 처음 요청이 있을 때 컴파일 과정이 일어나고 이후 코드에 수정이 없다면 다시 컴파일 과정을 거치지 않고 이미 컴파일된 코드를 실행하므로 사실상 컴파일 방식과의 속도 차이는 없다고 봐도 무방하다. 오히려 코드를 수정해야 할 때 프로그래머가 직접 수정된 코드를 컴파일할 필요가 없고 스크립트 방식으로 사용되는 언어들도 발전해 컴파일된 이후의 성능은 컴파일 방식 언어들과 비교해도 전혀 손색이 없기 때문에 현재의 웹 서비스 대부분은 스크립트 언어를 기반으로 구현되고 있다.

4.2 서블릿&JSP의 특징

서블릿/JSP는 웹 서비스 구현 시 서버 측에서 실행되는 스크립트 기술로, 웹 서버에 의해 전달받은 요청을 처리하기 위해 국내외에서 널리 사용된다. 서블릿/JSP가 웹 프로그래밍 분야에서 인기를 얻는 이유를 그 특징과 함께 살펴보도록 하자.

① JSP는 'Java Server Page'이다

JSP를 사용하는 가장 큰 이유는 JSP(Java Server Page)가 Java 프로그래밍 언어를 기반으로 한 서버 사이드 스크립트 언어이기 때문이다.

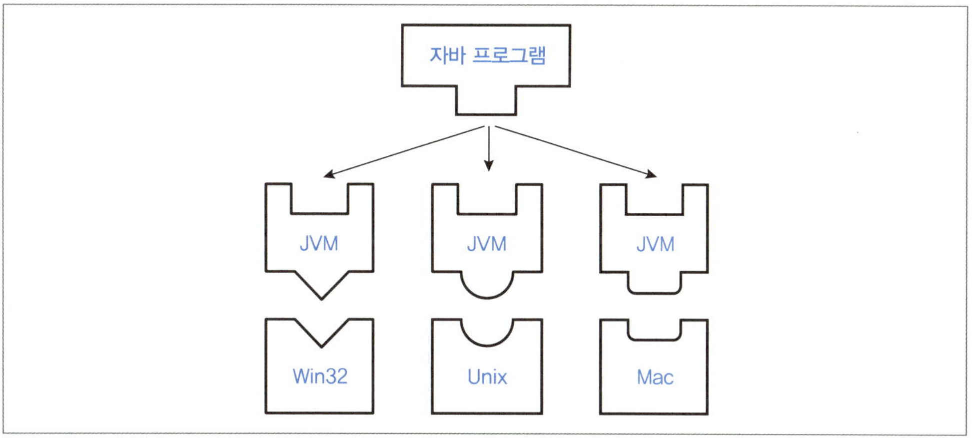

▲ Java는 JVM을 사용하므로 플랫폼에 독립적임

Java는 JVM(자바 가상 머신, Java Virtual Machine) 방식을 사용하므로 어떤 운영체제에서나 어떤 JSP 컨테이너에서도 사용이 가능하다. Java의 모토인 'Write Once, Run Anywhere' 즉, 한 번 작성한 프로그램은 어디에서든 실행이 가능하다는 큰 장점을 가진다.

② MVC 패턴 적용 및 로직의 분리가 간편하다

MVC는 Model, View, Controller로 나눠지는 디자인 패턴을 일컫는 용어로 JSP를 이용한 View와 자바 빈즈(Java Beans)를 이용한 Model과 Java를 이용한 Controller로 웹 서비스를 구현함으로써 MVC 패턴 구현에 적합하다.

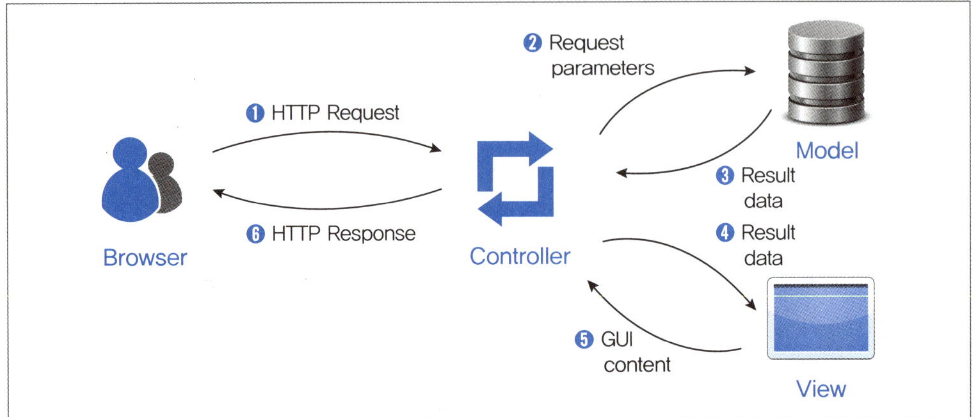

▲ 서블릿/JSP 기술을 이용하면 효과적인 MVC 패턴 적용 가능

이는 웹 서비스 구현에 있어서 웹 브라우저 내 사용자가 보게 될 화면을 구성하는 프레젠테이션 로직(Presentation Logic)과 웹 클라이언트가 보낸 요청의 실제 처리를 담당하는 기능 부분인 비즈니스 로직(Business Logic)의 분리와도 의미가 통하는 부분이 있다. 이와 같은 로직의 분리는 웹 페이지의 디자인과 내부 기능 사이의 간섭이 최소화된다는 큰 장점을 가진다.

③ 컴포넌트(Component), 모듈(Module)의 재사용성이 높다

공통적으로 사용되는 부분을 JSP 페이지나 자바 빈즈로 만들어두고 필요할 때마다 다시 사용하는 것이 가능하다. 이는 비단 컴포넌트에 국한된 것이 아니라, 하나의 모듈에도 적용이 된다. SOA(Service Orented Architecture)에서 언급된 것처럼 프로젝트 중심이 아닌 서비스 중심으로 개발을 하게 되면 개발이 서비스 단위로 이루어지고, 서비스 단위로 만들어진 모듈은 다른 프로젝트에서도 재사용이 가능해진다. 그 뿐만 아니라, 각 서비스별로 개발이 되어 특정 서비스가 변경되어야 하는 일이 생겨도 빠른 대처가 가능해지므로 개발 및 운영의 효율성, 더 나아가 비용절감 측면에서도 큰 효과를 꾀할 수 있다.

④ 서버 자원 사용이 효율적이다

기존 CGI 방식은 요청 수만큼의 프로세스가 생성되어 서버 자원 낭비가 발생할 수 있다. 그러나 JSP는 최초 요청 시 프로세스를 한 번 생성하고(요청 처리 JSP 페이지가 서블릿 컴파일을 통해 생성된 인스턴스를 메모리에 적재하고 이를 스레드 단위로 처리) 스레드(Thread)를 사용하여 새로운 컴파일 및 메모리 적재 과정 없이 진행되므로 자원의 효율과 처리 속도 향상으로 이어지게 된다.

⑤ 구현과 학습이 용이하며 대중적이다

JSP는 서버 사이드 스크립트 언어이므로 기본적인 Java 문법만 이해하면 바로 구현이 가능하며 기능도 강력하다. 또한 국내외 웹 프로젝트 시장 내 점유율이 가장 높다는 점도 주목할 필요가 있다. CS(Client-Server) 시스템에서 웹 시스템으로 변경된 후 여러 언어들이 그 시장을 점유하기 위해 고군분투하였지만, 최후의 승자는 Java 진영이었고 여전히 그 자리를 견고하게 지키고 있다. Java는 이제 열이면 열 모두 사용하는 대표적인 개발 툴인 이클립스(Eclipse)를 비롯하여 이미 도입 후 긍정적인 효과에 대한 검증까지 끝난 유려한 프레임워크(Framework)에 이르기까지 스스로 진화해나가는 언어이며 오픈 소스를 원칙으로 하여 경제적인 측면에서도 여타의 언어에 비해 많은 장점을 가진다.

CHAPTER 01 Level Up! Coding

01 웹 프로그래밍의 의미와 웹 서비스 구성요소에 대해 설명하시오.

02 정적 웹 서비스와 동적 웹 서비스의 동작 과정을 비교하여 설명하시오.

03 CGI 방식과 애플리케이션 서버 방식의 차이를 설명하시오.

04 컴파일 방식과 스크립트 방식의 차이를 설명하시오.

05 서버 사이드 스크립트 언어들의 특징을 서술하시오.

02 CHAPTER

개발환경 구축

웹 프로그래밍에 있어 개발환경 구축이란 웹 애플리케이션 제작에 필요한 여러 구성요소들을 설치하고 필요한 설정을 지정해 줌을 의미한다. 서블릿&JSP 프로그래밍을 위해 필요한 요소들은 JDK(Java Development Kit), 아파치 톰캣(Apache Tomcat), 이클립스(Eclipse) 등이 있으며, 설치 진행 외 설명이 필요한 부분들은 간략히 짚어나가면서 진행하도록 하겠다.

01 | Java 개발환경 구축

서블릿(Servlet)과 JSP(Java Server Page)는 구현 방식에 있어 차이가 있지만, 모두 Java 언어 기반 동적 웹 서비스 구현을 위한 서버 사이드(Server Side) 언어이므로 이들을 활용한 웹 애플리케이션 개발을 위해서는 Java 개발환경 구축이 우선되어야 한다. Java 개발환경을 구축한다는 것은 JDK(Java Development Kit) 설치와 설정을 의미한다. 이 책에서는 Windows 7 환경에서 JDK를 설치해보도록 하겠다.

유닉스나 리눅스 혹은 맥OS 계열의 운영체제 역시 Java를 비롯한 개발환경 구축이 필요하며, 이 경우 JDK를 다운로드 받은 후 권한 및 우선순위를 설정하고 환경설정을 해주는 등의 추가 작업이 필요할 수 있다. 이 책에서는 Windows 환경에서의 개발환경 구축을 다룰 것이므로 타 OS에서의 설치방법은 웹 사이트 혹은 다른 서적을 참고하길 바란다.

1.1 JDK(Java Development Kit) 설치

JDK는 Java Development Kit의 약자로 Java 언어를 통해 프로그램을 제작하기 위한 기본 환경을 제공하며 크게 세 종류의 에디션을 제공하고 있다.

JDK 종류	설명
JavaSE(Java Standard Edition)	일반적인 Java 프로그램 개발에 사용되는 에디션
JavaEE(Java Enterprise Edition)	기업형 프로젝트에 사용되는 에디션
JavaME(Java Micro Edition)	모바일 플랫폼과 더불어 임베디드 시스템용 개발에 사용되는 에디션

JavaME는 모바일 기기와 같은 임베디드 환경에서 프로그래밍하기 위한 API를 제공하는 에디션이며, JavaEE는 기업형 프로젝트와 같은 중대형 규모의 프로젝트에서 활용할 수 있는 여러 가지 컴퓨팅 관련 API 및 도구들을 제공하는 에디션이다. JavaSE는 일반 데스크톱 개발환경에서 프로젝트를 진행하기 위한 기본적인 요소들을 포함하고 있으며 비교적 가볍게 사용할 수 있는 에디션이다.

이 책에서는 JavaSE 에디션을 설치하여 개발환경을 구축하고, 그 후 설치할 아파치 톰캣(Apache Tomcat)이 제공하는 기능을 함께 사용하여 웹 서비스를 구현할 것이다. JDK 설치를 비롯한 이후 개발환경 구축에 필요한 프로그램들은 모두 하나의 프로젝트 폴더 내에 설치할 것이다.

단일 프로젝트 폴더 내 개발환경 구축의 장점

특정 폴더 내 개발환경 구축에 필요한 여러 요소들을 모아서 설치하는 방식은 실무에서 많이 사용되는 방식이다. 웹 애플리케이션 제작은 프로그래머 한 명이 아니라 여러 명의 인원이 협업하여 진행하게 되는 경우가 대부분이다. 따라서 사용 컴퓨터를 바꾸거나 웹 애플리케이션 제작 작업에 참여할 추가 인원이 발생했을 경우 프로젝트 폴더를 압축하여 전달한 후 동일 경로에 압축을 해제하면 설치 및 설정 작업 시간을 최소화하고 빠르게 프로그래밍 작업에 참여할 수 있다는 장점이 있다.

우선 하드디스크인 C:\ 드라이브에 'jspbook'이라는 폴더를 만든다.

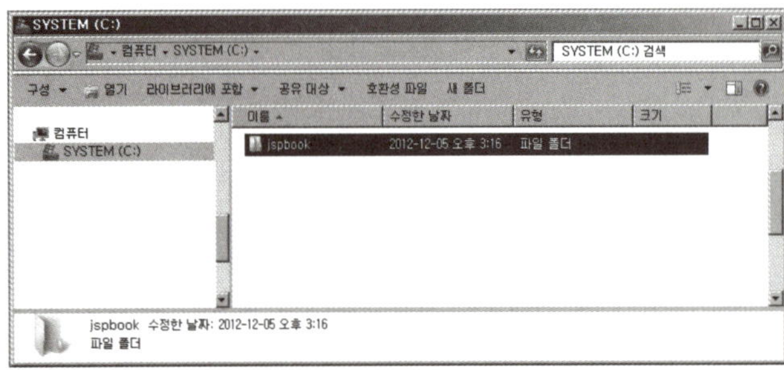

▲ C:\ 드라이브 하위에 jspbook 폴더 생성

이제 'http://www.oracle.com\technetwork\java\index.html'에 접속하여 JDK를 다운로드 받도록 하자. 다운로드 시 로그인이 필요할 수 있으며 계정이 없는 경우 회원가입 절차를 거쳐야 한다. 오라클 웹 사이트에서 'Software Downloads'의 'Top Downloads' 항목에 있는 'JavaSE'를 클릭한다.

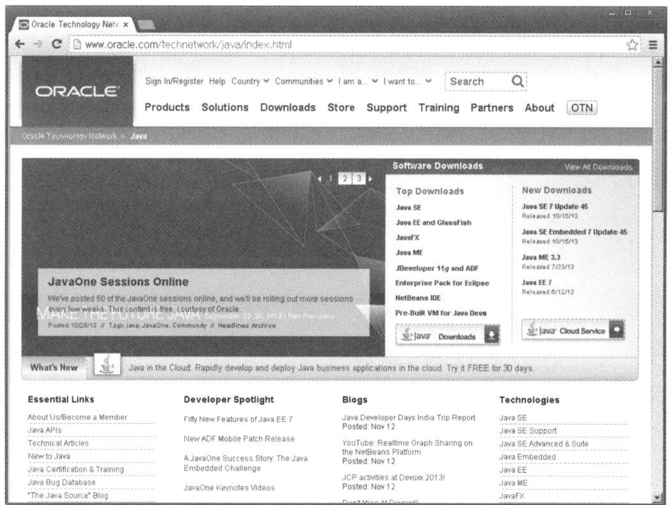

이 책에서 사용하는 JDK 버전은 Java 7 Update 45 버전이다. 동일한 7 버전이라 할지라도 세부 Update 버전에 따라 설치 옵션이 약간 다를 수 있으나 프로그래밍 방법에 있어서는 크게 달라지는 부분이 없으므로 이 책에서 사용하는 버전보다 최신 버전 JDK가 발표되었다면 해당 JDK를 설치하길 바란다. 여기서는 화면 상단의 'Java Platform (JDK) 7up45'를 선택했다. 접속 시 상단 부분에 없을 경우 화면 하단에서 찾아 클릭할 수도 있다.

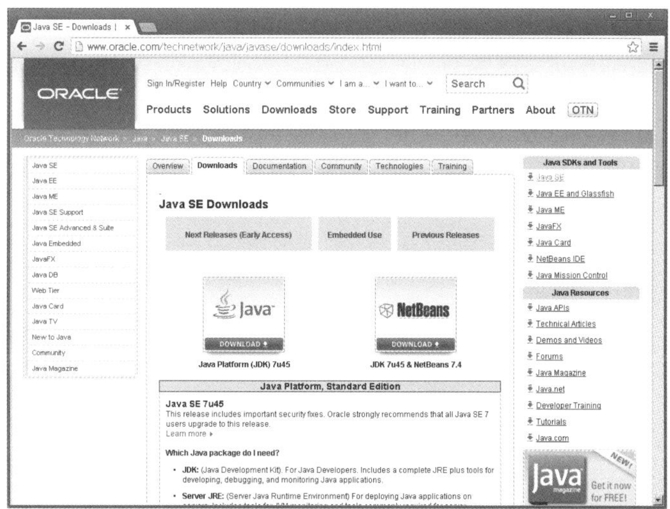

다운로드 가능한 JDK 리스트 화면에서 라이선스에 동의한 후 자신의 컴퓨터에 설치되어 있는 운영체제의 종류를 선택하여 다운로드한다.

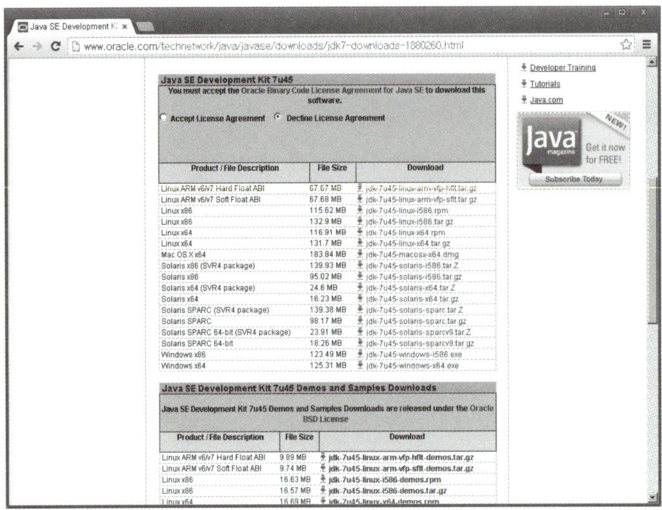

32bit Windows를 사용한다면 Windows x86 버전을, 64bit Windows 사용자라면 Windows x64 버전을 다운로드 받아 설치 파일을 실행한다. 여기서는 Windows x64 버전을 다운로드 받겠다.

사용하고 있는 컴퓨터의 설정에 따라 보안 경고창이 나올 경우 [예] 혹은 [실행]을 선택하자. 설치 파일이 다운로드되고 설치 프로그램 화면이 보일 것이다. [Next] 버튼을 클릭하여 설치를 시작하자.

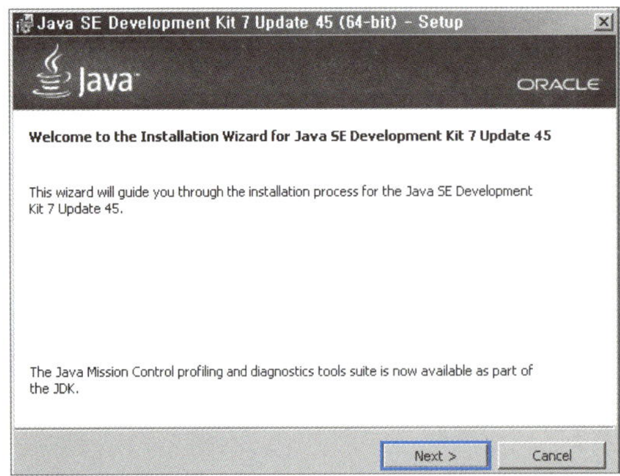

다음으로 JDK가 설치될 경로 지정 화면이 나온다. JDK7up45 버전 설치 시 구성요소의 옵션은 다음과 같다.

옵션	설명
Development Tools	Java 개발을 위한 개발도구 JDK 설치
Source Code	라이브러리 소스 코드 설치
Public JRE	Java 실행 환경 설치

JDK의 경로는 프로젝트 폴더인 'C:\jspbook\' 폴더에 포함할 것이므로 [Change...] 버튼을 클릭하자.

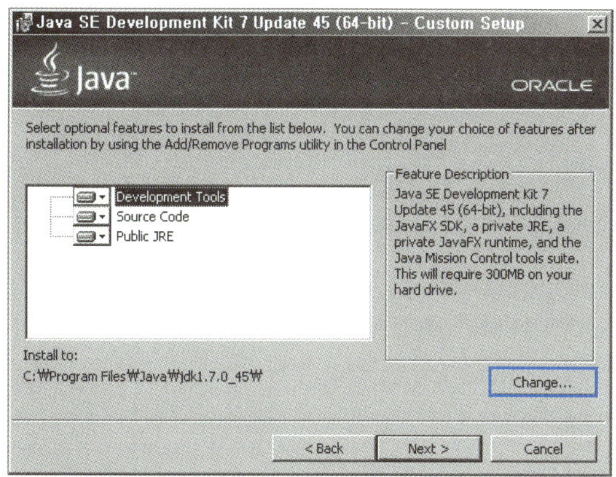

JDK가 설치될 경로를 지정하는 화면이 나타나면 경로를 'C:\jspbook\jdk1.7.0_45\'로 바꾸어주고 [OK] 버튼을 클릭하자(JDK7up45 이상의 버전일 경우 숫자가 책에 명시된 숫자와 상이할 수 있다).

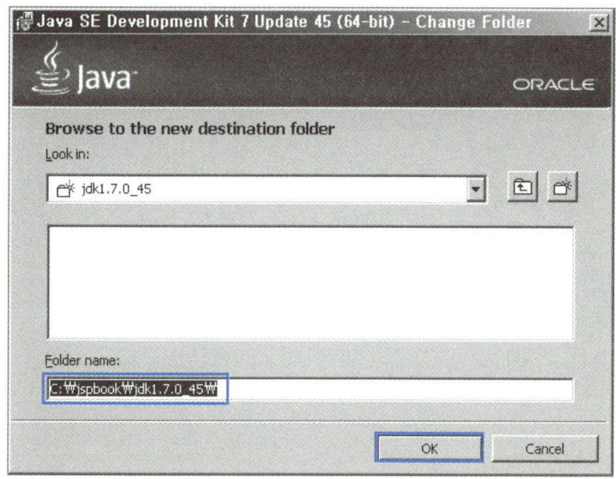

이전 설치창에서 경로가 제대로 지정되었는지 확인한 후 [Next] 버튼을 클릭하면 JDK 설치가 시작된다.

JRE는 Java Runtime Environment의 약자로 Java의 실행 환경에 필요한 요소들을 포함하고 있다. 이 책에서 웹 프로그래밍에 사용할 통합 환경 개발 툴인 이클립스(Eclipse)에서 JRE는 기본 경로를 그대로 사용할 것이므로 바로 [Next]를 클릭한다.

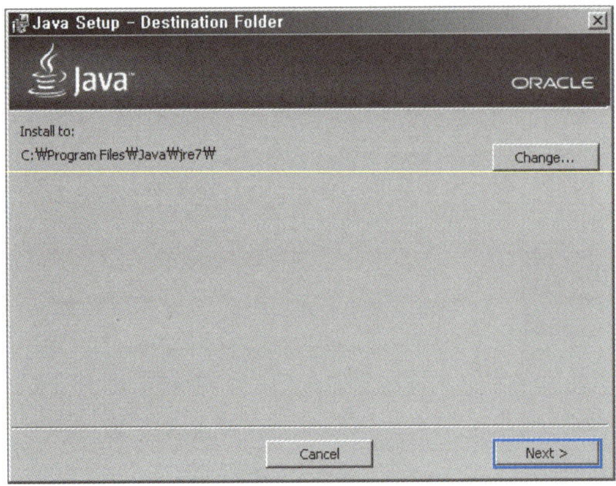

JRE 설치과정이 끝나고 [Close] 버튼을 누르면 설치가 종료된다. 설치가 완료되었다면 다음과 같이 jspbook 폴더 아래에 JDK 폴더가 생성되어 있는지 확인해보자. JRE는 우리가 기본 경로 설치를 선택하였으므로 'C:\Program Files\Java\' 폴더 하위에 설치되어 있을 것이다.

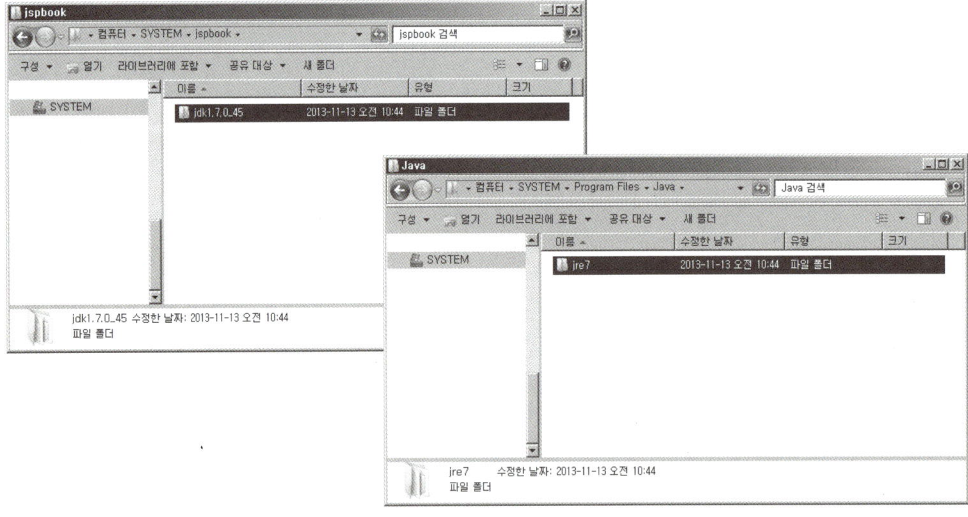

Java 개발환경 구축을 위해 설치된 JDK 폴더는 개발 관련 도구들을 포함하고, JRE 폴더는 실행 환경에 관련된 파일들을 포함하고 있다. 따라서 JRE만 설치되어 있을 경우 Java 애플리케이션의 실행은 가능하지만 Java를 이용한 프로그래밍은 불가능하므로 서블릿&JSP를 이용한 웹 애플리케이션 제작 시 두 가지를 모두 설치해야 한다.

1.2 Java 환경 변수 설정

Java 개발에 필요한 기본 도구를 설치하였으므로 이제 운영체제 내 Java 환경 변수를 설정해주도록 하자. 환경 변수를 선언하면 Java 컴파일러의 경로를 설정해 손쉽게 컴파일 작업을 진행할 수 있다. 환경 변수를 설정하기 위해 [시작]-[제어판]-[시스템]을 클릭하여 [시스템] 창을 열고 '고급 시스템 설정'을 클릭해 [시스템 속성] 창을 연다. [고급] 탭을 선택하고 [환경 변수(N)] 버튼을 클릭한다.

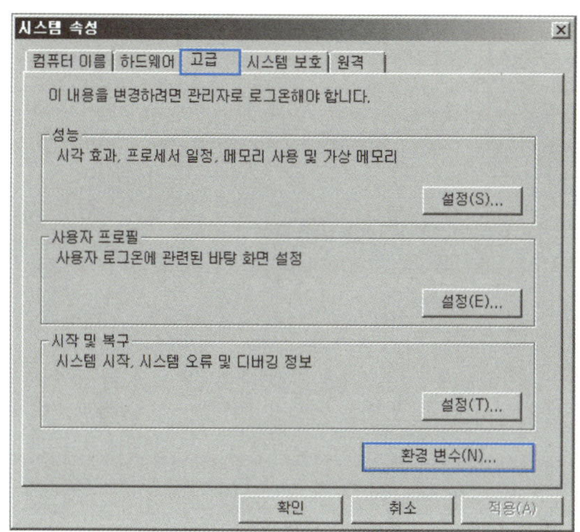

생성된 [환경 변수] 창에서 Java 환경 변수 'JAVA_HOME'을 등록하겠다. 'JAVA_HOME' 환경 변수는 톰캣과 같은 웹 컨테이너가 컴퓨터에 설치된 JDK 설치경로를 검색할 때 사용하는 변수이다. 웹 컨테이너 폴더 내부에 직접 웹 애플리케이션을 구성하는 파일들을 작성하고 구동해야 하는 운영환경일 경우 필수적으로 설정해주어야 한다. 시스템 변수(S) 영역의 [새로 만들기(W)]를 선택하여 아래와 같이 [변수 이름(N)]에는 'JAVA_HOME'을 입력하고 [변수 값(V)]란에는 JDK가 설치된 경로 'C:\jspbook\jdk1.7.0_45\'를 입력한 후 [확인]을 클릭한다.

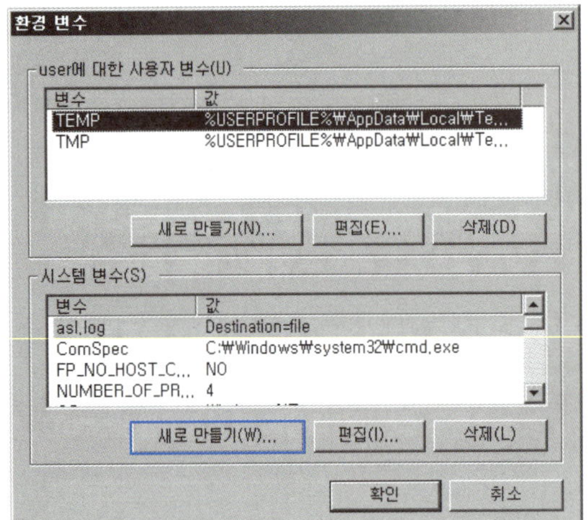

사용자 변수와 시스템 변수의 차이점

Windows 운영체제에서 등록할 수 있는 환경 변수는 사용자 변수와 시스템 변수 두 가지가 있다. 사용자 변수는 현재 Windows에 로그인해 있는 사용자에게 적용되는 환경 변수이며 시스템 변수는 Windows 모든 사용자에게 해당 환경 변수를 적용하겠다는 의미를 가진다. 여기서는 시스템 변수에 java 환경 변수를 설정하지만 웹 프로그래밍을 하나의 계정으로만 사용하고자 할 경우 사용자 변수로 설정해도 상관없다.

그 다음 시스템 변수로 선언되어 있는 Path를 찾아 [편집(I)] 버튼을 클릭하고 [변수 값(V)] 가장 앞에 위에서 설치한 경로인 'JAVA_HOME' 변수를 활용하여 '%JAVA_HOME%\bin;'을 추가하자. 만약 Path 변수가 없을 경우 [새로 만들기(W)] 버튼을 클릭하고 [변수 이름(N)]에 Path를 입력해 새로 생성하여 추가해도 된다. 환경 변수가 추가되었다면 [확인] 버튼을 눌러 환경 변수 창을 닫는다.

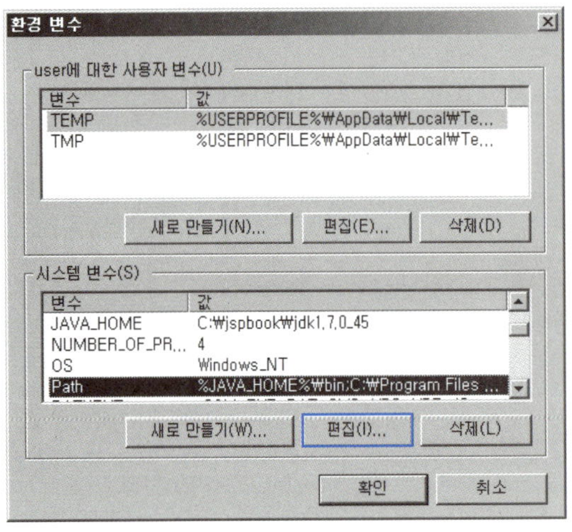

이제 환경 변수 설정이 제대로 되었는지 확인해보도록 하자. [시작]-[모든 프로그램]-[보조 프로그램]-[명령 프롬프트]를 선택한다. 명령어 프롬프트 창에서 'java-version'을 입력하여 실행해보자. 우리가 설치한 JDK의 버전과 일치하는 버전에 대한 정보가 나온다면 환경 설치가 성공적으로 마무리된 것이다. 제대로 나오지 않는다면 환경 변수가 잘못 설정된 경우이므로 다시 확인하도록 하자.

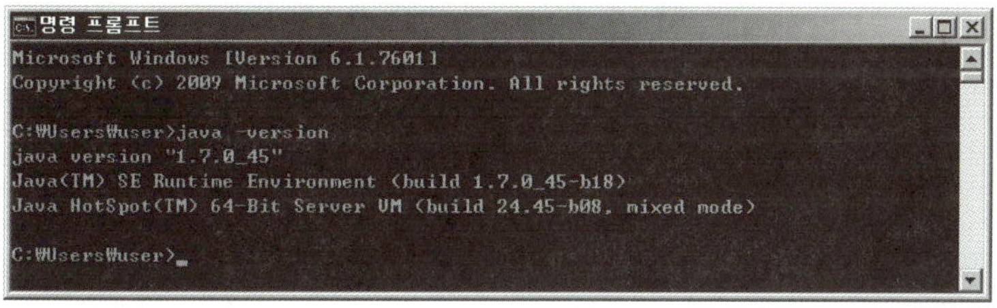

```
명령 프롬프트
Microsoft Windows [Version 6.1.7601]
Copyright (c) 2009 Microsoft Corporation. All rights reserved.

C:\Users\user>java -version
java version "1.7.0_45"
Java(TM) SE Runtime Environment (build 1.7.0_45-b18)
Java HotSpot(TM) 64-Bit Server VM (build 24.45-b08, mixed mode)

C:\Users\user>_
```

02 | 아파치 톰캣(Apache Tomcat) 7.0 설치하기

아파치 톰캣은 웹 애플리케이션을 실행하기 위해 사용되는 웹 컨테이너(Web Container)로 아파치 재단에서 무료로 배포하고 있는 오픈 소스 컨테이너이다. 아파치 톰캣은 웹 프로그래밍에 필요한 웹 서버 기능을 지원하고 가볍게 사용이 가능하여 웹 프로그래밍 학습 시 많이 활용된다. 먼저 웹 컨테이너의 의미에 대해 간략히 알아본 후 아파치 톰캣을 설치하도록 하자.

2.1 웹 컨테이너(Web Container)란?

서블릿과 JSP를 이용한 동적 웹 애플리케이션 구현 시 웹 서버는 역할에 따라 HTTP 서버와 웹 컨테이너로 구분할 수 있다. HTTP 서버는 웹 브라우저의 인터넷 주소 창에 입력되거나 웹 페이지 내 버튼과 같은 요소에 링크되어 있는 URL(Uniform Resource Locator) 주소를 해석하여 응답하는 역할을 하며, 1장에서 언급했던 정적 웹 페이지 방식의 '.html', '.htm'으로 끝나는 주소 처리가 이에 해당한다.
웹 컨테이너는 웹 브라우저에서 요청된 URL 주소가 서블릿 혹은 JSP 페이지를 호출하는 경우 처리를 담당한다. 즉, 웹 클라이언트에서 전송된 요청이 서블릿이나 JSP 페이지를 지칭할 경우, 웹 컨테이너는 이 요청을 넘겨받아 서블릿/JSP 페이지를 실행하여 필요 기능을 수행한 후 그 결과를 웹 브라우저에 전송함으로써 응답하게 된다.

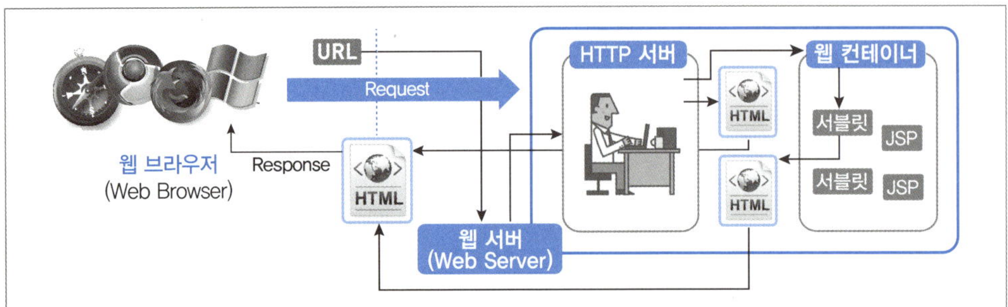

▲ HTTP 서버와 웹 컨테이너

2.2 아파치 톰캣(Apache Tomcat) 7.0 설치

아파치 톰캣(Apache Tomcat)은 아파치 소프트웨어 재단(Apache Software Foundation, ASF)에서 개발된 간단한 웹 서버 기능을 갖춘 웹 컨테이너이다. 아파치 라이선스에 의해 자유 소프트웨어(Free Software)와 오픈 소스 소프트웨어(OSS ; Open Source Software) 조항을 따르기 때문에 무료로 사용할 수 있다. 내장되어 있는 웹 서버 기능을 통해 웹 서비스 구현이 가능하지만 대규모 시스템 구축에는 수행 속도상의 제약으로 한계가 있어 상용 웹 애플리케이션 서버와 톰캣의 웹 컨테이너를 연동하여 사용하기도 한다.

이제 아파치 톰캣의 설치를 시작해보자. 먼저 아파치 톰캣을 다운로드하기 위해 'http://tomcat.apache.org'로 접속한다. 이 책이 집필되고 있는 시점에는 8.0 Alpha 버전이 발표되었으나 이 책에서는 정식 버전인 7.0 버전을 사용하도록 하겠다. 여러분이 이 책으로 학습을 하고 있을 시기에 톰캣이 새 정식 버전이 발표되었을 수 있으나 톰캣은 하위 버전에 대한 유연성을 갖추어 발표되므로 더 최신 버전을 다운로드 받아 설치하여도 무관하다. 화면의 왼쪽 Download 메뉴에서 'Tomcat 7.0'을 클릭하도록 하자.

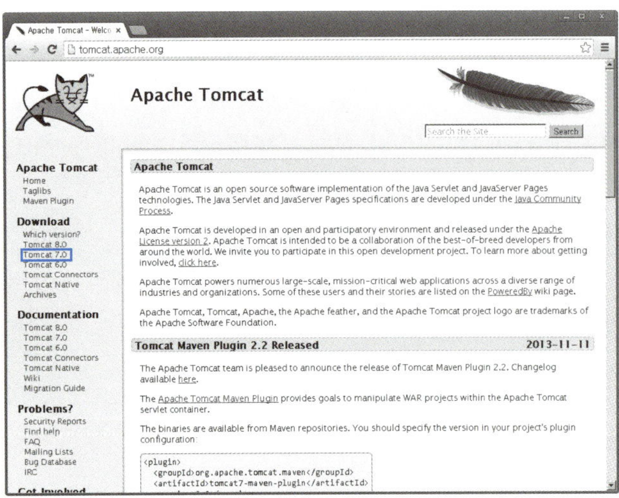

화면 하단의 'Binary Distributions' 항목 내 'Core:' 란에서 사용하는 Windows가 32bit일 경우 '32-bit Windows Zip' 파일을, 64bit일 경우 '64-bit Windows Zip' 파일을 다운로드하도록 한다. 해당 파일은 ZIP 파일로 압축되어 있으며, 이 파일은 'jspbook' 폴더에 압축을 풀어 사용할 것이다. 'Windows Service Installer' 버전을 다운로드할 경우 설치 프로그램을 통한 설치도 가능하다.

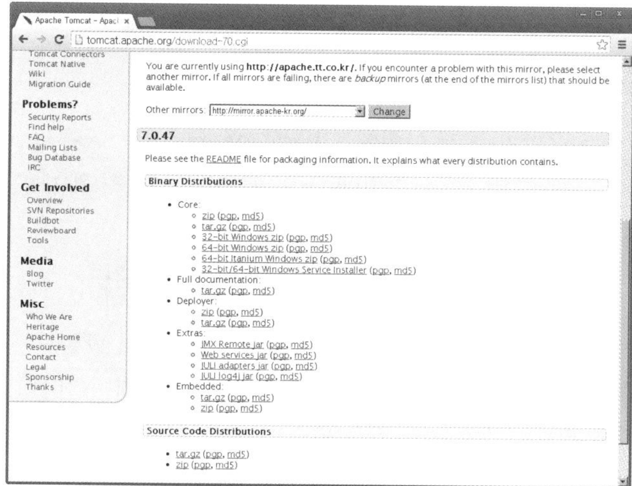

다운로드가 완료되면 'C:\jspbook\' 폴더 내에 해당 파일의 압축을 풀어주는 것만으로 설치가 완료된다.

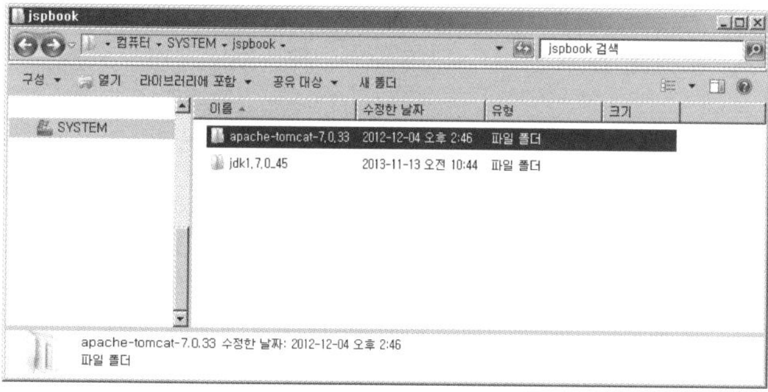

03 | 웹 애플리케이션의 파일 구조와 제작 및 배포

JDK 및 아파치 톰캣의 설치를 완료하였으므로 기본적인 웹 애플리케이션 개발환경은 갖추어졌다고 볼 수 있다. 이번에는 톰캣을 통해 웹 애플리케이션을 구현하기 위한 파일 구조를 알아본 후 간단한 웹 애플리케이션 예제를 작성하고 배포하는 방법을 알아보도록 하겠다.

3.1 웹 애플리케이션의 파일 구조

웹 컨테이너는 이 책에서 사용하는 아파치 톰캣 이외에도 Resin, WebLogic, SAS, Jboss, WebSphere 등 다양한 제품군이 존재하지만, Java를 이용한 웹 서비스 구현 시 웹 애플리케이션의 파일 구조는 동일하다.

웹 프로젝트의 파일 구조는 다음과 같이 웹 프로젝트의 속성 설정을 위한 web.xml 파일과 JAR 라이브러리 사용을 위한 lib 폴더 그리고 서블릿을 포함한 각종 Java 파일로부터 컴파일된 클래스 파일들이 위치한 classes 폴더, 태그 라이브러리를 사용하기 위한 tld 파일이 위치할 tld 폴더를 포함한 WEB-INF 폴더가 있으며 서버의 환경을 설정하기 위한 context.xml 파일이 위치하는 META-INF 폴더 그리고 웹 페이지 구현을 위한 JSP 페이지, HTML 페이지, CSS 파일과 자바스크립트 파일, 이미지와 사운드, 동영상 등을 위한 멀티미디어 파일들이 웹 프로젝트 폴더 바로 아래에 위치하는 형식을 띤다. 일반적으로 웹 프로젝트 폴더 바로 아래에 있는 파일들은 각 파일들의 종류 혹은 내부의 로직 공통성이나 연관성에 기반하여 하부의 폴더 구조를 더 가지게 된다.

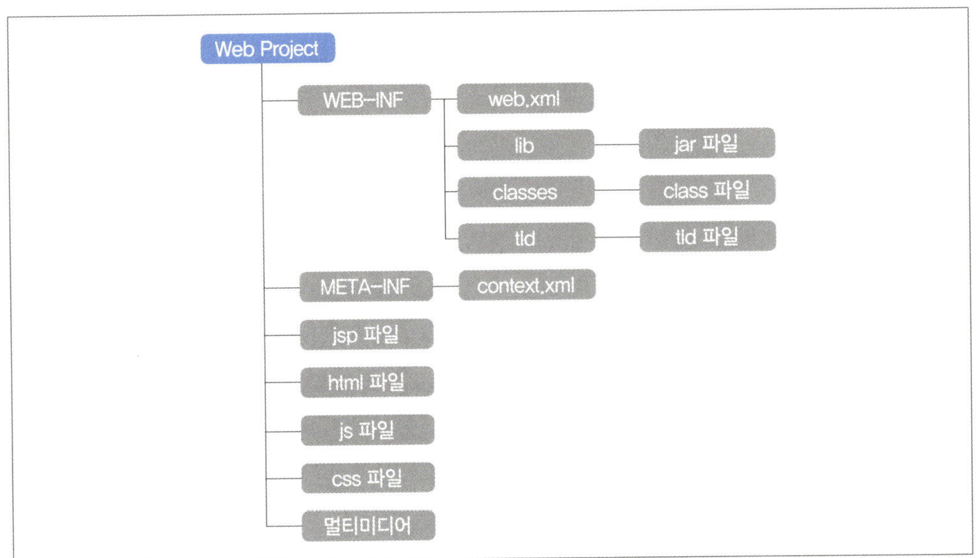

▲ 웹 애플리케이션의 파일 구조

따라서 아파치 톰캣 내 여러 개의 웹 애플리케이션을 제작할 경우 파일들의 구조는 webapps 내부에 각 웹 애플리케이션 폴더들이 위치하여 각각의 웹 프로젝트 형식을 띠게 된다.

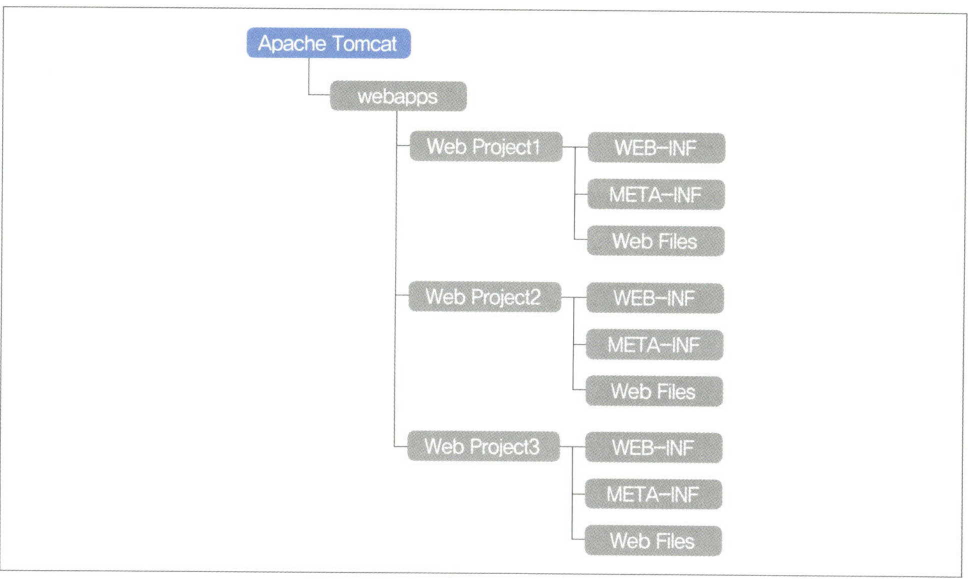

▲ webapps 디렉터리 구조

3.2 처음 만들어보는 서블릿과 JSP 페이지

이제 앞서 살펴보았던 웹 애플리케이션의 파일 구조에 맞게 서블릿과 JSP 페이지를 작성하고 실행해보도록 하겠다. 이번 장에서 제작하는 예제는 앞서 개발환경 설정이 정상적으로 완료되었는지 여부를 검사하기 위한 목적으로 제작할 것이므로 서블릿 및 JSP 페이지의 자세한 구현 방법과 구현에 필요한 Java 문법은 이후 장에서 차례대로 살펴보도록 하겠다. 그럼 우선 아파치 톰캣 내 제작할 서블릿과 JSP 페이지가 위치할 폴더를 만들겠다. 아래와 같이 톰캣이 설치되어 있는 폴더 내 'webapps' 폴더 하위에 'Chap02' 폴더를 생성한다.

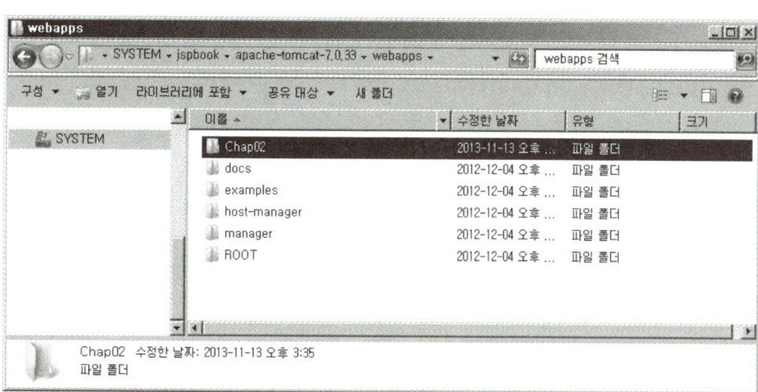

앞서 살펴보았던 웹 애플리케이션 파일 구조에서 언급했듯이 방금 생성한 Chap02 폴더에 첫 웹 애플리케이션을 구성할 JSP 페이지와 서블릿 페이지가 위치할 것이다. 먼저 상대적으로 구현이 간단한 JSP 페이지를 제작해보도록 하자.

(1) JSP 페이지의 제작

JSP 페이지는 별다른 툴 없이 작성이 가능하므로 Windows 메모장이나 워드패드 혹은 개인적으로 사용하는 문서 편집 프로그램을 사용해도 상관없다. 아래와 같이 작성하여 앞서 생성한 Chap02 폴더에 HelloJSP.jsp로 저장한다. HelloJSP.jsp 페이지는 JSP 페이지의 기본 골격을 갖추고 출력될 화면에 "Hello, JSP!"라는 문자열을 출력할 것이다.

SOURCE CODE : HelloJSP.jsp

```
<%@ page contentType="text/html; charset=UTF-8"%>
<html>
    <body>
        Hello, JSP!
    </body>
</html>
```

작성한 JSP 페이지를 호출하기 위해서는 톰캣 프로세스가 시작되어야 한다. 톰캣의 실행과 종료 프로세스를 실행하기 위한 스크립트 파일들은 톰캣 폴더 내 bin 폴더 (C:\jsp-book\apache-tomcat-7.0.33\bin)에 위치하고 있다. 아래는 톰캣 구동을 위한 스크립트 파일들의 종류이다.

스크립트 파일	설명
startup.bat	톰캣을 시작
shutdown.bat	실행 중인 톰캣을 종료
catalina.bat	톰캣의 시작 및 종료

톰캣을 시작하기 위해 startup.bat를 실행하도록 하자. startup.bat 스크립트 파일은 명령어 프롬프트에서 파일 경로로 이동하고 파일명을 입력하여 직접 실행해주거나 윈도우 탐색기에서 실행할 수 있다. startup.bat 파일을 실행하면 다음과 같이 톰캣 시작 화면이 나타난다.

```
Tomcat
정보: Deploying web application directory C:₩jspbook₩apache-tomcat-7.0.33₩webapp
s₩docs
11월 18, 2013 9:36:04 오전 org.apache.catalina.startup.HostConfig deployDirector
y
정보: Deploying web application directory C:₩jspbook₩apache-tomcat-7.0.33₩webapp
s₩examples
11월 18, 2013 9:36:05 오전 org.apache.catalina.startup.HostConfig deployDirector
y
정보: Deploying web application directory C:₩jspbook₩apache-tomcat-7.0.33₩webapp
s₩host-manager
11월 18, 2013 9:36:05 오전 org.apache.catalina.startup.HostConfig deployDirector
y
정보: Deploying web application directory C:₩jspbook₩apache-tomcat-7.0.33₩webapp
s₩manager
11월 18, 2013 9:36:05 오전 org.apache.catalina.startup.HostConfig deployDirector
y
정보: Deploying web application directory C:₩jspbook₩apache-tomcat-7.0.33₩webapp
s₩ROOT
11월 18, 2013 9:36:05 오전 org.apache.coyote.AbstractProtocol start
정보: Starting ProtocolHandler ["http-apr-8080"]
11월 18, 2013 9:36:05 오전 org.apache.coyote.AbstractProtocol start
정보: Starting ProtocolHandler ["ajp-apr-8009"]
11월 18, 2013 9:36:05 오전 org.apache.catalina.startup.Catalina start
정보: Server startup in 528 ms
```

이제 웹 브라우저를 열고 주소창에 'http://localhost:8080'을 입력해보자. 입력한 주소의 'http://' 부분은 HTTP 프로토콜을 사용함을 의미하며, 'localhost'는 웹 서비스 요청을 보낼 도메인 이름(Domain Name)을 가리킨다. 현재 앞서 작성한 JSP 페이지의 실행을 요청하기 위한 웹 서버는 사용 중인 컴퓨터에 설치되어 있으므로 현재 컴퓨터의 IP주소인 127.0.0.1을 사용할 수도 있다. 마지막 ':8080'은 포트(Port) 번호를 뜻하며 아파치 톰캣은 별다른 설정을 하지 않을 경우 기본적으로 8080 포트를 사용하게 된다. 아래 화면은 톰캣에서 제공하는 기본 웹 페이지이다.

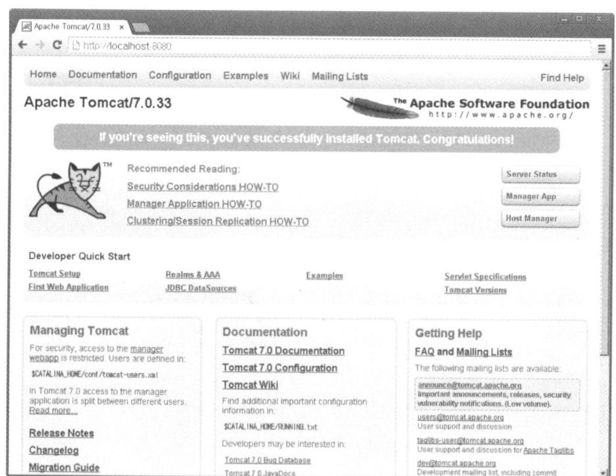

위 페이지가 정상적으로 출력되었다면 톰캣이 정상적으로 구동된 것이다. 이제 작성한 HelloJSP.jsp 페이지를 호출하도록 하자. Chap02 폴더는 웹 애플리케이션 파일 구조에 따라 톰캣 내 위치한 하나의 웹 애플리케이션을 의미하고 HelloJSP.jsp 페이지는 Chap02 폴더에 위치하므로 호출하기 위해 입력되어야 할 주소는 'http://localhost:8080/Chap02/HelloJSP.jsp'가 된다.

다음은 HelloJSP.jsp 페이지를 호출한 결과이다. 톰캣은 앞서 언급하였던 HTTP 서버 및 웹 컨테이너 기능을 함께 갖추고 있다. 따라서 주소창에 입력한 URL 주소를 해석하여 HelloJSP.jsp 페이지를 실행시킨 후 응답될 결과를 전송한 것이다.

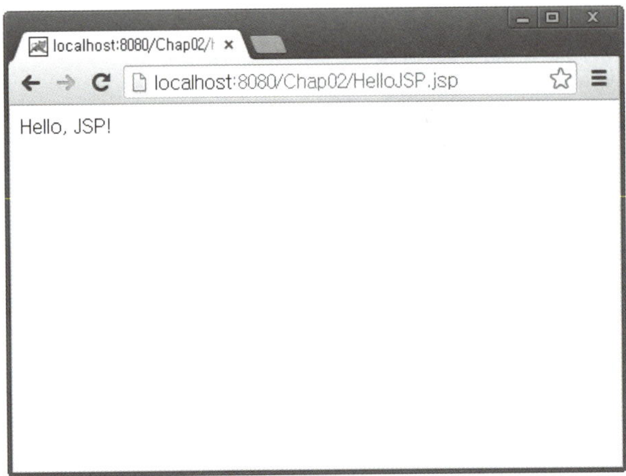

앞서 살펴본 바와 같이 JSP 페이지는 특정한 형식과 HTML 태그를 함께 사용하는 방식으로 구성된다. JSP 페이지는 실행 시 서블릿 형태의 클래스로 변경된 후 컴파일 과정을 거쳐 실행되며 이러한 과정은 5장에서 자세히 다루도록 하겠다. 이제 구동 확인을 위한 서블릿 페이지를 작성하도록 하겠다.

(2) 서블릿 페이지의 제작

서블릿 페이지는 JSP와는 달리 동적 웹 서비스를 제공하기 위한 Java 클래스를 직접 구현하며 제작 및 수행 과정은 다음과 같다. 자세한 서블릿 페이지의 구현 방법은 이후 4장에서 살펴볼 것이다.

① 서블릿 클래스 파일을 제작
② 제작한 서블릿 클래스 파일을 컴파일하여 웹 애플리케이션 내 'WEB-INF/classes' 폴더에 저장
③ web.xml 파일에 서블릿을 등록
④ 웹 컨테이너를 구동하여 서블릿 페이지를 사용

서블릿 클래스 파일은 실제 수행 가능한 코드로 변환되어야 하며 이러한 과정을 컴파일이라고 한다. 일반적으로 컴파일된 .class 파일과 제작한 .java 파일은 따로 보관하게 되며 여기서는 제작할 서블릿 클래스 파일을 'webapps\Chap02\WEB-INF\src' 폴더에 생성하고 보관하도록 하겠다. 웹 애플리케이션의 파일 구조에서 알아보았듯이 컴파일된 서블릿 class 파일은 WEB-INF\classes\ 폴더에 위치해야 하므로 classes 폴더도 생성하도록 하자.

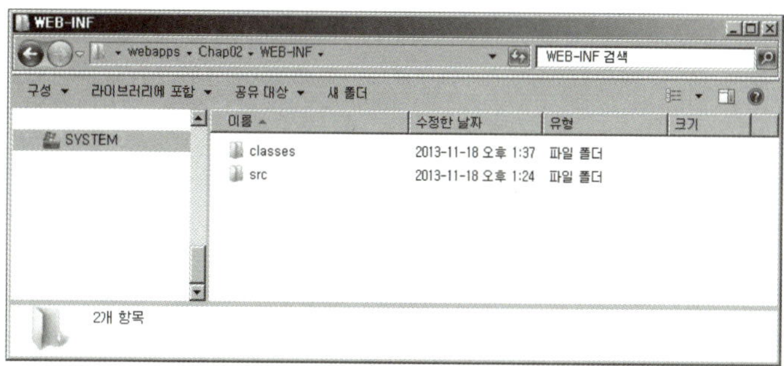

앞서 JSP 파일과 마찬가지로 서블릿 클래스 파일 역시 어떤 문서 편집 프로그램을 사용하여 작성해도 상관없다. 서블릿 클래스는 웹 서비스 제공을 위한 다양한 기능을 제공하는 servlet-api.jar에 정의된 javax.servlet 패키지와 javax.servlet.http 패키지를 임포트해주고 HttpServlet을 상속받으며 HTTP 통신 방식에 따라 doGet/doPost 메서드를 정의해주어야 한다.

여기서는 간단히 doGet 메서드 내 코드를 작성할 것이다. 이후 4장에서 다시 언급하겠지만 doGet 메서드 내에는 응답될 HTML 태그를 포함하게 되며 응답 출력을 위한 출력 스트림 정의를 위해 java.io 패키지의 PrintWriter 타입의 out 객체를 생성한다. 다음의 서블릿 페이지는 호출 시 앞서 제작한 JSP 페이지와 마찬가지로 간단히 “Hello, Servlet!” 문자열을 출력하는 기능을 수행할 것이다. 소스 코드를 입력하고 src 폴더 내에 HelloServlet.java로 저장하자.

SOURCE CODE : HelloServlet.java

```
import java.io.*;
import javax.servlet.*;
import javax.servlet.http.*;

public class HelloServlet extends HttpServlet{

    public void doGet(HttpServletRequest request, HttpServletResponse
    response) throws ServletException, IOException{

        response.setContentType("text/html");
        PrintWriter out = response.getWriter();

        out.println("<html>");
        out.println("<head>");
        out.println("<title>Hello, Servlet!</title>");
```

```
            out.println("</head>");
            out.println("<body>");
            out.println("<h2>Hello Servlet!</h2><br/>");
            out.println("</body>");
            out.println("</html>");
        }
    }
```

위 서블릿 클래스 파일의 작성이 끝났다면 이제 서블릿 클래스 파일을 컴파일하여 class 파일로 변환해주어야 한다. 컴파일을 위해 명령어 프롬프트에서 다음 명령을 사용하여 HelloServlet.java 파일을 생성한 경로로 접근하도록 하자.

```
cd C:\jspbook\apache-tomcat-7.0.33\webapps\Chap02\WEB-INF\src\
```

서블릿 클래스 파일의 컴파일은 JDK에 포함된 javac를 사용하고 -cp 옵션을 통해 서블릿 내에서 임포트하였던 클래스들이 포함된 servlet-api.jar를 컴파일 과정에 참여시켜주어야 한다. 또한 -d 옵션을 사용하여 클래스 파일의 저장 경로를 함께 명시해준다. 아래와 같이 javac 명령을 실행하여 서블릿 클래스 파일을 컴파일하도록 하자.

```
javac -cp C:\jspbook\apache-tomcat-7.0.33\lib\servlet-api.jar -d C:\jsp
book\apache-tomcat-7.0.33\webapps\Chap02\WEB-INF\classes HelloServlet.
java
```

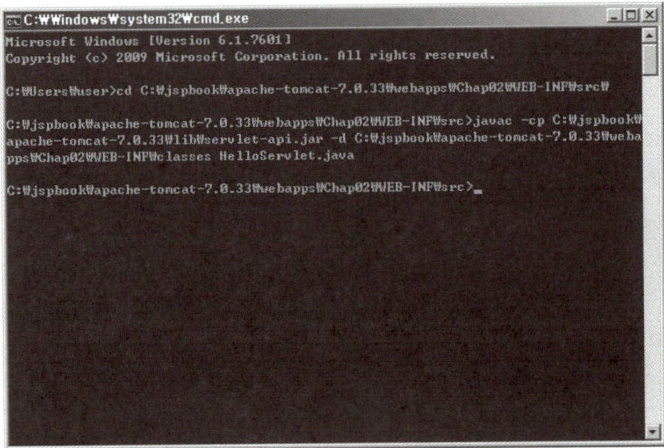

컴파일이 정상적으로 완료되었다면 다음과 같이 classes 폴더 내 HelloServlet.class 파일이 생성되었을 것이다.

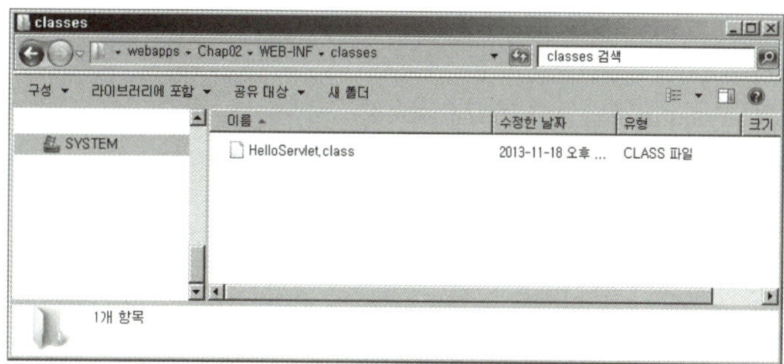

TiP

CLASSPATH 환경 변수와 서블릿 컴파일을 위한 배치 파일

위와 같이 서블릿 클래스 파일을 제작하여 컴파일하려면 해당 파일이 위치한 경로로 이동하여 javac를 이용해 여러 옵션과 긴 경로를 직접 입력해야 하는 번거로운 작업이 반복된다. 이러한 반복 작업을 줄이기 위해 javac 명령과 연결된 CLASSPATH 환경 변수를 선언하면 컴파일 시 필요한 jar 형식의 파일을 등록해줄 수 있다. 명령어 프롬프트에서 아래와 같이 입력한다.

```
C:\>set CLASSPATH=C:\jspbook\apache-tomcat-7.0.33\webapps\Chap02\WEB-INF₩classes
C:\>set CLASSPATH=%CLASSPATH%; C:\jspbook\apache-tomcat-7.0.33\lib\servlet-api.jar
```

이러한 방법 외에도 Windows에서는 DOS 배치 파일인 .bat 확장자를 가지는 파일을 사용하면 컴파일 과정을 간단히 할 수 있으며 아래와 같이 compile_servlet.bat 파일을 작성하여 사용할 수 있다.

```
javac -cp C:₩jspbook₩apache-tomcat-7.0.33\lib\servlet-api.jar -d
C:\jspbook\apache-tomcat-7.0.33\webapps\Chap02\WEB-INF\classes %1
```

이제 앞서 제작한 HelloServlet 서블릿을 웹 애플리케이션에서 사용하기 위해 web.xml 파일을 작성하고 WEB-INF\ 폴더에 저장하여 해당 서블릿을 등록해준다. web.xml은 웹 애플리케이션 설정 파일로 서블릿 2.5 이하 버전에서 웹 애플리케이션에 사용될 서블릿을 등록해주는 작업을 거쳐야 한다.

web.xml 작성은 문법 식별자와 함께 〈web-app〉 태그 내 등록한 서블릿의 이름과 클래스 경로명을 〈servlet〉 태그 아래의 〈servlet-name〉 및 〈servlet-class〉 태그에 명시해주고 〈servlet-mapping〉 태그의 〈servlet-name〉 태그와 〈url-pattern〉 태그에 사용할 서블릿 이름과 서블릿 페이지 호출 시 사용될 상대주소를 입력한다. 톰캣 7.0 버전부터는 이러한 web.xml 파일의 생성 없이 서블릿 클래스 내 어노테이션 기능을 사용하여 서블릿을 따로 등록하지 않고 바로 사용할 수 있으며 어노테이션 관련 기능은 필요시 그때그때 언급하고, 부록에서 간단히 소개하도록 하겠다.

SOURCE CODE : web.xml

```
<web-app xmlns="http://java.sun.com/xml/ns/javaee"
  xmlns:xsi="http://www.w3.org/2001/XMLSchema-instance"
  xsi:schemaLocation="http://java.sun.com/xml/ns/javaee
  http://java.sun.com/xml/ns/javaee/web-app_3_0.xsd"
  version="3.0" metadata-complete="true">
  <servlet>
    <servlet-name>HelloServlet</servlet-name>
    <servlet-class>HelloServlet</servlet-class>
  </servlet>
  <servlet-mapping>
    <servlet-name>HelloServlet</servlet-name>
    <url-pattern>/HelloServlet</url-pattern>
  </servlet-mapping>
</web-app>
```

여기까지가 서블릿 페이지를 제작 및 등록하는 기본 과정이다. web.xml을 등록하고 새로운 서블릿 클래스를 제작하였으므로 앞서 JSP 페이지를 테스트하기 위해 구동하였던 톰캣을 shutdown.bat 파일을 실행하여 종료하고 다시 startup.bat 파일을 실행하여 구동하도록 한다. 이제 우리가 작성한 HelloServlet 페이지를 호출해보도록 하자. 서블릿 페이지는 확장자명을 사용하지 않으며, 앞서 web.xml 〈url-pattern〉 태그에 명시한 주소를 사용하게 되므로 호출 주소는 'http://localhost:8080/Chap02/HelloServlet'이 된다. 아래는 서블릿의 호출 결과이다.

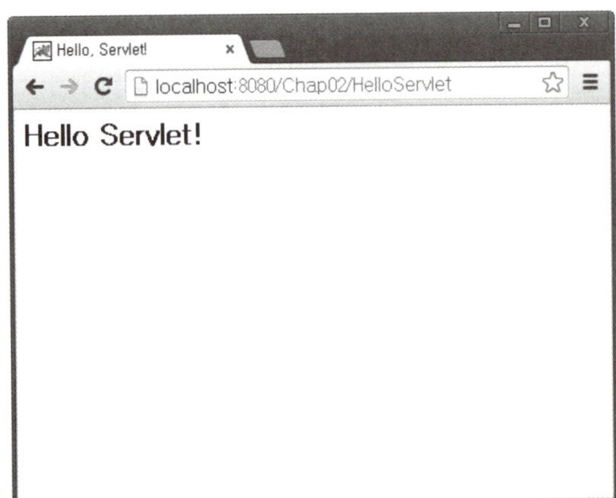

앞서 제작한 JSP 페이지와 마찬가지로 HelloServlet 페이지는 간단히 문자열을 출력하는 기능을 하지만 JSP 페이지에 비해 서블릿 페이지의 제작 과정과 등록 과정은 다소 까다롭다는 것을 알 수 있다.

3.3 웹 애플리케이션의 배포

웹 애플리케이션의 배포란 개발 혹은 수정 작업이 끝난 웹 애플리케이션 파일들을 실제 운영 서버 혹은 다른 서버에 적용하는 작업을 의미한다. 웹 애플리케이션의 구현은 일반적으로 여러 개발자가 각자의 컴퓨터에 개발환경을 구축하고 담당하는 웹 서비스 모듈들을 개발하고 테스트를 거친 후 실제 서비스할 운영 환경에 해당 작업 내용을 반영하는 방식으로 진행되므로 배포 방식에 대해서도 알아두어야 한다. 여기서는 웹 애플리케이션 코드를 하나의 파일로 묶어서 배포 가능한 WAR 파일을 사용하여 웹 애플리케이션을 배포하는 방법에 대해서 알아보도록 하자.

(1) WAR 파일의 제작과 배포

WAR은 Web ARchive file을 의미하는 단어로 JDK에 포함된 jar.exe 프로그램을 통해 제작이 완료되거나 수정사항 반영이 끝난 웹 애플리케이션의 폴더와 파일을 한꺼번에 압축한 파일을 의미한다. jar.exe 프로그램은 윈도우에서 바로 사용하지 않고 다음과 같이 명령어 프롬프트 창에서 실행한다.

```
jar cvf  FileName.war WebApplicationFolder\ .
```

위 명령에 사용된 각각의 요소들은 아래와 같다.

명령어/옵션	설명
jar	war 파일 제작을 위한 jar 프로그램
c	새로운 파일 생성
v	파일 생성 진행 상황 정보 출력
f	압축 파일의 이름을 지정함을 의미
FileName.war	생성할 war 파일명
WebApplicationFolder	war 파일 생성 대상이 될 웹 애플리케이션 폴더 지정

여기서는 앞서 제작한 Chap02 웹 애플리케이션을 war 파일로 만들어 보자. 웹 애플리케이션 폴더로 생성된 이름의 중복을 피하기 위해 war 파일명은 Chap_02.war로 지정할 것이다. 명령어 프롬프트에서 현재 톰캣 폴더 내 webapps 폴더로 이동하여 다음 명령을 실행하도록 하자.

```
jar cvf Chap_02.war -C Chap02\ .
```

```
C:\Windows\system32\cmd.exe

C:\jspbook\apache-tomcat-7.0.33\webapps>jar cvf Chap_02.war -C Chap02\ .
Manifest를 추가함
추가하는 중: HelloJSP.jsp(입력 = 150) (출력 = 119)(20%를 감소함)
추가하는 중: WEB-INF/(입력 = 0) (출력 = 0)(0%를 저장함)
추가하는 중: WEB-INF/classes/(입력 = 0) (출력 = 0)(0%를 저장함)
추가하는 중: WEB-INF/classes/HelloServlet.class(입력 = 930) (출력 = 514)(44%를 감소함)
추가하는 중: WEB-INF/src/(입력 = 0) (출력 = 0)(0%를 저장함)
추가하는 중: WEB-INF/src/HelloServlet.java(입력 = 645) (출력 = 270)(58%를 감소함)
추가하는 중: WEB-INF/web.xml(입력 = 551) (출력 = 233)(57%를 감소함)

C:\jspbook\apache-tomcat-7.0.33\webapps>
```

위와 같이 명령이 정상적으로 수행되면 webapps 폴더에 Chap_02.war 파일이 생성되며 톰캣 서버는 webapps 폴더 내 생성된 war 파일을 통해 Chap_02 폴더를 웹 애플리케이션 파일 구조에 맞게 생성할 것이다.

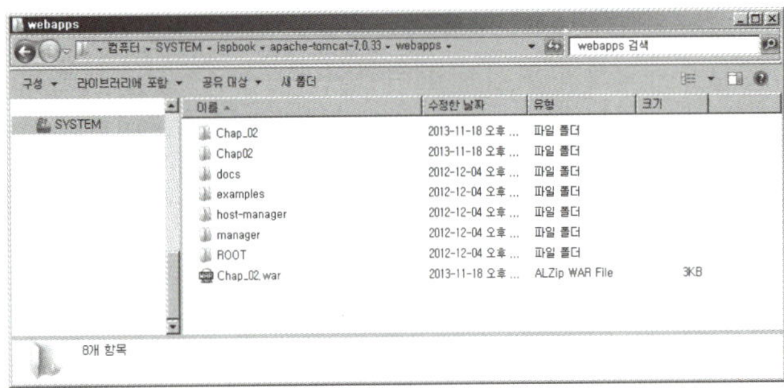

jar 프로그램을 이용하여 생성된 war 파일에는 웹 애플리케이션 제작 시 생성한 파일 외에도 meta-inf 폴더가 함께 생성되며 이는 war 파일 구성에 대한 내용을 포함하는 파일들이 위치한다.

war 파일의 배포

war 파일의 배포는 위에서 다룬 예제와 같이 제작과 배포가 한 번에 이루어지는 경우는 드물다. war 파일의 제작은 다른 웹 컨테이너 폴더에 웹 애플리케이션을 배포하기 위한 과정이므로 일반적으로 war 파일의 제작 대상이 되는 소스 코드가 위치한 경로는 따로 존재하는 경우가 많다. 이 경우 war 파일 제작에 사용되는 방식과 명령어는 위와 동일하지만 생성된 war 파일을 웹 컨테이너가 위치한 폴더 내 webapps 폴더에 복사하는 것만으로 배포 작업은 완료된다. 앞서 알아본 것과 같이 webapps 폴더 내 war 파일을 복사하면 웹 컨테이너는 해당 war 파일을 인식하여 자동으로 war 파일에 해당하는 웹 애플리케이션 폴더를 생성하고 파일들을 위치시킨다.

war 제작과 배포를 통해 생성된 Chap_02 웹 애플리케이션이 정상적으로 동작하는지 테스트해보도록 하자. 웹 애플리케이션 폴더명이 Chap_02로 변경되었으므로 앞서 제작한 HelloJSP.jsp 페이지 및 HelloServlet 서블릿 페이지를 호출할 주소는 "http://localhost:8080\Chap_02\..."가 된다.

아래는 새로 생성된 Chap_02의 HelloJSP.jsp 페이지와 HelloServlet 서블릿 페이지를 각각 호출한 결과이다.

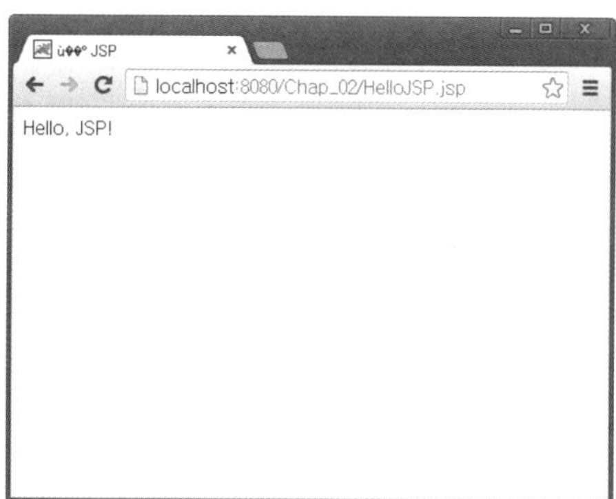

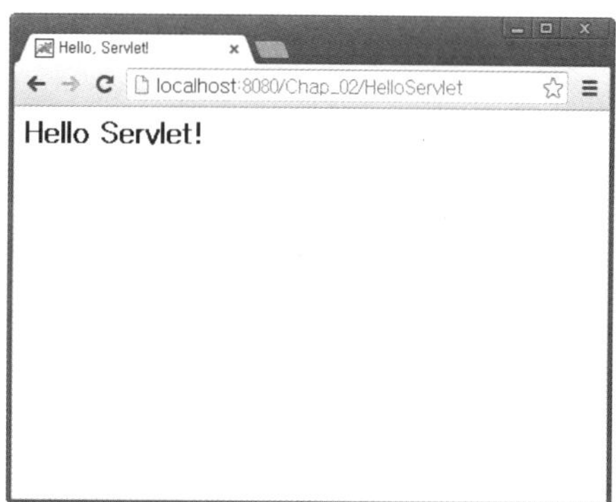

위 결과를 통해 알 수 있듯이 war 파일을 제작해 배포하면 기존에 제작해둔 웹 애플리케이션이 정상적으로 동작하는 것을 확인할 수 있다.

지금까지 Java 개발환경 및 웹 컨테이너인 톰캣을 설치하고 개발환경을 구축하여 웹 애플리케이션을 제작 후 배포하는 과정을 다루어보았다. 웹 서비스 수행에 필요한 모든 과정은 정해진 절차와 방법이 올바르게 진행되었을 경우에만 정상적으로 동작한다. 그러나 앞서 다루었던 예제 제작을 통해 직접 겪어보았듯이 개발환경 구축 이후 JSP 페이지 및 서블릿 페이지의 제작과 등록 및 테스트, 배포에 이르는 과정은 웹 애플리케이션 개발 효율을 떨어뜨릴 수 있을 정도로 번거로운 과정의 연속이다. 따라서 우리는 Java를 이용한 프로그래밍 작업에 큰 도움을 주는 통합 개발환경 툴인 이클립스를 설치하여 진행해 나갈 것이다.

04 | 이클립스(Eclipse) 설치하기

이클립스는 아파치 톰캣과 마찬가지로 오픈 소스 소프트웨어로 개발자들이 무료로 사용할 수 있는 Java 통합 개발환경 툴이다. 이클립스를 이용하면 웹 프로그래밍을 기존 방식에 비해 훨씬 간단하게 진행할 수 있다.

앞서 아파치 톰캣 내 웹 애플리케이션의 파일 구조에 맞추어 서블릿과 JSP 페이지를 제작하여 실행하고 아파치 톰캣을 직접 구동하여 테스트하는 방식은 실제 웹 애플리케이션이 운영되는 구조와 일치하기 때문에 파일의 배포 측면에서는 장점을 가질 수 있다. 그러나 이러한 웹 애플리케이션 제작 방식은 매번 작성한 자바 코드를 컴파일하고 아파치 톰캣을 직접 시동하는 번거로운 작업이 병행되어야 하므로 작업 효율을 떨어뜨리는 원인이 된다. 따라서 지금부터의 학습은 실무에서 프로그래머들이 가장 많이 사용하는 대표적인 Java 통합 개발환경 툴(IDE ; Integrated Development Environment)인 이클립스(Eclipse)를 설치하여 예제 코드를 작성하고 실행해봄으로써 서블릿과 JSP를 이용한 웹 프로그래밍의 학습 효율을 높이고 보다 실무에 근접한 환경을 제공하고자 한다.

4.1 이클립스(Eclipse) 소개

이클립스는 IBM의 WebSpheare Studio Application Developer의 개발이 시초였으며, 2001년 11월 엔진 부분을 공개하여 IBM을 비롯한 8개 회사들에 의해 오픈 소스 프로젝트로 시작되었다. 이클립스 조직은 초기 8개 회사에서부터 거대하게 성장하여 비영리 법인인 이클립스 협회(Eclipse Foundation)에 이르렀으며 기본적으로 Java와 그 외 여러 프로그래밍 언어를 지원하는 프로그래밍 통합 개발환경(IDE ; Integrated Development Environment)으로 시작하였으나 현재는 범용 응용 소프트웨어 플랫폼으로 진화를 거듭했다.

이클립스는 Java로 구현되었으며 무료로 언제 어디서나 사용할 수 있는 자유 소프트웨어임에도 불구하고 신속한 수행 속도, 막강한 기능 제공, 플러그인 사용과 같은 유연한 확장성을 동시에 갖추고 있어 타 프로그래밍 언어에서도 그 입지를 늘려가고 있다.

4.2 이클립스(Eclipse) 설치

이클립스 홈페이지인 'http://www.eclipse.org'에 접속해 상단 메뉴의 [Downloads]를 클릭하여 이클립스 다운로드 메뉴로 이동한다.

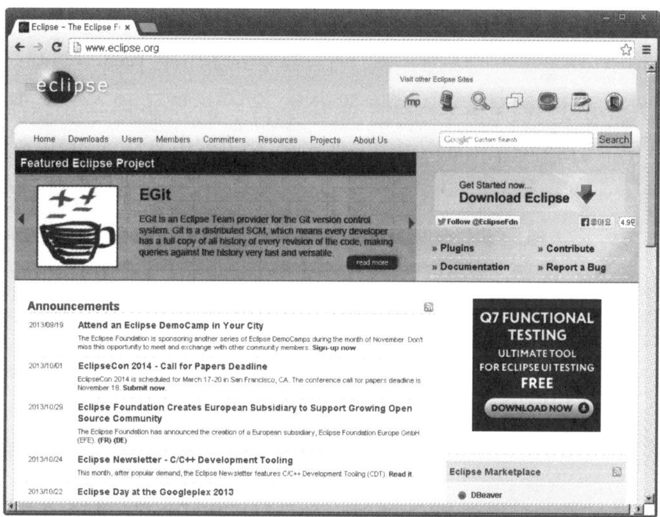

이 책이 집필되는 시점에서 이클립스의 가장 최신 버전은 'Juno'라는 애칭을 가진 4.2 버전이다. 이 책을 보고 있는 시기에 더 최신 버전이 발표되었다면 그 버전을 설치해도 관계없다. 여기서 사용할 이클립스는 웹 애플리케이션 제작에 최적화된 [Eclipse IDE for Java EE Developers]이며, 사용하는 운영체제에 맞는 버전을 다운로드하자.

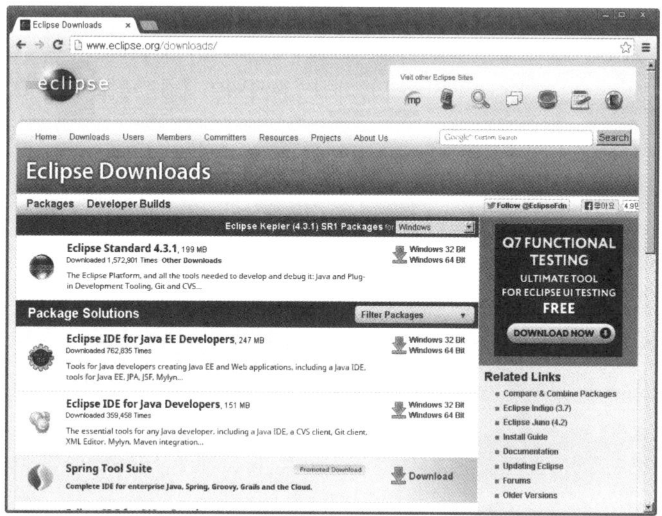

다운로드 받은 파일은 압축 파일로, 별도의 설치가 필요 없으며 압축을 풀어준 경로에서 바로 사용이 가능하다. 앞서 설치했던 아파치 톰캣과 마찬가지로 우리가 만든 프로젝트 폴더(C:\jspbook\) 하위에 바로 압축을 풀도록 하자. eclipse라는 폴더명으로 압축이 풀릴 것이다.

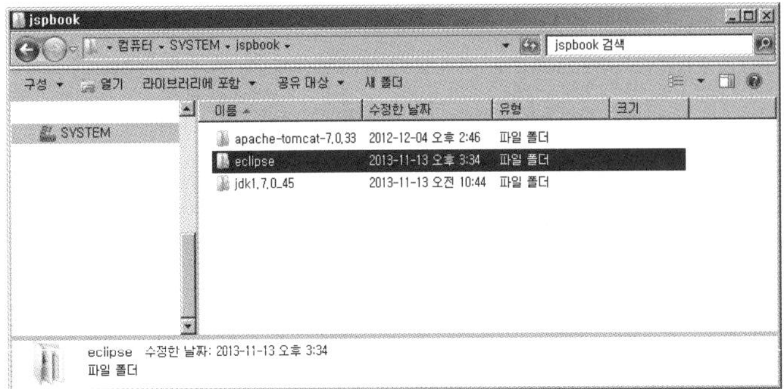

이제 C:\jspbook\eclipse\ 폴더 아래 eclipse.exe 파일을 실행해보도록 하자.

실행이 정상적으로 되었다면 이클립스의 워크스페이스(workspace)를 설정해주어야 한다. 이 워크스페이스는 우리가 이클립스를 통해 만들어 나갈 애플리케이션들의 소스를 비롯하여 해당 애플리케이션이 속한 프로젝트의 여러 정보들이 저장될 장소이다. 워크스페이스 경로를 C:\jspbook\workspace\로 지정하자.

이 책을 통해 학습할 모든 내용들은 이제 이 워크스페이스에 저장될 것이므로 'Use this as the default and do not ask again' 옵션을 선택하여 매번 이클립스 실행 시 워크스페이스를 선택하지 않아도 지정한 워크스페이스를 사용할 수 있도록 해두는 것도 좋은 방법이다.

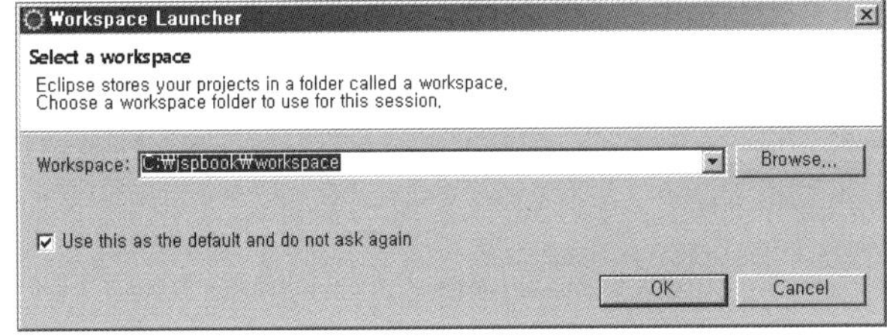

워크스페이스 설정창에서 [OK] 버튼을 클릭하면 이제 이클립스가 실행될 것이다. 우측상단의 [Workbench]를 눌러 작업 화면으로 들어가도록 하자.

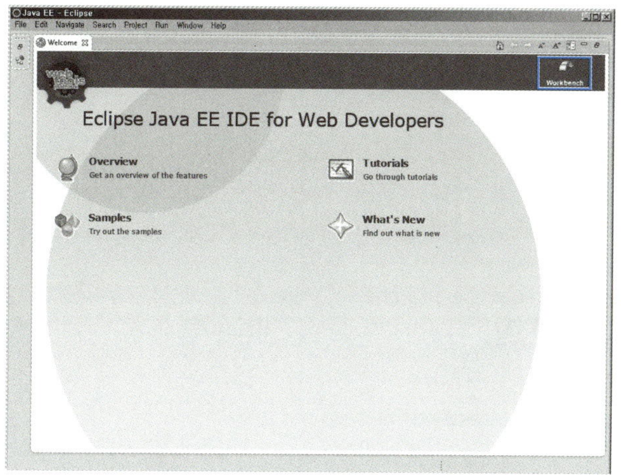

다음과 같은 작업 화면이 나왔다면 이클립스의 설치가 정상적으로 된 것이다. 앞으로 우리가 학습할 모든 내용의 실습은 이클립스를 통해서 구현될 것이다.

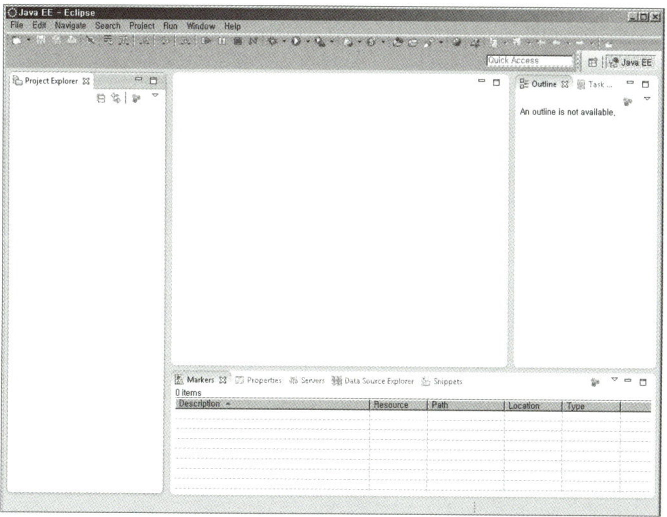

4.3 이클립스(Eclipse)와 아파치 톰캣(Apache Tomcat) 연동

서블릿과 JSP를 이용한 웹 애플리케이션 구현을 위해 아파치 톰캣을 이클립스에 연동해보도록 하자. 이클립스와 아파치 톰캣을 연동하면 웹 어플리케이션 구현과 웹 서버와의 구동이 매우 간편해진다. 우선 이클립스에서 상단 메뉴의 [Window]-[Preferences]를 클릭하자.

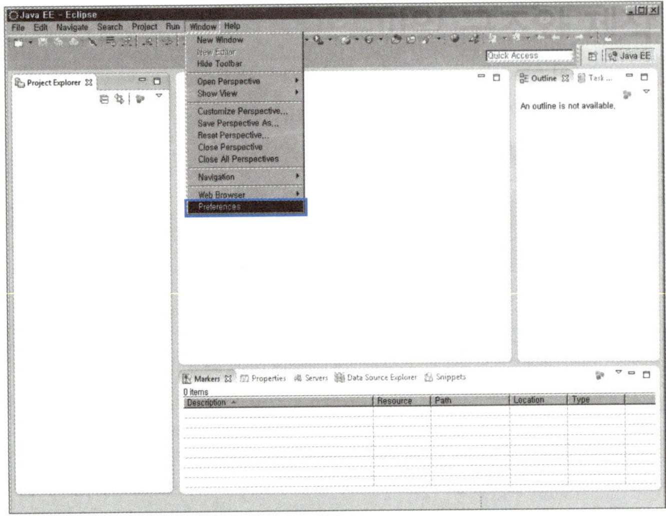

설정창이 나타나면 좌측 메뉴에서 [Server]-[Runtime Environments]를 선택한 후 우측의 [Add...] 버튼을 클릭하자. [New Server Runtime Environment] 창이 나타나면, 설치했던 아파치 톰캣 v7.0 버전을 선택한 후 [Next] 버튼을 클릭한다.

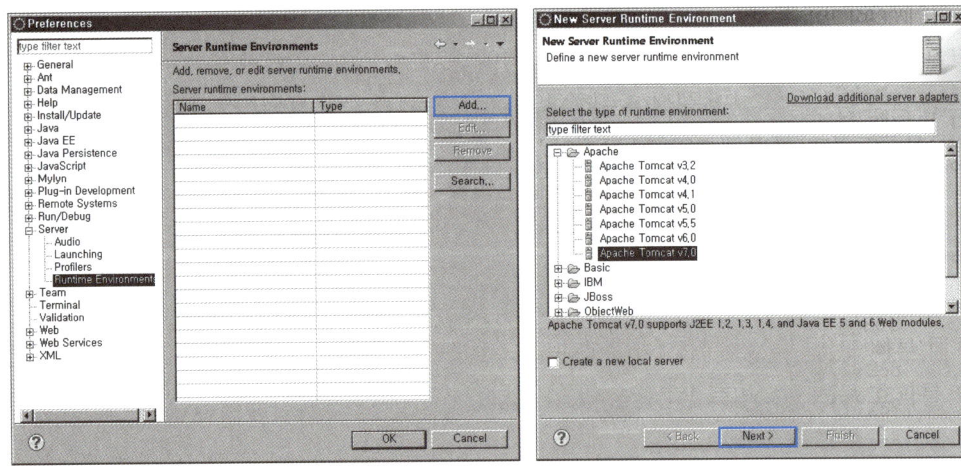

[Tomcat Installation directory]란에는 이클립스와 연동할 톰캣 서버의 경로인 C:\jspbook\apache-tomcat-7.0.33을 설정해준다. 이렇게 이클립스에 톰캣을 연동해두면 기존의 톰캣을 직접 시동하던 방식과는 달리 이클립스에서 바로 웹 애플리케이션 실행이 가능하다. JRE는 Java 언어로 제작된 웹 애플리케이션을 실행할 수 있는 환경을 제공해주며 만약 사용 컴퓨터에 여러 버전의 JRE를 사용한다면 해당 JRE 버전을 선택한다. 앞서 진행과 같이 단일 버전의 JRE만 설치해두었다면 다음과 같이 [Workbench default JRE] 옵션을 선택해준다.

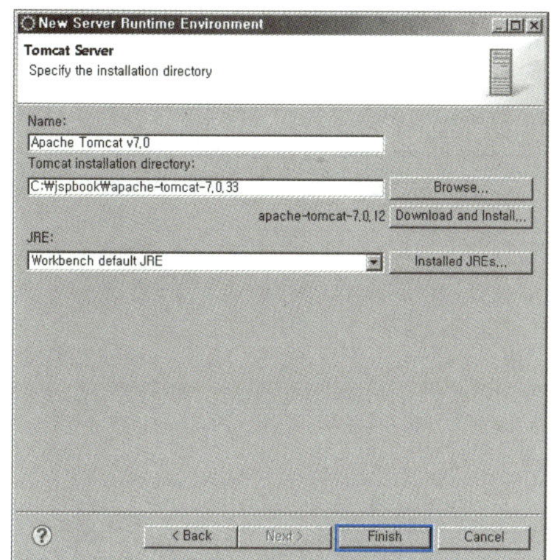

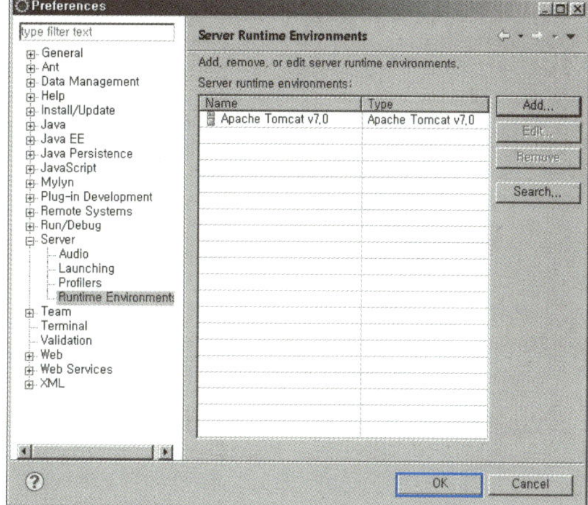

이클립스에 톰캣 설정을 등록한 후 이클립스 하단에 [Servers] 탭을 선택하고 마우스 오른쪽 버튼을 클릭한 후 [New]-[Server]를 선택하면 이클립스에 새로운 웹 서버를 등록할 수 있다. 여기서 등록한 서버를 통해 웹 애플리케이션이 구동될 것이다.

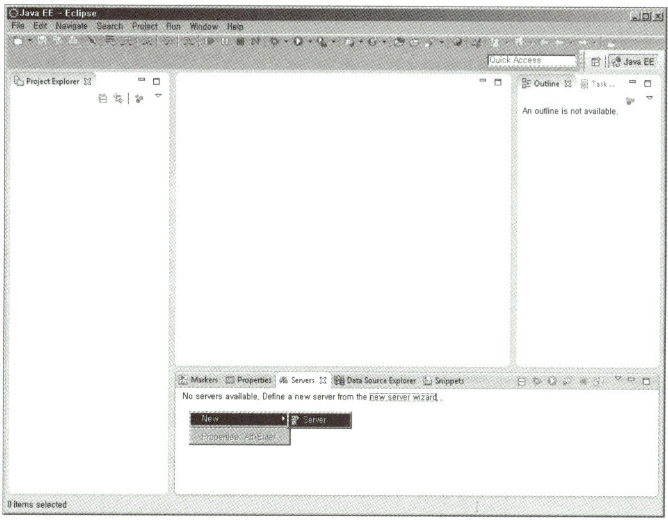

New Server 창에서는 등록할 새 서버의 종류와 서버의 호스트명과 이클립스에서 보여질 서버의 이름을 지정할 수 있다. 앞서 설정한 서버 환경인 [Tomcat v7.0 Server]를 선택하고 [Finish] 버튼을 누른다.

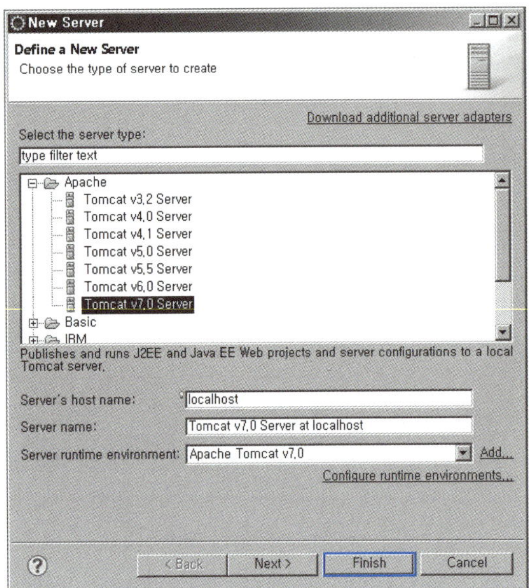

이클립스 좌측의 Project Explorer에 Servers가 생성되고 하단에 Tomcat v7.0 서버가 나타났다면 성공적으로 이클립스와 아파치 톰캣의 연동이 완료된 것이다. 이제 이클립스에서 간단한 JSP 페이지를 제작한 후 이클립스에 연동된 톰캣을 통해 웹 애플리케이션을 구동해보도록 하겠다.

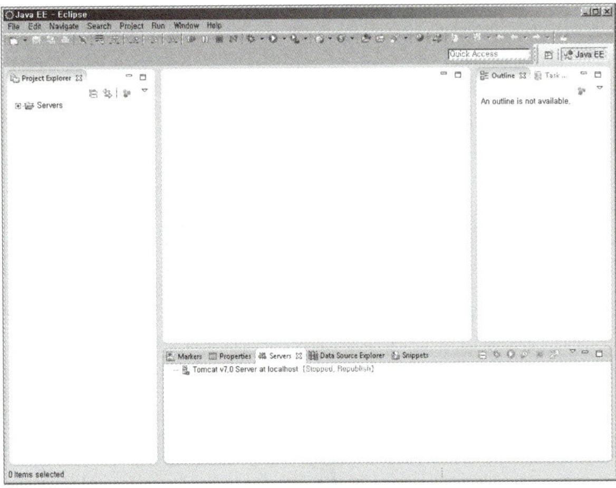

4.4 Hello World 구현

Java 개발을 위한 JDK를 비롯해 통합 개발환경 툴인 이클립스와 웹 애플리케이션 제작을 위한 웹 컨테이너인 아파치 톰캣의 설치 및 연동이 모두 완료되었으므로 간단한 예제를 실행해보도록 하자.

Project Explorer에서 마우스 오른쪽 버튼을 클릭한 후 [New]-[Dynamic Web Project]를 선택하자. Dynamic Web Project는 이클립스에서 동적 웹 애플리케이션 제작을 위해 최적화된 프로젝트 환경을 마련해준다.

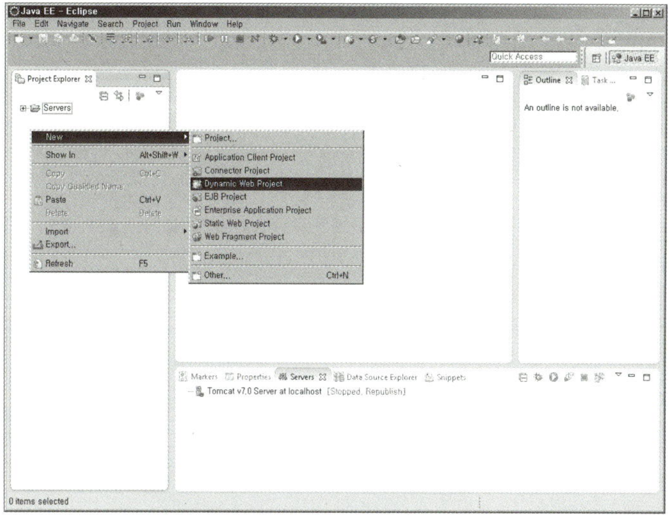

[Project name] 입력란에 'Chap02'라고 입력한 후 [Finish] 버튼을 클릭하자. 여기에 사용한 프로젝트 명은 앞서 다룬 예제들과 마찬가지로 이후 URL 주소가 되며 아래와 같이 사용될 것이다.

```
http://localhost:8080/Chap02/호출될 페이지
```

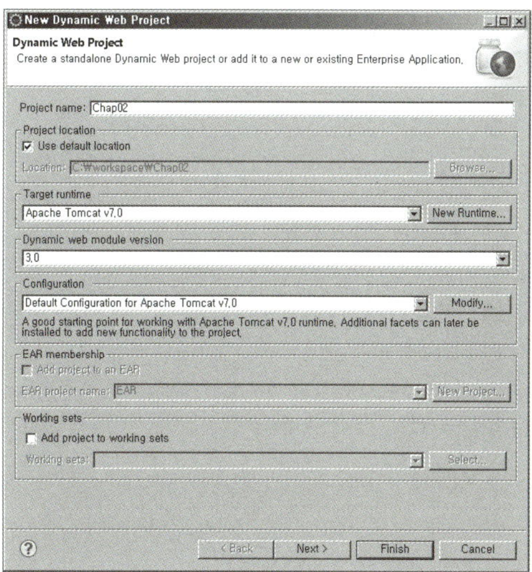

Project Explorer 창에 'Chap02'가 생성되었을 것이다. Chap02 프로젝트를 펼치면 JSP 파일이 위치할 수 있는 [WebContent] 폴더가 보일 것이다. 이 폴더에서 마우스 오른쪽 버튼을 클릭하여 [New]-[JSP File] 메뉴를 선택하자. 톰캣 디렉터리 내 직접 웹 애플리케이션을 구현하는 방식과는 달리 이클립스에서는 웹 애플리케이션을 구성하는 HTML이나 JSP 페이지 등은 모두 WebContent 폴더에 위치한다.

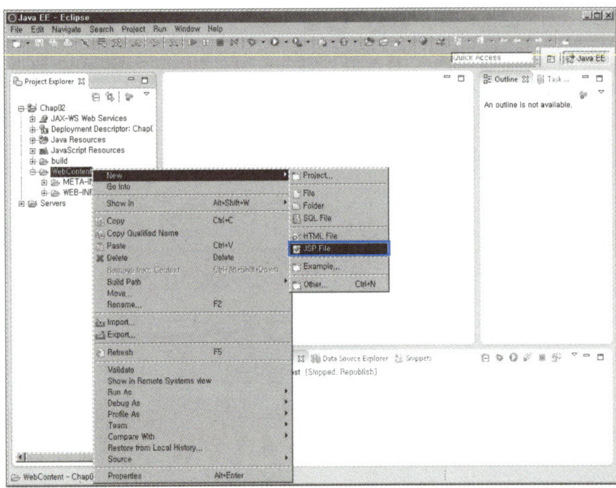

'File name' 입력란에 'HelloEclipse.jsp'를 입력한 후 [Finish] 버튼을 클릭하자.

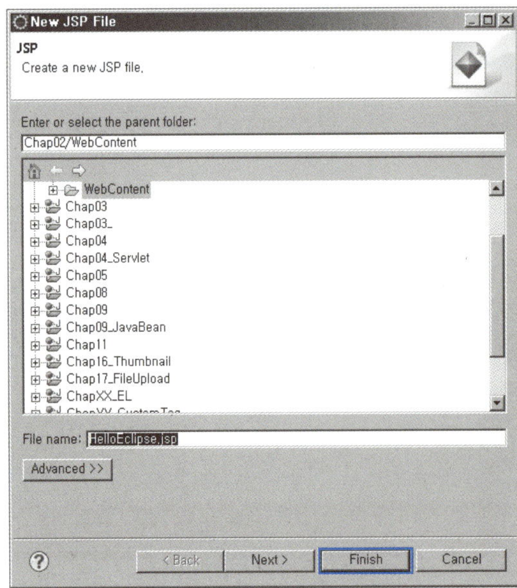

위와 같이 HelloEclipse.jsp 파일을 생성하면 아래와 같이 JSP 페이지의 일부 코드가 작성된 채로 화면에 나타날 것이다.

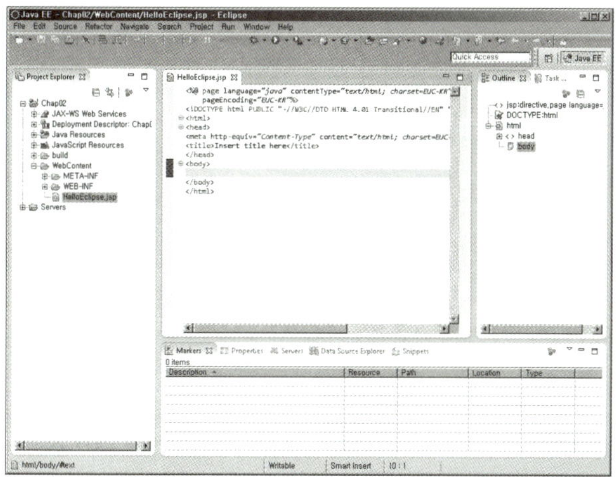

간단한 문자열 출력을 위해 〈body〉 〈/body〉 태그 사이에 "Hello, Eclipse!"를 입력하고 파일을 저장하자. 파일 저장을 위한 단축키 Ctrl + S를 누르거나 상단 메뉴의 [File]-[Save] 메뉴를 선택한다.

SOURCE CODE : HelloEclipse.jsp

```
<%@ page language="java" contentType="text/html; charset=EUC-KR"
  pageEncoding="EUC-KR"%>
<!DOCTYPE html PUBLIC "-//W3C//DTD HTML 4.01 Transitional//EN" "http://www.
w3.org/TR/html4/loose.dtd">
<html>
<head>
<meta http-equiv="Content-Type" content="text/html; charset=EUC-KR">
<title>Insert title here</title>
</head>
<body>
    Hello, Eclipse!
</body>
</html>
```

이제 이클립스에 처음 제작한 위 JSP 페이지를 실행해보도록 하자. Project Explorer의 HelloEclipse.jsp 파일에서 마우스 오른쪽 버튼을 클릭하고 [Run As]-[Run on Server] 메뉴를 선택하자.

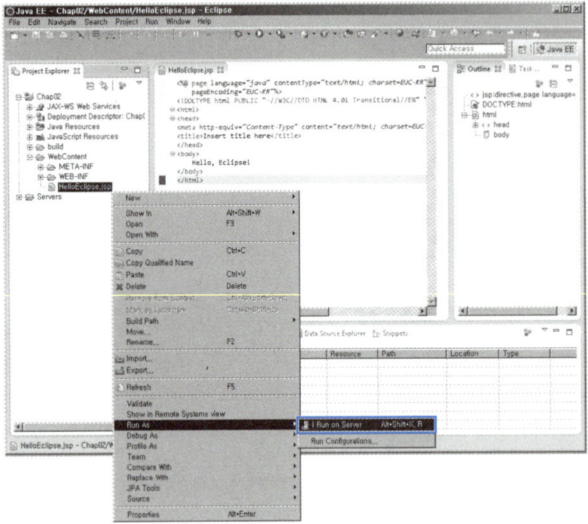

아파치 톰캣을 설치한 후 이클립스와 연동을 완료하였으므로 선택되어 있는 아파치 톰캣을 확인한 후 [Finish] 버튼을 누른다. 아래 [Always use this server when running this project] 옵션을 선택하면 웹 애플리케이션 실행 시 앞서 설정해두었던 톰캣 서버만을 사용하게 되며 서버 선택창이 생략된다. 웹 브라우저에 "Hello, Eclipse!" 문자열이 잘 출력되었다면 톰캣이 연동된 이클립스에서의 웹 애플리케이션 실행이 성공한 것이다. 서블릿과 JSP를 이용한 웹 프로그래밍 세계에 첫발을 내디딘 것을 환영한다.

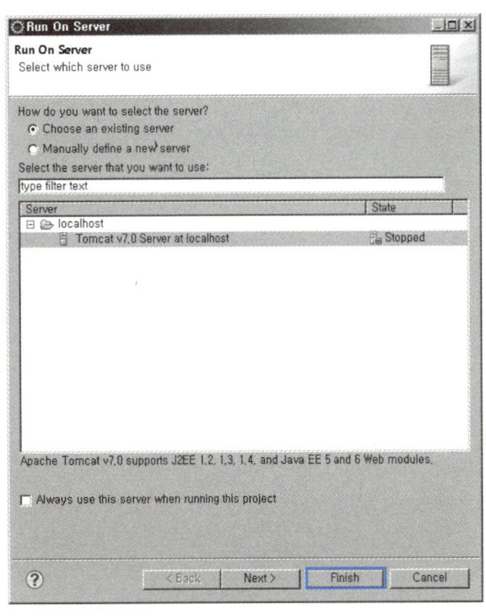

이클립스를 사용하여 웹 애플리케이션 구현 시 앞서 톰캣 폴더에 파일을 직접 생성하여 구현하는 방법과 비교하여 생략되는 작업 및 장점은 다음과 같다.

- 하나의 프로그램 내에서 서블릿/JSP 페이지의 제작 및 톰캣 구동이 가능하므로 테스트 시 톰캣의 시작 종료 시간이 단축된다.
- 서블릿과 같은 자바 클래스의 경우 이클립스 내부에서 구문상의 에러가 없을 경우 자동 컴파일되므로 복잡한 컴파일 명령을 사용하지 않고 바로 코드 실행이 가능하다.
- 테스트 시 원하는 페이지를 클릭하여 바로 웹 브라우저를 통해 실행할 수 있으므로 웹 브라우저에 집적 주소를 입력하는 방식에 비해 시간이 단축된다.
- 이클립스의 뛰어난 자동화 및 에러 검출 기능을 통해 클래스 내부의 코드 변경, 삭제 및 파일명 변경 등에 유연한 대처가 가능하므로 프로그래밍 효율을 향상시킨다.

필자는 크롬을 주 웹 브라우저로 사용하기 때문에 크롬으로 예제가 실행되었다. 이클립스 내부에도 자체 웹 브라우저를 내장하고 있으며 다른 웹 브라우저로 웹 애플리케이션을 실행하려면 이클립스 상단 메뉴의 [Window]-[Web Browser] 메뉴에서 원하는 웹 브라우저를 선택하면 된다. 앞으로 이 책을 통해 실행하는 예제들의 결과는 크롬을 사용할 것이므로 참고하길 바란다.

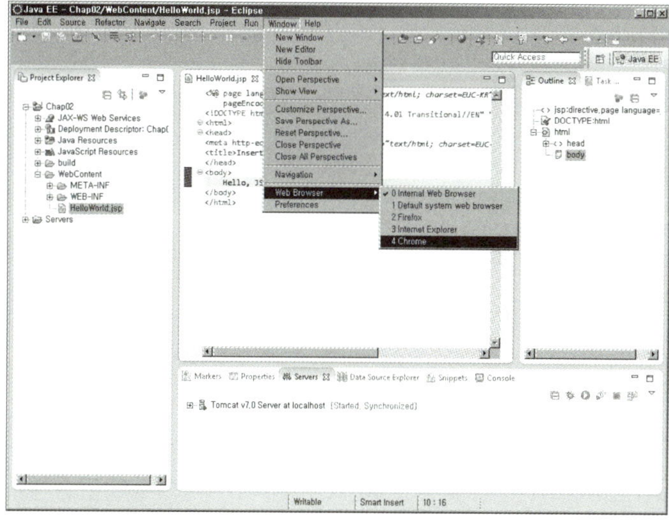

이번 장에서 우리는 웹 프로그래밍에 필요한 개발환경 구축해보았다. 앞으로의 학습은 이클립스를 통해 진행될 것이며, 각 장의 번호가 붙는 'ChapXX' 형태의 이름으로 Dynamic Web Project 명을 생성할 것이다. Java 기반 웹 애플리케이션 개발환경 구축은 필수일 뿐만 아니라 프로젝트의 진행 결과에까지 영향을 줄 수 있는 매우 중요한 과정이다. 이 책의 예제와 개발환경 구축 진행을 눈으로만 보지 말고 반드시 직접 실습해보길 바란다.

CHAPTER 02

Level Up! Coding

01 JDK 및 JRE에 대해 설명하시오.

02 HTTP 서버와 웹 컨테이너에 대해 설명하시오.

03 웹 애플리케이션의 파일 구조에 대해 설명하시오.

04 아파치 톰캣(Apache Tomcat) 외의 다른 웹 컨테이너 제품군에 대해 조사하시오.

03 CHAPTER

Java 기본 문법

서블릿 및 JSP는 모두 Java 언어를 기반으로 동적 웹 애플리케이션을 제작하는 기술이므로 기본적인 Java 문법의 이해가 필수적이다. Java는 Perl, C++과 같은 프로그래밍 언어로 프로그램의 기능 정의를 클래스를 통해 제작하는 객체지향언어이다. 이번 장에서는 서블릿과 JSP에서 사용할 기본적인 Java 문법을 간략히 살펴보도록 하겠다.

01 | 데이터 타입(Data Type)

데이터 타입은 프로그램에서 사용될 특정 값이 어느 종류의 데이터로 분류될 것인지에 대한 기준을 제시하며 데이터가 저장될 메모리 확보를 위한 방법을 제공한다. 데이터 타입을 이야기할 때 늘 함께 등장하는 용어인 변수에 대해 알아보고 Java에서 제공하는 데이터 타입과 사용법에 대해 알아보도록 하자.

1.1 변수(Variable)

프로그램이 그 기능을 다하기 위해서는 '값'을 사용하며 값을 사용하기 위해서는 메모리를 확보해야 한다. Java 프로그래밍에서 메모리를 확보하는 행위는 데이터 타입을 통해서만 가능하며 확보한 메모리를 선택 혹은 사용하기 위해 선언하는 변수는 데이터 타입과 함께 변수명이라 부르는 이름을 붙여주어야 한다.

변수의 선언은 다음과 같이 선언한 변수의 데이터 타입, 변수명, 세미콜론(;) 순서로 선언한다.

```
데이터 타입 변수명;
int a;
char b;
String testString;
TestClass testClass;
```

변수에 값을 할당하는 방법은 다음과 같다.

형태	예
데이터 타입 변수; 변수 = 값;	int a; a = 10;
데이터 타입 변수 = 값;	int a = 10;
데이터 타입 변수1; 변수1 = 변수2;	int a a = b;
데이터 타입 변수1 = 변수2	int a = b;

그럼 변수에 값을 할당하여 출력하는 간단한 예제를 다루어보도록 하자. Variable.jsp 페이지는 자바 변수를 선언하여 데이터 타입에 알맞은 값을 할당한 후 출력하는 기능을 한다. 변수의 사용과 함께 사용되고 있는 out.println( )은 JspWriter 타입의 out 객체에 정의된 메서드로 괄호 안의 변수 혹은 값을 출력하는 기능을 한다. out 객체와 같이 JSP 페이지에서 선언 없이 바로 사용 가능한 요소들을 '내장객체'라 지칭하며 out 내장객체는 응답 출력 스트림과 관련된 기능 및 정보를 담고 있다. out 내장객체 및 JSP 페이지의 작성 방법에 대한 내용은 이후 5장 'JSP 기초' 및 6장 'JSP의 내장객체'에서 자세히 다루도록 하겠다. 지금은 out.println( ) 내에 작성된 내용이 출력됨을 기억하도록 한다.

SOURCE CODE : variable.jsp

```
<%@ page language="java" contentType="text/html; charset=utf-8" %>
<html>
    <head>
        <title>변수 사용</title>
    </head>
    <body>
        <h3>
        <%
            int a = 3;
            int b;
            b = 2;
```

```
            out.println(a + "<br/>");
            out.println(b + "<br/>");
            a = b;
            b = 10;
            out.println(a + "<br/>");
            out.println(b + "<br/>");
        %>
        </h3>
    </body>
</html>
```

최초 int형 변수 a와 b에 각각 3과 2 값을 할당한 후 out.println( ) 메서드를 사용해 각 변수에 할당된 값을 출력한다. 변수에 값을 직접 대입하지 않고도 이후 'a=b'와 같은 방식을 통해 a 변수에 b 변수 값을 대입시킬 수 있다. 위와 같이 특정 변수에 다른 변수에 저장된 값을 대입하고자 할 때는 두 변수의 데이터 타입이 일치하거나 변환이 가능한 관계여야 한다. Variable.jsp를 웹 브라우저에서 호출하면 다음과 같이 변수 a와 b에 먼저 할당한 3과 2가 출력되고 변수 a에 b의 값을 대입한 후 b의 값을 10으로 할당하였으므로 두 번째 출력에서 a는 2, b는 10이 출력됨을 확인할 수 있다.

▲ variable.jsp의 결과 화면

위의 결과에서 알 수 있듯이 JSP 페이지 내에서 사용된 Java 변수들은 기본적으로 하나의 값만 저장이 가능하며 여러 번 값이 할당되었을 경우 마지막에 저장된 하나의 값을 유지한다. Java는 데이터 타입을 엄격하게 구분하는 언어로 숫자 5와 3.14 그리고 "20"은 모두 다른 데이터 타입으로 분류된다. 데이터 타입 중 일반적으로 자주 사용되는 데이터 종류들을 Java에서 미리 정의해 놓았는데 이를 Java의 기본형 데이터 타입(primitive data type)이라고 하며 다음과 같다.

종류	데이터 타입	값	범위	기본값	크기	
					bit	byte
문자형	char	문자 한 글자	\u0000 ~ \uffff	\u0000	16	2
정수형	byte	정수	−128 ~ 127	0	8	1
	short	정수	−32,768 ~ 32,767	0	16	2
	int	정수	−2,147,483,648 ~ 2,147,483,647	0	32	4
	long	정수	−9223372036854775808 ~ 9223372036854775807	0L	64	8
실수형	float	실수	1.40239846E−45F ~ 3.40282347e+38F	0.0F	32	4
	double	실수	4.94065645841246544E−324 ~ 1.79769313486231570E+308	0.0	64	8
논리형	boolean	논리 참/거짓	true, false	false	8	1

(1) 문자형 데이터 타입

자바에서 문자 한 글자를 표현하기 위해 사용하는 데이터 타입은 char이다. char 데이터 타입은 작은따옴표(single quotation)를 아래와 같이 사용하여 표시한다.

```
'a',    'Z',    '가',    '휠',    '9',    '\u0000'
```

작은따옴표 내에 들어갈 수 있는 문자는 단 한 글자뿐이며, 두 개 이상의 글자가 포함되거나 작은따옴표 내 아무 글자도 표시하지 않을 경우 에러가 발생된다. 위 예제의 마지막 '\u0000'은 이러한 형식에 예외적인 경우로 유니코드(Unicode)를 사용하는 방법이며 u 이후의 숫자값은 16진수의 값으로 표현된다.

TIP

유니코드(Unicode)

공식 명칭은 ISO/IEC 10646−1(Universal Multiple−Octet Coded Character Set)이다. 미국의 Apple Computer, IBM, Microsoft 등이 컨소시엄으로 설립한 유니코드(Unicode)는 1990년 첫 버전을 발표하고 1995년 ISO/IEC JTC 1에서 국제표준으로 제정하였다. 컴퓨터 등에서 사용되는 데이터 교환을 원활하게 하기 위해 세계 각국 언어의 문자 1개에 부여되는 값을 16비트로 통일하였다. 세계 각국에서 사용 중인 코드 중 1문자의 값이 영어는 7비트, 비영어 8비트, 한글/일본어는 16비트 값을 가진다. 최대 수용 문자 수는 65,536자이며 38,885자는 주요 국가 언어 구현 용도로 할당되어 있고 한자는 약 40%, 한글은 약 17% 정도를 차지하고 있다.

이제 JSP 페이지에서 char 데이터 타입을 사용해보자. 아래 char.jsp 페이지는 char 타입의 변수를 선언하고 다양한 방식으로 'a' 값을 할당한 후 출력하는 예제이다. char 데이터 타입은 기본적으로 작은따옴표를 사용하여 표시하게 된다.

SOURCE CODE : char.jsp

```
<%@ page language="java" contentType="text/html; charset=utf-8" %>

<html>
    <head>
        <title>char 데이터 타입</title>
    </head>
    <body>
        <%
            char a1 = 'a';
            char a2 = '\u0061';
            char a3 = 0x0061;
            char a4 = 97;

            out.print(a1);
            out.print("<hr/>");
            out.print(a2);
            out.print("<hr/>");
            out.print(a3);
            out.print("<hr/>");
            out.print(a4);
            out.print("<hr/>");
        %>
    </body>
</html>
```

char.jsp 페이지를 호출하면 값의 할당 방식은 달랐지만 출력되는 변수의 값은 모두 동일하게 'a'로 출력된다.

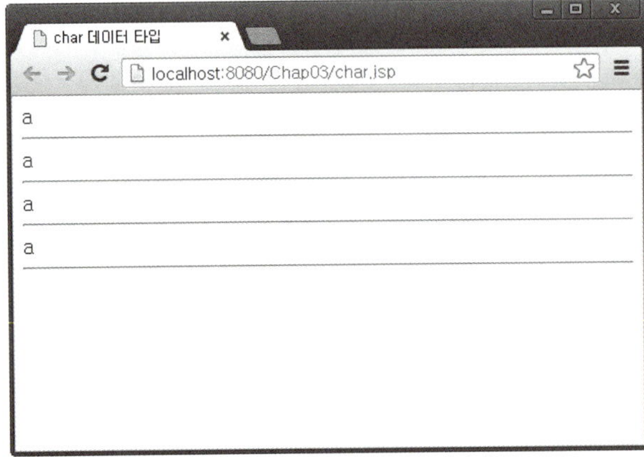

▲ char.jsp의 결과 화면

만약 작은따옴표 문자가 변수에 할당해야 할 문자일 경우 Java에서 제공하는 이스케이프 문자(escape character)인 역슬래시(back slash)를 사용할 수 있다. 작은따옴표를 표시하기 위한 이스케이프 문자의 사용 방법은 아래와 같다.

```
char singleQuotation = ‘\’
```

이 외에도 특수문자를 표시하기 위해서는 아래와 같이 역슬래시를 사용할 수 있다.

표시될 문자	사용 방법
\ (back slash)	\\
탭(Tab)	\t
새 줄(New Line)	\n
캐리지 리턴 (Carriage Return)	\r
쌍 따옴표 (Double Quotation)	\”

위 표에 명시된 이스케이프 문자를 이용하여 특수문자들을 출력하는 예제를 작성해보자.

SOURCE CODE : EscapeChar.jsp

```
<%@ page language="java" contentType="text/html; charset=utf-8" %>

<html>
    <head>
        <title>이스케이프 문자 출력</title>
    </head>
    <body>
        <%
            char backSlash = '\\';
            char tab = '\t';
            char newLine = '\n';
            char carriageReturn = '\r';
            char doubleQuotation = '\"';

            out.print("역슬래시 테스트 : ");
            out.print(backSlash);
            out.print("테스트 종료 ");
            out.print("<hr/>");

            out.print("탭 테스트 : ");
            out.print(tab);
            out.print("테스트 종료 ");
            out.print("<hr/>");

            out.print("새 줄 테스트 : ");
            out.print(newLine);
            out.print("테스트 종료 ");
            out.print("<hr/>");

            out.print("캐리지 리턴 테스트 : ");
            out.print(carriageReturn);
            out.print("테스트 종료 ");
            out.print("<hr/>");

            out.print("쌍 따옴표 테스트 : ");
            out.print(doubleQuotation);
            out.print("테스트 종료 ");
            out.print("<hr/>");
        %>
    </body>
</html>
```

EscapeChar.jsp 페이지를 호출하면 다음과 같은 결과를 얻을 수 있다. 결과 화면에는 우리가 사용한 특수 문자들이 작은따옴표, 큰따옴표, 역슬래시 문자를 제외하고는 제대로 적용되지 않고 있음을 알 수 있는데 이는 HTML 페이지의 특성 때문이다. HTML 페이지는 첫 장에서 언급한 대로 출력에 관련된 많은 부분을 태그에 의존하므로 HTML 페이지를 제작할 때 사용되는 문자열의 줄 바꿈 문자나 띄어쓰기만으로는 출력 내용의 설정이 제한적이다.

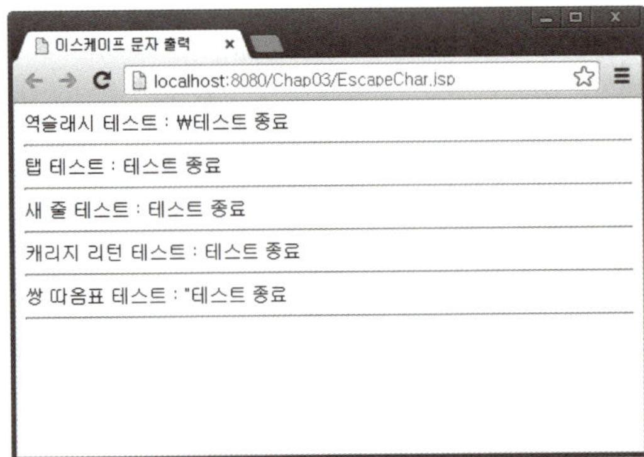

▲ EscapeChar.jsp의 결과 화면

특수문자는 아래와 같이 응답으로 전송되는 HTML 페이지의 구성 문자열 자체에 적용된다. 아래와 같이 웹 브라우저의 페이지 소스 보기 기능을 사용하여 현재 결과 화면의 소스 구성을 확인해보자.

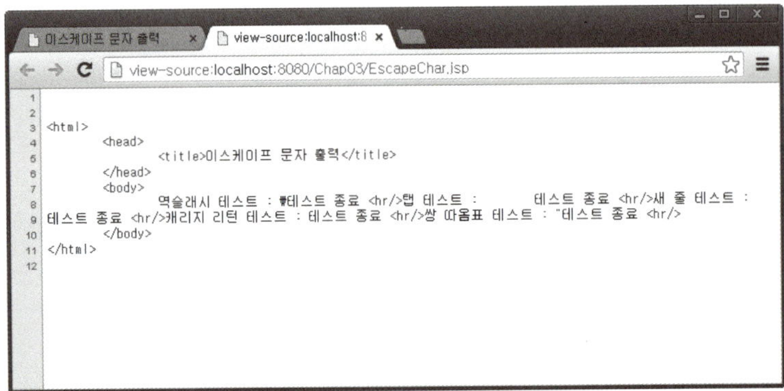

▲ EscapeChar.jsp 결과 화면의 소스 보기 화면

페이지 소스 보기 화면 내 코드에서는 Java 문법을 통해 작성했던 탭, 띄어쓰기, 줄 바꿈 등 특수문자가 적용되었음을 알 수 있다. 웹 브라우저는 HTML 페이지 소스 내부의 탭 띄어쓰기나 줄 바꿈 문자를 적용하지 못하므로 출력 내용의 조작은 〈br〉과 같은 태그를 이용해야 한다.

(2) 정수형 데이터 타입

Java에서 지원하는 정수형 데이터 타입은 byte, short, int, long 네 가지이다. 이 중 웹 프로그래밍에서 가장 많이 사용되는 정수형 데이터 타입은 int이며 나머지 타입의 사용 빈도는 int에 비해 비교적 낮은 편이다. 정수형 데이터 타입의 값은 양수, 음수, 0을 포함하며 소수점과 소수점 이하의 숫자가 포함될 수 없다. long 타입의 값은 숫자 뒤에 L 혹은 l을 붙여 사용하는 것이 원칙이지만 long 타입 변수에 값을 할당할 때는 생략할 수 있다. 각 타입별 값의 범위는 앞서 보았던 기본형 데이터 타입 표를 참조하고 Java에서 지원하는 정수형 데이터 타입의 종류별 사용 예제를 살펴보도록 하자. integer.jsp는 정수형 데이터 타입 각각의 변수를 선언하고 값을 할당하여 출력하는 기능을 수행한다.

SOURCE CODE : integer.jsp

```
<%@ page language="java" contentType="text/html; charset=utf-8" %>

<html>
    <head>
        <title>정수형 데이터타입</title>
    </head>
    <body>
        <h3>
        <%
            int intNum1 = -391;
            int intNum2 = 0;
            int intNum3 = 695431;
            int intNum4 = (int) 3.14;
            out.print(intNum1 + "<br/>");
            out.print(intNum2 + "<br/>");
            out.print(intNum3 + "<br/>");
            out.print(intNum4 + "<hr/>");

            byte byteNum1 = 3;
            byte byteNum2 = (byte) 103444;
            out.print(byteNum1 + "<br/>");
            out.print(byteNum2 + "<hr/>");

            short shortNum1 = 66;
            short shortNum2 = (short) 36912345;
            out.print(shortNum1 + "<br/>");
            out.print(shortNum2 + "<hr/>");
```

```
            long longNum1 = 315;
            long longNum2 = 9876543210L;
            out.print(longNum1 + "<br/>");
            out.print(longNum2 + "<hr/>");
        %>
        </h3>
    </body>
</html>
```

integer.jsp 페이지를 호출하면 아래와 같이 각 정수형 데이터 타입 변수들이 출력됨을 확인할 수 있다. 변수 출력 시 할당한 값이 그대로 출력되는 경우도 있고 아닌 경우도 있을 것이다. 이는 변수의 데이터 타입에 따른 저장 가능한 값의 범위 때문이다.

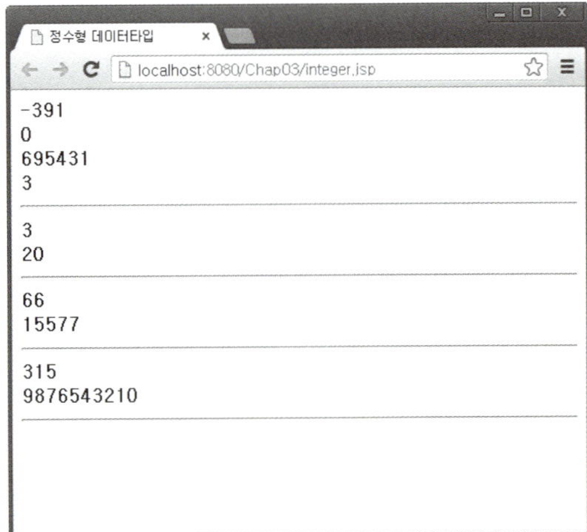

▲ integer.jsp의 결과 화면

instNum4 변수의 경우 정수형 데이터 타입 변수임에도 소수점을 가진 3.14 값을 할당하고 있으며 이렇게 데이터 타입이 맞지 않는 값을 바로 할당하면 에러가 발생한다. 따라서 값 할당 이전에 (int)를 기재하여 데이터 타입에 맞게 변환해주는 작업이 필요하다. 이를 '형 변환'이라고 한다. 형 변환에 대해서는 뒤에서 살펴볼 것이다. byteNum2과 shortNum2 변수의 경우 변수에 할당한 값과 다른 값이 출력되는데 이는 byte와 short 데이터 타입의 범위를 넘어서는 값을 저장하여 발생한 현상이다. 따라서 정수형 데이터 타입을 사용할 때는 저장할 값이 변수의 데이터 타입에 적당한 범위의 값인지를 먼저 생각해야 한다.

(3) 실수형 데이터 타입

Java에서는 소수점이 포함된 숫자 표현의 사용을 위해 실수형 데이터 타입 double과 float을 제공하고 있다. 실수형 데이터는 Java에서 기본적으로 double 타입으로 인식되므로 일반적으로 double 타입이 float 타입에 비해 많이 사용된다.

아래 double 타입과 float 타입을 사용하여 출력하는 예제를 살펴보도록 하자. float 데이터를 표현할 때는 숫자 뒤에 F나 f를 대소문자에 관계없이 붙여줌으로써 float 타입의 데이터임을 명시해주어야 한다. 정수와 소수점 이하 숫자를 표현할 때 정수 측이 0일 경우 doubleNum4 변수처럼 소수점 왼쪽의 정수 부분을 생략할 수 있고, 소수점 이하 부분이 0일 경우 doubleNum5 변수에 값을 할당하듯이 소수점만을 찍어줄 수도 있다.

SOURCE CODE : realnumber.jsp

```
<%@ page language="java" contentType="text/html; charset=utf-8" %>

<html>
    <head>
        <title>실수형 데이터타입</title>
    </head>
    <body>
        <h3>
        <%
            double doubleNum1 = 3.14;
            double doubleNum2 = 365;
            double doubleNum3 = 1.0;
            double doubleNum4 = .5;
            double doubleNum5 = 92.;

            out.print(doubleNum1 + "<br/>");
            out.print(doubleNum2 + "<br/>");
            out.print(doubleNum3 + "<br/>");
            out.print(doubleNum4 + "<br/>");
            out.print(doubleNum5 + "<hr/>");

            float floatNum1 = 3.14f;
            float floatNum2 = 3.14F;
            out.print(floatNum1 + "<br/>");
            out.print(floatNum2 + "<hr/>");
        %>
        </h3>
    </body>
</html>
```

realnumber.jsp 페이지의 실행 결과는 다음과 같다. float 데이터 타입 변수에 값을 할당할 때는 'F', 'f'를 붙여 float형 값임을 명시하지만 출력되는 값은 일반 실수값과 동일하게 표현된다. doubleNum2에는 '365'라는 정수값을 지정하였지만, 출력 시 소수점 부분까지 함께 출력됨을 확인하도록 하자.

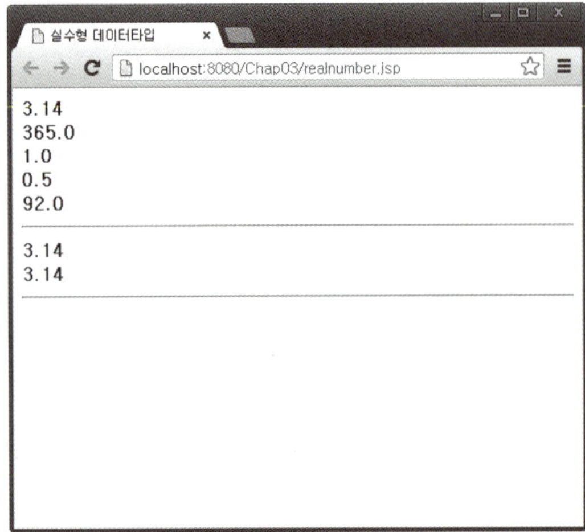

▲ realnumber.jsp의 결과 화면

실수형 데이터 타입은 일상생활에서 사용되는 범위보다 월등히 큰 숫자를 표현하기 위해 지수 형태의 사용을 함께 지원한다. 변수의 출력방식은 동일하며 다음과 같이 10의 승수를 'e숫자' 형태로 표현해줄 수 있으므로 참고하길 바란다.

SOURCE CODE : exponentialnumber.jsp

```
<%@ page language="java" contentType="text/html; charset=utf-8" %>

<html>
    <head>
        <title>실수형 데이터타입의 지수형태</title>
    </head>
    <body>
        <h3>
        <%
            double doubleNum1 = 3.14e3;
            double doubleNum2 = 3.14e9;
            out.print(doubleNum1 + "<br/>");
            out.print(doubleNum2 + "<hr/>");

            float floatNum1 = 3.14e3f;
```

```
                float floatNum2 = 3.14e9f;
                out.print(floatNum1 + "<br/>");
                out.print(floatNum2 + "<hr/>");
            %>
            </h3>
        </body>
    </html>
```

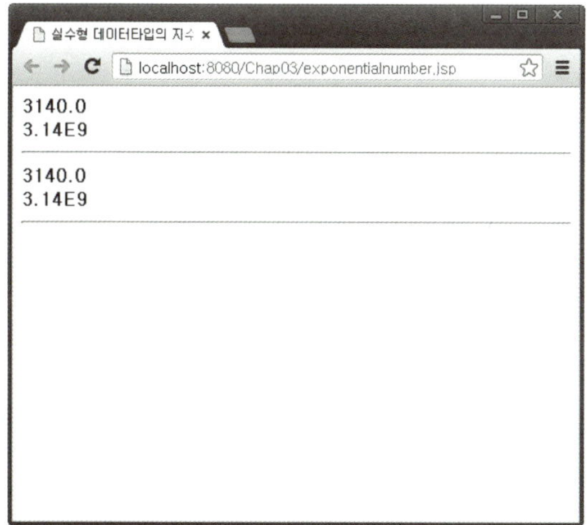

▲ exponentialnumber.jsp의 결과 화면

(4) 논리형 데이터 타입

Java에서는 논리적 참과 거짓을 나타내는 true와 false 값이 존재하며 이러한 논리형 데이터 표시를 위해 제공되는 데이터 타입은 boolean이다. 일반적으로 어떤 특정 조건을 만족하는지의 여부를 확인하거나 반복문의 반복 조건 혹은 종료 시점의 기준으로 자주 사용된다.

다음은 논리형 데이터 타입인 boolean 변수를 선언하고 int형 변수의 값들을 비교한 결과를 대입하여 출력하는 예제이다. 정수형 데이터 타입인 num1과 num2를 선언하여 값을 할당한 후 num1과 num2에 할당된 값의 대소 비교를 통해 결과값이 true인지 false인지를 출력하게 될 것이다.

SOURCE CODE : boolean.jsp

```
<%@ page language="java" contentType="text/html; charset=utf-8" %>

<html>
    <head>
        <title>논리형 데이터타입</title>
    </head>
    <body>
        <h3>
        <%
            int num1 = 3;
            int num2 = 10;

            boolean bool;

            bool = (num1 < num2);
            out.print(bool + "<hr/>");

            bool = (num1 > num2);
            out.print(bool + "<hr/>");
        %>
        </h3>
    </body>
</html>
```

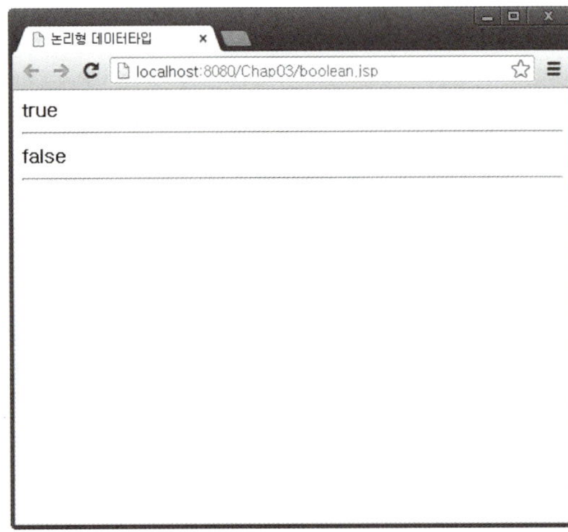

▲ boolean.jsp의 결과 화면

boolean.jsp 페이지의 실행 결과는 왼쪽과 같다. num1과 num2 변수에 저장된 값들의 비교를 통해 num1의 값이 num2의 값 미만인지에 대한 결과값은 true로, 반대의 경우는 false로 참과 거짓을 구분하여 bool 변수 안에 값이 할당되었음을 알 수 있다.

boolean 데이터 타입은 비교 연산자 및 조건문과 반복문에 이르기까지 다양하게 활용되므로 이후 더 구체적으로 활용하는 방법을 알아보도록 하겠다.

1.2 형 변환(Type Conversion)

타입 변환 또는 타입 캐스팅으로도 불리는 형 변환은 어떤 데이터 타입의 값을 다른 데이터 타입으로 바꾸어 사용함을 의미한다. 데이터 타입을 엄격하게 구분하는 Java는 비슷하게 느껴지는 데이터 타입의 값이라 할지라도 실제 데이터 타입이 맞지 않을 경우 에러가 발생된다. 다음은 데이터 타입에 맞지 않는 데이터를 넣어 강제로 에러를 발생시키는 예제이다.

SOURCE CODE : TypeConversionError.jsp

```
<%@ page language="java" contentType="text/html; charset=utf-8" %>

<html>
    <head>
        <title>실수형 데이터타입</title>
    </head>
    <body>
        <h3>
        <%
            int errNum = 3.14;
            out.print(errNum);
        %>
        </h3>
    </body>
</html>
```

위 예제를 웹 브라우저에서 실행하면 아래와 같이 에러가 발생한다.

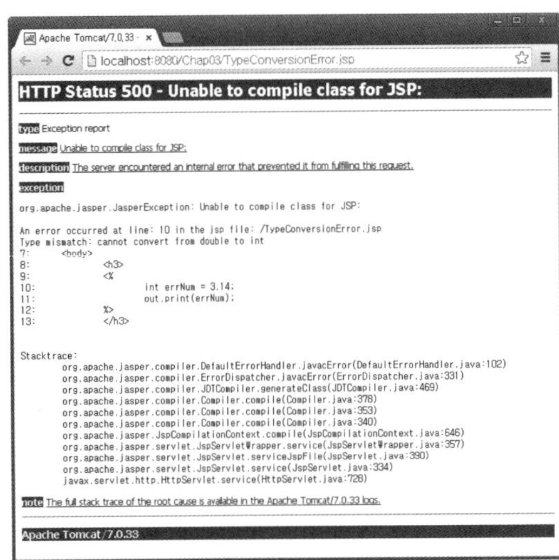

▲ TypeConversionError.jsp의 결과 화면

위 예제는 int형 데이터 타입의 변수에 실수 3.14를 대입하여 에러가 발생했다. 이렇듯 데이터 타입에 따른 값의 할당이 적절히 사용되지 않을 경우 에러가 발생할 수 있다. 그러나 데이터 타입이 일치하지 않음에도 값을 할당해야 할 경우 형 변환을 사용하여 값을 할당해 주면 프로그램의 에러 발생 없이 유연한 동작이 가능하다. 형 변환의 종류는 크게 암시적 형 변환(Implicit Type Conversion)과 명시적 형 변환(Explicit Type Conversion) 두 가지로 나눌 수 있다.

(1) 암시적 형 변환(Implicit Type Conversion)

암시적 형 변환은 어떤 값을 데이터 타입이 다른 변수에 할당할 때 자동으로 데이터 타입이 변환되어 적용되는 방식을 가리킨다. 예를 들어 A와 B라는 데이터 타입 두 개가 있고 B라는 데이터 타입이 A가 가질 수 있는 데이터를 모두 포함할 수 있어 상대적으로 범위가 더 넓은 경우 A타입의 값을 B타입의 변수에 할당할 때는 암시적 형 변환이 일어나 변수에 할당되는 값이 자동으로 B타입으로 변환된다.

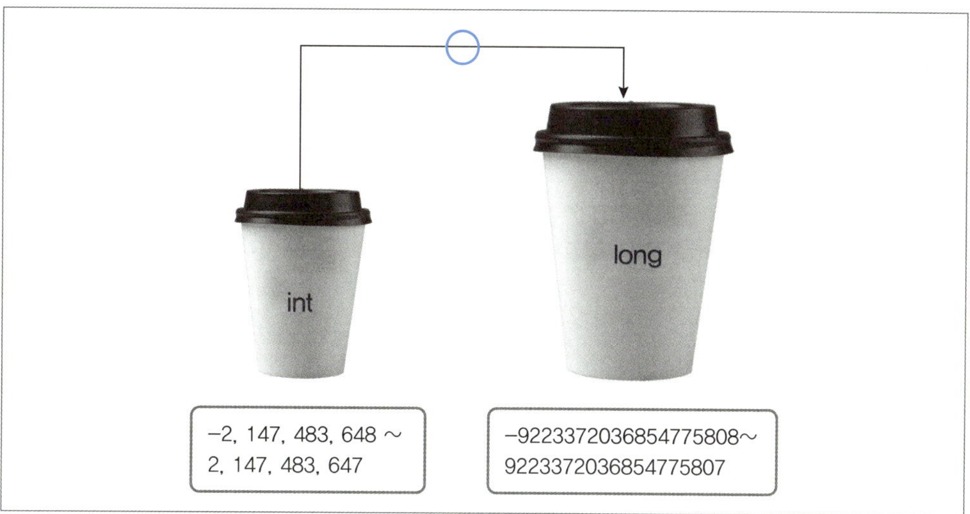

▲ 상대적으로 작은 범위를 가지는 데이터 타입의 값을 더 큰 범위의 데이터 타입에 대입할 때는 자동 형 변환이 가능하다.

Java에서 사용되는 기본형 데이터 타입들 중 숫자를 표현하는 데이터 타입들의 범위는 아래에서 볼 수 있듯이 실수를 표현하는 double 타입이 가장 크고 정수를 표현하는 byte 타입이 가장 작다.

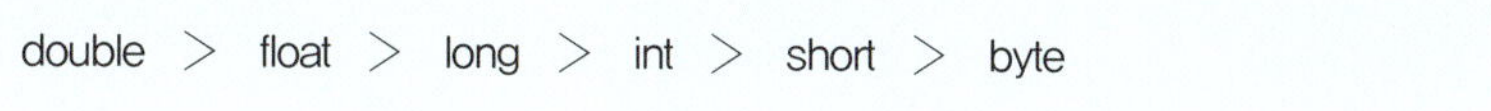

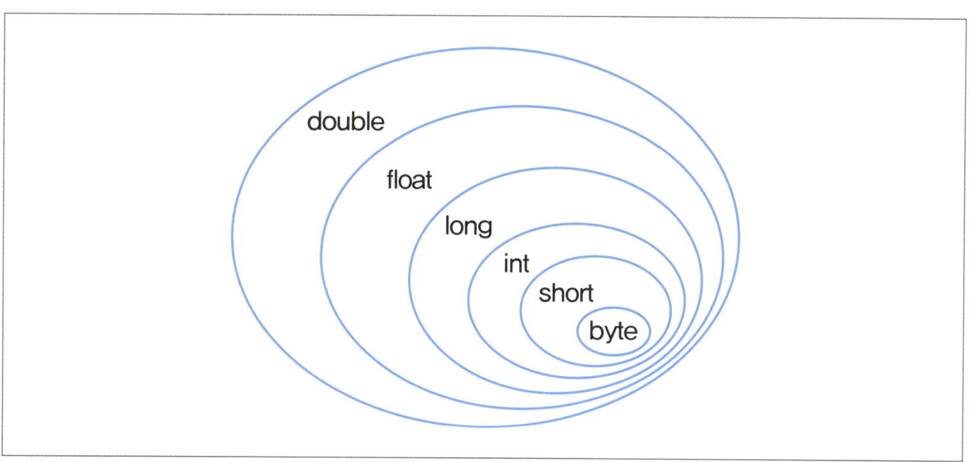

▲ Java 숫자형 데이터 타입의 범위 비교

이제 이러한 암시적 형 변환이 일어나는 예제를 구현해보자. 앞서 보았던 여러 숫자형 데이터 타입 변수의 범위 크기에 따라 값을 할당하여 자동으로 형 변환이 일어나는 코드를 작성할 것이다.

SOURCE CODE : ImplicitTypeConversion.jsp

```
<%@ page language="java" contentType="text/html; charset=utf-8" %>

<html>
    <head>
        <title>암시적 형변환</title>
    </head>
    <body>
        <%
            byte byteNum = 100;
            out.print("byte : " + byteNum + " <hr/>");

            short shortNum = byteNum;
            out.print("short : " + shortNum + " <hr/>");

            int intNum = shortNum;
            out.print("int : " + intNum + " <hr/>");

            long longNum = intNum;
            out.print("long : " + longNum + " <hr/>");

            float floatNum = longNum;
            out.print("float : " + floatNum + " <hr/>");

            double doubleNum = floatNum;
            out.print("double : " + doubleNum + " <hr/>");
        %>
    </body>
</html>
```

위의 소스 코드는 byte 타입의 값을 먼저 할당하고 그 값을 short 타입으로 그리고 short 타입으로 저장된 변수의 값을 다시 int 타입, long 타입, float 타입, double 타입에 계단식으로 할당하는 예제이다. 예제 실행 시 다음과 같은 결과를 얻을 수 있다.

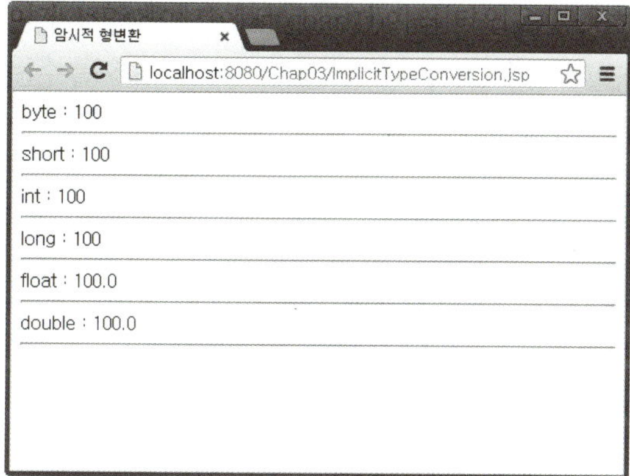

▲ 암시적 형 변환 결과 화면

범위가 상대적으로 작은 데이터 타입의 값이 더 큰 데이터 타입의 변수에 할당될 경우 형 변환에 대한 코드가 프로그램에 작성되어 있지 않아도 암시적 형 변환이 일어나 에러 없이 값이 할당된다.

(2) **명시적 형 변환**(Explicit Type Conversion)

명시적 형 변환은 암시적 형 변환과는 반대로 데이터 타입의 변환을 소스 코드로 명시해주는 방식을 가리킨다. 명시적 형 변환은 작성 방법뿐만 아니라 적용되는 상황에서도 암시적 형 변환과 상반된다. 즉, 명시적 형 변환은 서로 다른 데이터 타입을 가진 값을 변수에 할당하려 할 때 값의 타입이 변수의 타입보다 범위가 큰 데이터 타입일 경우에 사용된다.

▲ 상대적으로 큰 범위를 가지는 데이터 타입의 값을 더 작은 범위의 데이터 타입에 대입할 때는 데이터 타입의 변환을 명시적으로 구현해주어야 한다.

명시적 형 변환이 수행되기 위해서는 아래와 같이 변수에 할당할 대상 앞에 변환되어야 할 타입을 괄호 '( )'로 묶어 명시해주어야 한다.

변수 = (변환될 데이터 타입) 할당될 값 혹은 값이 저장된 변수

이제 Java에서 제공하는 숫자 데이터 타입들을 이용하여 명시적 형 변환을 수행하는 예제를 살펴보도록 하자. 이번 예제는 앞서 사용했던 암시적 형 변환 방향을 반대로 진행하도록 해보겠다.

SOURCE CODE : ExplicitTypeConversion.jsp

```
<%@ page language="java" contentType="text/html; charset=utf-8"%>

<html>
    <head>
        <title>명시적 형변환</title>
    </head>
    <body>
        <%
            double doubleNum = 3.14159265358979323846;
            out.print("double : " + doubleNum + " <br/>");

            float floatNum = (float) doubleNum;
            out.print("float : " + floatNum + " <br/>");

            long longNum = (long) floatNum;
            out.print("long : " + longNum + " <br/>");

            int intNum = (int) longNum;
            out.print("int : " + intNum + " <br/>");

            short shortNum = (short) intNum;
            out.print("short : " + shortNum + " <br/>");

            byte byteNum = (byte) shortNum;
            out.print("byte : " + byteNum + " <hr/>");

            double doubleNum2 = 987654.321;
            out.print("double : " + doubleNum2 + " <br/>");
```

```
            float floatNum2 = (float) doubleNum2;
            out.print("float : " + floatNum2 + " <br/>");

            long longNum2 = (long) floatNum2;
            out.print("long : " + longNum2 + " <br/>");

            int intNum2 = (int) longNum2;
            out.print("int : " + intNum2 + " <br/>");

            short shortNum2 = (short) intNum2;
            out.print("short : " + shortNum2 + " <br/>");

            byte byteNum2 = (byte) shortNum2;
            out.print("byte : " + byteNum2 + " <hr/>");
        %>
    </body>
</html>
```

위의 소스 코드를 웹 브라우저에서 실행하면 다음과 같은 결과를 얻을 수 있다. 위 예제에서 처음 할당했던 3.14159265358979323846 값은 double 데이터 타입으로는 정확히 출력되었으나 float에서는 소수점 7번째 자리까지만, long 데이터 타입부터는 정수로만 출력되는 것을 확인할 수 있다. 이는 long 데이터 타입이 소수점 이하를 표현할 수 없는 범위의 데이터만 표현이 가능하기 때문에 데이터 타입을 강제로 맞추면서 값의 손실이 일어난 것이다.

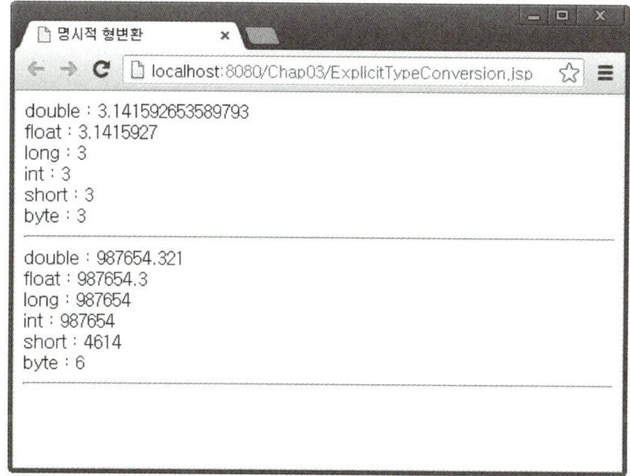

▲ 명시적 형 변환 결과 화면

마찬가지로 두 번째 987654.321 값의 경우도 long 데이터 타입부터는 소수점 이하 숫자가 없는 정수로 표현되며 int에서 short로 데이터를 명시적 형 변환을 사용해 대입할 경우 우리가 기대한 값이 출력되지 않는 것을 확인할 수 있다. short와 byte 타입으로의 변환에서도 동일한 문제가 발생하는데 이는 987654와 4614의 값들이 short 및 byte 데이터 타입의 유효 범위를 넘어서는 값이기 때문이다. 그러므로 명시적 형 변환 사용 시 값의 손실이 발생할 수 있다는 점을 반드시 유의하고 사용해야 한다.

1.3 참조형 데이터 타입(Reference Data Type)

Java에서는 데이터 타입을 앞서 학습하였던 기본형 데이터 타입과 참조형 데이터 타입 두 가지로 구분한다. 따라서 char, byte, short, int, long, float, double, boolean 등 8가지 기본형 데이터 타입을 제외한 Java의 모든 데이터 타입은 참조형 데이터 타입이다.

기본형 데이터 타입과 참조형 데이터 타입은 값의 저장 방식이 다르다. 기본형 데이터 타입은 프로그래머가 선언한 변수에 지정된 메모리에 값이 저장되어 있다. 그러나 참조형 데이터 타입은 변수에 지정된 메모리에 우리가 저장하기를 원하는 값이 저장되어 있는 것이 아니라 실제 저장되어야 하는 값의 위치 정보가 저장된다. 즉, 저장 위치를 참조하고 있는 것이다.

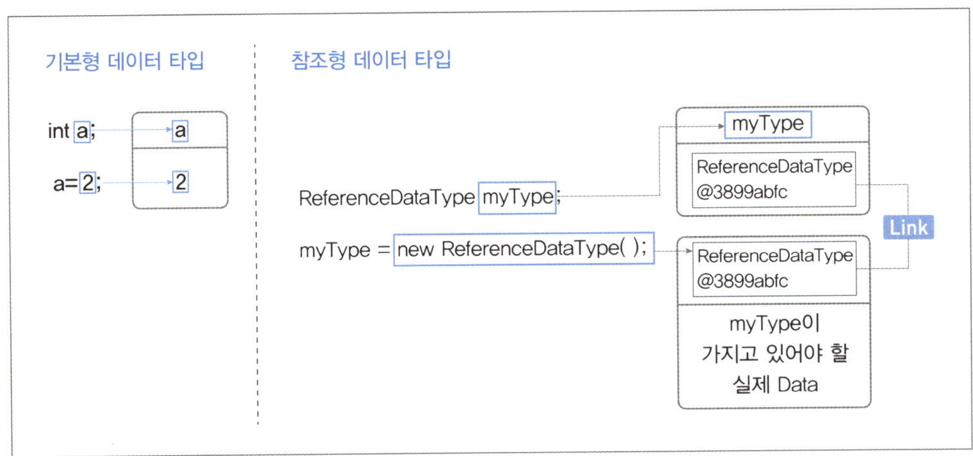

▲ 기본형 데이터 타입과 참조형 데이터 타입의 데이터 저장 메커니즘의 차이

변수에 값을 최초로 할당하는 행위를 초기화라 하며 기본형 데이터 타입과 대표적인 참조형 데이터 타입인 클래스 초기화는 다음의 형식을 띤다.

기본형 데이터 타입의 초기화	참조형 데이터 타입의 초기화
int a; a = 2;	ReferenceDataType myType; myType = new ReferenceDataType( );
int a = 2;	ReferenceDataType myType = new ReferenceDateType( );

위와 같이 기본형 데이터 타입과 참조형 데이터 타입은 초기화 사용 방법에 차이가 있으며 참조형 데이터 타입은 실제 값이 저장된 메모리를 참조하기 때문에 값이 할당될 때의 진행 과정과 값을 불러올 때의 의미가 기본형 데이터 타입과 확연히 구분된다.

앞서 말한 대로 Java의 클래스 역시 참조형 데이터 타입이며 문자열을 저장하기 위해 사용하는 String과 변수명 하나로 여러 개의 동일한 데이터 타입의 값들을 관리하기 위해 사용하는 배열(Array) 역시 참조형 데이터 타입에 속한다.

02 | 연산자(Operator)

프로그래밍에서 연산자는 우리가 일상생활에서 사용하는 더하기, 빼기, 곱하기, 나누기와 같은 피연산자(Operand)에 가해질 특정 연산(Operation)을 지정하는 기호이다. Java에서는 다양한 연산자를 제공하며 여러 기능 수행을 위해 서블릿이나 JSP 페이지 제작에 활용된다.

2.1 산술 연산자

Java의 산술 연산자는 일상생활에서 사용되는 수치 관련 연산 활용을 위해 숫자형 데이터 타입의 값과 더불어 사용한다. Java에서 제공하는 산술 연산자는 아래와 같으며 사칙연산 외에 특정 값을 나눈 나머지 값을 결과로 반환하는 나머지 연산자도 존재한다.

연산자	사용	설명
+	A + B	A값과 B값을 더한다.
−	A − B	A값에서 B값을 뺀다.
*	A * B	A값과 B값을 곱한다.
/	A / B	A값을 B값으로 나눈다.
%	A % B	A값을 B값으로 나눈 나머지를 구한다.

다음 예제는 Java에서 제공하는 산술 연산자들을 사용한 것이다. 정수형 데이터 타입의 변수 두 개를 선언하고 값을 할당한 후 변수와 산술 연산자를 사용한 결과값을 출력한다.

SOURCE CODE : arithmetic.jsp

```
<%@ page language="java" contentType="text/html; charset=utf-8"%>

<html>
    <head>
        <title>산술 연산자</title>
    </head>
    <body>
        <%
            int a = 10;
            int b = 3;

            out.println("a의 값 : " + a + "<br/>");
            out.println("b의 값 : " + b + "<hr/>");

            out.println(a + " + " + b + " = " + (a + b));
            out.println("<br/>");

            out.println(a + " - " + b + " = " + (a - b));
            out.println("<br/>");

            out.println(a + " * " + b + " = " + (a * b));
            out.println("<br/>");

            out.println(a + " / " + b + " = " + (a / b));
            out.println("<br/>");

            out.println(a + " % " + b + " = " + (a % b));
            out.println("<br/>");
        %>
    </body>
</html>
```

arithmetic.jsp 페이지의 호출 결과는 다음과 같다. 다른 연산자와는 달리 '/' 연산자를 이용한 나눗셈 연산은 피연산자인 변수 a와 b가 모두 int형 데이터 타입이므로 연산의 결과값도 3.333...이 아닌 소수점을 버린 3으로 변환되어 출력되었음을 확인할 수 있다.

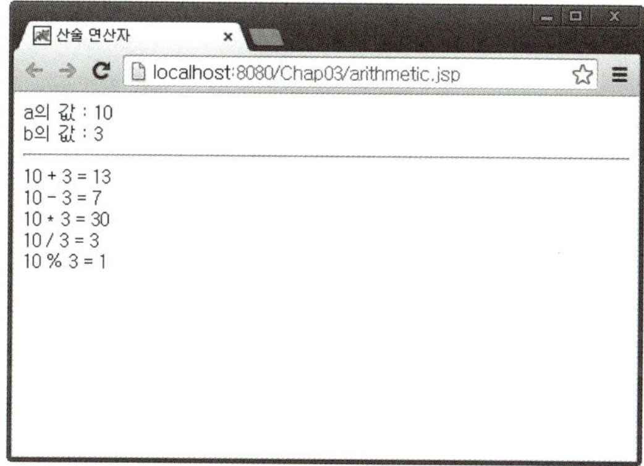

▲ Java의 산술 연산자 결과 화면

2.2 증감 연산자

증감 연산자는 정수 데이터 값을 증가 혹은 감소시킬 때 사용하는 단항 연산자이다. 증가시킬 때는 덧셈 기호 두 개로, 감소시킬 때는 뺄셈 기호 두 개로 사용할 수 있는데 연산자의 위치에 따라 다음과 같이 네 가지 형태를 가진다.

연산자	사용	설명
++	++ A	A의 값을 1증가시킨 후 A를 처리
	A ++	A를 처리한 후 A의 값을 1 증가시킴
--	-- A	A의 값을 1 감소시킨 후 A를 처리
	A --	A를 처리한 후 A의 값을 1 감소시킴

연산자가 피연산자 앞에 위치하는지 뒤에 위치하는지에 따라 결과가 다르게 나올 수 있다. 다음은 증감 연산자들을 사용하는 예제이다.

SOURCE CODE : increaseDecrease.jsp

```
<%@ page language="java" contentType="text/html; charset=utf-8"%>

<html>
    <head>
        <title>증감 연산자</title>
    </head>
    <body>
        <%
            int a = 10;
            out.print("현재 a의 값 : " + a + "<hr/>");
```

```
            out.print("[++a] 출력 : ");
            out.print(++a);
            out.print("<br/>");
            out.print("현재 a의 값 : " + a + "<hr/>");
            out.print("[a++] 출력 : ");
            out.print(a++);
            out.print("<br/>");
            out.print("현재 a의 값 : " + a + "<hr/>");
            out.print("[--a] 출력 : ");
            out.print(--a);
            out.print("<br/>");
            out.print("현재 a의 값 : " + a + "<hr/>");
            out.print("[a--] 출력 : ");
            out.print(a--);
            out.print("<br/>");
            out.print("현재 a의 값 : " + a + "<hr/>");
        %>
    </body>
</html>
```

increaseDecrease.jsp를 호출한 결과는 아래와 같다. 앞서 설명했듯이 증감 연산자는 위치에 따라 연산 수행 순서가 달라진다. int형 변수 a는 최초 10이 할당되었고 ++a 연산자를 통해 먼저 a에 1을 증가시키고 출력되어 11이 출력된다. 이후 a++를 출력할 때는 증감 연산자가 뒤에 있으므로 현재 a에 저장된 값인 11이 출력된 후 값이 1 증가됨을 알 수 있으며 감소의 경우도 동일하게 동작되었음을 확인할 수 있다.

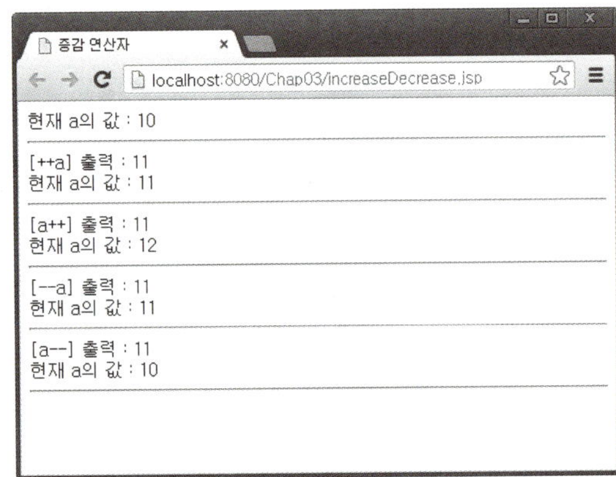

▲ Java의 증감 연산자 결과 화면

2.3 비교 연산자

비교 연산자는 두 개의 피연산자 값을 비교하기 위해 사용한다. 비교 연산자의 사용 결과 값은 비교 기준에 대한 참과 거짓으로 도출되므로 boolean 타입의 true와 false 값이 비교 연산자의 결과값이 된다. Java에서 지원되는 비교 연산자는 아래와 같다.

연산자	사용	설명
==	A == B	A의 값과 B의 값이 같은 경우 true, 다를 경우 false
!=	A != B	A의 값과 B의 값이 다를 경우 true, 같을 경우 false
>	A > B	A의 값이 B의 값보다 클 경우 true, 그렇지 않을 경우 false
>=	A >= B	A의 값이 B의 값보다 크거나 같으면 true, 그렇지 않으면 false
<	A < B	A의 값이 B의 값보다 작을 경우 true, 그렇지 않을 경우 false
<=	A <= B	A의 값이 B의 값보다 작거나 같으면 true, 그렇지 않으면 false

이제 간단히 int형 데이터 타입 변수 두 개를 선언하고 값을 할당한 후 두 변수를 비교 연산자를 통해 대소 및 동등 관계를 검사하는 예제를 다루어보도록 하자.

SOURCE CODE : compare.jsp

```
<%@ page language="java" contentType="text/html; charset=utf-8"%>

<html>
    <head>
        <title>비교 연산자</title>
    </head>
    <body>
        <%
            int a = 10;
            int b = 3;

            out.print("a : " + a + ", b : " + b + "<hr/>");

            out.print("a > b : " + (a > b) + "<br/>");
            out.print("a >= b : " + (a >= b) + "<br/>");
            out.print("a < b : " + (a < b) + "<br/>");
            out.print("a <= b : " + (a <= b) + "<br/>");
            out.print("a == b : " + (a == b) + "<br/>");
            out.print("a != b : " + (a != b) + "<br/>");
        %>
    </body>
</html>
```

compare.jsp의 소스 코드를 실행한 결과는 아래와 같다. 대소 비교 외에 변수에 할당된 값의 일치 여부를 비교하는 '= = '와 '!=' 비교 연산자도 사용빈도가 높으므로 잘 확인해두어야 한다.

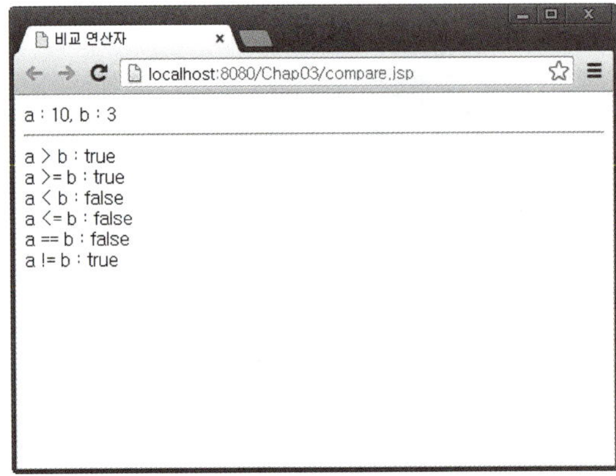

▲ Java의 비교 연산자 결과 화면

2.4 논리 연산자

논리 연산자는 boolean 데이터 타입의 값인 true와 false의 값의 논리적 연산에 사용되며 AND 연산을 의미하는 '&&'과 OR 연산을 사용하기 위한 '| |' 연산자 그리고 논리부정 연산을 수행하기 위해 '!'를 사용한다.

연산자	사용	설명
&&	A && B	A의 값과 B의 값이 모두 true일 경우 true, 그 외에는 false 반환
||	A || B	A의 값과 B의 값이 모두 false일 경우 false, 그 외에는 true 반환
!	! A	A의 값이 true일 경우 false, false일 경우 true 반환

연산자의 종류에 따른 결과는 아래 각 연산자별 진리표를 참고하기 바란다.

&& 연산자	true	false
true	true	false
false	false	false

|| 연산자	true	false
true	true	true
false	true	false

논리 연산자는 비교 연산자와 더불어 사용되면서 프로그램이 상황에 따라 수행해야 할 기능을 정의하기 위해 자주 사용된다. 논리 연산자의 사용법과 이해를 위해 아래 예제를 작성해보도록 하자.

SOURCE CODE : logical.jsp

```
<%@ page language="java" contentType="text/html; charset=utf-8"%>

<html>
    <head>
        <title>논리 연산자</title>
    </head>
    <body>
        <%
            int num1 = 10;
            int num2 = 5;
            out.print("num1 : " + num1 + ", num2 : " + num2 + "<br/>");

            boolean bool1 = num1 > num2;
            boolean bool2 = num1 < num2;
            boolean bool3 = num1 == num2;
            boolean bool4 = num1 != num2;
            out.print("bool1 : " + bool1 + "<br/>");
            out.print("bool2 : " + bool2 + "<br/>");
            out.print("bool3 : " + bool3 + "<br/>");
            out.print("bool4 : " + bool4 + "<hr/>");

            out.print("bool1 && bool2 : " + (bool1 && bool2) + "<br/>");
            out.print("bool1 || bool2 : " + (bool1 || bool2) + "<br/>");
            out.print("bool1 && bool4 : " + (bool1 && bool4) + "<br/>");
            out.print("bool2 || bool3 : " + (bool2 || bool3) + "<br/>");
        %>
    </body>
</html>
```

logical.jsp 페이지에 선언된 boolean 타입 변수들은 int 타입 변수 num1, num2에 저장된 정수값들을 비교 연산자를 통해 비교하여 도출된 결과인 true 혹은 false 값이 저장된다. 그 다음 각 boolean 변수들끼리의 AND 및 OR 연산을 수행하여 그 결과를 출력할 것이다. 다음은 logical.jsp 페이지의 호출 결과이다.

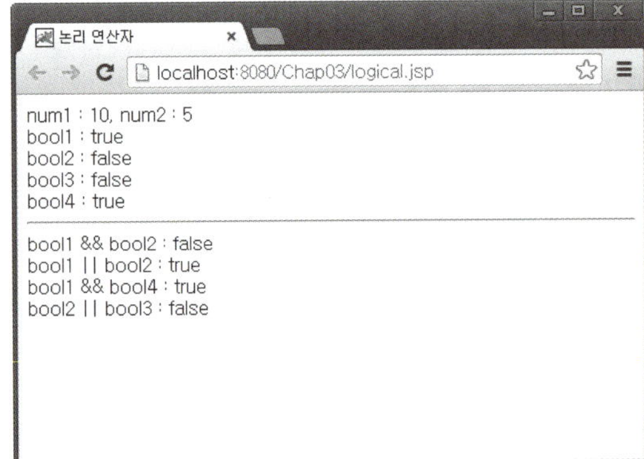

▲ Java의 논리 연산자 결과 화면

2.5 대입 연산자

대입 연산자는 기본형 데이터 타입 변수에 특정 값을 할당하거나 참조형 데이터 타입 변수에 특정 인스턴스를 할당할 때 사용한다. 대입의 방향은 아래와 같이 연산자 좌측에 값을 할당받을 변수가 위치하고 연산자 우측에 할당될 값 혹은 인스턴스를 참조하는 변수가 위치하게 된다.

```
[변수]    [대입 연산자]    [대입할 값, 인스턴스]
  A            =                10
```

Java에서 제공하는 대입 연산자들을 아래와 같다.

연산자	사용	동일 표현	설명
=	A = B		A에 B의 값을 대입
+=	A += B	A = A + B	A값에 B값을 더한 결과값을 A에 대입
-=	A -= B	A = A - B	A값에 B값을 뺀 결과값을 A에 대입
*=	A *= B	A = A * B	A값에 B값을 곱한 결과값을 A에 대입
/=	A /= B	A = A / B	A값에 B값을 나눈 결과값을 A에 대입
%=	A %= B	A = A % B	A값에 B값을 나눈 나머지 결과값을 A에 대입

이 외에도 Java에서는 "<<=", ">>=", ">>="와 "%=", "^=", "|="와 같은 시프트 연산 및 비트 연산의 결과값을 대입하는 연산자도 제공하고 있으나 서블릿이나 JSP를 이용한 웹 프로그래밍에서는 상대적으로 사용 빈도가 낮으므로 여기서는 설명을 생략하도록 하겠다. 다음의 예제를 통해 각 대입 연산자들을 사용법과 결과를 확인해보도록 하자.

SOURCE CODE : substitution.jsp

```
<%@ page language="java" contentType="text/html; charset=utf-8"%>

<html>
    <head>
        <title>대입 연산자</title>
    </head>
    <body>
        <%
          int a = 10;
          int b = 3;
          out.print("a : " + a + ", b : " + b + "<hr/>");

          a = b;
          out.print("a = b 수행" + "<br/>" + "현재 a의 값 : " + a + "<hr/>");

          a += b;
          out.print("a += b 수행" + "<br/>" + "현재 a의 값 : " + a + "<hr/>");

          a -= b;
          out.print("a -= b 수행" + "<br/>" + "현재 a의 값 : " + a + "<hr/>");

          a *= b;
          out.print("a *= b 수행" + "<br/>" + "현재 a의 값 : " + a + "<hr/>");

          a /= b;
          out.print("a /= b 수행" + "<br/>" + "현재 a의 값 : " + a + "<hr/>");

          a %= b;
          out.print("a %= b 수행" + "<br/>" + "현재 a의 값 : " + a + "<hr/>");
        %>
    </body>
</html>
```

substitution.jsp 페이지의 호출 결과는 다음과 같다.

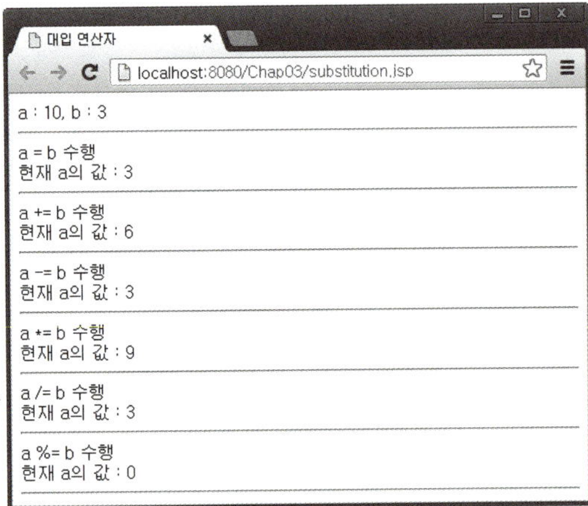

▲ Java의 대입 연산자 결과 화면

03 | 조건문(Conditional Statement)

조건문은 프로그램이 특정 상황이나 주어진 조건에 따라 수행 혹은 수행하지 말아야 할 코드를 분기(分岐)시켜줄 때 사용한다. 따라서 조건문은 분기문(branch statement)이라고 부르기도 한다. Java에서 제공하는 조건문들을 살펴보도록 하자.

3.1 if문

if문은 가장 널리 사용되는 조건문으로 단일 조건의 만족 여부에 따라 실행될 코드를 지정하거나 여러 조건에 따라 각각 실행될 코드를 지정 또는 어떠한 조건도 만족하지 않았을 때 수행할 코드를 지정하기 위해 사용된다. if문은 분기될 조건의 형태에 따라 다음과 같이 구현된다.

(1) 조건이 하나일 경우

특정 코드의 수행 조건이 단 하나로 주어지고 이 조건이 만족할 경우에만 코드가 수행되도록 하기 위해서는 아래와 같이 if문을 사용한다.

```
if ( 조건 ) {
   수행코드
}
```

if 이후 괄호 내에는 true와 false 값뿐만 아니라 앞서 살펴본 비교 연산자 및 논리 연산자를 사용하여 결과값이 boolean 데이터 타입인 true나 false가 반환되는 코드를 사용할 수 있다. 괄호 안의 결과값이 true이면 "{ }" 내에 코드를 수행하고 결과값이 false가 될 경우 수행하지 않는다. 여기서 수행되는 코드의 범위를 지정하는 "{ }"를 '코드블록'이라고 부른다. 수행되어야 할 코드가 단일 행일 경우 코드블록은 생략이 가능하다.

(2) 조건이 참과 거짓 두 가지일 경우

코드의 수행 조건이 해당 조건을 '만족하는' 경우와 '만족하지 않는' 경우 두 가지뿐이라면 다음과 같이 if-else 구문을 사용할 수 있다.

```
if ( 조건 ){
   수행코드1
}else{
   수행코드2
}
```

if문 조건의 결과값이 true이면 '수행코드1'이 포함된 코드블록을 실행하고 else 이하 '수행코드2' 부분은 실행하지 않고 건너뛰게 된다. if문 조건의 결과값이 false일 경우에는 '수행코드1'의 코드블록은 건너뛰고 '수행코드2' 코드블록이 수행된다.

(3) 조건이 여러 가지일 경우

코드 수행 조건이 다양할 경우 다음과 같이 if-else if-else 구문을 사용하여 여러 조건 검사를 수행할 수 있다.

```
if ( 조건1 ){
    수행코드1
}else if ( 조건2 ){
    수행코드2
    .
    .
    .
}else if ( 조건 N){
    수행코드N
}else{
    수행코드N+1
}
```

위에서 보는 바와 같이 else if 구문은 여러 번 사용이 가능하지만, 'if – else if – else'의 순서는 지켜야 한다. 조건의 검사 방향은 위에서 아래로 이루어지며 특정 조건을 만족하여 해당 코드블록이 수행될 경우 다른 조건은 건너뛰게 된다. 이제 예제를 통해 if 조건문들을 실행한 후 그 결과를 출력하는 예제를 살펴보자.

SOURCE CODE : if.jsp

```
<%@ page language="java" contentType="text/html; charset=utf-8"%>

<html>
    <head>
        <title>if 조건문</title>
    </head>
    <body>
        <%
        int a = 10;
        int b = 3;

        out.print("a : " + a + ", b : " + b);
        out.print("<hr/>");

        out.print("[if문 실행] <br/>");
        if ( a == b)
            out.print("a의 값과 b의 값은 같습니다. <br/>");
        }
        out.print("<hr/>");

        out.print("[if-else문 실행] <br/>");
        if ( a != b )
            out.print("a의 값과 b의 값은 같지 않습니다. <br/>");
        }else{
            out.print("a의 값과 b의 값은 같습니다. <br/>");
        }
        out.print("<hr/>");

        out.print("[if-else if-else문 실행] <br/>");
        if ( a <= b )
            out.print("a의 값이 b의 값보다 작거나 같습니다. <br/>");
        }else if ( a < b ){
            out.print("a의 값이 b의 값보다 작습니다. <br/>");
        }else if ( a >= b){
            out.print("a의 값이 b의 값보다 크거나 같습니다. <br/>");
        }else if ( a > b ){
            out.print("a의 값이 b의 값보다 큽니다. <br/>");
        }else{
            out.print("a의 값과 b의 값이 같습니다. <br/>");
        }
```

```
        out.print("<hr/>");

        out.print("수행 종료");
        %>
    </body>
</html>
```

최초 int형 변수인 a와 b에 각각 10과 3값을 할당하고, 종류별 if문을 적용하여 결과를 출력하게 된다. if.jsp 페이지를 호출하면 다음과 같은 결과를 얻을 수 있다.

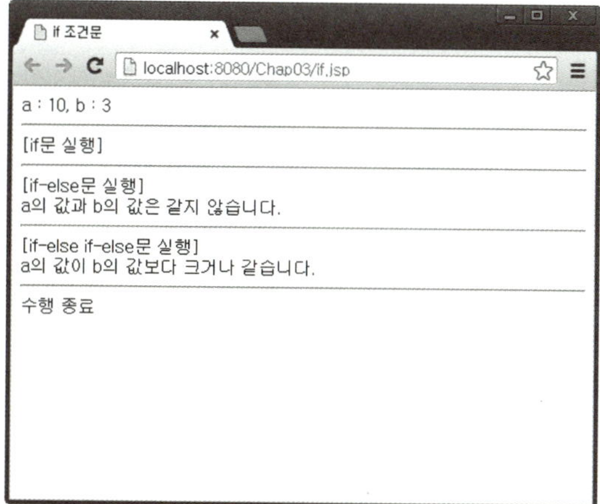

▲ Java의 if문 결과 화면

처음 실행된 if문의 조건은 'a==b'로, a와 b의 값이 다르기 때문에 결과가 false가 되고, 그에 따라 if문이 실행되지 않았음을 확인할 수 있다. if~else 구문의 경우에는 첫 조건인 'a!=b' 즉, a와 b가 같지 않음을 검사하고 true가 반납되므로 if문 내 문장인 'a의 값과 b의 값은 같지 않습니다.' 문장을 출력하고 else 부분은 실행되지 않는다. if~else if~else가 사용된 마지막 조건식은 if문부터 true가 반납되는 조건을 검색하게 되고 세 번째 조건, 즉 두 번째 else if문에서 'a>=b' 조건이 true가 되므로 그 부분만을 실행하고 나머지 조건 부분의 명령은 수행되지 않음을 확인할 수 있다.

3.2 switch~case문

switch~case문은 수행코드 분기를 위한 조건이 단 하나이면서 그 조건의 결과값이 여러 개 발생할 때 유용하게 사용할 수 있는 조건문이다. switch~case문은 다음과 같이 사용할 수 있다.

```
switch ( 조건 ) {
  case 결과값1 :
    수행코드1;
    break;
  case 결과값2 :
    수행코드2;
    break;
  .
  .
  .
  case 결과값N :
    수행코드N;
    break;
  default :
    문장;
}
```

위와 같이 switch~case문은 switch에 명시된 조건에 대한 결과값(case)에 대해 수행코드를 실행한다. default는 if 조건문의 else와 유사하게 사용되는 구문으로 switch의 조건에 만족되는 case의 결과값이 하나도 없을 경우 실행된다. switch~case문도 if 조건문과 마찬가지로 위에서부터 아래로 조건을 하나씩 검사해나가며 일치하는 조건의 결과값에 대한 수행코드가 실행되면 나머지 조건은 검사하지 않고 switch~case문을 빠져나가게 된다. 또한 조건을 만족하여 case 구문의 코드를 수행한 후에는 switch~case문을 빠져나가도록 하기 위해 break문을 사용해야 한다.

다음은 switch~case문을 사용하여 결과값을 출력하는 예제이다. int형 변수 a에 '10'을 할당하고, a 변수를 3으로 나눈 나머지 값을 구한 후 case에 명시된 값과 일치하는 부분의 코드가 수행될 것이다.

SOURCE CODE : switch-case.jsp

```
<%@ page language="java" contentType="text/html; charset=utf-8"%>

<html>
    <head>
        <title>switch/case 조건문</title>
    </head>
    <body>
        <%
            int a = 10;
            out.print("a : " + a + "<hr/>");

            switch( a % 3 ){

            case 2 :
                out.print("a의 값을 3으로 나눈 나머지는 2입니다.");
                break;
            case 1 :
                out.print("a의 값을 3으로 나눈 나머지는 1입니다.");
                break;
            default :
                out.print("a의 값을 3으로 나눈 나머지는 0입니다.");
                break;
            }
        %>
    </body>
</html>
```

위 예제에서 'a%3'의 결과값은 1이 된다. 따라서 case 1이 switch에 명시된 조건과 일치하므로 'a의 값을 3으로 나눈 나머지는 1입니다.' 문자열이 출력될 것이다. switch-case.jsp 페이지의 호출 결과를 확인하자.

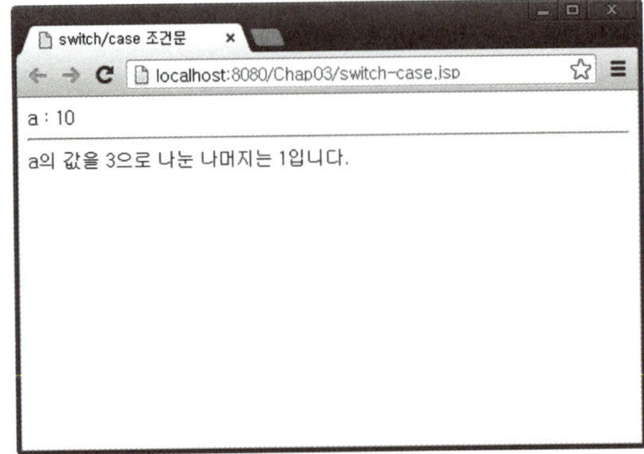

▲ Java의 switch~case문 결과 화면

단일 조건 결과의 여러 케이스에 따른 명령을 수행하고자 할 경우 switch~case문은 if문에 비해 간단히 구현할 수 있으므로 적절한 활용이 가능하다. 그러나 조건으로 사용되는 식들이 연관 관계가 없거나 복잡한 조건의 검사를 통한 명령문의 분기는 if문이 적합하다.

3.3 삼항 연산자

삼항 연산자는 세 개의 피연산자를 통해 조건을 만족할 때와 만족하지 않을 때 반환할 결과값을 지정해줄 수 있는 연산자이다. 따라서 삼항 연산자는 조건문이라기보다 연산자 범위에서 보아야 할 문법이지만 간단한 조건 처리가 목적이므로 여기서 살펴보도록 하겠다. 다음은 삼항 연산자의 기본 형태이다.

```
(조건) ? 결과값1 : 결과값2
```

삼항 연산자 내 첫 항에 지정된 조건이 만족될 때(true) 두 번째 항에 작성한 '결과값1'이 반환되고 만족하지 못할 경우(false) 세 번째 항에 작성된 '결과값2'가 반환된다. 삼항 연산자는 처음 사용할 때는 형식이 낯설어 까다롭게 느껴질 수도 있지만 조건의 참 거짓에 따라 반환할 결과를 한 문장으로 표현할 수 있어 익숙해지면 유용하게 사용할 수 있다. 다음 예제를 통해 삼항 연산자의 사용법을 익혀보도록 하자.

SOURCE CODE : ternary_operator.jsp

```
<%@ page language="java" contentType="text/html; charset=utf-8"%>

<html>
    <head>
        <title>삼항 연산자</title>
    </head>
    <body>
        <%
            int a = 3;
            out.print((( a % 2 = = 0 ) ? "a의 값은 짝수입니다." : "a의 값은 홀수입니다." ));
        %>
    </body>
</html>
```

위 ternary_operator.jsp 페이지를 호출하면 삼항 연산자 첫 항에 작성된 'a%2 = = 0' 조건은 a변수에 저장된 값을 2로 나눈 나머지가 0인지를 검사한다. 즉, 값이 짝수인지 홀수인지 여부를 검사하게 된다. a에는 정수 3이 할당되어 있으므로 조건의 결과는 false이다. 따라서 위 삼항 연산자를 통해 실행한 결과는 "a의 값은 홀수입니다." 문자열이 반환되고 out.println( ) 메서드에 의해 아래와 같이 출력된다.

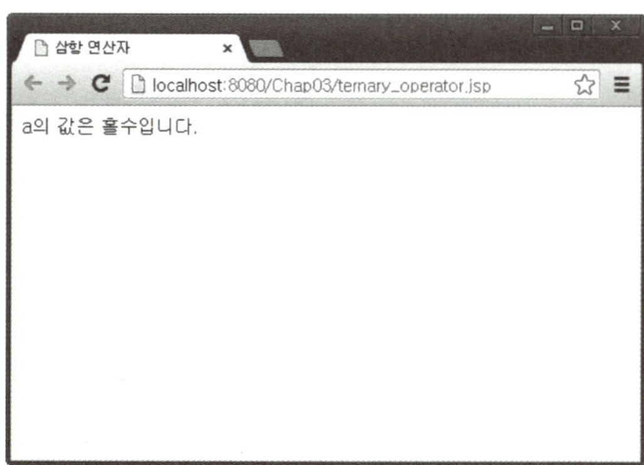

▲ Java의 삼항 연산자 결과 화면

04 | 반복문(Repetitive Statement)

반복문은 특정 코드가 반복적으로 수행되어야 할 경우 사용하는 구문이다. 수행되어야 할 코드를 여러 번 작성하는 것이 아니라 반복될 코드를 일반화하여 명시하고 어떤 기준에 따라 얼마나 반복될 것인지에 대한 내용을 작성하는 방식으로 구현한다. Java에서는 이러한 반복문 작성을 위해 for, while, do~while문을 제공하고 있다.

4.1 for문

for문은 반복되어야 할 범위가 명확히 수치적으로 구현 가능한 경우에 유용한 반복문으로 일반적으로 아래 형태의 요소로 구성된다.

```
for ( 초기화 ; 조건식 ; 증감식 ) {
   반복수행 코드
}
```

위 for문 내 각 요소들의 역할은 다음과 같다.

요소	설명
초기화	반복문 내 반복의 기준으로 사용될 반복 제어변수 초기화. for문 시작 시 한 번만 수행
조건식	반복수행 코드가 반복되기 위한 조건. 조건식이 true 결과값을 가지면 반복수행 코드를 수행하고, false일 경우 반복을 중단하고 for문을 빠져나옴. for문의 초기화가 수행된 직후 조건식의 결과값이 false일 경우, 아무런 수행이 일어나지 않고 for문을 빠져나옴
증감식	조건식의 결과가 true가 되어 반복수행 코드가 실행된 후 반복 제어변수의 값을 증가 혹은 감소시킴
반복수행 코드	반복문의 상태에 따라 실제로 반복하여 수행될 코드

for문은 반복에 사용될 반복 제어변수를 초기화하고 조건식을 통해 반복 여부를 조건식의 true/false로 결정하게 된다. 조건식의 결과가 true가 되면 반복수행 코드를 실행하고 증감식에 내용을 실행한다. 이후 조건식이 false가 되는 시점에 종료되는 순서로 진행된다.

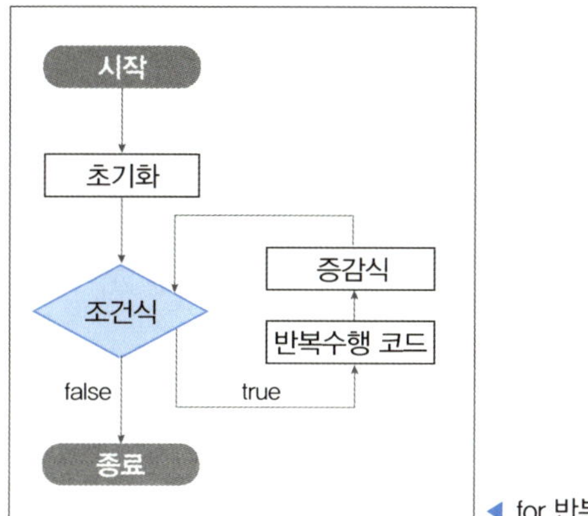

◀ for 반복문의 수행 과정

이제 for문을 사용한 예제를 작성해보자. 아래 예제는 for문을 이용하여 구구단 2단을 출력하는 예제이다.

SOURCE CODE : for.jsp

```
<%@ page language="java" contentType="text/html; charset=utf-8"%>

<html>
    <head>
        <title>for 반복문</title>
    </head>
    <body>
        <%
            for ( int i = 1 ; i <= 9 ; i++ ){
                out.println("2 곱하기 " + i + " 은(는) ");
                out.println(2*i);
                out.println("<br/>");
            }
        %>
    </body>
</html>
```

for.jsp 페이지 내 for문은 i변수를 1로 초기화하고 i의 값이 9 이하일 경우까지만 반복이 수행된다. i의 값이 9에 이르면 for문 내 구구단 출력을 위한 문자열 출력이 실행되고 증감식을 통해 i에 10이 할당된다. i에 10이 된 시점에서의 조건식은 9 이하 조건을 만족하지 못하고 false가 되므로 for문이 종료됨을 알 수 있다.

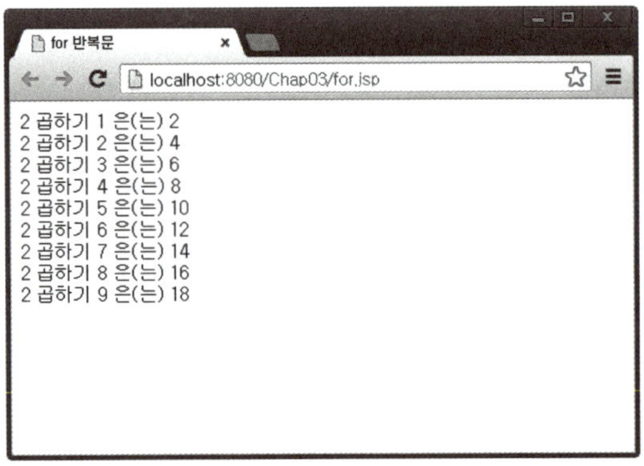

```
2 곱하기 1 은(는) 2
2 곱하기 2 은(는) 4
2 곱하기 3 은(는) 6
2 곱하기 4 은(는) 8
2 곱하기 5 은(는) 10
2 곱하기 6 은(는) 12
2 곱하기 7 은(는) 14
2 곱하기 8 은(는) 16
2 곱하기 9 은(는) 18
```

▲ Java의 for 반복문 결과 화면

호출한 for.jsp 페이지를 소스 보기로 살펴보면 for문을 통해 반복수행된 출력 부분이 여러 번에 걸쳐 HTML 태그와 함께 작성되었음을 확인할 수 있다.

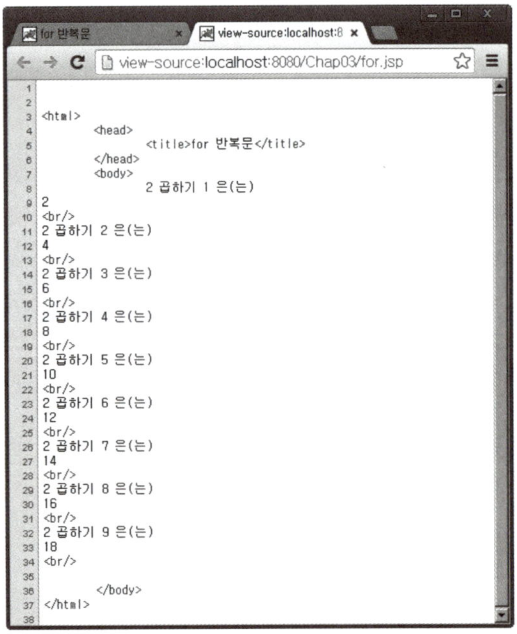

```


<html>
	<head>
		<title>for 반복문</title>
	</head>
	<body>
		2 곱하기 1 은(는)
2
<br/>
2 곱하기 2 은(는)
4
<br/>
2 곱하기 3 은(는)
6
<br/>
2 곱하기 4 은(는)
8
<br/>
2 곱하기 5 은(는)
10
<br/>
2 곱하기 6 은(는)
12
<br/>
2 곱하기 7 은(는)
14
<br/>
2 곱하기 8 은(는)
16
<br/>
2 곱하기 9 은(는)
18
<br/>

	</body>
</html>
```

▲ Java의 for 반복문 결과의 소스 보기

4.2 while문

for문과 더불어 자주 사용되는 while문은 일반적으로 반복 범위가 명확히 규정되어 있지는 않지만, 코드의 반복 수행 종료 조건이 정해져 있을 경우 유용하게 사용할 수 있으며 다음과 같은 형태로 구현된다.

```
while (조건식) {
    반복수행 코드
}
```

while문 역시 조건식의 결과값이 true가 되는 동안 반복을 계속하게 되지만, for문과는 달리 반복 제어변수나 증감식을 가지고 있지 않으므로 반복에 제어를 담당할 수 있는 값과 그에 관련된 식이 반복수행 코드에 함께 삽입되는 형식을 띤다.

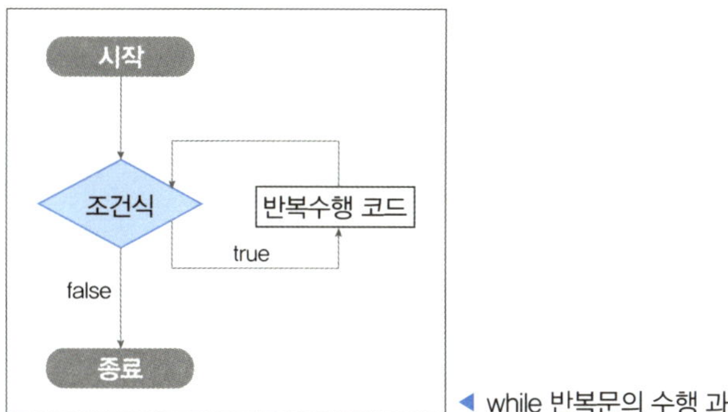

◀ while 반복문의 수행 과정

이번에는 앞서 for문을 사용해 출력했던 구구단 2단을 while문을 사용하여 출력하는 예제를 작성해보자.

SOURCE CODE : while.jsp

```
<%@ page language="java" contentType="text/html; charset=utf-8"%>

<html>
    <head>
        <title>while 반복문</title>
    </head>
    <body>
        <%
            int i = 1;
            while ( i <= 9 ){
                out.print("2 곱하기 " + i + " 은(는) ");
                out.print(2*i);
                out.print("<br/>");
                i++;
            }
        %>
    </body>
</html>
```

while.jsp 페이지를 호출하면 for문을 사용했을 때와 마찬가지로 while문 내 코드가 반복 수행되어 구구단 2단을 출력하는 기능을 수행한다. while문은 for문과는 달리 초기화 및 종료 조건에 필요한 증감식과 같은 내용이 함께 포함되어야 하므로 조건식 내 결과값이 항상 true가 되어 코드가 무한히 반복되는 일이 발생하지 않도록 주의해야 한다.

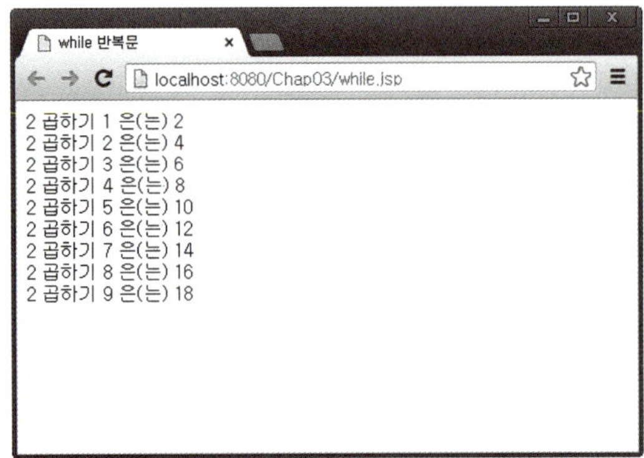

▲ Java의 while 반복문 결과 화면

4.3 do~while문

do~while문은 앞서 보았던 while문과 구현방식이 유사하다. 다만, while문의 경우 시작 시 조건식의 결과값이 false일 경우 한 번도 수행되지 않는 것에 반해 do~while문은 조건식의 결과에 관계없이 최초 한 번은 반복 코드를 수행한다는 점에서 차이를 가진다.

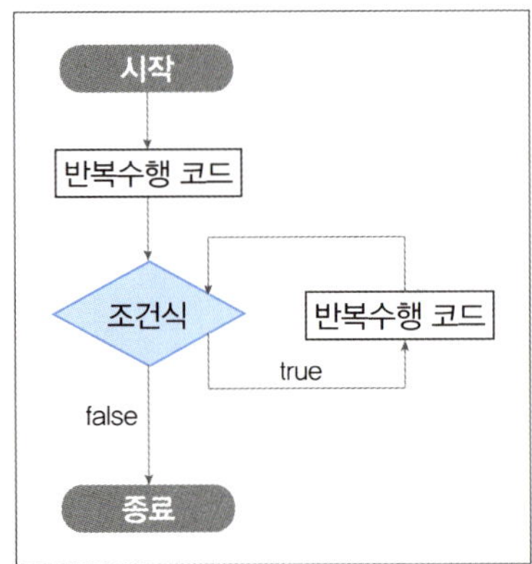

◀ do~while 반복문의 수행 과정

do~while문은 아래와 같이 반복 조건을 검사하기 전에 먼저 한 번의 수행을 위해 do를 사용하며 코드를 최초 한 번 실행한 후부터는 뒤에 붙은 while 조건에 따라 반복되는 형태로 구현한다.

```
do {
    반복수행 코드
} while (조건식)
```

따라서 do~while 문의 반복 동작 방식은 사실 while문과 동일하다 볼 수 있으며 조건에 관계없이 한 번의 수행이 반드시 이루어져야 할 경우 사용할 수 있다. 아래 예제를 통해 do~while문 사용법을 익히도록 하자. 이번 예제 역시 다른 반복문에서처럼 구구단 2단을 출력할 것이다.

SOURCE CODE : do-while.jsp

```
<%@ page language="java" contentType="text/html; charset=utf-8"%>

<html>
    <head>
        <title>do/while 반복문</title>
    </head>
    <body>
        <%
            int i = 1;
            do {
                out.print("2 곱하기 " + i + " 은(는) ");
                out.print(2*i);
                out.print("<br/>");
                i++;
            } while ( i <= 9 );
        %>
    </body>
</html>
```

do-while.jsp 페이지를 호출하면 다음과 같은 결과를 얻을 수 있다. while문의 경우 조건이 true가 아니면 반복수행 코드를 실행하지 않고 바로 종료되지만 do~while문의 경우는 조건과 상관없이 최초 한 번은 수행된다.

▲ Java의 do~while 반복문 결과 화면

4.4 break문과 continue문

break문과 continue문은 반복문에서 반복 수행 도중 반복 주기를 제어하는 데 사용되는 특수한 구문이다. 반복문 내에서 break가 수행되면 해당 반복문의 조건식 만족 여부와 상관없이 더 이상의 코드 수행을 하지 않고 바로 반복문을 빠져나가게 된다.

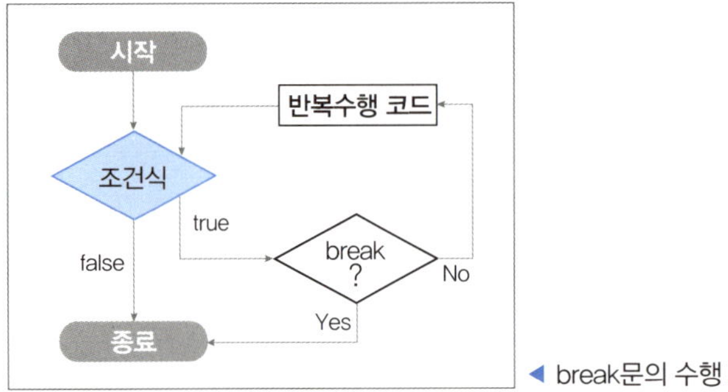

◀ break문의 수행 과정

다음 예제를 통해 break문이 반복문에서 어떻게 작용되는지를 살펴보도록 하자. 아래 예제는 앞서 for문에서 사용했던 구구단 2단 출력 수행 중 i가 5가 되는 시점에 break 구문이 수행된다.

SOURCE CODE : break.jsp

```
<%@ page language="java" contentType="text/html; charset=utf-8"%>

<html>
    <head>
        <title>break문</title>
    </head>
    <body>
        <%
            for ( int i = 1 ; i <= 9 ; i++ ){

                if ( i == 5 ){
                    out.print("break문을 만났습니다. 반복을 종료합니다. <br/>");
                    break;
                }

                out.print("2 곱하기 " + i + " 은(는) ");
                out.print(2*i);
                out.print("<br/>");
            }
        %>
    </body>
</html>
```

break문이 수행되면 반복 조건의 결과와 상관없이 바로 반복문을 빠져나오게 된다. 아래 break.jsp 페이지 호출 결과와 같이 i가 5가 되는 시점에 break문이 수행되므로 구구단 2단은 4번 반복되고 반복이 중단됨을 확인할 수 있다.

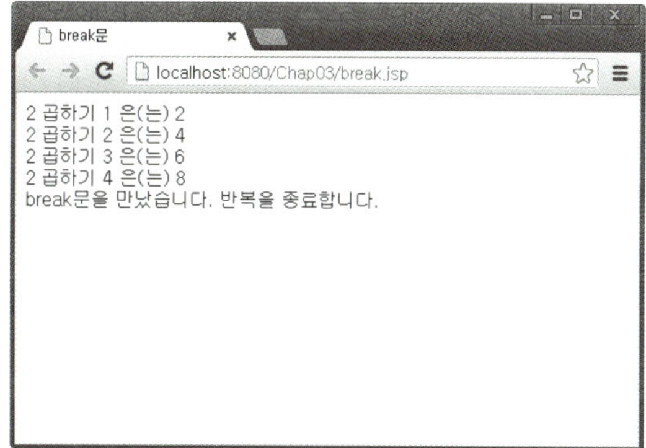

▲ Java의 break문 결과 화면

break문은 반복문이 수행되는 도중이라도 특정 조건이 발생했을 때 즉시 반복문을 종료해야 할 경우 유용하게 사용할 수 있다.

break문과 같이 반복주기 제어에 사용되는 continue문은 반복문이 현재 수행 중인 반복주기를 즉시 건너뛰고 다음 반복 단계로 넘어가도록 유도한다. break문의 경우 반복문 전체를 빠져나오게 하지만, continue문의 경우 수행되는 시점의 반복 주기에 수행되어야 할 코드를 수행하지 않고 반복문을 계속 수행하게 한다는 점에서 큰 차이를 가진다.

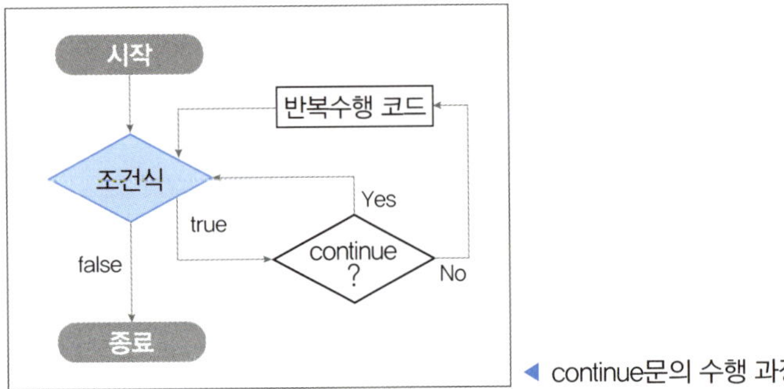

◀ continue문의 수행 과정

그럼 이번에는 앞서 작성한 예제와 마찬가지로 i가 5가 되는 시점에 break문 대신 continue문을 사용해 페이지를 구현해보도록 하자.

SOURCE CODE : continue.jsp

```
<%@ page language="java" contentType="text/html; charset=utf-8"%>

<html>
    <head>
        <title>continue문</title>
    </head>
    <body>
        <%
            for ( int i = 1 ; i <= 9 ; i++ ){

                if ( i == 5 ){
                    out.print("continue문을 만났습니다. 이번 반복주기를 건너뜁니다.
                    <br/>");
                    continue;
                }

                out.print("2 곱하기 " + i + " 은(는) ");
                out.print(2*i);
```

```
                out.print("<br/>");
            }
        %>
    </body>
</html>
```

continue.jsp 페이지의 호출 결과는 아래와 같다.

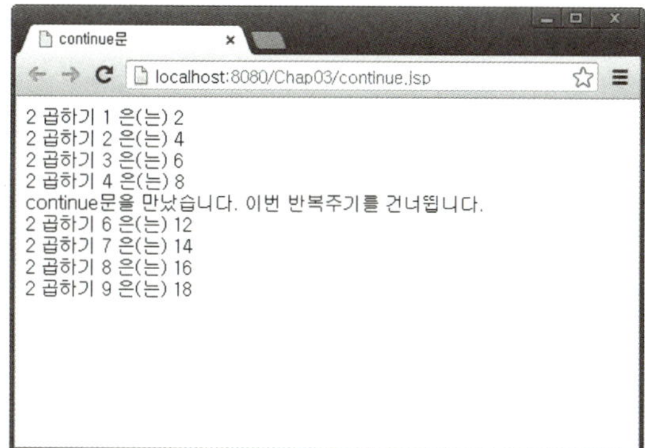

▲ Java의 continue문 결과 화면

결과에서 알 수 있듯이 continue문이 수행된 구구단만 출력되지 않고 그 이후 구구단은 정상적으로 반복되어 출력되고 있음을 확인할 수 있다. break문과 continue문은 예제에서 사용했던 for문뿐만 아니라 while문과 do~while문까지 Java에서 제공하는 모든 반복문에서 사용할 수 있다.

05 | Java의 문자열

Java는 문자형 데이터를 다루기 위한 기본형 데이터 타입인 char을 제공하고 있다. 그러나 char 데이터 타입은 하나의 문자만을 저장할 수 있으므로 여러 문자로 이루어진 문자열 데이터를 관리하기에는 적합하지 않다. Java에서는 문자열 데이터를 저장 및 제어하기 위해 java.lang.String 클래스를 제공하고 있으며 여기서는 Java에서의 문자열 처리에 대해 알아보도록 하자.

Java에서 문자열을 사용하기 위해서는 보편적으로 String 클래스를 많이 사용하게 된다. String 클래스를 이용해 변수를 선언하고 문자열 데이터를 저장하는 방법은 다음과 같이 두 가지 방법이 존재하며 문자열 데이터는 큰따옴표로 묶어준다.

```
String str1 = "String Test";
String str2 = new String("String Test");
```

위 두 가지 방식의 차이를 이해하기 위해 아래 예제를 작성해보자. 아래 String.jsp 페이지는 String 클래스를 이용하여 문자열 데이터 저장을 위한 두 가지 방식을 이용해 각각 두 변수를 선언하고 동일한 문자열 데이터를 할당한 후 비교 연산자와 String 클래스에서 변수에 저장된 문자열의 값의 동등 여부를 비교하는 equals( ) 메서드를 사용하여 각 변수를 비교해 볼 것이다.

SOURCE CODE : String.jsp

```
<%@ page language="java" contentType="text/html; charset=utf-8" %>

<html>
    <head>
        <title>String 사용 방식</title>
    </head>
    <body>
        <h3>
        <%
            String str1 = "String Test";
            String str2 = "String Test";
            String str3 = new String("String Test");
            String str4 = new String("String Test");

            out.println("str1 : " + str1 + "<br/>");
            out.println("str2 : " + str2 + "<br/>");
            out.println("str3 : " + str3 + "<br/>");
            out.println("str4 : " + str4 + "<hr/>");

            out.println("str1 == str2 : " + (str1 == str2) + "<br/>");
            out.println("str1 == str3 : " + (str1 == str3) + "<br/>");
            out.println("str3 == str4 : " + (str3 == str4) + "<hr/>");

            out.println("str1.equals(str2) : " + str1.equals(str2) + "<br/>");
            out.println("str1.equals(str3) : " + str1.equals(str3) + "<br/>");
            out.println("str3.equals(str4) : " + str3.equals(str4) + "<br/>");
        %>
        </h3>
    </body>
</html>
```

String.jsp 페이지를 호출하여 결과를 살펴보도록 하자. 이 장 1절에서 언급했듯이 String 클래스는 참조형 데이터 타입이므로 String 타입으로 선언된 변수가 실제로 저장하고 있는 값은 할당했던 문자열 데이터가 아닌 문자열 데이터가 저장되어 있는 위치 정보다. 그런데 "str1= = str2"의 결과는 true가 되고 "str1= = str3"과 "str3= = str4"의 결과는 false이다.

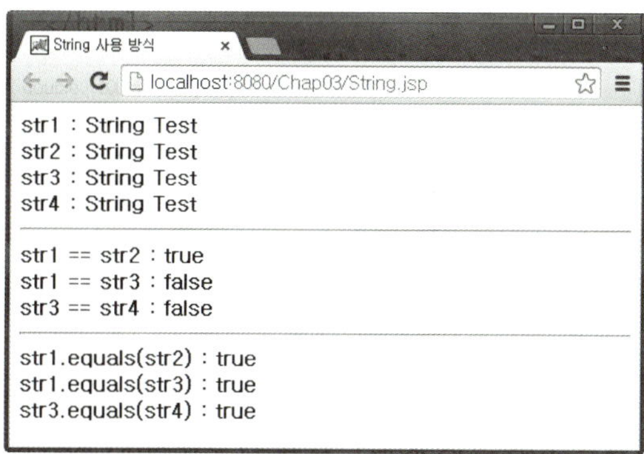

▲ String 타입의 문자열 데이터 저장 방식 비교

이는 String 타입 변수에 값을 할당하는 방식의 차이에서 오는 것인데 앞서 언급하였던 String 변수에 값을 할당하는 첫 번째 방식, 즉 Java 기본형 데이터 타입에 값을 할당하는 방식처럼 문자열을 바로 대입해주는 방식을 사용할 경우, 동일한 문자열이 저장된 String 타입 변수는 동일한 저장 위치를 참조하게 된다.

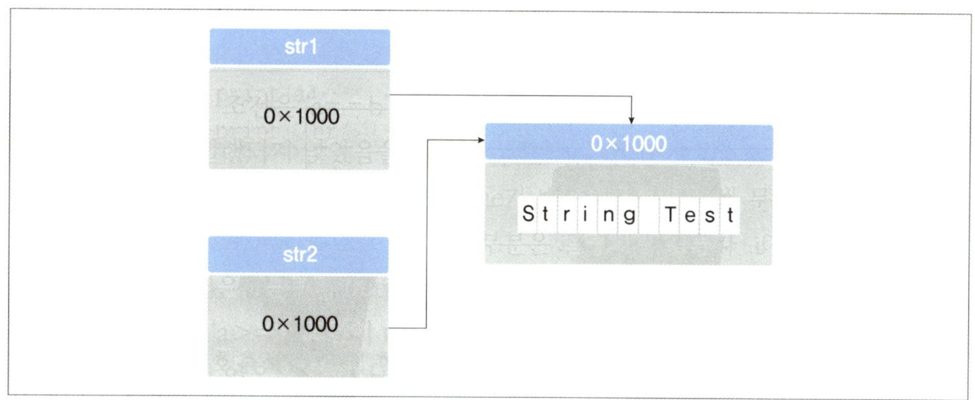

▲ 첫 번째 String 타입 변수의 값 할당 방식

따라서 str1과 str2의 경우, 문자열 데이터 값을 직접 할당하는 방식으로 구현하였고 저장하기 위한 문자열 데이터가 동일하므로 "str1= = str2", 즉 str1, str2가 참조하고 있는 문자열 데이터의 위치 정보는 동일하므로 true가 반환된다.

두 번째 방식인 'new'를 사용하는 방식은 문자열 데이터가 같아도 새로운 저장 위치에 문자열 데이터가 저장된다는 점에서 앞의 방식과 큰 차이를 보인다. 따라서 str3와 str4는 할당된 문자열 데이터가 같아도 실제 참조하는 위치 정보가 다르고 str1과 str2 변수가 참조하는 위치도 다르므로 "str1= = str3", "str3= = str4" 모두 false가 반환된다.

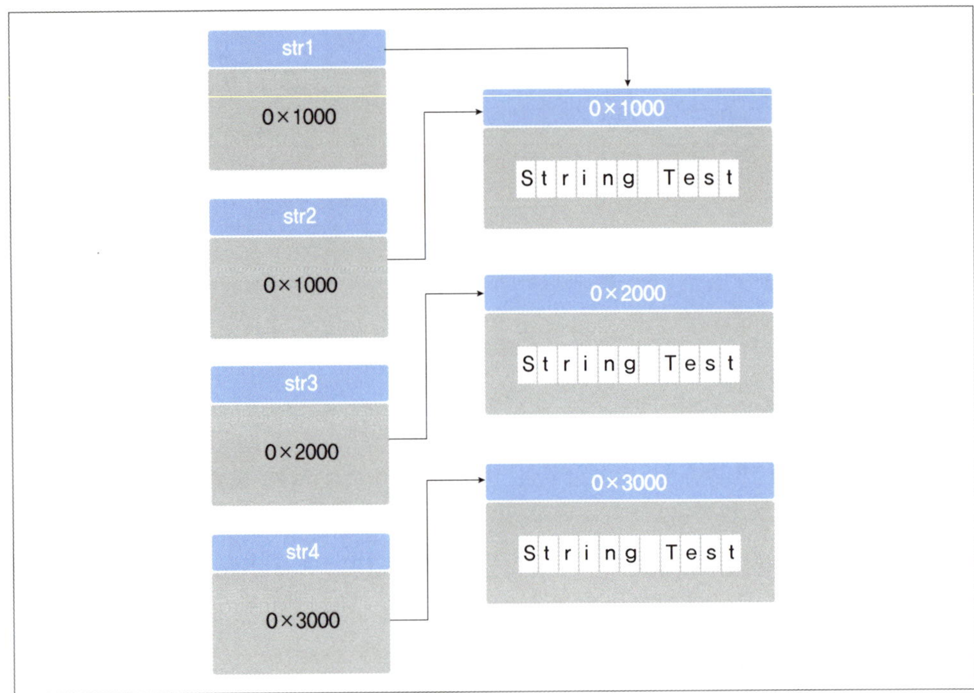

▲ 두 번째 String 타입 변수의 값 할당 방식

equals 메서드는 String 타입 변수에 저장된 값이 괄호 안에 지정된 변수에 저장된 문자열 혹은 문자열 데이터와 일치하는지 여부를 true나 false로 반환하는 메서드로 str1, str2, str3, str4 변수가 모두 동일한 문자열을 가지고 있으므로 결과는 모두 true로 반환되었다. equals 외에도 String 클래스는 문자열 데이터에 관련된 기능 수행을 위한 메서드들을 제공하고 있으며 아래와 같다.

메서드	리턴타입	설명
length( )	int	문자열의 길이
charAt(int index)	char	지정한 인덱스에 위치한 문자를 리턴
indexOf(String str)	int	• str 문자열과 일치하는 부분의 첫 인덱스를 리턴 • 일치하는 str이 포함되어 있지 않을 경우 -1 리턴
indexOf(String str, int index)	int	• index 이후 str 문자열과 일치하는 부분의 첫 인덱스를 리턴 • 일치하는 str이 포함되어 있지 않을 경우 -1 리턴

indexOf(char ch)	int	• ch 문자와 처음으로 일치하는 인덱스를 리턴 • 일치하는 ch가 포함되어 있지 않을 경우 –1 리턴
indexOf(char ch, int index)	int	• index 이후 ch 문자와 처음으로 일치하는 인덱스를 리턴 • 일치하는 ch가 포함되어 있지 않을 경우 –1 리턴
substring(int i)	String	인덱스 i부터 나머지 문자열을 리턴
substring(int i, int j)	String	인덱스 i부터 인덱스 j–1까지의 문자열을 리턴
equals(String str)	boolean	str에 할당되어 있는 문자열과 일치하면 true, 아니면 false 리턴
compareTo(String str)	int	str에 할당되어 있는 문자열과 일치하면 0, 유니코드 순서상으로 str보다 앞이면 음수, str보다 순서상으로 뒤면 양수 리턴

이제 아래 예제를 통해 String의 다양한 메서드 기능을 사용하는 방법을 알아보도록 하자.

SOURCE CODE : StringMethod.jsp

```
<%@ page language="java" contentType="text/html; charset=utf-8" %>

<html>
    <head>
        <title>String의 메서드</title>
    </head>
    <body>
        <%
            String str1 = "String Method!";
            String str2 = "String method!";
        %>
        <h3>
            str1.length() : <%=str1.length() %><br/>
            str2.length() : <%=str2.length() %><br/>
        </h3><hr/>
        <h3>
            str1.charAt(0) : <%=str1.charAt(0) %><br/>
            str2.charAt(7) : <%=str2.charAt(7) %>
        </h3><hr/>
        <h3>
            str1.indexOf("Method") : <%=str1.indexOf("Method") %><br/>
            str2.indexOf("Method") : <%=str2.indexOf("Method") %><br/>
            str1.indexOf("method", 4) : <%=str1.indexOf("method", 4) %><br/>
            str2.indexOf("method", 10) : <%=str2.indexOf("method", 10) %><br/>
            str1.indexOf('M', 1) : <%=str1.indexOf('M', 1) %><br/>
            str2.indexOf('M', 1) : <%=str2.indexOf('M', 1) %><br/>
        </h3><hr/>
```

```
            <h3>
                str1.substring(7) : <%=str1.substring(7) %><br/>
                str2.substring(0,6) : <%=str2.substring(0,6) %><br/>
            </h3><hr/>
            <h3>
                str1.equals(str2) : <%=str1.equals(str2) %><br/>
                str1.compareTo(str2) : <%=str1.compareTo(str2) %><br/>
                str1.substring(0,6).equals(str2.substring(0,6)) :
                <%=str1.substring(0,6).equals(str2.substring(0,6)) %><br/>
                str1.substring(0,6).compareTo(str2.substring(0,6)) :
                <%=str1.substring(0,6).compareTo(str2.substring(0,6)) %>
            </h3>
        </body>
    </html>
```

메서드를 사용하기 위해 선언한 str1은 아래와 같은 문자열 인덱스 구조를 가진다.

인덱스	0	1	2	3	4	5	6	7	8	9	10	11	12	13
문자	S	t	r	i	n	g		M	e	t	h	o	d	!

위 인덱스 구조는 str2도 동일하므로 아래 StringMethod.jsp 페이지를 호출한 결과를 통해 메서드의 기능이 어떻게 수행되었는지 기억하도록 하자.

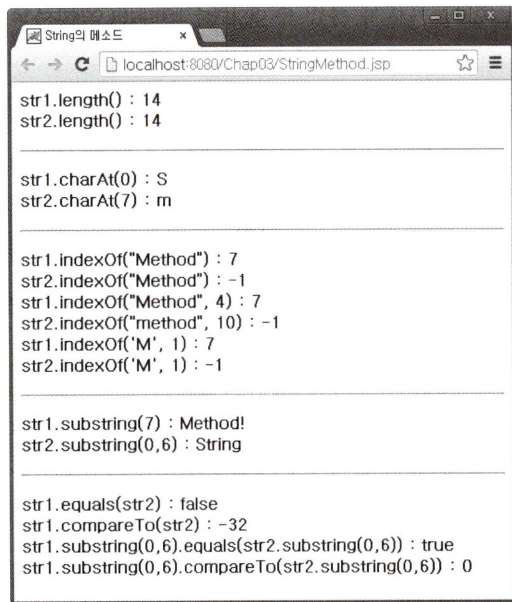

▲ String 클래스가 제공하는 메서드 사용

여기서 주목할 것은 마지막의 두 명령이다. String 클래스의 메서드 중 리턴 타입이 String인 메서드는 사용과 동시에 다시 문자열을 다루는 메서드를 '.'을 통해 호출할 수 있다. 먼저 작성된 메서드를 수행하고 그 결과를 다음 메서드에 적용시키는 것이다. 따라서 str1.substring(0,6).equals(str2.substring(0,6))은 str1의 substring(0,6) 즉, "String" 문자열이 리턴되고 이 문자열과 str2의 substring(0,6) "String" 값이 같은지를 검사하였을 때 동일한 문자열이므로 true가 리턴됨을 확인하자.

06 | Java의 클래스

Java의 클래스는 대표적인 참조형 데이터 타입으로 모든 Java 프로그래밍은 클래스를 기반으로 작성된다. Java 프로그래밍을 배운다는 것은 클래스를 다루는 방법과 밀접한 연관이 있으며 여기서는 서블릿 및 JSP 페이지 제작을 위해 필요한 클래스 사용법을 살펴보도록 하겠다.

6.1 클래스의 구성 및 사용

Java의 클래스는 일반적으로 '사용자 정의 데이터 타입'이라고 표현하며 이는 Java에서 제공하는 여러 데이터 타입과 해당 데이터를 활용하기 위한 기능 영역이 함께 포함된 하나의 새로운 데이터 타입을 프로그래머가 직접 제작함을 의미한다. 따라서 Java의 클래스는 클래스 내 데이터를 저장하기 위한 멤버 변수, 기능 영역이 작성될 메서드 그리고 객체, 즉 클래스에 정의된 내용이 실제 메모리에 구현되어 있는 상태로 만들기 위한 생성자로 구성되며 아래와 같이 구현한다.

```
public class ClassName { // 클래스 시작

  DataType memberVariableName; // 멤버 변수

  ClassName(InitParameterType initVariable, ... ){ // 생성자 시작
    // 생성자 내 기능 구현
  } // 생성자 종료

  public ReturnDataType methodName (InputParameterType inputVariable, ... ){
  // 메서드 시작
    // 메서드 내 기능 구현
  } // 메서드 종료

} // 클래스 종료
```

클래스는 접근 제어자(앞 소스에서는 public)를 통해 클래스의 접근 관계를 명시하고 class 이후 클래스 명을 지정해준 후 중괄호 "{ }"를 사용한 코드블록으로 범위를 명시해준다. JSP 및 서블릿 프로그래밍에 활용하기 위한 클래스는 자유로운 이용을 위해 일반적으로 public으로 선언하며 클래스의 이름은 영어 대문자로 시작한다. 클래스 내부를 구성하는 멤버 변수, 생성자, 메서드는 모두 클래스 내부에서 여러 개 이상 선언이 가능하다.

(1) 멤버 변수

클래스 내 여러 데이터를 사용하기 위해서는 멤버 변수를 선언해야 하며 멤버 변수는 아래와 같이 클래스 내부에 정의한다. 멤버 변수는 Java의 기본형 데이터 타입과 참조형 데이터 타입이 모두 사용 가능하며, 여러 개 사용이 가능하지만 변수의 이름은 중복될 수 없다.

```
public class ClassName { // 클래스 시작

  DataType memberVariableName; // 멤버 변수

}// 클래스 종료
```

가령, X좌표 및 Y좌표 데이터를 저장하기 위한 Point라는 클래스를 각 좌표를 정수형으로 표현한다면 아래와 같이 제작할 수 있다. 이렇게 제작한 Point 클래스는 x 및 y라는 멤버 변수를 포함하게 된다.

SOURCE CODE : Point.java

```
package myClass;

public class Point { // Point 클래스 시작

    public int x; // X좌표
    public int y; // Y좌표

} // Point 클래스 종료
```

이클립스에서의 패키지 및 Java 클래스 생성

패키지는 여러 Java 클래스를 디렉터리 구조로 관리하기 위해 사용하며 이클립스 내에서 Dynamic Web Project 내 [Java Resources]–[src] 디렉터리를 마우스 오른쪽 버튼으로 클릭하여 [New]–[Package]를 선택하여 제작할 수 있다. 이번 예제에서 다룰 Point 클래스의 패키지 위치는 myClass로 지정하도록 한다. Java 클래스 파일은 확장자가 'java'인 파일을 생성하여 제작하며 이클립스 내에서 클래스를 생성할 경우, 서블릿 생성과 마찬가지로 생성된 Dynamic Web Project 내 [Java Resources]–[src] 디렉터리에서 아래와 같이 클래스 생성 기능을 이용하여 제작할 수 있다.

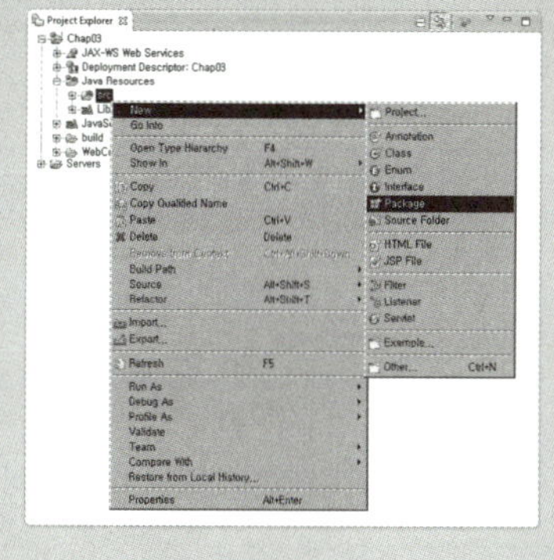

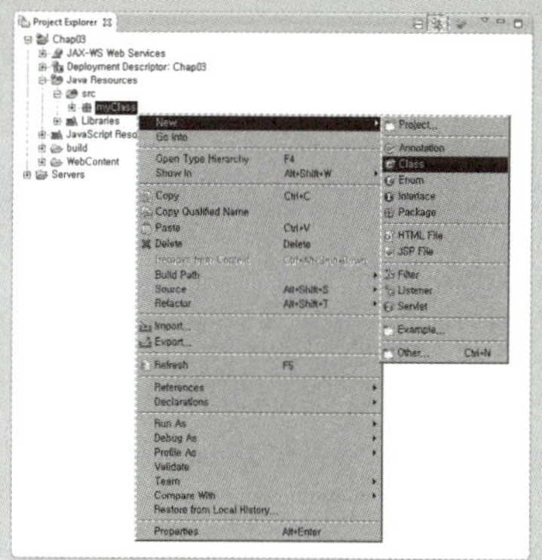

(2) 메서드

메서드는 클래스 내에 정의된 데이터를 가공 및 활용하기 위한 기능 부분이 정의되며 클래스 내부에 아래와 같이 접근 제어자를 지정하고 반환될 데이터의 타입을 명시한 후 메서드명을 작성하고 메서드 실행에 필요한 데이터가 있을 경우 소괄호 "( )" 내에 데이터의 타입과 데이터의 변수명을 명시하여 입력 파라미터를 지정하는 방식으로 구현한다. 만약 메서드 실행 이후 데이터를 반환하지 않을 경우 'void'를 사용한다.

```
public class ClassName { // 클래스 시작

  public ReturnDataType methodName (InputParameterType inputVariable, ... ){
  // 메서드 시작
    // 메서드 내 기능 구현
  } // 메서드 종료

} // 클래스 종료
```

앞서 Point 클래스의 x, y 변수에 값을 할당하고 할당된 값을 반환하기 위한 메서드를 추가로 작성할 경우 아래와 같이 작성할 수 있다. getX( ) 메서드의 경우 Point 클래스에 정의된 x 변수의 값을 반환하는 메서드이며, getX( ) 앞에 명시된 데이터 타입, 즉 int와 return x에 명시된 x 변수의 데이터 타입이 일치하도록 한다. setX(int x) 메서드의 경우 클래스에 정의된 x 변수를 가리키기 위해 this.x를 사용하며 멤버 변수 x에 setX(int x) 메서드 내 입력 파라미터의 값을 대입하는 형태로 구현된다. setX(int x) 메서드의 경우 메서드 사용 시 입력된 x의 값을 Point 클래스의 멤버 변수 x에 대입하는 기능만을 수행하므로 반환 데이터가 없는 void 메서드로 구현되었음을 눈여겨보도록 하자.

SOURCE CODE : Point.java

```
package myClass;

public class Point { // Point 클래스 시작

    public int x; // X좌표
    public int y; // Y좌표

    public int getX() { // getX 메서드 시작
        return x;
    }// 메서드 종료

    public void setX(int x) { // setX 메서드 시작
        this.x = x;
    }// 메서드 종료

    public int getY() { // getY 메서드 시작
        return y;
    }// 메서드 종료

    public void setY(int y) { // setY 메서드 시작
        this.y = y;
    }// 메서드 종료

} // Point 클래스 종료
```

(3) 생성자

생성자는 클래스에 정의된 내용을 메모리에 구현할 때, 즉 클래스의 객체를 생성할 때 클래스의 멤버 변수들의 초기화에 사용되는 요소로 메서드와 비슷한 구현 방식을 가진다. 생성자는 클래스의 이름과 동일한 이름을 가지며 반환될 타입은 명시하지 않는다. 생성자 역시 메서드와 마찬가지로 입력 파라미터를 소괄호를 통해 지정할 수 있다. 생성자를 클래스 내 하나도 작성하지 않을 경우 입력 파라미터가 없고 실행코드가 포함되지 않은 상태의 생성자가 자동으로 생성되며 이를 기본 생성자라 한다.

```
public class ClassName { // 클래스 시작

  ClassName(InitParameterType initVariable, ... ){ // 생성자 시작
    // 생성자 내 기능 구현
  } // 생성자 종료

} // 클래스 종료
```

앞서 제작한 Point 클래스에 생성자를 작성하도록 하자. Point 클래스의 객체 생성 시 아무런 데이터를 주지 않을 경우 x 및 y 변수에는 각각 0을 할당하는 생성자와 객체 생성과 동시에 x 및 y의 값을 할당할 수 있는 생성자를 지정할 것이다. 생성자는 모두 클래스 이름과 동일하게 작성하며 제작한 생성자는 Point 클래스의 객체 생성 시 사용하게 된다.

SOURCE CODE : Point.java

```
package myClass;

public class Point { // Point 클래스 시작

    public int x; // X좌표
    public int y; // Y좌표

    Point(){ // 입력 파라미터가 없는 생성자 시작
        this.x = 0;
        this.y = 0;
    } // 생성자 종료

    Point(int x, int y){ // 입력 파라미터가 존재하는 생성자 시작
        this.x = x;
        this.y = y;
    }// 생성자 종료
```

```
    public int getX() { // getX 메서드 시작
        return x;
    }// 메서드 종료

    public void setX(int x) { // setX 메서드 시작
        this.x = x;
    }// 메서드 종료

    public int getY() { // getY 메서드 시작
        return y;
    }// 메서드 종료

    public void setY(int y) { // setY 메서드 시작
        this.y = y;
    }// 메서드 종료

} // Point 클래스 종료
```

(4) 클래스의 객체 생성 및 이용

제작한 클래스를 사용하기 위해서는 해당 클래스의 객체를 생성하며 일반적으로 클래스의 객체 생성은 다음과 같이 데이터 타입인 클래스명을 명시하고 변수를 선언하여 new 및 생성자를 통해 생성된 객체를 대입하는 형태로 구현할 수 있다.

```
ClassName varableName = new ClassName();
```

따라서 앞서 제작한 Point 클래스의 객체를 제작할 경우 아래와 같은 형태로 구현하게 된다.

```
Point myPoint = new Point();
```

이렇게 생성된 myPoint 객체는 클래스에 정의된 멤버 변수와 메서드를 사용할 수 있으며 아래와 같이 "."을 통해 접근할 수 있다.

```
myPoint.x = 3;
myPoint.y = 5;
```

```
myPoint.setX(4);
myPoint.getY();
```

이제 Point 클래스의 객체를 생성하여 사용할 JSP 페이지를 제작해보도록 하자. 아래 usePointClass.jsp 페이지는 앞서 제작한 Point 클래스의 객체를 두 가지 생성자를 각각 이용하여 생성한 후 메서드와 멤버 변수를 사용할 것이다. Point 클래스는 myClass 패키지에 위치하므로 여기서는 아래와 같이 myClass 패키지의 클래스를 임포트함을 지정한다. 이는 page 지시자를 통한 클래스의 임포트 기능으로 이후 5장에서 자세히 다루도록 할 것이다.

```
<%@ page import="myClass.*" %>
```

SOURCE CODE : usePointClass.jsp

```
<%@ page language="java" contentType="text/html; charset=utf-8" %>
<%@ page import="myClass.*" %>

<html>
    <head>
        <title>클래스 사용</title>
    </head>
    <body>
        <%
            out.println("<h3>myPonit1 객체 생성 <br/>");
            Point myPoint1 = new Point();
            out.println("myPonit1 객체 생성 완료</h3>");

            out.println("현재 myPoint1.x : " + myPoint1.getX() + "<br/>");
            out.println("현재 myPoint1.y : " + myPoint1.getY() + "<br/>");

            myPoint1.x = 2;
            myPoint1.y = 4;

            out.println("변경 후 myPoint1.x : " + myPoint1.getX() + "<br/>");
            out.println("변경 후 myPoint1.y : " + myPoint1.getY() + "<hr/>");


            out.println("<h3>myPonit2 객체 생성 <br/>");
            Point myPoint2 = new Point(3, 5);
            out.println("myPonit2 객체 생성 완료</h3>");

            out.println("현재 myPoint2.x : " + myPoint2.getX() + "<br/>");
            out.println("현재 myPoint2.y : " + myPoint2.getY() + "<br/>");
```

```
            myPoint2.setX(10);
            myPoint2.setY(17);

            out.println("변경 후 myPoint2.x : " + myPoint2.getX() + "<br/>");
            out.println("변경 후 myPoint2.y : " + myPoint2.getY() + "<hr/>");
        %>
    </body>
</html>
```

usePointClass.jsp 페이지의 호출 결과는 아래와 같다. myPoint1 객체의 경우 입력 파라미터가 없는 생성자를 사용하여 객체를 생성했으므로 처음 x 및 y 멤버 변수의 값은 0으로 할당되어 있으며 myPoint1.x 및 myPoint1.y를 통해 x 및 y의 변수에 각각 2, 4의 값의 할당이 이루어짐을 확인할 수 있다. myPoint2 객체의 경우 Point(3, 5)를 통해 두 개의 정수를 입력 파라미터로 사용하는 두 번째 생성자를 사용하여 객체를 생성하고 있으며 그에 따라 myPoint2 객체의 x 및 y의 변수값은 각각 3과 5로 출력된다. myPoint2.setX(10) 및 myPoint2.setY(17) 메서드를 사용하여 값을 할당하면 이후 10, 17 값이 출력됨을 확인할 수 있다.

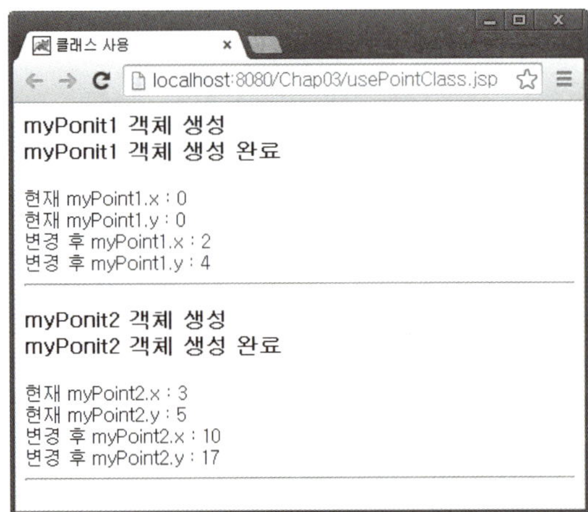

▲ usePointClass.jsp 페이지의 실행 결과

6.2 상속

상속은 Java의 객체지향 프로그래밍의 주요 특징 중 하나로 특정 클래스에 정의된 멤버 변수 및 메서드를 부모-자식 관계로 연결한 클래스에서 선언 없이 그대로 사용할 수 있게 구현하는 방식이다. 앞서 제작한 Point 클래스는 X좌표 및 Y좌표를 표현하기 위한 용도로 제작되었으며 만약 3차원의 Z좌표도 클래스에서 표현해야 할 경우, Point 클래스에 지정된 X

좌표 및 Y좌표와 관련된 멤버 변수와 메서드가 중복 구현되어야 한다. 이와 같은 경우 Java의 상속 관계를 이용하면 Point 클래스의 멤버 변수와 메서드를 선언 없이 사용할 수 있다.

만약 Point3D라는 클래스가 Point 클래스를 상속받아 X좌표 및 Y좌표에 대한 멤버 변수와 메서드를 그대로 사용하고자 할 경우 Point3D 클래스는 다음과 같이 extends를 사용하여 Point 클래스를 상속받도록 정의할 수 있다.

```
public class Point3D extends Point{
   ...
}
```

이렇게 상속관계가 맺어질 경우 Point 클래스를 부모 클래스, Point3D 클래스를 자식 클래스라고 한다. 자식 클래스는 부모 클래스의 멤버 변수와 메서드를 선언 없이 물려받아 바로 사용할 수 있다. Z좌표에 대한 내용을 포함한 Point3D 클래스를 다음과 같이 구현한다.

SOURCE CODE : Point3D.java

```
package myClass;

public class Point3D extends Point{ // Point3D 클래스 시작

    public int z; // Z좌표

    public int getZ() { // getZ 메서드 시작
        return z;
    }// 메서드 종료

    public void setZ(int z) { // setZ 메서드 시작
        this.z = z;
    }// 메서드 종료

} // Point3D 클래스 종료
```

이제 Point3D 클래스의 객체를 사용하는 usePoint3DClass.jsp 페이지를 다음과 같이 제작한다. 객체의 생성과 사용법은 이전 Point 클래스에서의 그것과 동일하다. Point3D 클래스는 Point 클래스를 상속받았으므로 Point3D 클래스에 선언되어 있지는 않지만, Point 클래스에 선언되어 있는 멤버 변수 x 및 y 그리고 getX( ), setX( ), getY( ), setY( ) 메서드가 모두 사용 가능함을 눈여겨보자.

SOURCE CODE : usePoint3DClass.jsp

```
<%@ page language="java" contentType="text/html; charset=utf-8" %>
<%@ page import="myClass.*" %>

<html>
    <head>
        <title>클래스 사용</title>
    </head>
    <body>
        <%
            out.println("<h3>myPonit3D 객체 생성 <br/>");
            Point3D myPoint3D = new Point3D();
            out.println("myPonit3D 객체 생성 완료</h3>");

            out.println("현재 myPoint3D.x : " + myPoint3D.getX() + "<br/>");
            out.println("현재 myPoint3D.y : " + myPoint3D.getY() + "<br/>");
            out.println("현재 myPoint3D.z : " + myPoint3D.getZ() + "<hr/>");

            out.println("<h3>멤버 변수를 통한 값 변경</h3>");

            myPoint3D.x = 2;
            myPoint3D.y = 4;
            myPoint3D.z = 6;

            out.println("현재 myPoint3D.x : " + myPoint3D.getX() + "<br/>");
            out.println("현재 myPoint3D.y : " + myPoint3D.getY() + "<br/>");
            out.println("현재 myPoint3D.z : " + myPoint3D.getZ() + "<hr/>");

            out.println("<h3>메서드를 통한 값 변경</h3>");

            myPoint3D.setX(8);
            myPoint3D.setY(10);
            myPoint3D.setZ(12);

            out.println("현재 myPoint3D.x : " + myPoint3D.getX() + "<br/>");
            out.println("현재 myPoint3D.y : " + myPoint3D.getY() + "<br/>");
            out.println("현재 myPoint3D.z : " + myPoint3D.getZ() + "<hr/>");

        %>
    </body>
</html>
```

usePoint3DClass.jsp 페이지의 호출 결과는 아래와 같다. Point 클래스를 상속받은 Point3D 클래스는 Point 클래스에 명시된 멤버 변수와 메서드가 모두 사용 가능함을 확인할 수 있다.

▲ usePoint3DClass.jsp 페이지의 실행 결과

지금까지 서블릿 및 JSP 페이지 제작을 위한 Java의 기본 문법과 더불어 Java의 클래스 사용법을 간략히 살펴보았다. Java를 이용한 객체지향 프로그래밍은 상속관계를 이용한 다형성(Polymorphism), 오버라이딩(Overriding), 접근 제어자를 활용한 캡슐화(Encapsulation) 그리고 추상 클래스(Abstract Class), 인터페이스(Interface), 오버로딩(Overloading), 정적(Static) 변수 및 메서드 사용 등에 이르는 여러 기술을 필요로 한다. 이 책에서는 서블릿 및 JSP 페이지 제작에 필요한 기본적인 Java의 문법만을 다루고 있으며 이후 장에서 추가 설명이 필요한 부분을 간략히 소개하며 진행해나갈 것이다. Java의 여러 기술들에 대한 추가적인 학습은 Java 입문 관련 서적이나 Java API 문서를 참조하길 바란다.

CHAPTER 03 Level Up! Coding

01 Java의 기본형 데이터 타입과 참조형 데이터 타입에 대해 설명하고, 차이점을 서술하시오.

02 Java의 형 변환에 대해 설명하시오.

03 Java의 클래스, 추상 클래스(abstract class), 인터페이스(interface)의 차이점을 서술하시오.

04 정적(Static) 멤버(Member : 변수, 메서드)와 일반 멤버의 차이점을 서술하시오.

05 오버로딩(Overloading)과 오버라이딩(Overriding)의 차이점을 서술하시오.

CHAPTER 04

서블릿(Servlet)

서블릿은 Java를 이용하여 동적 웹 서비스를 구현하기 위한 기술로 JSP보다 먼저 발표되었다. 서블릿을 제작한다는 것은 웹 서비스를 제공하기 위한 Java 클래스를 제작하는 작업이며 제작하기 위해 지켜야 하는 몇몇 규칙이 있다. 이후 살펴볼 JSP 페이지 역시 서블릿 기반 기술이므로 이번 장을 통해 서블릿 개념 및 구조와 사용 방법에 대해 숙지하길 바란다.

01 | 서블릿의 개요

서블릿은 동적 웹 서비스를 Java로 구현하기 위한 기술로, 서버(Server) 측 자바 응용프로그램(Applet)이라는 의미의 단어들을 결합한 명칭인 'Servlet'으로 발표되었다. 이는 웹 클라이언트의 요청을 처리하여 응답하기 위해 웹 서버에서 실행되는 Java 클래스를 의미한다. 따라서 서블릿 역시 Java의 다양한 API 및 객체지향 프로그래밍의 장점을 그대로 활용할 수 있으며, 이후 학습할 JSP(Java Server Page)와도 밀접한 연관성이 있다.

1.1 서블릿과 서블릿 컨테이너

서블릿은 Java 클래스이므로 웹 서비스를 구현하기 위해서는 기본적으로 JDK가 필요하다. 또한 서블릿이 웹 클라이언트의 요청에 따라 응답처리를 하기 위해서는 서블릿의 수행을 유지 및 관리해 줄 수 있는 특별한 프로그램인 서블릿 컨테이너(Servlet Container)가 필요한데, 2장에서 설치했던 아파치 톰캣에서 그 기능을 제공하고 있다. 서블릿 제작에 앞서 서블릿 및 서블릿 컨테이너를 통한 웹 서비스의 동작 과정을 먼저 살펴본 후 서블릿의 생명주기를 살펴보도록 하자.

(1) 서블릿과 서블릿 컨테이너의 동작 과정

웹 클라이언트의 요청을 처리할 서블릿의 동작에 관여하는 서블릿 컨테이너의 역할은 간단히 다음과 같이 표현할 수 있다.

- 실행을 위한 서블릿이 담겨 있는 용기
- 서블릿 객체를 보관
- 보관되어 있는 서블릿 객체를 관리하며 서비스

이러한 서블릿 컨테이너를 통한 서블릿의 동작 진행은 아래와 같이 이루어진다.

① 웹 클라이언트에서 전송된 HTTP 요청을 웹 서버가 전달 받음
② 웹 서버는 HTTP 요청 정보를 묶어 서블릿 컨테이너에 전달
③ 서블릿 컨테이너는 저장된 서블릿 객체들 중 해당 HTTP 요청을 처리할 수 있는 서블릿을 실행
④ 웹 서버에서는 서블릿 실행을 통해 만들어진 응답을 전달받음
⑤ 웹 서버는 전달받은 응답을 웹 클라이언트에게 전송

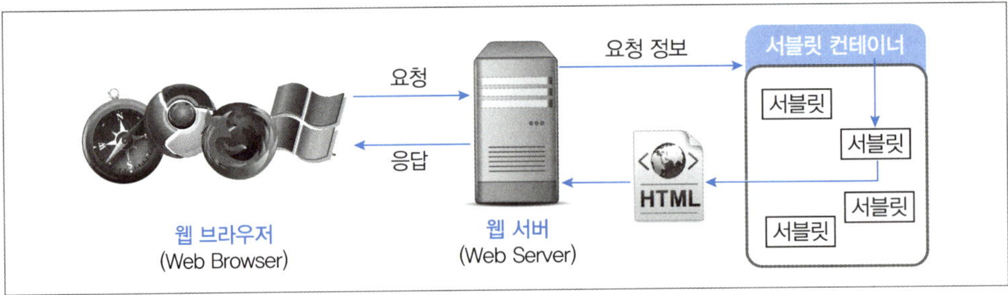

▲ 서블릿의 동작

웹 서버를 통해 요청 정보를 전달받았을 때 서블릿 컨테이너의 내부 동작을 조금 더 자세히 들여다보도록 하자. 아래는 서블릿 컨테이너가 전달받은 요청 정보로부터 서블릿의 실행 및 결과를 웹 서버에 전달하기까지의 과정을 나타내고 있다.

① 웹 서버의 요청(request) 정보를 통해 HttpServletRequest 클래스의 객체인 요청 객체와 HttpServlet Response 클래스의 객체인 응답 객체를 생성
② 전달받은 요청을 처리할 수 있는 서블릿 클래스가 서블릿 컨테이너에 로딩되어 있는지 검사
  - 로딩되어 있지 않을 경우 해당 서블릿 클래스를 로딩하여 객체를 생성
  - 이미 로딩되어 있을 경우 해당 서블릿 클래스의 객체를 생성
③ 생성된 서블릿 객체를 호출하여 실행. 실행 시 doGet 혹은 doPost 메서드에 필요한 입력 파라미터는 ①, ② 과정에서 생성된 HttpServletRequest, HttpServletResponse 클래스의 객체를 이용
④ 서블릿 실행 결과를 웹 서버에서 전달

위 과정에서 HttpServletRequest 객체는 요청 정보를 담기 위해 사용하며, HttpServlet Response 객체는 요청에 대한 응답 정보를 지정하기 위해 사용된다. 이 두 객체는 서블릿 클래스 내부에서 요청을 처리할 코드가 포함된 doGet( )/doPost( ) 메서드의 입력 파라미터로 사용되어 메서드 내부에서 요청 및 응답 정보로 활용될 것이다.

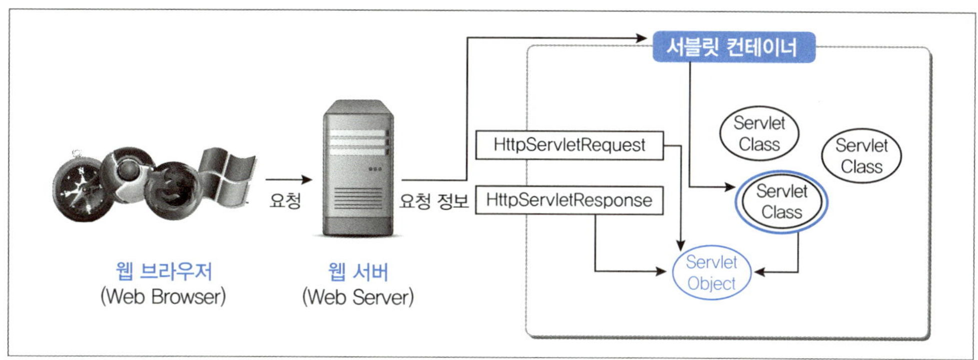

▲ 서블릿 컨테이너의 서블릿 객체 생성

(2) 서블릿의 생명주기

서블릿의 생명주기란 서블릿 컨테이너가 요청을 전달받았을 때 진행되는 서블릿 클래스의 로딩, 서블릿 객체 생성, 서블릿 객체의 사용 및 소멸에 이르는 과정을 의미한다. 서블릿 컨테이너에 의해 아래 세 가지 메서드가 상황에 따라 호출되어 진행된다.

생명주기	설명
init	서블릿이 처음 인스턴스화될 때 최초 한 번만 호출되는 메서드로 이후의 요청 처리는 스레드를 통한 service 메서드의 호출로 진행
service	서블릿에 대한 요청이 있을 때 호출되는 메서드. 웹 클라이언트의 요청이 있을 때마다 반복 실행되며 요청 방식의 종류에 따라 doGet, doPost 메서드를 자동으로 호출
destroy	서블릿 인스턴스가 더 이상 서비스를 하지 않을 경우 메모리에서 제거하기 위해 호출되는 메서드. 호출 후 자바의 Garbage Collector가 인스턴스를 메모리에서 제거

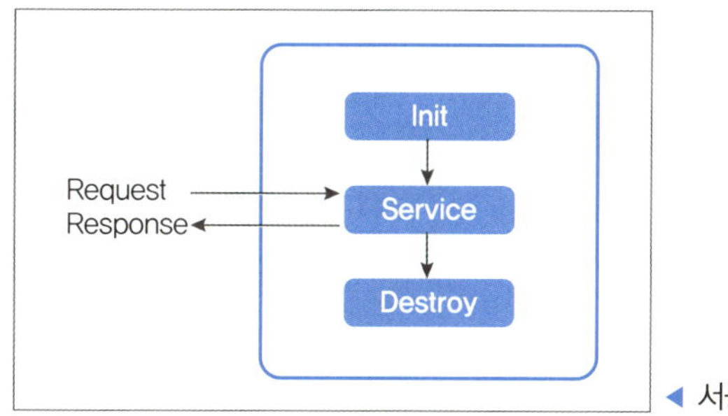

◀ 서블릿의 생명주기

이러한 서블릿의 생명주기 관련 메서드들은 서블릿 컨테이너가 요청을 전달받아 서블릿 클래스를 이용하여 응답하기까지 필요한 상황에 따라 다음과 같은 과정을 거쳐 호출된다.

① 서블릿 컨테이너는 요청을 처리할 서블릿 클래스를 로딩(이미 해당 서블릿 클래스가 로딩되어 있을 경우 이 과정은 생략된다.)
② 서블릿 컨테이너는 서블릿 클래스의 인스턴스를 생성
③ 생성된 서블릿 인스턴스의 init 메서드 호출
④ 서블릿 인스턴스로부터 스레드를 생성하여 service 메서드 호출
⑤ service 메서드는 요청 방식(get 방식, post 방식)에 따라 doGet 메서드 혹은 doPost 메서드를 호출
⑥ 서블릿 인스턴스가 더 이상 필요치 않을 경우 destroy 메서드가 호출되어 서블릿 인스턴스를 메모리에서 제거

위와 같이 서블릿 컨테이너는 웹 서버가 전달한 요청을 처리할 수 있는 서블릿 클래스의 객체를 생성하며 서블릿 객체의 요청에 대해 수행하고 이후 메모리에서 제거에 이르는 서블릿 동작 과정을 관리한다. 그러나 이러한 서블릿 생명주기에 관여하는 메서드는 프로그래머가 구현하지 않으며 service( ) 메서드 내부에서 요청 방식에 따라 호출되는 doGet( ) 메서드 및 doPost( ) 메서드만을 구현하는 것으로 간단히 웹 애플리케이션을 제작할 수 있다.

1.2 서블릿 클래스의 작성 방법

자바를 사용하여 동적 웹 서비스를 구현하는 기술인 서블릿을 구현한다는 것은 Java 클래스를 제작한다는 의미이지만 일반 Java 클래스와는 달리, 구현 시 특정한 구성과 구현 규칙을 지켜야 한다. 서블릿 클래스 제작에 앞서 먼저 이러한 규칙들을 살펴보도록 하자.

(1) HttpServlet 클래스 상속

서블릿 클래스 작성 시 클래스는 public으로 선언되어야 하며 반드시 HttpServlet 클래스를 상속하여야 한다.

```
public class 서블릿클래스명 extends HttpServlet {
  ...
}
```

HttpServlet 클래스는 HTTP 프로토콜에 최적화된 서블릿 구현을 위한 클래스로 GenericServlet 클래스를 상속 받는 추상 클래스이며, GenericServlet 클래스는 ServletConfig와 Servlet, Serializable 인터페이스를 구현하는 클래스이다. 다음은 서블릿 클래스 작성 시 사용되는 HttpServlet 클래스의 상속 관계를 나타내고 있다.

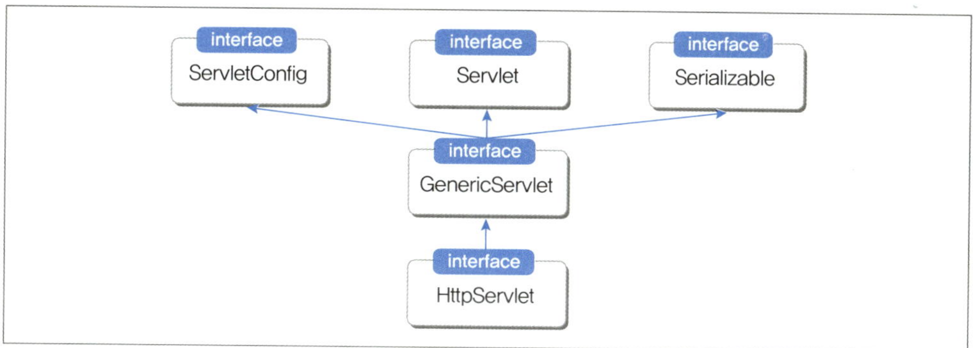

▲ HttpServlet 클래스의 상속 관계도

GenericServlet 클래스는 일반적인 네트워크 프로토콜 전반에 사용될 수 있는 서블릿을 제작하기 위한 기능들로 구성되어 있으며, 우리가 서블릿 클래스를 통해 구현할 웹 애플리케이션은 HTTP 프로토콜을 이용하므로 HTTP 프로토콜에 최적화된 서블릿 구현을 위해 제작된 클래스인 HttpServlet 클래스를 서블릿 클래스에 상속받는다.

추가적으로 GenericServlet 클래스가 구현하고 있는 각각의 인터페이스들의 역할 및 특징은 아래와 같다.

인터페이스	특징
Servlet	서블릿 기능 관련 메서드들을 정의한 인터페이스로 서블릿의 생명주기(Life Cycle) 관리에 필요한 init, service, destroy 메서드 등을 정의
ServletConfig	서블릿과 관련된 초기화 정보 처리에 필요한 메서드를 정의한 인터페이스
java.io.Serializable	바이트 단위의 변환으로 파일, 네트워크를 통해 객체 내용의 송수신이 가능하게 만들어주는 객체 직렬화 인터페이스로, 서블릿 객체의 직렬화를 위해 사용

Servlet과 ServletConfig 인터페이스는 서블릿 통신 구현에 필요한 기본적인 메서드들을 정의해 놓았고 이들을 GenericServlet이 구현하고 있다.

(2) doGet/doPost 메서드 구현

서블릿 클래스를 제작할 때 웹 프로그래머가 직접 구현해야 하는 부분은 doGet 메서드 및 doPost 메서드이다. 웹 클라이언트의 전송 요청 방식이 get 방식인지 post 방식인지 여부에 따라 service 메서드 내부에서 호출될 doGet 혹은 doPost 메서드를 재정의(overriding)해야 하며 각 메서드는 다음과 같이 서블릿 컨테이너에 의해 가공된 HttpServletRequest와 HttpServletResponse 타입의 입력 파라미터를 사용하여 요청 및 응답 정보를 활용하게 된다.

```
public void doGet (HttpServletRequest request,
HttpServletResponse response){
  ...
}

public void doPost (HttpServletRequest request,
HttpServletResponse response){
  ...
}
```

이 책에서는 서블릿 생성 시 이클립스의 서블릿 생성 기능을 사용하지만 구현되는 내용은 직접 서블릿 클래스를 생성하여 작성하는 방법과 동일하다. 이클립스에서 생성한 서블릿 클래스는 위에서 언급한 기본적인 서블릿 클래스 작성 규칙을 준수하여 파일이 생성되므로 간편한 작업이 가능하다. 그러나 서블릿 클래스 작성 규칙은 서블릿 클래스의 구현뿐만 아니라 서블릿의 동작 과정에 있어서도 중요한 내용이므로 반드시 숙지하길 바란다.

get 방식과 post 방식

회원가입과 같이 사용자가 입력한 데이터를 토대로 웹 애플리케이션의 기능이 수행되어야 할 경우 웹 클라이언트에서 요청을 보낼 때 필요한 데이터를 웹 서버에 함께 전송할 수 있다. 이때 데이터를 전송하는 방식에 따라 get 방식과 post 방식을 사용할 수 있다. HTML에서 제공되는 〈form〉 태그의 method 속성을 "get"이나 "post"로 지정해줌으로써 두 가지 방식을 구분하여 데이터를 전송하게 된다.

(1) get 방식

get 방식은 데이터의 정보를 웹 주소 URL에 포함하여 호출하는 방식으로 다음과 같은 형태이다.

```
Address?param1=var1&param2=var2…paramN=varN
ex) http://www.testDomain.com/testService/testPage.jsp?name=HongGilDong&lang=Java
```

여기서 '?'는 웹 주소 뒤의 전송 데이터가 시작됨을 의미하며 이후 파라미터의 이름 다음의 '=' 뒤에 해당 파라미터의 값이 따라오게 된다. 전송 데이터의 개수가 여러 개일 경우 '&'을 통해 파라미터 이름과 파라미터의 값을 구분하여 사용할 수 있다. get 방식은 전송 데이터의 정보가 URL에 노출되므로 보안에 취약하고 URL 특성의 한계로 보내는 정보 크기가 1,024byte로 제한된다는 단점이 있지만 간단하게 구현이 가능하여 보안에 지장을 주지 않는 소규모 데이터 전송을 위해 많이 사용된다.

(2) post 방식

post 방식은 추가로 전송할 데이터를 HTTP 요청 메시지에 첨부하는 형태로 전송하는 방식이다. 따라서 get 방식과는 달리 웹 주소 URL로는 어떠한 정보가 전달되는지 열람할 수 없다. get 방식에 비해 보안성이 좋으며 보내는 정보의 크기도 데이터가 첨부되는 형식을 취하므로 제한이 없다.

02 | 서블릿 제작

이제 자바와 아파치 톰캣 그리고 이클립스를 사용하여 서블릿 페이지를 제작해보도록 하겠다. 서블릿은 웹 서비스를 위해 제작하는 자바 클래스이므로 자바 코드로만으로 구성된다.

2.1 서블릿의 생성

2장에서 설치했던 이클립스의 버전 'Eclipse IDE for Java EE Developers'은 자바 프로그래밍에 사용되는 클래스(Class)와 인터페이스(Interface), 패키지(package) 외에도 서블릿(Servlet), 리스너(Listener), 필터(Filter) 등 웹 개발에 필요한 파일 생성을 지원한다. 그러므로 여기서는 이클립스에서 제공하는 기능을 활용하여 서블릿 파일을 생성해 서블릿 페이지를 제작하도록 하자.

우선 동적 웹 서비스 구현을 위해 Dynamic Web Project를 생성한 후 해당 프로젝트 내 'Java Resources' 폴더에 있는 'src' 폴더를 선택하고 마우스 오른쪽 버튼을 클릭하여 [New]-[Servlet]을 선택하자.

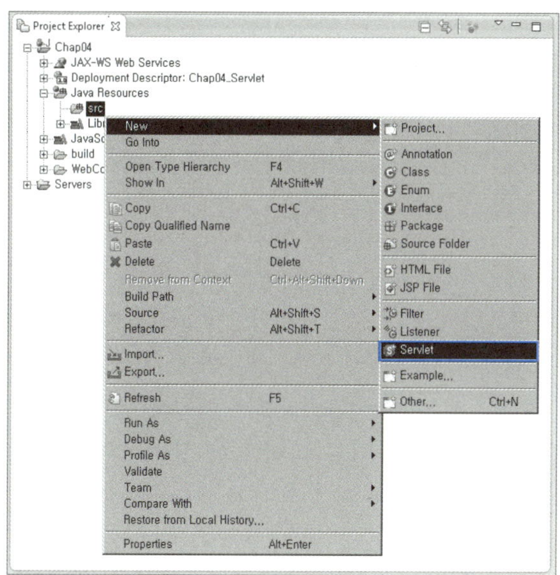

▲ 이클립스에서 서블릿 생성

[Create Servlet] 대화상자가 나타나면 [Class name] 입력란에 'HelloServlet'이라고 서블릿 명을 입력하고 [Next] 버튼을 클릭하자. 서블릿은 기본적으로 javax.servlet.http 패키지의 HttpServlet 클래스를 상속받아야 하기 때문에 'Superclass' 항목에 'HttpServlet'이 지정되어 있음을 확인할 수 있다.

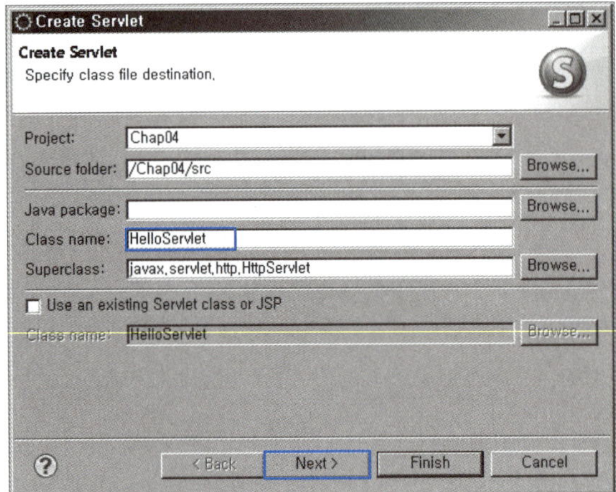

▲ 서블릿 클래스명 지정

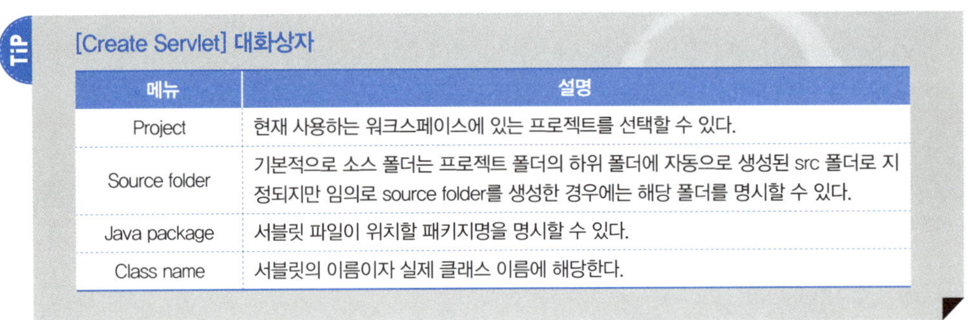

TiP

[Create Servlet] 대화상자

메뉴	설명
Project	현재 사용하는 워크스페이스에 있는 프로젝트를 선택할 수 있다.
Source folder	기본적으로 소스 폴더는 프로젝트 폴더의 하위 폴더에 자동으로 생성된 src 폴더로 지정되지만 임의로 source folder를 생성한 경우에는 해당 폴더를 명시할 수 있다.
Java package	서블릿 파일이 위치할 패키지명을 명시할 수 있다.
Class name	서블릿의 이름이자 실제 클래스 이름에 해당한다.

[Next] 버튼을 클릭하면 Initialization parameters와 URL mappings을 설정할 수 있다. [Initialization parameters] 메뉴에서는 서블릿의 초기화에 사용되는 파라미터를 입력할 수 있고 [URL mappings] 메뉴에는 웹 브라우저에서 해당 서블릿 호출을 위한 URL을 설정할 수 있다. URL mappings를 특정 값으로 설정해두면 서블릿 클래스 이름에 상관없이 입력한 값이 URL 주소가 된다. 이번 예제 이후 제작할 서블릿 예제들 역시 변경 없이 그대로 사용하겠다. [Next]를 누르자.

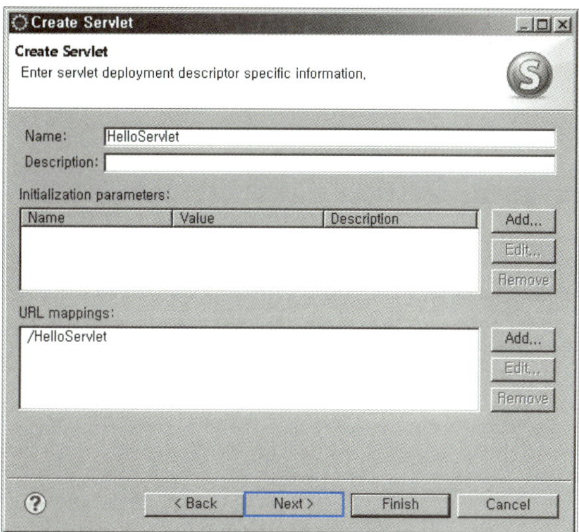

▲ 서블릿 초기화 파라미터 및 매핑 URL 설정

다음 화면에서는 현재 생성 중인 서블릿 클래스의 접근 제어자, 구현할 인터페이스, 오버라이딩할 메서드 등을 설정할 수 있다. 서블릿 클래스 구현 시 대개의 경우 doGet 혹은 doPost 메서드만을 프로그래밍하게 되므로 이번 설정도 변경 없이 그대로 유지한다. [Finish] 버튼을 눌러 서블릿 생성을 완료하도록 하자.

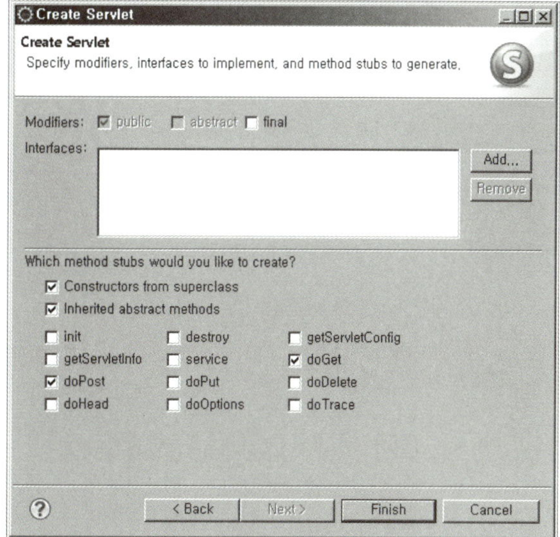

▲ 서블릿 클래스의 상속관계, 구현 메서드 설정

HttpServlet 클래스의 do~ 메서드

위 설정창에서 선택해야 하는 제작할 메서드 중 do~ 형태의 메서드들은 HTTP 요청 메서드에 대응하는 메서드들이며 아래의 표와 같다.

메서드	리턴타입	설명
doDelete(HttpServletRequest req, HttpServletResponse resp)	void	HTTP의 DELETE 요청 시 실행 (웹 서버 문서 삭제)
doGet(HttpServletRequest req, HttpServletResponse resp)	void	HTTP의 GET 요청 시 실행
doHead(HttpServletRequest req, HttpServletResponse resp)	void	HTTP의 HEAD 요청 시 실행 (문서의 헤더 정보 조회)
doOptions(HttpServletRequest req, HttpServletResponse resp)	void	HTTP의 OPTIONS 요청 시 실행 (웹 서버에서 제공하는 기능 옵션 조회)
doPost(HttpServletRequest req, HttpServletResponse resp)	void	HTTP의 POST 요청 시 실행
doPut(HttpServletRequest req, HttpServletResponse resp)	void	HTTP의 PUT 요청 시 실행 (문서 업로드)
doTrace(HttpServletRequest req, HttpServletResponse resp)	void	HTTP의 TRACE 요청 시 실행 (디버깅 목적)

따라서 HTTP의 GET 요청에는 doGet 메서드, POST 요청에는 doPost 메서드가 실행된다. 웹 서비스 구현 시 대부분의 HTTP 요청은 GET과 POST이므로 서블릿 구현 시 doGet 메서드 혹은 doPost 만을 재정의하게 된다.

생성 과정이 끝나면 서블릿 클래스는 [Java resources]-[src]-[default package]에 생성되어 있음을 확인할 수 있다.

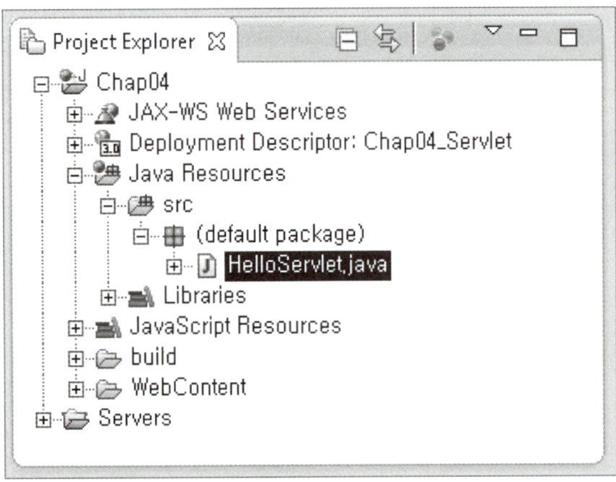

앞서 언급한 대로 서블릿은 동적 웹 서비스를 구현하기 위해 자바를 사용하므로 위에서 생성한 HelloServlet 서블릿 클래스는 확장자가 .java임을 확인하자. 아래는 방금 생성한 HelloServlet 클래스의 소스 코드이다. 서블릿 클래스 구현을 위한 패키지가 임포트되고

생성자 및 서비스 진행 시 호출될 doGet( ) 메서드 및 doPost( ) 메서드가 내용이 빈 채로 먼저 작성되어져 있음을 확인하도록 하자.

SOURCE CODE : HelloServlet.java

```
import java.io.IOException;
import javax.servlet.ServletException;
import javax.servlet.annotation.WebServlet;
import javax.servlet.http.HttpServlet;
import javax.servlet.http.HttpServletRequest;
import javax.servlet.http.HttpServletResponse;

/**
 * Servlet implementation class HelloServlet
 */
@WebServlet("/HelloServlet")
public class HelloServlet extends HttpServlet {
    private static final long serialVersionUID = 1L;

  /**
   * @see HttpServlet#HttpServlet()
   */
  public HelloServlet() {
    super();
    // TODO Auto-generated constructor stub
  }

    /**
     * @see HttpServlet#doGet(HttpServletRequest request,
     HttpServletResponse response)
     */
    protected void doGet(HttpServletRequest request,
    HttpServletResponse response) throws ServletException, IOException {
        // TODO Auto-generated method stub
    }

    /**
     * @see HttpServlet#doPost(HttpServletRequest request,
     HttpServletResponse response)
     */
    protected void doPost(HttpServletRequest request,
    HttpServletResponse response) throws ServletException, IOException {
```

```
            // TODO Auto-generated method stub
        }

    }
```

위와 같이 이클립스의 기능을 사용하여 서블릿을 생성하면 기본적으로 서블릿을 구현하기 위해 작성해주어야 하는 많은 부분이 자동으로 완성된 상태로 생성됨을 알 수 있다. 따라서 실제 서블릿 소스 코드를 작성하는 시점은 지금부터이며 간단한 예제를 통해 서블릿을 구현 및 실행해보도록 하겠다.

TIP

이클립스에서 생성한 서블릿 클래스 에러

서블릿을 생성하여 아무런 코드를 추가하지 않았음에도 서블릿 클래스에 에러가 발생할 수 있다. 이는 서블릿 클래스 사용에 필요한 라이브러리가 인식되지 않았을 경우에 발생할 수 있으며 이 경우 아래와 같이 생성한 Dynamic Project를 마우스 오른쪽 버튼으로 클릭하고 [Properties]-[Java Build Path]-[Libraries]-[Add External JARs...] 버튼을 클릭하여 아파치 톰캣 디렉터리 내 lib에 있는 servlet-api.jar 라이브러리를 추가하면 해결할 수 있다.

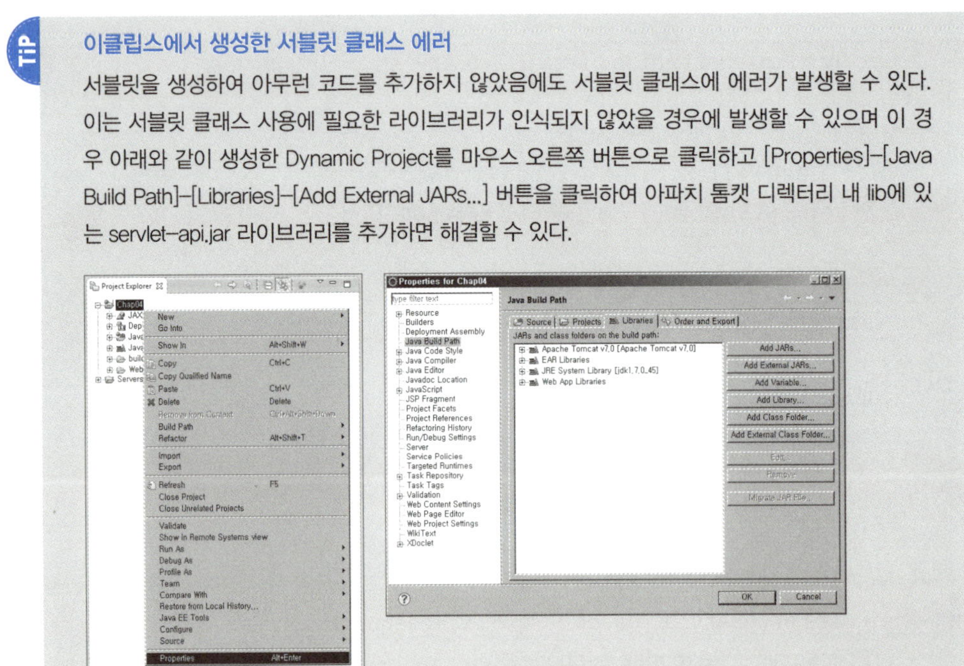

2.2 HelloServlet 구현

이제 생성된 HelloServlet 클래스를 다음과 같이 구현하여 실행해보도록 하자. 다음 코드에서 별색 처리된 부분이 새로 작성한 부분이다. HelloServlet 클래스는 다음과 같이 작성 방식에 따라 호출될 doGet( ) 메서드 및 doPost( ) 메서드 내 코드를 작성하며 결과로 응답될 HTML 코드 전송을 위해 java.io.PrintWriter 클래스를 임포트하여 사용한다.

SOURCE CODE : HelloServlet.java

```
import java.io.IOException;
import java.io.PrintWriter;

import javax.servlet.ServletException;
import javax.servlet.annotation.WebServlet;
import javax.servlet.http.HttpServlet;
import javax.servlet.http.HttpServletRequest;
import javax.servlet.http.HttpServletResponse;

/**
 * Servlet implementation class HelloServlet
 */
@WebServlet("/HelloServlet")
public class HelloServlet extends HttpServlet {
    private static final long serialVersionUID = 1L;

  /**
   * @see HttpServlet#HttpServlet()
   */
  public HelloServlet() {
     super();
     // TODO Auto-generated constructor stub
  }

   /**
   * @see HttpServlet#doGet(HttpServletRequest request,
   HttpServletResponse response)
   */
   protected void doGet(HttpServletRequest request, HttpServletResponse
   response) throws ServletException, IOException {
       // TODO Auto-generated method stub

       PrintWriter out = response.getWriter();

       out.println("<html>");
       out.println("<head>");
       out.println("  <title>Hello. Servlet!</title>");
       out.println("</head>");
       out.println("<body>");
       out.println("  <h2>Hello Servlet!</h2><br/>");
```

```
        out.println ("  <h3>Message from doGet method!</h3>");
        out.println ("</body>");
        out.println ("</html>");
    }

    /**
    * @see HttpServlet#doPost(HttpServletRequest request,
    HttpServletResponse response)
     */
    protected void doPost(HttpServletRequest request,
    HttpServletResponse response) throws ServletException, IOException {
        // TODO Auto-generated method stub

        PrintWriter out = response.getWriter();

        out.println("<html>");
        out.println ("<head>");
        out.println ("  <title>Hello, Servlet!</title> ");
        out.println ("</head>");
        out.println ("<body>");
        out.println ("  <h2>Hello Servlet!</h2><br/>");
        out.println ("  <h3>Message from doPost method!</h3> ");
        out.println ("</body>");
        out.println ("</html>");
    }
}
```

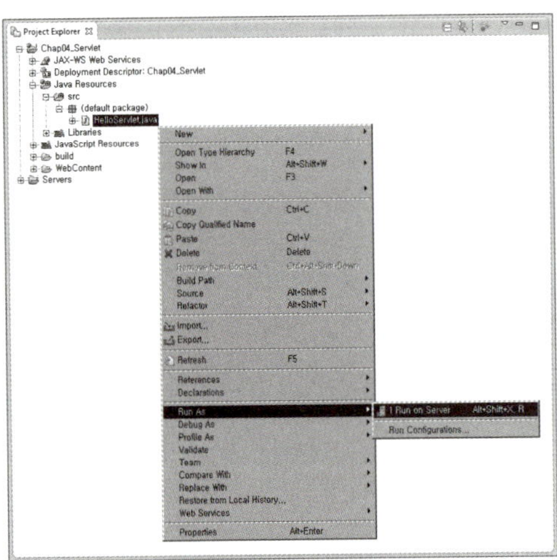

▲ HelloServlet 클래스 실행

작성을 마친 HelloServlet 클래스를 실행하기 위해 [HelloServlet.java]에서 마우스 오른쪽 버튼을 클릭하고 [Run As]-[Run on Server]를 선택한다.

HelloServlet 클래스가 실행되면 아래와 같이 웹 브라우저에 출력된다. HelloServlet 클래스의 doGet과 doPost 메서드를 모두 작성하고 HTML form 태그의 데이터 전송방식이 지정 없이 실행되었을 때 doGet 메서드가 호출됨을 알 수 있다.

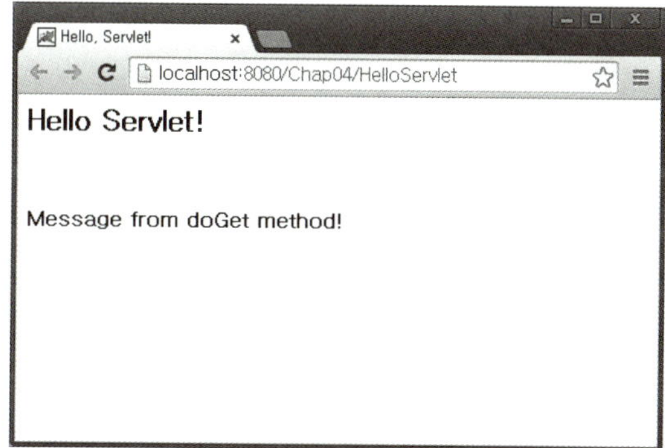

▲ HelloServlet 실행 결과

HelloServlet 서블릿의 출력 결과 화면을 웹 브라우저의 '소스 보기'로 살펴보면 out.println( )을 사용하여 입력하였던 HTML 구문만이 입력되어 있음을 확인할 수 있다.

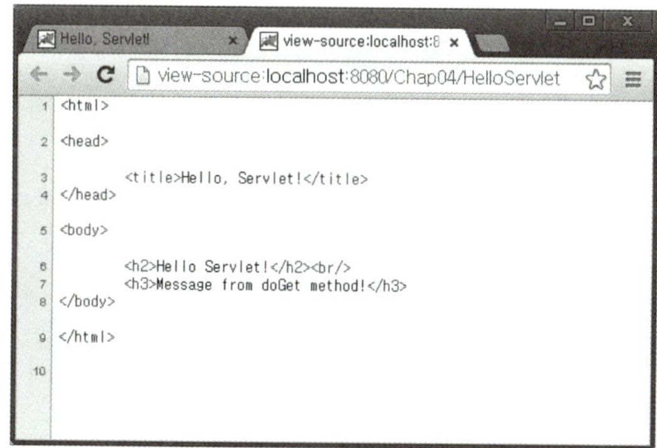

▲ HelloServlet 실행 결과의 소스 보기

2.3 서블릿을 이용한 get 방식 처리

이제 get 방식으로 데이터를 전달받아 처리하는 서블릿을 구현해보도록 하자. get 방식 전달을 위해 우선 사용자에게 이름을 입력받고 서블릿으로 전달하는 버튼이 포함된 HTML 페이지를 구현하도록 하겠다. HTML 페이지는 우리가 생성한 프로젝트에 속한 'WebContent'에서 다음과 같이 생성할 수 있다.

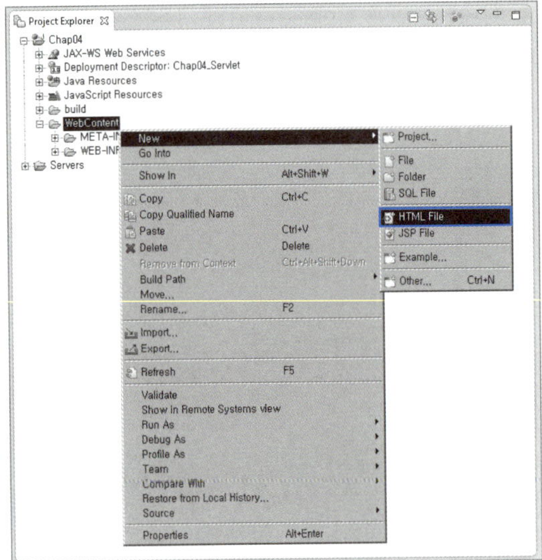

▲ HTML 파일 WebContent에 생성

HTML 파일의 이름을 GetServlet.html로 지정하고 [Finish]를 눌러 생성을 완료하자. [Next]를 눌러 HTML 버전과 설정 정보를 지정해줄 수 있지만 여기서는 이클립스에서 기본적으로 제공하는 HTML 파일을 생성하도록 하겠다.

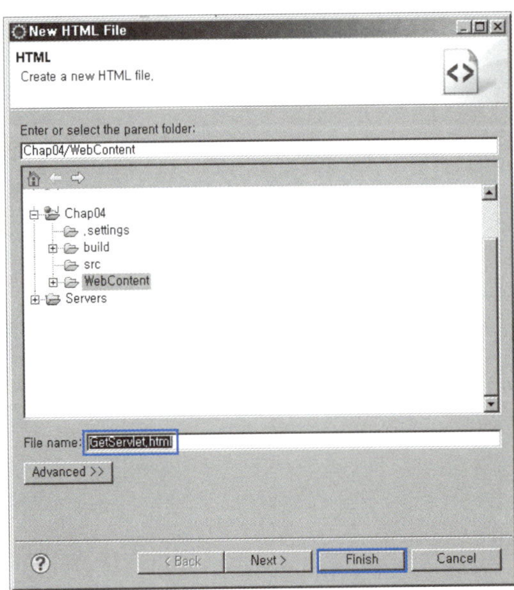

▲ HTML 생성

이클립스에서 생성한 HTML 파일 역시 HTML 페이지 작성에 필요한 기본 구문들이 작성된 상태로 생성된다. 생성된 GetServlet.html 페이지를 다음과 같이 작성하도록 하자. Get

Servlet.html 페이지는 한 줄 텍스트를 입력받아 GetServlet 서블릿 클래스로 요청을 보낼 것이다.

SOURCE CODE : GetServlet.html

```
<html>
    <head>
        <title>get 방식 HTML 페이지</title>
    </head>
    <body>
        <form action="/Chap04/GetServlet" method="get">
            이름 <input type="text" name="name">
            <input type="submit" value="전송">
        </form>
    </body>
</html>
```

TiP

〈form〉 태그

〈form〉 태그는 사용자와 웹 서버 간의 대화형 웹 서비스 구현을 위해 HTML에서 제공되는 태그로 다양한 사용자의 입력을 웹 서버로 전달하는 역할을 한다. 일반적으로 〈form〉 태그의 구성은 다음과 같다.

```
<form action="요청을 처리할 웹 애플리케이션 혹은 웹 페이지" method="데이터 전송방식">
  사용자의 입력을 받기 위한 다양한 태그(복수 가능)
  사용자가 입력한 데이터를 전송하기 위한 submit 기능을 위한 구문
</form>
```

〈form〉 태그의 action 속성에는 현재 데이터를 전달받을 웹 애플리케이션이나 웹 페이지를 값으로 설정하고 method 속성에는 데이터를 전달할 방식을 "get" 혹은 "post"로 설정해줄 수 있다. 〈form〉 태그 내부에는 사용자의 입력을 처리할 수 있는 다양한 태그가 포함될 수 있으며 해당 입력값을 action 속성에 지정한 위치로 전송하기 위한 submit 기능의 구문이 함께 포함된다. HTML에서 submit 기능을 구현하기 위해서 제공되는 태그는 〈input〉 태그이며 type 속성값을 "submit"으로 지정해줌으로써 사용 가능하다.

```
<input type="submit" value="버튼에 표시될 텍스트">
```

앞에서 제작한 HTML 페이지가 get 방식을 사용하고 있으므로 우리가 서블릿 클래스에서 작성해야 할 메서드는 doGet 메서드이다. 다음은 HTML 페이지에서 전달받은 파라미터를 doGet 메서드를 통해 출력하는 서블릿 클래스이다. 서블릿 파일과 HTML 페이지는 생성 장소가 다르다는 것을 다시 한 번 상기하길 바란다.

SOURCE CODE : GetServlet.java

```
import java.io.IOException;
import java.io.PrintWriter;

import javax.servlet.ServletException;
import javax.servlet.annotation.WebServlet;
import javax.servlet.http.HttpServlet;
import javax.servlet.http.HttpServletRequest;
import javax.servlet.http.HttpServletResponse;

/**
 * Servlet implementation class GetServlet
 */
@WebServlet("/GetServlet")
public class GetServlet extends HttpServlet {
    private static final long serialVersionUID = 1L;

   /**
    * @see HttpServlet#HttpServlet()
    */
   public GetServlet() {
      super();
      // TODO Auto-generated constructor stub
   }

     /**
      * @see HttpServlet#doGet(HttpServletRequest request,
      HttpServletResponse response)
      */
     protected void doGet(HttpServletRequest request, HttpServletResponse
     response) throws ServletException, IOException {
         // TODO Auto-generated method stub

         PrintWriter out = response.getWriter();
         String name = request.getParameter("name");

         out.println("<html>");
         out.println("<head>");
         out.println("  <title>get Servlet</title>");
         out.println("</head>");
         out.println("<body>");
         out.println("  <h2>");
```

```
        out.println("name : [" + name + "]");
        out.println("  </h2><br/>");
        out.println("</body>");
        out.println("</html>");

    }

    /**
     * @see HttpServlet#doPost(HttpServletRequest request,
     HttpServletResponse response)
     */
    protected void doPost(HttpServletRequest request,
    HttpServletResponse response) throws ServletException, IOException {
        // TODO Auto-generated method stub
    }

}
```

GetServlet.html 페이지에서 전달한 파라미터를 request.getParameter("name") 구문을 이용하여 불러오는 것에 주목하자. doGet 메서드의 입력 파라미터로 사용된 HttpSrevlet Request 클래스의 참조 변수인 request는 getParameter( ) 메서드를 이용하여 전달된 파라미터의 이름을 통해 단일 값을 가지는 파라미터를 불러 올 수 있다. 이제 앞서 제작한 Get-Servlet.html 페이지를 실행하여 이름란에 이름을 작성하고 [전송] 버튼을 클릭하자.

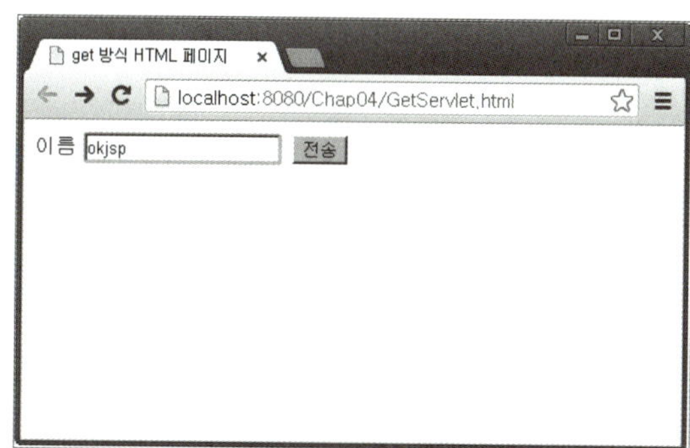

▲ GetServlet.html 실행

[전송] 버튼을 클릭하면 다음과 같이 GetServlet 서블릿 페이지가 실행되어 입력했던 텍스트가 출력됨을 확인할 수 있다.

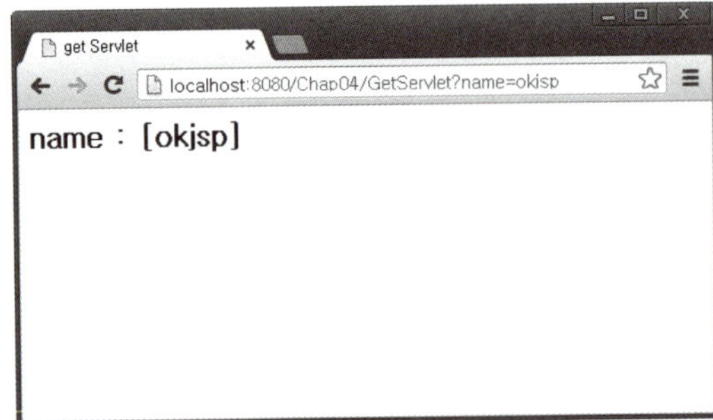

▲ GetServlet 서블릿 페이지의 응답

웹 브라우저의 '소스 보기' 기능을 사용하여 GetServlet 서블릿 페이지를 통해 응답된 내용의 소스를 확인한 결과는 다음과 같다. 결과에는 서블릿 클래스에 out.println( )을 통해 작성된 최종 HTML 태그와 텍스트만이 남아 있으며 위에서 볼 수 있듯이 HTML 페이지의 요청이 get 방식으로 이루어질 경우 전달되는 데이터에 대한 파라미터명과 파라미터의 값들은 웹 주소 URL에 추가되어 전송됨을 알 수 있다.

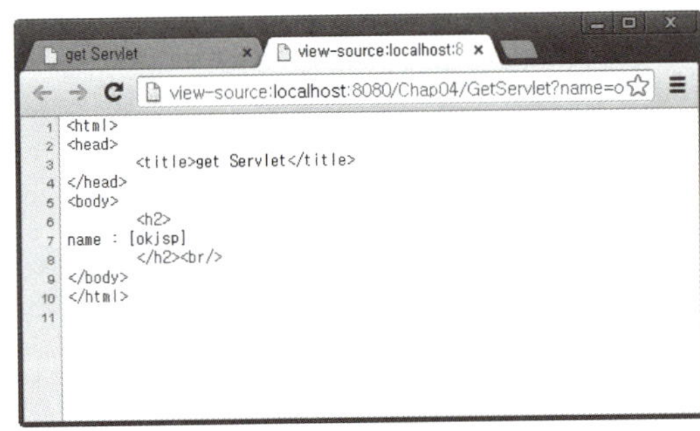

▲ GetServlet 서블릿 페이지의 응답 결과 소스 보기

2.4 서블릿을 이용한 post 방식 처리

이번에는 앞서 보았던 HTML 웹 페이지와 동일한 구성을 가지면서 post 방식으로 데이터를 전달하고 해당 요청을 처리하는 서블릿 클래스를 구현하도록 하겠다. 우선 post 방식을 이용할 HTML 웹 페이지를 제작하도록 하자.

SOURCE CODE : PostServlet.html

```
<html>
    <head>
        <title>post 방식 HTML 페이지</title>
    </head>
    <body>
        <form action="/Chap04/PostServlet" method="post">
            이름 <input type="text" name="name">
            <input type="submit" value="전송">
        </form>
    </body>
</html>
```

이번 예제는 post 방식으로 데이터를 전달하므로 서블릿 클래스에서 작성할 메서드는 doPost 메서드이다. 이번에도 get 방식 서블릿 클래스와 동일하게 전달받은 이름 파라미터를 출력하는 서블릿 클래스를 제작하도록 하자.

SOURCE CODE : PostServlet.java

```
import java.io.IOException;
import java.io.PrintWriter;

import javax.servlet.ServletException;
import javax.servlet.annotation.WebServlet;
import javax.servlet.http.HttpServlet;
import javax.servlet.http.HttpServletRequest;
import javax.servlet.http.HttpServletResponse;

/**
 * Servlet implementation class PostServlet
 */
@WebServlet("/PostServlet")
public class PostServlet extends HttpServlet {
    private static final long serialVersionUID = 1L;

  /**
   * @see HttpServlet#HttpServlet()
   */
  public PostServlet() {
    super();
```

```
            // TODO Auto-generated constructor stub
    }

    /**
     * @see HttpServlet#doGet(HttpServletRequest request,
     HttpServletResponse response)
     */
    protected void doGet(HttpServletRequest request, HttpServletResponse
    response) throws ServletException, IOException {
        // TODO Auto-generated method stub
    }

    /**
     * @see HttpServlet#doPost(HttpServletRequest request,
     HttpServletResponse response)
     */
    protected void doPost(HttpServletRequest request,
    HttpServletResponse response) throws ServletException, IOException {
        // TODO Auto-generated method stub

        PrintWriter out = response.getWriter();
        String name = request.getParameter("name");

        out.println("<html>");
        out.println("<head>");
        out.println("  <title>post Servlet</title>");
        out.println("</head>");
        out.println("<body>");
        out.println("  <h2>");
        out.println("name : [" + name + "]");
        out.println("  </h2><br/>");
        out.println("</body>");
        out.println("</html>");
    }
}
```

get 방식을 이용한 예제와 마찬가지로 제작한 PostServlet.html 페이지를 실행하여 이름란에 이름을 작성하고 [전송] 버튼을 클릭하자.

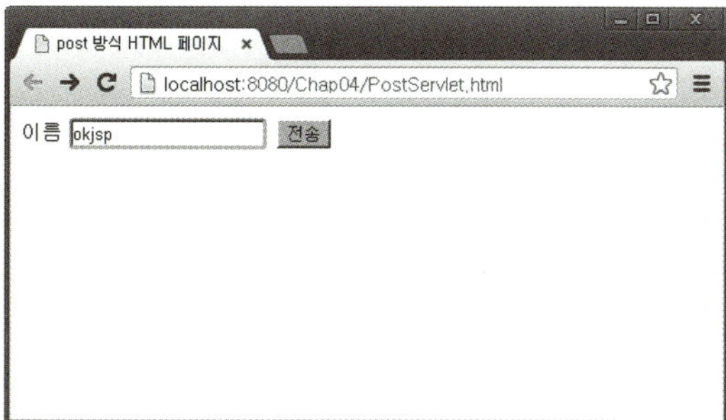

▲ PostServlet.html 실행

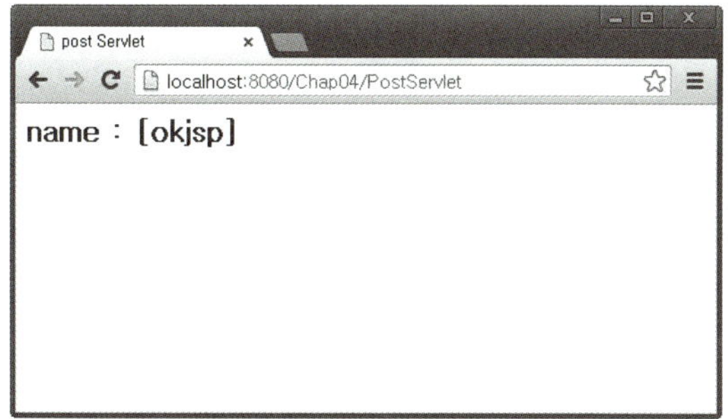

▲ PostServlet 서블릿 페이지의 응답

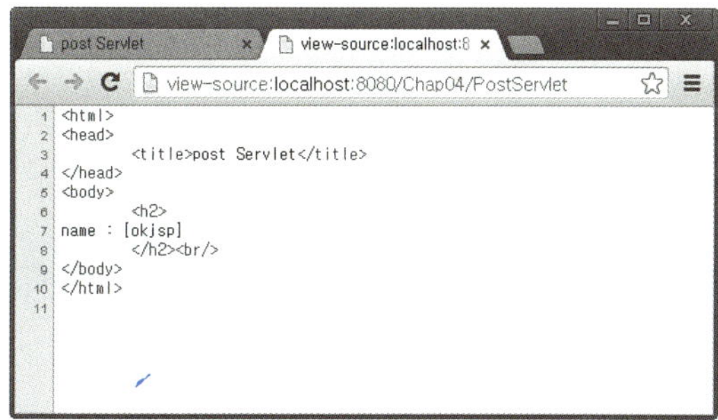

▲ PostServlet 서블릿 페이지의 응답 결과 소스 보기

post 방식의 경우 get 방식과는 달리 URL에 데이터가 표시되지 않으므로 상대적으로 보안상의 이점을 가진다. 그러나 서블릿 클래스에서 doGet 혹은 doPost 메서드를 구현함에 상관없이 전달받은 데이터를 불러온 후 사용하는 방법은 동일하다.

2.5 서블릿의 한글 처리

서블릿을 통해 한글이 포함된 웹 서비스를 구현할 경우 한글이 정상적으로 처리되기 위해서는 웹 클라이언트 측 웹 브라우저의 문자 처리 방식과 웹 서버의 문자 처리 방식을 동일하게 해주거나 적절한 문자 처리 방식으로 변환해주는 작업이 필요하다.

여기서는 한글의 처리를 위해 사용할 수 있는 방법 몇 가지를 소개하겠다.

(1) get 방식에서의 한글 처리

get 방식을 사용하여 요청이 처리될 경우 파라미터는 해당 요청 페이지에 설정된 문자셋으로 인코딩되어 웹 서버로 전송된다. 이를 확인하기 위하여 동일한 기능을 수행하지만 인코딩 문자셋 설정이 다른 세 가지 HTML 페이지를 제작하도록 하자. 아래 HTML 페이지들은 한글로 이름을 입력받아 웹 서버에 get 방식을 이용해 한글 이름을 전송하는 페이지이다. 제작 순서대로 각각 문자셋 설정 없이 제작된 페이지, UTF-8 문자셋으로 설정된 페이지, EUC-KR 문자셋으로 설정된 페이지이다.

SOURCE CODE : GetCharsetServlet1.html

```
<html>
    <head>
        <title>한글 사용</title>
    </head>
    <body>
        <form action="/Chap04/GetCharsetServlet" method="get">
            이름 <input type="text" name="name">
            <input type="submit" value="전송">
        </form>
    </body>
</html>
```

SOURCE CODE : GetCharsetServlet2.html

```
<html>
    <head>
        <meta http-equiv="Content-Type" content="text/html; charset=utf-8">
        <title>한글 사용</title>
    </head>
    <body>
        <form action="/Chap04/GetCharsetServlet" method="get">
            이름 <input type="text" name="name">
            <input type="submit" value="전송">
        </form>
    </body>
</html>
```

SOURCE CODE : GetCharsetServlet3.html

```
<html>
    <head>
      <meta http-equiv="Content-Type" content="text/html; charset=euc-kr">
      <title>한글 사용</title>
    </head>
    <body>
      <form action="/Chap04/GetCharsetServlet" method="get">
           이름 <input type="text" name="name">
           <input type="submit" value="전송">
      </form>
    </body>
</html>
```

이제 제작된 HTML 페이지의 요청을 처리할 서블릿 클래스를 구현하도록 하자. 전달된 파라미터를 String 클래스를 사용해서 특정 문자셋으로 변환하여 사용하는 방식을 눈여겨보도록 하자.

SOURCE CODE : GetCharsetServlet.java

```
import java.io.IOException;
import java.io.PrintWriter;

import javax.servlet.ServletException;
import javax.servlet.annotation.WebServlet;
import javax.servlet.http.HttpServlet;
import javax.servlet.http.HttpServletRequest;
import javax.servlet.http.HttpServletResponse;

/**
 * Servlet implementation class GetCharsetServlet
 */
@WebServlet("/GetCharsetServlet")
public class GetCharsetServlet extends HttpServlet {
   private static final long serialVersionUID = 1L;

   /**
    * @see HttpServlet#HttpServlet()
    */
   public GetCharsetServlet() {
```

```
        super();
        // TODO Auto-generated constructor stub
    }

    /**
     * @see HttpServlet#doGet(HttpServletRequest request, HttpServletRe-
     sponse response)
     */
    protected void doGet(HttpServletRequest request, HttpServletResponse
    response) throws ServletException, IOException {
        // TODO Auto-generated method stub

        String nameOriginal = request.getParameter("name");
        String nameUTF8_1 = new String(nameOriginal.getBytes("ISO-8859-1"),
        "utf-8");
        String nameUTF8_2 = new String(nameOriginal.getBytes("8859_1"),
        "utf-8");
        String nameEUCKR_1 = new String(nameOriginal.getBytes("ISO-8859-1"),
        "euc-kr");
        String nameEUCKR_2 = new String(nameOriginal.getBytes("8859_1"),
        "euc-kr");

        response.setContentType("text/html; charset=UTF-8");
        PrintWriter out = response.getWriter();

        out.println(" <html>");
        out.println(" <head>");
        out.println("   <title>get Servlet</title>");
        out.println(" </head>");
        out.println(" <body>");
        out.println("   <h2>");
        out.println("name Original : [" + nameOriginal + "] <br/>");
        out.println("name UTF-8 (8859_1) : [" + nameUTF8_1 + "] <br/>");
        out.println("name UTF-8 (ISO-8859-1) : [" + nameUTF8_2 + "] <br/>");
        out.println("name EUC-KR (8859_1) : [" + nameEUCKR_1 + "] <br/>");
        out.println("name EUC-KR (ISO-8859-1) : [" + nameEUCKR_2 + "] <br/>");
        out.println("   </h2><br/>");
        out.println(" </body>");
        out.println(" </html>");
    }
}
```

이제 각각의 HTML 페이지를 호출하여 "홍길동"이라는 이름을 입력한 후 [전송] 버튼을 클릭하여 각 결과를 비교해보도록 하자.

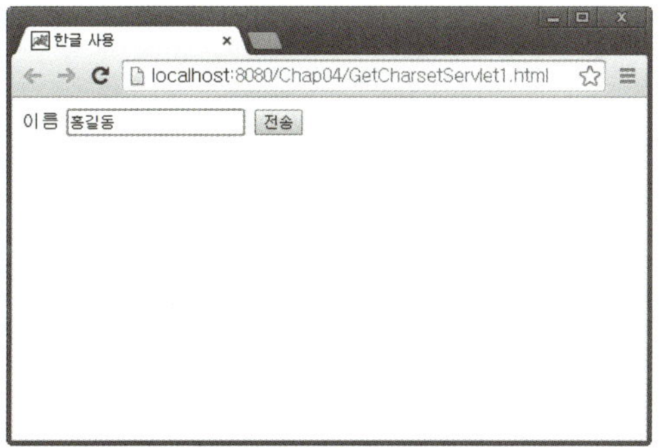

▲ GetCharsetServlet1~3까지 HTML 페이지에 한글 이름을 입력

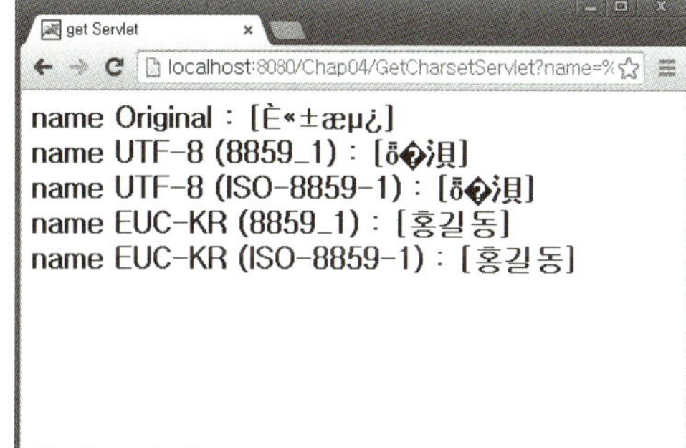

▲ GetCharsetServlet1.html(문자셋 설정 없음) 실행 결과

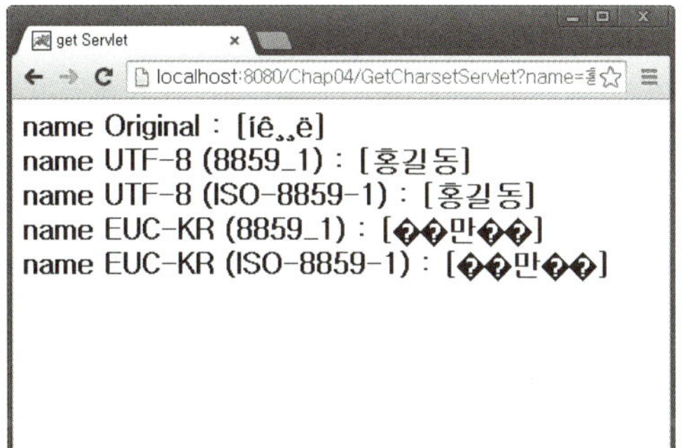

▲ GetCharsetServlet2.html(UTF-8 문자셋 설정) 실행 결과

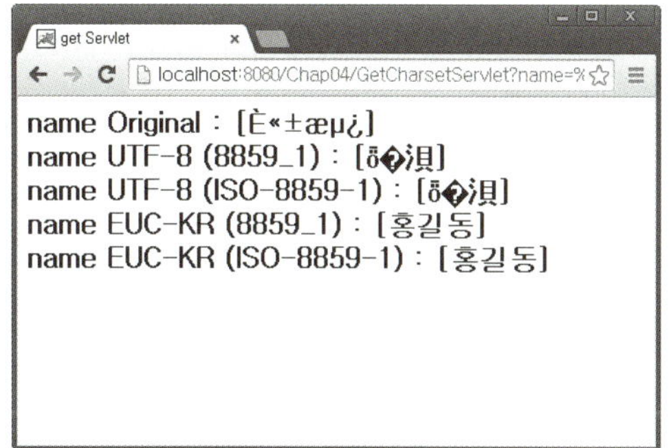

▲ GetCharsetServlet1.html(EUC-KR 문자셋 설정) 실행 결과

위와 같이 한글이 깨지지 않고 정상적으로 처리되기 위해서는 요청 페이지에 설정되어 있는 문자셋과 웹 서버의 응답처리 페이지의 문자셋을 동일하게 처리해주어야 한다. get 방식의 경우 파라미터의 값이 URL에 직접 명시되는데 아래와 같이 사용자가 직접 주소창에 전송될 파라미터를 입력하여 실행했을 경우 브라우저가 사용하는 문자셋을 사용하여 인코딩한 후 처리된다.

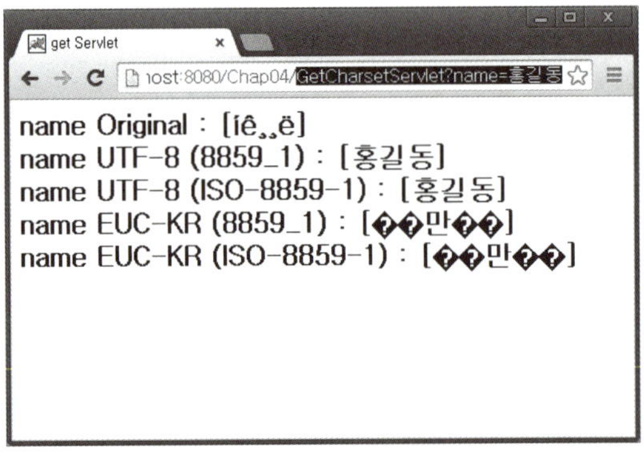
get Servlet
ost:8080/Chap04/GetCharsetServlet?name=홍길동
name Original : [íê¸¸ë]
name UTF-8 (8859_1) : [홍길동]
name UTF-8 (ISO-8859-1) : [홍길동]
name EUC-KR (8859_1) : [��만��]
name EUC-KR (ISO-8859-1) : [��만��]

▲ GetCharsetServlet 서블릿 클래스를 URL을 통해 직접 호출할 경우

(2) post 방식에서의 한글 처리

post 방식으로 파라미터가 전달될 경우 한글 처리를 위한 방법을 사용해보도록 하자. 우선 앞서 get 방식에서의 예제와 마찬가지로 한글 이름을 입력하여 전달하는 HTML 페이지를 만들도록 하자. 이번 페이지는 간략히 UTF-8 문자셋을 사용한 HTML 페이지만을 제작하여 사용하도록 하겠다.

SOURCE CODE : PostCharsetServlet.html

```
<html>
  <head>
    <meta http-equiv="Content-Type" content="text/html; charset=utf-8">
    <title>한글 사용</title>
  </head>
  <body>
    <form action="/Chap04/PostCharsetServlet" method="post">
      이름 <input type="text" name="name">
      <input type="submit" value="전송">
    </form>
  </body>
</html>
```

이제 post 방식으로 전달된 한글값을 가지는 파라미터 처리를 위한 서블릿 클래스를 HttpServletRequest 클래스가 제공하는 setCharacterEncoding( )을 이용하여 제작해보도록 하자.

SOURCE CODE : PostCharsetServlet.java

```
import java.io.IOException;
import java.io.PrintWriter;

import javax.servlet.ServletException;
import javax.servlet.annotation.WebServlet;
import javax.servlet.http.HttpServlet;
import javax.servlet.http.HttpServletRequest;
import javax.servlet.http.HttpServletResponse;

/**
 * Servlet implementation class PostCharsetServlet
 */
@WebServlet("/PostCharsetServlet")
public class PostCharsetServlet extends HttpServlet {
    private static final long serialVersionUID = 1L;

  /**
   * @see HttpServlet#HttpServlet()
   */
  public PostCharsetServlet() {
    super();
    // TODO Auto-generated constructor stub
  }

    /**
    * @see HttpServlet#doGet(HttpServletRequest request,
    HttpServletResponse response)
     */
    protected void doGet(HttpServletRequest request, HttpServletResponse
    response) throws ServletException, IOException {
        // TODO Auto-generated method stub
    }

    /**
    * @see HttpServlet#doPost(HttpServletRequest request,
    HttpServletResponse response)
    */
    protected void doPost(HttpServletRequest request,
    HttpServletResponse response) throws ServletException, IOException {
```

```
        // TODO Auto-generated method stub

        request.setCharacterEncoding("utf-8");
        String name = request.getParameter("name");
        response.setContentType("text/html; charset=UTF-8");
        PrintWriter out = response.getWriter();

        out.println("<html>");
        out.println("<head>");
        out.println("  <title>post Servlet</title>");
        out.println("</head>");
        out.println("<body>");
        out.println("  <h2>");
        out.println("  입력된 이름 : " + name);
        out.println("  </h2><br/>");
        out.println("</body>");
        out.println("</html>");
    }

}
```

post 방식은 URL에 파라미터의 값이 각각 추가되어 오지 않고 HTTP 요청 메시지에 첨부되는 형식으로 전달되므로 HttpServletRequest 클래스의 setCharacterEncoding( ) 메서드를 한 번만 사용해도 간단히 한글 처리가 가능하다.

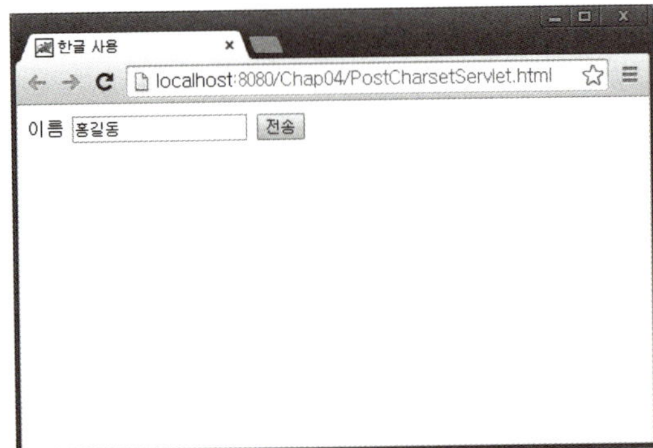

▲ PostCharsetServlet.html 실행

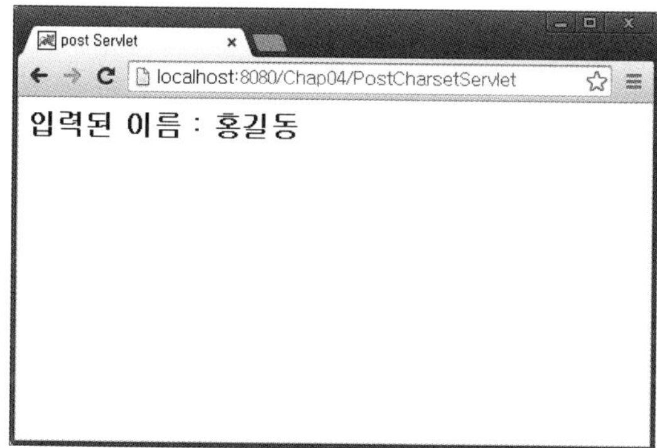

▲ PostCharsetServlet.html 실행 결과

(3) server.xml을 통한 문자셋 설정

get 방식은 요청 전송을 통해 전달되는 파라미터의 개수가 많을 경우 문자셋 인코딩을 변환해주어야 하는 코드가 반복적으로 작성되어야 하므로 불편한 점이 있다. 우리가 사용하는 아파치 톰캣의 server.xml을 수정하면 이러한 변환 작업을 먼저 처리해줄 수 있다. server.xml 파일은 이클립스 [Project Explorer]의 [Servers]-[Tomcat v7.0 Server at localhost-config] 아래에서 찾을 수 있다. 아파치 톰캣 환경에서 직접 실행할 경우, 아파치 톰캣 설치 폴더 내 conf 디렉터리 (C:\jspbook\apache-tomcat-7.0.33\conf)의 server.xml을 사용한다.

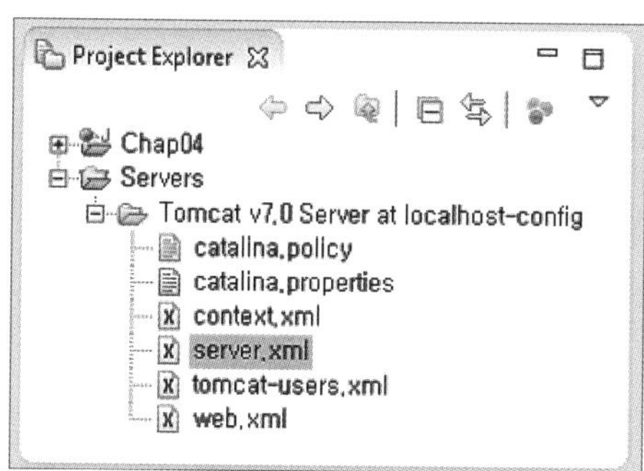

server.xml을 열면 다음과 같이 XML 구성이 표로 나올 것이다. 다음의 [Source] 탭을 눌러 server.xml 파일의 소스를 살펴보도록 하자.

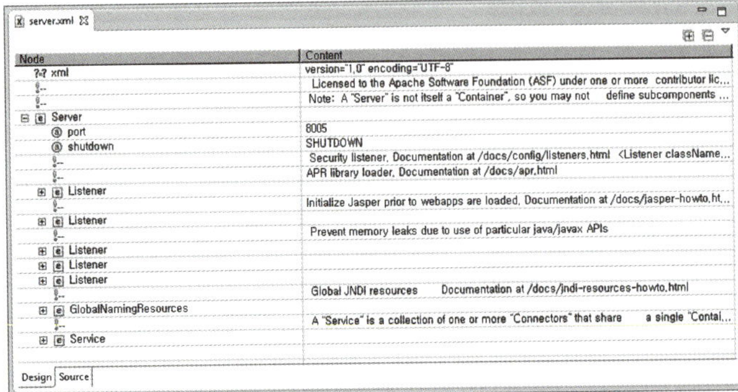

▲ server.xml

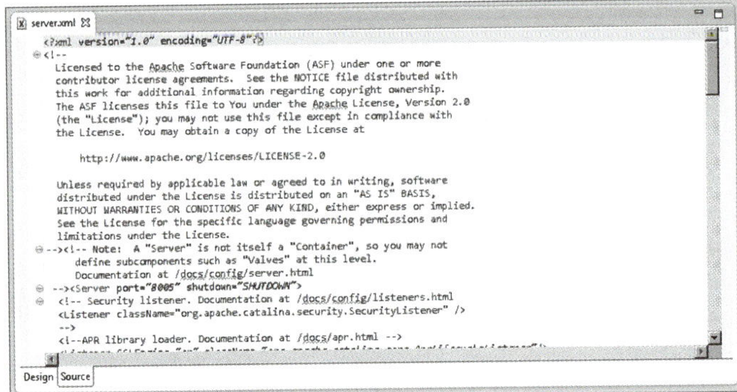

▲ server.xml의 소스 보기

이제 server.xml 내부에서 〈Connector〉 태그를 찾아 다음과 같이 URIEncoding="UTF-8" 속성을 추가한 후 저장한다. server.xml 파일은 변경 이후 웹 서버를 재시작해야 한다.

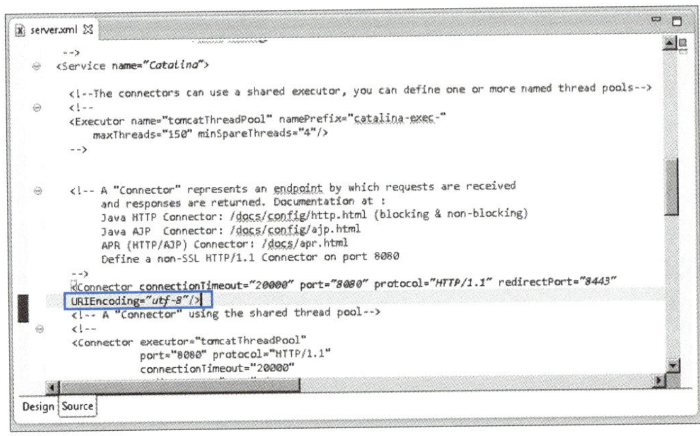

▲ Connector 태그에 URIEncoding="UTF-8" 추가

이제 UTF-8 문자셋 설정을 사용하여 이름을 입력받아 get 방식으로 전송하는 HTML 페이지를 제작하도록 하자.

SOURCE CODE : ServerXMLCharset.html

```
<html>
  <head>
    <meta http-equiv="Content-Type" content="text/html; charset=utf-8">
    <title>한글 사용</title>
  </head>
  <body>
    <form action="/Chap04/ServerXMLCharset" method="get">
      이름 <input type="text" name="name">
      <input type="submit" value="전송">
    </form>
  </body>
</html>
```

아래는 위 HTML 페이지로부터 get 방식의 한글 파라미터값을 전송받아 출력하는 서블릿 클래스이다.

SOURCE CODE : ServerXMLCharset.java

```
import java.io.IOException;
import java.io.PrintWriter;

import javax.servlet.ServletException;
import javax.servlet.annotation.WebServlet;
import javax.servlet.http.HttpServlet;
import javax.servlet.http.HttpServletRequest;
import javax.servlet.http.HttpServletResponse;

/**
 * Servlet implementation class ServerXMLCharset
 */
@WebServlet("/ServerXMLCharset")
public class ServerXMLCharset extends HttpServlet {
    private static final long serialVersionUID = 1L;

  /**
   * @see HttpServlet#HttpServlet()
   */
  public ServerXMLCharset() {
```

```
        super();
        // TODO Auto-generated constructor stub
    }

    /**
     * @see HttpServlet#doGet(HttpServletRequest request,
     HttpServletResponse response)
     */
    protected void doGet(HttpServletRequest request, HttpServletResponse
    response) throws ServletException, IOException {
        // TODO Auto-generated method stub
        String name = request.getParameter("name");

        response.setContentType("text/html; charset=UTF-8");
        PrintWriter out = response.getWriter();

        out.println("<html>");
        out.println("<head>");
        out.println("  <title>get Servlet</title>");
        out.println("</head>");
        out.println("<body>");
        out.println("  <h2>");
        out.println("name : [" + name + "]");
        out.println("  </h2><br/>");
        out.println("</body>");
        out.println("</html>");
    }

    /**
     * @see HttpServlet#doPost(HttpServletRequest request,
     HttpServletResponse response)
     */
    protected void doPost(HttpServletRequest request,
    HttpServletResponse response) throws ServletException, IOException {
        // TODO Auto-generated method stub
    }

}
```

ServerXMLCharset.html 실행하여 한글 이름을 입력하고 [전송] 버튼을 누르면 아래와 같이 올바르게 출력되는 것을 확인할 수 있다.

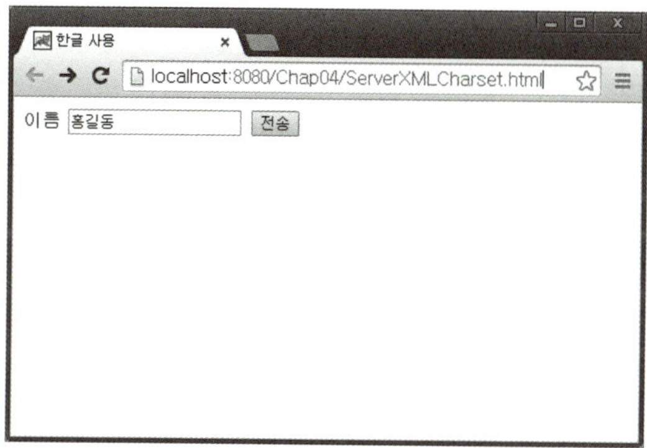

▲ ServerXMLCharset.html 실행

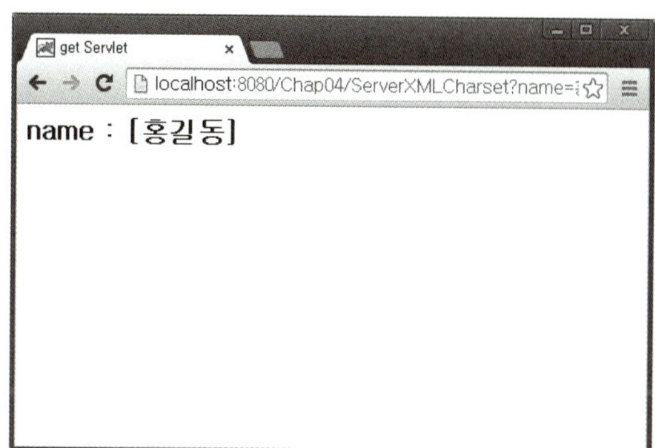

▲ ServerXMLCharset.html 실행 결과

위와 같이 server.xml의 <connector> 태그의 수정을 통해 서블릿 클래스에 처리 없이 바로 한글 처리를 하는 방법도 익혀두도록 하자.

2.6 조건별 응답 페이지 제작

서블릿은 자바 언어를 통해 동적 웹 서비스를 구현하는 기술이므로 자바 언어의 다양한 문법을 활용하여 요청에 대한 응답을 동적으로 생성할 수 있다는 장점을 가진다. 이번에는 자바 문법의 조건문을 사용하여 조건에 따라 응답 웹 페이지가 다르게 출력되도록 해보자. <input> 태그의 라디오 버튼을 이용해서 사용자의 선택 결과에 따라 응답 페이지의 내용이 다르게 출력되도록 HTML 페이지를 먼저 구현하도록 하자.

SOURCE CODE : ConditionServlet.html

```
<html>
    <head>
        <title>서블릿의 조건별 출력</title>
    </head>
    <body>
        <form action="/Chap04/ConditionServlet" method="post">
            <h2>아래의 항목중 하나를 선택하시오</h2> <br/>
            <input type="radio" name="method" value="get">Get 방식이란<br/>
            <input type="radio" name="method" value="post">Post 방식이란<br/>
            <input type="submit" value="전송">
        </form>
    </body>
</html>
```

이제 if 조건문을 사용하여 ConditionServlet.html 페이지에서 사용자가 선택한 항목에 따라 응답 페이지를 다르게 생성하도록 서블릿 클래스를 제작해보도록 하자.

SOURCE CODE : ConditionServlet.java

```
import java.io.IOException;
import java.io.PrintWriter;

import javax.servlet.ServletException;
import javax.servlet.annotation.WebServlet;
import javax.servlet.http.HttpServlet;
import javax.servlet.http.HttpServletRequest;
import javax.servlet.http.HttpServletResponse;

/**
 * Servlet implementation class ConditionServlet
 */
@WebServlet("/ConditionServlet")
public class ConditionServlet extends HttpServlet {
    private static final long serialVersionUID = 1L;

    /**
     * @see HttpServlet#HttpServlet()
     */
    public ConditionServlet() {
        super();
```

```
        // TODO Auto-generated constructor stub
    }

    /**
     * @see HttpServlet#doGet(HttpServletRequest request,
     HttpServletResponse response)
     */
    protected void doGet(HttpServletRequest request, HttpServletResponse
    response) throws ServletException, IOException {
        // TODO Auto-generated method stub
    }

    /**
     * @see HttpServlet#doPost(HttpServletRequest request,
     HttpServletResponse response)
     */
    protected void doPost(HttpServletRequest request,
    HttpServletResponse response) throws ServletException, IOException {
        // TODO Auto-generated method stub
        request.setCharacterEncoding("utf-8");
        response.setContentType("text/html;charset=utf-8");

        PrintWriter out = response.getWriter();
        String method = request.getParameter("method");

        out.println("<html>");
        out.println("  <head>");
        out.println("      <title>Condition Servlet</title>");
        out.println("  </head>");
        out.println("  <body>");
        if ( method == null ){
            out.println("  <h2> 선택 항목이 없습니다. </h2><hr/>");
        } else if ( method.equals("get") ){
            out.println("  <h2> get 방식 </h2><hr/>");
            out.println("      get 방식은 웹 서버로 보내려는 데이터의 정보를 웹 주소 URL에
            포함하여 호출하는 방식입니다.");
        } else if ( method.equals("post") ){
            out.println("  <h2> post 방식 </h2><hr/>");
            out.println("      post 방식은 웹 서버로 보내려는 데이터의 정보를 HTTP 요청 메
            시지에 첨부하는 형태로 전송하는 방식입니다.");
        }
```

```
            out.println("  </body>");
            out.println("</html>");
        }
    }
```

ConditionServlet.html 페이지를 실행하여 항목을 선택하고 [전송] 버튼을 클릭하였을 때 출력되는 결과를 살펴보도록 하겠다. 우선 라디오 버튼의 아무 항목도 선택하지 않고 [전송]을 클릭하였을 경우이다.

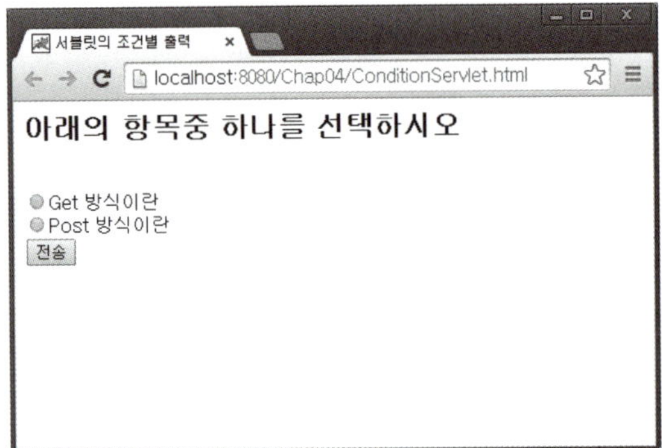

▲ ConditionServlet.html에서 아무 항목도 선택하지 않고 [전송] 클릭

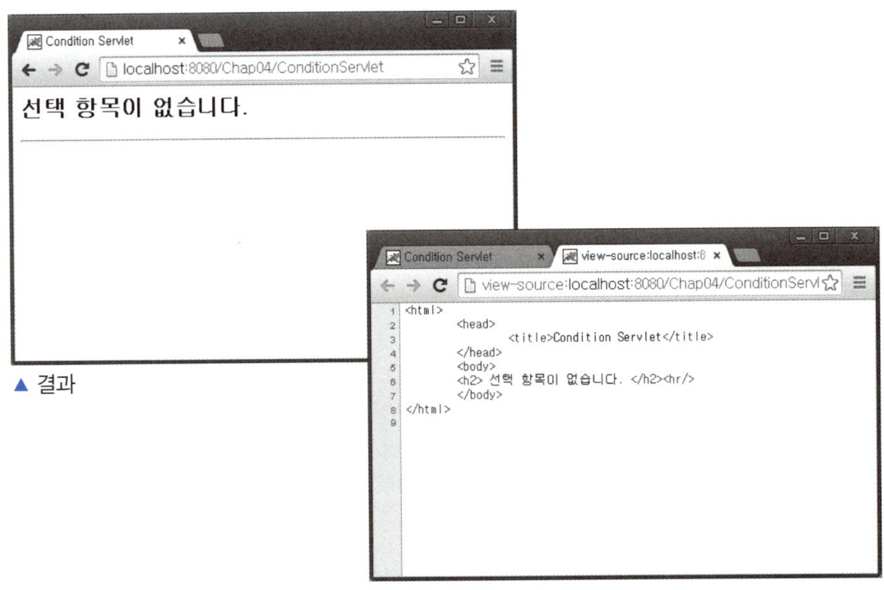

▲ 결과

▲ 결과의 소스 보기

라디오 버튼의 항목을 선택하지 않고 [전송] 버튼을 클릭하였을 경우 String으로 선언된 method 변수는 null 값을 가지므로 서블릿 클래스의 if문의 내용대로 '선택 항목이 없습니

다.'를 출력하고 있는 것을 볼 수 있다. 소스 보기 화면에서도 else if 구문에 포함된 출력 문장들은 포함되지 않음을 확인할 수 있다. 이제 라디오 버튼의 두 가지 항목을 각각 선택하여 [전송] 버튼 클릭 시 서블릿 클래스의 응답 출력 페이지가 어떻게 동작되는지 보도록 하자. 다음은 "Get 방식이란" 항목을 클릭하였을 경우이다.

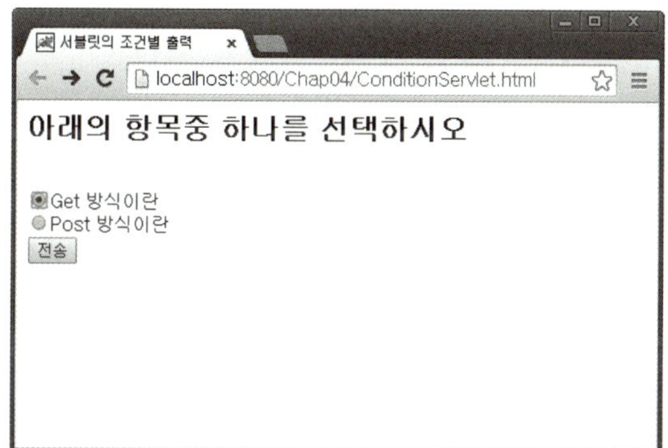

▲ ConditionServlet.html에서 "Get 방식이란" 항목 선택 후 [전송] 클릭

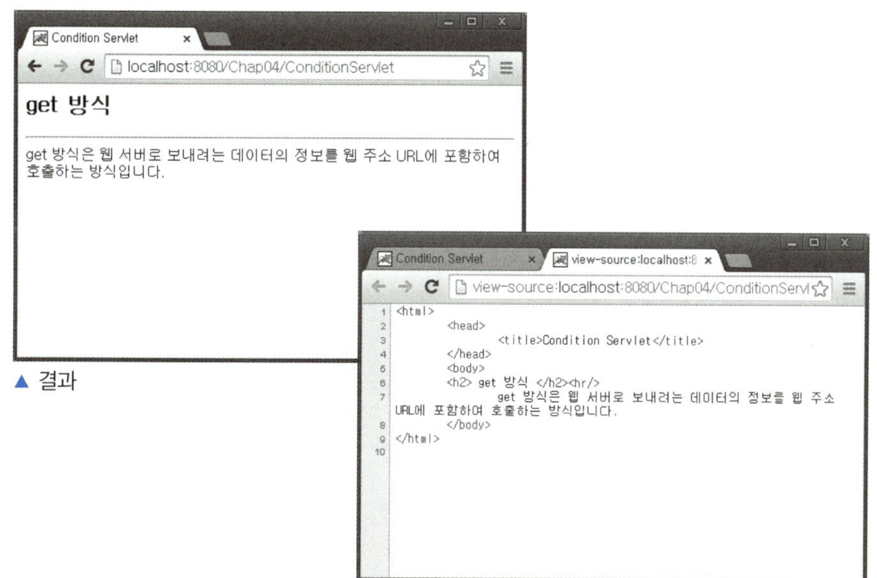

▲ 결과

▲ 결과의 소스 보기

다음은 “Post 방식이란” 항목을 선택한 경우이다.

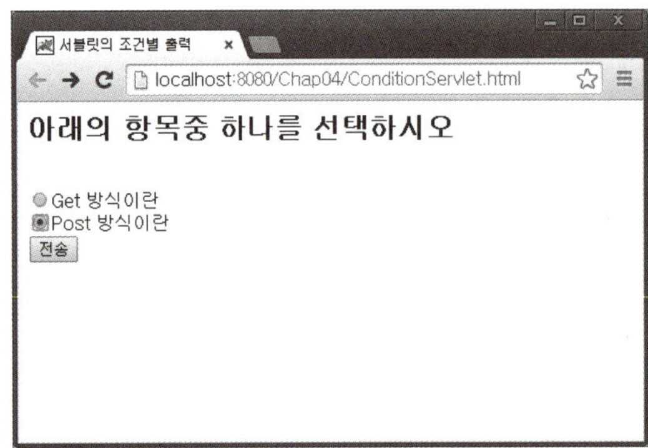

▲ ConditionServlet.html에서 “Post 방식이란” 항목 선택 후 [전송] 클릭

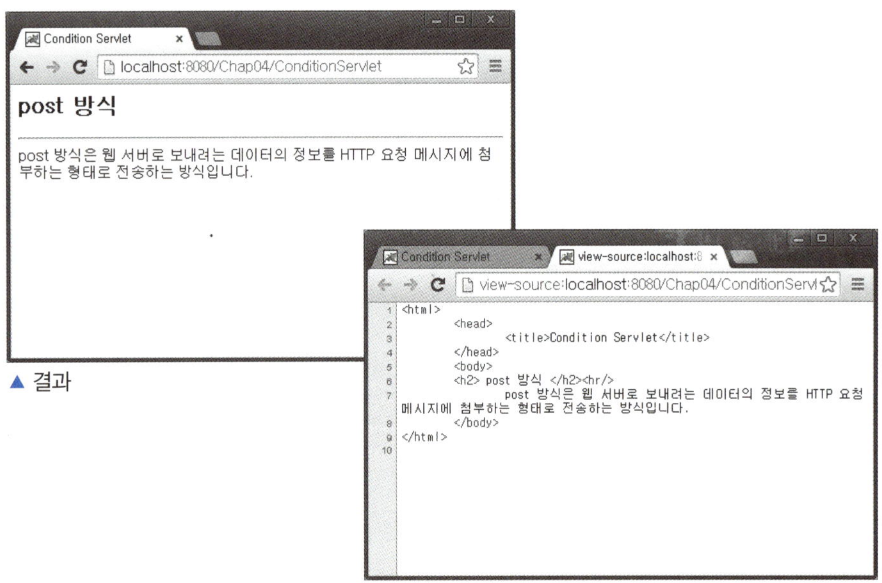

▲ 결과

▲ 결과의 소스 보기

위와 같이 사용자가 선택한 각 항목별로 결과 웹 페이지가 다르게 생성되어 출력됨을 확인할 수 있다. 이처럼 자바의 조건문을 사용하면 위의 예제와 같이 사용자의 특정 선택을 다양한 여러 조건으로 검사하여 동적으로 웹 페이지 구현이 가능해진다.

2.7 반복문을 이용한 응답 페이지의 반복 처리

조건문을 통해 응답 웹 페이지를 다양하게 출력할 수 있듯이 자바의 반복문을 활용하면 응답 웹 페이지에 내용을 반복하여 출력하는 것도 가능하다. 자바의 반복문을 활용하여 사용자가 선택한 숫자의 구구단을 출력하는 서블릿 클래스를 제작해보도록 하자. 사용자가 출력을 원하는 구구단을 선택할 수 있도록 〈select〉와 〈option〉 태그를 이용하여 HTML 페이지를 먼저 구현하도록 하자.

SOURCE CODE : LoopServlet.html

```
<html>
    <head>
        <title>서블릿의 반복 출력</title>
    </head>
    <body>
        <form action="/Chap04/LoopServlet" method="post">
            <h2>구구단을 출력할 숫자를 선택하시오</h2> <br/>
            <select name="num">
                <option value="2">2단 출력</option>
                <option value="3">3단 출력</option>
                <option value="4">4단 출력</option>
                <option value="5">5단 출력</option>
                <option value="6">6단 출력</option>
                <option value="7">7단 출력</option>
                <option value="8">8단 출력</option>
                <option value="9">9단 출력</option>
            </select>
            <input type="submit" value="전송">
        </form>
    </body>
</html>
```

이제 HTML 페이지에서 선택된 구구단을 출력해주는 서블릿 클래스를 제작해보도록 하자. 이 서블릿 클래스는 post 방식으로 전달된 숫자와 자바의 for 반복문을 통해 〈table〉 태그에 선택된 구구단을 출력할 것이다. 숫자로 보이는 값이라도 get 방식이나 post 방식에 상관없이 전달되는 파라미터의 값은 모두 문자열로 처리되기 때문에 Integer.parseInt( ) 메서드를 사용하여 정수로 데이터 타입을 변경해주어야 한다.

SOURCE CODE : LoopServlet.java

```
import java.io.IOException;
import java.io.PrintWriter;

import javax.servlet.ServletException;
import javax.servlet.annotation.WebServlet;
import javax.servlet.http.HttpServlet;
import javax.servlet.http.HttpServletRequest;
import javax.servlet.http.HttpServletResponse;

/**
 * Servlet implementation class LoopServlet
 */
@WebServlet("/LoopServlet")
public class LoopServlet extends HttpServlet {
    private static final long serialVersionUID = 1L;

   /**
    * @see HttpServlet#HttpServlet()
    */
   public LoopServlet() {
      super();
      // TODO Auto-generated constructor stub
   }

     /**
     * @see HttpServlet#doGet(HttpServletRequest request,
     HttpServletResponse response)
      */
     protected void doGet(HttpServletRequest request, HttpServletResponse
     response) throws ServletException, IOException {
         // TODO Auto-generated method stub
     }
     /**
     * @see HttpServlet#doPost(HttpServletRequest request,
     HttpServletResponse response)
      */
     protected void doPost(HttpServletRequest request,
     HttpServletResponse response) throws ServletException, IOException {
 // TODO Auto-generated method stub
```

```
        request.setCharacterEncoding("utf-8");
        response.setContentType("text/html;charset=utf-8");

        PrintWriter out = response.getWriter();
        int num = Integer.parseInt(request.getParameter("num"));

        out.println("<html>");
        out.println("  <head>");
        out.println("      <title>Loop Servlet</title>");
        out.println("  </head>");
        out.println("  <body>");
        out.println("      <h2>" + num + "단 출력 </h2>");
        out.println("      <table border=₩"1₩">");
        out.println("          <tr><th>계산</th><th>결과</th></tr>");
        for (int i=2 ; i<=9 ; i++){
            out.println("      <tr>");
            out.println("          <td width=₩"80₩" align=₩"center₩">");
            out.println(               num + " X " + i);
            out.println("          </td>");
            out.println("          <td width=₩"50₩" align=₩"center₩">");
            out.println(               num * i);
            out.println("          </td>");
            out.println("      </tr>");
        }
        out.println("      </table>");
        out.println("  </body>");
        out.println("</html>");
    }
}
```

이제 LoopServlet.html을 실행하여 구구단으로 출력되길 원하는 항목을 선택하고 [전송] 버튼을 클릭하자.

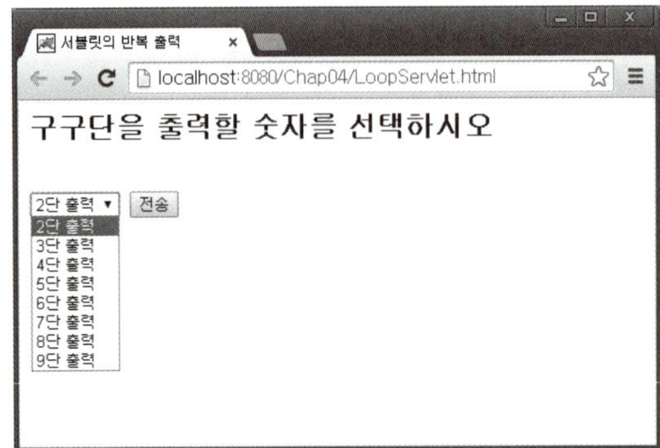

▲ LoopServlet.html 실행

우리가 선택한 구구단의 출력이 〈table〉 태그를 통해 표 형태로 출력되었다. '소스 보기' 기능을 이용하여 결과 HTML 페이지가 어떻게 구성되었는지 살펴보도록 하자.

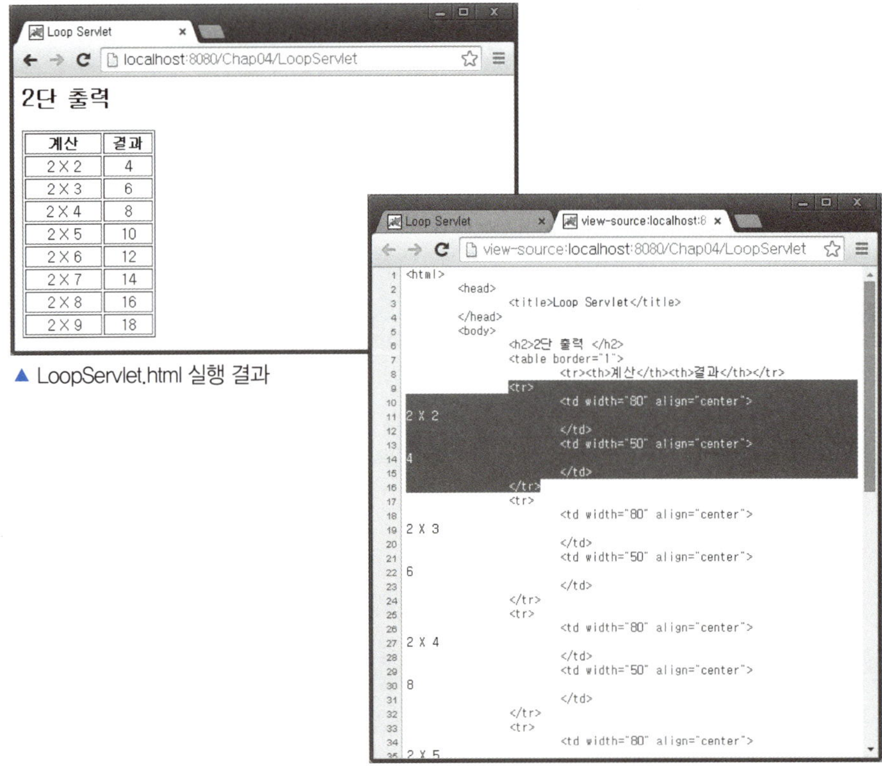

▲ LoopServlet.html 실행 결과

```
<html>
        <head>
                <title>Loop Servlet</title>
        </head>
        <body>
                <h2>2단 출력 </h2>
                <table border="1">
                        <tr><th>계산</th><th>결과</th></tr>
                <tr>
                        <td width="80" align="center">
2 X 2
                        </td>
                        <td width="50" align="center">
4
                        </td>
                </tr>
                <tr>
                        <td width="80" align="center">
2 X 3
                        </td>
                        <td width="50" align="center">
6
                        </td>
                </tr>
                <tr>
                        <td width="80" align="center">
2 X 4
                        </td>
                        <td width="50" align="center">
8
                        </td>
                </tr>
                <tr>
                        <td width="80" align="center">
2 X 5
```

▲ LoopServlet.html 실행 결과 화면의 소스 보기

위에서 볼 수 있듯이 선택된 부분, 즉 곱해지는 값과 결과값을 제외한 〈tr〉 ~ 〈/tr〉 태그 범위의 영역이 반복문을 사용하여 일관된 형식의 출력을 반복하여 작성된 것을 확인할 수 있다. 이는 자바의 반복문 내에 응답 출력 페이지를 구성하는 HTML 태그가 삽입되면 해당

태그들도 반복되어 응답 결과 페이지에 작성되는 것을 의미한다. 우리가 웹 사이트를 이용할 때 흔히 볼 수 있는 게시판의 글 목록 역시 위 예제와 같이 반복문을 사용하여 제작 가능하다.

2.8 서블릿을 이용한 다중값 전송 태그 처리

앞서 살펴보았던 예제들은 〈input〉 태그를 이용한 단일 데이터의 전송으로 구현했었다. 그러나 HTML에서는 사용자에게 여러 가지 값을 선택하여 전송하는 다양한 태그들을 제공하고 있으며 이렇게 한 번에 여러 값을 전송하는 태그를 통해 전달받은 데이터를 다루기 위해서는 조금 다른 방식의 프로그래밍이 필요하다.

아래는 〈input〉 태그의 체크박스를 이용하여 사용자들이 자신의 취미를 선택할 수 있는 HTML 페이지이다.

SOURCE CODE : MultipleParamServlet.html

```
<html>
    <head>
        <title>다중값 전송 처리</title>
        <meta http-equiv="Content-Type" content="text/html; charset=utf-8">
    </head>
    <body>
        <form action="/Chap04/MultipleParamServlet" method="post">
            <h2>취미를 선택하시오</h2> <hr/>
            축구<input type="checkbox" name="hobby" value="축구">
            야구<input type="checkbox" name="hobby" value="야구">
            농구<input type="checkbox" name="hobby" value="농구">
            수영<input type="checkbox" name="hobby" value="수영"><br/>
            게임<input type="checkbox" name="hobby" value="게임">
            독서<input type="checkbox" name="hobby" value="독서">
            음악<input type="checkbox" name="hobby" value="음악">
            TV<input type="checkbox" name="hobby" value="TV"><br/>
            영화<input type="checkbox" name="hobby" value="영화">
            연극<input type="checkbox" name="hobby" value="연극">
            뮤지컬<input type="checkbox" name="hobby" value="뮤지컬">
            전시<input type="checkbox" name="hobby" value="전시">
            <hr/> <input type="submit" value="전송">
        </form>
    </body>
</html>
```

앞의 MultipleParamServlet.html에서 사용한 체크박스는 라디오 버튼과 달리 복수로 선택이 가능하므로 이번에 제작할 서블릿 클래스는 앞서 구현해왔던 파라미터의 이름으로 파라미터의 단일 값을 처리하기 위해 사용했던 getParameter( ) 메서드를 사용하지 않고 HttpServletRequest 클래스에서 제공하는 getParameterValues( ) 메서드를 사용할 것이다. 또한, 아무 항목도 선택하지 않았을 경우와 하나 이상의 항목을 선택하였을 경우에 따라 출력이 달라지도록 if문을 사용하고 여러 항목 선택 시 for 반복문을 사용하여 여러 선택 항목을 출력하도록 할 것이다.

SOURCE CODE : MultipleParamServlet.java

```
import java.io.IOException;
import java.io.PrintWriter;

import javax.servlet.ServletException;
import javax.servlet.annotation.WebServlet;
import javax.servlet.http.HttpServlet;
import javax.servlet.http.HttpServletRequest;
import javax.servlet.http.HttpServletResponse;

/**
 * Servlet implementation class MultipleParamServlet
 */
@WebServlet("/MultipleParamServlet")
public class MultipleParamServlet extends HttpServlet {
    private static final long serialVersionUID = 1L;

   /**
    * @see HttpServlet#HttpServlet()
    */
   public MultipleParamServlet() {
      super();
      // TODO Auto-generated constructor stub
   }

     /**
     * @see HttpServlet#doGet(HttpServletRequest request,
     HttpServletResponse response)
     */
     protected void doGet(HttpServletRequest request, HttpServletResponse
     response) throws ServletException, IOException {
```

```
        // TODO Auto-generated method stub
    }

    /**
    * @see HttpServlet#doPost(HttpServletRequest request,
    HttpServletResponse response)
     */
    protected void doPost(HttpServletRequest request,
    HttpServletResponse response) throws ServletException, IOException {
        // TODO Auto-generated method stub
        request.setCharacterEncoding("utf-8");
        response.setContentType("text/html;charset=utf-8");
        PrintWriter out = response.getWriter();
        String[] hobby = request.getParameterValues("hobby");

        out.println("<html>");
        out.println("  <head>");
        out.println("      <title>MultipleParam Servlet</title>");
        out.println("  </head>");
        out.println("  <body>");
        out.println("결과 <hr/>");
        if ( hobby == null ){
            out.println( "[선택한 취미가 없습니다]");
        } else {
            out.println("  <table border=₩"1₩">");
            for (int i=0 ; i<hobby.length ; i++){
                out.println("  <tr>");
                out.println("      <td width=₩"80₩" align=₩"center₩">");
                out.println(hobby[i]);
                out.println("      </td>");
                out.println("  </tr>");
            }
        }
        out.println("      </table>");
        out.println("  </body>");
        out.println("</html>");
    }

}
```

이제 MultipleParamServlet.html을 호출해보도록 하자. 아래는 먼저 아무 항목도 선택하지 않고 [전송] 버튼을 클릭했을 경우이다.

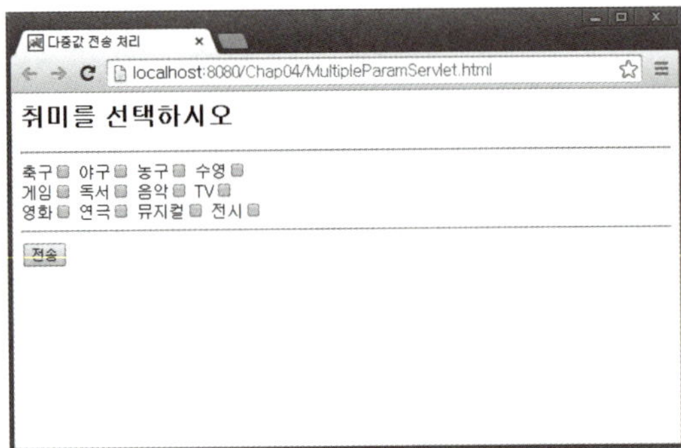

▲ MultipleParamServlet.html 실행(선택 없음)

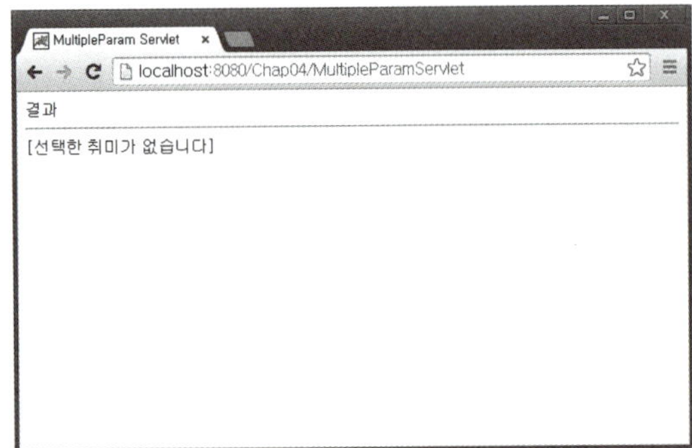

▲ MultipleParamServlet.html 실행 결과

위에서 볼 수 있듯이 선택 항목이 없어 hobby 문자열 배열의 값이 null이므로 "[선택한 취미가 없습니다]" 문구가 출력되었다. 이제 취미 항목들을 몇 가지 선택하여 보자.

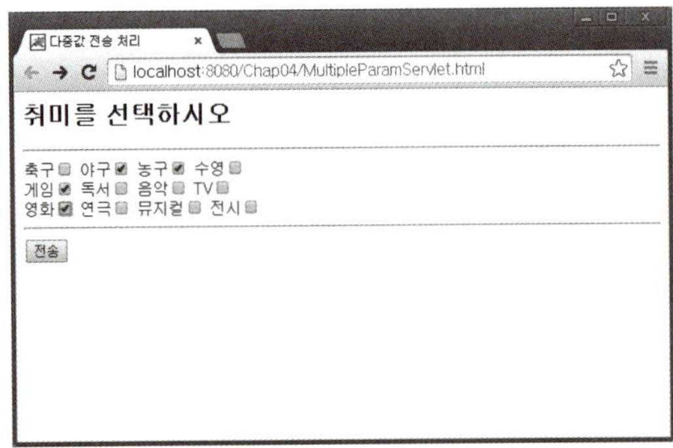

▲ MultipleParamServlet.html 실행(선택 있음)

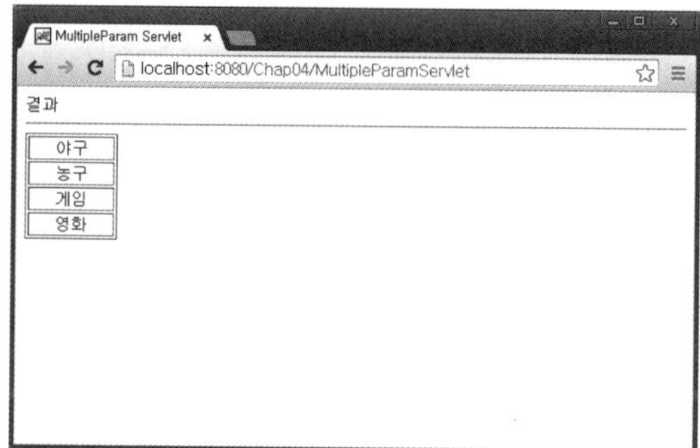

▲ MultipleParamServlet.html 실행 결과

취미 항목을 한 개 이상 선택할 경우, if ~ else 문의 else 구문이 실행되므로 선택한 항목들을 〈table〉 태그를 이용하여 단일 컬럼으로 구성된 표 형태로 반복 출력함을 확인할 수 있다. 앞서 자바의 조건문과 반복문을 사용하여 응답 HTML 페이지를 동적으로 생성할 수 있었듯이 이번 예제 역시 결과 화면의 '소스 보기'를 이용하면 조건에 따른 출력 및 반복 출력이 수행되어 응답 HTML 페이지가 생성되었음을 확인할 수 있다.

서블릿 클래스를 활용한 동적 웹 애플리케이션 구현은 기본적으로 자바 클래스 내부에 HTML 태그가 포함되는 구조로 제작되므로 출력되어야 할 HTML 태그의 내용이 많아질수록 디자인적 요소의 유지보수가 어려워지게 된다. 또한 이클립스를 사용하지 않고 구현하는 경우에는 작성한 서블릿 클래스를 컴파일해야 하는 과정도 필요하게 되므로 웹 애플리케이션 제작 효율을 떨어뜨리는 원인이 되기도 한다. 따라서 출력될 HTML 태그가 많아질 경우에는 서블릿 클래스보다 다음 장에서 다루게 될 JSP 페이지가 많이 사용된다. 그러나 JSP 페이지 역시 실행 단계에 이르러서는 서블릿 클래스와 유사한 형태의 클래스로 변환되어 사용되므로 서블릿의 특성 및 사용법의 숙지는 필수적이라 할 수 있다.

CHAPTER 04 Level Up! Coding

01 아래 GetRequest.html 페이지는 GET 방식으로 GetRequest 서블릿으로 요청을 전송할 것이다. 그러나 GetRequest 서블릿 페이지에서 GetRequest.html에서 입력한 텍스트를 출력하기 위한 코드는 doPost에 작성하여 정상적으로 동작하도록 GetRequest 서블릿을 작성해보도록 하자.

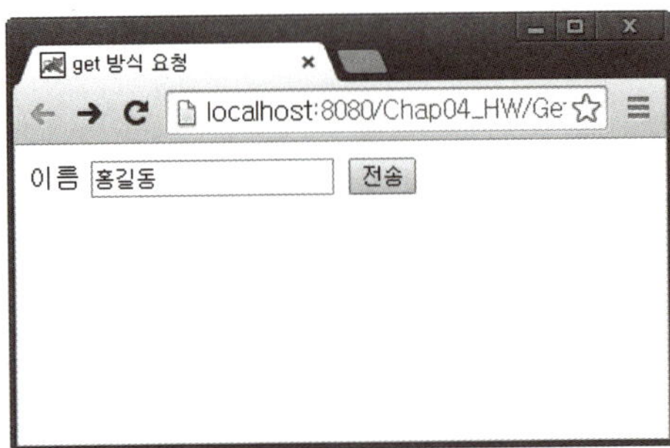

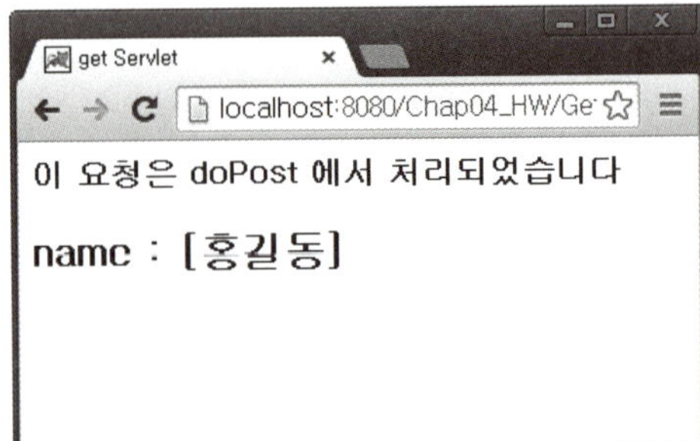

02 아래와 같이 간단한 로그인 기능을 구현하기 위한 Login.html HTML 페이지와 Login 서블릿 클래스를 제작해보도록 하자. 아이디가 "admin", 비밀번호가 "1234"일 경우에는 "로그인을 환영합니다"라는 메시지가 출력되고, 아이디 혹은 비밀번호가 잘못 입력되었을 경우에는 "아이디나 비밀번호가 일치하지 않습니다"라는 메시지가 출력되도록 한다.

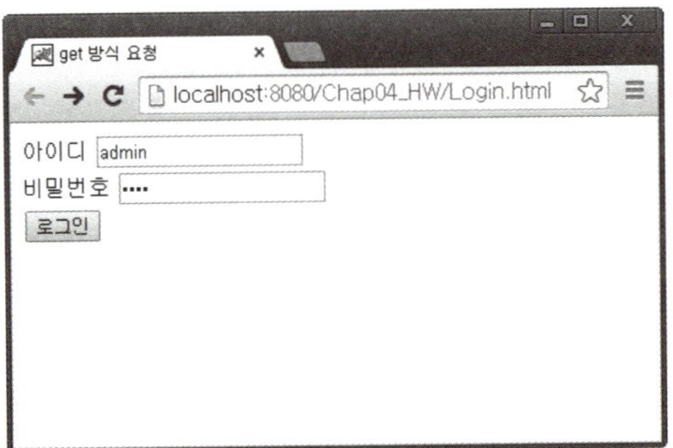

▲ 아이디와 비밀번호가 정확히 입력되었을 경우

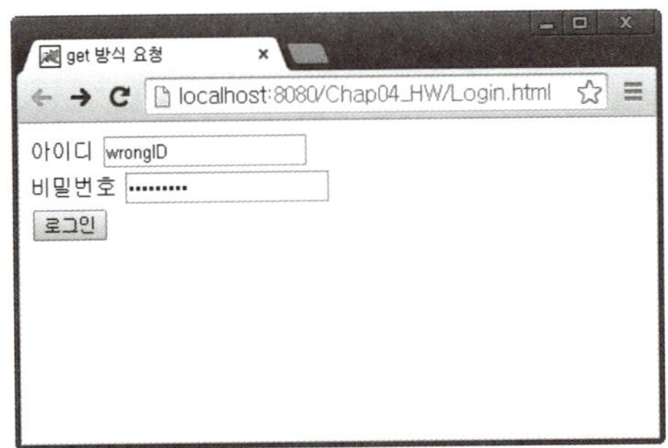

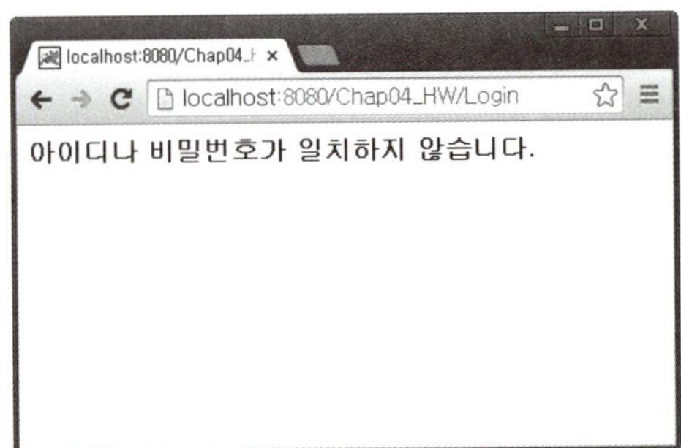

▲ 아이디나 비밀번호가 잘못 입력되었을 경우

03 다음과 같이 간단한 회원가입 Join.html 페이지와 회원가입 시 입력한 내용을 출력하기 위한 Join 서블릿 클래스를 제작하도록 한다(단, 취미를 아무것도 선택하지 않았을 경우 "[선택한 취미가 없습니다]"를 출력하도록 한다).

▲ 취미를 선택했을 경우

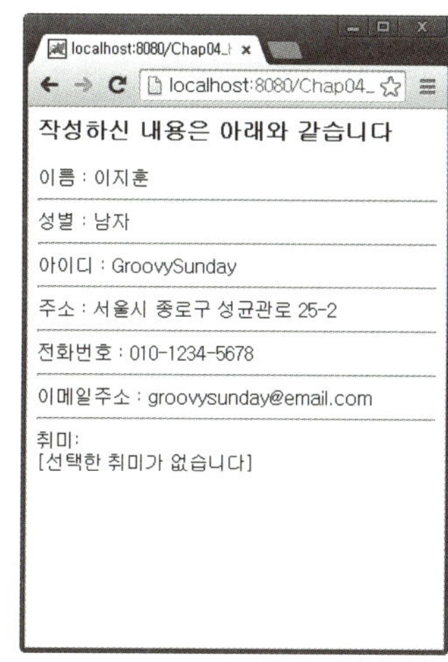

▲ 취미를 선택하지 않았을 경우

CHAPTER 05

JSP 기초

JSP는 서블릿 이후에 발표된 기술로 서블릿 제작 시 자바 클래스를 작성하고 등록하는 과정 없이 스크립트 형식의 간단한 구현으로 동적 웹 애플리케이션을 제작할 수 있다. JSP는 작성 방식에 있어 서블릿과 약간의 차이가 있지만 최종적인 서비스 단계에서는 JSP 페이지가 서블릿 형태로 변환되어 실행되므로 동작 과정은 동일하다고 볼 수 있다.

01 | JSP의 개요와 동작

JSP는 Java Server Page의 약자로 Java를 이용하여 동적 웹 서비스를 구현할 수 있는 서버 사이드 기술이다. 컴파일 방식이 아닌 스크립트 방식을 사용하므로 JSP 페이지를 개발하는 프로그래머가 직접 컴파일하지 않고, 페이지의 호출 시 필요한 경우에 한해 자동으로 컴파일을 수행하여 서비스를 제공한다.

1.1 JSP의 개요

자바 클래스 내 프로그래밍적 로직 처리와 함께 HTML 태그들이 삽입되는 형식으로 제작되는 서블릿과는 달리 JSP 페이지는 문서에 다른 프로그래밍적 가공 없이 HTML 문서를 작성할 때와 동일하게 바로 태그를 사용하며, 자바 코드가 필요할 때 HTML 태그들 사이에 중간중간 특정 기호를 사용하여 삽입해주는 방식으로 작성된다. 다음은 서블릿과 JSP 페이지 구현 방식의 차이점이다.

서블릿 파일의 구조	JSP 파일의 구조
import 서블릿 구현 시 필요한 패키지 public class 서블릿명 extends 상속 클래스 　public void 메서드명(doGet/doPost) 　(입력 파라미터 정의) 　　… 　　out.print("<html>...</html>"); 　　…	<%@ page language="java" contentType="text/html; charset=UTF-8" pageEncoding="UTF-8"%> <html> 　<head> 　　<title>타이틀</title> 　</head> 　<body> 　　<% 　　　Java 코드 　　%> 　</body> </html>

따라서 JSP 페이지는 서블릿을 작성할 때처럼 웹 서비스 구현에 필수적인 클래스들을 import한다거나 상속 및 메서드 오버라이딩과 같은 깊이 있는 객체지향 기법을 사용하지 않고 간단한 자바 기본 문법만으로도 작성할 수 있으므로 쉽게 학습할 수 있다는 장점이 있다. 이렇게 작성 방식에 차이가 있지만 결국 서블릿과 JSP는 유사하게 동작한다. JSP 페이지는 실행 시 서블릿 클래스 형태로 변환된 후 컴파일 과정을 거쳐 실행되기 때문이다.

1.2 JSP의 동작

JSP 파일 역시 자바를 사용하는 기술이므로 실질적으로 실행이 되기 위해서는 컴파일이 가능한 자바 클래스 형태로 작성되어야 한다. 그러나 앞서 보았듯이 JSP 파일은 기능 수행에 필요한 최소한의 자바 문장으로만 작성되므로 JSP 페이지를 바로 컴파일하여 사용하는 것은 불가능하다. 따라서 JSP 페이지는 실행되어야 하는 시점에 컴파일이 가능한 완전한 자바 코드를 갖춘 자바 클래스로 변환하는 과정을 거치게 되며 이 자바 클래스는 서블릿과 유사한 구조를 갖추게 된다.

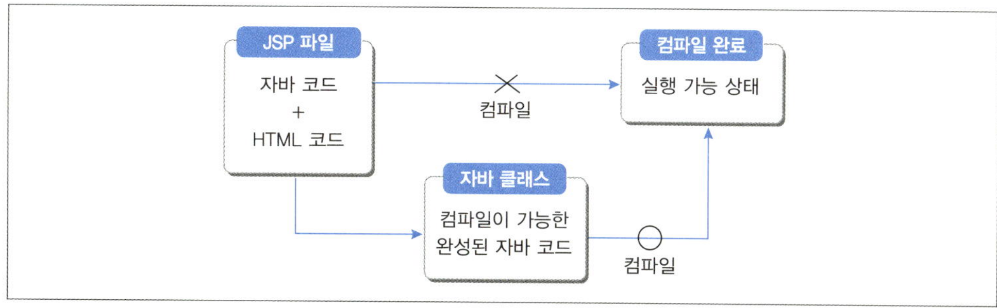

▲ JSP의 컴파일 문제

실제로 JSP 페이지가 변환된 파일을 확인하기 위해 아래 Hello World 문자열을 출력하는 간단한 JSP 페이지를 제작해보도록 하자.

SOURCE CODE : HelloWorld.jsp

```
<%@ page language="java" contentType="text/html; charset=UTF-8"%>
<html>
    <head>
        <title>Hello, World!</title>
    </head>
    <body>
        <%
            out.print("Hello, World!");
        %>
    </body>
</html>
```

아직 자세한 JSP 페이지의 작성 방법을 배우지는 않았지만 자바 문법을 사용하고 있는 부분은 out.print("Hello World"); 뿐임을 알 수 있다. 이 페이지를 컴파일하기 위해서는 클래스명의 선언을 비롯한 여러 가지 자바 요소들이 필요하기 때문에 JSP 페이지는 실행되기 전에 서블릿 형태의 완전한 자바 클래스 파일로 변환된 후 컴파일 과정을 거친다.

앞서 서블릿 페이지는 java.io 및 javax.servlet, javax.servlet.http 패키지를 임포트하고 HttpServlet 클래스를 상속받은 후 파라미터 전달 방식에 따라 doGet( ) 메서드나 doPost( ) 메서드를 재정의하여 작성됨을 살펴보았다. 이러한 서블릿 페이지 구성에 필수적인 요소들을 JSP 페이지에 작성된 내용들과 조합하여 하나의 완성된 형태의 서블릿 페이지로 변환한 후 변환된 서블릿 파일을 컴파일하여 기능을 수행하게 된다.

그럼 JSP 파일이 변환된 서블릿 형태의 파일을 살펴보도록 하자. JSP 파일이 변환되면 확장자는 java 그리고 파일명은 JSP 파일에 쓰여진 파일명과 _jsp를 붙여서 저장된다. 이렇게 변환된 자바 파일을 컴파일하면 파일명은 변환된 서블릿 파일과 같고 확장자는 class인 파일이 생성된다(생성된 경로는 'C:\jspbook\workspace\.metadata\.plugins\org.eclipse.wst.server.core\tmp0\work\Catalina\localhost\Chapter 02\org\apache\jsp'로 직접 찾아들어가려면 번거로우니 jsp 파일명인 HelloWorld로 jspbook 폴더 아래에서 검색하여 쉽게 찾을 수 있다).

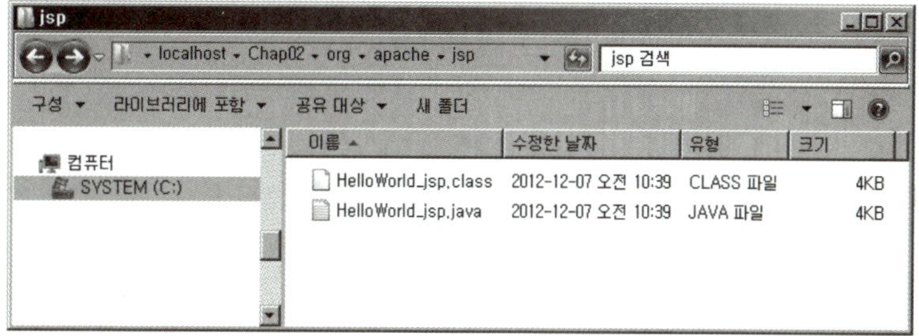

▲ HelloWorld.jsp 파일이 변환된 서블릿과 컴파일된 클래스 파일

이렇게 생성된 자바 클래스가 어떻게 작성되었는지 살펴보도록 하자. 이 클래스의 모든 내용을 알 필요는 없지만 이번에 한하여 변환된 클래스 전체 코드를 명시하도록 하겠다.

SOURCE CODE : HelloWorld_jsp.java

```
package org.apache.jsp;

import javax.servlet.*;
import javax.servlet.http.*;
import javax.servlet.jsp.*;

public final class HelloWorld_jsp extends org.apache.jasper.runtime.
HttpJspBase
    implements org.apache.jasper.runtime.JspSourceDependent {

  private static final javax.servlet.jsp.JspFactory _jspxFactory =
        javax.servlet.jsp.JspFactory.getDefaultFactory();

  private static java.util.Map<java.lang.String,java.lang.Long>
  _jspx_dependants;

  private javax.el.ExpressionFactory _el_expressionfactory;
  private org.apache.tomcat.InstanceManager _jsp_instancemanager;

  public java.util.Map<java.lang.String,java.lang.Long> getDependants() {
    return _jspx_dependants;
  }

  public void _jspInit() {
    _el_expressionfactory = _jspxFactory.getJspApplicationContext
    (getServletConfig().getServletContext()).getExpressionFactory();
```

```
 _jsp_instancemanager = org.apache.jasper.runtime.
 InstanceManagerFactory.getInstanceManager(getServletConfig());
}

public void _jspDestroy() {
}

public void _jspService(final javax.servlet.http.HttpServletRequest
request, final javax.servlet.http.HttpServletResponse response)
    throws java.io.IOException, javax.servlet.ServletException {

  final javax.servlet.jsp.PageContext pageContext;
  javax.servlet.http.HttpSession session = null;
  final javax.servlet.ServletContext application;
  final javax.servlet.ServletConfig config;
  javax.servlet.jsp.JspWriter out = null;
  final java.lang.Object page = this;
  javax.servlet.jsp.JspWriter _jspx_out = null;
  javax.servlet.jsp.PageContext _jspx_page_context = null;


  try {
    response.setContentType("text/html; charset=UTF-8");
    pageContext = _jspxFactory.getPageContext(this, request, response,
            null, true, 8192, true);
    _jspx_page_context = pageContext;
    application = pageContext.getServletContext();
    config = pageContext.getServletConfig();
    session = pageContext.getSession();
    out = pageContext.getOut();
    _jspx_out = out;

    out.write("₩r₩n");
    out.write("<!DOCTYPE html PUBLIC ₩"-//W3C//DTD HTML 4.01 Transitional//
    EN₩" ₩"http://www.w3.org/TR/html4/loose.dtd₩">₩r₩n");
    out.write("<html>₩r₩n");
    out.write("<head>₩r₩n");
    out.write("<meta http-equiv=₩"Content-Type₩" content=₩"text/html;
    charset=UTF-8₩">₩r₩n");
    out.write("<title>Insert title here</title>₩r₩n");
    out.write("</head>₩r₩n");
```

```
      out.write("<body>₩r₩n");
      out.write("₩tHello, World!₩r₩n");
      out.write("</body>₩r₩n");
      out.write("</html>");
    } catch (java.lang.Throwable t) {
      if (!(t instanceof javax.servlet.jsp.SkipPageException)){
       out = _jspx_out;
       if (out != null && out.getBufferSize() != 0)
        try { out.clearBuffer(); } catch (java.io.IOException e) {}
       if (_jspx_page_context != null) _jspx_page_context.
       handlePageException(t);
       else throw new ServletException(t);
      }
    } finally {
     _jspxFactory.releasePageContext(_jspx_page_context);
    }
  }
}
```

이전 장에서 직접 작성했던 서블릿과는 차이가 있지만 JSP에서 변환된 서블릿 파일도 기존의 서블릿과 비슷한 구성을 가진다. JSP에서 변환된 서블릿은 앞에서 서블릿 작성 시 사용했던 임포트 패키지가 더 많고 상속받는 클래스가 다르다. 이는 웹 컨테이너 제품군에 따라 JSP를 서블릿 형태의 클래스로 변환해주는 데 사용되는 클래스가 다르기 때문이다. 이후 위와 같이 JSP 페이지가 서블릿 형태의 파일로 변환된 부분에 대한 설명이 필요할 경우 전체 소스가 아닌 필요한 부분 소스만을 살펴볼 것이다. 서블릿 클래스 내부에 사용되는 메서드와의 차이에 대해서는 JSP 생명주기를 다루면서 알아보도록 하자.

1.3 JSP 생명주기

서블릿은 init( ), service( ), destroy( ) 메서드 진행을 통해 객체가 생성되고 소멸한다. 또한 service( ) 메서드 내의 요청 방식에 따라 doGet( ), doPost( ) 메서드가 호출되며 웹 프로그래머가 작성하는 부분이 doGet( ) 혹은 doPost( ) 메서드이다. JSP 역시 서블릿과 비슷하게 객체의 생명주기가 진행되며 각 생명주기에 해당하는 메서드는 다음과 같다.

JSP와 매칭되는 서블릿의 메서드	JSP의 메서드	JSP 메서드의 의미
Init( )	jspinit( )	JSP에 첫 요청이 전달되었을 때 서블릿으로 변환 작업을 거쳐 한 번 호출됨. 이후 _jspService( ) 메서드를 호출함
service( )	_jspService( )	Client 요청을 처리하는 메서드로 Get/Post 방식에 상관없이 처리가 가능함. jspInit( ), jspDestroy( ) 메서드와는 달리 웹 클라이언트의 요청이 일어날 때마다 호출됨
destroy( )	jspDestroy( )	서블릿 객체가 메모리에서 제거될 때 호출되는 메서드

메서드의 이름이 조금 다를 뿐 실제로 수행되는 방식은 서블릿의 메서드와 일치하며 기능 수행에 있어 Get\Post 방식에 상관없이 처리가 가능하다.

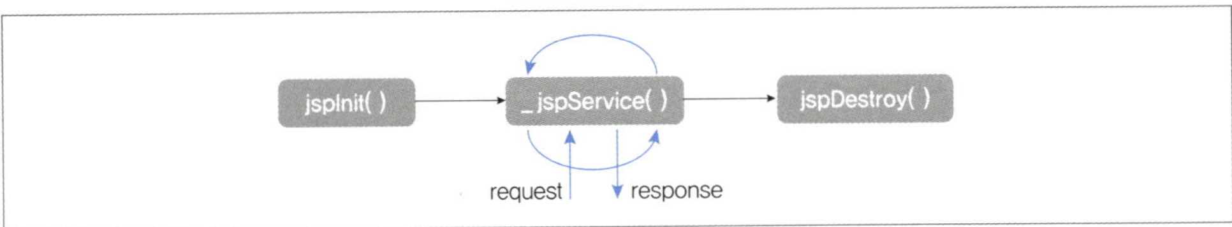

▲ JSP에서 변환된 서블릿의 메서드들의 진행 순서

즉, JSP 페이지는 최초 요청이 전달되거나 JSP 페이지 내 내용이 바뀌었을 경우 서블릿 형태의 파일로 변환된 후 컴파일 과정을 거치고 jspInit( ) 메서드의 실행으로 객체가 생성된다. 이후 요청이 올 때마다 _jspService( ) 메서드가 호출되어 메서드 내 기능이 수행되며 JSP를 통해 생성된 객체가 제거될 때는 서블릿과 마찬가지로 jspDestroy( ) 메서드가 호출된다.

02 | JSP의 기본 문법

이제 JSP 페이지를 작성하기 위한 기본 문법들을 알아보도록 하자. JSP 페이지 작성에는 HTML 태그와 자바 문법 요소가 모두 사용될 것이다.

2.1 JSP 파일의 구성요소

JSP는 HTML 태그를 별다른 가공 없이 바로 사용하고, 자바 코드 필요시 특정 기호를 통해 삽입되는 형태로 작성한다. 그 외에도 JSP 페이지를 작성하는 데에 필요한 기본적인 요소가 존재하므로, JSP 페이지는 여러 가지 요소들이 함께 혼재되어 사용된다. JSP 페이지를 구성하는 주요 구성요소들은 다음과 같다.

구성요소	의미
지시자(directive)	JSP 페이지에 대한 설정 정보를 지정
주석	컴파일이 되지 않는 텍스트로 함께 프로그래밍을 하는 프로그래머 간의 정보교환이나 특정 코딩 부분에 대한 정보 제공을 목적으로 주로 사용
HTML	HTML 태그가 별다른 가공 없이 바로 사용 가능
스크립팅 요소	JSP 페이지에서 요청을 처리하기 위해 사용되는 자바 코드가 삽입되는 여러 가지 형식

이제 JSP 페이지에서 사용하는 여러 종류의 주석과 지시자 및 스크립팅 요소들의 사용 방법에 대해 알아보도록 하자.

2.2 JSP 파일에서의 주석

프로그래밍에서 주석으로 처리된 부분은 컴파일러가 컴파일하지 않으므로 기능 수행과는 관련이 없는 텍스트이다. 주석은 특정 코드 부분의 개발이나 수정이 용이하도록 설명을 하거나 해당 파일의 코드를 작성한 프로그래머 혹은 담당 부서의 확인 및 파일의 수정 이력을 유지하는 등의 프로그램을 만들거나 수정하는 프로그래머들 사이에 의사소통을 위해 사용된다.

JSP에는 HTML 태그와 자바 코드가 함께 존재하고 각 코드 종류에 따른 주석의 사용 방법이 상이하다. 아래는 JSP에서 사용되는 여러 기술들의 주석 사용법이다.

종류	주석 사용
HTML의 주석	<!-- HTML 주석 -->
자바의 주석	// 자바 싱글라인 주석 /* 자바 멀티라인 주석 */
JSP의 주석	<%-- JSP 주석 --%>

이제 위의 종류별 주석을 사용하는 예제를 작성해보도록 하자. Comment.jsp 페이지는 "Hello, World!" 문자열을 출력하며 위에 명시된 여러 종류의 주석을 모두 사용할 것이다. 주석이 실제 JSP 문서에서 사용되는 방식을 잘 익혀두길 바란다.

SOURCE CODE : Connment.jsp

```
<%@ page language="java" contentType="text/html;charset=UTF-8" %>
<html>
    <head>
        <title>Hello, World!</title>
        <!-- 이 부분은 HTML 주석입니다. -->
    </head>
    <body>
        <%-- 이 부분은 JSP 주석입니다.--%>
        <%
            // 이 부분은 자바의 싱글라인 주석입니다. 한 줄만 주석 처리가 가능합니다.
            out.print("Hello, World!");
            /* 이 부분은 자바의 멀티라인 주석입니다.
             * 여러 줄에 걸쳐 주석 작성이 가능합니다.
            */
        %>
    </body>
</html>
```

Comment.jsp 페이지를 호출한 결과는 아래와 같다. 페이지 호출에 대한 응답 페이지에는 out.println( )을 통해 “Hello, World!” 문자열만이 출력되고 함께 작성했던 주석 부분은 출력되지 않는다.

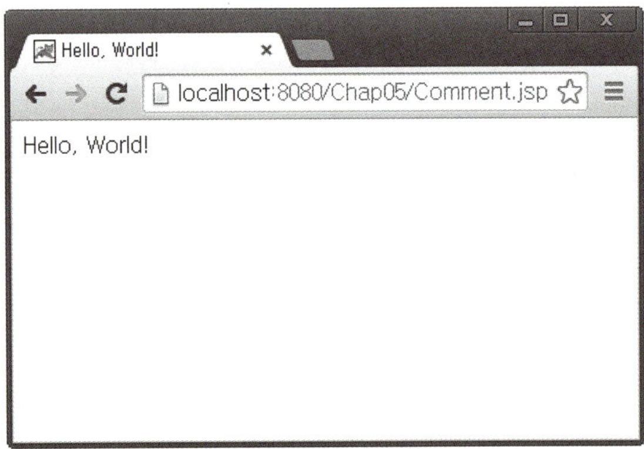

이제 웹 브라우저의 소스 보기 기능을 이용하여 실제 HTTP 응답으로 전송된 HTML 페이지의 소스 코드를 살펴보도록 하자. 이후부터는 ‘소스 보기’ 기능 실행 시 나타나는 코드가 필요할 때만 명시하겠다.

SOURCE CODE : Connment.jsp의 소스 보기에서 나타난 코드

```
<html>
    <head>
        <title>Hello, World!</title>
        <!-- 이 부분은 HTML 주석입니다. -->
    </head>
    <body>
        Hello, World!
    </body>
</html>
```

소스 보기 기능을 통해 살펴본 코드에서는 주석에 따라 표시되는 주석이 있고 표시되지 않는 주석이 있다. 페이지에 사용한 주석이 HTML 주석일 경우는 그대로 표시가 되고 JSP 주석과 자바 주석은 응답 결과물에 표시되지 않는데 이는 JSP 및 자바의 주석은 JSP 페이지가 서블릿으로 변환되면서 해당 부분은 컴파일 처리가 되지 않아 응답 HTML 문서에 포함되지 않기 때문이다.

JSP 페이지 내부는 여러 가지 코드가 혼재하며 코드 종류에 따른 주석 작성 방식도 다양하고 어떤 용도로 작성된 주석이냐에 따라 출력되는 범위도 각각 다르다. 따라서 각 주석의 사용 용도와 출력 범위를 고려하여 적절한 주석을 사용하도록 한다.

2.3 JSP의 지시자(Directive)

지시어 또는 지시문으로 표현되는 JSP 페이지의 지시자(directive)는 웹 클라이언트가 웹 브라우저를 통해 전달하는 요청(request)을 직접적으로 처리하기 위한 문법이 아니라 웹 컨테이너가 JSP 페이지를 서블릿 역할을 할 클래스로 변환할 때 해당 페이지를 어떻게 처리할 것인지에 대한 여러 정보들을 지정해주기 위해 사용된다. JSP 페이지에서 사용 가능한 지시자는 아래와 같다.

지시자의 종류	용도	문법
page	JSP 페이지의 속성을 지정	〈%@page 속성/값 지정 %〉
include	특정 JSP 혹은 HTML 파일을 현재 페이지에 삽입	〈%@include 속성/값 지정 %〉
taglib	JSP 페이지에서 사용할 JSTL(JSP Standard Tag Library)이나 사용자 정의 태그(Custom Tag) 사용을 명시	〈%@taglib 속성/값 지정 %〉

지시자는 〈%@ ~ %〉 형식으로, 사용하는 지시자 이름을 붙인 후 해당 지시자에 해당하는 속성과 값을 적절히 지정하여 작성한다. 여기서는 page 지시자와 include 지시자에 대해 알아볼 것이며 taglib 지시자는 이후 12장 '커스텀 태그' 및 13장 'JSTL'에서 자세히 다루도록 하겠다.

(1) page 지시자

page 지시자는 JSP 페이지 전체에 적용되는 정보들을 웹 컨테이너에 전달하여 페이지의 속성이 수행되도록 기능을 지정해주는 역할을 하며 JSP 페이지의 최상단에 작성한다. page 지시자에 사용되는 주요 속성들은 다음과 같다.

속성	의미	기본값
contentType	JSP 페이지를 통해 생성될 문서의 MIME 타입 및 문자셋 지정	"text/html"
pageEncoding	JSP 페이지의 문자셋 지정	"ISO-8859-1"
import	현재 JSP 페이지에서 사용할 자바 패키지/클래스 지정	없음
errorPage	현재 JSP 페이지에서 에러 발생 시 해당 에러를 처리할 페이지를 지정	없음
isErrorPage	현재 JSP 페이지가 에러를 처리할 페이지인지 여부를 지정	false
info	현재 JSP 페이지에 대한 설명을 작성	없음
buffer	버퍼의 크기를 지정	8KB
autoflush	출력 버퍼가 가득 찼을 때 자동 Flush 기능의 사용 여부를 지정	true
session	세션의 사용 유무 지정	true
language	스크립트 요소 내 사용할 프로그래밍 언어 지정	java
extends	현재 JSP 페이지가 상속받을 클래스 지정	JSP 엔진에 의해 자동으로 설정
isThreadSafe	현재 JSP 페이지가 싱글스레드 모드로 작동할 것인지 여부를 지정	true

위에 명시된 속성들은 page 지시자를 통해 설정할 수 있는 주요 속성들이며, 그중에서 JSP를 이용한 웹 프로그래밍에서 많이 사용되는 속성들을 살펴보도록 하자. errorPage와 isErrorpage 및 session 속성은 이후 7장 'JSP 페이지의 에러 처리'와 8장 'JSP의 세션 관리'에서 자세히 다룰 것이다.

• contentType과 pageEncoding 속성

contentType 속성은 JSP 페이지를 통해 생성될 문서의 MIME 타입을 지정하기 위해 사용하며 다음과 같이 MIME 타입만을 명시하거나 MIME 타입과 함께 문자셋을 명시해주는 두 가지 방식으로 사용한다.

지정 방식	설정 예
MIME 타입만 명시	<%@ page contentType="MIME 타입" %>
MIME 타입과 문자셋 함께 명시	<%@ page contentType="MIME타입; charset=문자셋" %>

MIME 타입

MIME은 Multipurpose Internet Mail Extensions의 약자로 웹 메일에 첨부 파일을 함께 전송할 때 사용되는 규격, 즉 기본적으로 웹 메일에서 사용되는 확장 규격이다. 이 규격이 웹 서버와 웹 클라이언트 간의 통신상에서도 사용되면서 웹 전반적인 분야에 사용되기 시작했다. 우리가 웹 프로그래밍을 하면서 가장 많이 보는 MIME 타입은 "text/html"이다. 그 외에도 이미지 타입을 명시할 때 "image/gif", "video/avi"와 같이 사용되기도 한다. "/" 기호는 구분자로서 "대분류/소분류"를 의미한다. MIME 타입의 목록은 http://www.iana.org/assignments/media-types/media-types.xhtml에서 확인할 수 있다.

contentType 속성의 기본값은 'text/html'이며 속성에 문자셋을 함께 지정해주지 않을 경우, 기본 문자셋은 'ISO-8859-1'로 지정된다. 그러나 한글이 포함된 HTML 문서를 생성할 JSP 페이지에는 적합하지 않은 문자셋이므로 일반적으로 'euc-kr' 혹은 'utf-8'과 같이 한글 문자 사용이 가능한 문자셋을 지정한다. 이 책에서는 'utf-8' 문자셋을 공통적으로 사용할 것이다. 문자셋은 소문자로 지정해도 되고 대문자로 지정해도 된다.

```
<%@ page contentType="text/html; charest=utf-8" %>
```

pageEncoding 속성은 JSP 페이지 작성에 사용할 문자셋을 지정한다. contentType 속성과 pageEncoding 속성은 두 속성 모두 문자셋을 지정할 수 있다는 점에서 비슷하지만 문자셋이 적용되는 대상에서 차이를 보인다. contentType 속성은 웹 클라이언트의 요청에 대한 응답 즉, 웹 브라우저를 통해 출력될 결과물에 사용될 MIME 타입과 문자셋을 지정하고 pageEncoding 속성은 현재 pageEncoding 속성이 사용된 JSP 페이지 내에서 사용될 문자셋을 지정한다.

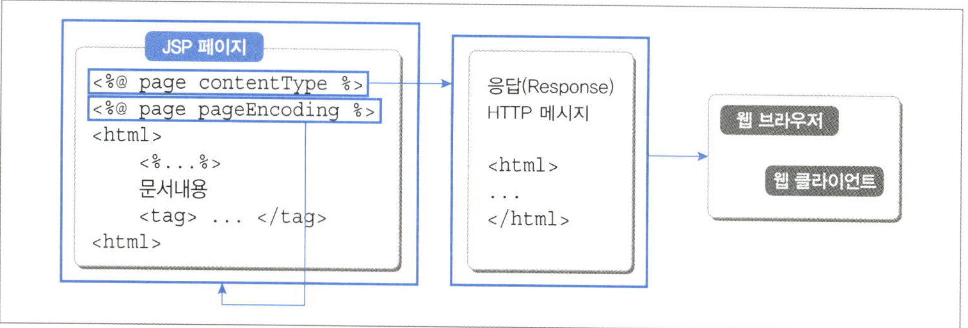

▲ contentType 속성과 pageEncoding 속성의 적용 범위

pageEncoding 속성에 문자셋을 지정하려면 아래와 같이 contentType 속성과 함께 page 지시자에 사용할 수 있고 따로 page 지시자를 할애하여 설정해줄 수도 있다.

```
<%@ page contentType="text/html;charset=utf-8" pageEncoding="UTF-8" %>
```

```
<%@ page contentType="text/html;charset=utf-8" %>
<%@ page pageEncoding="UTF-8" %>
```

한글이 들어갈 페이지를 제작할 경우 반드시 한글 처리가 가능한 문자셋 지정을 해주어야 하며 pageEncoding 속성을 사용할 경우 contentType 속성과 pageEncoding 속성에 지정하는 문자셋은 동일하게 설정해주는 것이 일반적이다.

• **import 속성**

page 지시자의 import 속성은 자바에서의 import와 동일한 기능을 하는 속성으로 현재 JSP 페이지에서 사용할 클래스나 패키지를 선언할 때 작성한다. 작성 방법은 아래와 같이 〈%@ ~ %〉 지시문을 통해 page 지시자를 명시해준 후 import 속성에 패키지명과 클래스명을 "."으로 구분하여 작성한다.

```
<%@ page import="패키지명.클래스명" %>
```

여러 개의 클래스 혹은 패키지를 임포트해야 할 경우 일반적으로 아래와 같이 임포트되는 수만큼 page 지시자의 import 속성을 작성해준다.

```
<%@ page import="java.text.SimpleDateFormat" %>
<%@ page import="java.util.Date" %>
```

JSP는 실행 시점에는 서블릿 형태의 Java 클래스로 변환되며 javax.servlet.*, javax.servlet.http.*과 같은 필수적인 임포트 클래스들은 자동으로 임포트되므로 기능 구현 시 필요한 외부 패키지나 클래스를 임포트할 때 사용한다.

다음 예제는 java.text 패키지의 SimpleDateFormat과 java.util 패키지의 Date 클래스들을 이용하기 위해 page 지시자의 import 속성을 이용하여 필요 클래스들을 임포트한 후 현재 날짜 및 시간을 출력하는 예제이다.

SOURCE CODE : pageImport.jsp

```
<%@ page language="java" contentType="text/html; charset=utf-8" %>
<%@ page import = "java.text.SimpleDateFormat" %>
<%@ page import = "java.util.Date" %>

<%
    Date today = new Date();
    SimpleDateFormat date = new SimpleDateFormat("yyyy/MM/dd");
    SimpleDateFormat time = new SimpleDateFormat("hh:mm:ss a");
%>
<h3>현재 시각은 <%= date.format(today) %> <%=time.format(today) %> 입니다.</h3>
```

아래는 pageImport.jsp 페이지를 호출한 결과이다. 기능 수행을 위한 클래스를 사용하고자 할 때 page 지시자의 import를 사용하지 않는다면 전체 패키지 경로를 명시하여 사용해야 하므로 import 속성의 사용은 필수적이다.

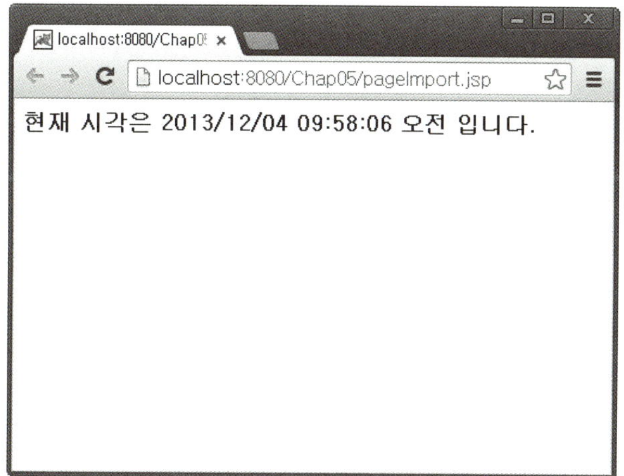

• errorPage와 isErrorPage 속성

errorPage 속성은 JSP 페이지 내에서 Exception이 발생되었을 때 해당 JSP 페이지에서 Exception을 처리하지 않고 처리해줄 JSP 페이지를 따로 지정할 때 사용된다. 속성값으로 Exception을 처리할 jsp 파일을 지정해주며 형식은 다음과 같다.

```
<%@ page errorPage = "error.jsp" %>
```

isErrorPage는 현재 JSP 페이지가 Exception을 처리하기 위한 페이지인지 여부를 설정하는 속성으로 방금 보았던 errorPage 속성에 지정된 Exception 처리 페이지에서 작성하는 속성이다. 형식은 다음과 같다.

```
<%@ page isErrorPage="true" %>
```

errorPage 속성과 isErrorPage 속성의 사용법 외에 JSP 페이지에서의 Exception 처리는 7장 'JSP의 에러 처리'에서 다시 자세하게 살펴보도록 하겠다.

• **info 속성**

info 속성은 현재 JSP 페이지에 대한 기능이나 구현 목적 혹은 특성에 대한 설명을 작성할 때 사용하며 아래와 같이 사용할 수 있다.

```
<%@ page info = "내용" %>
```

info 속성에 지정한 값은 응답 페이지에 출력되는 값은 아니며 하나의 JSP 페이지에 한 번만 설정할 수 있다. import 속성처럼 여러 번에 걸쳐 사용하면 에러가 발생한다.

• **buffer와 autoflush 속성**

buffer 속성은 JSP 페이지를 통해 웹 클라이언트로 전송할 응답 버퍼 크기를 지정하는 속성이다. 앞서 다루어본 예제들에서 보았듯이 JSP 페이지가 호출되어 그 기능을 수행한 후 웹 브라우저로 응답을 전송할 때 javax.servlet.jsp.JspWriter 타입의 out 객체를 사용한다. 이 out 객체는 내부적으로 출력 데이터를 전송하기 전에 미리 담아둘 버퍼를 가지고 있으며 buffer 속성과 autoflush 속성을 통해 사용 여부에 관련된 설정을 지정할 수 있다.

buffer 속성에는 기본값으로 '8kb' 값이 설정되어 있고 이 값은 작성자의 의도대로 크기를 지정해줄 수 있다. "none"으로 설정될 경우 버퍼 사용 없이 응답이 생성될 때마다 바로 웹 클라이언트에게 전송하게 된다. 일반적으로 buffer의 크기를 지정하여 사용하는 경우는 없으므로 설정 작업 없이 그대로 사용한다.

```
<%@ page buffer="4kb" %>
<%@ page buffer="16kb" %>
<%@ page buffer="none" %>
```

buffer의 속성과 함께 버퍼 사용에 대한 설정을 담당하는 autoflush 속성은 버퍼가 전송할 데이터로 지정된 용량을 다 채웠을 경우 해당 데이터를 어떻게 처리할지를 지정해주는 속성이다. 기본값이 'true'로 지정되면 버퍼가 다 채워졌을 경우 웹 클라이언트에게 전송을 하면서 버퍼를 비워 다음 데이터가 들어올 공간을 확보한다. 'false'로 지정되면 버퍼가 다 채워졌을 시 Exception을 발생시킨다.

```
<%@ page autoflush = "true" %>
<%@ page autoflush = "false" %>
```

만약 buffer 속성의 값이 "none"으로 설정되어 있다면 autoflush 속성값은 "false"로 설정할 수 없다. buffer 속성과 autoflush 속성을 사용하여 JSP 페이지를 제작하면 아래와 같은 장점이 있다.

- 버퍼에 출력 결과를 쌓은 후 한 번에 전송하므로 효율적으로 전송 가능
- 출력 내용을 바로 전송하지 않으므로 JSP 수행 도중 내용 변경 가능
- 버퍼의 용량이 가득 차기 전 HTTP 헤더 정보 변경 가능

반면에 buffer 속성을 "none"으로 설정하지 않을 경우 아래와 같은 사항을 고려해야 한다.

- 출력이 발생한 이후 HTTP 헤더 정보 변경 불가능
- 전송이 바로 일어나므로 내용의 취소 혹은 변경 불가능
- 〈jsp:forward〉와 같은 포워딩 기법의 사용 불가능

따라서 일반적인 JSP 제작에 있어 buffer 속성과 autoflush 속성의 값은 지정해주지 않고 기본값 그대로 사용한다.

• session 속성

session 속성은 현재 JSP 페이지에서 웹 클라이언트에 대한 정보를 유지, 즉 접속 유지에 대한 처리를 session을 통해 할 것인지 여부를 지정하는 속성으로 아래와 같이 사용한다.

```
<%@ page session="true" %>
```

일반적으로 session 속성의 값은 기본값인 'true'를 그대로 사용하므로 보통 따로 지정해주는 일은 거의 없다. 접속 유지에 중요한 역할을 하는 세션에 대한 자세한 내용은 이후 8장에서 살펴보도록 하겠다.

• language 속성

language 속성은 현재 JSP 페이지에서 사용하는 서버 사이드 스크립트 언어를 지정하는 속성이다. 일반적으로 기본값인 'java'를 그대로 사용하므로 생략하는 경우가 많다.

```
<%@ page language="java" %>
```

• extends 속성

extends 속성은 JSP 파일이 서블릿으로 변환될 때 상속받을 부모 클래스를 지정하는 속성이다. 이 속성은 JSP를 서블릿으로 변환할 웹 컨테이너에서 자체적으로 상속을 처리하므로 사실상 우리가 직접 작성하지 않는 속성이다.

```
<%@ page language="javax.servlet.jsp.HttpJspBase" %>
```

• isThreadSafe 속성

JSP는 확장 CGI로도 불리는 애플리케이션 서버 방식으로 작동한다. 이는 사용자의 요청에 대한 프로그램 수행을 여러 개의 프로세스를 생성하여 처리하는 것이 아니라 멀티 스레드를 이용하여 처리한다는 내용을 1장에서 다루었다. 매우 드문 경우지만 멀티 스레드 이용 시 하나의 데이터에 여러 요청들이 동시에 접근했을 때 데이터 값이 본래 의도하던 값과는 다른 값으로 변경될 수 있다. 따라서 멀티 스레드를 이용했을 때 정확한 데이터의 보장이 되지 않는 경우 JSP 페이지가 멀티 스레드를 사용할 때 안전하지 않다는 의미로 isThreadSafe 속성값에 'false'를 설정하면 해당 페이지는 JSP 파일 실행이 완전히 종료되기 전까지 다른 스레드는 작업을 기다리게 된다. 그러나 이러한 경우는 드문 경우이므로 대부분 기본값인 "true"를 사용하므로 생략한다.

```
<%@ page isThreadSafe="true" %>
```

(2) include 지시자

include 지시자는 현재 JSP 페이지에 JSP 파일 혹은 HTML 파일을 포함시켜주는 지시자이다. 주로 페이지마다 자주 사용되는 공통 부분을 파일로 만들어 삽입시켜 줄 때 사용한다. page 지시자와는 달리 특정 파일이 삽입되길 원하는 곳에 자유롭게 배치할 수 있다.

```
<%@ include file="include.jsp" %>
```

또한 include된 파일의 내용은 현재 JSP 페이지에 모두 포함되므로 include를 통해 현재 JSP 페이지에 몇 개의 파일이 포함되어 있더라도 최종적으로 변환되어 생성되는 서블릿 파일은 하나뿐임을 기억하도록 하자.

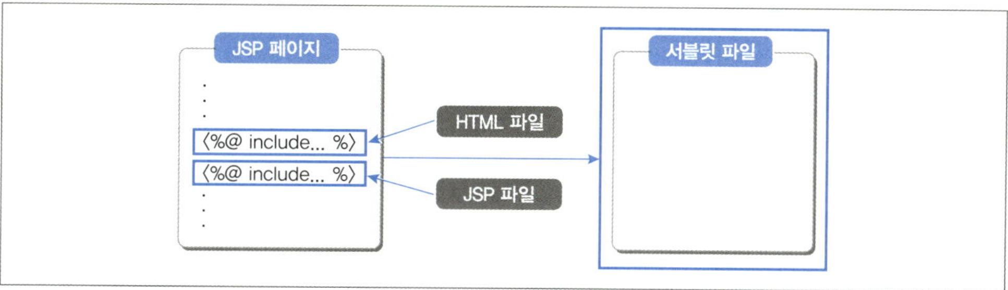

▲ include 속성 사용의 진행 과정

이제 include 지시자를 사용하여 JSP 페이지와 HTML 페이지를 동시에 포함시키는 JSP 페이지를 작성해보도록 하자. 아래 include.jsp 페이지는 includedHTML.html HTML 페이지와 includedJSP.jsp JSP 페이지를 include 지시자를 사용하여 포함할 것이다.

SOURCE CODE : include.jsp

```
<%@ page language="java" contentType="text/html; charset=utf-8" %>
<html>
    <head>
        <title>include 속성 예제</title>
    </head>
    <body>
        <%@ include file="includedHTML.html" %>
        <h1>Hello! include!</h1>
        <%@ include file="includedJSP.jsp" %>
    </body>
</html>
```

다음으로 include 지시자를 사용해 포함될 HTML 페이지와 JSP 페이지는 각각 다음과 같다.

SOURCE CODE : includedHTML.html

```
<html>
    <head>
    </head>
    <body>
        <h1>Hello! includedHTML!</h1>
    </body>
</html>
```

SOURCE CODE : includedJSP.jsp

```
<%@ page language="java" contentType="text/html; charset=utf-8" %>
<html>
    <head>
    </head>
    <body>
        <h1> Hello! includedJSP!</h1>
    </body>
</html>
```

include.jsp 페이지를 호출해보도록 하자. include를 통해 포함된 includedHTML.html과 includedJSP.jsp 페이지에 작성된 내용이 함께 출력됨을 확인할 수 있다.

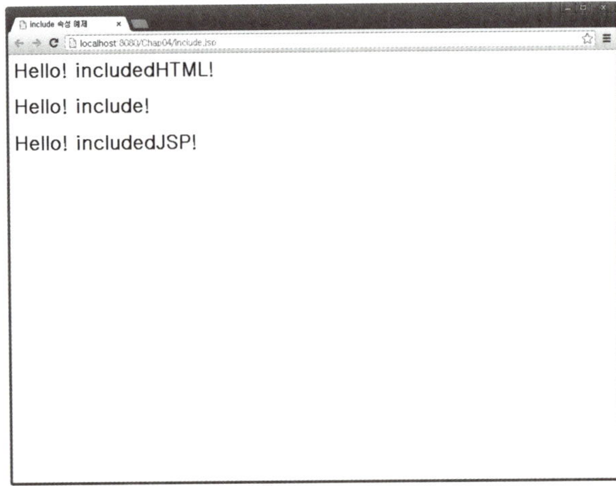

(3) taglib 지시자

taglib 지시자는 기본적인 JSP 문법 요소들과 HTML 태그 외 사용자 정의 태그(Custom Tag)나 JSTL(JSP Standard Tag Library)과 같은 외부 태그 라이브러리를 사용할 때 필요한 태그 라이브러리 식별자와 접두어를 지정하는 기능을 담당한다. uri 속성을 통해 사용할 태그 라이브러리의 정의가 들어있는 TLD(Tag Library Descriptor) 파일의 경로를 지정하고, prefix 속성을 이용하여 해당 태그 사용을 구분할 접두어를 지정한다.

```
<%@ taglib uri="http:\\taglib.com\taglibURI" prefix="taglibPrefix" %>
```

taglib 지시자를 사용해 JSP 페이지에서 사용할 외부 태그 라이브러리를 설정해두면 prefix로 지정된 접두사를 이용해 태그를 사용할 수 있게 된다.

```
<taglibPrefix: Tag Attibute1="value1" Attribute2="value2" ...>
    ...
<\taglibPrefix: Tag>
```

태그 라이브러리의 사용법에 대해서는 이후 커스텀 태그 및 JSP에서 사용되는 대표적인 태그 라이브러리인 JSTL을 12장 및 13장에서 설명하도록 하겠다.

2.4 JSP의 스크립팅 요소(Scripting Elements)

스크립팅 요소는 JSP 페이지 작성 시 자바 요소를 사용하기 위한 문법으로, 스크립틀릿(Scriptlet), 표현식(Expression), 선언문(Declaration), JSP 주석으로 이루어진다. 여기서는 앞서 설명한 주석을 제외한 스크립팅 요소들에 대해 알아보도록 하겠다.

(1) 스크립틀릿(Scriptlet)

스크립틀릿은 JSP 내에 자바 코드를 직접 삽입해야 할 때 사용되는 일종의 코드블록이다. 스크립틀릿은 다음과 같은 형식으로 사용할 수 있다.

```
<% 자바 문장1; %>

<%
    자바 문장2;
    자바 문장3;
    자바 문장4;
%>
```

스크립틀릿의 사용법은 간단히 <% %> 사이에 자바 코드를 그대로 사용하면 된다. 자바 문법을 그대로 사용하기 때문에 ";"으로 문장을 종료시켜야 한다. Hello World 문자열을 출력하는 기능을 스크립틀릿을 이용하여 작성한다면 아래와 같이 서블릿에서 사용하는 것과 동일하게 자바 코드를 작성하면 된다.

SOURCE CODE : scriptletHello.jsp

```
<%@ page language="java" contentType="text/html; charset=utf-8" %>
<html>
    <head>
        <title>Scriptlet 예제</title>
    </head>
    <body>
        <%
            String hello = "Hello!";
            String world = "World!";
            out.print(hello + " " + world);
        %>
    </body>
</html>
```

scriptletHello.jsp 페이지를 실행하면 아래와 같이 스크립틀릿 내 선언한 String 변수들의 값을 출력함을 확인할 수 있다.

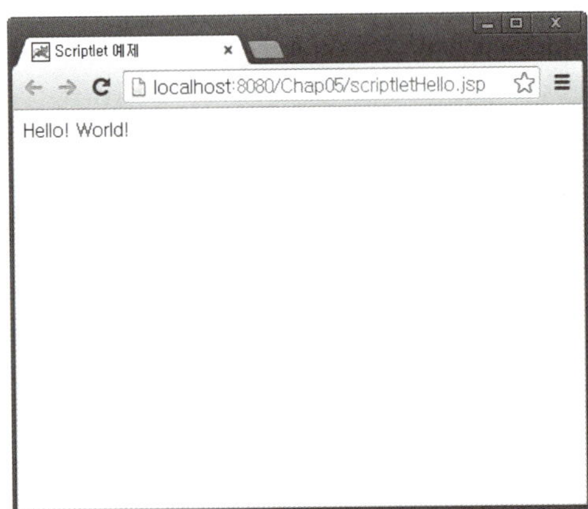

스크립틀릿에 사용한 자바 코드는 JSP 페이지에서 변환된 서블릿 파일 내 앞서 생명주기를 설명하며 언급했던 _jspService( ) 메서드에 위치하게 된다. 그럼 변환된 서블릿 형태의 파일을 살펴보자. 다음 코드는 변환된 파일 내 코드 중 _jspService( ) 메서드 내 스크립틀릿으로 작성한 자바 코드가 삽입된 부분만을 발췌하였다.

SOURCE CODE : scriptletHello_jsp.java

```
<중략>

public final class scriptletHello_jsp extends org.apache.jasper.runtime.
HttpJspBase
  implements org.apache.jasper.runtime.JspSourceDependent {

<중략>

 public void _jspService(final javax.servlet.http.HttpServletRequest
 request, final javax.servlet.http.HttpServletResponse response)
    throws java.io.IOException, javax.servlet.ServletException {

<중략>

   out.write("₩r₩n");
   out.write("<html>₩r₩n");
   out.write("₩t<head>₩r₩n");
   out.write("₩t₩t<title>Scriptlet 예제</title>₩r₩n");
   out.write("₩t</head>₩r₩n");
   out.write("₩t<body>₩r₩n");
   out.write("₩t₩t");

          String hello = "Hello!";
          String world = "World!";
          out.print(hello + " " + world);

   out.write("₩t₩t₩t₩r₩n");
   out.write("₩t</body>₩r₩n");
   out.write("</html>");

<중략>
 }
}
```

위에서 변환된 서블릿 파일을 통해 확인할 수 있듯이 스크립틀릿에 사용된 자바 코드는 모두 서블릿 내 _jspService( ) 메서드 안에 그대로 삽입된다. 여기서 주의 깊게 봐야 할 것은 JSP 페이지 내 HTML 태그도 서블릿으로 변환되면서 자바 코드로 HTML을 표현하도록 out.write( )를 사용하고 있다는 것이다. 따라서 스크립틀릿을 사용하면 다음과 같이 자바의 반복문이나 조건문을 사용하여 HTML 태그 부분을 동적으로 생성시킬 수 있다.

만약 자바의 조건문 혹은 반복문 사이에 HTML 태그가 삽입되어야 할 경우 스크립틀릿을 아래와 같이 반복하여 명시해야 한다.

```
<% if ( 조건식 ) {
  자바 코드
%>
  <HTML 태그>
<%
}
%>

<% for (반복식) {
  자바 코드
%>
  <HTML 태그>
<%
}
%>
```

아래는 if문과 for문을 사용하여 String 변수에 저장된 문자열을 조건에 따라 HTML 태그의 내용을 변경하며 반복 출력하는 예제이다. 스크립틀릿 상단에 작성된 request.getParameter("num") 문장은 scriptletControlStatement.jsp 페이지를 호출할 때 num이라고 명명되어 전달된 파라미터의 값을 사용한다는 의미이며 이렇게 전달된 파라미터는 String 타입의 문자열이므로 Integer의 parseInt 메서드를 사용하여 문자열을 정수로 형 변환하여 사용하고 있다. request는 JSP 페이지 호출 시 요청 정보를 담고 있는 내장객체이며 이는 다음 장에서 자세히 살펴보기로 한다.

SOURCE CODE : scriptletControlStatement.jsp

```
<%@ page language="java" contentType="text/html; charset=utf-8" %>
<html>
    <head>
        <title>제어문을 사용한 Scriptlet 예제</title>
    </head>
    <body>
        <%
            int num = Integer.parseInt(request.getParameter("num"));
            String hello = "Hello!";
            String world = "World!";
```

```
            for (int i=1 ; i<=num ; i++){

                out.print("<h" + i + ">" + hello + " " + world + "</h" + i + ">");
                if ( i == num ){
        %>
                    <h1>스크립틀릿 내 for문의 마지막 수행입니다.</h1>
        <%
                } else {
        %>
                    <h1>스크립틀릿 내 for문 수행중입니다.</h1>
        <%
                }
            }
        %>
    </body>
</html>
```

이제 scriptletControlStatement.jsp 페이지를 호출하도록 하자. 반복 및 조건문 수행에 필요한 num 값을 GET 방식으로 5로 할당하여 페이지를 호출한다.

```
http://localhost:8080/Chap05/scriptletControlStatement.jsp?num=5
```

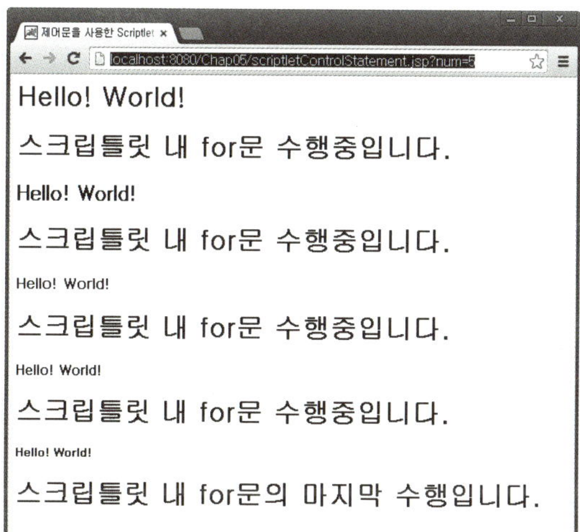

반복문 수행 시 out.print("〈h" + i + "〉" + hello + " " + world + "〈/h" + i + "〉"); 부분에서 i의 값이 HTML 태그 작성에도 영향을 주어 〈h1〉, 〈h2〉 순으로 작성되어 매번 출력

되는 Hello! World! 문자열의 크기가 달라진다. 스크립틀릿에 작성된 자바 코드는 서블릿 형태의 파일 변환 시 위에 작성된 그대로 작성된다. 아래는 JSP 페이지를 호출하여 출력된 HTML 페이지의 '소스 보기' 기능을 이용한 코드이다.

SOURCE CODE : scriptletControlStatement.jsp 소스 보기

```
<html>
    <head>
        <title>제어문을 사용한 Scriptlet 예제</title>
    </head>
    <body>
        <h1>Hello! World!</h1>
                    <h1>스크립틀릿 내 for문 수행중입니다.</h1>
        <h2>Hello! World!</h2>
                    <h1>스크립틀릿 내 for문 수행중입니다.</h1>
        <h3>Hello! World!</h3>
                    <h1>스크립틀릿 내 for문 수행중입니다.</h1>
        <h4>Hello! World!</h4>
                    <h1>스크립틀릿 내 for문 수행중입니다.</h1>
        <h5>Hello! World!</h5>
                    <h1>스크립틀릿 내 for문의 마지막 수행입니다.</h1>
    </body>
</html>
```

scriptletControlStatement.jsp 페이지가 변환된 scriptletControlStatement_jsp.java 파일을 확인해보면 HTML 태그와 자바의 if 및 for문이 _jspService( ) 메서드 내에 작성되어 있을 것이다. 변환 구조를 확인해 보기 바란다.

위 결과를 통해 JSP 페이지 내 스크립틀릿을 이용한 조건문과 반복문 사용 시 HTML 태그와 자바 문장이 모두 통합되어 변환되므로 최종적으로 HTML 태그를 출력하기 위한 구문이 반복문이나 조건문과 같은 제어문 블록 안에 들어가게 되어 동적인 웹 페이지 출력이 가능해짐을 알 수 있다.

스크립틀릿은 HTML, 자바스크립트, CSS 등의 웹 페이지에 필요한 여러 가지 기술들과 혼용하여 사용 가능하므로 그 활용도가 넓다. JSP 페이지는 결국 서블릿 형태의 파일로 변환되어 실행되므로 JSP 페이지 내 모든 요소들이 완전한 자바 파일로 가공됨을 기억하자.

(2) 표현식(Expression)

표현식은 현재 JSP 페이지 내에서 불러올 수 있는 변수의 값, 수식의 결과, 메서드의 리턴값 등의 데이터 출력을 간단히 구현하기 위해 사용하는 문법으로 스크립틀릿과는 달리 문장 끝에 ';'을 붙이지 않으며 사용 방법은 아래와 같다.

```
<%= 변수 %>
<%= 수식 %>
<%= 리턴값을 가지는 메서드 %>
```

표현식은 JSP 페이지 내에서 위에서 보았던 방식을 그대로 사용하며 먼저 저장된 변수의 값을 출력하는 예제를 작성해보도록 하자.

SOURCE CODE : expressionHello.jsp

```
<%@ page language="java" contentType="text/html; charset=utf-8" %>
<html>
    <head>
        <title>expression 예제</title>
    </head>
    <body>
        <%
            String hello = "Hello!";
            String world = "World!";
        %>
        <%=hello%> <%=world%>
    </body>
</html>
```

expressionHello.jsp 페이지를 호출한 결과는 아래와 같다. 스크립틀릿을 이용하여 out.print 혹은 out.write 사용보다 간편히 데이터를 출력할 수 있다.

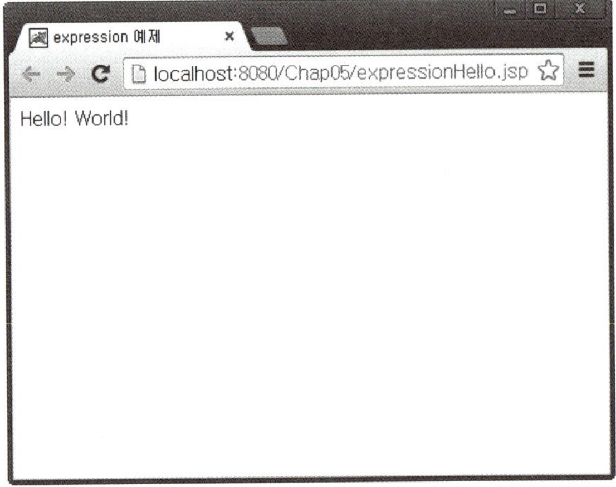

이렇게 표현식을 사용한 부분은 서블릿 형태의 파일로 변환되면서 다음과 같이 가공된다.

SOURCE CODE : expressionHello_jsp.java

```
<중략>

public final class expressionHello_jsp extends org.apache.jasper.runtime.
HttpJspBase
   implements org.apache.jasper.runtime.JspSourceDependent {
<중략>

  public void _jspService(final javax.servlet.http.HttpServletRequest
  request, final javax.servlet.http.HttpServletResponse response)
      throws java.io.IOException, javax.servlet.ServletException {
<중략>

     out.write("₩r₩n");
     out.write("<html>₩r₩n");
     out.write("₩t<head>₩r₩n");
     out.write("₩t₩t<title>expression 예제</title>₩r₩n");
     out.write("₩t</head>₩r₩n");
     out.write("₩t<body>₩r₩n");
     out.write("₩t₩t");

                String hello = "Hello!";
                String world = "World!";

     out.write("₩r₩n");

                String hello = "Hello!";
                String world = "World!";
```

```
        out.write("₩r₩n");
        out.write("₩t₩t");
        out.print(hello);
        out.write(' ');
        out.print(world);
        out.write("₩r₩n");
        out.write("₩t</body>₩r₩n");
        out.write("</html>");
<중략>
  }
}
```

위 변환된 코드에서 알 수 있듯이 표현식을 통해 출력될 변수는 서블릿에서 out.print( )로 변환되어 출력된다. 표현식은 스크립틀릿으로 일일이 표현하기에는 번거롭고 데이터의 표현이 간단한 편이라면 스크립틀릿으로 출력해주는 방식보다 빠르고 간편하게 사용할 수 있다. 또한 표현식에 들어가는 내용들은 위에서 본 바와 같이 print( ) 메서드에 바로 삽입되어 서블릿으로 변환되므로 표현식으로 출력하는 내용은 스크립틀릿을 통해서도 출력이 가능하다.

이번에는 JSP 페이지 호출 시 지정한 파라미터의 값과 메서드 호출을 통해 반환된 결과값을 수치 연산을 적용하여 출력하는 예제를 제작해보도록 하자. 아래 expressionMethod.jsp에서는 Date 클래스를 통해 현재 날짜 및 시간 데이터를 얻은 후 SimpleDateFormat 클래스의 format 메서드를 사용하여 현재 연도를 리턴 받은 후 정수형으로 지정한 5를 더하여 현재 연도에 5년 후의 연도를 구하는 예제이다.

SOURCE CODE : expressionMethod.jsp

```
<%@ page language="java" contentType="text/html; charset=utf-8" %>
<%@ page import = "java.text.SimpleDateFormat" %>
<%@ page import = "java.util.Date" %>

<%
   Date today = new Date();
   SimpleDateFormat date = new SimpleDateFormat("yyyy");
   int num = 5;
   %>
<h3>현재 연도는 <%= date.format(today) %> 입니다. <br/>
   <%=num %>년 후의 연도는 <%= num + Integer.parseInt(date.format(today)) %> 년 입니다.
</h3>
```

format 메서드를 통해 반환되는 연도는 String 문자열 타입이므로 Integer.parseInt 메서드를 사용하여 정수형으로 형 변환 후 num 변수와 더해주었다. expressionMethod.jsp 페이지의 결과는 아래와 같다.

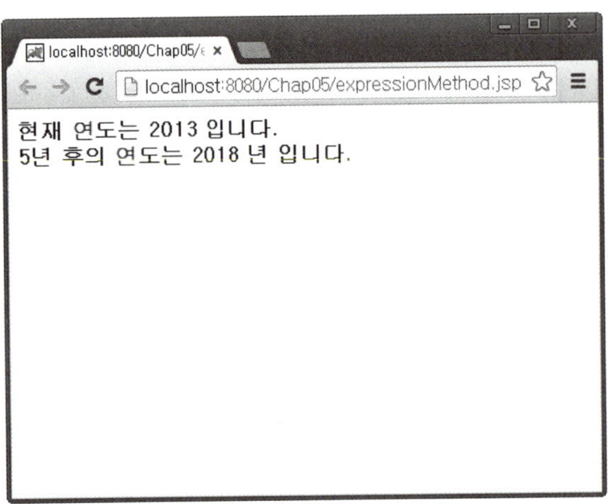

위와 같이 표현식을 이용하면 데이터의 출력과 메서드의 실행 결과값을 간단히 출력해줄 수 있으므로 유용하게 사용할 수 있다.

(3) 선언문(Declaration)

선언문은 JSP 페이지 내에서 사용할 클래스 변수, 인스턴스 변수와 같은 멤버 변수와 멤버 메서드를 선언할 때 사용된다. 선언문에서 사용된 자바 코드들 역시 서블릿 변환 시 함께 삽입되며 스크립틀릿과는 달리 선언문에 작성된 코드는 _jspService( ) 메서드 내에 삽입되지 않고 서블릿 클래스 바로 아래에 작성된다. 선언문은 다음과 같이 사용할 수 있다.

```
<%!
    변수 선언;
    메서드 선언 (파라미터 목록) {
        자바 코드
    }
%>
```

이제 선언문을 사용하는 예제를 작성해보도록 하자. 〈%! ~ %〉 선언문을 통해 String 변수 hello와 world에 각각 문자열을 할당하고 정수 두 개를 입력받아 두 개의 합을 리턴하는 add 메서드를 작성한 후 스크립틀릿과 표현식을 통해 반복 출력할 것이다.

SOURCE CODE : declarationHello.jsp

```
<%@ page language="java" contentType="text/html; charset=utf-8" %>

<%!
    String hello = "Hello!";
    String world = "World!";

    public int add (int a, int b){
        return a+b;
    }
%>

<html>
    <head>
        <title>Declaration 예제</title>
    </head>
    <body>
        <% int num = add(2, 3); %>
        <%=num%>번 반복합니다. <br/>
        <%
            for (int i=1 ; i<=num ; i++){
        %>
            <%=hello%> <%=world%> <br/>
        <%
            }
        %>
    </body>
</html>
```

declarationHello.jsp 페이지를 호출한 결과값은 다음과 같다. 〈body〉 태그 내 스크립틀릿에서 정수형 num에 add 메서드를 호출한 리턴값을 할당한다. 선언문에 정의된 메서드는 서블릿 클래스 변환 시 멤버 메서드로 작성되므로 _jspService( ) 메서드 내에 들어갈 스크립틀릿에서도 바로 사용이 가능하다.

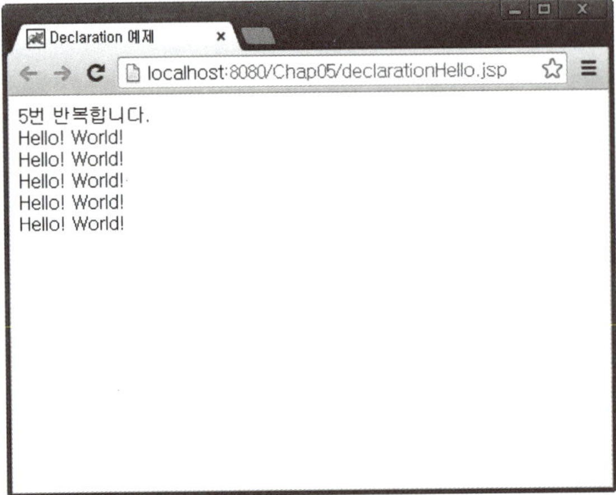

선언문을 사용한 JSP 페이지가 변환된 클래스 파일을 살펴보도록 하자. 앞서 언급한 대로 선언문에 작성한 자바 코드는 클래스 영역의 변수들과 메서드 작성에 사용되므로 _jspService() 메서드 내에 위치하지 않고 클래스의 멤버로서 작성됨을 확인할 수 있다.

SOURCE CODE : declarationHello_jsp.java

```
package org.apache.jsp;

import javax.servlet.*;
import javax.servlet.http.*;
import javax.servlet.jsp.*;

public final class declarationHello_jsp extends org.apache.jasper.runtime.
HttpJspBase
   implements org.apache.jasper.runtime.JspSourceDependent {


     String hello = "Hello!";
     String world = "World!";

     public int add (int a, int b){
          return a+b;
     }

 <중략>

  public void _jspService(final javax.servlet.http.HttpServletRequest
  request, final javax.servlet.http.HttpServletResponse response)
```

```
    throws java.io.IOException, javax.servlet.ServletException {

<중략>
  }
}
```

지금까지 JSP 기본 문법에 대해 알아보았다. 작성한 JSP 페이지가 어떻게 동작하고 어떻게 서블릿 클래스 형태의 파일로 변환되는지 살펴보는 것은 지루한 작업일 수 있다. 그러나 JSP 페이지는 서블릿 기술을 기반으로 한 웹 프로그래밍 언어이므로 스크립팅 요소에 사용된 자바 코드들이 서블릿으로 변환될 때 어떻게 가공되는지를 고려하여 사용해야 원하는 올바른 기능을 수행한다는 것을 기억해두길 바란다.

Level Up! Coding

01 스크립틀릿 내 반복문을 사용하여 그림과 같이 구구단을 출력해 보자.

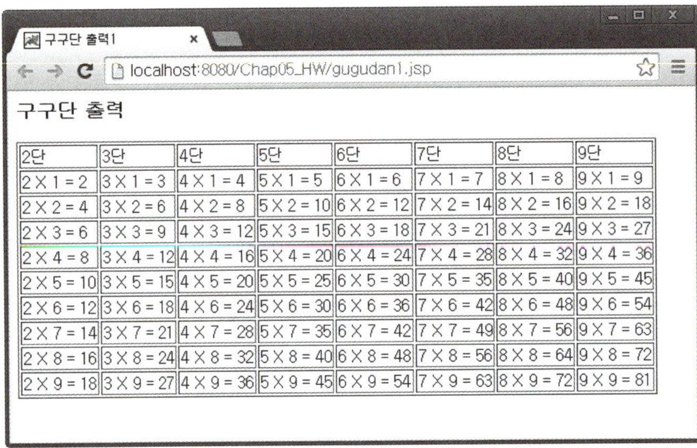

2단	3단	4단	5단	6단	7단	8단	9단
2 X 1 = 2	3 X 1 = 3	4 X 1 = 4	5 X 1 = 5	6 X 1 = 6	7 X 1 = 7	8 X 1 = 8	9 X 1 = 9
2 X 2 = 4	3 X 2 = 6	4 X 2 = 8	5 X 2 = 10	6 X 2 = 12	7 X 2 = 14	8 X 2 = 16	9 X 2 = 18
2 X 3 = 6	3 X 3 = 9	4 X 3 = 12	5 X 3 = 15	6 X 3 = 18	7 X 3 = 21	8 X 3 = 24	9 X 3 = 27
2 X 4 = 8	3 X 4 = 12	4 X 4 = 16	5 X 4 = 20	6 X 4 = 24	7 X 4 = 28	8 X 4 = 32	9 X 4 = 36
2 X 5 = 10	3 X 5 = 15	4 X 5 = 20	5 X 5 = 25	6 X 5 = 30	7 X 5 = 35	8 X 5 = 40	9 X 5 = 45
2 X 6 = 12	3 X 6 = 18	4 X 6 = 24	5 X 6 = 30	6 X 6 = 36	7 X 6 = 42	8 X 6 = 48	9 X 6 = 54
2 X 7 = 14	3 X 7 = 21	4 X 7 = 28	5 X 7 = 35	6 X 7 = 42	7 X 7 = 49	8 X 7 = 56	9 X 7 = 63
2 X 8 = 16	3 X 8 = 24	4 X 8 = 32	5 X 8 = 40	6 X 8 = 48	7 X 8 = 56	8 X 8 = 64	9 X 8 = 72
2 X 9 = 18	3 X 9 = 27	4 X 9 = 36	5 X 9 = 45	6 X 9 = 54	7 X 9 = 63	8 X 9 = 72	9 X 9 = 81

02 1~10까지의 숫자의 홀수, 짝수 여부를 스크립틀릿 내 반복문 및 조건문을 사용하여 그림과 같이 출력해 보자.

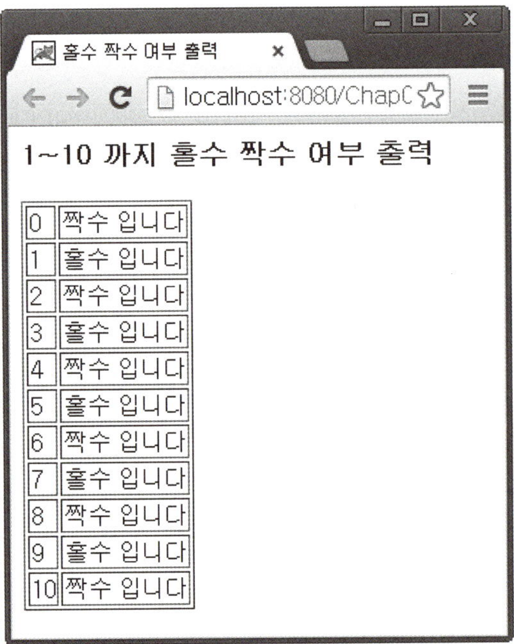

0	짝수 입니다
1	홀수 입니다
2	짝수 입니다
3	홀수 입니다
4	짝수 입니다
5	홀수 입니다
6	짝수 입니다
7	홀수 입니다
8	짝수 입니다
9	홀수 입니다
10	짝수 입니다

03 한 개의 JSP 페이지 내 정수형 변수 num1과 num2 두 개를 선언하고 두 개의 정수를 더한 결과값을 반환하는 메서드, 뺀 값을 반환하는 메서드, 곱한 값을 반환하는 메서드, 나눈 값을 반환하는 메서드, 나머지 연산 결과를 반환하는 메서드를 제작한다. 이후 선언한 두 개의 변수를 입력 파라미터로 하여 각각의 메서드를 사용한 결과를 다음과 같이 출력해 보자.

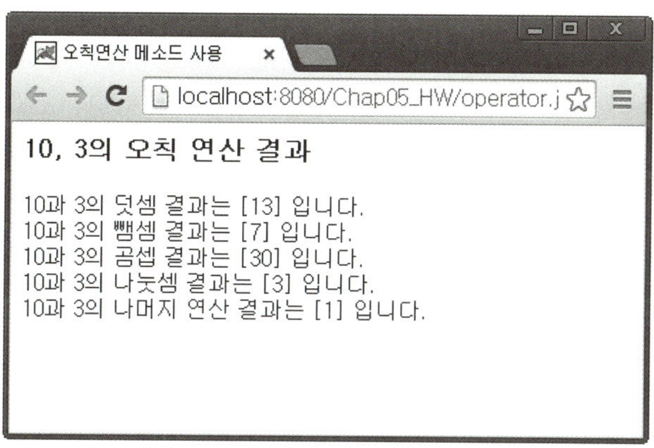

04 java.textSimpleDateformat 클래스 및 java.util.Data 클래스를 사용하여 다음과 같이 현재 날짜와 시간을 출력해 보자.

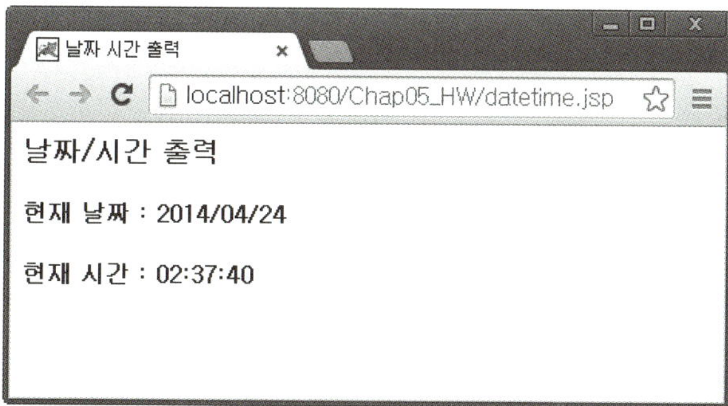

06 CHAPTER

JSP의 내장객체

JSP 페이지에서는 제작 상의 편의를 위해 자주 구현되는 기능들을 프로그래머가 직접 선언하거나 생성하지 않고도 사용 가능한 몇 개의 객체를 제공하는데 이들을 내장객체라 한다. 이번 장에서는 내장객체의 사용 원리와 함께 각각의 사용 방법에 대해 알아보자.

01 | 내장객체의 개요

내장객체 사용에 앞서 내장객체의 의미와 동작 원리에 대해 알아보도록 하자. 이는 JSP 페이지에서 서블릿으로 변환되는 과정에 대한 이해가 수반되어야 하므로 4장의 내용이 아직 명확하게 숙지되어 있지 않은 상태라면 다시 한 번 확인한 후 이 장의 내용을 학습하길 바란다.

1.1 내장객체의 종류

내장객체는 JSP 페이지 작성 시 자주 사용되는 기능들을 구현하기 위해 제공되며, 선언 없이 내장객체 변수명을 통해 바로 사용할 수 있다. 내장객체의 종류와 역할은 아래와 같다.

내장객체 변수명	타입	역할
request	javax.servlet.ServletRequest javax.servlet.http.HttpRequest	웹 클라이언트의 요청 정보를 저장
response	javax.servlet.ServletResponse javax.servlet.http.HttpServletResponse	웹 클라이언트의 요청 정보를 처리하는 응답 정보를 저장
pageContext	javax.servlet.jsp.PageContext	페이지 실행에 필요한 정보를 저장, forward 및 include 기능 실행 시 사용
out	javax.servlet.jsp.Jsp.JspWriter	JSP 페이지로부터 생성된 결과 출력 시 사용되는 출력 스트림
application	javax.servlet.ServletContext	웹 서버 내 동일 애플리케이션 처리 정보를 저장

config	javax.servlet.ServletConfig	현재 JSP 페이지에 대한 서블릿 설정 정보를 저장
page	java.lang.Object	현재 JSP 페이지의 서블릿 객체, 즉 현재 페이지에 대한 참조 변수
exception	java.lang.Throwable	예외 처리 객체
session	javax.servlet.http.HttpSession	클라이언트에 대한 HTTP 세션 정보를 저장

우리는 앞서 이미 내장객체를 사용해본 적이 있다. 응답 HTML 페이지 출력 시 사용한 out.print( )의 out 객체가 바로 내장객체이다. 그러나 우리는 어떤 JSP 페이지에서도 out이라는 객체를 생성하거나 선언한 적이 없었다는 점을 상기하자. 이러한 out과 같은 내장객체들을 선언 없이 사용할 수 있는 것은 JSP 페이지가 서블릿 형태의 클래스로 변환될 때 자동으로 생성되기 때문이다.

1.2 내장객체의 동작

JSP의 내장객체는 서블릿으로 변환되면서 미리 정해진 이름으로 선언되거나 파라미터 형식으로 전달받기로 약속되어 있다. 앞서 살펴보았던 Hello World 예제 중 _jspSerivce( ) 메서드 부분을 살펴보도록 하자.

SOURCE CODE : HelloWorld_jsp.java 내 _jspService( ) 메서드

```
public void _jspService(final javax.servlet.http.HttpServletRequest
request, final javax.servlet.http.HttpServletResponse response)
    throws java.io.IOException, javax.servlet.ServletException {

 final javax.servlet.jsp.PageContext pageContext;
 javax.servlet.http.HttpSession session = null;
 final javax.servlet.ServletContext application;
 final javax.servlet.ServletConfig config;
 javax.servlet.jsp.JspWriter out = null;
 final java.lang.Object page = this;
 javax.servlet.jsp.JspWriter _jspx_out = null;
 javax.servlet.jsp.PageContext _jspx_page_context = null;


 try {
  response.setContentType("text/html; charset=UTF-8");
  pageContext = _jspxFactory.getPageContext(this, request, response,
          null, true, 8192, true);
```

```
        _jspx_page_context = pageContext;
        application = pageContext.getServletContext();
        config = pageContext.getServletConfig();
        session = pageContext.getSession();
        out = pageContext.getOut();
        _jspx_out = out;

    [중략 : 이후 HTML 태그를 사용하기 위해 out.write() 메서드가 사용된다.]
    }
```

위 변환된 파일의 코드를 통해 알 수 있듯이 서블릿 변환 시 자동으로 작성되는 _jspService( ) 메서드는 request와 response를 입력 파라미터 변수로 사용하고 앞서 보았던 나머지 내장객체들도 _jspService( ) 메서드에서 선언과 초기화를 해주고 있음을 확인할 수 있다. 따라서 _jspService( ) 메서드에서 선언되는 내장객체는 _jspService( )가 로딩되기 전 멤버 변수와 멤버 메서드를 정의하는 선언문(Declaration)에서는 사용할 수 없다.

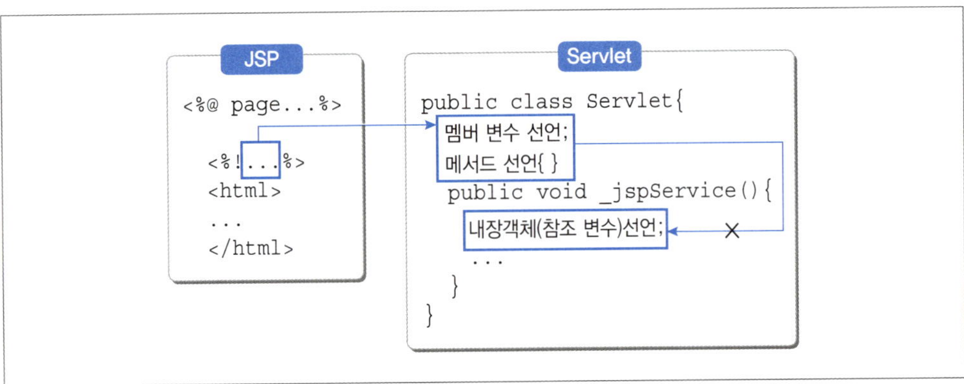

▲ 선언문 내에서는 내장객체 접근 불가능

JSP 페이지에서 직접 선언하지 않고도 내장객체 사용이 가능한 것은 앞서 살펴본 대로 JSP 페이지가 서블릿 형태의 클래스로 변환되면서 자동으로 약속된 참조 변수명으로 _jspService( ) 메서드 내에서 선언해주기 때문이다.

02 | 내장객체 활용

이제 JSP 페이지에서 제공하는 여러 내장객체들의 사용 방법을 알아보자. 내장객체가 서블릿 형태의 클래스로 변환 시 자동 선언되어 바로 사용할 수 있도록 한 것은 JSP 페이지 구현에 있어 핵심적인 역할을 할 뿐만 아니라 사용 빈도도 무척 높기 때문이다. 따라서 각 내장객체의 용도와 사용법의 학습은 올바른 JSP 페이지 구현에 중요한 디딤돌이 되므로 주의 깊게 학습하길 바란다.

2.1 request 객체

동적 웹 서비스 내에서 웹 클라이언트가 웹 브라우저를 통해 웹 서버에게 요청을 보낼 때 웹 브라우저에서는 웹 클라이언트의 요청과 관련된 여러 데이터들을 HTTP 요청 메시지 형태로 구성하여 웹 서버에 전송하게 된다. 웹 서버는 전송받은 HTTP 요청 메시지를 분석한 후 요청 처리의 대상이 서블릿이나 JSP일 경우 요청에 대한 처리를 웹 컨테이너에게 일임한다. 웹 컨테이너는 웹 서버에게 넘겨받은 HTTP 요청 메시지를 통해 요청에 대한 일련의 정보들을 HttpServletRequest 타입의 객체에 담아 요청 처리 대상 서블릿 인스턴스에 파라미터 형태로 전달한다. JSP 페이지 역시 요청 수행 전에 서블릿으로 변환한 후 인스턴스화되므로 최종적인 처리 과정은 동일하다.

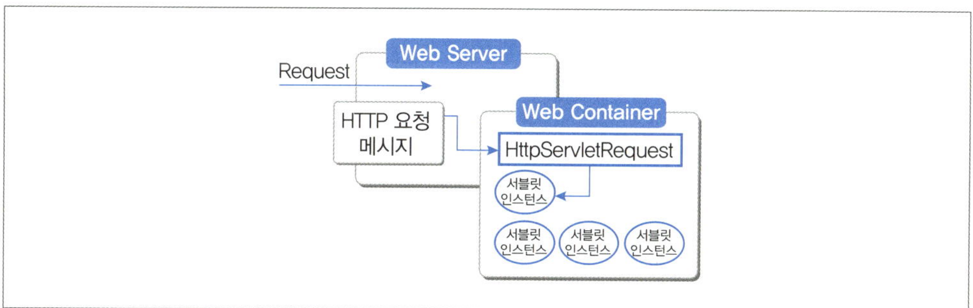

▲ request 내장객체의 생성

JSP 페이지의 내장객체인 request의 타입도 서블릿과 동일한 javax.servlet.http.HttpServletRequest이므로 사용 방법은 동일하다. JSP 페이지의 request 내장객체는 서블릿 클래스에서 프로그래머가 재정의해야 했던 doGet과 doPost 메서드의 첫 번째 파라미터와 동일한 역할을 하며 주로 HTML 폼이나 HTTP 요청 메시지에 담긴 헤더 정보와 웹 클라이언트, 웹 서버 관련 정보를 가져올 때 사용한다.

(1) 요청 전송 정보

웹 클라이언트가 웹 브라우저를 통해 웹 서버에 요청을 전송하기 위해서는 HTTP 요청 메시지에 여러 가지 정보가 필요하며 이러한 정보들을 JSP 페이지에서 request 내장객체를 통해 확인할 수 있다. 아래는 request 내장객체가 HTTP 요청 메시지의 정보들을 확인하기 위해 제공하는 메서드들이다.

메서드	리턴 타입	설명
getHeaderNames( )	Enumeration	HTTP 요청 메시지 헤더에 저장된 모든 헤더 이름을 Enumeration 객체로 리턴
getHeader(String name)	String	HTTP 요청 메시지 헤더에 헤더 이름이 name인 요소가 가진 값을 리턴. 해당 헤더 이름이 존재하지 않을 경우 null 리턴
getHeaders(String name)	Enumeration	HTTP 요청 메시지 헤더에 헤더 이름이 name인 요소가 가진 값들을 Enumeration 객체로 리턴
getProtocol( )	String	요청에 사용된 프로토콜 리턴
getMethod( )	String	요청 방식(Get/Post)을 리턴
getContextPath( )	String	현재 JSP 페이지의 경로를 리턴
getRequestURI( )	String	요청 웹 클라이언트 URL의 도메인 이름과 쿼리스트링을 제외한 주소를 리턴
getRequestURL( )	StringBuffer	요청 웹 클라이언트 URL을 StringBuffer로 리턴
getQueryString( )	String	파라미터와 파라미터에 지정된 값을 포함한 요청 쿼리스트링을 리턴
getRemoteHost( )	String	요청 웹 클라이언트의 호스트명을 리턴
getRemoteAddr( )	String	요청 웹 클라이언트의 IP주소를 리턴
getServerName( )	String	요청 받은 웹 서버의 도메인 이름 리턴
getServerPort( )	int	요청 받은 웹 서버의 포트 번호 리턴

이들 메서드를 사용하여 HTTP 요청 메시지 정보들을 출력해보자. HTTP 요청 메시지의 헤더 정보를 확인하고자 할 때는 getHeaderNames( ) 메서드를 사용할 수 있으며 Enumeration 타입의 객체를 생성하여 hasMoreElements( ) 메서드를 사용해 헤더에 지정된 헤더이름들을 불러온 후 헤더 이름에 저장된 헤더값을 getHeader( ) 메서드를 통해 출력한다.

SOURCE CODE : requestHttp.jsp

```
<%@ page language="java" contentType="text/html; charset=utf-8" %>
<%@ page import="java.util.*" %>

<html>
    <head>
        <title>request 내장객체를 이용한 요청 전송정보</title>
    </head>
    <body>

        요청 프로토콜 : <%= request.getProtocol() %> <br/>
        요청 방식 : <%= request.getMethod() %> <br/>
        현재 페이지 경로 : <%= request.getContextPath() %> <br/>
        웹 클라이언트 URI : <%= request.getRequestURI() %> <br/>
        웹 클라이언트 URL : <%= request.getRequestURL() %> <br/>
        웹 클라리언트 Query : <%= request.getQueryString() %> <br/>
        웹 클라이언트 호스트명 : <%= request.getRemoteHost() %> <br/>
        웹 클라이언트 IP 주소 : <%= request.getRemoteAddr() %> <br/>
        웹 서버 도메인 : <%= request.getServerName() %> <br/>
        웹 서버 포트 : <%= request.getServerPort() %> <br/>

        <hr/>
        <p>헤더 정보</p>

        <%
            Enumeration<String> header = request.getHeaderNames();

            while(header.hasMoreElements()){
                String name = (String)header.nextElement();
                String value = request.getHeader(name);
                out.print(name + " : " + value + "<br/>");
            }
        %>

    </body>
</html>
```

Enumeration이란?

Enumeration 인터페이스는 객체들의 집합(Vector)에서 여러 객체들을 하나씩 처리하는 메서드를 제공하는 컬렉션 타입이다. Enumeration 인터페이스에서는 저장된 객체 요소의 존재 여부에 따라 true나 false를 리턴하는 hasMoreElements( ) 메서드와 다음 객체 요소를 반환하기 위해 nextElement( ) 메서드를 제공하며 웹 서비스 구현 시 Enumeration 인터페이스는 앞의 예제와 같이 사용한다. Enumeration 인터페이스의 자세한 사용 방법은 Java API를 참조하길 바란다(http://docs.oracle.com/javase/7/docs/api/java/util/Enumeration.html).

requestHttp.jsp 페이지를 호출하면 아래와 같이 다양한 HTTP 요청 메시지의 정보들을 확인할 수 있다. 위에서 사용된 메서드들은 일반적으로 웹 서비스를 사용하는 사용자에게 직접 노출하는 경우는 흔치 않지만 웹 서비스 요청 정보를 통해 웹 서비스 관리 목적이나 헤더 정보에 따라 제공할 서비스를 구분하는 용도로 활용이 가능하다.

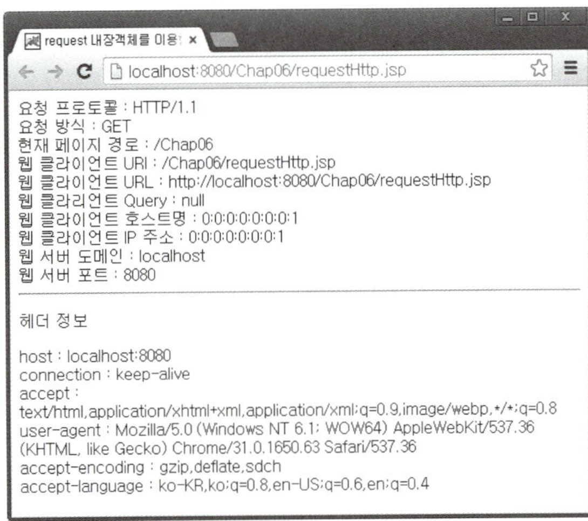

(2) 요청 파라미터 정보

회원가입 페이지나 게시판과 같은 대화형 웹 페이지는 HTTP 요청 메시지와 같이 요청 전송을 위한 기본 정보 외에 사용자가 직접 입력 혹은 선택한 여러 데이터의 값을 파라미터에 담아 전송하고 웹 서버에서는 전달된 파라미터를 사용자가 요청한 서비스를 수행하기 위한 데이터로 사용하게 된다. request 내장객체를 이용한 요청 파라미터 정보는 JSP 페이지 제작 시 필수적으로 사용되며 가장 빈번히 사용된다.

서블릿에서는 파라미터의 전달 방식인 Get 방식과 Post 방식에 따라 작성해야 하는 메서드가 달랐지만 JSP 페이지의 경우 Get 방식이나 Post 방식에 상관없이 파라미터의 값을 가져오는 방법은 동일하며 request 내장객체에서 요청 파라미터에 대한 정보를 가져와주는 메서드들은 다음과 같다.

메서드	리턴 타입	설명
getParameter(String name)	String	• 요청 시 name으로 지정된 파라미터의 값을 리턴 • 해당 파라미터 이름이 존재하지 않을 시에는 null 리턴
getParameterValues(String name)	String[ ]	• name으로 지정된 파라미터의 모든 값을 String배열 값으로 리턴 • 하나의 파라미터로 여러 개의 값을 가지는 checkbox와 같은 태그에 사용
getParameterNames( )	Enumeration	요청에 포함된 모든 파라미터의 이름을 Enumeration 객체로 리턴

그럼 이 메서드들을 사용하여 사용자에게 입력 데이터를 받아 request 내장객체에 담긴 해당 데이터 정보를 출력하는 JSP 페이지를 제작해보도록 하자. 우선 이름과 암호를 입력받고 성별 그리고 직업과 관심분야를 선택하여 전송할 수 있는 requestParam.html 페이지를 제작한다. 전송할 여러 데이터들은 각각 HTML 태그를 사용하고 있으며 〈form〉 태그를 통해 requestParam.jsp로 전달될 것이다.

SOURCE CODE : requestParam.html

```
<html>
  <head>
    <meta http-equiv="Content-Type" content="text/html;charset=utf-8">
    <title>파라미터 전달 HTML</title>
  </head>
  <body>
    <form action="requestParam.jsp" method="post">
      이름 : <input type="text" name="name"><br/>
      암호 : <input type="password" name="pwd"><br/>
      성별 : <input type="radio" name="gender" value="man">남자
             <input type="radio" name="gender" value="woman">여자<br/>
      직업 : <select name="job">
             <option>기타</option>
             <option>무직</option>
             <option>학생</option>
             <option>직장인</option>
             <option>사업자</option>
             </select><br/>
      관심분야 : <input type="checkbox" name="interest" value="it">IT
                <input type="checkbox" name="interest" value="sports">스포츠
                <input type="checkbox" name="interest" value="art">예술
                <input type="checkbox" name="interest" value="politics">정치
```

```
                <input type="checkbox" name="interest" value="economy">경제
                <input type="checkbox" name="interest" value="culture">문화
                <br/>
            <input type= "reset" value="리셋">
            <input type="submit" value="전송">
        </form>
    </body>
</html>
```

다음으로 requestParam.html 페이지에서 사용자가 입력한 데이터들을 전송받아 출력해주는 requestParam.jsp 페이지를 제작해보자. 이름과 암호 그리고 성별과 직업은 단일 데이터를 가지는 파라미터이므로 request 내장객체의 getParameter 메서드를 사용한다. 관심분야의 경우 체크박스 속성을 이용하여 여러 항목을 선택할 수 있으므로 getParameterValues 메서드를 사용하고 for문을 이용하여 선택한 항목을 출력한다.

SOURCE CODE : requestParam.jsp

```
<%@ page language="java" contentType="text/html; charset=utf-8" %>
<% request.setCharacterEncoding("utf-8"); %>
<html>
    <head>
        <title>request 내장객체를 이용한 요청 파라미터 정보</title>
    </head>
    <body>
        <%
            String name = request.getParameter("name");
            String pwd = request.getParameter("pwd");
            String gender = request.getParameter("gender");
            String job = request.getParameter("job");
            String[] interest = request.getParameterValues("interest");
        %>

        이름 : <%= name %> <br/>
        암호 : <%= pwd %> <br/>
        성별 : <%= gender %> <br/>
        직업 : <%= job %> <br/>
        관심분야 : <br/>
            <%
                for(int i=0 ; i<interest.length ; i++){
                    out.print(interest[i] + "<br/>");
```

```
            }
        %>
    </body>
</html>
```

이제 requestParam.html 페이지를 호출하도록 하자. 이름과 암호를 입력하고 성별 및 직업과 관심분야를 선택하고 [전송] 버튼을 클릭한다.

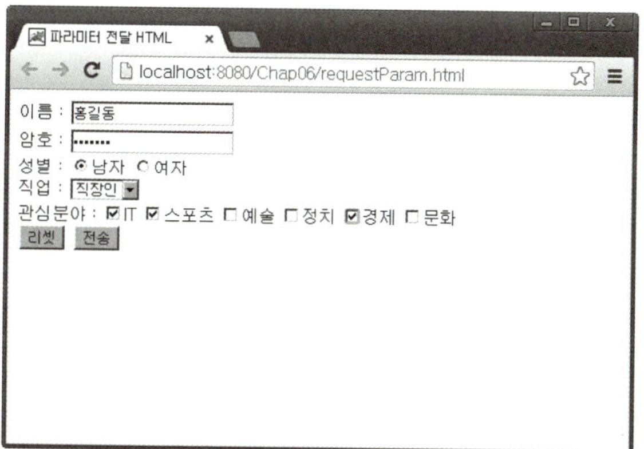

[전송] 버튼을 클릭하면 <form> 태그 action 속성에 명시된 requestParam.jsp 페이지의 각 파라미터를 함께 전송하며 호출된다. requestParam.jsp는 전송된 파라미터들을 출력하며 아래와 같이 requestParam.html에 입력했던 태그들의 value 속성에 지정한 값들이 출력됨을 확인할 수 있다.

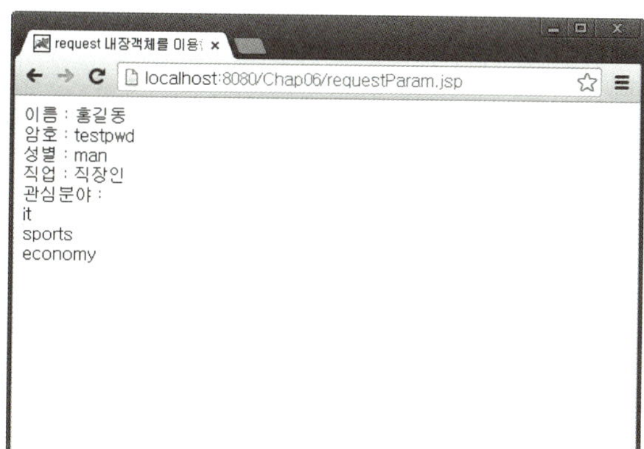

위 예제는 HTML 페이지에서 사용자가 입력 및 선택한 데이터를 JSP 페이지에 전달하여 출력하는 단순한 기능을 수행하였지만, 이렇게 JSP 페이지 내부에서 웹 클라이언트에서 전송된 파라미터를 통해 데이터를 인식할 수 있다는 것은 자바의 다양한 기능에 해당 데이터를

활용할 수 있는 가능성을 내포하고 있다는 데에서 큰 의미를 지닌다. 이렇게 전달된 데이터들은 이후 JDBC를 통해 데이터베이스와 연계되면서 더욱 강력한 기능 구현이 가능하다.

이 외에도 request 내장객체는 클라이언트의 요청 정보에 필요한 몇몇 값을 미리 저장할 때 사용되는 쿠키나 접속 유지를 위해 사용되는 세션과 관련된 메서드들도 제공하고 있다. 이들에 대한 내용은 8장에서 자세히 살펴보도록 하겠다.

메서드	리턴 타입	설명
getCookie( )	Cookie[ ]	현재 요청에 포함된 모든 쿠키 객체를 배열에 저장하여 리턴
getSession( )	HttpSession	현재 요청의 최근 세션값을 리턴. 세션값이 할당되어 있지 않을 경우 새로운 세션값을 생성
getSession(boolean create)	HttpSession	현재 요청의 최근 세션값을 리턴, 세션값이 할당되어 있지 않고 create의 값이 true일 경우 새로운 세션값을 생성

지금까지 알아본 request 내장객체의 메서드들을 모두 나타낸 것은 아니므로 이 책에서 표시되지 않은 메서드에 대한 내용은 API 문서(http://docs.oracle.com\javaee\6\api\javax\servlet\http\HttpServletRequest.html)를 참조하길 바란다.

2.2 response 객체

앞서 보았던 request 내장객체와 대응되는 response 내장객체는 웹 서버에서의 응답 정보에 관련된 기능을 제공한다. response 내장객체는 서블릿 클래스에서 보았던 doGet( )과 doPost( ) 메서드에 사용되는 두 번째 파라미터의 타입과 동일한 javax.servlet.http.HttpServletResponse 타입이므로 서블릿에서 사용하던 방식 그대로 사용한다.

JSP 페이지에서 response 내장객체를 사용하면 HTTP 응답 메시지의 헤더 정보 설정이나 페이지 리다이렉팅, 쿠키 추가 등의 기능 수행이 가능하다.

(1) 리다이렉트 페이지 이동

response 내장객체에서 자주 사용되는 메서드 중 하나인 sendRedirect( ) 메서드는 현재 JSP 페이지 실행을 중단하고 다른 웹 페이지로 요청을 전송하여 페이지 이동 효과를 줄 수 있는 기능을 수행한다.

메서드	리턴 타입	설명
sendRedirect(String location)	void	현재 페이지가 받은 요청을 다른 페이지로 재전송

이는 웹 서버 측에서 웹 브라우저에게 다른 페이지로의 이동을 요청하는 것을 의미한다. 즉, 최초 요청에 대한 응답에 sendRedirect( ) 메서드가 사용되어 다른 페이지로 이동하게

되므로 최초 요청에 대한 처리 후 자동으로 웹 클라이언트에서 다른 페이지에 대한 요청을 새롭게 전송하게 되는 것이다. 따라서 웹 브라우저 측은 내부적으로 두 번의 요청을 전송하게 되는 효과를 가진다.

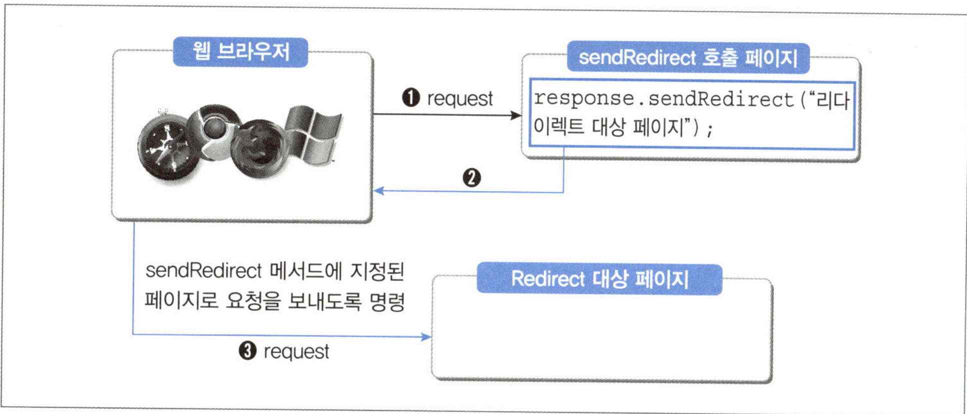

▲ 리다이렉트 방식의 진행

다음 예제를 통해 sendRedirect( ) 메서드를 이용한 페이지 리다이렉트가 어떻게 동작하는지 알아보도록 하자. 우선 responseredirect.jsp 페이지를 다음과 같이 구현한다. responseRedirect.jsp 페이지는 요청 파라미터로 redirect라는 파라미터 값에 따라 리다이렉트할 페이지를 선택하게 된다. 여기서는 redirect 파라미터의 값이 주어지지 않았을 때와 'okjsp' 값이 입력되었을 때는 OKJSP 홈페이지로 그 외의 경우에는 responseRedirected.jsp로 리다이렉트를 수행하도록 구현하였다.

SOURCE CODE : responseRedirect.jsp

```
<%@ page language="java" contentType="text/html; charset=utf-8" %>

<%
    String redirect = request.getParameter("redirect");

    if (redirect == null ){
        out.println("redirect가 지정되지 않았습니다.");
    }else if (redirect.equals("okjsp")){
        response.sendRedirect("http://www.okjsp.pe.kr");
    } else {
        response.sendRedirect("http://localhost:8080/Chap06/
        responseRedirected.jsp");
    }
%>
```

else 구문과 같이 파라미터가 주어지지 않았고 'okjsp' 값을 가지지 않았을 경우 리다이렉트 대상이 될 페이지는 아래와 같다. responseRedirected.jsp 페이지는 responseRedirect.jsp에서 지정될 파라미터인 redirect를 출력할 것이다.

SOURCE CODE : responseRedirected.jsp

```
<%@ page language="java" contentType="text/html; charset=utf-8" %>
<%
    String redirect = request.getParameter("redirect");
    out.println("redirect 파라미터의 값: " + redirect);
%>
```

이제 responseRedirect.jsp 페이지를 호출해보도록 하자. 페이지 내부에서 세 가지의 상황에 따른 리다이렉트 기능을 수행하도록 제작했으므로 여기서는 파라미터의 값을 주지 않은 상태와 okjsp로 redirect 파라미터에 값을 준 경우 그리고 그 외의 값을 준 세 가지 경우를 살펴보도록 하겠다.

우선 redirect 파라미터에 아무런 값을 주지 않고 실행한 결과는 아래와 같다.

```
http://localhost:8080/Chap06/responseRedirect.jsp
```

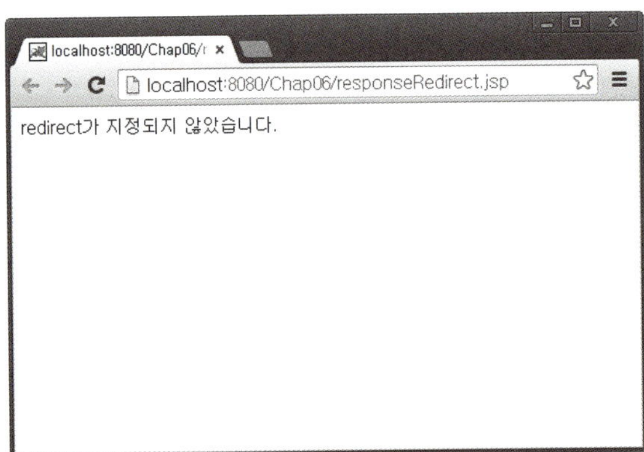

▲ redirect 파라미터에 값을 지정하지 않고 responseRedirect.jsp 페이지를 호출한 결과

이 경우는 redirect 파라미터가 지정되지 않았으므로 리다이렉트가 일어나지 않고 redirect가 지정되지 않았음을 알리는 문자열만 출력되었다. 다음은 redirect 파라미터에 'okjsp' 문자열을 지정했을 경우이다.

```
http://localhost:8080/Chap06/responseRedirect.jsp?redirect=okjsp
```

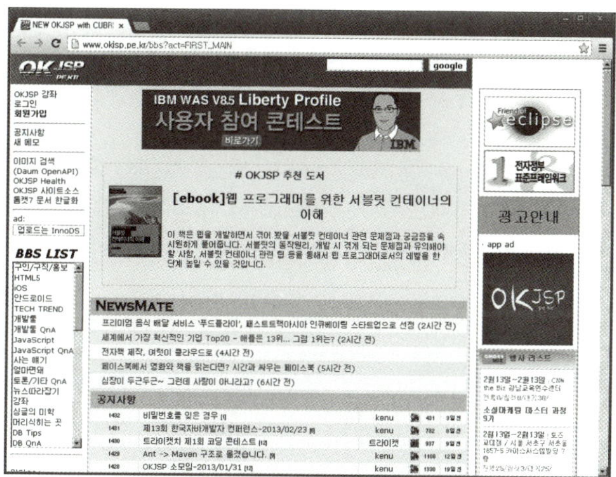

▲ redirect 파라미터의 값을 okjsp로 지정하였을 경우

redirect의 값이 okjsp였으므로 if문에 따라 okjsp로의 리다이렉트가 일어났음을 확인할 수 있다. 마지막으로 redirect 파라미터에 다른 값을 입력해보도록 하자. 여기서는 'test' 문자열을 redirect 파라미터의 값으로 지정해보도록 하겠다.

```
http://localhost:8080/Chap06/responseRedirect.jsp?redirect=test
```

▲ redirect 파라미터에 test 값을 지정하고 페이지를 호출한 결과

responseRedirect.jsp 페이지의 else 구문에 작성하였듯이 responseRedirected.jsp 페이지로의 리다이렉트가 수행되었다. 여기서 주목할 점은 페이지의 이동이 일어났지만 responseRedirect.jsp 페이지 요청 시 요청 파라미터로 지정되었던 redirect 파라미터의 값이 responseRedirected.jsp 페이지로 리다이렉트가 일어난 이후에는 없어졌다는 것이다. 이는 리다이렉트 방식이 새로운 요청을 내부적으로 발생시켜 기존의 request와 response 내장객체를 사용하지 않아 요청 파라미터의 값이 유지되지 않기 때문이다.

페이지 이동 시에도 이러한 요청 정보들을 유지하려면 포워딩 기법이나 인클루드 기법을 사용할 수 있으며 이는 이후 pageContext 내장객체를 통해 알아보도록 하겠다.

(2) HTTP 응답 메시지 헤더 정보

HTTP 요청 메시지 정보를 제공해줄 수 있는 메서드를 가진 request 내장객체와는 반대로 response 내장객체는 HTTP 응답 메시지 헤더의 값을 지정해줄 수 있는 메서드들을 가지고 있다. HTTP 응답 메시지 헤더 정보를 다루는 메서드들은 다음과 같다.

메서드	리턴 타입	설명
setHeader(String name, String value)	Void	이름이 name인 헤더의 값을 String 타입의 value로 지정
setIntHeader(String name, int value)	Void	이름이 name인 헤더의 값을 int 타입의 value로 지정
setDataHeader(String name, long date)	void	이름이 name인 헤더의 값을 long 타입의 date로 지정(실제 지정되는 값은 날짜를 표현하는 밀리초 단위를 의미)
addHeader(String name, String value)	void	이름이 name인 헤더에 String 타입의 value 값을 추가
addIntHeader(String name, int value)	void	이름이 name인 헤더에 int 타입의 value 값을 추가
addDateHeader(String name, long date)	void	이름이 name인 헤더에 long 타입의 date 값을 추가(실제 지정되는 값은 날짜를 표현하는 밀리초 단위를 의미)
containsHeader(String name)	void	이름이 name인 헤더가 존재하면 true, 그렇지 않다면 false를 리턴
getHeader(String name)	String	이름이 name인 헤더의 값을 리턴
getHeaderNames( )	Collection	현재 response 객체의 헤더의 이름 집합을 String 타입으로 저장된 Collection 객체로 리턴
getHeaders(String name)	Collection	이름이 name인 헤더의 값 집합을 String 타입으로 저장된 Collection 객체로 리턴

response 내장객체에서 사용 가능한 HTTP 응답 메시지 헤더 관련 메서드들은 그 종류가 다양하지만 헤더에 추가 정보를 입력하는 경우를 제외하고는 JSP 페이지에서 사용되는 일은 드물다.

(3) 그 외의 메서드

response 객체에는 앞서 보았던 리다이렉트나 헤더 정보에 관련된 메서드 외에도 응답 결과의 콘텐트 타입을 지정하거나 쿠키나 오류 코드에 관련된 기능을 수행하는 메서드를 제공하고 있으며 다음과 같다.

메서드	리턴 타입	설명
setContentType(String type)	void	응답 결과 페이지의 contentType을 설정
addCookie(Cookie cookie)	void	쿠키를 HTTP 응답 메시지 헤더에 추가
sendError(int status, String msg)	void	페이지의 오류 코드를 세팅하고 메시지를 전송
getStatus( )	int	현재 response 객체의 최근 상태 코드 값을 int 타입으로 리턴
setStatus(int sc)	void	현재 response 객체의 상태 코드를 지정

콘텐트 타입의 경우 앞서 알아본 page 지시자의 contentType 속성을 이용하는 방법과 동일하다.

```
response.setContentType("text/html");
```

웹 서비스의 동작은 요청과 응답이 번갈아 수행되며 진행되지만 웹 클라이언트가 어떤 요청을 보내느냐에 따라 응답이 수행되므로 request 내장객체에 비해 response 내장객체의 일반적인 활용도는 상대적으로 낮은 편이다. 다만, response 내장객체를 이용한 쿠키의 설정과 오류처리에 관련된 부분은 웹 서비스 구현 시 주요한 기능이므로 챕터를 따로 할애하여 다룰 것이다. 쿠키는 8장에서 알아보고 오류 코드와 상태 코드에 대한 내용은 이번 장의 exception 객체에서 간략히 살펴본 후 7장에서 다시 자세히 다루도록 하겠다.

2.3 out 객체

out 내장객체는 java.io.Writer 클래스를 상속받은 javax.servlet.jsp.JspWriter 타입으로 선언되는 객체로, 응답 페이지 제작에 사용되는 출력 스트림을 제공하여 사용자가 보게 될 결과 화면을 구현하는 데 직접적으로 사용되므로 서블릿 형태의 클래스 변환 시 내부적으로 항상 사용된다. out 내장객체는 기본적으로 출력에 관련된 메서드들과 출력 버퍼에 관련된 메서드들을 가지고 있다.

(1) 출력

out 내장객체에서 출력과 관련된 메서드는 다음과 같다.

메서드	리턴 타입	설명
newLine( )	void	현재 위치에서 라인 구분자를 삽입
print(inputPrameter)	void	boolean, char, char[ ], double, float, int, long, Object, String 타입 데이터를 입력받아 출력

println(inputParameter)	void	• boolean, char, char[ ], double, float, int, long, Object, String 타입 데이터를 입력받아 해당 데이터 출력 후 현재 라인 종료 • 입력 파라미터를 사용하지 않을 경우 현재 라인을 종료

print( ) 메서드와 println( ) 메서드는 해당 라인의 종료 여부에 차이가 있지만 입력 매개변수의 값을 출력해준다는 기능은 동일하며 메서드 오버로딩(Overloading) 방식을 이용하여 다양한 데이터 타입의 출력이 가능하다.

메서드 오버로딩(Overloading)

일반적으로 자바에서 프로그래밍의 기능 수행을 위해 제작되는 메서드는 각 메서드의 이름을 서로 다르게 제작하여 구분을 둔다. 그러나 메서드 오버로딩 방식을 사용하여 메서드를 제작할 경우 동일한 메서드명을 가질 수 있다. 메서드 오버로딩이 성립하기 위해서는 다음 세 가지 조건을 만족시켜야 한다.

- 메서드의 이름이 완전히 동일해야 한다.
- 메서드의 입력 파라미터의 타입이나 개수가 달라야 한다.
- 메서드의 리턴 타입은 오버로딩 기법에 영향을 줄 수 없다. 즉, 리턴 타입은 달라도 되고 같아도 된다.

response 내장객체에서 제공하는 print( )와 println( ) 메서드의 경우도 오버로딩 기법이 사용된 메서드로 제작 시 정의된 파라미터 데이터 타입만 입력받을 수 있으나 기능이 동일하게 작용해야 한다. 또 여러 가지 데이터 타입을 입력 파라미터로 받아야 할 경우 이례적으로 메서드 오버로딩 기법을 사용하여 동일한 이름을 가진 여러 개의 메서드를 제작할 수 있다. 이렇게 여러 타입을 사용할 수 있는 동일 이름의 메서드를 제작하면 프로그래머는 입력 데이터 종류에 상관없이 동일한 메서드로 원하는 기능을 사용할 수 있으므로 사용이 매우 간편해진다.

이제 out 객체를 사용한 출력 기능을 구현해보자. 아래 outPrint.jsp 페이지는 out 내장객체에서 제공하는 출력 관련 메서드들을 사용하고 있다.

SOURCE CODE : outPrint.jsp

```
<%@ page language="java" contentType="text/html; charset=utf-8" %>

<html>
    <head>
        <title>out 내장객체의 출력</title>
    </head>
    <body>
        <%  out.print("print를 이용하여 출력1"); %>
        <%  out.print("print를 이용하여 출력2"); %>
```

```
        <% out.newLine(); %>
        <% out.println("println을 이용하여 출력"); %>
    </body>
</html>
```

outPrint.jsp 페이지를 호출한 결과는 다음과 같다. newLine( ) 메서드와 println( ) 메서드를 사용하여도 출력되는 결과는 문자열의 문단이 바뀌지 않음을 확인할 수 있다.

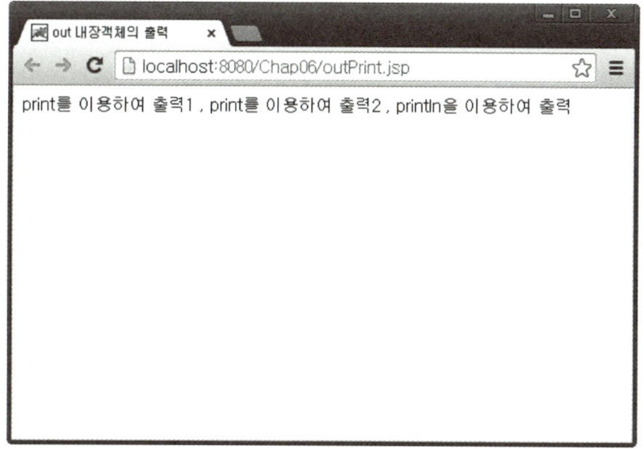

이는 out 내장객체의 출력 메서드가 라인 구분자의 기능이 최종 출력 결과로 나오는 HTML 문서에서 동작하는 것이 아니기 때문이다. 다음 outPrint.jsp 결과 화면의 소스 보기 기능을 통해 HTML 페이지 코드의 구성을 보도록 하자.

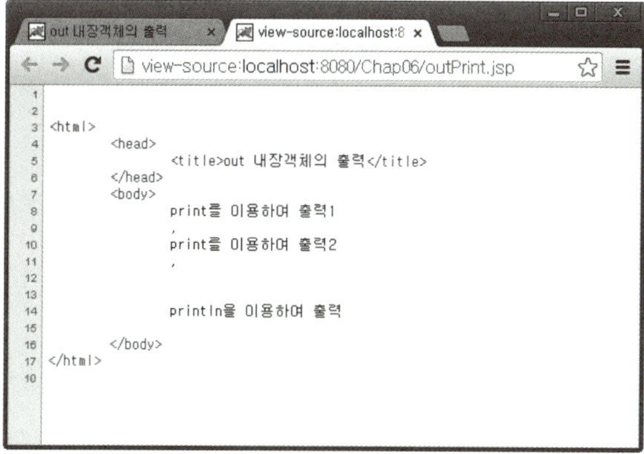

위에서 볼 수 있듯이 out 내장객체의 출력 메서드가 가지는 라인 구분자의 기능은 출력 결과 HTML 문서 내 작성된 코드에는 적용되었다. 하지만 HTML 문서는 기본적으로 띄어쓰기나 줄 바꿈 문자에 대한 출력이 제한적이므로 출력 결과물의 문단을 바꾸어 주기 위해서는 다음 outPrintWithTag.jsp 페이지와 같이 〈p〉 태그나 〈br〉 태그를 이용해야 한다.

SOURCE CODE : outPrintWithTag.jsp

```
<%@ page language="java" contentType="text/html; charset=utf-8" %>

<html>
    <head>
        <title>out 내장객체의 출력</title>
    </head>
    <body>
        <% out.print("print를 이용하여 출력1"); %>
        , <br/>
        <% out.print("print를 이용하여 출력2"); %>
        ,
        <% out.newLine(); %>
        <p><% out.println("println을 이용하여 출력"); %></p>
    </body>
</html>
```

outPrintWithTag.jsp 페이지의 호출 결과는 아래와 같으며, 정상적으로 출력 페이지의 문단이 바뀐 것을 확인할 수 있다.

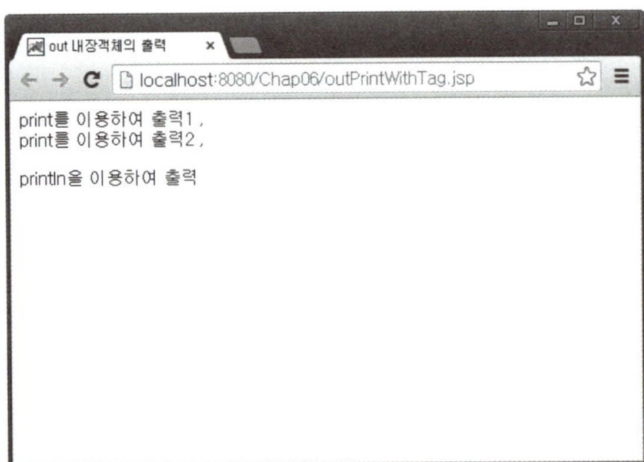

(2) 출력 버퍼

out 내장객체에서 다루는 출력 버퍼란 응답 결과로 웹 브라우저에 전송되어 출력될 내용을 전송하기 전에 임시로 저장해두는 메모리로 4장에서 언급했던 page 지시자의 buffer와 autoflush 속성들은 모두 out 내장객체의 출력 버퍼와 관련이 깊다. 다만, 앞서 언급했듯이 출력 버퍼에 대한 설정은 기본값을 그대로 사용하는 경우가 대부분이므로 출력 버퍼 관련 메서드를 JSP 페이지 내에서 직접 사용하는 경우는 드물다. 다음은 out 내장객체가 제공하는 출력 버퍼 관련 메서드들이다.

메서드	리턴 타입	설명
getBufferSize( )	int	출력 버퍼에 설정된 크기를 리턴
getRemaining( )	int	현재 출력 버퍼에 남은 크기를 리턴
flush( )	void	출력 버퍼의 내용을 출력 스트림을 통해 웹 브라우저로 전송
isAutoFlush( )	boolean	출력 버퍼가 다 찼을 경우 자동 플러시 가능 여부를 boolean 타입으로 리턴
clear( )	void	출력 버퍼의 내용을 비움. 출력 버퍼가 플러시된 상태라면 IOException 발생
clearBuffer( )	void	출력 버퍼의 내용을 비움. 출력 버퍼가 플러시된 상태라도 IOException 발생시키지 않음
close( )	void	출력 버퍼의 내용을 플러시 후 스트림을 닫음

위 메서드들을 사용하여 출력 버퍼 관련 기능을 수행하는 JSP 페이지를 제작하여 각 메서드들이 어떤 역할을 하는지 살펴보도록 하자. outBuffer.jsp 페이지는 메서드들을 이용하여 버퍼의 크기, 남은 크기, 자동 플러시 설정 여부, 버퍼의 남은 크기 등 버퍼에 관련된 정보를 출력하고 flush( ) 메서드를 실행하여 버퍼 내 출력 데이터를 전송한 후 close( ) 메서드를 실행하여 출력 스트림을 닫게 될 것이다.

SOURCE CODE : outBuffer.jsp

```
<%@ page language="java" contentType="text/html; charset=utf-8" %>

<html>
    <head>
        <title>out 내장객체의 버퍼</title>
    </head>
    <body>
        출력 버퍼의 설정 크기 :        <%= out.getBufferSize()    %>  <br/>
        출력 버퍼의 현재 남은 크기 :  <%= out.getRemaining()     %>  <br/>
        자동 플러시 설정 :             <%= out.isAutoFlush() %>  <br/>
        출력 버퍼의 현재 남은 크기 :  <%= out.getRemaining()     %>  <hr>
        flush() 메서드 실행            <% out.flush();       %>  <br/>
        출력 버퍼의 현재 남은 크기 :  <%= out.getRemaining()     %>  <hr>
        close() 메서드 실행            <% out.close();           %>  <hr>
        close() 메서드 실행 후 메시지
    </body>
</html>
```

outBuffer.jsp의 출력 결과는 아래와 같다. 각 메서드들을 통해 버퍼의 여러 정보들을 확인할 수 있으며 outBuffer.jsp 페이지를 호출하면 close( ) 메서드를 사용한 다음의 메시지는 결과에 출력되지 않음을 알 수 있다.

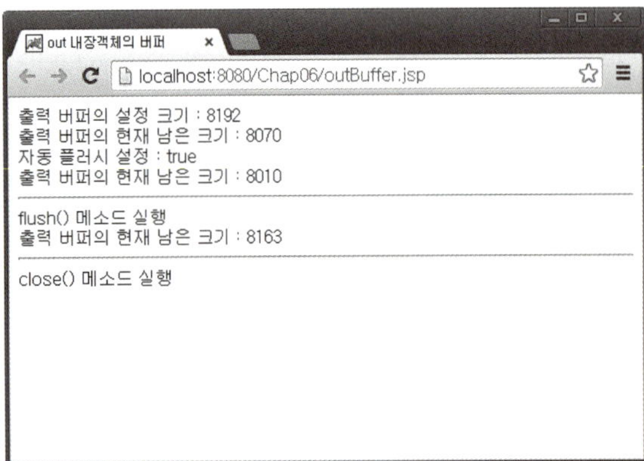

물론 아래와 같이 JSP 페이지가 변환된 서블릿 형태 파일에는 close( ) 메서드 이후에 작성된 문장들 모두 out 내장객체를 통해 출력 명령이 작성되어 있음을 확인할 수 있다.

SOURCE CODE : outBuffer_jsp.java

```
. . .<중략>

public final class outBuffer_jsp extends org.apache.jasper.runtime.
HttpJspBase
    implements org.apache.jasper.runtime.JspSourceDependent {

. . .<중략>

public void _jspService(final javax.servlet.http.HttpServletRequest
request, final javax.servlet.http.HttpServletResponse response)
        throws java.io.IOException, javax.servlet.ServletException {

. . .<중략>

    out.write("₩r₩n");
    out.write("₩r₩n");
    out.write("<html>₩r₩n");
    out.write("₩t<head>₩r₩n");
    out.write("₩t₩t<title>out 내장객체의 버퍼</title>₩r₩n");
    out.write("₩t</head>₩r₩n");
    out.write("₩t<body>₩r₩n");
```

```
    out.write("₩t₩t출력 버퍼의 설정 크기 : ₩t₩t");
    out.print( out.getBufferSize() );
    out.write("₩t<br/>₩r₩n");
    out.write("₩t₩t출력 버퍼의 현재 남은 크기 :₩t");
    out.print( out.getRemaining() );
    out.write("₩t<br/>₩r₩n");
    out.write("₩t₩t자동 플러시 설정 : ₩t₩t");
    out.print( out.isAutoFlush() );
    out.write("₩t<br/>₩r₩n");
    out.write("₩t₩t출력 버퍼의 현재 남은 크기 :₩t");
    out.print( out.getRemaining() );
    out.write("₩t<hr>₩r₩n");
    out.write("₩t₩tflush() 메서드 실행 ₩t₩t");
  out.flush();
    out.write("₩t<br/> ₩r₩n");
    out.write("₩t₩t출력 버퍼의 현재 남은 크기 :₩t");
    out.print( out.getRemaining() );
    out.write("₩t<hr>₩r₩n");
    out.write("₩t₩tclose() 메서드 실행 ₩t₩t");
  out.close();
    out.write(" ₩t<hr>₩t₩t₩r₩n");
    out.write("₩t₩tclose() 메서드 실행 후 메시지₩t₩t₩r₩n");
    out.write("₩t</body>₩r₩n");
    out.write("</html>₩r₩n");
...<중략>
  }
}
```

그러나 최종 결과 화면의 '소스 보기'에서는 close( ) 메서드 실행 이후의 코드는 전송되지 않았음을 확인할 수 있다. close( ) 메서드는 수행되기 전 버퍼의 내용을 모두 플러시한 후 출력 스트림을 닫는 역할을 하기 때문에 실제 close( ) 메서드 수행 이후 문장뿐만 아니라 HTML 태그도 전송이 일어나지 않는다.

```
out 내장객체의 버퍼 × | view-source:localhost:8 ×
view-source:localhost:8080/Chap06/outBuffer.jsp

<html>
        <head>
                <title>out 내장객체의 버퍼</title>
        </head>
        <body>
                출력 버퍼의 설정 크기 :                  8192    <br/>
                출력 버퍼의 현재 남은 크기 :     8070    <br/>
                자동 플러시 설정 :               true    <br/>
                출력 버퍼의 현재 남은 크기 :     8010    <hr>
                flush() 메소드 실행                      <br/>
                출력 버퍼의 현재 남은 크기 :     8163    <hr>
                close() 메소드 실행
```

close( ) 메서드를 사용하여 출력 스트림을 닫게 하면 이후 내용은 웹 클라이언트로 전송되지 않으며 출력 스트림을 닫은 상태임에도 전송해야 할 데이터가 남아 있을 경우 자바는 IOException을 발생시키므로 주의를 기울여 사용하도록 하자. 아래는 이클립스에서 발생한 에러 화면이다.

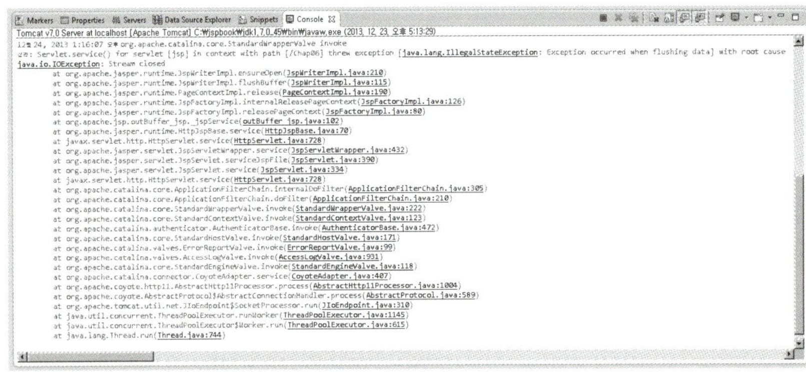

▲ outBuffer.jsp 페이지 호출 시 IOException이 발생한다.

2.4 pageContext 객체

pageContext 내장객체는 javax.servlet.jsp.JspContext 클래스를 상속받은 javax.servlet.jsp.PageContext 타입으로 선언되는 객체이다. JSP 페이지에 하나씩 존재하여 해당 페이지 내에서만 유효한 객체이며 다른 내장객체의 생성/접근 관련 기능을 제공한다. 또한 현재 페이지의 요청과 응답 제어권을 다른 페이지로 넘겨줌으로써 페이지의 흐름을 제어하는 기능을 수행하기도 하고, 특정 내장객체들의 속성을 제어하며 오류 데이터를 구하는 기능도 제공하는 등 하나의 JSP 페이지 영역 내에서 사용되는 여러 기능을 담당하고 있다.

(1) 내장객체 접근

pageContext 내장객체가 제공하는 주요한 기능 중 하나는 다른 내장객체 접근과 생성에 관여한다는 것이다. 아래 pageContext 내장객체의 메서드를 사용하면 pageContext 내장객체만으로 다른 모든 내장객체에 접근하여 참조 변수를 통해 사용이 가능하다.

메서드	리턴 타입	설명
getException( )	Exception	현재 페이지의 exception 객체 리턴
getOut( )	JspWriter	현재 페이지의 out 객체 리턴
getPage( )	Object	현재 페이지를 통해 생성된 서블릿 인스턴스인 page 객체 리턴
getRequest( )	ServletRequest	현재 페이지의 request 객체 리턴
getResponse( )	ServletResponse	현재 페이지의 response 객체 리턴
getServletConfig( )	ServletConfig	현재 페이지의 config 객체 리턴
getServletContext( )	ServletContext	현재 페이지의 ServletContext를 리턴 application 객체를 의미
getSession( )	HttpSession	현재 페이지의 session 객체 리턴

위 메서드들은 JSP 페이지가 서블릿으로 변환될 때 다른 내장객체의 생성을 위해 자동으로 작성되어 JSP 페이지에서 선언 없이 바로 사용할 수 있도록 해준다는 점에서 의미가 있다. 따라서 위 메서드들을 통해 다른 내장객체에 접근은 가능하지만, JSP 페이지에서 바로 사용할 수 있는 객체가 이미 정의되어 있는 상태이므로 JSP 페이지 내에서 사용하는 경우는 흔치 않다.

아래 코드는 지금까지 제작했던 JSP 페이지가 변환된 서블릿 형태의 클래스인 _jspService( ) 메서드이다. 내부에 코드를 보면 앞서 살펴보았던 out 내장객체와 이후 등장할 application, config, session 내장객체를 pageContext 내장객체의 메서드를 통해 생성하고 있음을 확인할 수 있다.

SOURCE CODE

```
...<중략>

public final class testJspToServlet_jsp extends org.apache.jasper.runtime.
HttpJspBase
  implements org.apache.jasper.runtime.JspSourceDependent {
...<중략>

 public void _jspService(final javax.servlet.http.HttpServletRequest
 request, final javax.servlet.http.HttpServletResponse response)
```

```
    throws java.io.IOException, javax.servlet.ServletException {

  final javax.servlet.jsp.PageContext pageContext;
  javax.servlet.http.HttpSession session = null;
  final javax.servlet.ServletContext application;
  final javax.servlet.ServletConfig config;
  javax.servlet.jsp.JspWriter out = null;
  final java.lang.Object page = this;
  javax.servlet.jsp.JspWriter _jspx_out = null;
  javax.servlet.jsp.PageContext _jspx_page_context = null;


  try {
    response.setContentType("text/html; charset=utf-8");
    pageContext = _jspxFactory.getPageContext(this, request, response,
            null, true, 8192, true);
    _jspx_page_context = pageContext;
    application = pageContext.getServletContext();
    config = pageContext.getServletConfig();
    session = pageContext.getSession();
    out = pageContext.getOut();
    _jspx_out = out;

...<중략>
  }
}
```

위의 변환된 서블릿 형태의 클래스에 자동 작성된 코드들을 보면 알 수 있듯이 우리가 JSP 페이지를 작성할 때 pageContext 내장객체가 제공하는 다른 내장객체의 접근 관련 메서드들을 사용할 필요는 없다. 그러나 pageContext 내장객체는 JSP 페이지가 서블릿 형태의 클래스로 변환되었을 때 _jspService ( ) 메서드에서 다른 내장객체들을 선언하고 생성하는 역할을 한다는 것을 기억하길 바란다.

(2) pageContext 내장객체를 이용한 포워딩

포워딩 방식은 response 내장객체의 리다이렉트 방식처럼 다른 웹 페이지로의 이동에 관련된 방식이며 요청/응답에 대한 제어권을 완전히 넘겨주어야 할 때 사용하는 방식이다. pageContext 내장객체에서 포워딩 방식을 사용하기 위한 메서드는 다음과 같다.

메서드	리턴 타입	설명
forward(String relativeUrlPath)	void	현재 페이지의 요청/응답 처리 제어권을 relativeUrlPath로 지정된 주소로 넘김

포워딩 방식과 리다이렉트 방식의 중요한 차이점은 요청/응답 처리에 대한 제어권의 이양(移讓) 여부에 있다. 리다이렉트 방식은 단순히 새로운 페이지로의 요청을 웹 브라우저가 전송하는 방식이므로 두 번의 요청/응답이 일어나는 효과를 가지며 페이지 이동 시 request 및 response 내장객체가 새롭게 생성된다. 그러나 포워딩 방식의 경우 forward 메서드를 호출한 페이지의 요청/응답의 제어권을 forward 메서드에 명시된 대상 웹 페이지에 그대로 전달하게 되므로 최초 요청에 대한 응답처리를 대상 웹 페이지에 위임하는 효과를 가진다.

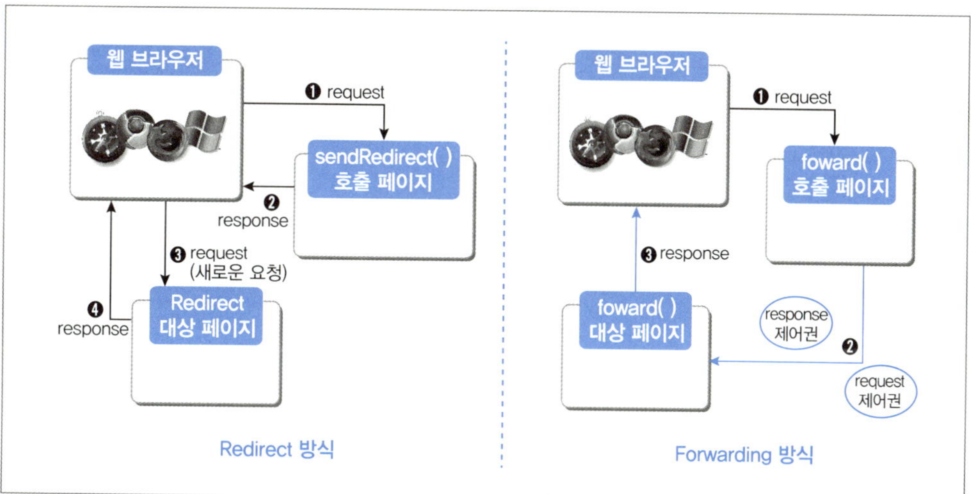

▲ 리다이렉트 방식과 포워딩 방식의 차이

포워딩 방식에서의 응답 종료 시점은 포워딩된 대상 웹 페이지에서 요청 처리가 종료될 때이며 요청/응답 제어권의 이양은 영구적이다. 따라서 forward 메서드를 호출한 웹 페이지는 포워딩 후 요청/응답 제어권을 돌려받을 수 없으므로 페이지의 기능 수행이 더 이상 불가능해진다. 내부적으로 포워딩 대상이 될 웹 페이지로 이동하기 전 out 내장객체의 clear 메서드가 실행되어 출력 버퍼를 모두 비우기 때문이다.

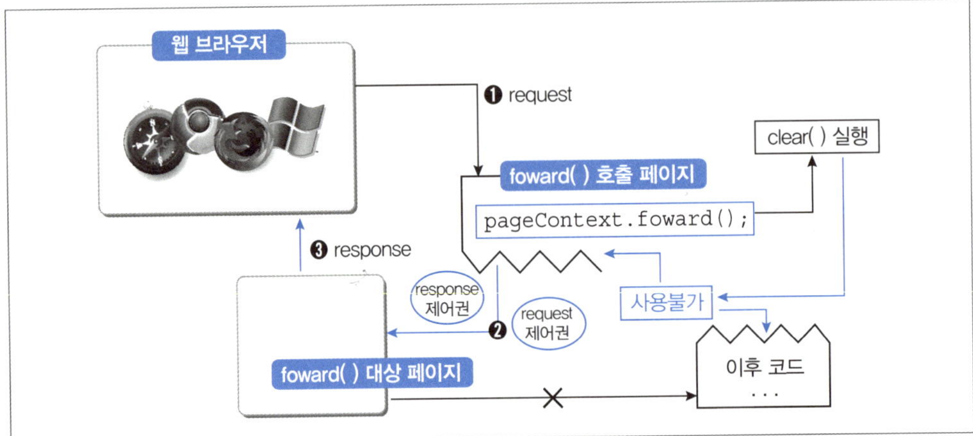

▲ 포워딩 방식의 요청/응답 제어권의 이양

포워딩 방식의 사용은 앞서 살펴본 forward 메서드 사용으로 간단하게 구현할 수 있다. 우선 forward 메서드를 사용하여 포워딩을 사용할 페이지를 구현하도록 해보자. pageContextForward.jsp 페이지는 포워딩을 수행하기 전 문자열 몇 줄을 출력하도록 제작한다.

SOURCE CODE : pageContextForward.jsp

```
<%@ page language="java" contentType="text/html; charset=utf-8" %>

<html>
    <head>
        <title>pageContext 내장객체의 포워딩</title>
    </head>
    <body>
        포워딩 수행 전 메시지입니다! <br/>
        <% out.print("하나 <br/>"); %>
        <% out.print("둘 <br/>"); %>
        <% out.print("셋 <br/>"); %>

        포워딩을 사용합니다! <br/>
        <%
            pageContext.forward("pageContextForwarded.jsp");
        %>

        포워딩 수행 후 메시지입니다! <br/>
        <% out.print("하나 <br/>"); %>
        <% out.print("둘 <br/>"); %>
        <% out.print("셋 <br/>"); %>
    </body>
</html>
```

다음 포워딩 대상이 될 pageContextForwarded.jsp 페이지를 제작하도록 하자. 이 페이지는 pageContextForward.jsp 페이지에서 포워딩 방식을 통해 호출될 것이다.

SOURCE CODE : pageContextForwarded.jsp

```
<%@ page language="java" contentType="text/html; charset=utf-8" %>

<html>
    <head>
        <title>pageContext 내장객체의 포워딩 대상 페이지</title>
    </head>
    <body>
        <% out.print("여기는 pageContextForwarded.jsp 페이지입니다!"); %>
    </body>
</html>
```

pageContextForward.jsp 페이지를 호출한 결과는 아래와 같다. 앞서 설명했던 대로 forward( ) 메서드가 수행되기 전 코드뿐만 아니라 수행 이후의 내용들도 출력되지 않음을 알 수 있다.

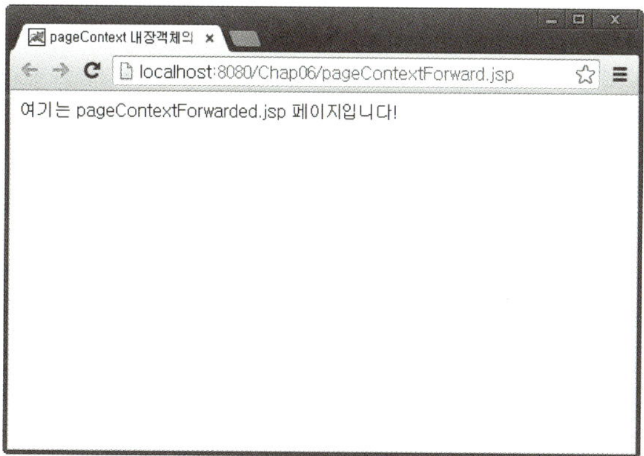

이는 forwad( ) 메서드 호출 시 out.clear( ) 메서드가 내부적으로 실행되어 현재 출력 버퍼에 저장되어 있는 모든 내용을 비워버렸기 때문이다. forward( ) 메서드 수행 후의 내용들도 출력되지 않은 것은 forward( ) 메서드를 사용하여 대상 페이지에 요청/응답에 제어권을 넘기게 되면 이후 forward( ) 메서드를 호출했던 페이지는 요청/응답의 제어권을 다시 돌려받지 못하므로 그 이후의 코드는 실행되지 못하기 때문이다.

포워딩 방식은 리다이렉트 방식과는 달리 forward( ) 메서드를 사용하여 다른 웹 페이지로의 이동이 일어나도 기능 수행 역할을 다른 JSP 페이지에 일임한 것이므로 웹 브라우저의 인터넷 주소창에는 변경이 없다.

(3) pagecontext 내장 객체를 이용한 인클루드

포워딩 방식에 대응되는 인클루드 방식은 요청/응답의 제어권을 인클루드 대상 웹 페이지의 처리 종료 후 다시 돌려받는다는 점에서 차이가 있다. 인클루드 방식을 사용하기 위한 메서드는 다음과 같다.

메서드	리턴 타입	설명
include(String relativeUrlPath)	void	현재 페이지의 요청/응답 처리 제어권을 relativeUrlPath로 지정된 주소에 임시로 넘김

include 메서드를 사용한 인클루드 방식을 사용할 JSP 페이지를 먼저 구현하도록 하자.

SOURCE CODE : pageContextInclude.jsp

```
<%@ page language="java" contentType="text/html; charset=utf-8" %>

<html>
    <head>
        <title>pageContext 내장객체의 인클루드</title>
    </head>
    <body>
        인클루드 수행 전 메시지입니다! <br/>
        <% out.print("하나 <br/>"); %>
        <% out.print("둘 <br/>"); %>
        <% out.print("셋 <hr>"); %>

        인클루드를 사용합니다! <hr>
        <%
            pageContext.include("pageContextIncluded.jsp");
        %>

        인클루드 수행 후 메시지입니다! <br/>
        <% out.print("하나 <br/>"); %>
        <% out.print("둘 <br/>"); %>
        <% out.print("셋 <br/>"); %>
    </body>
</html>
```

다음은 pageContextInclude.jsp 페이지에서 인클루드 방식 대상이 될 pageContextIncluded.jsp 페이지이다. pageContextIncluded.jsp 페이지는 pageContextInclude.jsp 페이지에 포함되듯이 동작할 것이다.

SOURCE CODE : pageContextIncluded.jsp

```
<%@ page language="java" contentType="text/html; charset=utf-8" %>

<html>
    <head>
        <title>pageContext 내장객체의 포워딩 대상 페이지</title>
    </head>
    <body>
        <% out.print("여기는 pageContextIncluded.jsp 페이지 입니다! <hr>"); %>
    </body>
</html>
```

이제 pageContextInclude.jsp 페이지를 호출해보도록 하자. 포워딩 방식에서는 나타나지 않았던 최초 호출 페이지의 include( ) 메서드 호출 전 내용과 마지막 내용이 출력됨을 확인할 수 있다.

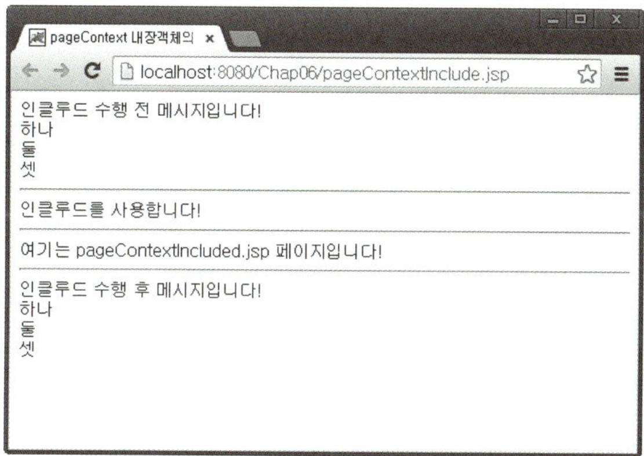

이는 최초 호출 페이지에서 인클루드 방식을 사용하여 요청/응답의 제어권을 대상 페이지로 넘겨주고, 대상 페이지의 처리가 끝난 후 요청 페이지에서 요청/응답에 대한 제어권을 돌려받았기 때문이다. 따라서 인클루드 방식은 단어 include의 뜻 그대로 인클루드될 대상 페이지를 호출 페이지가 포함하는 효과를 지닌다.

포워드 방식과 인클루드 방식은 이렇게 요청/응답 제어권의 반환 여부에 따라 큰 차이를 보이므로 두 가지 방식의 차이점을 숙지하길 바란다.

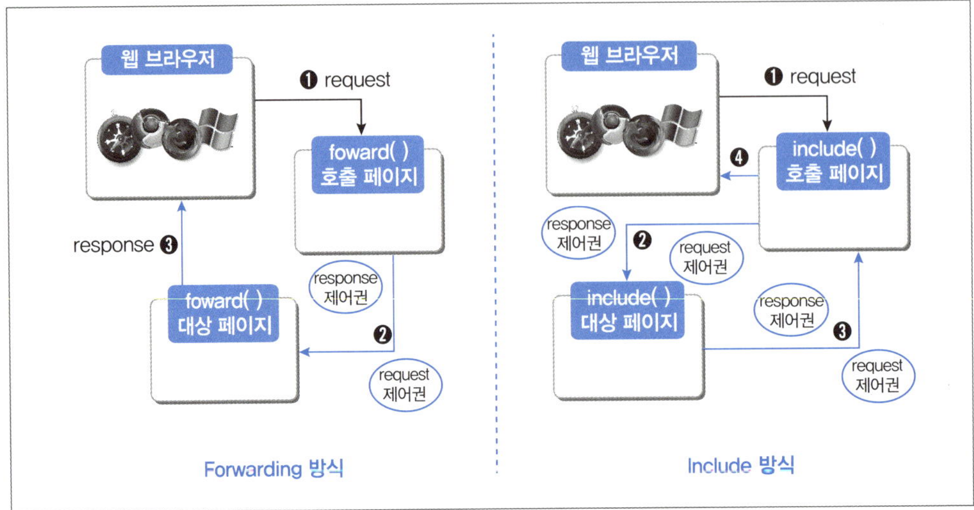

▲ 포워딩 방식과 인클루드 방식의 차이

(4) 페이지 범위의 데이터 공유

pageContext 내장객체는 자신이 속한 페이지, 즉 하나의 서블릿 범위 내에서의 데이터 공유가 가능하다. 데이터 공유에 관련된 메서드는 다음과 같다.

메서드	리턴 타입	설명
getAttribute(String name)	Object	• 현재 페이지에서 이름이 name인 속성값을 Object 타입으로 리턴 • name인 이름의 속성이 없을 경우 null 리턴
setAttribute(String name, Object value)	void	현재 페이지 범위에서 사용될 속성의 이름을 name으로, 값을 value로 저장
removeAttribute(String name)	void	이름이 name인 속성값을 제거

위 메서드들을 사용하여 pageContext 내장객체에 데이터를 공유하면 해당 페이지 범위 내에서 사용이 가능하다. 다음은 pageContext 내장객체에서 제공하는 애트리뷰트 관련 메서드들을 사용한 예제이다. setAttribute 메서드를 통해 데이터를 설정하고 getAttribute 메서드를 통해 지정한 데이터를 불러온 후, removeAttribute 메서드를 사용하여 해당 애트리뷰트를 삭제할 것이다. 이러한 방식은 이후 다른 범위를 가지는 내장객체, 즉 application, config 내장객체에서도 동일하게 사용할 수 있다.

SOURCE CODE : pageContextAttribute.jsp

```
<%@ page language="java" contentType="text/html; charset=utf-8" %>

<html>
  <head>
    <title>pageContext 내장객체의 데이터 공유</title>
  </head>
  <body>
    setAttribute() 메서드 실행 <hr>
    <% pageContext.setAttribute("testAttribute", "Hello, pageContext!"); %>
    getAttribute() 메서드를 통해 공유된 데이터 불러오기<p/>
    현재 testAttribute의 속성값 :
    <%= pageContext.getAttribute("testAttribute") %>
    <hr>
    getAttribute() 메서드를 통해 공유된 데이터를 참조 변수에 대입하기<p/>
    현재 testAttribute의 속성값 :
    <%
      Object attribute1 = pageContext.getAttribute("testAttribute");
      out.print((String) attribute1 + "<hr>");
    %>
    removeAttribute() 메서드를 통해 공유된 데이터의 속성값 제거하기<p/>
    현재 testAttribute의 속성값 :
    <%
      pageContext.removeAttribute("testAttribute");
      Object attribute2 = pageContext.getAttribute("testAttribute");
      out.print((String) attribute2 + "<hr>");
    %>
  </body>
</html>
```

pageContextAttribute.jsp 페이지를 호출한 결과는 다음과 같다. pageContext 내장객체를 이용한 데이터의 공유는 해당 페이지의 범위에 한하게 되므로 다른 JSP 페이지에서 위의 예제에서 만들었던 testAttribute 데이터에 대한 접근을 시도는 실패할 것이다. 또한 위에서 명시된 데이터 공유를 위한 메서드는 오버로딩 방식을 통해 몇몇 사용방식이 더 존재하며 자세한 내용은 API를 참조하길 바란다.

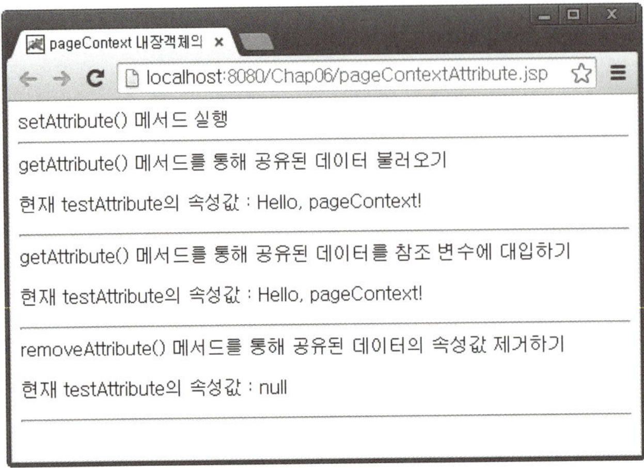

pageContext 내장객체는 자신이 속한 페이지의 관리목적으로 사용할 수 있는 많은 기능 수행이 가능하다. 현재 페이지의 모든 객체를 생성하거나 관리할 수 있고 forward/include 방식을 이용한 페이지의 흐름 제어도 가능하다. 그러나 pageContext 내장객체의 유효범위는 명확하게 현재 속한 페이지에 국한된다.

2.5 application 객체

application 내장객체는 javax.servlet.ServletContext 인터페이스의 인스턴스로 웹 컨테이너가 이 인터페이스를 구현하여 객체를 제공하게 되므로 JSP 페이지에서 변환된 서블릿 형태의 파일에서 웹 컨테이너의 제품군에 따라 사용되는 클래스명이 다를 수 있다.

인터페이스(interface)와 구현(implements)

인터페이스는 자바에서 사용되는 특수한 형식의 사용자 정의 데이터 타입이다. 기본 구조는 클래스와 동일하지만 내부의 메서드는 모두 실제 수행 코드 없이 리턴 타입과 파라미터 및 메서드의 이름만 명시해 놓은 추상 메서드(Abstract Method)로 선언되고 모든 멤버 변수는 public static final로 선언됨을 원칙으로 한다는 점에서 클래스와 차이를 가진다.
자바는 기본적으로 클래스 간의 다중상속을 허용하지 않지만 인터페이스끼리는 예외적으로 다중상속 구현이 가능하다. 인터페이스가 가진 메서드는 모두 추상 메서드이므로 인터페이스에 명시된 기능들을 사용하기 위해서는 반드시 특정 클래스가 인터페이스의 추상 메서드와 같은 미완성 부분을 구현(implements)해야 객체 생성이 가능하다.

application 내장객체는 하나의 서블릿 클래스나 JSP 페이지 범위에서 사용 가능한 pageContext 내장객체와는 달리 현재 수행 중인 웹 애플리케이션 영역 내 관련 정보에 대한 기능을 수행하는 객체이므로 동일한 웹 애플리케이션에 속해 있는 모든 JSP 페이지와 서블릿 클래스가 공유하게 된다. 따라서 application 내장객체는 일반적인 서버측의 정보와 서버의 자원 및 JSP 페이지를 포함한 서블릿의 실행 환경에 대한 정보, 웹 애플리케이션에서 일어나는 이벤트에 대한 로그 정보 등을 다루는 메서드를 제공한다.

(1) 일반적인 서버의 정보

application 내장객체를 이용하면 현재 웹 애플리케이션이 사용 중인 웹 컨테이너에 대한 일반적인 정보 열람이 가능하다. 다음의 메서드를 살펴보도록 하자.

메서드	리턴 타입	설명
getServerInfo( )	String	현재 사용 중인 웹 컨테이너의 이름과 버전을 리턴
getMinorVersion( )	int	현재 웹 컨테이너가 지원 가능한 서블릿 API 마이너 버전을 리턴
getMajorVersion( )	int	현재 웹 컨테이너가 지원 가능한 서블릿 API 메이저 버전을 리턴

위 메서드를 사용하면 웹 컨테이너의 이름과 버전 및 지원 가능한 서블릿 API 버전 범위를 출력할 수 있다. 아래 applicationServer.jsp 페이지를 작성하여 메서드 실행 결과를 살펴보도록 하자.

SOURCE CODE : applicationServer.jsp

```
<%@ page language="java" contentType="text/html; charset=utf-8" %>

<html>
    <head>
        <title>application 내장객체의 일반 서버 정보</title>
    </head>
    <body>
        웹 컨테이너의 이름 및 버전 : <%= application.getServerInfo() %> <br/>
        웹 컨테이너 지원 서블릿 API 마이너 버전 : <%= application.getMinorVersion() %>
<br/>
        웹 컨테이너 지원 서블릿 API 메이저 버전 : <%= application.getMajorVersion() %>
<br/>
    </body>
</html>
```

위 예제를 실행하면 다음과 같이 결과가 출력될 것이다. 현재 사용하고 있는 웹 컨테이너인 아파치 톰캣의 버전과 현재 아파치 톰캣이 지원 가능한 서블릿 API의 마이너, 메이저 버전이 출력됨을 확인할 수 있다.

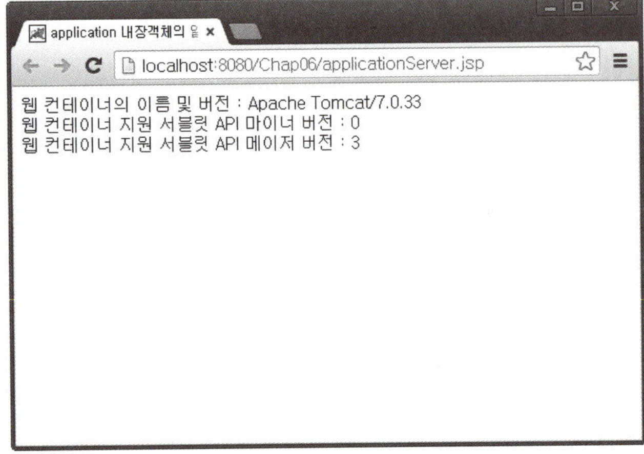

(2) 서버의 자원 정보

JSP 페이지 작성 시 텍스트 파일과 같은 특정 자원에 접근하여 해당 파일의 내용을 사용해야 할 경우 가장 간단한 방법으로 파일의 절대 경로를 사용하여 파일을 읽어오는 방법이 있다. 이 방법을 사용하면 복잡하지 않고 빠르게 자원 접근과 관련된 기능을 구현할 수 있지만, 웹 컨테이너 제품의 교체나 제품 업그레이드 혹은 서버 내 폴더 변경 등 서버 자원의 변경이 발생될 경우 파일의 실제 저장 경로가 변경될 가능성을 가지므로 장기적으로 보았을 때 적합하지 않을 경우가 존재한다.

절대 경로(Absolute Path)

특정 디렉터리 내 파일을 가리키기 위해서는 디렉터리의 구조에 대한 명시 그리고 파일명을 사용한 경로명을 사용하게 된다. 절대 경로는 최상위 폴더인 루트로부터 시작하여 가리키기 위한 파일이 존재하는 폴더까지의 모든 경로를 명시하는 방법을 말한다. 상위 폴더와 하위 폴더의 구분을 위해 구분자를 주게 되는데 Windows 계열 OS에서는 "\", Unix 계열 OS는 "/", MacOS 계열은 ":" 을 사용한다.

application 내장객체는 이렇게 절대 경로를 사용하지 않고도 현재 웹 애플리케이션 범위에 속해 있는 서버의 자원에 접근하는 방법을 제공하는 메서드를 가지고 있다.

메서드	리턴 타입	설명
getResource(String path)	URL	path로 지정된 자원을 URL 타입으로 리턴
getResourceAsStream(String path)	InputStream	path로 지정된 자원을 InputStream 타입으로 리턴
getRealPath(String path)	String	path로 지정된 자원을 시스템 내 실제 경로로 리턴
getContext(String uripath)	ServletContext	uripath로 지정된 자원의 콘텍스트 정보를 Servlet Context 타입으로 리턴
getRequestDispatcher(String path)	RequestDispatcher	path로 지정된 자원의 RequestDispatcher 타입을 리턴

그럼 이러한 메서드들을 활용하는 방법을 절대 경로를 사용하여 서버 내 자원을 이용하는 방법과 비교해보도록 하자. 우선 JSP 페이지에서 사용할 텍스트 파일을 아래와 같이 이클립스에 생성한 프로젝트 내 WebContent 폴더에 생성하여 작성하도록 하자. 이 파일은 이후 JSP 페이지에서 application 내장객체를 사용하여 호출된 후 작성된 내용을 출력할 때 사용할 것이다.

SOURCE CODE : applicationResource.txt

```
Hello, application 1 !
Hello, application 2 !
Hello, application 3 !
```

다음 applicationResource.jsp 페이지는 앞서 살펴본 여러 가지의 메서드 및 방식을 사용하여 pathN 형식의 String 타입 변수에 방금 제작한 applicationResource.txt 파일의 위치를 각각의 방식에 따라 할당한 후 FileReader 클래스 및 InputStreamReader 클래스를 통해 applicationResource.txt 파일을 읽어와 BufferedReader 클래스 참조 변수를 통해 한 줄씩 출력하는 예제이다.

SOURCE CODE : applicationResource.jsp

```
<%@ page language="java" contentType="text/html; charset=utf-8" %>
<%@ page import="java.io.*" %>
<%@ page import="java.net.*" %>
<html>
  <head><title>application 내장객체의 서버 자원 정보</title></head>
  <body>
    <h3>절대 경로를 활용하여 applicationResource.txt 사용 </h3>
    <% String path1 = "C:\\jspbook\\workspace\\Chap06\\WebContent\\
    applicationResource.txt"; %>
    <h5><%= path1 %></h5>
    <% BufferedReader bf1 = new BufferedReader(new FileReader(path1));
      String txtMsg1;
      try{
        do{
          txtMsg1 = bf1.readLine();
          if (txtMsg1 != null) out.println(txtMsg1 + "<br/>");
        }while(txtMsg1 != null);
      }catch (Exception e){ out.println(e.getMessage());
      }finally{
        try{ bf1.close();
```

```
        }catch(Exception e){ out.println(e.getMessage()); }
    }
%><hr>
<h3>application 내장객체의 getRealPath() 메서드를 활용하여
applicationResource.txt 사용</h3>
<% String path2 = application.getRealPath("/applicationResource.txt"
); %>
<h5><%= path2 %></h5>
<% BufferedReader bf2 = new BufferedReader(new FileReader(path2));
    String txtMsg2;
    try{
        do{
            txtMsg2 = bf2.readLine();
            if (txtMsg2 != null) out.println(txtMsg2 + "<br/>");
        }while(txtMsg2 != null);
    }catch (Exception e){ out.println(e.getMessage());
    }finally{
        try{ bf2.close();
        }catch(Exception e){ out.println(e.getMessage()); }
    }
%><hr>
<h3>application 내장객체의 getResource() 메서드를 활용하여
applicationResource.txt 사용</h3>
<% URL path3 = application.getResource("/applicationResource.txt"); %>
<h5><%= path3.getPath() %></h5>
<% BufferedReader bf3 = new BufferedReader(new InputStreamReader
(path3.openStream()));
    String txtMsg3;
    try{
        do{
            txtMsg3 = bf3.readLine();
            if (txtMsg3 != null) out.println(txtMsg3 + "<br/>");
        }while(txtMsg3 != null);
    }catch (Exception e){ out.println(e.getMessage());
    }finally{
        try{ bf3.close();
        }catch(Exception e){ out.println(e.getMessage()); }
    }
%><hr>
```

```
        <h3>application 내장객체의 getResourceAsStream() 메서드를 활용하여
        applicationResource.txt 사용</h3>
        <% InputStream path4 = application.getResourceAsStream
        ("/applicationResource.txt"); %>
        <% BufferedReader bf4 = new BufferedReader(new InputStreamReader
        (path4));
          String txtMsg4;
          try{
            do{
              txtMsg4 = bf4.readLine();
              if (txtMsg4 != null) out.println(txtMsg4 + "<br/>");
            }while(txtMsg4 != null);
          }catch (Exception e){ out.println(e.getMessage());
          }finally{
            try{ bf4.close();
            }catch(Exception e){ out.println(e.getMessage()); }
          }
        %>
    </body>
</html>
```

applicationResource.jsp 페이지의 실행 결과는 아래와 같다. 서버 내 자원을 이용하는 방식은 조금씩 상이하였지만 결과적으로 모두 applicationResource.txt 파일의 내용을 정상적으로 출력하고 있음을 확인할 수 있다.

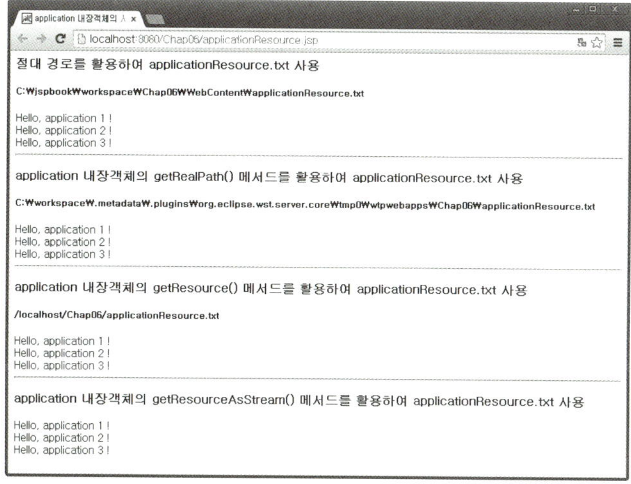

첫 번째 방식은 applicationResource.txt를 생성한 절대 경로를 직접 입력한 후 파일의 내용을 출력하였고, 두 번째 방식은 getRealPath( ) 메서드를 사용하여 파일의 내용을 출력하였다. 2장에서 언급한 대로 이클립스에서 생성한 파일의 경우 실행 시 이클립스 내부에 정의된 폴더 구조에 파일이 저장되어 있음을 확인할 수 있다. getResource( ) 메서드는 웹 애플리케이션 내 상대 경로를 통해 출력하고 있으며 getResourceAsStream( ) 메서드를 통해 마지막으로 스트림 형식으로 읽어와 파일 내용을 출력할 수 있음을 확인하자.

메서드의 사용법에 따라 작성해야 하는 코드가 조금씩 상이하지만 절대 경로를 사용하는 방식보다는 웹 서버 내 환경 변화에 유연하게 대처가 가능하기 때문에 이러한 application 내장객체의 서버 자원에 접근하는 메서드를 사용하는 것이 여러모로 바람직한 방법이 될 수 있다.

(3) 초기화 파라미터

웹 애플리케이션이 시작될 때 활성화되는 콘텍스트 초기화 파라미터는 web.xml을 통해 지정해줄 수 있다. web.xml 내에 파라미터를 지정해보도록 하겠다. 서블릿 2.5와 JSP 2.1 버전부터는 WEB-INF 아래에 web.xml이 존재하지 않아도 웹 애플리케이션 사용이 가능하다. 그렇기 때문에 우리가 각 챕터별로 만들었던 웹 애플리케이션의 WEB-INF 폴더 아래에는 web.xml이 생성되어 있지 않을 것이다. 따라서 WEB-INF 내 web.xml 파일을 다음과 같이 직접 생성한다.

이제 web.xml 파일을 아래와 같이 작성해보자. <context-param> 태그는 콘텍스트 초기화 파라미터를 나타내며, <description> 태그에는 지정할 초기화 파라미터의 설명을 <param-name>에는 초기화 파라미터에 이름을 지정한다. <param-name> 태그에 지정된 이름은 이후 JSP 페이지에서 application 내장객체를 통해 초기화 파라미터 접근 시 사용될 파라미터명이 된다. <param-value> 태그는 앞서 지정한 파라미터명에 지정할 값을 설정할 때 사용한다. 따라서 현재 콘텍스트 초기화 파라미터의 이름은 Hello이며 Hello 파

라미터에 지정된 값은 World가 된다.

SOURCE CODE : web.xml

```
<?xml version="1.0" encoding="UTF-8"?>

<web-app xmlns="http://java.sun.com/xml/ns/javaee"
 xmlns:xsi="http://www.w3.org/2001/XMLSchema-instance"
 xsi:schemaLocation="http://java.sun.com/xml/ns/javaee
           http://java.sun.com/xml/ns/javaee/web-app_3_0.xsd"
 version="3.0"
 metadata-complete="true">

 <display-name>Welcome to Tomcat</display-name>
 <description>
   Welcome to Tomcat
 </description>

<context-param>
<description>Hello</description>
<param-name>Hello</param-name>
<param-value>World</param-value>
</context-param>

</web-app>
```

이렇게 web.xml 파일에 지정해 놓은 콘텍스트 초기화 파라미터는 application 내장객체를 통해 접근이 가능하다. 웹 애플리케이션 범위 내의 정보 공유가 가능하다는 의미로 해당 웹 애플리케이션에 속한 모든 JSP 페이지를 포함한 서블릿 클래스에서 활용 가능하다. 콘텍스트 초기 파라미터를 사용하기 위한 application 내장객체의 메서드는 다음과 같다.

메서드	리턴 타입	설명
getInitParameter(String name)	String	name으로 지정된 콘텍스트 초기 파라미터 값을 String 타입으로 리턴
getInitParameterNames( )	Enumeration	콘텍스트 초기 파라미터의 이름 집합을 Enumeration 타입으로 리턴

이제 앞서 web.xml 파일에 삽입했던 파라미터를 application 내장객체의 메서드를 사용하여 불러오도록 해보자.

SOURCE CODE : applicationParam.jsp

```
<%@ page language="java" contentType="text/html; charset=utf-8" %>

<html>
    <head>
        <title>application 내장객체의 초기 파라미터 정보</title>
    </head>
    <body>
        getInitParameter() 메서드 사용<hr>

        <%
            String name = "Hello";
            String value = application.getInitParameter(name);
        %>
        <%=name + " 파라미터의 설정값 : " + value %>
    </body>
</html>
```

applicationParam.jsp 페이지를 호출해보도록 하자. 앞서 web.xml에 정의해두었던 Hello 파라미터를 application 내장객체의 메서드를 사용하여 그 값을 출력함을 알 수 있다.

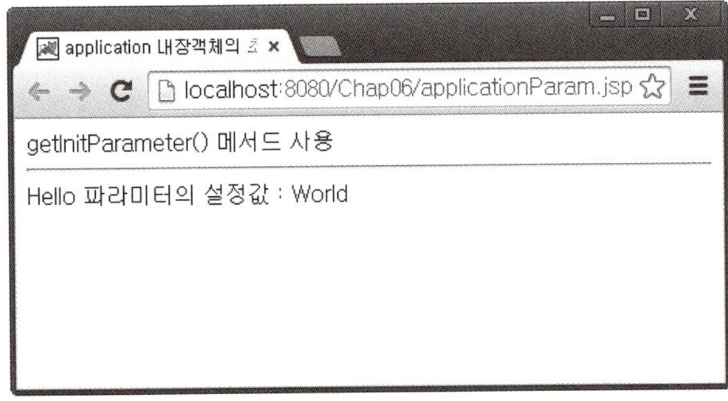

Hello 파라미터는 web.xml에 지정한 콘텍스트 초기화 파라미터이므로 방금 제작한 applicationParam.jsp 페이지뿐만 아니라, 동일한 웹 애플리케이션 내 모든 JSP 페이지에서 사용 가능하다.

(4) 로그(Log)

웹 애플리케이션 제작 시 사용자에게 노출되는 정보 외에 관리 측면에서 필요한 정보를 그때그때 특정 파일에 실시간으로 저장할 필요가 있다. 이럴 경우 로그 기능을 유용하게 사용할 수 있다. application 내장객체는 간단한 로그 작성 기능을 제공하고 있으며 아래의 메서드를 통해 쉽게 구현이 가능하다.

메서드	리턴 타입	설명
log(String msg)	void	서블릿 로그 파일에 msg의 내용을 기록
log(String message, Throwable throwable)	void	message의 내용과 Throwable 예외 stack trace를 서블릿 로그 파일에 기록

log 메서드는 Exception 타입의 예외 참조 변수와 String 타입의 문자열을 파라미터로 받는 형식도 존재하지만, 현재 우리가 이 책에서 사용하는 2.2버전에서는 Deprecated되었으므로 사용을 권하지 않는다.

TiP

자바의 Deprecated

자바 혹은 서블릿 API에서 클래스나 인터페이스를 살펴볼 경우 Deprecated라고 눈에 띄게 표시되어 있는 멤버들이 있다. 이는 API의 버전이 높아짐에 따라 중요도가 떨어져 더 이상 사용되지 않고 앞으로는 사라지게 될 멤버라는 것을 의미한다. 일반적으로 Deprecated된 멤버에 대해서는 해당 멤버를 대체할 멤버가 만들어져 있는 경우가 많다. 따라서 여러분이 어떤 기능 구현을 위해 특정 멤버를 사용해야 할 경우 해당 멤버가 현재 사용 중인 API 버전에서 Deprecated가 되어 있다면 해당 멤버는 가급적 사용을 지양하는 것이 바람직하다.

void	**log**(java.lang.Exception exception, java.lang.String msg) **Deprecated.** *As of Java Servlet API 2.1, use* log(String message, Throwable throwable) *instead.* *This method was originally defined to write an exception's stack trace and an explanatory error message to the servlet log file.*

▲ applicationParam.jsp 페이지의 결과 화면

웹 컨테이너의 제품군 혹은 같은 제품이라도 버전에 따라 로그 파일이 저장되는 경로는 다를 수 있다. application 내장객체를 이용한 로그 작성은 매우 간단하며 아래 applicationLog.jsp 페이지는 정확한 로그 파일의 결과를 확인하기 위해 이클립스를 사용하지 않고 아파치 톰캣 디렉터리에 직접 JSP를 생성하여 사용하길 권한다. 여기서는 \jspbook\apache-tomcat-7.0.33\webapps\Chap06 경로에 applicationLog.jsp를 직접 생성하여 실행해보도록 하겠다.

SOURCE CODE : applicationLog.jsp

```
<%@ page language="java" contentType="text/html; charset=utf-8" %>

<html>
    <head>
        <title>application 내장객체의 로그</title>
    </head>
    <body>
        <%
            application.log("applicationLog.jsp 페이지가 실행되었습니다");
        %>
        <h3>application 내장객체를 이용한 로그작성이 완료되었습니다.</h3>
    </body>
</html>
```

applicationLog.jsp 페이지를 실행하면 아래와 같이 출력을 명령한 문자열이 화면에 나타날 것이다.

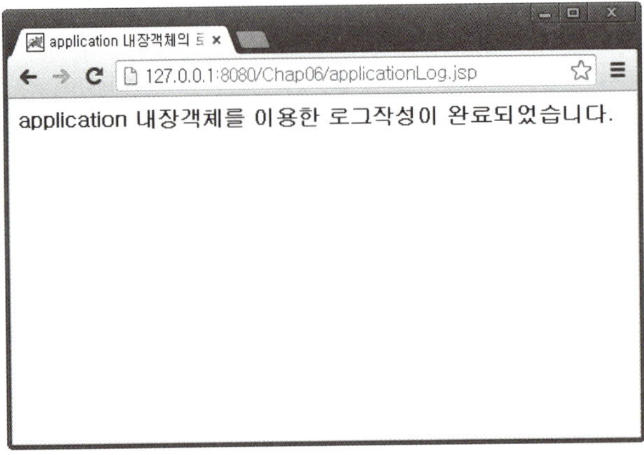

application 내장객체를 통한 로그기능 사용 시 로그가 기록되는 파일의 경로는 \jspbook\apache-tomcat-7.0.33\logs의 localhost.년-월-일.log 형태로 파일이 생성된다. 해당 파일의 내부는 다음과 같다.

SOURCE CODE : localhost.년-월-일.log

```
12월 27, 2013 10:42:17 오전 org.apache.catalina.core.ApplicationContext log
정보: ContextListener: contextInitialized()
12월 27, 2013 10:42:17 오전 org.apache.catalina.core.ApplicationContext log
정보: SessionListener: contextInitialized()
12월 27, 2013 10:42:17 오전 org.apache.catalina.core.ApplicationContext log
정보: ContextListener: attributeAdded('org.apache.jasper.compiler.TldLoca-
tionsCache', 'org.apache.jasper.compiler.TldLocationsCache@5e42edff')
12월 27, 2013 10:42:45 오전 org.apache.catalina.core.ApplicationContext log
정보: applicationLog.jsp 페이지가 실행되었습니다
```

application 내장객체의 log 메서드를 사용하여 페이지 호출 시 사용한 로그 기능이 파일에 저장됨을 알 수 있다. 이번 예제에서는 페이지의 호출이 정상적으로 이루어졌을 경우 'applicationLog.jsp 페이지가 실행되었습니다'라는 간단한 메시지만을 로그로 남겼지만 앞서 살펴보았던 여러 내장객체들과 JSP 내 자바 문법을 활용하면 다양한 활용이 가능할 것이다.

2.6 config 객체

config 내장객체는 javax.servlet.ServletConfig 인터페이스의 인스턴스로 JSP 페이지를 포함한 서블릿 클래스의 인스턴스가 생성될 때 필요한 초기 파라미터 정보들을 저장해두어 읽어올 수 있는 객체이다. 따라서 config 내장객체는 웹 컨테이너의 관리 목적과 함께 웹 컨테이너 내 생성된 모든 웹 애플리케이션의 초기화 정보 공유에 그 목적이 있다.

초기 파라미터 정보들은 웹 컨테이너가 시작될 때 web.xml 파일을 참조하여 할당되며 현재 속해 있는 웹 컨테이너에 존재하는 모든 웹 애플리케이션에 공유된다. 따라서 config 내장객체는 JSP 페이지를 포함한 서블릿당 단 하나의 객체만 생성되고 모두 동일한 인스턴스를 참조한다. config 내장객체로 사용 가능한 메서드는 다음과 같다.

메서드	리턴 타입	설명
getInitParameter(String name)	String	name으로 지정된 초기 파라미터의 값을 String 타입으로 리턴
getInitParameterNames( )	Enumeration	초기 파라미터의 이름 집합을 Enumeration 타입으로 리턴
getServletContext( )	ServletContext	현재 사용 중인 ServletContext의 참조 변수, 즉 applcation 내장객체를 리턴
getServletName( )	String	현재 서블릿의 이름을 String 타입으로 리턴

그러나 일반적으로 중대형 규모 이상의 환경에서 서블릿 활용이 많은 경우를 제외하고는 web.xml 파일 내부에 파라미터를 넣는 작업은 흔치 않으며 여기서는 config 내장객체를 이용한 초기 파라미터를 출력하는 예제만을 다루어 보겠다.

TiP

웹 컨테이너 초기화 파라미터를 등록하기 위한 web.xml

앞서 application 내장객체에 콘텍스트 초기화 파라미터를 지정할 때 언급했던 web.xml과 config 내장객체에서 언급한 웹 컨테이너 초기화 파라미터를 지정하기 위한 web.xml은 파일명은 동일하지만 다른 파일이다. 먼저 다루었던 web.xml은 각 웹 애플리케이션(이클립스 내부에서는 Dynamic Web Project)의 WEB-INF 폴더에 속한 web.xml을 가리키며, 현재 언급하고 있는 web.xml은 jspbook\apache-tomcat-7.0.33\conf\ 폴더에 위치한 web.xml을 가리킨다. 이 파일에서 초기화 파라미터를 등록하는 방법은 아래의 구문을 찾아 <init-param> 태그를 사용하여 추가할 수 있으나 이들의 활용은 이 책에서 다루지 않을 것이므로 사세한 사항은 아파치 톰캣 홈페이지(http://tomcat.apache.org/)를 참고하길 바란다.

```
<servlet>
  <servlet-name>jsp</servlet-name>
  <servlet-class>org.apache.jasper.servlet.JspServlet
  </servlet-class>
  <init-param>
    <param-name>fork</param-name>
    <param-value>false</param-value>
  </init-param>
  <init-param>
    <param-name>xpoweredBy</param-name>
    <param-value>false</param-value>
  </init-param>
  <load-on-startup>3</load-on-startup>
</servlet>
```

configParam.jsp 페이지는 다음과 같다. getInitParameterNames( ) 메서드를 이용하여 Enumeration 타입 참조 변수에 할당하면 초기 파라미터들의 이름들이 담기게 된다. 이후 while 반복문을 통해 hasMoreelements( ) 메서드로 남은 요소의 여부를 확인하여 초기 파라미터의 이름과 값을 각각 할당하는 예제이다.

SOURCE CODE : configParam.jsp

```
<%@ page language=“java” contentType=“text/html; charset=utf-8” %>
<%@ page import=“java.util.*” %>
<html>
    <head>
        <title>config 내장객체의 초기 파라미터</title>
    </head>
    <body>
        <%
            Enumeration<String> paramNameSet = config.getInitParameter
            Names();
            while(paramNameSet.hasMoreElements())
                String paramName = (String)paramNameSet.nextElement();
                String paramValue = config.getInitParameter(paramName);
                out.println(paramName + “ : ” + paramValue + “<br/>”);

        %>
    </body>
</html>
```

configParam.jsp 페이지의 출력 결과는 아래와 같다. web.xml에 지정된 fork 파라미터와 xpoweredBy 파라미터에 지정된 값이 차례대로 출력됨을 확인할 수 있다.

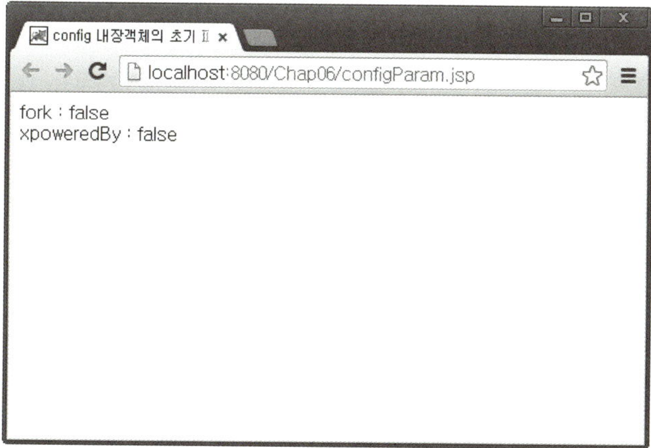

2.7 page 객체

page 내장객체는 JSP 페이지를 포함한 현재 서블릿의 인스턴스를 참조한다. 즉, page 내장객체는 자기 자신을 가리킨다는 것을 의미한다. JSP 페이지에서 변환된 서블릿에서 page 내장객체가 선언되는 방식을 보도록 하자.

SOURCE CODE

```
...<중략>

public final class testJspToServlet_jsp extends org.apache.jasper.runtime.
HttpJspBase
   implements org.apache.jasper.runtime.JspSourceDependent {

...<중략>

  public void _jspService(final javax.servlet.http.HttpServletRequest
  request, final javax.servlet.http.HttpServletResponse response)
      throws java.io.IOException, javax.servlet.ServletException {

      final javax.servlet.jsp.PageContext pageContext;
      javax.servlet.http.HttpSession session = null;
      final javax.servlet.ServletContext application;
      final javax.servlet.ServletConfig config;
      javax.servlet.jsp.JspWriter out = null;
      final java.lang.Object page = this;
      javax.servlet.jsp.JspWriter _jspx_out = null;
      javax.servlet.jsp.PageContext _jspx_page_context = null;

...<중략>
  }
}
```

위에서 볼 수 있듯이 page 내장객체가 바로 this이므로 page 내장객체의 활용은 this의 활용과 거의 동일하다. 따라서 page 내장객체는 사실상 현재 페이지를 가리키는 용도로 사용하기 위해 JSP 페이지에서 제공되지만 JSP 및 서블릿이 모두 자바를 사용하기 때문에 page 내장객체를 사용하지 않아도 현재 페이지의 멤버 변수나 메서드에 접근할 수 있는 방법을 가지고 있으므로 상대적으로 사용 빈도는 낮다고 볼 수 있다.

2.8 exception 객체

exception 내장객체는 java.lang.Throwable 클래스 타입의 참조 변수로 JSP 페이지에서 예외 발생 시 page 지시자를 통해 지정된 오류 처리 페이지에서 해당 예외 이벤트를 처리하기 위해 전달되는 객체를 의미한다. exception 내장객체를 통해 사용할 수 있는 페이지 에러 처리 기능 구현을 위한 메서드는 다음과 같다.

메서드	리턴 타입	설명
getMessage( )	String	현재 오류에 대한 상세 메시지를 String 타입으로 리턴
printStackTrace( )	void	현재 오류의 StackTrace 정보 출력
printStackTrace(PrintWriter s)	void	현재 오류의 StackTrace 정보를 PrintWriter 객체 s로 출력
printStackTrace(PrintStream s)	void	현재 오류의 StackTrace 정보를 PrintStream 객체 s로 출력
toString( )	String	현재 오류에 대한 간략한 메시지를 String 타입으로 리턴

exception 내장객체를 사용하는 방법은 일반적으로 page 지시자를 병행한 에러 처리 페이지와 같이 에러 처리를 위해 제작되는 JSP 페이지에 사용되므로 자세한 내용은 7장에서 자세히 살펴보도록 하겠다.

2.9 session 객체

session 내장객체는 HttpSession 인스턴스를 사용하여 웹 클라이언트와 웹 서버의 연결 및 세션 관리를 위해 사용된다. session 내장객체는 page 지시자의 session 속성을 “true”로 지정하여 사용해줄 수 있으며, 세션 관리에 사용되는 메서드는 아래와 같다.

메서드	리턴 타입	의미
getAttribute(String name)	Object	session 객체에 저장된 속성을 반환
setAttribute(String name, Object value)	void	session 객체에 속성을 저장
removeAttribute(String name)	void	session 객체에 저장된 속성을 제거
getId( )	String	세션 ID 값을 반환
getMaxInactiveInterval( )	int	세션의 유효 시간을 반환
setMaxInactiveInterval(int interval)	void	세션의 유효 시간을 설정
invalidate( )	void	현재 세션 정보를 제거

session 내장객체의 자세한 사용법은 8장에서 살펴볼 것이다.

CHAPTER 06 Level Up! Coding

01 아래와 같이 간단한 회원가입 Join.html 페이지와 회원가입 시 입력한 내용을 출력하기 위한 Join.jsp 페이지를 제작해보자(단, 취미의 경우 아무것도 선택하지 않았을 경우 "[선택한 취미가 없습니다]"를 출력하도록 한다).

02 아래와 같이 GET 방식을 통해 move 파라미터의 값에 따라 페이지가 이동할 PageMoving.jsp 페이지를 제작해보자.

move 파라미터의 값	대상 페이지	이동 방식
redirect	PageMovingRedirect.jsp	페이지 리다이렉트
forward	PageMovingForward.jsp	포워드 방식
include	PageMovingInclude.jsp	인클루드 방식

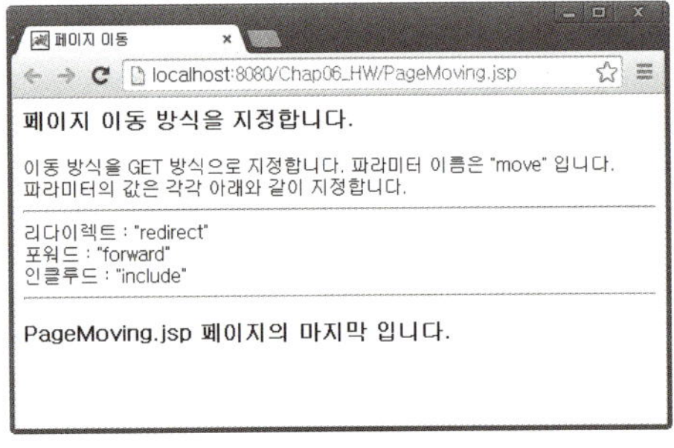

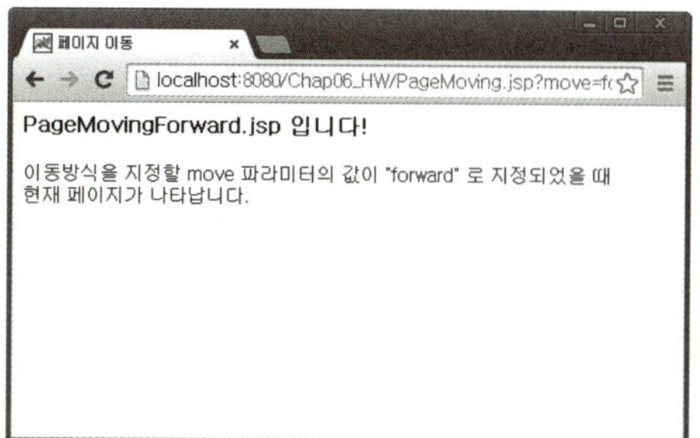

페이지 이동
localhost:8080/Chap06_HW/PageMoving.jsp?move=fc
PageMovingForward.jsp 입니다!
이동방식을 지정할 move 파라미터의 값이 "forward" 로 지정되었을 때
현재 페이지가 나타납니다.

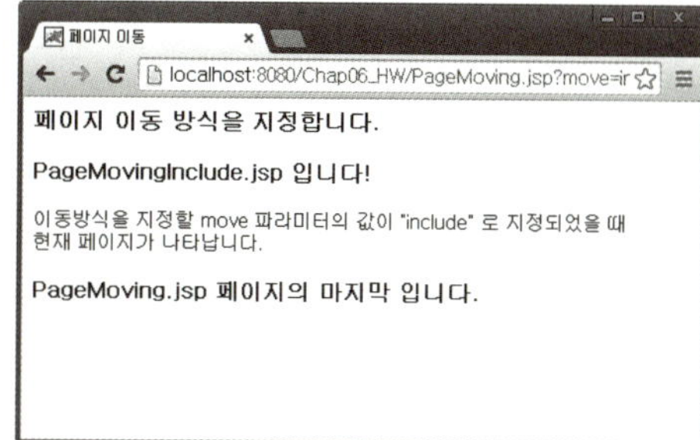

03 아래와 같이 로그인을 위한 Login.html을 제작하고 로그인 시 LoginCheck.jsp 페이지를 아래와 같이 제작해보자. LoginCheck.jsp 페이지는 접속자의 아이디 및 접속 날짜 시간을 출력하며 추가적으로 마지막 그림과 같이 접속이 발생할 경우의 날짜 및 시간 그리고 접속한 아이디를 로그로 남기는 기능을 수행한다(이 예제는 이클립스가 아닌 아파치 톰캣에서 직접 웹 애플리케이션을 제작한다).

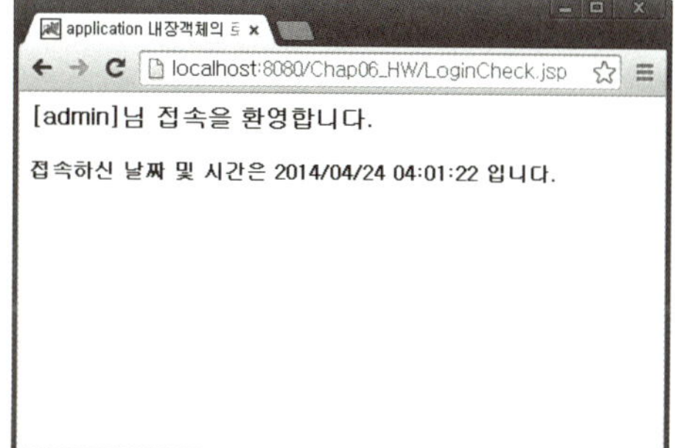


```
localhost.2014-04-24.log - 메모장
파일(F) 편집(E) 서식(O) 보기(V) 도움말(H)
4월 24, 2014 4:00:50 오전 org.apache.catalina.core.ApplicationContext log
정보: ContextListener: contextInitialized()
4월 24, 2014 4:00:50 오전 org.apache.catalina.core.ApplicationContext log
정보: SessionListener: contextInitialized()
4월 24, 2014 4:00:50 오전 org.apache.catalina.core.ApplicationContext log
정보: ContextListener: attributeAdded
('org.apache.jasper.compiler.TldLocationsCache',
'org.apache.jasper.compiler.TldLocationsCache@7a171efb')
4월 24, 2014 4:01:22 오전 org.apache.catalina.core.ApplicationContext log
정보: 2014/04/24 04:01:22 : [admin] 로그인
```

▲ admin으로 아이디를 지정하여 로그인할 경우 위와 같이 로그가 기록된다.

07 CHAPTER

JSP의 에러 처리

JSP 페이지는 여러 원인에 의해 에러가 발생할 수 있으며 웹 서버는 JSP 페이지 수행 중 발생한 에러 상황을 보여주기 위한 기본 페이지를 제공하는 것이 일반적이다. 그러나 웹 서버에서 제공하는 에러 페이지는 일반 사용자들에게는 익숙하지 않은 경우가 많아 서비스 이용 시 불편함을 야기할 수 있으므로 대개의 웹 사이트는 발생한 에러 처리를 전담하는 페이지를 제작해두어 웹 서비스 사용 중 일어날 수 있는 에러를 사용자에게 친절하게 안내하여 유연하게 대응할 수 있도록 한다. 이번 장에서는 JSP의 에러 처리 과정과 더불어 에러 페이지를 직접 제작하는 방법에 대해 알아보도록 하겠다.

01 | JSP 에러 처리를 위한 필요 요소

JSP 페이지 수행 중 비정상적 동작 수행으로 인해 페이지 내부에서 에러가 발생했을 때 JSP 페이지 내부에 해당 에러를 처리하기 위한 아무런 조치가 없을 경우 웹 서버에서 에러 관련 사항을 웹 브라우저를 통해 출력하게 된다. 다음은 현재 사용 중인 톰캣 서버 사용 시 볼 수 있는 에러 화면이다.

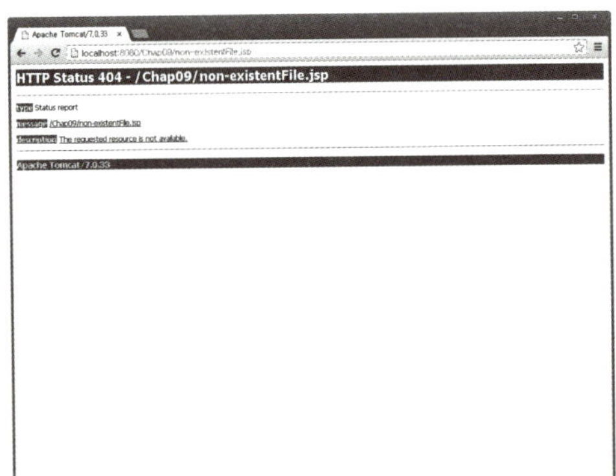

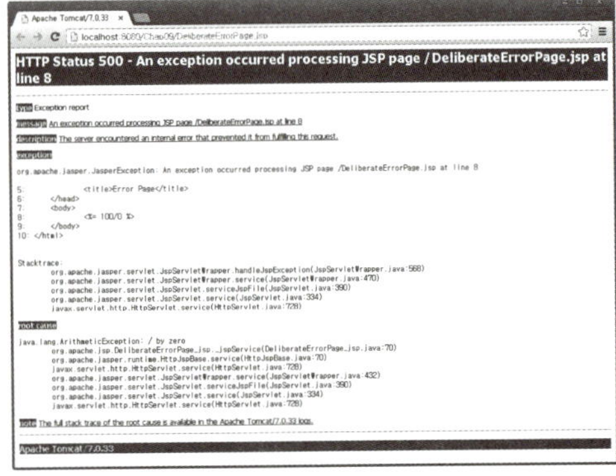

▲ 톰캣 서버의 에러 화면

앞서 예제를 제작해보면서 소스 코드를 잘못 입력했다면 비슷한 화면을 본 적이 있을 것이다. 이번 장을 학습하면 위와 같은 에러 상황 페이지가 의미하는 바가 어느 정도 익숙해지겠지만 일반 사용자의 경우 위와 같은 내용을 보았을 때 적절한 대처를 하기 어렵다. 따라서 웹 애플리케이션 제작 시 위와 같은 기본 에러 관련 화면보다는 에러를 처리함과 동시에 상황에 맞는 적절한 대응 안내를 사용자에게 해줄 수 있는 새로운 에러 페이지를 제작하는 것이 바람직하다. 이제 JSP 페이지에서 에러 처리에 필요한 요소들을 살펴보도록 하겠다.

1.1 응답 상태 코드

JSP 에러 처리에 핵심적인 요소인 응답 상태 코드는 웹 서버가 요청에 대한 응답을 전송할 때 HTTP 응답 메시지에 포함되는 요소 중 하나로 현재 전송하려는 응답에 대응되는 요청의 처리 결과를 나타내는 코드이다. 즉, 웹 클라이언트의 요청이 잘 처리되었는지, 어떤 문제가 발생했는지에 대한 내용을 의미하는 약속된 코드라고 볼 수 있다.

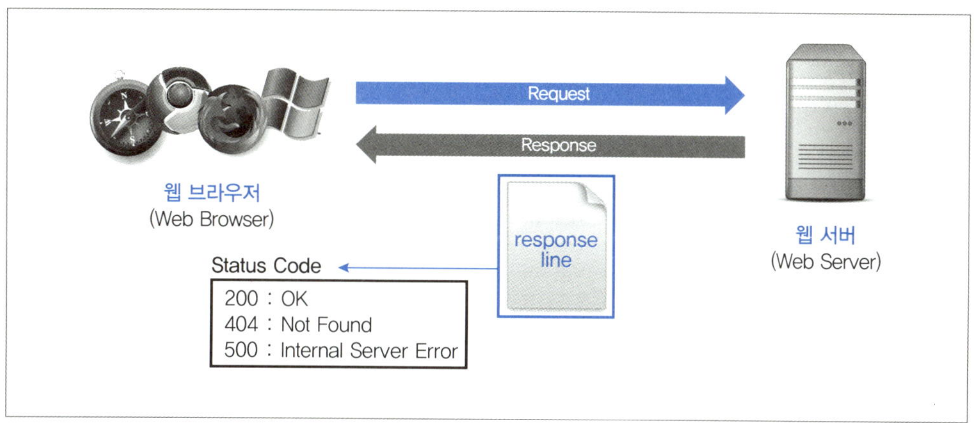

▲ 응답 상태 코드는 웹 서버의 응답에 함께 첨부된다.

응답 상태 코드는 문제 발생에 따라 여러 가지로 분류되어 있으며 일반적으로 많이 사용되는 응답 상태 코드의 값들은 다음과 같다.

상태 코드	메시지	의미
200	OK	요청이 성공적으로 처리됨
301	Moved Permanently	URL이 옮겨짐
307	Temporary Redirect	임시로 리다이렉트됨
400	Bad Request	잘못된 요청
401	Unauthorized	허용되지 않은 접근
403	Forbidden	요청에 대한 수행 거절

404	Not Found	요청한 페이지(파일)가 존재하지 않음
405	Method Not Allowed	허용되지 않은 메서드
500	Internal Server Error	서버 처리 오류
503	Service Unavailable	서버 부하로 인해 요청에 대한 응답 불가

위의 코드들은 비교적 자주 사용되는 코드이며 나머지 전체 코드에 대해서는 W3 홈페이지(http://www.w3.org)를 참조하길 바란다. 우리가 앞에서 보았던 톰캣 서버의 에러 화면에 나와 있는 에러 코드도 이 응답 상태 코드와 동일하다. 즉, 404로 나타나 있는 화면은 페이지명이 잘못 입력되었을 때와 같이 요청 페이지가 존재하지 않을 경우이고, 500으로 나타난 에러 코드는 서버 처리 오류로 볼 수 있다. 에러가 발생했을 때 생성된 응답 상태 코드를 분석하여 다양한 에러 처리에 활용할 수 있다.

1.2 page 지시자

page 지시자는 6장에서 살펴보았던 여러 기능 외에도 JSP 페이지 내 에러 발생 시 해당 에러를 처리해줄 다른 JSP 페이지를 지정하는 기능을 제공한다. 이러한 에러 처리에 관련된 page 지시자의 속성은 다음과 같다.

속성	의미
errorPage	현재 JSP 페이지 내 에러 발생 시 해당 에러를 처리할 JSP 페이지를 지정
isErrorPage	현재 JSP 페이지가 에러 처리를 위해 작성된 페이지인지 설정

위 두 속성을 이용하면 JSP 페이지에서 일어나는 많은 에러 관련 사항들을 체계적으로 관리할 수 있다. 사용자의 요청을 처리하는 일반 JSP 페이지에는 기능 수행 중 일어날 수 있는 에러 처리를 위임할 대상 JSP 페이지를 errorPage 속성으로 지정해 놓는다. 그리고 errorPage 속성으로 지정된 대상 페이지는 에러를 처리하기 위한 페이지임을 표시해주기 위해 반드시 isErrorPage 속성값을 “true”로 지정해야 한다.

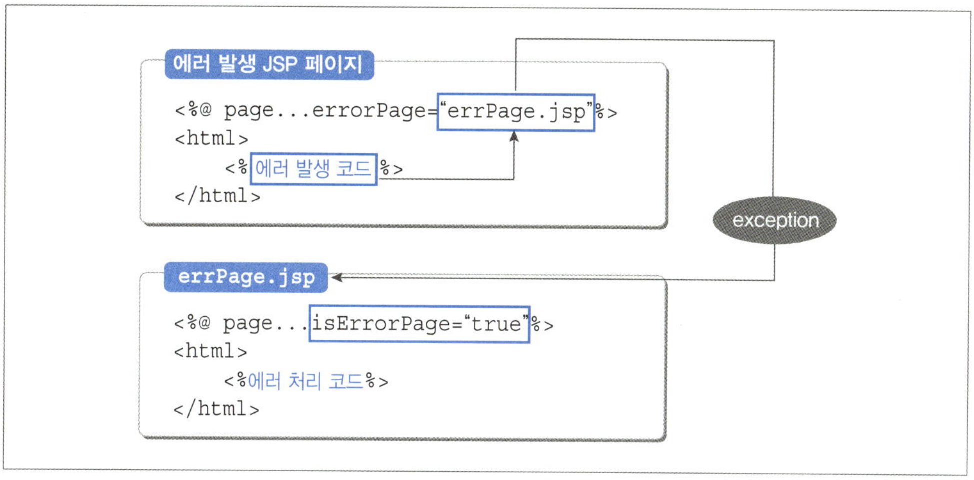

에러 발생 JSP 페이지

```
<%@ page...errorPage="errPage.jsp"%>
<html>
    <%에러 발생 코드%>
</html>
```

exception

errPage.jsp

```
<%@ page...isErrorPage="true"%>
<html>
    <%에러 처리 코드%>
</html>
```

▲ 응답 상태 코드는 웹 서버의 응답에 함께 첨부된다.

이제 page 지시자의 errorPage 속성과 isErrorPage 속성을 이용하여 에러가 처리되는 예제를 살펴보도록 하자. 우선 아래 ErrorStart.jsp 페이지를 제작하도록 하자. ErrorStart.jsp 페이지는 정수 100을 0으로 나누어 강제적으로 에러가 발생하도록 할 것이다. 에러가 발생할 경우 이를 처리할 페이지는 아래와 같이 page 지시자의 errorPage 속성에 ErrorHandling.jsp 페이지를 입력한다.

SOURCE CODE : ErrorStart.jsp

```
<%@ page language="java" contentType="text/html; charset=utf-8"
errorPage="ErrorHandling.jsp"%>

<html>
    <head>
        <title>의도된 에러 페이지</title>
    </head>
    <body>
        <%= 100/0 %> <br/>
        위 코드는 의도된 에러 코드입니다.<br/>
        현재 내용은 JSP 페이지 호출 시 에러가 발생하여 실행되지 못합니다.
    </body>
</html>
```

만약 위와 같이 에러 처리 페이지를 명시하지 않았을 경우, 아파치 톰캣에서 제공하는 기본 에러 페이지가 출력되며 ErrorStart.jsp 페이지의 errorPage 속성을 작성하지 않았을 경우, 다음과 같이 톰캣의 기본 에러 화면이 출력된다.

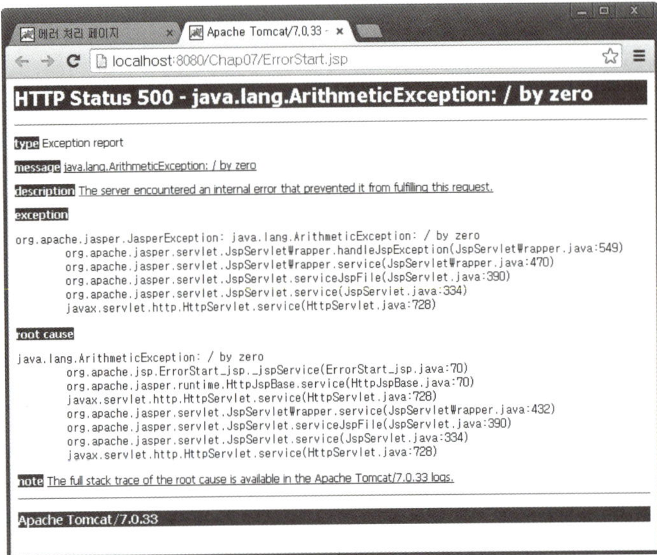

▲ 에러 처리 페이지를 직접 구현하지 않으면 웹 서버가 제공하는 기본 에러 페이지 출력

에러 처리 페이지로 지정한 ErrorHandling.jsp 페이지는 아래와 같다. 앞서 언급한 대로 ErrorHandling.jsp 페이지는 에러 처리를 담당하는 페이지이므로 이를 명시하기 위해 page 지시자에 isErrorPage 속성에 true 값을 설정한다.

SOURCE CODE : ErrorHandling.jsp

```
<%@ page language="java" contentType="text/html; charset=utf-8"
isErrorPage="true"%>

<html>
    <head>
        <title>에러 처리 페이지</title>
    </head>
    <body>
        에러가 발생하였습니다. <hr>
        이 내용은 ErrorHandling.jsp 페이지의 내용입니다. <br/>
        ErrorStart.jsp 페이지에서 에러 발생 시<br/>
        현재 페이지에서 발생한 에러를 처리하게 됩니다.
    </body>
</html>
```

ErrorStart.jsp 페이지를 실행하면 100을 0으로 나누어 에러가 발생하므로 ErrorHandling.jsp 페이지의 내용이 출력됨을 확인할 수 있다. 주소창의 페이지는 ErrorStart.jsp 페이지가 명시되어 있음을 확인하도록 하자.

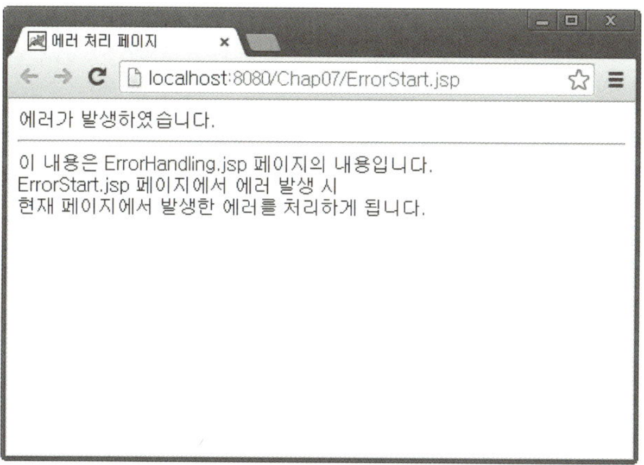

ErrorHandling.jsp 페이지는 에러 발생을 알리는 간단한 내용만을 출력했지만, 아파치 톰캣에서 제공하는 기본 에러 페이지보다는 한결 알아보기가 편해짐을 알 수 있다. 이러한 에러 처리 페이지들은 여러 그래픽적인 요소들과 사용자에게 친숙한 화면을 제공함으로써 그 효용성을 더욱 높일 수 있다.

1.3 exception 내장객체

exception은 6장에서 보았듯이 JSP 페이지에서 생성하지 않고 바로 사용할 수 있는 내장객체이므로, JSP 페이지에서 서블릿 형태의 파일 변환 시 객체 생성이 자동으로 이루어진다. exception 내장객체는 java.lang.Throwable 클래스 타입의 참조 변수이다. 아래는 exception 내장객체가 제공하는 메서드 중 자주 사용되는 것들이다.

메서드	리턴 타입	설명
getMessage( )	String	현재 오류에 대한 상세 메시지를 String 타입으로 리턴
printStackTrace( )	void	현재 오류의 StackTrace 정보 출력
toString( )	String	현재 오류에 대한 간략한 메시지를 String 타입으로 리턴

이번에는 exception 내장객체에서 제공하는 메서드를 사용하는 에러 처리 페이지를 제작해보도록 하겠다. 우선 ErrorStart2.jsp 페이지를 제작하도록 하자. ErrorStart2.jsp 페이지는 요청 파라미터인 msg의 값을 String 타입의 msg 변수에 할당한 후 length( ) 메서드를 사용하여 msg 변수에 저장되어 있는 문자열의 길이를 출력할 것이다. ErrorStart2.jsp 페이지 호출 시 파라미터를 지정하지 않으면 에러가 발생할 것을 예상할 수 있다.

SOURCE CODE : ErrorStart2.jsp

```
<%@ page language="java" contentType="text/html; charset=utf-8"
errorPage="ExceptionMethod.jsp"%>
<%
    String msg = request.getParameter("msg");
%>
<html>
    <head>
        <title>의도된 에러페이지</title>
    </head>
    <body>
        <%
            out.print(msg.length());
        %> <br/>
        위 코드는 의도된 에러 코드 입니다.<br/>
        현재 내용은 JSP 페이지 호출시 에러가 발생하여 실행되지 못합니다.
    </body>
</html>
```

이제 ErrorStart2.jsp 페이지에서 에러 발생 시 에러를 처리할 ExceptionMethod.jsp 페이지를 제작하도록 하자. ExceptionMethod.jsp 페이지는 위에서 살펴본 exception 내장객체가 제공하는 메서드들을 사용하며 아래와 같이 작성한다.

SOURCE CODE : ExceptionMethod.jsp

```
<%@ page language="java" contentType="text/html; charset=utf-8"
isErrorPage="true"%>

<html>
    <head>
        <title>에러 처리 페이지</title>
    </head>
    <body>
        getMessage() 메서드 실행 <p>
        <%=exception.getMessage() %> <hr>

        toString() 메서드 실행<p>
        <%=exception.toString() %> <hr>
```

```
        printStackTrace() 메서드 실행<p>
        <%exception.printStackTrace(); %> <hr>
    </body>
</html>
```

ErrorStart2.jsp 페이지를 호출해보도록 하자. Strnig 변수에 할당될 파라미터가 없으므로 값은 null이며, java.lang.NullPointerException이 발생한 것을 확인할 수 있다.

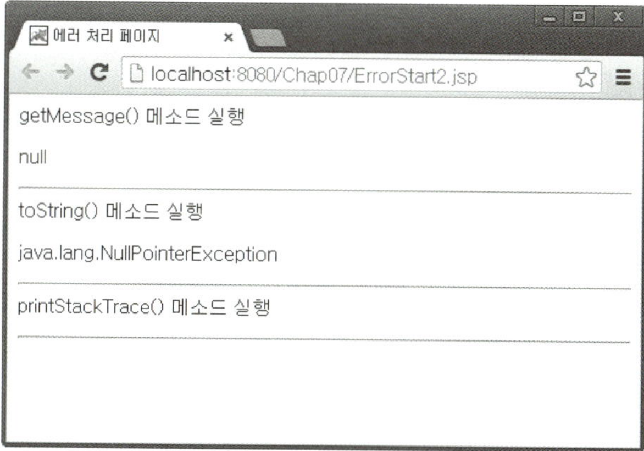

▲ exception 내장객체의 메서드 사용

getMessage( ) 메서드와 toString( ) 메서드는 발생한 오류에 대한 메시지를 String 타입으로 리턴해주므로, HTML 페이지의 해당 에러를 출력해줄 때 유용하게 사용할 수 있다. printStackTrace( ) 메서드는 앞의 두 메서드와는 달리 리턴값이 없는 void 메서드이며 이 메서드를 사용한 결과는 이클립스 콘솔창에 Stack Trace로 출력된다.

```
Markers  Properties  Servers  Data Source Explorer  Snippets  Console
Tomcat v7.0 Server at localhost [Apache Tomcat] C:₩jspbook₩jdk1.7.0_45₩bin₩javaw.exe (2013. 12. 30. 오후 1:50:10)
java.lang.NullPointerException
	at org.apache.jsp.ErrorStart2_jsp._jspService(ErrorStart2_jsp.java:76)
	at org.apache.jasper.runtime.HttpJspBase.service(HttpJspBase.java:70)
	at javax.servlet.http.HttpServlet.service(HttpServlet.java:728)
	at org.apache.jasper.servlet.JspServletWrapper.service(JspServletWrapper.java:432)
	at org.apache.jasper.servlet.JspServlet.serviceJspFile(JspServlet.java:390)
	at org.apache.jasper.servlet.JspServlet.service(JspServlet.java:334)
	at javax.servlet.http.HttpServlet.service(HttpServlet.java:728)
	at org.apache.catalina.core.ApplicationFilterChain.internalDoFilter(ApplicationFilterChain.java:305)
	at org.apache.catalina.core.ApplicationFilterChain.doFilter(ApplicationFilterChain.java:210)
	at org.apache.catalina.core.StandardWrapperValve.invoke(StandardWrapperValve.java:222)
	at org.apache.catalina.core.StandardContextValve.invoke(StandardContextValve.java:123)
	at org.apache.catalina.core.StandardHostValve.invoke(StandardHostValve.java:171)
	at org.apache.catalina.valves.ErrorReportValve.invoke(ErrorReportValve.java:99)
	at org.apache.catalina.valves.AccessLogValve.invoke(AccessLogValve.java:931)
	at org.apache.catalina.core.StandardEngineValve.invoke(StandardEngineValve.java:118)
	at org.apache.catalina.connector.CoyoteAdapter.service(CoyoteAdapter.java:407)
	at org.apache.coyote.http11.AbstractHttp11Processor.process(AbstractHttp11Processor.java:1004)
	at org.apache.coyote.AbstractProtocol$AbstractConnectionHandler.process(AbstractProtocol.java:589)
	at org.apache.tomcat.util.net.JIoEndpoint$SocketProcessor.run(JIoEndpoint.java:312)
	at java.util.concurrent.ThreadPoolExecutor.runWorker(ThreadPoolExecutor.java:1145)
	at java.util.concurrent.ThreadPoolExecutor$Worker.run(ThreadPoolExecutor.java:615)
	at java.lang.Thread.run(Thread.java:744)
```

▲ printStackTrace( ) 메서드의 실행 결과

exception 내장객체의 메서드를 사용하면 자바 파일 실행 시 발생하는 오류 출력과 같은 기능을 사용할 수 있으므로 어디서 어떤 오류가 발생했는지에 대한 원인 분석에 도움을 줄 수 있다. 그러나 웹 서비스 사용자 입장에서 이러한 에러에 관련된 메시지는 낯설게 받아들일 수 있으므로, 조금 더 사용자 편의를 고려한 '친절한' 에러 페이지가 필요하다.

02 | JSP 에러 페이지 활용

이제 앞에서 알아본 JSP 페이지 에러 처리에 사용되는 방법들을 사용하여 조금 더 세밀한 단계의 에러 처리 페이지를 제작하여 활용하는 방법들을 알아보도록 하겠다. 특정 에러에 대응되는 에러 처리 페이지를 등록해두면 지정해둔 에러는 발생된 웹 페이지에 상관없이 동일한 에러 처리 페이지의 내용이 출력되므로 일관성 있는 에러 처리가 가능하다.

2.1 응답 상태 코드별 에러 페이지 활용

앞서 살펴보았던 응답 상태 코드는 JSP 페이지에서 발생한 에러에 따라 다른 값을 가지게 된다. web.xml 설정 파일을 통해 웹 애플리케이션에서 발생할 수 있는 특정 상태 코드를 등록하여 해당 코드에 대응되는 에러 페이지를 제작해 놓으면 해당 웹 애플리케이션에 속한 모든 웹 페이지에서 미리 등록해둔 상태 코드 발생 시 동일한 에러 페이지가 출력된다. 이는 웹 애플리케이션의 일관적인 에러 관리가 가능해지는 장점을 가진다. 아래는 다양한 사이트에서 페이지를 찾을 수 없음을 뜻하는 404 응답상태 코드 발생 시 에러 처리 페이지이다.

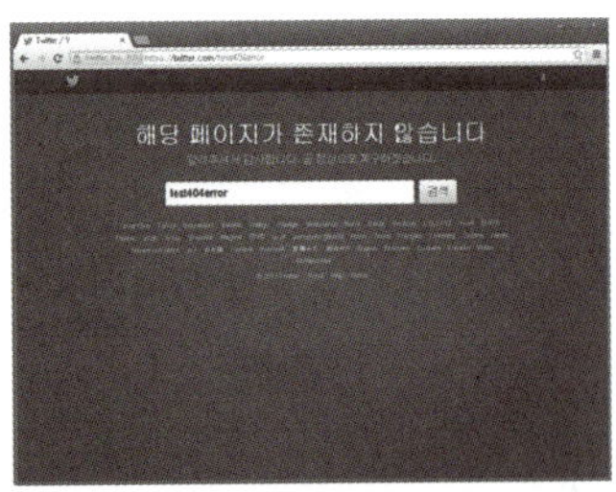

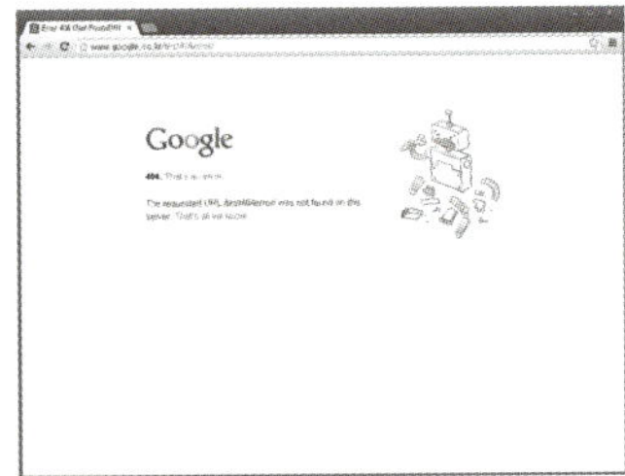

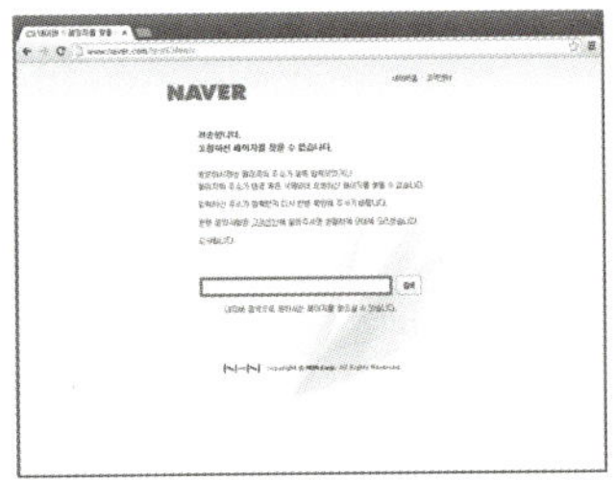

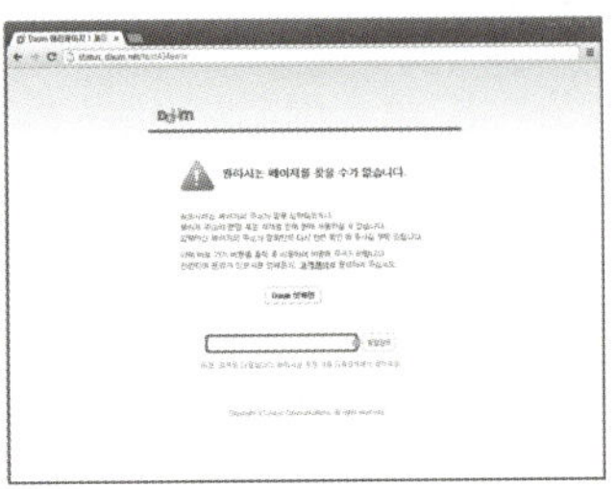
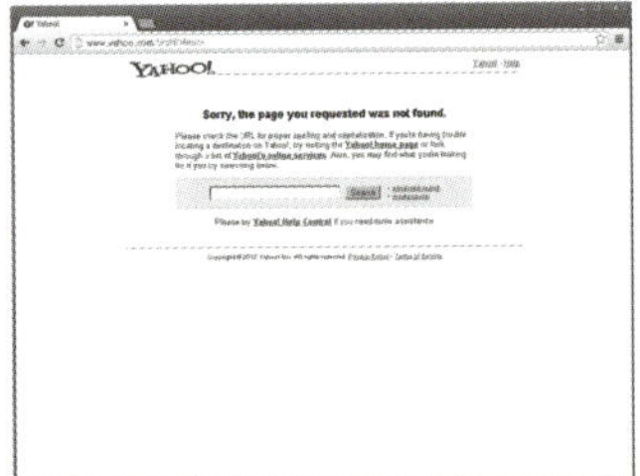

▲ 국내외 여러 웹 사이트에서 제공하는 404 에러 대응 페이지(페이스북, 트위터, 구글, 네이버, 다음, 야후)

앞서 톰캣 서버에서 제공하는 기본 404코드 처리 페이지에 비해 사용자 입장에서 보았을 때 비교적 '친절한' 페이지임을 알 수 있다. 먼저 페이지를 찾을 수 없음을 의미하는 404 코드를 처리하기 위한 404ErrorHandling.jsp 페이지를 다음과 같이 구현해보자.

SOURCE CODE : 404ErrorHandling.jsp

```
<%@ page language="java" contentType="text/html; charset=utf-8"
isErrorPage="true"%>

<html>
   <head>
      <title>404 에러 처리 페이지</title>
   </head>
   <body>
      <h2>현재 요청하신 페이지는 유효하지 않은 페이지입니다.</h2> <hr>

      <p> 불편을 드려 죄송합니다. <br/>
      현재 요청하신 서비스 페이지는 삭제되거나, 존재하지 않는 페이지입니다. <p/>
      [뒤로] 혹은 왼쪽 화살표 버튼을 눌러 이전 페이지로 돌아가거나,<br/>
      아래의 링크를 클릭하여 초기 페이지로 돌아가실 수 있습니다.<br/> <p>
      <a href="http://okjsp.pe.kr"> [OKJSP로 이동] </a><hr>

      <p><h5>추가적인 문의사항이 있으신 경우, 02) 1234-5678 혹은 admin@jspbook.com 으로 문의
      주십시오.</h5>

   </body>
</html>
```

이제 우리가 제작할 페이지에서 응답 상태 코드가 404가 되었을 경우 처리를 담당할 페이지를 지정해보도록 하자. 우선 web.xml 파일에 에러 코드를 등록해야 한다. web.xml 내에서 에러 코드는 아래와 같이 〈error-page〉 태그 내 등록할 에러 코드, 즉 응답 코드를 지정할 〈error-code〉 태그와 해당 에러 발생 시 에러를 처리할 JSP 페이지를 지정하는 〈location〉 태그를 사용하여 등록할 수 있다.

```
<web-app …>

    …
    <error-page>
        <error-code>에러 코드</error-code>
        <location>에러 코드 처리 위치</location>
    </error-page>
</web-app>
```

여기서는 페이지를 찾을 수 없을 때 발생하는 코드인 404 코드를 등록하여 예제를 작성해보도록 하자. 우선 위에서 보았던 형식으로 404 코드를 web.xml에 등록하겠다. web.xml을 WEB-INF 폴더에 새로 생성하여 아래와 같이 404 에러 처리를 전담하는 페이지를 등록하도록 하자.

SOURCE CODE : web.xml

```
<?xml version="1.0" encoding="UTF-8"?>

<web-app xmlns="http://java.sun.com/xml/ns/javaee"
  xmlns:xsi="http://www.w3.org/2001/XMLSchema-instance"
  xsi:schemaLocation="http://java.sun.com/xml/ns/javaee
            http://java.sun.com/xml/ns/javaee/web-app_3_0.xsd"
  version="3.0"
  metadata-complete="true">

  <display-name>Welcome to Tomcat</display-name>
  <description>
    Welcome to Tomcat
  </description>
  <error-page>
    <error-code>404</error-code>
    <location>/404ErrorHandling.jsp</location>
  </error-page>

</web-app>
```

이제 등록된 코드가 제대로 작동하는지 확인하기 위한 테스트를 진행하겠다. 404 코드는 페이지를 찾을 수 없음을 의미하므로 제작하고 있는 웹 프로젝트 내 존재하지 않는 페이지를 호출해보도록 하자. 여기서는 NoExistingPage.jsp로 호출해보도록 하겠다.

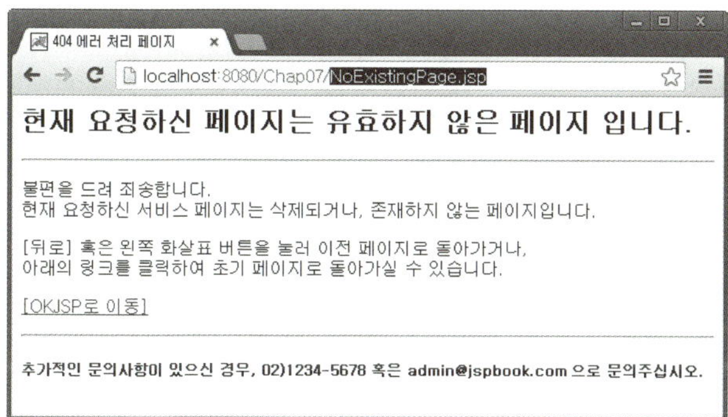

▲ web.xml에 등록된 404 에러 처리 페이지

위 결과 화면에서 알 수 있듯이 웹 애플리케이션 내에 존재하지 않는 JSP 페이지가 요청될 경우 응답 코드는 404가 되고, 404 응답 코드에 대한 처리 페이지를 404ErrorHandling.jsp로 web.xml에 설정해두었으므로 404 응답 코드 발생 시 해당 페이지가 출력됨을 알 수 있다.

이러한 응답 상태 코드 처리 페이지는 응답 상태 코드별로 제작해둘 수 있다. 따라서 수행 중인 페이지의 종류에 상관없이 하나의 웹 애플리케이션 내에 존재하는 모든 페이지에서 일어나는 특정한 응답 상태 코드에 대한 대응 페이지를 마련해둘 수 있으므로, 에러 처리에 대한 일관성 및 사용자의 편의를 위해 보편적으로 사용되는 방식이다. 다음은 자바의 예외 타입별 에러 처리 페이지 제작에 대해 알아보도록 하겠다.

2.2 자바 예외 타입별 에러 페이지 활용

HTTP 통신상에서 일어날 수 있는 예외 상황 외에 자바의 기능 수행 시에도 에러가 발생할 수 있다. 웹 클라이언트의 요청에 대한 응답에 사용되는 응답 코드 외에도 자바 언어 내부에서 사용되는 에러들을 구체적으로 지정하여 해당 에러를 처리하는 JSP 페이지를 지정해주는 방법도 가능하다.

응답 코드에서의 설정과 마찬가지로 이 방법도 아래와 같이 web.xml 파일 내 태그를 사용하여 설정할 수 있다. 자바 예외 타입 지정 시에도 응답 코드 처리와 동일하게 〈error-page〉 태그를 사용하며, 자바의 예외 타입을 지정하기 위해서는 〈exception-type〉 태그를 사용하고 〈location〉 태그를 사용하여 해당 에러를 처리할 JSP 페이지를 지정한다.

```
<web-app …>

    …
    <error-page>
        <exception-type>자바에서 지원하는 exception</exception-type>
        <location>에러 코드 처리 위치</location>
    </error-page>
</web-app>
```

이제 자바 수행 시 발생하는 특정 exception을 처리하는 JSP 페이지를 제작해보도록 하자. 우선 web.xml 파일을 통해 설정하도록 하겠다. 앞서 수정한 web.xml을 그대로 사용하여 error-page 태그를 추가하도록 하자. 여기서는 수치연산 예외를 처리하는 java.lang.ArithmeticException을 등록한다.

SOURCE CODE : web.xml

```
<?xml version="1.0" encoding="UTF-8"?>

<web-app xmlns="http://java.sun.com/xml/ns/javaee"
  xmlns:xsi="http://www.w3.org/2001/XMLSchema-instance"
  xsi:schemaLocation="http://java.sun.com/xml/ns/javaee
            http://java.sun.com/xml/ns/javaee/web-app_3_0.xsd"
  version="3.0"
  metadata-complete="true">

  <display-name>Welcome to Tomcat</display-name>
  <description>
    Welcome to Tomcat
  </description>
  <error-page>
     <error-code>404</error-code>
     <location>/404ErrorHandling.jsp</location>
  </error-page>

  <error-page>
     <exception-type>java.lang.ArithmeticException</exception-type>
     <location>/ArithmeticErrorHandling.jsp</location>
  </error-page>

</web-app>
```

이제 수치연산 상의 예외를 처리할 수 있는 ArithmeticErrorHandling.jsp 페이지를 제작하도록 하자. ArithmeticErrorHandling.jsp 페이지는 web.xml에 등록한 대로 현재 웹 애플리케이션, 즉 이클립스 상에서 이번 장에서 학습을 위해 제작한 Chap07 웹 프로젝트 내에 있는 모든 JSP 페이지의 수치 연산상의 에러를 처리하는 페이지이다.

SOURCE CODE : ArithmeticErrorHandling.jsp

```
<%@ page language="java" contentType="text/html; charset=utf-8"
isErrorPage="true"%>

<html>
    <head>
        <title>수치 연산 에러 페이지</title>
    </head>
    <body>
        <h2>수치 연산 오류가 발생하였습니다.</h2> <hr>

        <p> 불편을 드려 죄송합니다. <br/>
        방금 실행하신 기능 수행도중 수치연산에 관련된 오류가 발생하였습니다.<br/>
        (일반적으로 숫자를 0으로 나누려는 연산이 시도될 때 발생됩니다.) <p/>
        [뒤로] 혹은 왼쪽화살표 버튼을 눌러 이전 페이지로 돌아가거나.<br/>
        아래의 링크를 클릭하여 초기 페이지로 돌아가실 수 있습니다.<br/> <p>
        <a href="http://okjsp.pe.KR">[OKJSP로 이동]</a><hr>

        <p><h5>오류가 반복되어 발생될 경우, 02)1234-5678 혹은 admin@jspbook.com으로 문의
        주십시오.</h5>
    </body>
</html>
```

아래 DivineByZeroError.jsp는 앞서 보았던 특정 숫자를 0으로 나누어 수치연산적 예외를 발생시키는 페이지이다. ErrorStart1.jsp 페이지와 동일한 에러를 발생시키지만 page 지시자의 errorPage 속성을 지정해주지 않았음을 주목하길 바란다.

SOURCE CODE : DivineByZeroError.jsp

```
<%@ page language="java" contentType="text/html; charset=utf-8"%>

<html>
    <head>
        <title>의도된 에러 페이지</title>
    </head>
    <body>
        <%= 100/0 %> <br/>
        위 코드는 의도된 에러 코드입니다.<br/>
        현재 내용은 JSP 페이지 호출 시 에러가 발생하여 실행되지 못합니다.
    </body>
</html>
```

이제 DivineByZeroError.jsp 페이지를 호출해보도록 하자. DivineByZeroError.jsp 페이지는 강제적으로 정수를 0으로 나눈 에러를 발생시키지만, page 지시자에 errorPage 속성값을 지정하지 않았으므로 web.xml에서 지정한 수치 연산상의 에러를 처리하기 위한 ArithmeticErrorHandling.jsp 페이지가 호출됨을 알 수 있다.

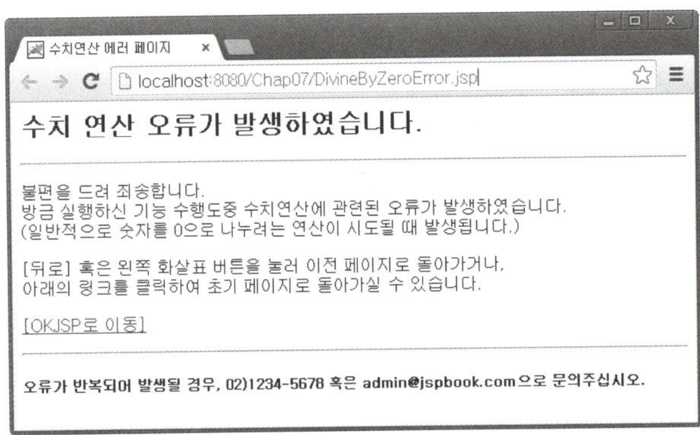

▲ web.xml에 등록된 java.lang.ArithmeticException 예외 처리 페이지

응답 상태 코드와는 조금 다른 방식이지만, 위와 같이 자바 내 특정 exception에 대한 전담 처리 페이지를 제작해두면 다양한 예외 상황에 유연하게 대처가 가능할 것이다.

2.3 에러 페이지의 직접 호출

앞서 알아본 바와 같이 초기 설정 파일인 web.xml을 통해 특정 응답 상태 코드 혹은 자바에 정의된 exception에 대한 처리를 담당하는 JSP 페이지를 지정할 수 있었다. 이 외에 JSP 페이지에서 에러가 발생 시 페이지 내부에서 직접 에러 처리를 담당할 페이지를 호출하는 방법도 가능하다.

이번에는 강제로 Null 값을 가지는 참조 변수를 사용하여 NullPointerException을 처리하는 페이지를 제작해보도록 하겠다. 우선 아래의 Null Pointer 발생 시 호출될 페이지를 제작하도록 하자.

SOURCE CODE : NullPointerErrorHandling.jsp

```
<%@ page language="java" contentType="text/html; charset=utf-8"
isErrorPage="true"%>

<html>
    <head>
        <title>널 포인터 에러 페이지</title>
    </head>
    <body>
        <h2>널 포인터 오류가 발생하였습니다.</h2> <hr>

        <p> 불편을 드려 죄송합니다. <br/>
        방금 실행하신 기능 수행도중 특정값이 Null이기 때문에 기능수행이 중지되었습니다.<br/>
        (보통, 값이 할당된 적 없는 참조 변수에 관련된 값 혹은 기능을 사용하려 할 때 발생됩니다.) <p/>
        [뒤로] 혹은 왼쪽 화살표 버튼을 눌러 이전 페이지로 돌아가거나,<br/>
        아래의 링크를 클릭하여 초기 페이지로 돌아가실 수 있습니다.<br/> <p>
        <a href="http://okjsp.pe.KR"> [OKJSP로 이동] </a><hr>

        <p><h5>기능 재수행 시에도 비정상적 동작이 발생될 경우, 02) 1234-5678 혹은 admin@
        jspbook.com으로 문의주십시오.</h5>
    </body>
</html>
```

이제 try-catch 구문을 이용하여 강제로 NullPointerException을 발생시킨 뒤 해당 에러를 처리할 페이지를 직접 호출하는 JSP 페이지를 제작해보도록 하자. 다음 NullPointerError.jsp 페이지에서는 String 타입의 nullString 변수를 선언하고 그 값을 null 로 할당한 후 length( ) 메서드를 사용하고 있다. 저장된 문자열이 없으므로 이 코드는 NullPointerEx ception이 발생하여 catch 구문에서 해당 예외를 처리하게 된다. 처리 시 request 내장객체의 getRequestDispatcher( ) 메서드를 이용하여 에러 처리 페이지를 NullPointerErrorHandling.jsp 페이지로 지정함을 확인하도록 하자.

SOURCE CODE : NullPointerError.jsp

```
<%@ page language="java" contentType="text/html; charset=utf-8"%>

<html>
    <head>
        <title>의도된 에러 페이지</title>
    </head>
    <body>

        <%
            try{
                String nullString = null;
        %>
                <%=nullString.length() %>
        <%
            }catch (NullPointerException e){
                RequestDispatcher dispatcher = request.getRequest
                Dispatcher("NullPointerErrorHandling.jsp");
                dispatcher.forward(request, response);
            }
        %>
        위 코드는 의도된 에러 코드입니다.<br/>
        현재 내용은 JSP 페이지 호출 시 에러가 발생하여 실행되지 못합니다.
    </body>
</html>
```

NullPointerError.jsp 페이지를 실행한 결과는 다음과 같다. 결과 화면에서 보면 알 수 있듯이 JSP 페이지 내 자바 코드 수행 중 에러가 발생할 경우 자바의 try-catch 구문을 통해 에러로 인한 웹 페이지 수행의 중단을 미연에 방지하고 에러 처리가 가능한 페이지를 직접 호출할 수 있다.

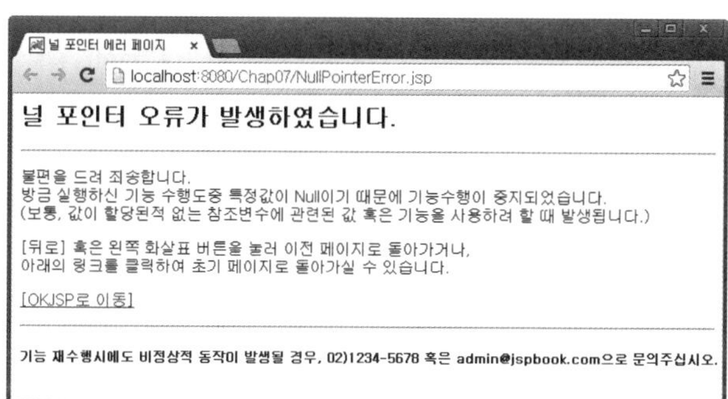

▲ try–catch 구문을 이용해 바로 호출한 에러 처리 페이지

지금까지 JSP 페이지에서 사용할 수 있는 여러 에러 처리 방법들과 에러 처리 페이지 제작 방식에 대해 알아보았다. 에러 처리 페이지 구현은 전적으로 사용자 편의를 위한 방법이기 때문에 JSP 페이지를 개발하는 프로그래머 입장에서 특정 에러 처리를 위한 페이지 제작은 번거로운 일이 될 수 있다. 그러나 에러나 예외 상황이 없는 완벽한 프로그램을 만드는 것은 실질적으로 불가능하다고 볼 수 있으며, 좋은 프로그램이란 프로그램 사용 중 일어날 수 있는 여러 예외 상황들이 프로그램 사용자들에게 얼마나 유연하고 친절하게 대응되느냐가 큰 비중을 차지하므로 반드시 익혀두길 바란다.

CHAPTER 07

01 아래와 같이 500 응답 상태 코드가 발생할 경우 에러 페이지를 제작해보자. 이후 에러 페이지의 동작을 확인하기 위해 Java 문법 에러가 발생할 JSP 페이지를 제작하여 에러 페이지의 정상 동작을 확인한다.

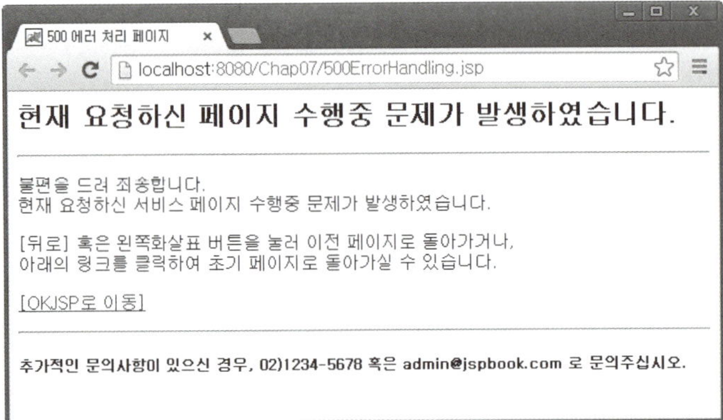

02 아래와 같이 JSP 페이지 수행 시 NullPointerException이 발생했을 경우 사용될 공통 에러 페이지를 제작해보자. 이후 에러 페이지의 동작을 확인하기 위해 NullPointerException이 발생할 JSP 페이지를 제작하여 에러 페이지의 정상 동작을 확인한다.

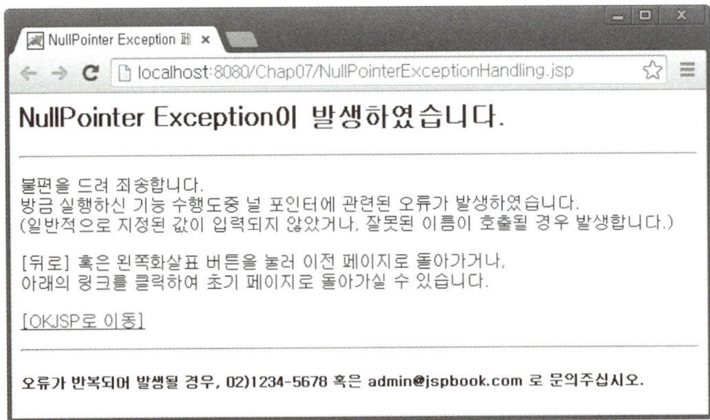

CHAPTER 08

JSP의 세션 관리

세션은 네트워크 내 사용자 혹은 컴퓨터 간 정보 교환을 위한 논리적 연결을 의미하며, 세션의 관리를 통해 접속한 사용자의 구분과 더불어 사용자의 요청이 최초 접속한 세션에서의 요청인지 접속 중에 발생한 요청인지를 구분할 수 있는 주요한 기능으로 활용된다. 그러나 웹 애플리케이션에 사용되는 HTTP 프로토콜은 일회성 연결 방식을 사용하여 지속성 있는 연결 유지를 할 수 없어 세션 관리 측면에서 한계를 가진다. 이번 장에서는 HTTP 프로토콜을 이용한 연결 방식과 함께 HTTP 프로토콜의 한계를 극복하고 세션 관리를 위해 JSP에서 사용되는 다양한 세션 관리 방법들을 알아보도록 하겠다.

01 | HTTP 프로토콜의 연결 방식

웹 애플리케이션이 사용자의 요청에 따라 서비스를 제공하는 일련의 과정에는 HTTP 프로토콜이 그 중심에 있다. HTTP 프로토콜을 사용한 웹 클라이언트와 웹 서버의 연결은 일회성 연결로, 웹 클라이언트로부터 전송되는 요청을 웹 서버에서 처리한 후 웹 클라이언트가 이에 대한 응답을 전달받는 순간 끊어지게 된다.

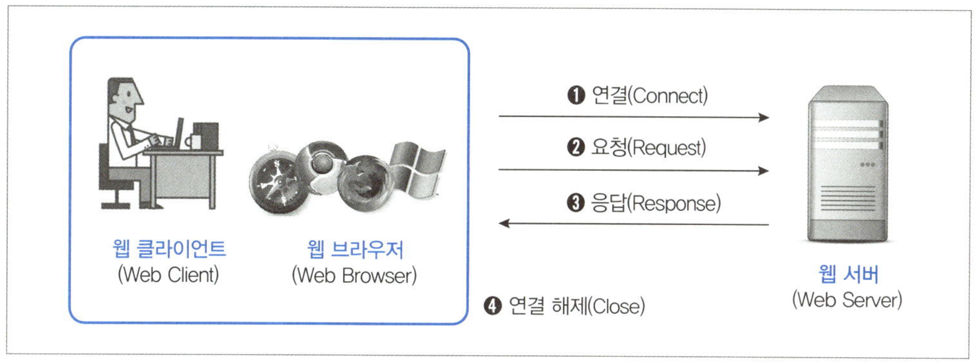

▲ HTTP 프로토콜을 이용한 방식은 한 번의 요청/응답 사이클 후 즉시 연결이 종료된다.

따라서 HTTP 프로토콜을 이용한 웹 서버와 웹 클라이언트는 지속적인 연결을 통한 데이터 송 · 수신을 할 수 없으며, 일회성 연결을 맺고 끊음을 반복적으로 수행하면서 통신하게 된다. 이러한 특성을 가진 HTTP 프로토콜은 연결을 유지하지 않는 프로토콜(stateless protocol)로 분류된다.

Stateless Protocol vs Stateful Protocol

인터넷 서비스가 모두 HTTP 프로토콜과 같이 연결을 유지하지 않는(Stateless) 방식을 취하는 것은 아니다. FTP나 Telnet과 같은 인터넷 서비스는 연결이 유지되는(Stateful) 프로토콜로, 한 번 연결이 이루어지면 지속적인 서비스가 가능하다.

연결을 유지시키지 않고 일회성 연결을 사용하는 HTTP 프로토콜은 동일한 기간에 보다 많은 요청을 수용할 수 있다는 장점을 가지지만, 연결이 지속되지 않아 각각의 웹 클라이언트를 구분할 수 없다는 단점을 가진다. JSP에서는 이러한 HTTP 프로토콜의 일회성 연결에 따른 한계를 극복하기 위해 세션 관리를 위한 다양한 방법을 사용할 수 있다. 여기서는 URL rewriting 방식, Hidden Field 방식, 쿠키(Cookie), HttpSession 객체를 사용하는 방식을 순서대로 살펴보도록 하겠다.

02 | URL Rewriting

URL Rewriting 방식은 웹 서버와 웹 클라이언트의 연결 여부를 확인하기 위해 웹 페이지 이동 시 URL 주소에 세션 관련 정보를 추가하여 세션을 관리하는 방식으로 GET 방식을 이용하게 된다. 따라서 URL Rewriting 방식의 세션 관리는 다른 방식에 비해 상대적으로 구현이 간단하지만, GET 방식의 특성에 의해 아래와 같은 점을 고려해야 한다.

- URL의 길이에 제한이 있다.
- GET 방식을 이용하므로, 세션 관리가 필요한 모든 웹 페이지로의 이동 시 세션 관리에 필요한 내용들을 이동할 URL에 추가시켜야 한다.
- GET 방식의 특성상 세션 관리에 필요한 데이터가 URL에 노출되므로 보안적 문제를 가진다.

이제 URL Rewriting 방식을 이용하여 세션을 관리하는 예제를 작성해보도록 하겠다. 여기서는 로그인에 사용되는 아이디와 비밀번호를 웹 페이지 이동 시 유지하는 방법을 알아볼 것이다. 우선 URLRewritingLogin.jsp 페이지를 제작하자. URLRewritingLogin.jsp 페이지는 일반적으로 사용되는 로그인 화면과 유사한 기능을 하는 간결한 페이지이다. 아이디와 비밀번호를 입력받기 위해 〈form〉 태그를 구성하도록 하자.

SOURCE CODE : URLRewritingLogin.jsp

```
<%@ page language="java" contentType="text/html; charset=utf-8" %>

<html>
    <head>
        <title>URL Rewriting 방식을 이용한 세션 관리</title>
    </head>
    <body>
        <form action="URLRewritingLoginChk.jsp" method="get">
            아이디와 비밀번호를 입력하십시오<hr/>
            <table border="1">
                <tr>
                    <td align="center">아이디</td>
                    <td><input type="text" name="id" /></td>
                </tr>
                <tr>
                    <td align="center">비밀번호</td>
                    <td><input type="password" name="pw"/></td>
                </tr>
                <tr>
                    <td colspan="2" align="right"><input type="submit"
                    value="로그인"/></td>
                </tr>
            </table>
        </form>
    </body>
</html>
```

이제 URLRewritingLogin.jsp 페이지를 통해 아이디와 비밀번호를 입력받아 로그인을 체크하는 페이지인 URLRewritingLoginChk.jsp를 다음과 같이 제작하자. 이번 장에서 구현할 예제에는 아이디나 비밀번호의 유효성 검사를 하지 않고, if문을 통해 단순히 아이디와 비밀번호가 입력되었는지 여부만을 스크립틀릿 내에서 체크한다. 만약 아이디나 비밀번호가 비어 있을 경우, 다시 로그인을 요청하도록 제작할 것이다. 아이디나 비밀번호가 입력되지 않을 경우, 로그인 정보의 입력을 위해 pageContext 내장객체의 include 메서드를 사용하여 URLRewritingLogin.jsp 페이지를 포함시킨다. 실제 웹 서비스에서는 아이디와 비밀번호를 데이터베이스에 저장해두고 유효성을 검사하게 되며, 이 내용은 JDBC를 이용한 데이터베이스 프로그래밍이 필요하므로 이후에 다루도록 하겠다.

SOURCE CODE : URLRewritingLoginChk.jsp

```
<%@ page language="java" contentType="text/html; charset=utf-8" %>

<html>
   <head>
      <title>URL Rewriting 방식을 이용한 세션 관리</title>
   </head>
   <body>
      <%
         String id = request.getParameter("id");
         String pw = request.getParameter("pw");
      %>
      <%
         if (id==null || pw==null || id.trim().equals("") || pw.trim().equals("") ){
            out.print("<b>아이디와 비밀번호는 반드시 입력되어야 합니다.</b><hr/>");
            pageContext.include("URLRewritingLogin.jsp");
         } else {
      %>
            로그인에 성공하였습니다.<br/>
            [<%=id %>] 님 환영합니다.<hr/>
            <a href="URLRewritingPwChk.jsp?id=<%=id%>&pw=<%=pw%>">
            [비밀번호 확인] </a>
      <%
         }
      %>
   </body>
</html>
```

로그인이 정상적으로 실행되었을 경우, 접속한 아이디의 비밀번호를 확인하기 위해 다음과 같이 URLRewritingPwChk.jsp 페이지를 제작하도록 하자. URLRewritingPwChk.jsp 페이지는 URL Rewriting 방식을 사용하여 로그인에 사용된 아이디를 화면에 명시하며, 로그인된 사용자의 비밀번호를 출력하여 준다.

SOURCE CODE : URLRewritingPwChk.jsp

```
<%@ page language="java" contentType="text/html; charset=utf-8" %>

<html>
    <head>
        <title>URL Rewriting 방식을 이용한 세션 관리</title>
    </head>
    <body>
        <%
            String id = request.getParameter("id");
            String pw = request.getParameter("pw");
        %>
        비밀번호 확인 페이지입니다.<hr/>
        [<%=id %>] 님의 비밀번호는 [<%=pw %>] 입니다.
    </body>
</html>
```

이제 URLRewritingLogin.jsp 페이지를 호출하여 아이디와 비밀번호를 입력하도록 하자. 여기서는 아이디에 "TestID", 비밀번호에 "TestPW"를 입력하였다.

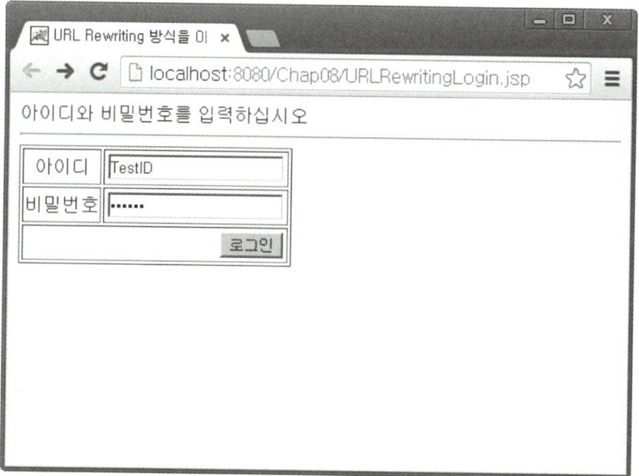

▲ URLRewritingLogin.jsp 페이지에서 아이디와 비밀번호를 입력하고 [로그인] 버튼을 클릭

만약 아이디나 비밀번호에 값을 입력하지 않고 로그인할 경우, 다음과 같이 아이디와 비밀번호 입력을 요청하며 URLRewritingLogin.jsp 페이지의 로그인 폼을 그대로 가져올 것이다.

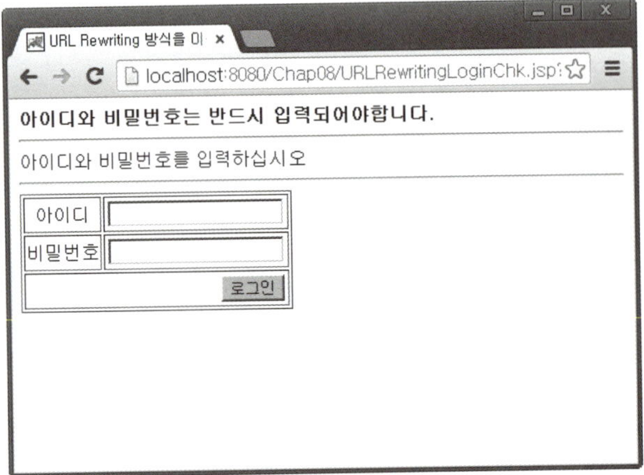

▲ URLRewritingLoginChk.jsp 페이지는 로그인 정보가 빠져 있을 경우 다시 로그인 요청을 하게 된다.

아이디와 비밀번호를 정상적으로 입력하였다면 다음과 같이 URLRewritingLoginChk.jsp 페이지에서 로그인 성공을 알리며 아이디를 명시해준다. 간단한 if문의 조작만으로 출력되는 페이지의 내용이 동적으로 완전히 다르게 제작되어 출력됨을 알 수 있다. URL Rewriting 방식은 GET 방식을 이용하여 세션 관리를 위한 정보를 전송하므로, 입력했던 아이디와 비밀번호가 각각 id와 pw 파라미터에 지정되어 페이지 호출이 일어났다. 〈a〉 태그를 이용하여 설정해둔 아래 [비밀번호 확인]을 클릭하면 URLRewritingPwChk.jsp 페이지를 호출하며, 유지되고 있는 로그인 정보를 URL Rewriting 방식으로 전송하여 입력된 비밀번호를 확인하도록 할 것이다.

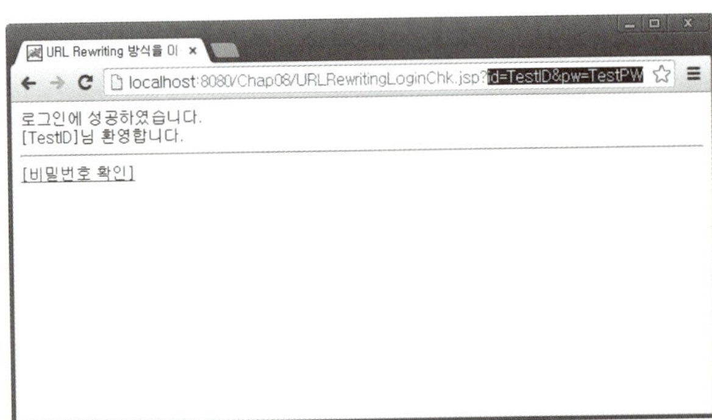

▲ 로그인이 성공했을 경우 URLRewritingLoginChk.jsp 아이디를 명시하고 비밀번호 확인을 위한 하이퍼링크가 출력된다.

URLRewritingLoginChk.jsp 페이지에서 [비밀번호 확인] 링크를 클릭하면 다음과 같이 URLRewritingPwChk.jsp 페이지가 호출되고, 접속한 아이디에 해당하는 비밀번호를 출력해줌을 확인할 수 있다. 이 링크 역시 〈a〉 태그를 사용하여 이동할 페이지의 URL 주소에

GET 방식과 표현식을 사용하여 아이디 및 비밀번호를 지정하였으므로, 이번에도 URL 주소에 아이디와 비밀번호 값이 포함되었음을 확인하도록 하자.

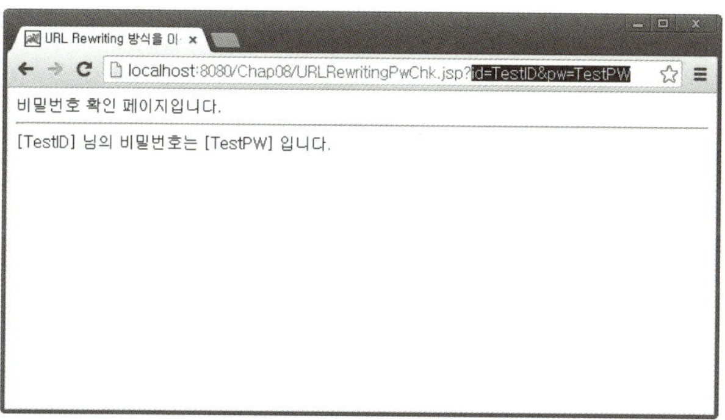

▲ URLRewritingPwChk.jsp에서는 로그인에 사용했던 비밀번호를 확인할 수 있다.

위 예제를 통해 URL Rewriting 방식을 사용한 간단한 세션 관리 기능을 구현해 보았다. URL Rewriting 방식은 GET 방식을 활용하여 세션 관리 기능을 비교적 간단하게 구현할 수 있으나 세션 관리를 위해 웹 애플리케이션의 모든 웹 페이지가 세션 관리 데이터 유지에 관련된 코드가 반복적으로 작성되어야 한다는 점에서 제작 시 번거로움과 향후 웹 애플리케이션의 유지보수에 좋지 않은 영향을 끼칠 수 있다는 단점을 지닌다. 또한 URL 주소에 세션 관리에 관련된 데이터가 노출된다는 기본적인 위험 이외에도 세션 관리에 필요한 데이터를 알고 있을 경우 URL 주소를 직접 입력하여 접근이 가능하다는 보안상에 단점이 있으므로, 보안상에 문제가 없는 간단한 데이터를 사용할 때에만 활용하는 것이 적합하다.

03 | Hidden Field

Hidden Field 방식은 HTML 〈input〉 태그의 type 속성을 "hidden" 값으로 지정하는 숨김 필드를 사용하는 방식이다. Hidden Field 방식은 숨김 필드를 〈form〉 태그에 위치시키고 POST 방식을 사용하여 세션 관리 데이터를 전송하게 되므로 URL Rewriting 방식에 비해 구현 시의 제약사항이나 보안적인 면에서 약간의 장점을 가진다.

```
<input type="hidden"...>
```

POST 방식은 GET 방식과 마찬가지로 〈form〉 태그를 통해 특정 파라미터 데이터를 웹 서버에 전달할 때 사용되는 방식이지만, URL 주소에 파라미터의 이름과 값이 지정되는 것이 아니라 HTTP 요청 메시지에 데이터가 첨부되어 전송된다는 점에서 차이가 있다.

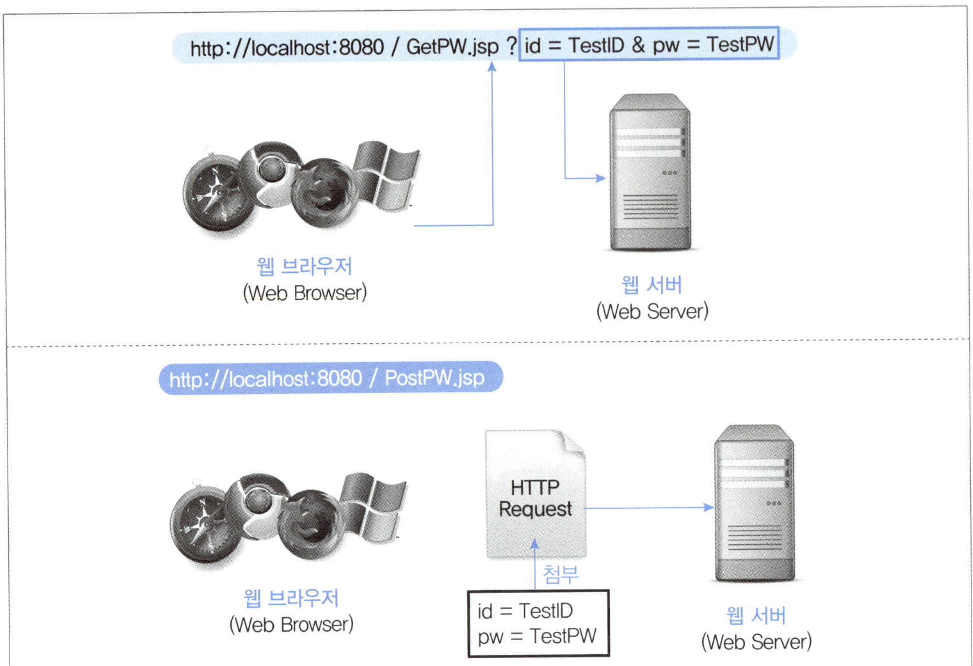

▲ GET 방식을 이용하는 URL Rewriting 방식과 POST 방식을 이용하는 Hidden Field 방식의 차이

Hidden Field 방식은 POST 방식을 활용하여 세션 관리에 관련된 데이터가 URL 주소에 직접적으로 노출되지 않으므로 URL Rewriting 방식에 비해 보안상 조금 더 안전하며, HTTP 메시지에 데이터가 첨부되어 전송되므로 데이터의 길이에 제한이 없다는 장점이 있다.

이제 Hidden Field 방식을 통해 JSP 페이지가 세션을 관리하는 기능을 구현해보도록 하자. URL Rewriting 방식에서 구현한 예제와는 달리 여기서는 접속한 아이디의 권한 종류에 따라 출력을 달리하는 기능을 구현할 것이다. 먼저 로그인 기능을 제공하는 HiddenFieldLogin.jsp 페이지를 제작해보자. 겉모습은 앞서 제작한 양식과 비슷하지만 여기서는 POST 방식을 사용하여 아이디와 비밀번호를 전송한다.

SOURCE CODE : HiddenFieldLogin.jsp

```
<%@ page language="java" contentType="text/html; charset=utf-8" %>

<html>
    <head>
        <title>Hidden Field 방식을 이용한 세션 관리</title>
    </head>
    <body>
        <form action="HiddenFieldLoginChk.jsp" method="post">
            아이디와 비밀번호를 입력하십시오<hr/>
            <table border="1">
                <tr>
                    <td align="center">아이디</td>
                    <td><input type="text" name="id" /></td>
                </tr>
                <tr>
                    <td align="center">비밀번호</td>
                    <td><input type="password" name="pw"/></td>
                </tr>
                <tr>
                    <td colspan="2" align="right">
                        <input type="submit" value="로그인"/>
                    </td>
                </tr>
            </table>
        </form>
    </body>
</html>
```

다음 로그인 성공 시 환영 메시지를 출력할 HiddenFieldLoginChk.jsp 페이지를 제작하도록 한다. 이 페이지는 HiddenFieldLogin.jsp에서 로그인한 정보에 따라 접속한 회원의 권한을 String 타입의 grade 변수와 grade_name 변수로 관리하게 된다. if문을 사용하여 아이디나 비밀번호를 입력하지 않고 [로그인] 버튼을 누르면 정확한 로그인 정보를 입력하지 않았으므로, 손님 권한이 부여된다. 아이디에 "admin"을 입력하고 비밀번호를 입력한 후 로그인하면 관리자 권한으로, 그 외 아이디와 비밀번호를 입력했을 경우에는 회원 권한으로 접속되며 아이디와 접속 권한에 대한 내용과 함께 환영 메시지를 출력한다.

SOURCE CODE : HiddenFieldLoginChk.jsp

```
<%@ page language="java" contentType="text/html; charset=utf-8" %>

<html>
  <head>
    <title>Hidden Field 방식을 이용한 세션 관리</title>
  </head>
  <body>
    <%
      request.setCharacterEncoding("utf-8");
      String id = request.getParameter("id");
      String pw = request.getParameter("pw");
      String grade;
      String grade_name;
    %>
    <%
      if ( id==null || pw == null || id.trim().equals("") || pw.trim().equals("") ){
        grade = "guest";
        grade_name = "손님";
        id = "";
        pw = "";
    %>
        <h3>[<%=grade_name %>] 으로 접속하셨습니다. 환영합니다!</h3>
    <%
      } else if (id.trim().equals("admin") ){
        grade = "admin";
        grade_name = "관리자";
    %>
        <h3>[<%=id %>] 님은 [<%=grade_name %>] 권한으로 접속하셨습니다. 환영합니다!</h3>
    <%
      } else {
        grade = "member";
        grade_name = "회원";
    %>
        <h3>[<%=id %>] 님은 [<%=grade_name %>] 권한으로 접속하셨습니다. 환영합니다!</h3>
    <%
      }
    %> <hr/>
    <form action="HiddenFieldMenu.jsp" method="post">
      <input type="hidden" name="id" value="<%= id%>"/>
      <input type="hidden" name="pw" value="<%= pw%>"/>
```

```
            <input type="hidden" name="grade" value="<%= grade%>"/>
            <input type="hidden" name="grade_name" value="<%= grade_name%>"/>
            <input type="submit" value="사용 가능 메뉴 확인"/>
        </form>
    </body>
</html>
```

위 HiddenFieldLoginChk.jsp 페이지는 접속한 권한 여부에 상관없이 [사용 가능 메뉴 확인]이라는 버튼을 출력한다. 이 버튼을 누르면 숨김 필드들을 HiddenFieldMenu.jsp 페이지에 POST 방식으로 전송하며, HiddenFieldMenu.jsp 페이지는 전달된 파라미터 중 로그인 사용자의 권한 값이 지정된 grade 변수에 따라 사용 가능한 메뉴를 보여주게 된다. 관리자 권한으로 접속한 사용자의 경우 사이트 관리, 회원 관리, 자유 게시판, 회원 전용 게시판 모든 기능에 접근 가능하며, 회원의 경우는 자유 게시판 및 회원 전용 게시판에 접근이 가능하고 손님의 경우에 자유 게시판에만 접근 가능하다. 여기서는 각 버튼에 명시된 페이지로의 링크와 같은 기능이 구현되지 않았지만, 로그인 사용자의 권한에 따라 이렇듯 사용할 수 있는 메뉴에 제한을 둘 수 있다는 것에 주목하길 바란다.

SOURCE CODE : HiddenFieldMenu.jsp

```
<%@ page language="java" contentType="text/html; charset=utf-8" %>

<html>
    <head>
        <title>Hidden Field 방식을 이용한 세션 관리</title>
    </head>
    <body>
        <%
            request.setCharacterEncoding("utf-8");

            String id = request.getParameter("id");
            String pw = request.getParameter("pw");
            String grade = request.getParameter("grade");
            String grade_name = request.getParameter("grade_name");
        %>
            <h3>[<%=id%>(<%=grade_name %>)] 접속 중입니다.<br/>
            사용 가능 메뉴입니다.</h3> <hr/>
        <%
            if (grade.equals("admin")){
        %>
```

```
            <input type="button" value="사이트 관리">
            <input type="button" value="회원관리">
            <input type="button" value="자유 게시판">
            <input type="button" value="회원 게시판">

        <%
            } else if (grade.equals("member")){
        %>
            <input type="button" value="자유 게시판">
            <input type="button" value="회원 게시판">
        <%
            }else{
        %>
            <input type="button" value="자유 게시판">
        <%
            }
        %>

    </body>
</html>
```

이제 제작한 페이지를 실행해보도록 하자. 권한에 따른 페이지의 출력 상황을 보기 위해 관리자, 일반 회원, 손님의 세 가지 케이스를 함께 살펴볼 것이다. 우선 HiddenField Login.jsp 페이지를 호출하여 아이디에 "admin"을 입력하고 비밀번호를 입력한 후 [로그인] 버튼을 클릭한다. 정해진 비밀번호가 없는 상태이므로 아무 값이나 입력하도록 하자.

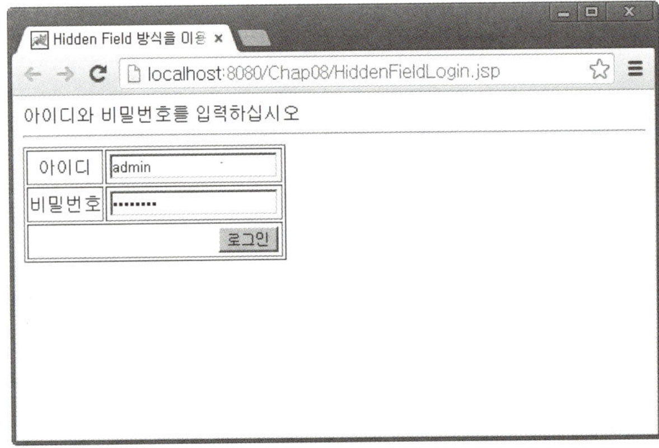

▲ HiddenFieldLogin.jsp에서 관리자 권한으로 접속하기

[로그인] 버튼을 누르면 아래와 같이 ID와 함께 접속 권한이 출력된다. [사용가능 메뉴 확인] 버튼을 클릭하여 HiddenFieldMenu.jsp 페이지를 호출하도록 하자.

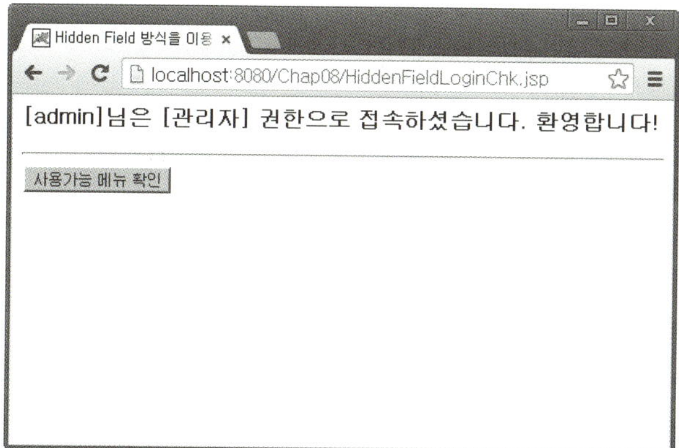

▲ 관리자 권한으로 접속했을 때의 HiddenFieldLoginChk.jsp 페이지의 결과

관리자 권한으로 접속 시 아래와 같이 사이트 관리와 회원관리 그리고 자유 게시판 및 회원 게시판 버튼이 모두 출력됨을 확인할 수 있다.

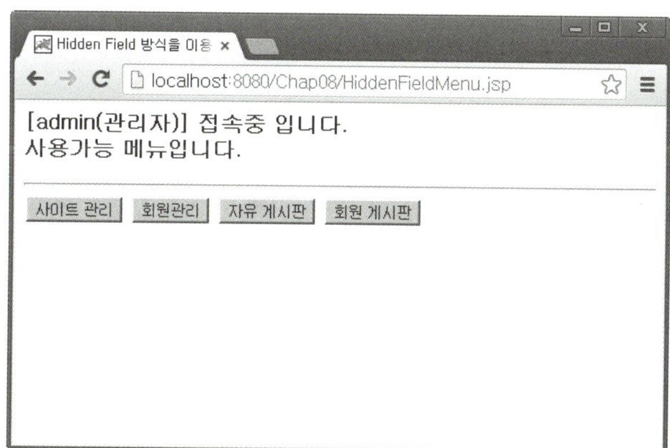

▲ HiddenFieldLogin.jsp에서 관리자 권한으로 접속했을 때 사용 가능 메뉴

다시 HiddenFieldLogin.jsp 페이지를 호출하도록 하자. admin을 제외한 아이디 값과 비밀번호를 입력하면 회원 권한으로 접속할 수 있으므로 여기서는 아이디에 member를 입력한 후 비밀번호를 입력하고 [로그인] 버튼을 누르도록 하겠다.

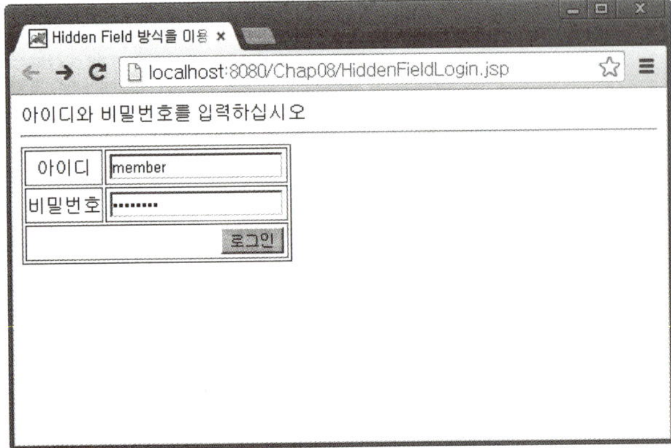

▲ HiddenFieldLogin.jsp에서 회원 권한으로 접속하기

로그인 이후 출력되는 페이지와 [사용가능 메뉴 확인] 버튼을 누른 결과는 아래와 같다. 로그인 시 admin 외 아이디를 입력하고 비밀번호를 입력하여 회원권한으로 접속되었음을 확인할 수 있으며 사용 가능 메뉴는 '자유 게시판'과 '회원 전용 게시판'이 나타남을 알 수 있다. Hidden Field 방식을 통해 각 아이디별 접속 권한을 부여하고 HiddenFieldMenu.jsp에서 그 권한에 따라 출력되는 내용이 달라졌기 때문이다.

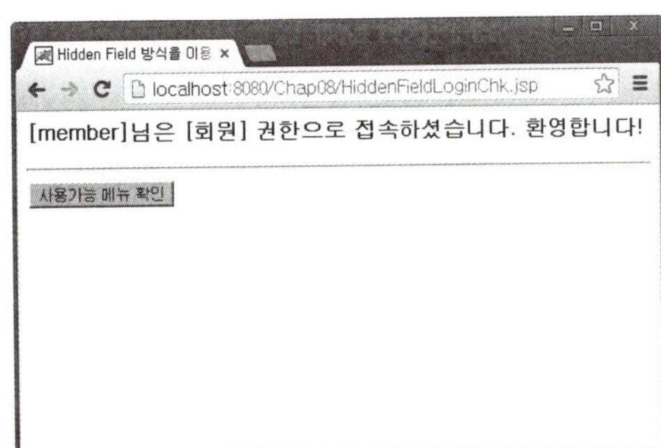

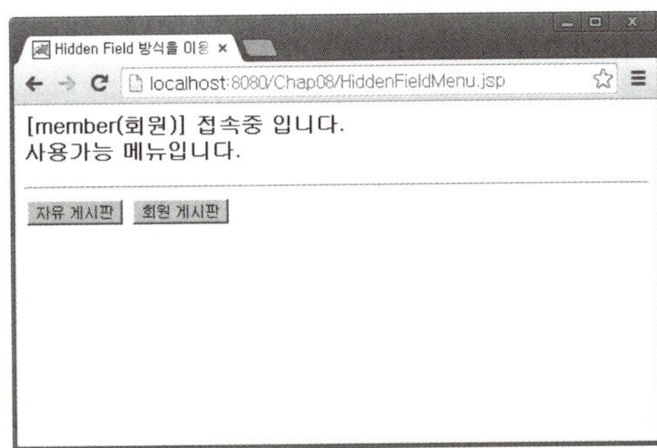

▲ HiddenFieldLogin.jsp에서 회원 권한으로 접속하여 사용 가능한 메뉴 확인

만약 HiddenFieldLogin.jsp 페이지에서 아이디나 비밀번호를 입력하지 않을 경우 손님 권한으로 접속되며 HiddenFieldLoginChk.jsp 페이지와 HiddenFieldMenu.jsp 페이지의 결과는 다음과 같다. 손님 권한으로 접속하였을 경우 출력되는 버튼은 [자유 게시판] 하나뿐이다.

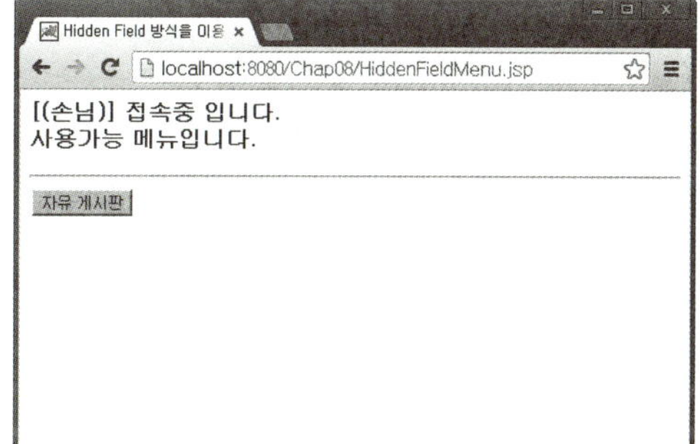

▲ HiddenFieldLogin.jsp에서 아이디나 비밀번호를 입력하지 않았을 경우 손님 권한으로 접속된다.

URL Rewriting 방식에서 사용했던 예제보다 다소 복잡한 예제였지만, 접속한 아이디를 통해 접속 권한을 부여하여 권한에 따른 페이지의 출력을 달리하는 기능 역시 주어진 사용자의 데이터를 활용하여 자바 문법을 통해 이루어지고 있음은 동일하다. 위 예제 실행 중 눈여겨 봐야 하는 것은 세션 관리에 필요한 데이터들의 노출이다. Hidden Field 방식은 POST 방식을 통해 세션 관리 데이터를 전송하므로 데이터가 URL 주소에 노출되지 않아 GET 방식을 사용하는 URL Rewriting 방식에 비해 보안적 측면에서 다소 개선됨을 확인할 수 있다. 그러나 POST 방식을 사용하는 Hidden Field 방식 역시 URL Rewriting 방식과 마찬가지로 웹 애플리케이션을 구성하는 매 페이지마다 관리를 위한 데이터 처리 구문을 반복 작성하여 정보를 유지해야 하므로 구현상의 불편함은 해소하지 못했다. 또한 데이터를 파라미터로 전송 시 숨김 필드를 사용하더라도 웹 브라우저의 '소스 보기' 기능을 사용하면 데이터의 확인이 가능하므로 여전히 보안상의 위험을 내포하고 있다. 따라서 Hidden Field 방식 역시 웹 애플리케이션의 페이지 수가 많지 않고 보안상 문제가 없는 데이터에 한해서 사용하는 것이 바람직할 것이다. 이제 GET 방식 혹은 POST 방식과 같은 기존의 방식을 사용하지 않고 새로운 방법으로 세션 관리를 비롯한 여러 기능으로 활용할 수 있는 쿠키에 대해 알아보도록 하겠다.

04 | 쿠키(Cookie)

쿠키는 1994년 웹 브라우저로 유명했던 넷스케이프(Netscape)사의 루 몬툴리(Lou Montulli)에 의해 고안된 방식이다. 앞서 살펴본 URL Rewrting 방식과 Hidden Field 방식처럼 매 페이지마다 서비스에 필요한 데이터를 처리하지 않고 웹 클라이언트 측 자원만을 사용하여 웹 서비스 요청 시 데이터를 첨부하여 전송한다. 따라서 쿠키를 사용하면 JSP 페이지의 세션 관리를 효과적으로 구현할 수 있다. 여기서는 쿠키의 동작 방식과 사용 방법을 알아본 후 쿠키를 사용한 세션 관리 기능을 구현해보도록 하겠다.

4.1 쿠키의 동작 방식

쿠키는 사용자가 특정 웹 사이트를 방문했을 때 서비스 사용에 필요한 데이터를 웹 서버의 요청에 의해 사용자의 컴퓨터 내 저장한 후 웹 클라이언트가 서비스를 다시 요청할 때 첨부하여 웹 서버에 전송하는 방식으로 진행되며 동작 과정은 다음과 같다.

① 웹 클라이언트가 웹 서버로 서비스를 요청
② 웹 서버 측에서 요청에 대한 응답에 쿠키 정보를 첨부하여 전송
③ 웹 브라우저는 웹 서버에게 전달받은 응답 내 쿠키를 종류에 따라 메모리나 파일에 저장
④ 이후 웹 클라이언트가 쿠키가 저장된 웹 서버에게 다시 요청을 보낼 경우 쿠키의 정보를 첨부하여 웹 서버에 전달

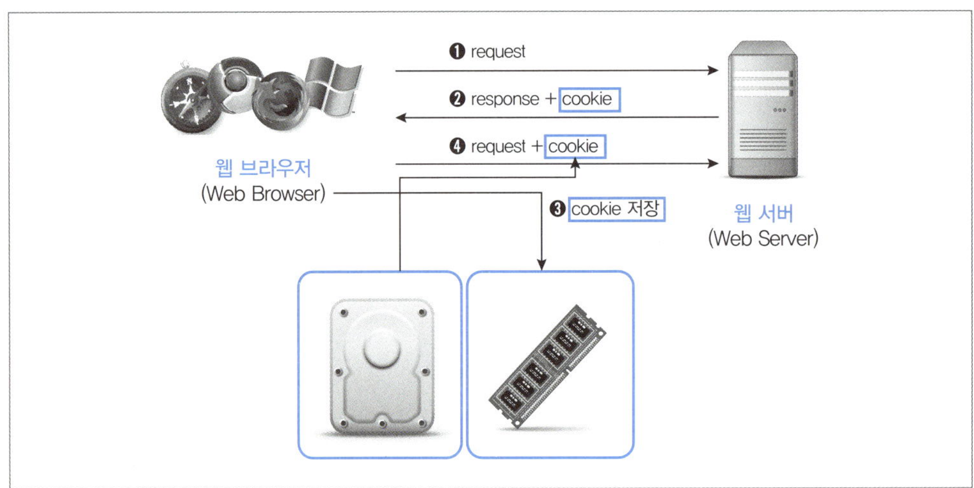

▲ 쿠키의 동작 방식

위와 같이 쿠키는 웹 서버에 요청에 의해 생성되며 한 번 설정되면 웹 브라우저는 설정된 쿠키의 사용기간이 만료되어 삭제되기 전까지 웹 서버에 요청을 보낼 때마다 쿠키로 설정한 데이터를 함께 전송하게 된다. 따라서 이러한 쿠키의 특성을 이용하면 웹 애플리케이션을 사용하는 동안 유지되어야 하는 특정 데이터를 효과적으로 사용할 수 있다는 장점이 있다.

4.2 쿠키 구성

이제 쿠키를 사용하기 위해 필요한 구성요소들을 알아보도록 하자. 쿠키를 구성하는 요소는 다음과 같이 쿠키의 이름과 값, 유효시간 및 도메인과 경로가 주요 요소이며, 이 중 가장 중요한 속성은 쿠키의 이름과 쿠키의 값으로 볼 수 있다. 웹 브라우저가 가질 수 있는 여러 개의 쿠키를 식별할 수 있는 구분 값으로 이름이 사용되며, 해당 이름에 지정할 값들을 통해 원하는 작업 수행이 가능함을 숙지하도록 하자.

구성요소	의미
이름	쿠키를 식별하기 위한 구성요소
값	쿠키의 이름에 매칭되는 값
유효시간	쿠키가 유지(만료)되는 시간
도메인	저장된 쿠키를 전송할 도메인
경로	쿠키를 전송할 요청 경로

쿠키의 이름과 값을 설정할 때는 다음 RFC 2109 규약에 따른 제한 사항을 지켜야 한다.

RFC 2109 규약에 따른 쿠키 이름과 값 설정 규칙
• 쿠키의 이름은 아스키 코드의 알파벳과 숫자만을 포함할 수 있다. • 콤마(,), 콜론(:), 세미콜론(;), 등호(=), 공백(' ') 등의 문자는 포함될 수 없다. • '$'로 시작될 수 없다. • 쿠키의 값이 바이너리(Binary) 값일 경우 BASE64 인코딩으로 처리해야 한다. • 쿠키의 값은 콤마(,), 콜론(:), 세미콜론(;), 등호(=), 공백(' '), 괄호(( )) 등의 문자를 포함해야 할 경우 인코딩 처리가 필요할 수 있다.

JSP 페이지에서는 쿠키를 설정하기 위해 서블릿 API의 Cookie 클래스를 사용할 수 있다. 지금부터는 HTTP 헤더에서 사용되는 쿠키 설정 정보의 간략한 내용을 살펴본 후 JSP 페이지에서 직접 사용 가능한 Cookie 클래스를 이용한 쿠키의 구현 및 사용 방법에 대해 알아보도록 하겠다. 웹 서버에서 웹 클라이언트로 전달되는 HTTP 헤더의 쿠키 설정 정보는 다음과 같은 형식을 가진다.

```
Set-Cookie: name=value; expire=date; domain=domain; path=path; secure
```

앞서 언급한 쿠키의 이름과 값은 각각 name 속성과 value 속성으로 지정되며 HTTP 헤더에 설정된 쿠키의 설정 정보 속성은 아래 표를 참고하도록 하자.

속성	의미
name	쿠키의 이름을 지정
value	쿠키 이름에 매칭되는 값을 지정
expires	쿠키의 만료 기간을 지정
domain	저장된 쿠키의 요청 시 전송될 웹서버의 도메인을 지정
path	쿠키가 전송될 웹 서버의 URL을 지정(URL이 유효할 경우만 쿠키를 전송)
secure	SSL과 같은 보안적 채널을 사용하는 경우에만 쿠키를 전송

HTTP 헤더에 설정된 쿠키의 정보는 앞서 보았던 쿠키의 구성요소와 대동소이함을 알 수 있다. HTTP 헤더에 설정된 쿠키의 속성들 중 name 속성과 value 속성만 설정하면 기본적인 쿠키 사용이 가능하다. 쿠키의 만료 기간을 지정하는 expires 속성을 설정을 해주지 않을 경우 쿠키가 파일로 저장되지 않고 웹 브라우저가 종료되는 시점에 삭제된다. 만약 expires 속성에 특정 기간을 설정해준다면 웹 브라우저가 종료될 때 쿠키 파일을 생성하게 된다. 이제 Cookie 클래스를 이용하여 JSP 페이지에서 쿠키를 사용해보도록 하겠다.

4.3 Cookie 클래스를 이용한 쿠키 생성과 사용

서블릿 API를 사용한 쿠키 설정은 java.servlet.Http.Cookie 클래스를 사용하며 간단하면서도 효율적으로 쿠키를 생성하고 필요한 속성들을 지정해줄 수 있다. JSP 페이지 및 서블릿 클래스 모두 동일한 방법으로 구현하며 아래와 같이 제작한다. 아래는 JSP 페이지에서 쿠키 생성을 위해 스크립틀릿 내 사용한 코드를 나타내고 있다.

```
<%
Cookie cookie = new Cookie(name, value);
Response.addCookie(cookie);
%>
```

Cookie 클래스는 객체 생성과 동시에 쿠키의 이름과 값을 지정해줄 수 있다. 생성한 Cookie 객체를 클라이언트로 전송하기 위해 response 내장객체의 addCookie( ) 메서드를 사용하여 Cookie 객체를 첨부해주어야 한다. 이렇게 구현되어 전송된 쿠키는 웹 클라이언트에 저장되며 만약 동일한 이름의 쿠키가 웹 클라이언트에 먼저 저장되어 있는 경우, 현재 추가된 쿠키로 덮어쓰여진다. Cookie 클래스는 쿠키를 생성하는 것 이외에도 쿠키의 이름과 값 그리고 그 외의 여러 속성값들에 접근하기 위한 메서드를 제공한다.

메서드	리턴 타입	의미
getName( )	String	쿠키의 이름을 반환
getValue( )	String	쿠키의 값을 반환
setValue(String newValue)	void	쿠키의 값을 지정
setDomain(String domain)	void	쿠키가 전송될 서버의 도메인 지정
getDomain( )	String	쿠키가 적용될 도메인을 반환
setPath(String uri)	void	쿠키를 전송할 경로 지정
getPath( )	String	쿠키가 적용될 전송 경로를 반환
setMaxAge(int expiry)	void	쿠키의 유효 시간을 초 단위로 지정
getMaxAge( )	int	쿠키의 유효 시간을 초 단위로 반환

이제 Cookie 클래스가 제공하는 다양한 메서드를 통해 쿠키의 생성과 사용법을 예제를 통해 알아보도록 하자.

(1) 쿠키의 생성과 확인

JSP 페이지에서 쿠키를 생성하기 위해서는 Cookie 클래스를 사용한다. 아래 CookieSet.jsp 페이지는 Cookie 클래스를 사용하여 쿠키의 이름과 값을 각각 "CookieTest", "Hello, Cookie!"로 설정하면서 쿠키를 생성하게 된다. 이후 생성된 쿠키 확인에 사용할 CookieChk.jsp 페이지로의 이동을 위해 submit 타입 버튼도 제작해두도록 하자.

SOURCE CODE : CookieSet.jsp

```
<%@ page language="java" contentType="text/html; charset=utf-8" %>

<html>
    <head>
        <title>Cookie 생성</title>
    </head>
    <body>
        <h3>Cookie 클래스를 사용하여 쿠키를 생성합니다.</h3><hr/>
        <%
            Cookie cookie = new Cookie("CookieTest", "Hello, Cookie!");
            response.addCookie(cookie);
        %>
        <h3>쿠키 생성이 완료되었습니다.</h3><hr/>
        <form action="CookieChk.jsp" method="post">
            <input type="submit" value="쿠키 확인 페이지">
        </form>
    </body>
</html>
```

다음 Cookiechk.jsp 페이지는 CookieSet.jsp 페이지에서 생성한 쿠키의 값을 확인하기 위해 request 내장객체의 getCookies( ) 메서드를 사용한다. getCookies( ) 메서드를 사용하면 HTTP 요청을 통해 함께 전송되어 온 쿠키들을 Cookie 타입의 배열로 반환하므로 Cookie 배열 타입의 cookies 참조 변수에 getCookies( ) 메서드를 대입한다. 이후 cookies의 length( ) 메서드와 for문을 이용하여 cookies 내에 저장되어 있는 쿠키 객체들을 검색한다. 반환된 쿠키 중 CookieSet.jsp 페이지에서 생성했던 이름이 "CookieTest"인 쿠키를 찾아 Cookie 클래스에서 제공하는 메서드를 사용하여 쿠키의 이름과 값, 유효시간을 출력할 것이다.

SOURCE CODE : CookieChk.jsp

```
<%@ page language="java" contentType="text/html; charset=utf-8" %>

<html>
    <head>
        <title>Cookie 생성</title>
    </head>
    <body>
        <h3>생성된 "CookieTest" 쿠키를 확인합니다</h3><hr>
        <%
            Cookie[] cookies = request.getCookies();
            if (cookies != null && cookies.length > 0){
                for (int i=0 ; i < cookies.length ; i++){
                    if (cookies[i].getName().equals("CookieTest")){
        %>
                        <h3>
                        쿠키의 이름 : <%=cookies[i].getName() %> <br/>
                        쿠키의 값 : <%=cookies[i].getValue() %> <br/>
                        쿠키의 유효시간 : <%=cookies[i].getMaxAge() %> <br/>
                        </h3>
        <%
                    }
                }
            }

        %>
    </body>
</html>
```

이제 CookieSet.jsp 페이지를 호출해보도록 하자. 쿠키 생성이 완료되었으므로 [쿠키 확인 페이지] 버튼을 클릭하도록 한다. [쿠키 확인 페이지] 버튼이 속한 〈form〉 태그에는 전송할 파라미터를 하나도 지정하지 않았음을 상기하자.

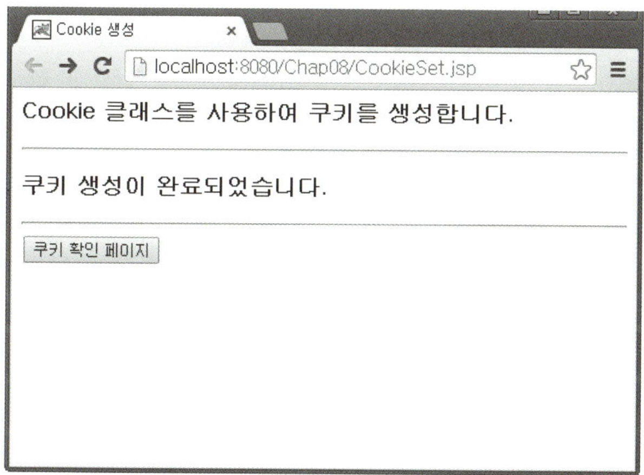

▲ 쿠키의 생성

[쿠키 확인 페이지] 버튼을 누르면 두 번째 작성하였던 CookieChk.jsp 페이지로 이동하게 된다. CookieSet.jsp 페이지에서 생성했던 "CookieTest" 이름을 가진 쿠키의 이름과 값 그리고 유효 시간이 출력됨을 알 수 있다. 이렇듯 쿠키는 웹 페이지 내 〈form〉 태그를 이용한 파라미터 전달 방식을 사용하지 않고도 특정 데이터를 유지할 수 있는 매력적인 기능을 제공한다.

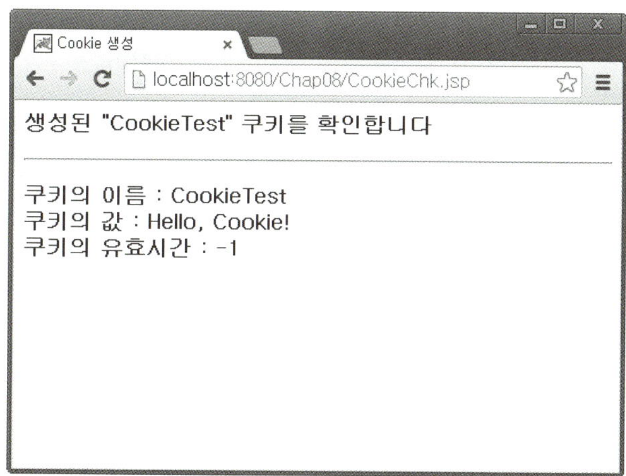

▲ 생성된 쿠키의 확인

위 결과에서 쿠키의 유효시간이 -1로 나오는 것은 쿠키의 지속시간이 지정되지 않았음을 의미한다. 지속시간이 지정되지 않은 쿠키는 앞서 언급했듯이 웹 브라우저가 종료되면 자동으로 삭제된다. 웹 브라우저를 종료하고 "CookieTest" 쿠키를 생성하는 CookieSet.jsp 페이지를 거치지 않고 처음부터 CookieChk.jsp 페이지를 직접 바로 호출해보면 "CookieTest" 쿠키가 출력되지 않음을 확인할 수 있다.

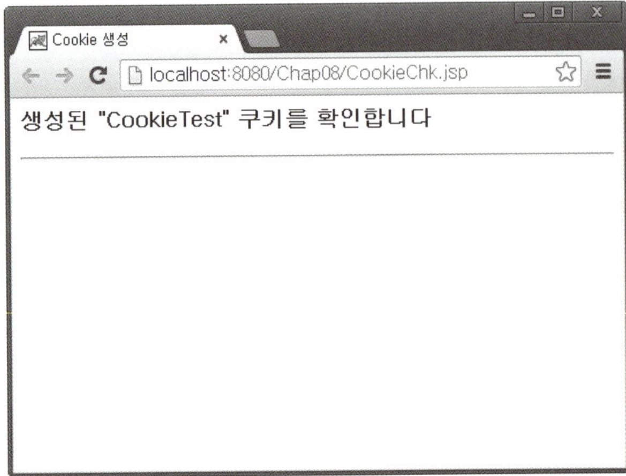

▲ 웹 브라우저의 종료와 함께 생성된 쿠키는 삭제된다.

(2) 쿠키 값 재설정

앞서 Cookie 클래스를 통해 쿠키를 생성할 때 쿠키의 이름과 값을 지정할 수 있음을 보았다. 이렇게 생성한 쿠키의 구성요소 값이 어떠한 필요에 의해 변경되어야 할 경우 setValue( ) 메서드를 사용하여 기존 쿠키의 값을 변경시켜 줄 수 있다. 우선 새로운 쿠키를 생성하는 CookieSetValue.jsp 페이지를 제작하도록 한다. CookieSetValue.jsp 페이지는 새로운 쿠키를 생성하고 해당 쿠키에 지정된 이름, 값을 출력한다. 〈form〉 태그를 사용하여 쿠키 값을 재설정하는 CookieValueChg.jsp 페이지로의 이동을 위한 submit 버튼을 포함한다.

SOURCE CODE : CookieSetValue.jsp

```
<%@ page language="java" contentType="text/html; charset=utf-8" %>

<html>
    <head>
        <title>Cookie 값 변경</title>
    </head>
    <body>
        <h3>Cookie 클래스를 사용하여 쿠키를 생성합니다.</h3>
        <%
            Cookie cookie = new Cookie("MyCookie", "MyCookie's Value");

            response.addCookie(cookie);
        %>
        <h4>쿠키 생성이 완료되었습니다.</h4><hr/>
        <h3>생성된 쿠키의 구성요소들을 출력합니다.</h3>
        <h4>쿠키의 이름 : <%=cookie.getName() %> <br/>
        쿠키의 값 : <%=cookie.getValue() %> <br/></h4>
```

```
        <form action="CookieValueChg.jsp" method="post">
            <input type="submit" value="쿠키 변경 페이지">
        </form>
    </body>
</html>
```

CookieValueChg.jsp 페이지는 CookieSetValue.jsp에서 생성한 "MyCookie" 쿠키의 이름과 값을 출력한 후 setValue( ) 메서드를 사용하여 쿠키 값의 변경을 수행한다. 쿠키 값의 변경이 정상적으로 이루어졌는지 확인하기 위해 CookieValueChk.jsp 페이지로의 이동을 위한 〈form〉 태그가 추가되었다.

SOURCE CODE : CookieValueChg.jsp

```
<%@ page language="java" contentType="text/html; charset=utf-8" %>

<html>
    <head>
        <title>Cookie 값 변경</title>
    </head>
    <body>
        <h3>생성된 "MyCookie" 쿠키의 값을 확인합니다.</h3>
        <%
            Cookie[] cookies = request.getCookies();
            if (cookies != null && cookies.length > 0){
                for (int i=0 ; i < cookies.length ; i++){
                    if (cookies[i].getName().equals("MyCookie")){
        %>
                        <h4>
                        쿠키의 이름 : <%=cookies[i].getName() %> <br/>
                        쿠키의 값 : <%=cookies[i].getValue() %> <br/>
                        </h4><hr/>
                        <h3>"MyCookie" 쿠키의 값을 변경합니다.</h3>
        <%
                        cookies[i].setValue("MyCookie's value was changed!");
                        response.addCookie(cookies[i]);
        %>
                        <h4>변경이 완료되었습니다.</h4>
        <%
                    }
                }
            }
```

```
        %>
        <form action="CookieValueChk.jsp" method="post">
            <input type="submit" value="쿠키 변경 확인">
        </form>
    </body>
</html>
```

마지막 CookieValueChk.jsp 페이지는 다시 한 번 "MyCookie" 쿠키의 이름과 값을 출력한다. 앞서 CookieValueChg.jsp 페이지에서 쿠키의 값을 제대로 변경시켰는지 확인하기 위해서 사용할 페이지이다.

SOURCE CODE : CookieValueChk.jsp

```
<%@ page language="java" contentType="text/html; charset=utf-8" %>

<html>
    <head>
        <title>Cookie 생성</title>
    </head>
    <body>
        <h3>생성된 "CookieTest" 쿠키를 확인합니다</h3><hr>
        <%
            Cookie[] cookies = request.getCookies();
            if (cookies != null && cookies.length > 0){
                for (int i=0 ; i < cookies.length ; i++){
                    if (cookies[i].getName().equals("MyCookie")){
        %>
                        <h3>
                        쿠키의 이름 : <%=cookies[i].getName() %> <br/>
                        쿠키의 값 : <%=cookies[i].getValue() %> <br/>
                        </h3>
        <%
                    }
                }
            }

        %>
    </body>
</html>
```

제작한 JSP 페이지들을 실행해보도록 하자. JSP 페이지의 진행 순서는 제작한 순서대로 쿠키를 생성할 CookieSetValue.jsp 페이지, 다음 생성한 쿠키의 값 확인, 변경할 CookieValueChg.jsp 페이지, 마지막으로 변경된 쿠키의 값을 확인하기 위한 CookieValueChk.jsp 페이지 순서로 진행될 것이다.

먼저 CookieSetValue.jsp 페이지를 호출해보도록 하자. 생성한 쿠키의 이름은 "MyCookie" 그리고 해당 쿠키의 값은 "MyCookie's Value"로 출력되어 쿠키가 정상적으로 생성되었음을 확인할 수 있다. [쿠키 변경 페이지] 버튼을 누른다.

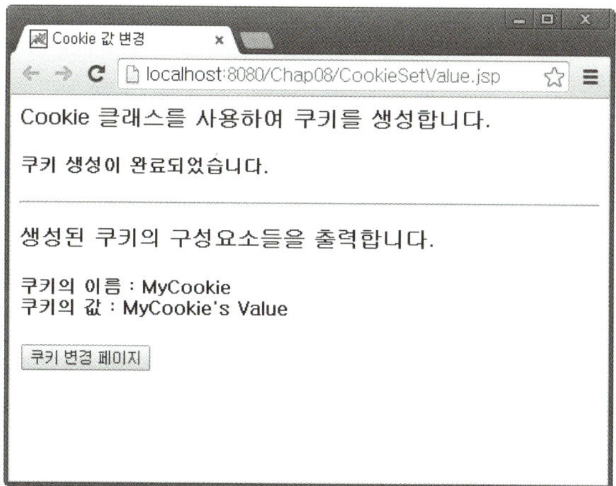

▲ CookieSetValue.jsp 페이지는 MyCookie 쿠키를 생성한다.

앞서 설명했던 대로, CookieValueChg.jsp 페이지는 생성된 쿠키의 이름과 값을 출력한 후 setValue( ) 메서드를 사용하여 쿠키의 값을 변경할 것이다. 변경된 쿠키의 값을 확인하기 위해 [쿠키 변경 확인]을 클릭한다.

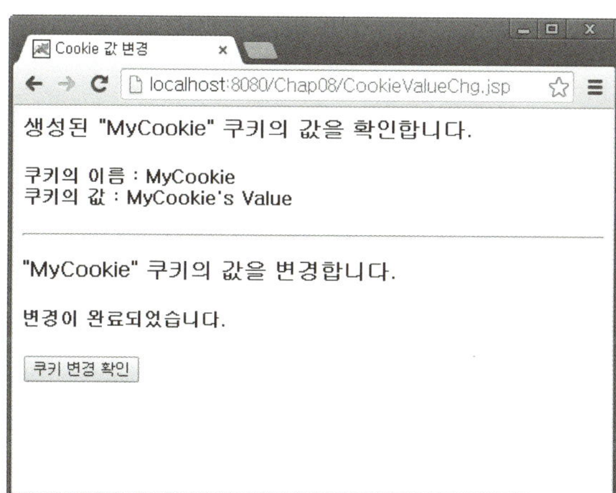

▲ CookieValueChg.jsp 페이지는 생성한 쿠키의 값을 변경한다.

마지막 CookieValueChk.jsp 페이지의 결과를 확인하도록 하자. MyCookie로 이름이 지정되었던 쿠키의 값이 "MyCookie's Value"에서 "MyCookie's value was changed!"로 변경되었음을 확인할 수 있다. 앞서 쿠키 생성 때 언급했었던 것처럼 <form> 태그에는 전송을 위한 파라미터를 지정하지 않았으나 Cookie 클래스를 사용하여 생성한 쿠키가 요청 페이지마다 전송되며, 이렇게 설정된 쿠키의 값은 Cookie 클래스가 제공하는 메서드를 사용하여 변경해줄 수 있다.

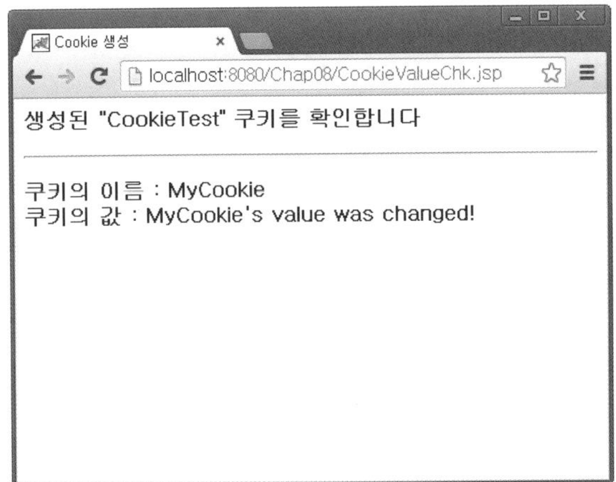

▲ CookieValueChk.jsp 페이지에서 쿠키의 값이 변경

(3) 쿠키의 삭제

Cookie 클래스에서는 쿠키의 삭제 기능을 수행하는 메서드를 제공하고 있지 않아 일반적인 방법으로는 클라이언트에 설정된 쿠키를 삭제할 수 없다. 따라서 쿠키의 삭제를 구현하기 위해서는 쿠키의 유효시간 설정에 사용되는 setMaxAge( ) 메서드에 쿠키의 유효시간을 0으로 지정하는 다소 편법적인 방식을 사용한다.

setMaxAge( ) 메서드를 사용하여 쿠키 삭제 기능을 구현해보도록 하자. 먼저, 쿠키를 생성한다. 쿠키 삭제 기능을 수행하는 CookieDelPerform.jsp 페이지로 이동을 위한 <form> 태그를 포함하고 있는 CookieDelInit.jsp 페이지를 제작해보도록 하자. 앞서 다루어보았던 예제들과 마찬가지로 Cookie 클래스를 사용하여 생성하며 쿠키의 이름은 "DelCookie", 값은 "This cookie will be deleted"로 지정하여 생성하도록 한다.

SOURCE CODE : CookieDelInit.jsp

```
<%@ page language="java" contentType="text/html; charset=utf-8" %>

<html>
    <head>
        <title>쿠키의 삭제</title>
    </head>
    <body>
        <h3>Cookie 클래스를 사용하여 쿠키를 생성합니다.</h3>
        <%
            Cookie cookie = new Cookie("DelCookie",
            "This cookie will be deleted");
            response.addCookie(cookie);
        %>
        <h4>쿠키 생성이 완료되었습니다.</h4><hr/>
        <h3>생성된 쿠키의 구성요소들을 출력합니다.</h3>
        <h4>쿠키의 이름 : <%=cookie.getName() %> <br/>
        쿠키의 값 : <%=cookie.getValue() %> <br/></h4>

        <form action="CookieDelPerform.jsp" method="post">
            <input type="submit" value="쿠키 삭제 페이지">
        </form>
    </body>
</html>
```

다음은 쿠키 삭제 기능을 수행할 CookieDelPerform.jsp 페이지이다. "DelCookie" 이름을 가진 쿠키를 검색하여 해당 쿠키의 이름과 값을 출력한 후 setMaxAge( ) 메서드의 입력 파라미터 값을 0으로 지정하여 유효시간을 0으로 설정한다. response 내장객체의 addCookie 메서드를 사용하여 앞서 생성된 쿠키의 유효시간을 재설정해주고 있다. 쿠키의 삭제 확인을 위해 CookieDelChk.jsp 페이지로 이동할 〈form〉 태그를 함께 작성하도록 한다.

SOURCE CODE : CookieDelPerform.jsp

```
<%@ page language="java" contentType="text/html; charset=utf-8" %>

<html>
    <head>
        <title>쿠키의 삭제</title>
    </head>
    <body>
        <h3>생성된 "DelCookie" 쿠키의 값을 확인합니다.</h3>
        <%
            Cookie[] cookies = request.getCookies();
            if (cookies != null && cookies.length > 0){
                for (int i=0 ; i < cookies.length ; i++){
                    if (cookies[i].getName().equals("DelCookie")){
        %>
                        <h4>
                        쿠키의 이름 : <%=cookies[i].getName() %> <br/>
                        쿠키의 값 : <%=cookies[i].getValue() %> <br/>
                        </h4><hr/>
                        <h3>"DelCookie" 쿠키를 삭제합니다.</h3>
        <%
                        cookies[i].setMaxAge(0);
                        response.addCookie(cookies[i]);
        %>
                        <h4>삭제가 완료되었습니다.</h4>
        <%
                    }
                }
            }
        %>
        <form action="CookieDelChk.jsp" method="post">
            <input type="submit" value="쿠키 삭제 확인">
        </form>
    </body>
</html>
```

마지막으로 'DelCookie' 쿠키의 삭제를 확인하기 위한 CookieDelChk.jsp 페이지를 제작하도록 하자. CookieDelChk.jsp 페이지는 request 내장객체의 getCookies( ) 메서드를 사용하여 웹 클라이언트에서 전송된 모든 쿠키 정보를 가져온다. 쿠키의 이름이 'DelCookie'

인 쿠키를 검색하여 검색이 될 경우 쿠키의 이름과 값을 출력하고 0으로 초기화된 정수형 변수인 count를 1 증가시킨다. count 변수의 값이 0일 경우, 쿠키 목록에서 'DelCookie'를 찾지 못했음을 의미하므로 해당 쿠키를 찾을 수 없다는 메시지를 출력할 것이다.

SOURCE CODE : CookieDelChk.jsp

```
<%@ page language="java" contentType="text/html; charset=utf-8" %>

<html>
    <head>
        <title>쿠키의 삭제</title>
    </head>
    <body>
        <h3>생성된 "DelCookie" 쿠키를 조회합니다</h3><hr>
        <%
            Cookie[] cookies = request.getCookies();
            int count = 0;
            if (cookies != null && cookies.length > 0){
                for (int i=0 ; i < cookies.length ; i++){
                    if (cookies[i].getName().equals("DelCookie")){
        %>
                        <h3>
                        쿠키의 이름 : <%=cookies[i].getName() %> <br/>
                        쿠키의 값 : <%=cookies[i].getValue() %> <br/>
                        </h3>
        <%
                        count++;
                    }
                }
            }
            if (count == 0){
        %>
            <h3>[DelCookie] 를 찾을 수 없습니다.</h3>
        <%

            }
        %>
    </body>
</html>
```

이제 앞서 제작한 JSP 페이지를 실행하여 쿠키 삭제 기능의 수행을 살펴보도록 하자. 제작된 순서대로 먼저 CookieDelInit.jsp 페이지를 호출하도록 한다. 페이지 구현 시 지정했던 대로 쿠키명은 DelCookie, 쿠키의 값은 This cookie will be deleted로 잘 지정되었음을 확인할 수 있다. 쿠키의 삭제 기능 수행을 위해 [쿠키 삭제 페이지] 버튼을 클릭한다.

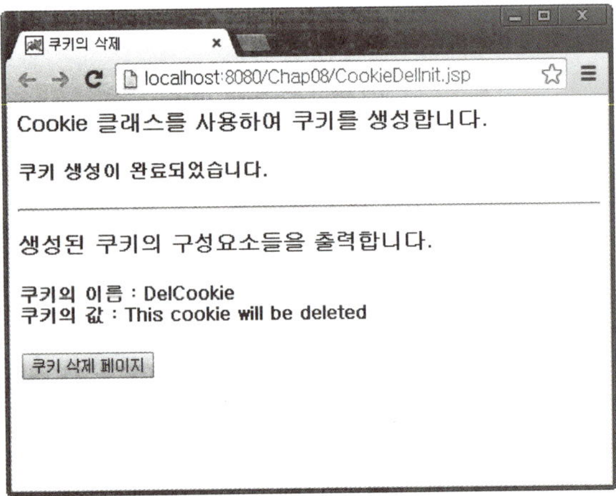

▲ CookieDelInit.jsp 페이지를 호출하면 DelCookie 쿠키 생성

앞서 설명했던 대로, CookieDelPerform.jsp 페이지는 생성된 DelCookie의 유효시간을 setMaxAge( ) 메서드를 사용하여 0으로 지정하므로, 실질적으로 쿠키의 삭제 효과를 볼 수 있다. 페이지의 출력이 정상적으로 이루어졌다면 [쿠키 삭제 확인] 버튼을 눌러 쿠키의 삭제 여부를 확인해보도록 하자.

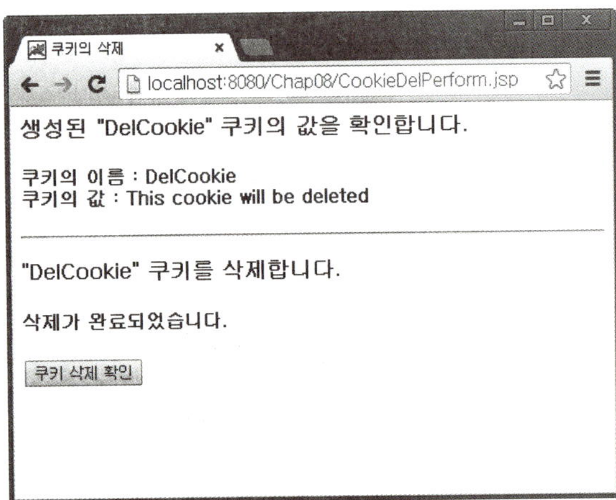

▲ DelCookie 쿠키 삭제

CookieDelChk.jsp 페이지가 실행되면 DelCookie를 찾을 수 없다는 메시지가 출력된다. 웹 클라이언트의 요청과 함께 전송된 쿠키 목록에서 DelCookie라는 이름을 가진 쿠키를 찾을 수 없으므로 count 변수의 값은 증가하지 않아 0으로 유지되었고 따라서 if문의 조건에 따라 아래 메시지가 출력된 것이다.

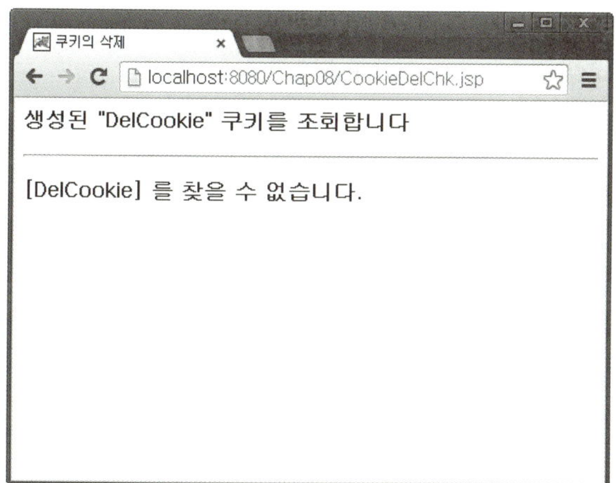

▲ DelCookie 쿠키가 삭제되면 더 이상 쿠키의 이름으로 검색되지 않는다.

(4) 쿠키의 도메인 설정

쿠키는 기본적으로 쿠키를 생성했던 웹 서버 측에 서비스를 요청할 때에만 전송된다. 그러나 때때로 'www.testcookie.com'에서 생성된 쿠키를 'mail.testcookie.com', 'blog.testcookie.com'과 같이 동일 도메인을 사용하는 다른 서버에 적용해야 할 때도 있을 수 있는데, 이럴 경우 setDomain 메서드를 사용하면 생성된 쿠키가 전송될 수 있는 도메인을 직접 지정해줄 수 있다. setDomain 메서드를 사용하여 쿠키가 전송될 도메인을 설정할 때 입력 파라미터로 사용될 값은 아래와 같이 두 가지 형식이 가능하다.

형식	적용 범위
www.testcookie.com	www.testcookie.com에만 가능
.testcookie.com	www.testcookie.com, mail.testcookie.com, blog.testcookie.com 등 관련 도메인 모두 적용

첫 번째 형식은 쿠키가 적용될 특정 도메인의 이름을 바로 지칭한 것으로 해당 주소로만 쿠키가 전송되게 된다. 두 번째 형식과 같이 주소값을 점 '.'으로 시작하여 입력할 경우 위에서 볼 수 있듯이 관련 도메인 모두 이 쿠키가 적용된다.

setDomain 메서드를 사용한 도메인 값은 쿠키를 생성하는 서버의 관련 도메인으로만 지정해줄 수 있다. 위 표에서 예를 들었듯이 쿠키가 www.testcookie.com에서 생성되었을 경우 www.cookietest.net과 같이 다른 도메인을 지정할 경우 쿠키는 생성되지 않는다. setDomain 메서드를 사용한 쿠키의 도메인 값 설정 기능 수행은 여러 개의 도메인을 필요로 하고 현재 이 책을 통해 실습 중인 localhost 환경에서 확인하는 것이 불가능하므로 위에서 언급했던 도메인 주소에 활용하는 방법은 코드로 구현만 해보도록 하겠다.

CookieDomain.jsp 페이지는 현재 도메인이 www.testcookie.com임을 가정하여 각각 네 개의 쿠키를 생성한다. cookie1은 도메인을 직접 지정하지 않았으며, cooki2의 경우 도메인을 ".testcookie.com"으로 두고 있다. cookie3은 "www2.testcookie.com", cookie4는 "www.cookietest.net"을 지정한 후 각 쿠키의 이름과 값 그리고 getDomain( ) 메서드를 사용하여 쿠키가 사용될 도메인을 출력할 것이다.

SOURCE CODE : CookieDomain.jsp

```
<%@ page language="java" contentType="text/html; charset=utf-8" %>
<%
    String cookieHeader = request.getHeader("Cookie");
    String cookieName = "";
    String cookieValue = "";

    Cookie cookie1 = new Cookie("param1", "test1");
    response.addCookie(cookie1);

    Cookie cookie2 = new Cookie("param2", "test2");
    cookie2.setDomain(".testcookie.com");
    response.addCookie(cookie2);

    Cookie cookie3 = new Cookie("param3", "test3");
    cookie3.setDomain("www2.testcookie.com");
    response.addCookie(cookie3);

    Cookie cookie4 = new Cookie("param4", "test4");
    cookie4.setDomain("www.cookietest.net");
    response.addCookie(cookie4);
%>
<html>
    <head>
        <title>Cookie 도메인 설정</title>
    </head>
    <body>
        <%
```

```
        if (cookieHeader == null){
            out.println("쿠키 헤더가 존재하지 않습니다 <br/>");
        } else {
            Cookie[] cookies = request.getCookies();
    %>
                cookie1의 이름 : <%=cookie1.getName() %> <br/>
                cookie1의 값 : <%=cookie1.getValue() %> <br/>
                cookie1의 도메인 : <%=cookie1.getDomain() %> <hr>

                cookie2의 이름 : <%=cookie2.getName() %> <br/>
                cookie2의 값 : <%=cookie2.getValue() %> <br/>
                cookie2의 도메인 : <%=cookie2.getDomain() %> <hr>

                cookie3의 이름 : <%=cookie3.getName() %> <br/>
                cookie3의 값 : <%=cookie3.getValue() %> <br/>
                cookie3의 도메인 : <%=cookie3.getDomain() %> <hr>

                cookie4의 이름 : <%=cookie4.getName() %> <br/>
                cookie4의 값 : <%=cookie4.getValue() %> <br/>
                cookie4의 도메인 : <%=cookie4.getDomain() %> <hr>
    <%
        }
    %>
  </body>
</html>
```

CookieDomain.jsp 페이지의 호출 결과는 다음과 같다. 각 쿠키에 지정했던 값들과 도메인값들이 그대로 출력되고 있다. cookie1의 경우 setDomain( ) 메서드를 사용하여 도메인을 지정하지 않았으므로 getDomain( ) 메서드를 통해 쿠키의 도메인 출력을 수행하였을 때 나타나는 값은 null이다.

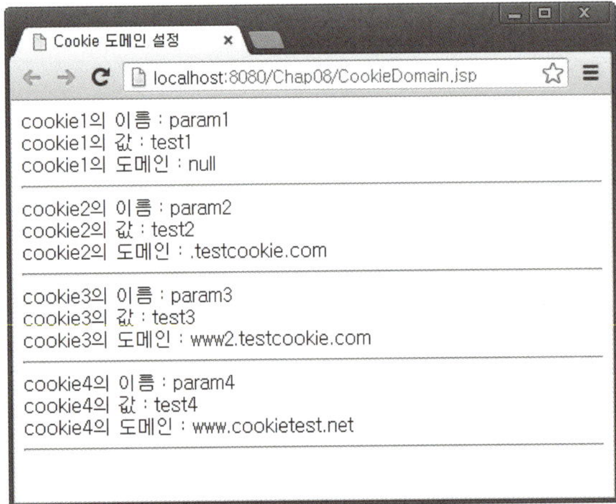

▲ setDomain 메서드를 사용하여 쿠키의 도메인 설정

만약 페이지 제작 시 언급했던 대로 위 페이지가 www.testcookie.com에서 실행되었을 경우 각 쿠키의 전송 경로는 아래와 같다. 앞서 이야기했듯이 www.cookietest.net에는 param4 쿠키조차도 전달되지 못한다. 호출된 CookieDomain.jsp가 속한 도메인이 www.testcookie.com이라 가정하였을 때 www.cookietest.net은 관련 도메인이 아니므로 어떤 쿠키도 전달되지 못한다. 그에 반해 param2 이름을 명명한 쿠키의 경우 도메인을 ".testcookie.com"으로 지정하였으므로 관련된 도메인 모두에 쿠키가 전송될 수 있음을 알 수 있다.

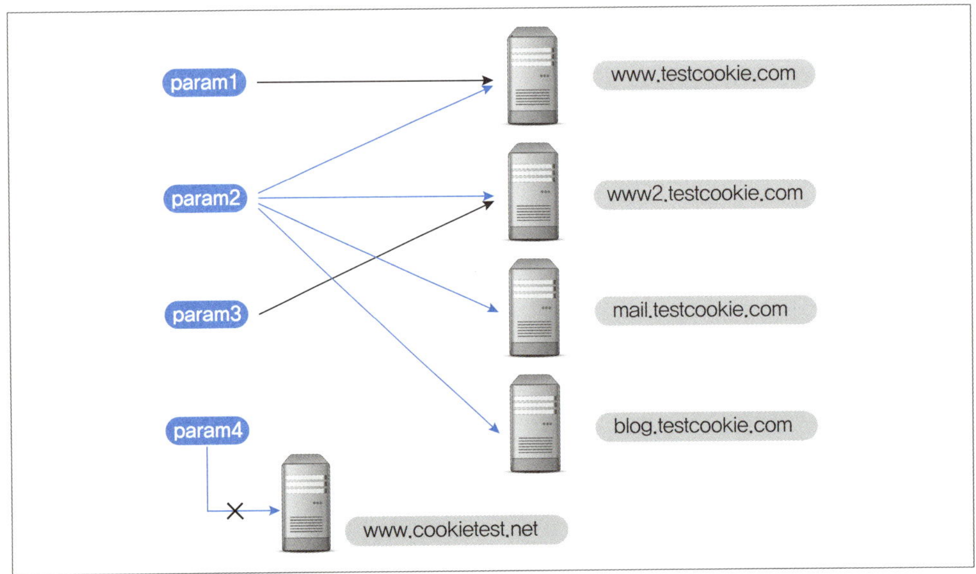

▲ 도메인 설정 방식에 따른 쿠키 적용

(5) 쿠키의 경로 설정

앞서 살펴본 쿠키 적용 도메인 지정과는 반대로, 경우에 따라 도메인 내 특정 경로에만 쿠키가 전송되어야 할 때도 있다. 이런 경우 Cookie 클래스의 setPath( ) 메서드를 사용하면 쿠키가 사용될 URL의 도메인 이후 주소의 특정 경로를 지정하고, 결과적으로 쿠키가 사용될 경로를 제한시키는 기능 구현이 가능하다.

쿠키의 경로 설정에 대한 예를 살펴보기 위해 먼저 아래와 같이 CookiePathSet.jsp 페이지를 제작하도록 한다. CookiePathSet.jsp 페이지는 앞서 작성해온 쿠키 생성 페이지들과 유사하지만, setPath( ) 메서드를 사용하여 이 챕터 프로젝트인 Chap08 폴더 내 CookiePathTest 폴더를 쿠키 사용 경로로 지정하고 있다. 쿠키의 전송 확인을 위해 [경로로 지정되지 않은 페이지에서 쿠키 호출] 버튼을 통해 페이지 이동에 사용할 〈form〉 태그도 추가해준다.

SOURCE CODE : CookiePathSet.jsp

```
<%@ page language="java" contentType="text/html; charset=utf-8" %>

<html>
    <head>
        <title>Cookie 경로 설정</title>
    </head>
    <body>
        <h3>Cookie 클래스를 사용하여 쿠키의 사용경로를 지정합니다.</h3>
        <%
            Cookie cookie = new Cookie("PathCookie", "Only '/CookiePath-
            Test/'");
            cookie.setPath("/Chap08/CookiePathTest/");
            response.addCookie(cookie);
        %>
        <h4>쿠키 생성이 완료되었습니다.</h4><hr/>
        <h3>생성된 쿠키의 구성요소들을 출력합니다.</h3>
        <h4>쿠키의 이름 : <%=cookie.getName() %> <br/>
        쿠키의 값 : <%=cookie.getValue() %> <br/></h4>

        <form action="CookiePathWrong.jsp" method="post">
            <input type="submit" value="경로로 지정되지 않은 페이지에서 쿠키 호출">
        </form>
    </body>
</html>
```

이제 위에서 지정하지 않은 경로의 쿠키 전송 여부를 확인하기 위해 CookiePathWrong.jsp 페이지를 아래와 같이 제작하도록 한다. CookiePathWrong.jsp 페이지와 CookiePathSet.jsp 페이지는 지금까지 제작해왔던 JSP 페이지들과 마찬가지로 WebContent 폴더 아래에 바로 생성할 것이다. request 내장객체의 getCookies( ) 메서드를 사용하여 앞서 설정한 "PathCookie" 이름을 가진 쿠키를 검색하고 해당 쿠키의 이름과 값을 출력할 것이다. 페이지 하단에는 앞서 쿠키의 경로로 설정한 CookiePathTest 디렉터리 내 "CookiePathCorrect.jsp" 페이지로의 이동을 위해 〈form〉 태그를 추가하도록 한다.

SOURCE CODE : CookiePathWrong.jsp

```
<%@ page language="java" contentType="text/html; charset=utf-8" %>

<html>
    <head>
        <title>Cookie 경로 설정</title>
    </head>
    <body>
        <h3>생성된 "PathCookie" 쿠키를 조회합니다</h3><hr>
        <%
            Cookie[] cookies = request.getCookies();
            int count = 0;
            if (cookies != null && cookies.length > 0){
                for (int i=0 ; i < cookies.length ; i++){
                    if (cookies[i].getName().equals("PathCookie")){
        %>
                        <h3>
                        쿠키의 이름 : <%=cookies[i].getName() %> <br/>
                        쿠키의 값 : <%=cookies[i].getValue() %> <br/>
                        </h3>
        <%
                        count++;
                    }
                }
            }
            if (count == 0){
        %>
            <h3>[PathCookie] 를 찾을 수 없습니다.</h3>
        <%
            }
        %>
```

```
        <form action="/Chap08/CookiePathTest/CookiePathCorrect.jsp"
        method= "post">
            <input type="submit" value="지정된 경로 내 페이지에서 쿠키 호출">
        </form>
    </body>
</html>
```

마지막으로 CookiePathSet.jsp 페이지에서 setPath( ) 메서드를 통해 지정하였던 쿠키 경로인 CookiePathTest 폴더 내 CookiePathCorrect.jsp 페이지를 제작하도록 하자. CookiePathTest 폴더는 WebContext 폴더 내에 생성해야 한다. WEB-INF나 다른 폴더에 생성하지 않도록 주의하자.

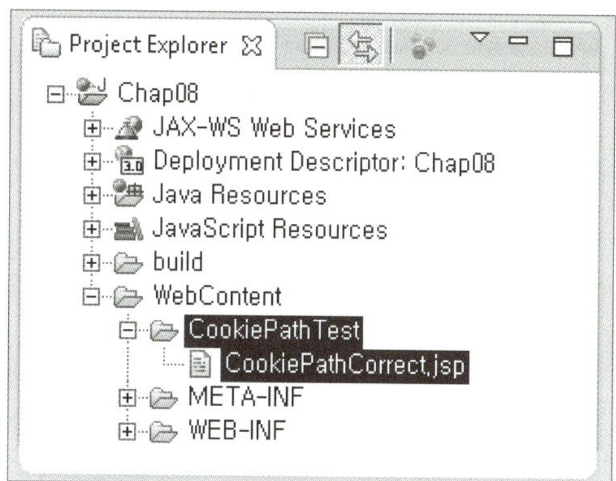

▲ CookiePathTest 폴더에 CookiePathCorrect.jsp 페이지를 생성한다.

기능상으로 볼 때 CookiePathCorrect.jsp 페이지는 CookiePathWrong.jsp 페이지와 차이가 없다. CookiePathCorrect.jsp 페이지 역시 앞서 CookiePathSet.jsp 페이지에서 생성한 PathCookie를 검색한 후 해당 쿠키가 존재하면 쿠키의 이름과 쿠키의 값을 출력할 것이다. 거의 동일한 기능을 수행할 JSP 페이지 두 개를 경로만을 달리하여 작성한 것은 두 페이지를 실행하여 경로 설정에 따른 쿠키의 전송 여부를 확인하기 위함이다.

SOURCE CODE : CookiePathWrong.jsp

```
<%@ page language="java" contentType="text/html; charset=utf-8" %>

<html>
    <head>
        <title>Cookie 경로 설정</title>
    </head>
    <body>
        <h3>생성된 "PathCookie" 쿠키를 조회합니다</h3><hr>
        <%
            Cookie[] cookies = request.getCookies();
            int count = 0;
            if (cookies != null && cookies.length > 0){
                for (int i=0 ; i < cookies.length ; i++){
                    if (cookies[i].getName().equals("PathCookie")){
        %>
                        <h3>
                        쿠키의 이름 : <%=cookies[i].getName() %> <br/>
                        쿠키의 값 : <%=cookies[i].getValue() %> <br/>
                        </h3>
        <%
                        count++;
                    }
                }
            }
            if (count == 0){
        %>
            <h3>[PathCookie] 를 찾을 수 없습니다.</h3>
        <%
            }
        %>
        <form action="/Chap08/CookiePathTest/CookiePathCorrect.jsp"
        method="post">
            <input type="submit" value="지정된 경로 내 페이지에서 쿠키 호출">
        </form>
    </body>
</html>
```

이제 CookiePathSet.jsp 페이지를 호출해보도록 하자. 쿠키의 이름 및 값이 정상적으로 출력되었다면 Cookie 클래스를 이용하여 생성한 PathCookie 쿠키가 생성이 완료된 것이다. [경로로 지정되지 않은 페이지에서 쿠키 호출] 버튼을 클릭하도록 한다.

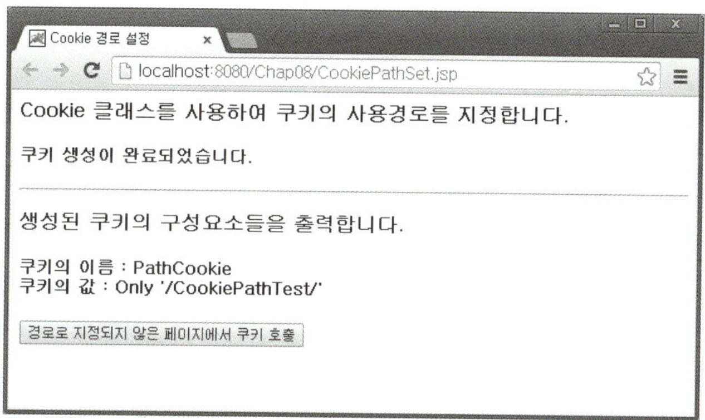

▲ CookiePathSet.jsp 페이지 호출

호출된 CookiePathWrong.jsp 페이지는 아래와 같이 PathCookie 쿠키를 검색하지 못했음이 출력될 것이다. 이는 CookiePathWrong.jsp 페이지가 CookiePathSet.jsp 페이지에서 setPath( ) 메서드로 지정한 쿠키의 경로와 일치하지 않는 경로 내 포함된 JSP 페이지이기 때문에 PathCookie 쿠키가 전송되지 않았음을 의미한다. [지정된 경로 내 페이지에서 쿠키 호출] 버튼을 클릭하여 이번에는 동일한 기능을 수행하지만, CookiePathTest 폴더에 포함된 CookiePathCorrect.jsp 페이지로 이동하도록 한다.

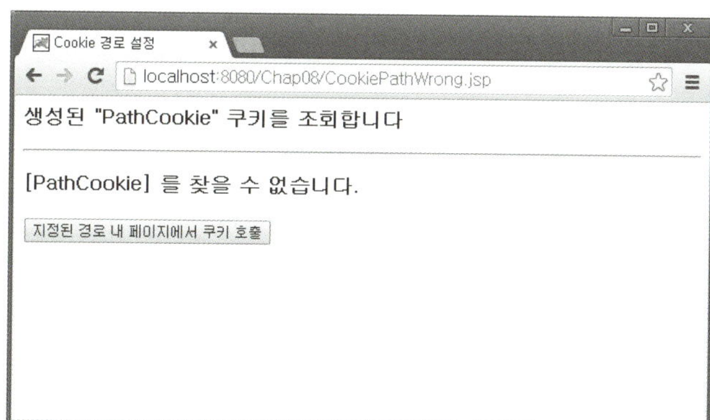

▲ CookiePathWrong.jsp 페이지는 쿠키 사용 경로가 아니므로 쿠키가 전송되지 않는다.

CookiePathCorrect.jsp 페이지에서는 PathCookie 쿠키가 정상적으로 전송되어 쿠키의 이름과 값이 출력됨을 확인할 수 있다. 앞서 언급한 대로 CookiePathCorrect.jsp 페이지는 최초 CookiePathSet.jsp 페이지에서 setPath( ) 메서드를 사용하여 지정한 CookiePathTest 폴더 내에 속해 있는 페이지이므로 쿠키가 전송된 것이다.

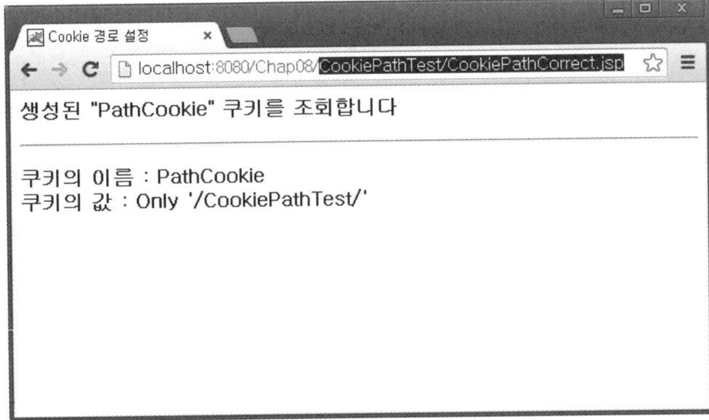

▲ CookiePathCorrect.jsp 페이지는 쿠키의 사용 경로와 일치하는 경로의 페이지이므로 쿠키가 전송된다.

(6) 쿠키를 이용한 세션 관리

앞서 살펴본 Cookie 클래스의 다양한 기능들을 활용하면 URL Rewritting 방식이나 Hidden Field 방식에 비해 보다 효과적인 세션 관리 기능 구현이 가능하다. 여기서는 쿠키를 이용하여 접속된 세션의 관리와 더불어 아이디 저장 기능을 갖춘 간단한 로그인 페이지를 제작해보도록 하자. 이번 예제는 로그인 이후 세션 관리를 위한 쿠키 설정 페이지와 쿠키로 설정된 세션 확인 페이지 및 로그아웃 처리를 담당할 페이지까지 총 4개의 페이지를 구현할 것이다.

우선 최초로 실행될 로그인 기능을 갖춘 페이지를 제작하도록 한다. CookieSessionLogin.jsp 페이지는 기본적으로 로그인에 필요한 아이디와 비밀번호를 입력할 수 있고, 아이디 저장 기능 구현을 위해 단일 체크박스 선택이 가능하다. 로그인 기능 처리 이전에 주목할 것은 request 내장객체의 getCookie( ) 메서드를 사용하여 이미 저장된 쿠키를 가져오는 부분인데 만약 이전 로그인 시 아이디 저장 옵션을 선택했을 경우 쿠키로 저장되어 있는 아이디를 미리 아이디 입력란에 작성해주기 위함이다.

이번 예제에서 아이디 저장 옵션에 사용할 쿠키 이름은 "rememberId"이다. 이 쿠키의 값이 "keep" 상태일 때는 아이디를 쿠키로 저장하여 이후 로그인 시 아이디가 미리 기입되도록 한다. 체크박스를 설정하고 있는 〈input〉 태그에는 표현식을 사용하여 아이디를 저장한 rememberId 쿠키의 값이 "keep"이면 checked 옵션값을 "checked"로 지정할 수 있도록 작성하였다. 따라서 이전 로그인 시 아이디 저장 옵션을 선택했을 경우 다시 로그인할 때 아이디 저장 옵션이 체크되어 있고, 접속했었던 아이디가 아이디 입력란에 먼저 입력되어 있을 것이다.

SOURCE CODE : CookieSessionLogin.jsp

```
<%@ page language="java" contentType="text/html; charset=utf-8"%>

<html>
   <head>
      <title>쿠키를 이용한 세션 관리</title>
   </head>
   <%
      Cookie[] cookies = request.getCookies();
      String loginStatus = null;
      String rememberId = null;
      String id = null;
      if (cookies != null && cookies.length > 0){
         for (int i=0 ; i < cookies.length ; i++){
            if (cookies[i].getName().equals("rememberId") && cookies[i].
            getValue().equals("keep")){
               rememberId = cookies[i].getValue();
            }
            if (cookies[i].getName().equals("id")){
               id = cookies[i].getValue();
            }
         }
      }
   %>
   <body>
      <form action="CookieSessionSet.jsp" method="post">
         아이디와 비밀번호를 입력하십시오<hr/>
         <table border="1">
            <tr>
               <td align="center">아이디</td>
               <td><input type="text" name="id" value="<%=(id == null ? "" : id)
               %>" /></td>
            </tr>
            <tr>
               <td align="center">비밀번호</td>
               <td><input type="password" name="pw" /></td>
            </tr>
            <tr>
               <td colspan="2" align="right">
                  <input type="checkbox" name="rememberId" value="keep" <%=(
                  rememberId==null ? "" : "checked=₩"checked₩"" )%>/> 아이디 기억
```

```
          </td>
        </tr>
        <tr>
          <td colspan="2" align="right">
            <input type="submit" value="로그인" />
          </td>
        </tr>
      </table>
    </form>
  </body>
</html>
```

CookieSessionLogin.jsp 페이지는 로그인 시 아이디와 비밀번호를 모두 작성하여 진행한다는 가정을 가지고 구현한다. 따라서 페이지 실행 시 사용될 아이디와 비밀번호는 임의로 작성할 것이다. [로그인] 버튼을 누르면 POST 방식으로 아이디와 비밀번호 및 아이디 저장 옵션 선택을 위한 rememberId 값이 CookieSessionSet.jsp 페이지로 전달된다.

CookieSessionSet.jsp 페이지는 응답 웹 페이지의 출력 내용을 포함하지는 않는다. 로그인이 발생한 후 실질적으로 Cookie 클래스를 사용하여 아이디 기억 여부를 위한 cookieRememerId 쿠키와 현재 접속한 아이디를 설정하기 위한 cookieId 쿠키 그리고 현재 로그인 상태를 지정할 cookieLoginStatus 쿠키를 생성한 후 response 내장객체의 sendRedirect( ) 메서드를 사용하여 쿠키를 생성과 값의 지정이 끝나면 CookieSessionChk.jsp 페이지로 이동하게 된다. CookieSessionLogin.jsp 페이지에서 아이디 기억 옵션 체크박스를 선택했다면 rememberId 이름과 keep 값을 가진 쿠키를 생성한다. 체크하지 않고 로그인했을 경우 쿠키의 값에 temp가 지정된다. 이렇게 지정된 값에 따라 아이디 기억 여부를 필요시 쿠키를 통해 구분할 수 있다. 만약 아이디를 저장할 쿠키가 브라우저 종료 이후에도 유지되길 원할 경우 addCookie( ) 메서드가 사용되기 전 setMaxAge( ) 메서드를 사용하여 쿠키의 만료 시간을 지정해줄 수 있다.

SOURCE CODE : CookieSessionSet.jsp

```
<%@ page language="java" contentType="text/html; charset=utf-8" %>

<html>
    <head>
        <title>쿠키를 이용한 세션 관리</title>
    </head>
    <body>
        <%
            String rememberId = request.getParameter("rememberId");
            String id = request.getParameter("id");
            Cookie cookieRememberId;
            Cookie cookieId;
            Cookie cookieLoginStatus;

            if (rememberId != null && rememberId.equals("keep")){
                cookieRememberId = new Cookie("rememberId", "keep");
            } else {
                cookieRememberId = new Cookie("rememberId", "temp");
            }
            cookieId = new Cookie("id", id);
            cookieLoginStatus = new Cookie("loginStatus", "login");

            response.addCookie(cookieRememberId);
            response.addCookie(cookieId);
            response.addCookie(cookieLoginStatus);


            out.println(cookieRememberId.getValue());
            response.sendRedirect("http://localhost:8080/Chap08/
            CookieSessionChk.jsp");
        %>
    </body>
</html>
```

CookieSessionChk.jsp 페이지는 CookieSessionSet.jsp 페이지에서 생성된 쿠키들을 토대로 사용자의 로그인 정보를 출력해준다. request 내장객체의 getCookies( ) 메서드를 사용하여 요청 시 전송된 쿠키들 중 로그인 상태를 저장하고 있는 loginStatus 쿠키와 아이디 기억 여부가 지정된 rememberId, 그리고 로그인 시 사용한 아이디 값이 지정된 id 쿠키를 검색한 후 현재 접속되어 있는 아이디와 아이디 기억 옵션 체크 여부를 출력할 것이다. 만약 정상적으로 로그인 페이지에서 로그인을 하지 않고 CookieSessionChk.jsp 페이지에 바로 접근할 경우에는 로그인이 되지 않았다는 메시지를 출력한다.

SOURCE CODE : CookieSessionChk.jsp

```
<%@ page language="java" contentType="text/html; charset=utf-8" %>

<html>
   <head>
      <title>쿠키를 이용한 세션 관리</title>
   </head>
   <body>
      <%
         Cookie[] cookies = request.getCookies();
         String loginStatus = null;
         String rememberId = null;
         String id = null;
         if (cookies != null && cookies.length > 0){
            for (int i=0 ; i < cookies.length ; i++){

               if (cookies[i].getName().equals("loginStatus")){
                  loginStatus = cookies[i].getValue();
               }

               if (cookies[i].getName().equals("rememberId")){
                  rememberId = cookies[i].getValue();
               }
               if (cookies[i].getName().equals("id")){
                  id = cookies[i].getValue();
               }
            }
         }
      %>
      <%
      if (loginStatus != null && loginStatus.equals("login") && rememberId
      != null && id != null){
      %>
         <h3>[<%=id %>]님 환영합니다.<br/>
         로그인 아이디 기억상태를 [<%=(rememberId.equals("temp")?"유지하지 않음":"유지함"
         )%>]으로 설정하셨습니다.</h3>
```

```
            <form action="CookieSessionLogout.jsp" method="post">
                <input type="submit" value="로그아웃">
            </form>
        <%
        } else {
        %>
            <h3>로그인하지 않으셨거나, 잘못된 접근입니다.<br/>
            로그인하여 주시기 바랍니다.</h3>
            <form action="CookieSessionLogin.jsp" method="post">
                <input type="submit" value="로그인 페이지">
            </form>
        <%
        }
        %>
    </body>
</html>
```

마지막 CookieSessionLogout.jsp 페이지는 CookieSessionChk.jsp 페이지의 [로그아웃] 버튼을 눌렀을 때 호출되는 페이지로 현재 접속된 세션을 종료시키는 역할을 담당한다. 앞서 살펴보았듯이 쿠키의 삭제를 위한 메서드는 존재하지 않으므로 setMaxAge( ) 메서드를 사용하여 쿠키의 유효기간을 0으로 설정한다. loginStatus 쿠키의 값을 "logout"으로 바꾼 후 쿠키 유효기간은 0으로 지정하여 쿠키의 삭제를 유도하고 로그인 시 아이디 기억 옵션을 체크하지 않았을 경우, 즉 rememberId 쿠키의 값이 temp일 경우 접속한 아이디 값을 가지고 있는 id 쿠키도 삭제한다.

SOURCE CODE : CookieSessionLogout.jsp

```
<%@ page language="java" contentType="text/html; charset=utf-8" %>

<html>
    <head>
        <title>쿠키를 이용한 세션 관리</title>
    </head>
    <body>

        <%
            Cookie[] cookies = request.getCookies();
            String loginStatus = null;
            String rememberId = null;
            String id = null;
```

```
            if (cookies != null && cookies.length > 0){
                for (int i=0 ; i < cookies.length ; i++){
                    if (cookies[i].getName().equals("loginStatus")){
                        loginStatus = cookies[i].getValue();
                        cookies[i].setValue("logout");
                        cookies[i].setMaxAge(0);
                        response.addCookie(cookies[i]);
                    }
                    if (cookies[i].getName().equals("rememberId")){
                        rememberId = cookies[i].getValue();
                    }
                    if (cookies[i].getName().equals("id")){
                        id = cookies[i].getValue();
                    }
                }
            }
        %>
        <h3>[<%=id %>] 님 정상적으로 로그아웃되었습니다.<br/>
        이용해주셔서 감사합니다.</h3>

        <%
            if (rememberId != null && rememberId.equals("temp") ){
                if (cookies != null && cookies.length > 0){
                    for (int i=0 ; i < cookies.length ; i++){
                        if (cookies[i].getName().equals("id")){
                            cookies[i].setMaxAge(0);
                            response.addCookie(cookies[i]);
                        }
                    }
                }
            }
        %>
        <form action="CookieSessionLogin.jsp" method="post">
            <input type="submit" value="로그인 페이지로 이동">
        </form>
    </body>
</html>
```

제작이 끝났다면 CookieSessionLogin.jsp를 호출하여 예제를 실행해보도록 하자. 페이지가 호출되면 다음과 같이 로그인을 위한 아이디 입력란과 비밀번호 입력란이 있으며 아이디 기억을 위한 체크 옵션이 함께 출력된다. 이번에는 아이디 기억 옵션을 체크하지 않고, 아이디와 비밀번호를 입력한 후 [로그인] 버튼을 클릭하도록 하자.

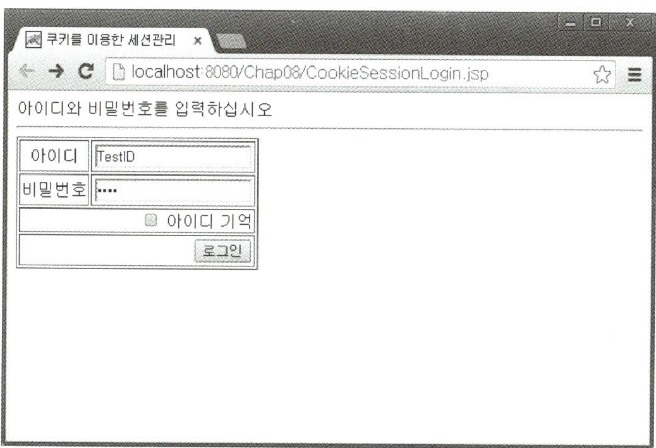

▲ CookieSessionLogin.jsp 페이지를 호출하고 아이디 기억 옵션을 체크하지 않고 로그인한다.

[로그인] 버튼을 클릭하여 이동한 CookieSessionChk.jsp 페이지는 로그인 시 사용된 아이디와 아이디 기억 상태 여부를 출력해준다. 여기서는 아이디 기억 옵션을 체크하지 않았으므로 [유지하지 않음]으로 기억상태가 출력되었다. [로그아웃] 버튼을 클릭하자.

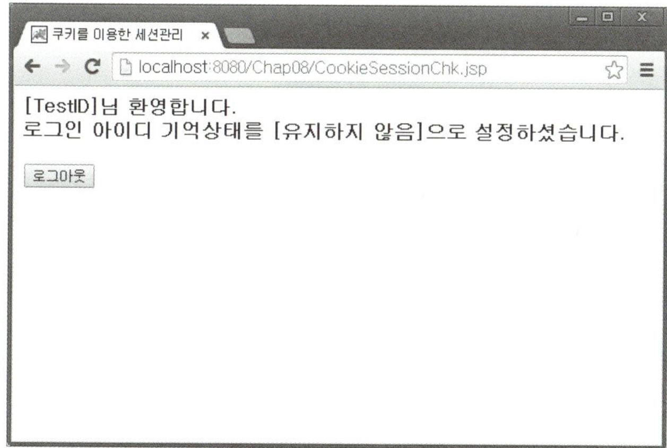

▲ CookieSessionChk.jsp 페이지는 로그인 아이디와 아이디 기억 옵션 여부를 출력한다.

[로그아웃] 버튼을 통해 이동된 SessionLogout.jsp 페이지는 로그아웃 처리 메시지를 출력하고 첫 로그인 페이지로 이동하기 위한 버튼이 함께 나타나 있다. [로그인 페이지로 이동] 버튼을 클릭하여 로그인 페이지로 돌아가도록 하자.

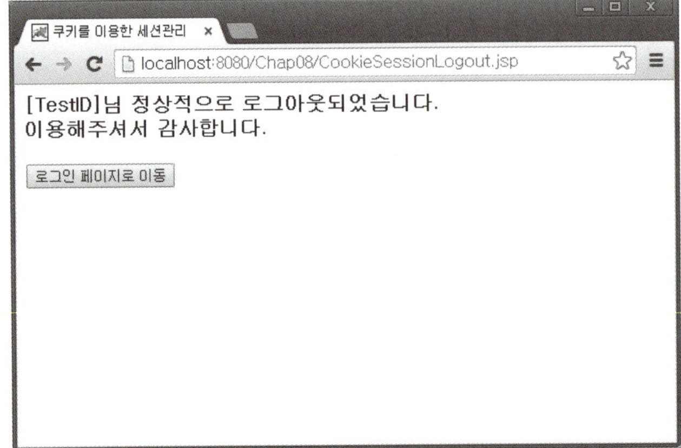

▲ CookieSessionChk.jsp 페이지는 로그인 아이디와 아이디 기억 옵션 여부를 출력한다.

아이디 기억 옵션을 체크하지 않고 로그아웃되었으므로 CookieSessionLogin.jsp 페이지는 처음 호출했던 것과 마찬가지로 아무런 입력이 일어나지 않았다. 이번에는 아이디와 비밀번호를 입력한 후 아이디 기억 체크박스를 클릭한 후 [로그인] 버튼을 클릭하도록 하자.

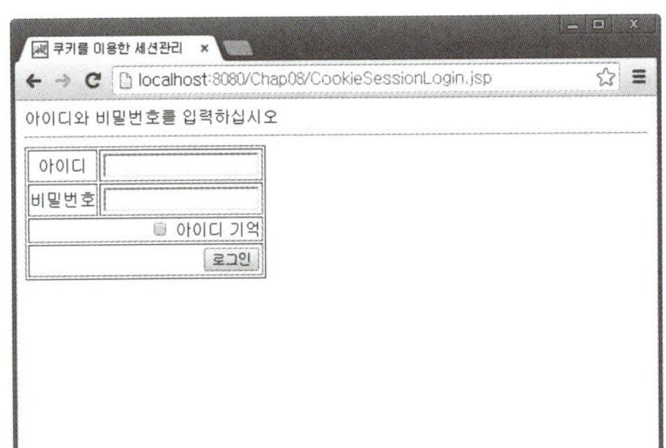

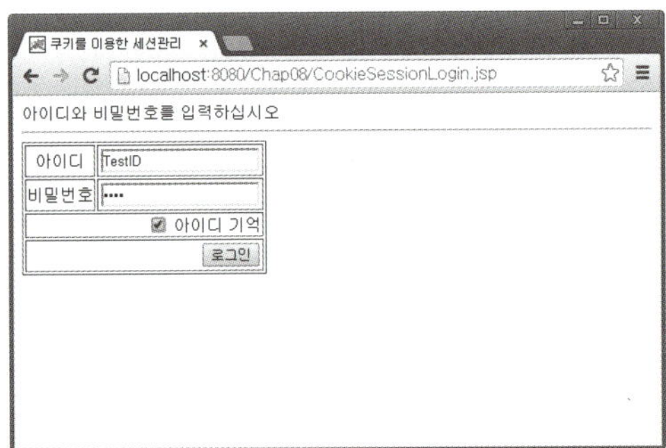

▲ 두 번째 로그인에는 아이디 기억 옵션을 체크하고 로그인한다.

[로그인] 버튼을 클릭하여 CookieSessionSet.jsp 페이지에서 쿠키 설정이 끝난 후 response 내장객체의 sendRedirect( ) 메서드를 통해 이동한 CookieSessionChk.jsp 페이지에서는 앞서 로그인과 마찬가지로 아이디와 환영 메시지를 출력한다. 아이디 기억 옵션을 체크하고 로그인하였으므로 아이디 기억 상태가 "유지함"임을 출력하고 있다. [로그아웃] 버튼을 눌러 호출된 CookieSessionLogout.jsp 페이지는 아이디 기억 옵션 체크 여부와 관계없이 동일한 출력이 나타난다. CookieSessionLogout.jsp 페이지 내부적으로는 아이디 기억 옵션 체크 여부에 따라 수행되는 코드가 달라지도록 구현했음을 떠올려보자. 로그아웃이 정상적으로 수행되었다면 다시 [로그인 페이지로 이동] 버튼을 클릭하도록 하자.

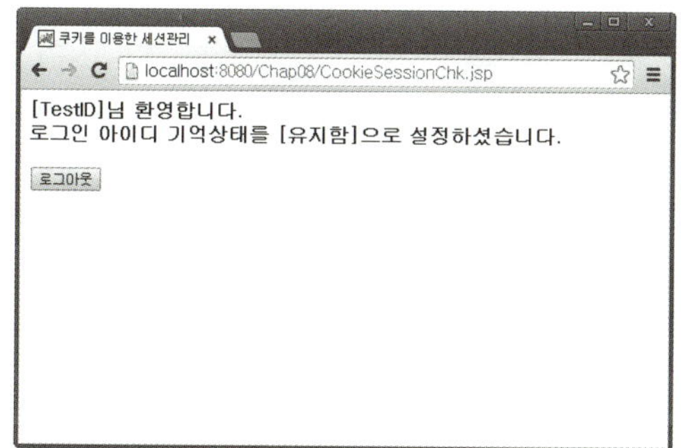

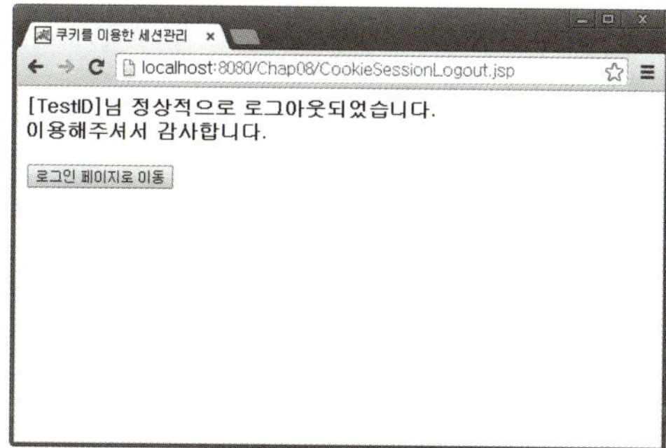

▲ 아이디 기억 상태가 [유지함]으로 출력되는 것 외에 출력 페이지는 큰 차이가 없다.

CookieSessionLogin.jsp 페이지가 호출되면 아래와 같이 아이디 입력란에 앞서 로그인 시 입력했던 "TestID" 값이 채워져 있을 뿐만 아니라 아이디 기억 옵션도 먼저 체크되어 있음을 확인할 수 있다.

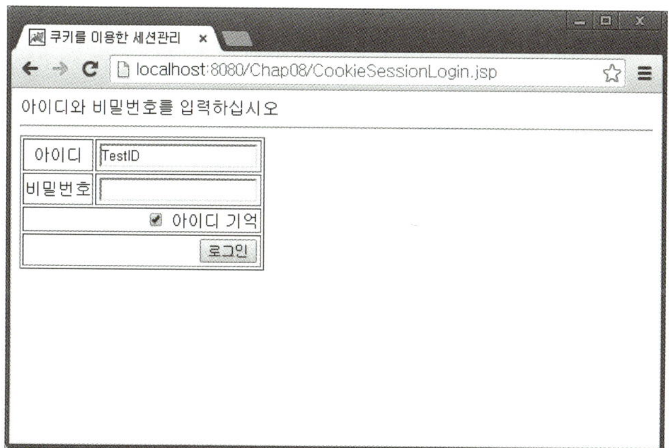

▲ 아이디 기억 옵션을 체크하고 로그인하였으므로 로그아웃 후에도 아이디와 아이디 기억 옵션이 유지된다.

만약 현재 상태에서 [로그인] 버튼을 누르지 않고 CookieSessionChk.jsp 페이지를 직접 호출하면 CookieSessionSet.jsp 페이지를 거치지 않아 로그인 상태를 저장하는 loginStatus 쿠키가 생성되지 않은 상태이므로 다음과 같이 로그인을 요청하는 페이지로 출력이 완전히 달라지게 된다.

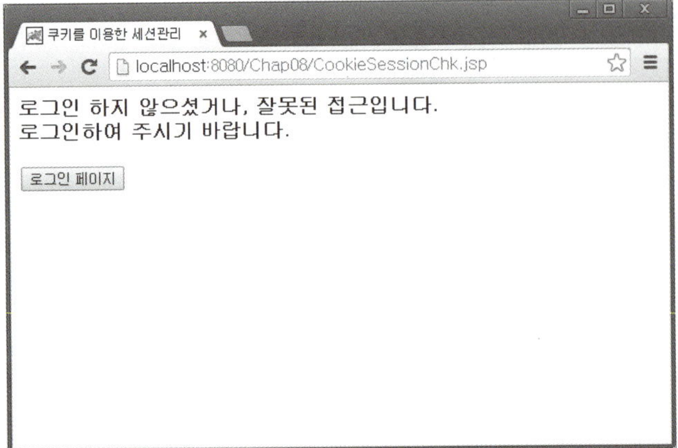

▲ 정상적으로 로그인을 거치지 않으면 로그인 요청을 출력한다.

앞서 쿠키의 기능과 사용법을 확인하기 위해 구현한 예제들과는 달리 이번 예제는 쿠키를 사용하여 세션 관리와 로그인 아이디 기억을 위해 비교적 코드의 길이가 길고 복잡해졌다. 그러나 페이지를 구성하는 쿠키 기능의 사용 방법은 모두 동일하므로 앞서 다루었던 예제들을 이해했다면 이번 예제 역시 이해할 수 있을 것이다. 세션 관리 측면에서 사용되는 쿠키 사용 코드는 요청된 쿠키를 검색하는 작업이 수반되어야 하므로 다소 코드가 중복적으로 작성된 면이 있다. 이렇게 자주 사용될 수 있는 코드는 자바 클래스의 메서드로 제작하고, 필요시 클래스를 임포트하여 사용하면 편리하게 사용할 수 있다.

지금까지 웹 클라이언트의 자원을 할애하여 특정 정보를 보관하는 쿠키의 사용법을 익히고 이를 통해 세션 관리 기능까지 구현해 보았다. 쿠키는 사용 방법에 따라 앞서 살펴보았던 세션 관리 기능 외에도 다양한 기능으로 활용할 수 있다. 그러나 쿠키의 기본 특성상 쿠키의 유효기간이 만료되기 전까지는 사용자의 컴퓨터에 정보를 보관하게 되므로 보안상으로 문제가 될 수 있는 정보나 노출을 희망하지 않는 데이터를 쿠키로 유지하는 것은 권장되지 않는다. 따라서 쿠키의 사용 여부는 정보의 성격에 따라 신중히 결정하길 바란다.

05 | HttpSession

HttpSession 객체를 이용한 세션 관리는 서블릿 및 JSP를 사용하여 웹 애플리케이션 내 세션 구현을 위한 여러 방식 중 가장 강력하고 유용한 방식이다. HttpSession 객체는 앞서 살펴본 쿠키 기술이 활용된 기술로 세션 관리를 위한 다양한 기능들을 제공하며 웹 클라이언트의 자원만을 이용하는 쿠키와는 달리 세션 관리를 위한 정보를 웹 서버가 생성하고 보관하여 관리한다는 점에서 차이를 보인다.

5.1 HttpSession의 동작

HttpSession은 기본적으로 요청을 보내는 하나의 웹 브라우저에 하나의 세션 아이디를 부여하고 웹 컨테이너에서 해당 세션 아이디를 보관한다. 따라서 하나의 컴퓨터 내에서 두 개의 웹 브라우저를 통해 동일한 웹 페이지에 접근하더라도 각각의 웹 브라우저는 다른 세션 아이디를 부여받아 각각의 세션이 유지된다. HttpSession 객체를 이용한 세션은 아래와 같은 동작 과정을 거친다.

① 웹 클라이언트가 최초 서비스 요청(접속)
② 웹 컨테이너는 세션 아이디를 생성하여 부여
③ 생성된 세션 아이디는 웹 클라이언트와 웹 서버 양측 모두 임시 저장
- 웹 클라이언트는 할당받은 세션 아이디를 쿠키에 임시 저장하거나 쿠키 미지원 시 URL에 붙임
- 웹 서버는 생성된 세션 아이디를 메모리에 보관

④ 웹 클라이언트는 다시 서비스 요청(접속) 시 보유하고 있던 세션 아이디를 함께 전송
⑤ 웹 서버는 세션 아이디가 저장된 메모리를 검색하여 유효한 세션 아이디인지 구분
⑥ 웹 컨테이너에 보관된 세션 아이디는 유효기간 만료 시 소멸되며, 웹 브라우저가 부여받은 세션 아이디를 전송하여도 웹 컨테이너가 보유한 세션 아이디와 매칭되는 아이디가 없으므로 세션 종료

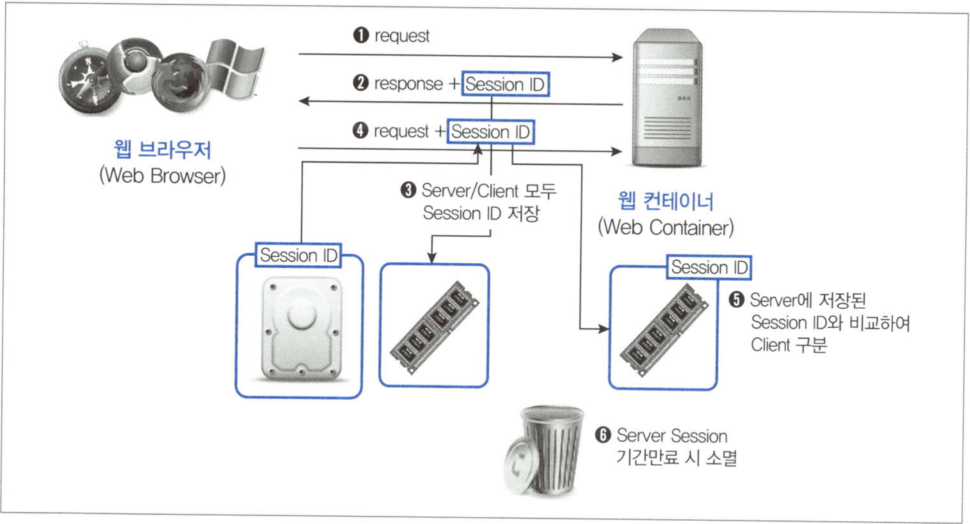

▲ 세션의 동작 방식

위에서 보는 바와 같이 HttpSession은 웹 클라이언트의 자원만을 사용하여 특정 정보를 저장하는 쿠키와는 달리 웹 컨테이너가 직접 생성하고 유지한다. 웹 서버가 각 웹 클라이언트와의 세션을 구분하게 되며 JSP 페이지에서 session 내장객체로 제공되어 별다른 선언 없이 사용이 가능하다.

5.2 session 내장객체의 사용

session 내장객체를 통해 세션 관리 기능을 사용하기 위해서는 아래와 같이 page 지시자의 session 속성을 true로 지정해주어야 한다.

```
<%@ page session="true" %>
```

그러나 page 지시자의 session 속성값은 기본값이 true이므로 위와 같이 명시적으로 page 지시자의 session 속성값을 true로 지정하지 않아도 session 내장객체의 사용에는 문제되지 않는다. JSP를 통해 구현하는 웹 서비스 대부분은 세션 관리를 위해 session 내장객체를 사용하므로 실질적으로는 생략하는 경우가 많다. 따라서 이 책에서 다룰 session 객체를 이용한 예제에서도 page 지시자의 session 속성 지정은 생략하도록 하겠다. 이제 session 내장객체가 제공하는 메서드를 살펴보도록 하자. session 내장객체에서 제공하는 메서드는 아래에서 볼 수 있듯이 대부분 세션 관리와 밀접한 연관이 있는 기능만을 제공하므로 비교적 심플한 편이다.

메서드	리턴 타입	의미
getAttribute(String name)	Object	session 객체에 저장된 속성을 반환
setAttribute(String name, Object value)	void	session 객체에 속성을 저장
removeAttribute(String name)	void	session 객체에 저장된 속성을 제거
getId( )	String	세션 ID 값을 반환
getMaxInactiveInterval( )	int	세션의 유효 시간을 반환
setMaxInactiveInterval(int interval)	void	세션의 유효 시간을 설정
invalidate( )	void	현재 세션 정보를 제거

(1) 세션 내 속성 지정

세션 아이디는 웹 클라이언트가 웹 브라우저를 통해 웹 서버에 접근할 때 생성되는 고유의 값으로 웹 컨테이너가 접속한 웹 브라우저를 구별하기 위해 직접 보관하는 값이며, 세션 관리와 연결의 지속성 측면에서 핵심이 되는 요소이다. 여기서 주목할 것은 세션 아이디가 매번 새로운 값으로 생성되어 할당된다는 것인데, 이러한 특성으로 인해 사용자가 이전에 웹 브라우저를 사용하여 어떤 웹 서비스를 이용하고 이후 동일한 웹 브라우저로 해당 웹 서비스에 접속한다 해도 이전에 할당받은 세션 아이디와는 다른 값의 세션 아이디를 할당받게 되는 현상이 일어난다. 따라서 웹 애플리케이션을 사용 중인 사용자들에게 개별적인 서비스를 제공하기 위해서는 세션 아이디 외에 사용자 구분을 위한 고정적인 데이터가 필요하며, 일반적으로 웹 서비스에서 사용되는 로그인 아이디가 이러한 데이터의 대표적인 예라고 할 수 있다.

session 내장객체는 다른 내장객체와 마찬가지로, 내장객체 내부에 애트리뷰트, 즉 속성의 이름과 값을 지정할 수 있으며 로그인 아이디와 같이 생성된 세션 아이디와 함께 유지되어야 하는 데이터를 저장하고자 할 때 유용하게 사용할 수 있다. 속성을 지정하기 위해서는 setAttribute( ) 메서드를 사용하고 설정한 속성값을 불러오기 위해서는 getAttribute( ) 메서드를 사용하며, 다른 내장객체가 가지는 동명 메서드들과 동일한 방법으로 사용할 수 있다. 아래 SessionAttribute.jsp 페이지를 통해 각 메서드의 사용법을 익히도록 하자.

SOURCE CODE : SessionAttribute.jsp

```
<%@ page language="java" contentType="text/html; charset=utf-8" %>

<html>
    <head>
        <title>Session의 속성 사용 </title>
    </head>
    <%
        session.setAttribute("ID", "TestID");
        session.setAttribute("Grade", "관리자");
    %>
    <body>
        세션의 속성 설정 페이지입니다.<hr>
        현재 접속하신 ID는 [<%=session.getAttribute("ID") %>] 입니다.<br>
        [<%=session.getAttribute("Grade") %>] 권한으로 접속중입니다.
    </body>
</html>
```

SessionAttribute.jsp 페이지를 실행한 결과는 다음과 같다. setAttribute( ) 메서드를 사용하여 ID와 Grade라는 이름을 가진 두 개의 속성을 지정하였고 getAttribute( ) 메서드를 사용하여 해당 속성의 값을 출력하는 간단한 예제이다. 이 예제는 하나의 JSP 페이지에서 session 내장객체의 속성을 지정하고 불러왔지만 세션이 유지되는 동안은 이 속성이 유효하다.

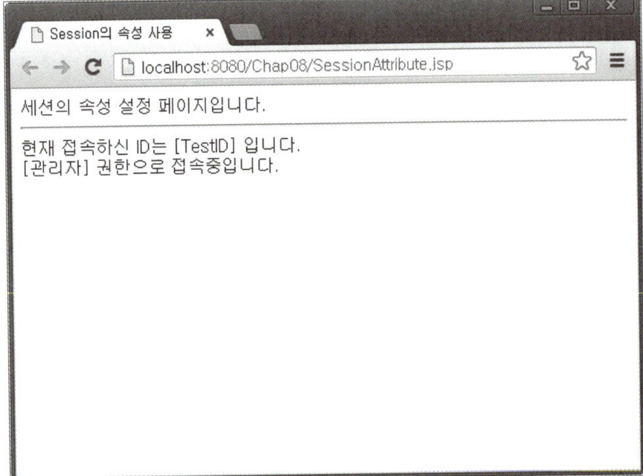

▲ 세션의 속성 설정

만약 위와 같이 설정한 속성을 삭제하고 싶을 경우 removeAttribute( ) 메서드를 사용하여 속성을 삭제할 수 있다. SessionAttribute2.jsp 페이지는 앞서 제작한 예제와 마찬가지로 ID, Grade 속성을 설정한 후 removeAttribute( ) 메서드를 통해 속성들을 삭제하고 getAttribute( ) 메서드를 사용하여 속성값을 출력한다.

SOURCE CODE : SessionAttribute2.jsp

```
<%@ page language="java" contentType="text/html; charset=utf-8" %>

<html>
    <head>
        <title>Session의 속성 사용 </title>
    </head>
    <%
        session.setAttribute("ID", "TestID");
        session.setAttribute("Grade", "관리자");
    %>
    <body>
        세션의 속성 설정 페이지입니다.<hr>
        현재 접속하신 ID는 [<%=session.getAttribute("ID") %>] 입니다.<br>
        [<%=session.getAttribute("Grade") %>] 권한으로 접속 중입니다.<hr>

        설정된 세션의 속성값을 삭제합니다.<hr>
    <%
        session.removeAttribute("ID");
        session.removeAttribute("Grade");
```

```
    %>
        현재 접속하신 ID는 <%=session.getAttribute("ID") %> 입니다.<br>
        [<%=session.getAttribute("Grade") %>] 권한으로 접속 중입니다.
    </body>
</html>
```

SessionAttribute2.jsp 페이지를 호출해보도록 하자. 아래 결과에서 알 수 있듯이 최초 지정한 속성들을 출력하고 removeAttrubute( ) 메서드를 사용하여 속성들을 삭제하면 더 이상 해당 속성을 불러올 수 없게 된다.

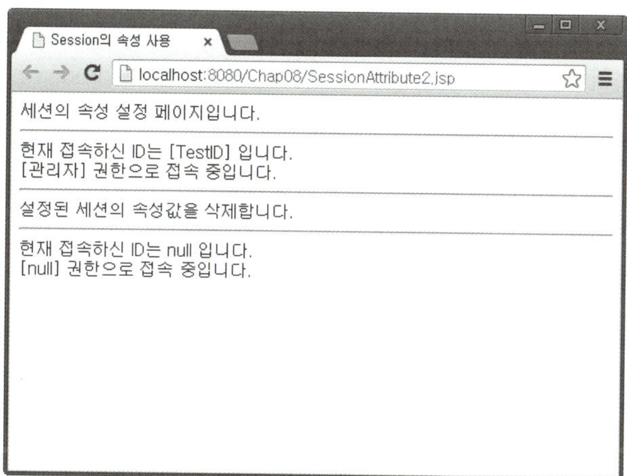

▲ 세션 속성의 삭제

위 두 예제에서 볼 수 있듯이 setAttribute( ) 메서드를 사용하여 세션의 속성값을 이용하면 필요한 데이터를 저장할 수 있고, getAttribute( ) 메서드를 사용하여 저장한 데이터를 열람할 수 있으며, 필요시 removeAttribute( ) 메서드를 사용하여 삭제할 수 있다.

여기서 removeAttribute( ) 메서드의 사용은 세션에 설정된 속성만을 제거한다는 점을 기억하길 바란다. 속성의 삭제가 세션 아이디 삭제를 의미하는 것은 아니므로 removeAttribute( ) 메서드를 사용하여 지정한 속성을 제거하여도 세션 아이디에는 아무 영향이 없으며 세션을 통한 웹 서버와 웹 클라이언트 간의 연결 유지 역시 아무런 영향을 받지 않는다.

(2) 세션의 유효시간

session 내장객체의 setMaxInactiveInterval( ) 메서드를 사용하면 현재 세션 아이디의 최대 유효시간을 설정할 수 있다. 이렇게 설정한 세션의 최대 유효시간이 지나면 최초 접속 시 할당된 세션이 무효화되고, 다시 세션 연결이 확립되어야 한다. 앞서 다루었던 session

내장객체 내 지정한 속성 역시 세션이 만료되면 사용할 수 없으므로 만약 속성에 로그인 아이디 값을 설정해두었을 경우 세션이 만료되면 재로그인이 필요하게 되는 것이다. 이러한 기능 구현은 인터넷 뱅킹, 웹 포털 사이트, 온라인 쇼핑몰 등에서 사용자의 아무런 작업 요청이 발생하지 않을 경우, 자동 로그아웃이 되는 기능 구현에 적합하다.

다음 SessionTime.jsp 페이지는 아이디와 접속권한 속성을 session 내장객체에 지정한다. 지정한 아이디 및 접속권한을 출력한 후 session 내장객체의 getId( ) 메서드를 사용하여 현재 세션의 세션 아이디를 출력한다. 일반적으로 세션 아이디의 값을 웹 페이지에 직접 출력하는 경우는 드물지만 세션이 만료된 후 세션 아이디 값의 변경 확인을 위해 구현하도록 하자. 세션 아이디 값을 출력한 후 setMaxInactiveInterval( ) 메서드를 사용하여 현재 세션의 최대 유효시간을 지정한다. 유효시간은 초단위로 입력할 수 있으며, 여기서는 30을 입력하여 세션 유효기간을 30초로 지정하였다. 페이지 마지막에는 getMaxInactiveInterval( ) 메서드를 사용하여 현재 세션의 최대 유효기간 값을 출력시키도록 하겠다.

SOURCE CODE : SessionTime.jsp

```
<%@ page language="java" contentType="text/html; charset=utf-8" %>

<html>
    <head>
        <title>Session의 유효시간 </title>
    </head>
    <%
        session.setAttribute("ID", "TestID");
        session.setAttribute("Grade", "관리자");
    %>
    <body>
        세션의 유효시간 설정 페이지입니다.<hr>
        현재 접속하신 ID는 [<%=session.getAttribute("ID") %>] 입니다.<br>
        [<%=session.getAttribute("Grade") %>] 권한으로 접속 중입니다.<hr>
        현재 세션아이디는 <h2> [<%=session.getId() %>] </h2> 입니다. <hr>
        현재 세션의 유효시간을 설정합니다.<hr>
        <%
            session.setMaxInactiveInterval(30);
        %>
        현재 세션의 최대 유효시간은 [<%=session.getMaxInactiveInterval() %>] 초입니다.
    </body>
</html>
```

다음으로 SessionTime2.jsp 페이지를 제작한다. SessionTime2.jsp 페이지는 session 내장 객체의 로그인 아이디 속성과 접속 권한 속성을 출력하고 현재 세션 아이디 및 세션의 유효시간을 출력하는 페이지이다. 이 페이지는 SessionTime.jsp, 페이지에서 지정한 세션의 만료시간 이후 호출하여 세션 아이디의 변경 상황을 확인하기 위해 사용할 것이다.

SOURCE CODE : SessionTime2.jsp

```
<%@ page language="java" contentType="text/html; charset=utf-8" %>

<html>
    <head>
        <title>Session의 유효시간 </title>
    </head>
    <body>
        세션의 유효시간 설정 페이지입니다.<hr>
        현재 접속하신 ID는 [<%=session.getAttribute("ID") %>] 입니다.<br>
        [<%=session.getAttribute("Grade") %>] 권한으로 접속중입니다.<hr>
        현재 세션 아이디는 <h2> [<%=session.getId() %>] </h2> 입니다. <hr>
        현재 세션의 최대 유효시간은 [<%=session.getMaxInactiveInterval() %>] 초입니다.
    </body>
</html>
```

이제 SessionTime.jsp 페이지를 호출하도록 하자. 앞서 구현했던 대로 접속한 아이디는 "TestID" 그리고 "관리자"로 지정한 접속권한이 출력되고, 세션 아이디가 할당되어 있다 (세션 아이디는 아래 예제 결과와 다르게 나올 것이다). setMaxInactiveInterval( ) 메서드를 사용하여 지정한 세션 최대 유효기간 30초도 일치되어 출력됨을 확인할 수 있다.

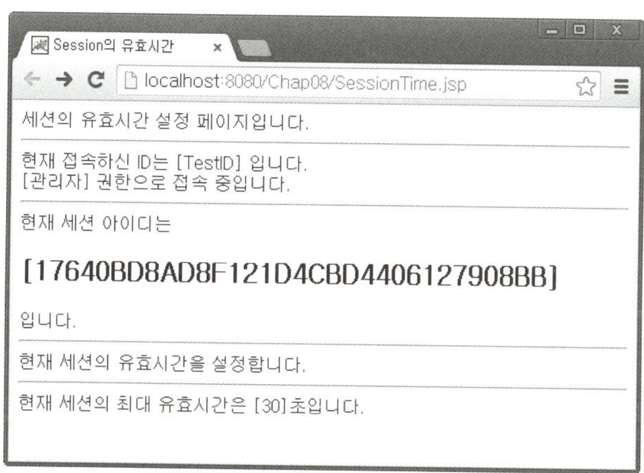

▲ 세션의 유효시간 설정

만약 SessionTime2.jsp 페이지를 SessionTime.jsp 페이지를 호출한 후 30초 이내에 호출하면 아래와 같이 세션의 만료기간이 지나지 않아 최초 할당받은 세션이 유지되고 있는 상태이다. session 내장객체에 지정한 아이디와 접속권한 값 확인이 가능하고 세션 아이디도 SessionTime.jsp 페이지에서 확인했던 값과 동일하게 출력된다.

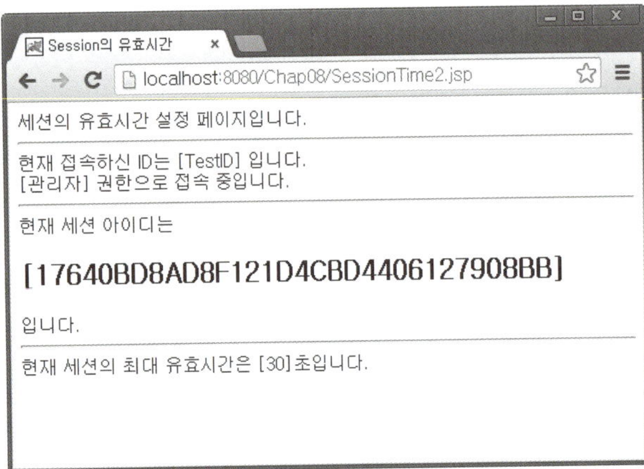

▲ 세션이 아직 유효하다면 지정한 속성들도 함께 유지된다.

만약 SessionTime.jsp 페이지를 호출하고, 30초보다 긴 시간을 기다렸다면 SessionTime2.jsp 페이지를 호출한 결과는 앞서 확인한 결과와는 조금 다르게 다음과 같이 나타난다. 세션의 최대 유효기간인 30초가 지나 최초 SessionTime.jsp 페이지가 실행되면서 할당받은 세션이 만료되고, SessionTime2.jsp 페이지에서는 새로운 세션 아이디를 할당받았기 때문에 세션 아이디의 값이 변경된 것이다. 또한 세션 아이디가 변경되면서 이전 세션에 지정된 로그인 아이디와 접속권한이 이번 결과에선 모두 null로 표시되는 것에 주목하자. 세션이 만료되면 기존 세션에 지정된 모든 속성과 데이터들이 함께 소멸되어 확인할 수 없는 상태가 된다.

▲ 세션이 아직 유효하다면 지정한 속성들도 함께 유지된다.

session 내장객체의 setMaxInactiveInterval( ) 메서드를 사용하면 위 예제의 결과와 같이 세션의 최대 유효시간을 설정할 수 있고, 세션이 만료될 경우 세션에 지정된 속성들도 함께 소멸됨을 확인하였다. 이러한 특성을 활용하면 if문과 같은 조건문을 사용하여 로그인 아이디의 존재 여부에 따라 다시 로그인을 요청하는 등의 기능 구현이 가능해진다. 이제 이렇게 세션이 유지될 시간을 지정하는 경우와는 달리, 세션을 즉시 종료시켜야 하는 경우 사용할 수 있는 기능을 알아보도록 하자.

(3) 세션의 종료

세션의 최대 유효시간 설정은 일정 시간 이후 세션의 자동 종료 기능 구현에 적합하다. 그러나 유효시간 설정은 세션의 만료 시점이 정해진 시간에 의존하기 때문에 즉시 세션을 해제해야 하는 로그아웃과 같은 기능 구현에는 적합하지 않다. 세션은 기본적으로 웹 브라우저가 종료되는 시점에 즉시 소멸하지만, 이는 웹 서비스 사용을 위한 프로그램 자체를 종료시키는 행위이므로 엄밀히 따져보면 로그아웃 기능과는 다소 거리가 있다. JSP 페이지 내부에서 웹 브라우저의 종료 여부와 관계없이 세션을 즉시 종료시키기 위해서는 session 내장객체에서 제공하는 invalidate( ) 메서드를 사용하게 된다.

invalidate( ) 메서드는 웹 클라이언트가 부여받은 현재 세션의 즉시 종료를 수행한다. 앞서 세션의 유효시간 만료 때 보았듯이 invalidate( ) 메서드를 사용하여 세션이 즉시 종료되면 기존 세션에 담겨있던 속성 및 데이터들은 함께 소멸된다. invalidate( ) 메서드를 사용하여 세션을 즉시 종료시키는 예제를 구현해보도록 하자.

우선 아이디와 접속권한 속성을 지정하여 출력하는 SessionInvalidateSet.jsp 페이지를 제작하도록 하자. SessionInvalidateSet.jsp 페이지는 이번 예제를 시작할 페이지이므로 호출시 부여될 세션에 아이디와 접속권한 속성을 지정한 후 해당 속성들의 값들과 부여받은 세션 아이디를 출력할 것이다. 세션의 종료를 실행시킬 페이지인 SessionInvalidatePerform.jsp 페이지로의 이동을 위해 〈form〉 태그 내 submit 버튼인 [세션 종료] 버튼을 추가하도록 하자.

SOURCE CODE : SessionInvalidateSet.jsp

```
<%@ page language="java" contentType="text/html; charset=utf-8" %>

<html>
    <head>
        <title>세션의 종료 </title>
    </head>
    <%
```

```
        session.setAttribute("ID", "TestID");
        session.setAttribute("Grade", "관리자");
    %>
    <body>
        세션 종료 테스트 페이지입니다.<hr>
        현재 접속하신 ID는 [<%=session.getAttribute("ID") %>] 입니다.<br/>
        [<%=session.getAttribute("Grade") %>] 권한으로 접속 중입니다.<hr/>
        현재 세션 아이디는 <h2>[<%=session.getId() %>]</h2> 입니다. <hr/>
        <form action="SessionInvalidatePerform.jsp" method="post">
            <input type="submit" value="세션 종료">
        </form>
    </body>
</html>
```

[세션 종료] 버튼 클릭 시 실제 세션을 종료시키기 위해 session 내장객체의 invalidate( ) 메서드를 사용하는 SessionInvalidatePerform.jsp 페이지는 session 내장객체가 null이 아닐 경우, 즉 현재 세션이 유지되고 있다면 invalidate( ) 메서드를 사용하여 즉시 세션을 종료시킨다. 세션을 성공적으로 종료시킨 후 response 내장객체 내 sendRedirect( ) 메서드를 사용하여 invalidate( ) 메서드를 사용한 결과를 확인하기 위한 페이지인 SessionInvalidateResult.jsp로 페이지 리다이렉트를 지정한다.

SOURCE CODE : SessionInvalidatePerform.jsp

```
<%@ page language="java" contentType="text/html; charset=utf-8" %>

<html>
    <head>
        <title>세션의 종료 </title>
    </head>
    <body>
        <%
            if (session != null)
                session.invalidate();
            response.sendRedirect("http://localhost:8080/Chap08/
            SessionInvalidateResult.jsp");
        %>
    </body>
</html>
```

SessionInvalidatePerform.jsp 페이지에서 세션의 종료를 실행시킨 후 이동해오는 SessionInvalidateResult.jsp 페이지에서는 최초 페이지에서 설정한 세션의 아이디 및 접속 권한 속성의 값을 출력하고 getId( ) 메서드를 사용하여 현재 세션 아이디를 출력할 것이다. session 내장객체에 설정하였던 속성은 getAttribute( ) 메서드를 통해 이름만으로 바로 결과를 알 수 있으므로, 쿠키로 지정하여 특정값을 찾을 때보다 간편하게 구현이 가능하다.

SOURCE CODE : SessionInvalidateResult.jsp

```
<%@ page language="java" contentType="text/html; charset=utf-8" %>

<html>
    <head>
        <title>세션의 종료 </title>
    </head>
    <body>
        세션 종료 테스트 페이지입니다.<hr>
        현재 접속하신 ID는 [<%=session.getAttribute("ID") %>] 입니다.<br/>
        [<%=session.getAttribute("Grade") %>] 권한으로 접속 중입니다.<hr/>
        현재 세션아이디는 <h2> [<%=session.getId() %>] </h2> 입니다. <hr/>
    </body>
</html>
```

SessionInvaludateSet.jsp 페이지를 호출해보자. 앞서 다루어왔던 예제들과 큰 차이 없이 페이지 접속 시 세션이 성립되고 아이디와 접속권한 속성의 출력과 세션 아이디의 출력이 정상적으로 이루어졌음을 확인할 수 있다. [세션 종료] 버튼을 클릭하자.

▲ 세션 아이디와 세션에 설정된 속성값들을 출력

SessionInvalidatePerform.jsp 페이지는 [세션 종료] 버튼을 누르면 invalidate( ) 메서드를 실행하고, 바로 SessionInvalidateResult.jsp 페이지로의 리다이렉트를 수행하므로 사용자 입장에서는 바로 마지막 페이지로 이동한 것처럼 보일 것이다. session 내장객체의 invlidate( ) 메서드가 수행된 후 현재 세션 아이디와 세션의 속성으로 지정한 아이디 및 접속권한 값을 확인하도록 하자. 세션 아이디는 앞서 부여받은 값과 다른 값으로 출력되며, 속성으로 지정했던 아이디와 접속권한 속성값들도 모두 null로 출력되어 값이 존재하지 않음을 알 수 있다.

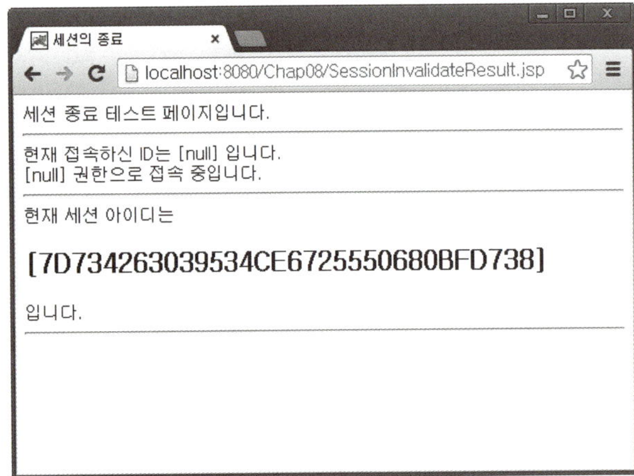

▲ invalidate( ) 메서드를 사용하면 세션이 종료된다.

지금까지 HttpSession 객체를 사용하여 세션 관리를 하기 위해 session 내장객체가 제공하는 메서드들의 사용 방법들을 예제를 통해 알아보았다. session 내장객체를 사용한 세션 관리 기능 구현은 앞서 살펴보았던 URL Rewritting 방식이나 Hidden Field 방식 그리고 쿠키를 이용한 방식에 비해 구현이 간단하면서도 세션 관리에 필요한 모든 기능을 구현할 수 있고, 보안적인 측면에서도 더욱 안전한 방식으로 JSP 페이지 제작 시 세션 관리는 일반적으로 대부분 session 내장객체를 활용하게 된다. 이제 앞서 살펴본 session 내장객체를 활용하여 간단한 로그인, 로그아웃 기능을 가진 예제를 제작해보도록 하자.

5.3 session 내장객체를 이용한 로그인/로그아웃 구현

이제 앞서 살펴본 session 내장객체에서 제공하는 다양한 기능들을 활용하여 웹 페이지에서의 로그인/로그아웃 기능을 구현하는 예제를 다루어보도록 하겠다. 먼저 학습하였던 쿠키를 이용한 세션 관리와 마찬가지로, 데이터베이스에 저장된 아이디 유효성을 검사하기 위한 부분은 배제하고 임의의 아이디와 비밀번호를 입력하여 로그인을 한다는 가정하에 예제를 제작하여 실행해보도록 하겠다.

이번 예제는 다섯 개의 JSP 페이지로 제작할 것이며 각 JSP 파일명과 역할은 아래와 같다.

JSP 파일 이름	역할
SessionLogin.jsp	로그인 폼을 출력. 이미 로그인된 상태라면 환영 메시지 표시
SessionAttributeSet.jsp	사용자가 [로그인] 버튼을 눌렀을 때 session 내장객체에 ID 속성에 로그인에 사용된 아이디 값을 지정. 이후 SessionChk.jsp 페이지로 리다이렉트
SessionChk.jsp	로그인한 사용자의 아이디를 출력하고 환영 메시지 표시. 접속한 세션 아이디도 함께 출력. 첫 페이지 혹은 로그아웃을 위한 버튼 제공
SessionQuit.jsp	[로그아웃] 버튼을 눌렀을 때 세션을 종료시키고 SessionLogout.jsp 페이지로 리다이렉트. 출력되는 내용은 없음
SessionLogout.jsp	세션 종료 후 로그아웃을 알리는 페이지. 재로그인을 위한 로그인 폼을 SessionLogin.jsp 페이지를 인클루드 방식을 사용하여 포함

먼저 로그인 폼을 가진 시작 페이지인 SessionLogin.jsp 페이지를 제작하도록 하자. SessionLogin.jsp 페이지는 이미 로그인을 하여 session 내장객체의 ID 속성값이 있는 경우에는 환영 메시지를 출력한다. ID 속성값이 null인 경우, 즉 로그인이 되어 있지 않은 상태에서는 〈form〉 태그를 통해 아이디와 비밀번호를 입력받고 submit 버튼인 [로그인] 버튼을 출력한다. [로그인] 버튼 클릭 시 SessionAttributeSet.jsp 페이지로 POST 방식을 통해 아이디와 비밀번호 값을 전송할 것이다. 여기서는 아이디와 비밀번호의 유효성을 체크하지 않고, 임의의 아이디와 비밀번호로 로그인할 것을 가정한다.

SOURCE CODE : SessionLogin.jsp

```
<%@ page language="java" contentType="text/html; charset=utf-8"%>

<html>
    <head>
        <title>session 내장객체를 이용한 로그인/로그아웃 구현</title>
    </head>
    <body>
    <%
        if ( session.getAttribute("ID") == null ){
    %>
        <form action="SessionAttributeSet.jsp" method="post">
            아이디와 비밀번호를 입력하십시오<hr/>
            <table border="1">
                <tr>
                    <td align="center">아이디</td>
                    <td><input type="text" name="id" /></td>
                </tr>
```

```
                <tr>
                    <td align="center">비밀번호</td>
                    <td><input type="password" name="pw" /></td>
                </tr>
                <tr>
                    <td colspan="2" align="right">
                        <input type="submit" value="로그인" />
                    </td>
                </tr>
            </table>
        </form>
    <%
        } else {
    %>
            <h3>[<%=session.getAttribute("ID") %>] 님 환영합니다.</h3>
            <table>
                <tr>
                    <td>
                        <form action="SessionChk.jsp" method="post">
                            <input type="submit" value="로그인 상태 확인" />
                        </form>
                    </td>
                    <td>
                        <form action="SessionQuit.jsp" method="post">
                            <input type="submit" value="로그아웃" />
                        </form>
                    </td>
                </tr>


            </table>
    <%
        }
    %>

    </body>
</html>
```

SessionAttributeSet.jsp 페이지는 SessionLogin.jsp 페이지에서 사용자가 입력한 사용자의 아이디를 session 내장객체의 ID 속성에 지정한 후 현재 세션의 정보와 로그인 정보 출력을 위한 SessionChk.jsp 페이지로의 리다이렉트만을 수행한다. 출력할 내용은 포함하지 않은 속성 지정 기능만을 수행하는 페이지이다.

SOURCE CODE : SessionAttributeSet.jsp

```
<%@ page language="java" contentType="text/html; charset=utf-8" %>

<html>
    <head>
        <title>session 내장객체를 이용한 로그인/로그아웃 구현</title>
    </head>
    <body>
        <%
            String rememberId = request.getParameter("rememberId");
            session.setAttribute("ID", request.getParameter("id"));

            response.sendRedirect("http://localhost:8080/Chap08/
            SessionChk.jsp");
        %>
    </body>
</html>
```

SessionChk.jsp 페이지는 사용자의 로그인 후 로그인된 아이디와 현재 세션 아이디를 출력한다. 앞서 살펴보았던 session 내장객체의 getAttibute( ) 메서드를 통해 ID 속성으로 지정된 값을 출력하고, getId( ) 메서드를 사용하여 세션 아이디를 가져온다. 이후 로그인 후 첫 페이지인 SessionLogin.jsp 페이지를 확인하기 위해 [첫 화면으로] 버튼과 로그아웃 기능을 수행하기 위해 [로그아웃] 버튼을 추가하도록 한다.

SOURCE CODE : SessionChk.jsp

```
<%@ page language="java" contentType="text/html; charset=utf-8" %>

<html>
    <head>
        <title>session 내장객체를 이용한 로그인/로그아웃 구현</title>
    </head>
    <body>
        로그인되었습니다. 환영합니다. <hr/>
        <h3>현재 접속하신 ID는 [<%=session.getAttribute("ID") %>] 입니다.</h3><hr/>
        <h3>현재 세션 아이디는 [<%=session.getId() %>] 입니다. </h3><hr/>
```

```
        <table>
            <tr>
                <td>
                    <form action="SessionLogin.jsp" method="post">
                        <input type="submit" value="첫 화면으로" />
                    </form>
                </td>
                <td>
                    <form action="SessionQuit.jsp" method="post">
                        <input type="submit" value="로그아웃" />
                    </form>
                </td>
            </tr>
        </table>
    </body>
</html>
```

SessionQuit.jsp 페이지는 session 내장객체의 invalidate( ) 메서드를 사용하여 세션을 종료시킨 후 로그아웃 화면 출력을 위한 SessionLogout.jsp 페이지로 리다이렉트 기능을 가지고 있다. SessionAttributeSet.jsp 페이지와 마찬가지로 기능 수행만을 위한 페이지로, 출력 내용은 없는 페이지이다.

SOURCE CODE : SessionQuit.jsp

```
<%@ page language="java" contentType="text/html; charset=utf-8" %>

<html>
    <head>
        <title>세션의 종료 </title>
    </head>
    <body>
        <%
            if (session != null)
                session.invalidate();
            response.sendRedirect("http://localhost:8080/Chap08/
            SessionLogout.jsp");
        %>
    </body>
</html>
```

SessionLogout.jsp 페이지는 모든 페이지에서의 [로그아웃] 버튼을 클릭한 후 SessionQuit.jsp 페이지에서 세션을 종료시키고 이동되는 페이지로, 로그아웃이 이루어졌음을 사용자에게 알리는 페이지이다. 이후 재로그인을 위한 로그인 폼을 직접 구현하지 않고, pageContext 내장객체의 include( ) 메서드를 사용하여 로그인 폼이 이미 구현되어 있는 SessionLogin.jsp 페이지를 포함시켜 중복되는 코드의 사용을 줄이도록 구현하자.

SOURCE CODE : SessionLogout.jsp

```
<%@ page language="java" contentType="text/html; charset=utf-8" %>

<html>
    <head>
        <title>session 내장객체를 이용한 로그인/로그아웃 구현</title>
    </head>
    <body>
        안전하게 로그아웃되었습니다. 이용해주셔서 감사합니다.<hr/>
        다시 로그인하시려면
        <%
            pageContext.include("/SessionLogin.jsp");
        %>
        <hr/>
        <form action="SessionLogin.jsp" method="post">
            <input type="submit" value="첫 화면으로" />
        </form>
    </body>
</html>
```

이제 제작한 JSP 페이지들을 사용해보도록 하자. 우선 SessionLogin.jsp 페이지를 호출한다. 아직 로그인을 한 적이 없는 상태이므로, 로그인을 위한 폼이 출력된다. 여기서는 아이디에 'TestID', 비밀번호에 '1234'를 입력하고 [로그인] 버튼을 클릭하였다. 아이디와 비밀번호 유효성 검사가 없으므로 원하는 값을 입력하도록 하자.

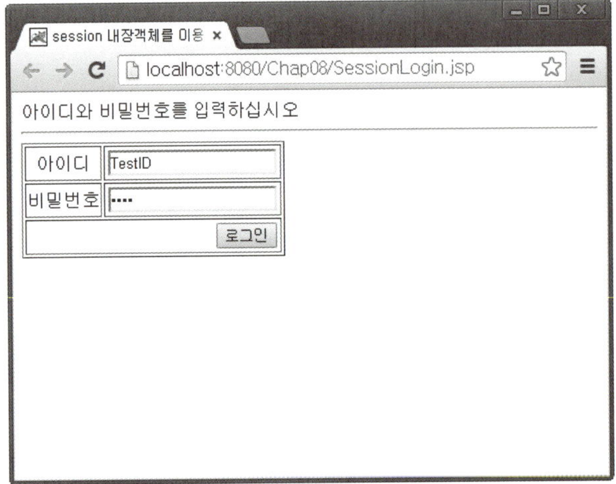

▲ 로그인을 하지 않았다면 로그인 창이 출력된다.

[로그인] 버튼을 클릭하면 아래와 같이 로그인 환영 메시지와 함께 접속한 로그인 아이디와 현재 세션 아이디를 출력한다. 로그인이 완료되어 이동되는 페이지는 SessionChk.jsp 페이지이지만, 내부적으로는 [로그인] 버튼 클릭 후 SessionAttributeSet.jsp 페이지를 거쳐 로그인 아이디 값을 session 내장객체의 ID 속성에 저장했다는 것을 상기하자. 최초 로그인 페이지의 로그인 이후 출력을 확인하기 위해 [첫 화면으로] 버튼을 클릭한다.

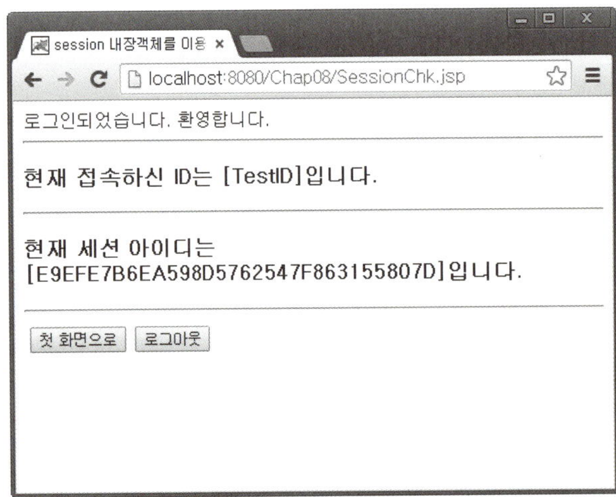

▲ 로그인이 완료되면 접속 아이디와 세션 아이디가 출력된다.

[첫 화면으로] 버튼을 클릭하면 최초 로그인 페이지였던 SessionLogin.jsp 페이지로 이동된다. session 내장객체 내 ID 속성값이 존재하므로 로그인 아이디 값이 출력되고 기존 로그인 정보를 입력하기 위한 로그인 폼은 출력되지 않음을 확인할 수 있다. 조건문을 사

용하여 로그인 여부에 따라 화면 출력을 달리한 것이다. [로그인 상태 확인]을 눌러 다시 SessionChk.jsp 페이지로 이동하도록 하자.

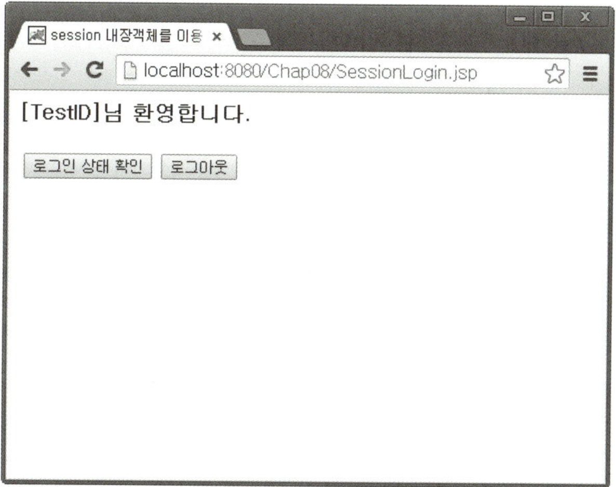

▲ 로그인이 완료된 상태의 첫 페이지는 로그인 폼이 출력되지 않는다.

다시 SessionChk.jsp 페이지로 이동하였을 때에도 기존 세션이 유지되어 있으므로 먼저 했을 때와 동일하게 로그인 아이디와 세션 아이디가 유지되고 있음을 확인할 수 있다. 로그아웃 실행을 위해 [로그아웃] 버튼을 클릭하자.

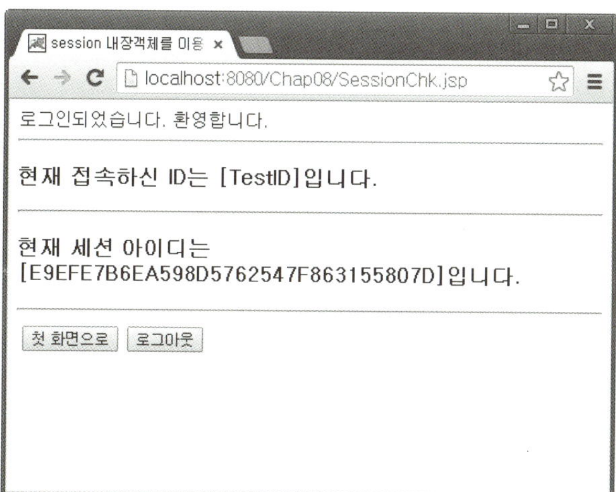

▲ 로그인이 완료된 상태의 첫 페이지는 로그인 폼이 출력되지 않는다.

[로그아웃] 버튼을 클릭하면 SessionQuit.jsp 페이지 내 invalidate( ) 메서드 사용을 통해 기존 세션을 종료시키고, SessionLogout.jsp 페이지로 리다이렉트가 수행된다. SessionLogout.jsp 페이지는 아래와 같이 로그아웃을 사용자에게 알리고 SessionLogin.jsp 페이

지를 인클루딩 방식을 사용하여 다시 로그인 폼이 출력됨을 확인할 수 있다. 세션이 종료되었으므로, session 내장객체에 지정하였던 ID 속성값도 소멸하였으므로 로그인 폼이 출력되었음을 주목하자. 이제 로그아웃이 완료되었으므로 마지막으로 [첫 화면으로] 버튼을 클릭하도록 하자.

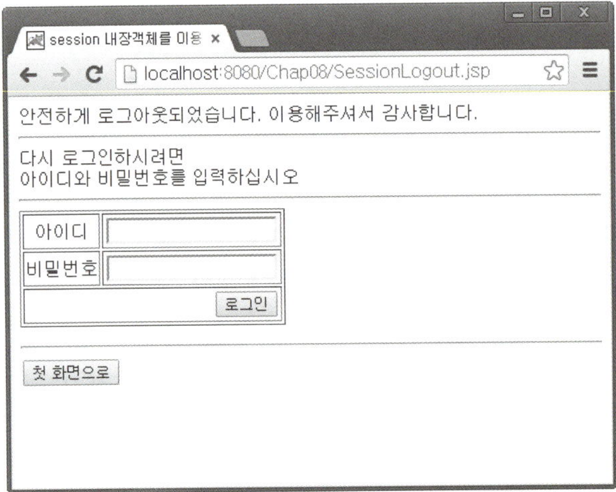

▲ 로그아웃이 완료되면 다시 로그인 폼이 출력된다.

[첫 화면으로] 버튼을 클릭하여 SessionLogin.jsp 페이지로 이동하면 처음 호출 시 보았던 화면과 동일하게 로그인 폼이 출력된다. SessionLogout.jsp 페이지에서 이미 세션이 종료되고 새롭게 생성된 세션 아이디를 부여받았으므로 session 내장객체의 ID 속성값은 null이므로 로그인 폼이 출력된 것을 알 수 있다.

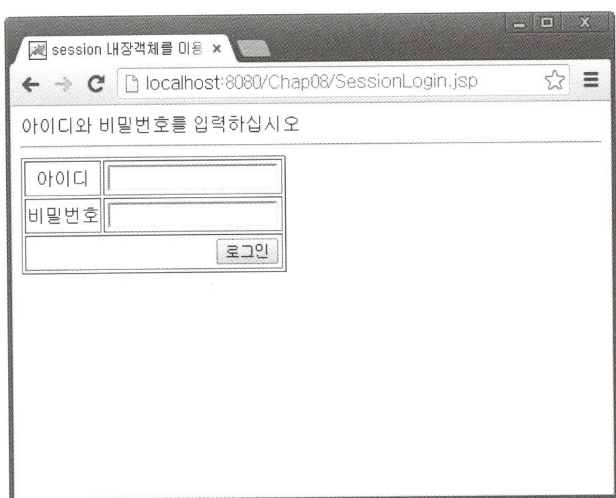

▲ 로그아웃 이후 다시 로그인 폼이 출력된다.

지금까지 JSP 페이지에서 세션 관리를 위한 여러 방식을 살펴보았다. 각각의 방식들은 구현 방식에 있어 다소 차이를 보이지만, HTTP 프로토콜이 가지지 못한 연결 지속성을 극복하기 위한 동일한 목적을 가진다. 일반적으로 세션 관리는 session 내장객체를 가장 많이 사용하며 URL Rewriting 방식과 Hidden Field 방식의 경우 보안적인 약점으로 인해 상대적으로 잘 사용되지 않는 방식이라 볼 수 있다. 그러나 쿠키의 경우는 session 내장객체를 이용한 방식과 상호보완적 관계에 있으며, 둘 중 하나의 방식이 나머지 방식을 대체하는 수단이 아니라 필요에 따라 각각의 방식을 선택하여 사용하거나 함께 사용하는 경우가 많으므로, 각각의 방식 모두를 잘 이해하여 웹 애플리케이션 구현 시 적절히 활용하는 것이 중요하다.

CHAPTER 08 Level Up! Coding

01 아래와 같이 쿠키 및 세션을 이용하여 아이디와 비밀번호를 저장할 수 있는 간단한 로그인 기능 및 로그아웃 기능을 제작해보도록 하자. 웹 브라우저 종료 이후, 5분 동안 접속하지 않을 경우 저장된 아이디와 비밀번호는 사용이 불가능하다. 로그인에 사용될 JSP 페이지와 각 페이지의 기능은 아래와 같다.

JSP 페이지	설명
Login.jsp	로그인이 시작될 페이지. [아이디/비밀번호 저장]을 선택하여 로그인 할 경우, 이후 호출 시 아이디와 비밀번호가 자동 입력된다.
Logined.jsp	로그인 환영 메시지 및 [로그아웃] 버튼이 출력될 페이지. 아이디와 비밀번호의 유효성 검사는 이 예제에서 제외되며, [로그아웃] 버튼을 누르면 로그아웃이 실행된다.
Logout.jsp	로그아웃 페이지. 로그아웃 되었음을 출력하며 다시 로그인을 위한 화면을 포함하고, [첫 화면으로] 버튼을 통해 첫 로그인 화면으로 이동한다.

예제는 다음과 같은 순서로 진행되어야 한다. 첫 로그인 화면인 Login.jsp 페이지 호출 후 아이디와 비밀번호를 입력하고 [아이디/비밀번호 저장]을 선택하여 [로그인] 버튼을 클릭한 후 로그인하면 그림과 같이 로그인 환영 메시지와 [로그아웃] 버튼이 출력된다. 이때 로그인 환영 메시지에는 접속한 아이디가 함께 출력된다.

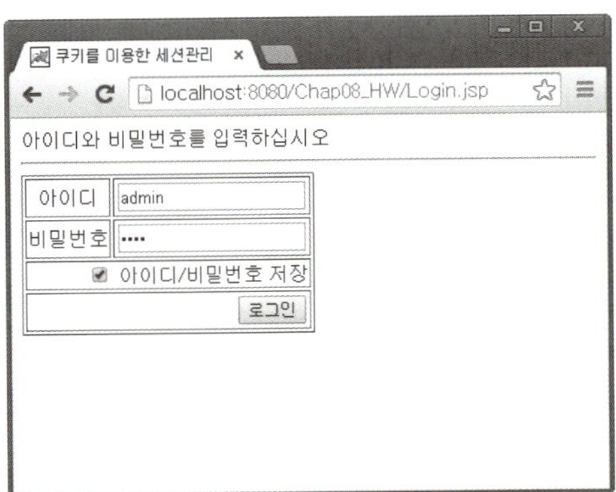

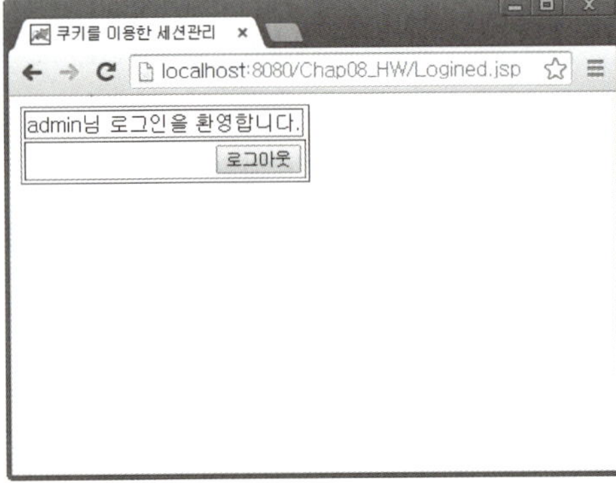

[로그아웃] 버튼을 눌렀을 경우, 다음 첫 번째 결과와 같이 로그아웃됨을 알리게 되며, 만약 최초 로그인 시 [아이디/비밀번호 저장]을 선택했을 경우 아이디와 비밀번호가 저장되어 있는 상태가 유지된다. 또한 [첫 화면으로] 버튼을 눌러 다시 Login.jps 페이지로 이동했을 경우도 다음 두 번째 결과와 같이 저장했던 로그인 아이디와 비밀번호가 입력되도록 구성한다. 이 아이디와 비밀번호의 저장 기간은 5분으로 정하며 웹 브라우저가 종료된 후 5분 이전에 다시 Login.jsp 페이지를 접속할 경우 앞서 언급한 대로 그림처럼 아이디 및 비밀번호 그리고 [아이디/비밀번호 저장]이 체크되어 있는 상태로 출력된다.

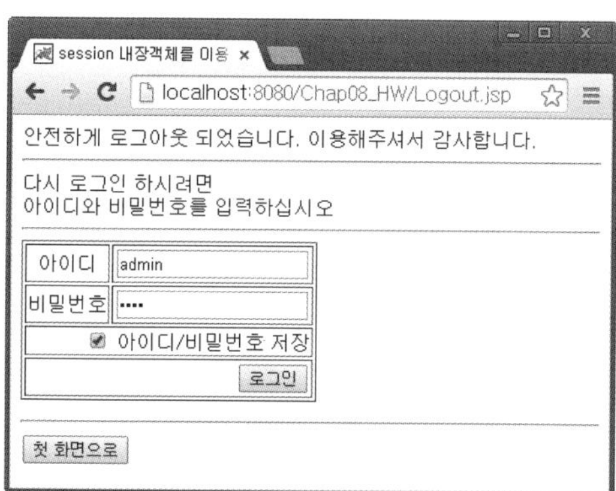

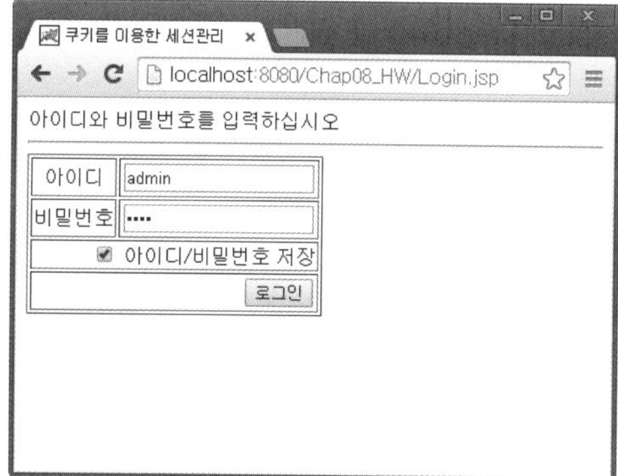

만약 페이지에서 5분 동안 아무런 수행이 없거나 웹 브라우저 종료 후 5분이 지나갔을 경우 아래와 같이 저장되었던 아이디와 비밀번호가 없는 상태로 출력될 것이다.

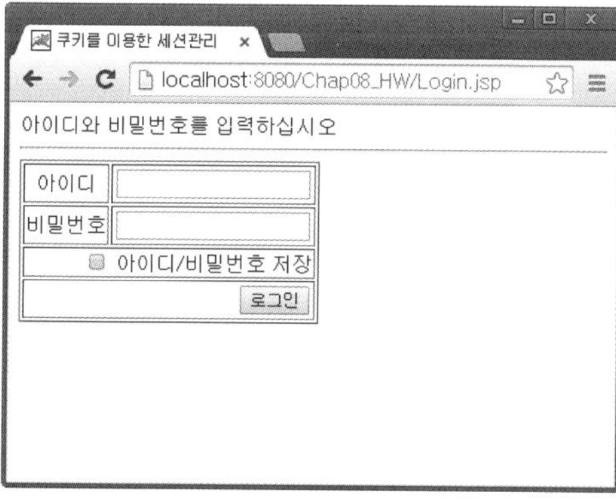

PART

02

서블릿/JSP 활용

웹 애플리케이션은 데이터베이스의 데이터를 사용함으로써 그 유용성이 극대화된다. 이번 파트에서는 서블릿/JSP의 기본 사용법을 활용한 액션태그, EL, JSTL, 커스텀 태그와 같은 여러 기능 구현 방식들과 데이터베이스 연동 방법을 살펴보고, MVC기반 Model2 방식의 답변형 게시판을 제작해보도록 한다.

CHAPTER 09

JSP의 액션 태그

JSP의 액션 태그는 JSP 페이지 제작 시 자바로 자주 구현되는 몇몇 기능을 간편하게 제작할 수 있도록 미리 정의해둔 태그 형태의 명령어이다. 웹 애플리케이션 제작에 필요한 기본적인 기능을 태그 형태로 구현할 수 있으므로, JSP 페이지에서 중복 작성될 수 있는 자바 코드를 줄일 수 있고 이는 웹 프로그래밍의 개발 효율 상승과 더불어 HTML과 자바 코드가 혼재되어 있는 JSP 페이지의 가독성을 높일 수 있다.

01 | 액션 태그의 개요

액션 태그는 태그 형태로 제작되므로, 자바 문법과는 사용 방법에 있어 차이가 있다. 따라서 액션 태그의 본격적인 사용에 앞서 액션 태그의 일반적인 형태와 JSP 페이지 내에서 사용되는 방법들에 대해 먼저 알아본 후 액션 태그들을 살펴보도록 하겠다.

1.1 액션 태그의 형태

JSP 페이지 제작 시 사용하는 여러 스크립팅 요소들과 마찬가지로 JSP 페이지 내 작성된 액션 태그도 서블릿 클래스로 변환될 때 해당 태그가 수행되어야 코드들로 변경된다. 액션 태그는 JSP 페이지의 표준으로 지정된 기술이므로 별도의 설치나 JSP 페이지 내 임포트 없이 바로 사용이 가능하다. 액션 태그의 일반적인 형태는 다음과 같이 접두어 "jsp"와 ":" 뒤의 사용할 태그의 이름, 사용할 액션 태그 내 지정 가능한 속성과 속성값으로 구성된다.

```
<jsp:태그 이름 속성="속성값" 속성="속성값"... />
```

태그 가장 앞에 위치한 'jsp:'와 같은 접두어는 액션 태그 외에도 JSP 페이지에서 사용 가능한 외부 태그를 지정하기 위해 사용된다. 액션 태그를 제외한 JSP 페이지에서 사용 가능한 외부 태그를 통틀어 '커스텀 태그(Custom Tag)'라고 하며 대표적인 커스텀 태그에는

JSTL(JSP Standard Tag Library)이 있다. JSTL은 아래와 같은 형태를 띤다.

```
<c:태그 이름 속성="속성값" 속성="속성값" ... />
```

JSTL과 커스텀 태그는 액션 태그에서 지원하지 않는 다양한 기능들을 구현하거나 프로그래머가 직접 수행할 기능을 정의하기 위해 사용하며, 이후 12장 및 13장에서 자세히 살펴보도록 하겠다.

1.2 액션 태그의 분류

액션 태그는 사용 용도에 따라 크게 페이지 흐름 제어, 자바 빈 클래스 사용, 애플릿/빈 객체의 포함과 스크립팅 요소의 사용 등 네 가지로 분류할 수 있다. 이들 분류에 따른 액션 태그의 종류는 다음과 같다. 이번 장에서는 액션 태그 중 일반적으로 많이 활용되는 페이지 흐름 제어, 자바 빈 사용, 스크립팅 요소 사용 액션 태그를 살펴볼 것이다.

분류	액션 태그	용도
페이지 흐름 제어	forward	페이지 포워딩
	include	페이지 인클루드
	param	파라미터 전송
자바 빈 사용	useBean	자바 빈 객체 생성
	setProperty	자바 빈 멤버 변수값 저장
	getProperty	자바 빈 멤버 변수값 불러오기
애플릿/빈 객체 포함	plugin	자바 애플릿, 빈을 JSP 페이지 내에 포함
스크립팅 요소 사용	scriptlet	• 자바 코드 작성 • 서블릿 클래스 변환 시 _jspService( ) 메서드에 포함
	expression	변수, 메서드의 리턴, 연산 등의 결과값을 출력
	declaration	멤버 변수 및 멤버 메서드 선언

02 | 액션 태그의 사용

액션 태그를 사용하면 지금까지 보아왔던 방식과는 다른 방식으로 JSP 페이지의 기능을 구현하게 될 것이다. 그러나 본래 자바 언어를 통해 구현할 수 있는 기능을 간단하게 제작하기 위해 액션 태그를 사용하기 때문에 기존 기능 구현에 대한 이해가 되어 있다면 그리 어렵지 않게 사용할 수 있다. 액션 태그는 서블릿 형태의 클래스로 변환 시 형식에 맞는 정해진 자바 코드로 가공되어 삽입되므로 예제에 필요할 경우 클래스로 변환된 파일 내 코드도 함께 살펴보도록 할 것이다.

2.1 페이지 흐름 제어

페이지 흐름 제어 기능에 사용할 수 있는 액션 태그에는 forward, include, param 세 가지가 있다. forward와 include 액션 태그는 pageContext 내장객체에서 사용했던 forward( ), include( ) 메서드와 동일한 효과를 가진다. param 액션 태그는 포워딩 방식이나 인클루드 방식을 사용할 때 함께 전송할 데이터를 파라미터로 등록하여 사용된다.

(1) forward 액션 태그

forward 액션 태그는 pageContext 내장객체의 forward( ) 메서드와 동일한 역할을 하는 액션 태그로, 현재 페이지의 요청/응답 처리 제어권을 포워딩 대상이 되는 페이지로 넘겨줄 때 사용한다. forward 액션 태그의 사용법은 아래와 같다.

```
<jsp:forward page="포워딩 대상 페이지" />
```

forward 액션 태그에 이후 살펴볼 param 액션 태그와 같은 바디 영역에 들어갈 내용이 있다면 아래와 같이 시작 태그와 종료 태그로 나누어서 사용할 수도 있다.

```
<jsp:forward page="포워딩 대상 페이지">
  바디 영역
</jsp:forward>
```

forward 액션 태그는 포워딩 대상 페이지를 지정해주기 위한 page 속성을 지정하여 사용한다. 다음 ActionTagForward.jsp 페이지는 forward 액션 태그를 사용한 예제이다. forward 액션 태그가 사용되기 전후, 출력 메시지의 확인을 위한 문자열 출력 부분을 추가한다.

SOURCE CODE : ActionTagForward.jsp

```
<%@ page language="java" contentType="text/html; charset=utf-8" %>

<html>
    <head>
        <title>forward 액션태그 사용</title>
    </head>
    <body>
        포워딩 수행전 메시지 입니다! <br/>
        <% out.print("하나 <br/>"); %>
        <% out.print("둘 <br/>"); %>
        <% out.print("셋 <br/>"); %>

        포워딩을 사용합니다! <br/>

        <jsp:forward page="ActionTagForwarded.jsp"/>

        포워딩 수행후 메시지 입니다! <br/>
        <% out.print("하나 <br/>"); %>
        <% out.print("둘 <br/>"); %>
        <% out.print("셋 <br/>"); %>
    </body>
</html>
```

아래 foward 액션 태그를 통해 포워딩 대상이 될 ActionTagForwarded.jsp 페이지는 ActionTagForward.jsp 페이지의 요청, 응답의 제어권을 넘겨받을 것이다.

SOURCE CODE : ActionTagForwarded.jsp

```
<%@ page language="java" contentType="text/html; charset=utf-8" %>

<html>
    <head>
        <title>forward 액션태그 사용</title>
    </head>
    <body>
        <% out.print("여기는 ActionTagForwarded.jsp 페이지 입니다!"); %>
    </body>
</html>
```

ActionTagForward.jsp 페이지를 호출하도록 하자. pageContext 내장객체를 사용한 포워딩 기법에서 언급했던 것과 마찬가지로 요청, 응답 제어권을 넘긴 후 돌려받지 못하므로 forward 액션 태그 사용 전후의 문자열은 모두 출력되지 못한다.

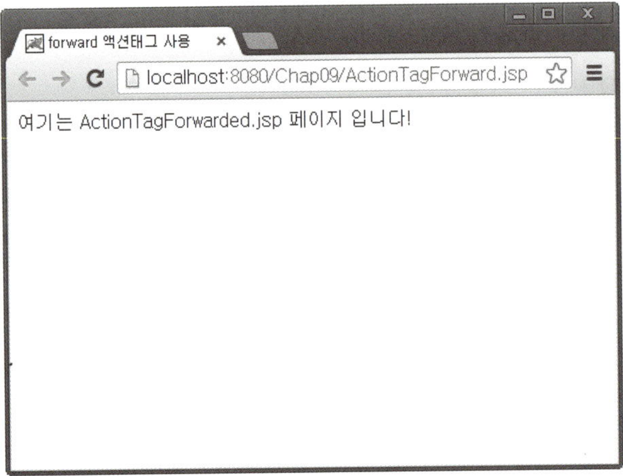

▲ ActionTagForward.jsp의 결과 화면

JSP 페이지에 태그 형태로 구현하는 액션 태그 역시 실제 실행 단계에서는 서블릿 형태의 클래스 내 자바 코드로 변경된다. 아래는 앞서 제작한 JSP 페이지가 변환된 서블릿 형태의 클래스 내부이다.

SOURCE CODE : ActionTagForward_jsp.java

```
...<중략>
public final class ActionTagForward_jsp extends org.apache.jasper.runtime.
HttpJspBase
  implements org.apache.jasper.runtime.JspSourceDependent {
...<중략>
 public void _jspService(final javax.servlet.http.HttpServletRequest
 request, final javax.servlet.http.HttpServletResponse response)
    throws java.io.IOException, javax.servlet.ServletException {
  final javax.servlet.jsp.PageContext pageContext;
...<중략>
  javax.servlet.jsp.PageContext _jspx_page_context = null;
  try {
   response.setContentType("text/html; charset=utf-8");
   pageContext = _jspxFactory.getPageContext(this, request, response,
           null, true, 8192, true);
   _jspx_page_context = pageContext;
```

```
...<중략>
    if (true) {
     _jspx_page_context.forward("ActionTagForwarded.jsp");
     return;
    }
...<중략>
```

변환된 위 소스를 보면 forward 액션 태그도 서블릿 형태 클래스로 변환 시 pageContext 내장객체의 forward( ) 메서드를 호출하여 실행됨을 확인할 수 있다.

(2) include 액션 태그

include 액션 태그도 forward 액션 태그와 마찬가지로 pageContext 내장객체의 include( ) 메서드와 동일한 방식으로 작동한다. include 방식은 포워딩 방식처럼 대상 페이지로 요청과 응답의 제어권을 넘겨주지만, 대상 페이지 실행이 종료되면 다시 제어권을 돌려받는다는 점에서 차이가 있음을 학습했었다. include 액션 태그의 사용법 역시 바디 영역의 존재 유무에 따라 아래 두 가지 방법으로 사용이 가능하다.

```
<jsp:include page="인클루드 대상 페이지" />
```

```
<jsp:include page="인클루드 대상 페이지" />
 바디 영역
</jsp:include>
```

이제 include 액션 태그를 사용하도록 해보자. 아래 ActionTagInclude.jsp 페이지는 앞서 작성한 forward 액션 태그 사용 시 구현한 예제와 대부분 동일하며, forward 액션 태그를 쓴 부분에 include 액션 태그만을 사용할 것이다.

SOURCE CODE : ActionTagInclude.jsp

```
<%@ page language="java" contentType="text/html; charset=utf-8" %>

<html>
    <head>
        <title>include 액션태그사용</title>
    </head>
    <body>
        인클루드 수행전 메시지 입니다! <br/>
        <% out.print("하나 <br/>"); %>
```

```
        <% out.print("둘 <br/>"); %>
        <% out.print("셋 <hr>"); %>

        인클루드를 사용합니다! <hr>

        <jsp:include page="ActionTagIncluded.jsp"/>

        인클루드 수행후 메시지 입니다! <br/>
        <% out.print("하나 <br/>"); %>
        <% out.print("둘 <br/>"); %>
        <% out.print("셋 <br/>"); %>
    </body>
</html>
```

아래 ActionTagIncluded.jsp 페이지는 인클루드 대상 페이지이다. ActionTagInclude.jsp 페이지에서 include 액션 태그를 통해 아래 페이지에 접근한 후 수행이 종료되면 요청, 응답 제어권이 다시 ActionTagInclude.jsp 페이지로 넘어갈 것이다.

SOURCE CODE : ActionTagIncluded.jsp

```
<%@ page language="java" contentType="text/html; charset=utf-8" %>

<html>
    <head>
        <title>include 액션태그사용</title>
    </head>
    <body>
        <% out.print("여기는 ActionTagIncluded.jsp 페이지 입니다! <hr>"); %>
    </body>
</html>
```

ActionTagInclude.jsp 페이지를 호출한 결과는 다음과 같다. 이미 결과를 예상했겠지만, 인클루드 방식을 사용했으므로 include 액션 태그가 사용되기 전의 문자열도 출력되고 ActionTagIncluded.jsp 페이지의 내용이 출력된 후 나머지 내용도 정상적으로 출력됨을 확인할 수 있다.

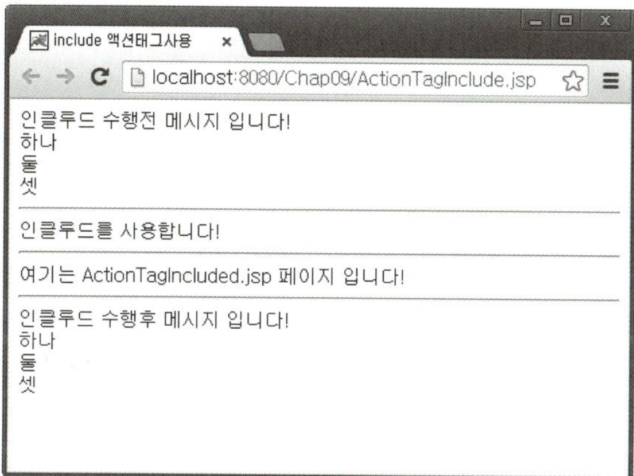

▲ ActionTagInclude.jsp의 결과 화면

(3) param 액션 태그

param 액션 태그는 forward나 include 액션 태그처럼 특정 웹 페이지로 요청, 응답 제어권을 넘겨 대상 웹 페이지 내용을 수행할 때 전달할 데이터를 첨부하기 위해 사용한다. 기본적으로 수행 대상이 될 웹 페이지에 전달하기 위한 데이터들은 request 내장객체에 담겨 있지만, param 액션 태그는 request 내장객체에 지정된 데이터 이외의 값을 사용하거나 이미 지정되어 있는 값을 변경할 때 요긴하게 사용할 수 있다. param 액션 태그의 기본 형태는 아래와 같다.

```
<jsp:param name="파라미터 이름" value="파라미터의 값" />
```

name 속성은 전달될 파라미터의 구분 이름으로 사용되며, value 속성은 해당 파라미터의 값을 지정한다. forward나 include 액션 태그와 함께 사용할 때 다음과 같이 구현한다.

```
<jsp:forward page="포워딩 대상 페이지">
<jsp:param name="파라미터 이름1" value="파라미터의 값1" />
<jsp:param name="파라미터 이름2" value="파라미터의 값2" />
...
<jsp:param name="파라미터 이름n" value="파라미터의 값n" />
</jsp:forward>
```

```
<jsp:include page="인클루드 대상 페이지">
<jsp:param name="파라미터 이름1" value="파라미터의 값1" />
<jsp:param name="파라미터 이름2" value="파라미터의 값2" />
...
<jsp:param name="파라미터 이름n" value="파라미터의 값n" />
</jsp:include>
```

위와 같이 param 액션 태그는 forward나 include 액션 태그 하위 태그로 사용하며 여러 파라미터 지정이 가능하다. 아래 ActionTagParamFrom1.jsp 페이지를 통해 param 액션 태그의 사용 방법을 익히도록 하자. forward 액션 태그 내부에 param 액션 태그를 추가하고 이름이 "hello", "pageName"인 파라미터를 각각 값과 함께 설정한다.

SOURCE CODE : ActionTagParamFrom1.jsp

```
<%@ page language="java" contentType="text/html; charset=utf-8" %>

<html>
    <head>
        <title>param 액션태그 사용</title>
    </head>
    <body>
        <jsp:forward page="ActionTagParamTo1.jsp">
            <jsp:param name="hello" value="Hello!"/>
            <jsp:param name="pageName" value="ActionTagParamTo1.jsp!"/>
        </jsp:forward>
    </body>
</html>
```

포워딩 대상이 될 ActionTagParamTo1.jsp 페이지는 아래와 같다. param 액션 태그를 이용하여 첨부된 파라미터는 request 내장객체의 getParameter( ) 메서드를 사용하여 불러올 수 있다.

SOURCE CODE : ActionTagParamTo1.jsp

```
<%@ page language="java" contentType="text/html; charset=utf-8" %>

<html>
    <head>
        <title>param 액션태그 사용</title>
    </head>
    <body>
        <% out.print("여기는 ActionTagParamTo1.jsp 페이지 입니다! <hr>"); %>
        <%= request.getParameter("hello") %>
        <%= request.getParameter("pageName") %>

    </body>
</html>
```

이제 ActionTagParamFrom1.jsp 페이지를 호출하도록 하자. 포워딩 대상인 Actiontag ParamTo1.jsp 페이지와 ActionTagParamFrom1.jsp 페이지에서 param 액션 태그를 이용하여 전송한 파라미터의 값이 정상적으로 출력되고 있음을 확인할 수 있다.

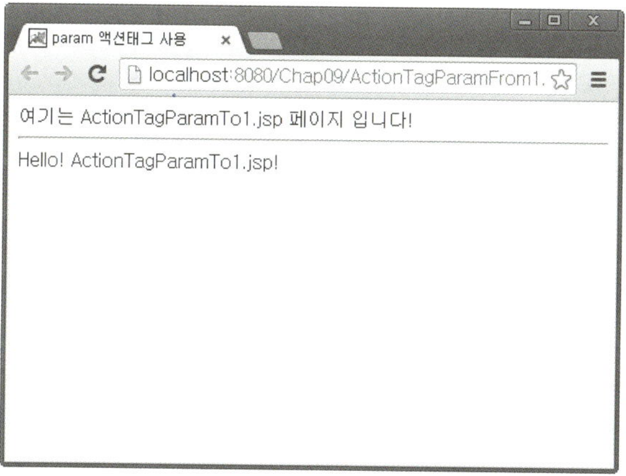

▲ ActionTagParamFrom1.jsp의 결과 화면

param 액션 태그는 이처럼 전달해야 할 파라미터를 직접 request 요청 객체에 지정하여 전송하는 기능을 수행한다. 이외에도 param 액션 태그는 이미 먼저 정의된, 즉 request 내장객체에 이미 특정 파라미터가 존재할 때 그 파라미터의 값을 임의로 변경하여 전송하는 것도 가능하다.

다음 예제는 파라미터 값의 변화를 확인하기 위해 Get 방식으로 subject 파라미터에 값을 지정하여 실행할 것이다. 우선 ActiontagParamFrom2.jsp 페이지를 아래와 같이 제작하도록 하자. request 내장객체의 getParameter( ) 메서드를 사용하여 이름이 "subject"인 파라미터를 출력하고 param 액션 태그를 통해 동일한 이름을 가진 파라미터를 설정하도록 한다.

SOURCE CODE : ActionTagParamFrom2.jsp

```
<%@ page language="java" contentType="text/html; charset=utf-8" %>

<html>
  <head>
    <title>param 액션태그 사용</title>
  </head>
  <body>
    <% out.print("여기는 ActionTagParamFrom2.jsp 페이지 입니다! <br/>"); %>
    ActionTagParamFrom2.jsp 의 subject 파라미터의 값 : <%= request.getParameter
    ("subject") %> <hr>
    <jsp:include page="ActionTagParamTo2.jsp">
```

```
        <jsp:param name="subject" value="Param Action Tag Example 2"/>
      </jsp:include>
   </body>
</html>
```

다음 ActionTagParamFrom2.jsp 페이지에서 인클루드 대상 페이지로 지정한 ActionTagParamTo2.jsp 페이지를 제작하도록 한다. ActionTagParamTo2.jsp 페이지는 request 내장객체에 지정된 "subject" 이름을 가진 파라미터의 값을 출력할 것이다.

SOURCE CODE : ActionTagParamTo2.jsp

```
<%@ page language="java" contentType="text/html; charset=utf-8" %>

<html>
   <head>
      <title>param 액션태그 사용</title>
   </head>
   <body>
      <% out.print("여기는 ActionTagParamTo2.jsp 페이지 입니다! <br/>"); %>
      ActionTagParamTo2.jsp 의 subject 파라미터의 값 : <%= request.getParameter
      ("subject") %>
   </body>
</html>
```

이제 ActionTagParamFrom2.jsp 페이지를 호출해보도록 하자. 파라미터의 변경을 확인하기 위해 GET 방식을 이용하여 subject 파라미터에 값을 아래와 같이 지정하여 호출하겠다.

```
http://localhost:8080/Chap09/ActionTagParamFrom2.jsp?subject=tempSubject
```

ActionTagParamFrom2.jsp 페이지를 호출한 결과는 다음과 같다. ActiontagParamFrom2.jsp 페이지 내에서 request 내장객체의 getParameter( ) 메서드를 통해 출력한 subject 파라미터의 값과 인클루딩된 ActionTagParamTo2.jsp 페이지에서 출력된 subject 파라미터의 값이 변경되었음을 확인할 수 있다.

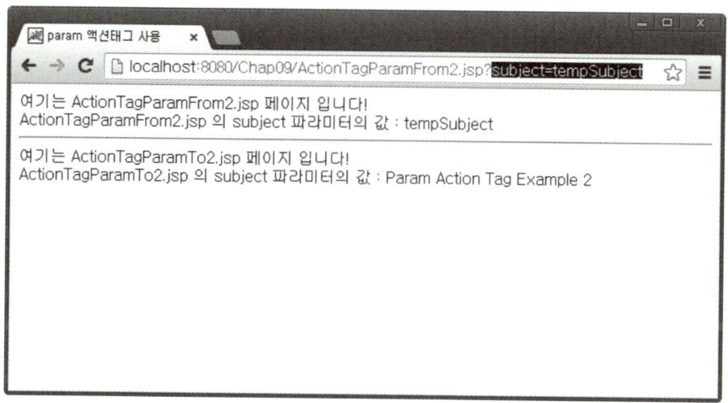

▲ ActionTagParamFrom2.jsp의 결과 화면

위와 같이 param 액션 태그를 사용하면 이미 지정되어 있는 파라미터의 값을 필요에 따라 변경하여 전송할 수 있다. 이는 param 액션 태그에 정의된 파라미터가 request에 지정된 파라미터보다 우선되기 때문이다.

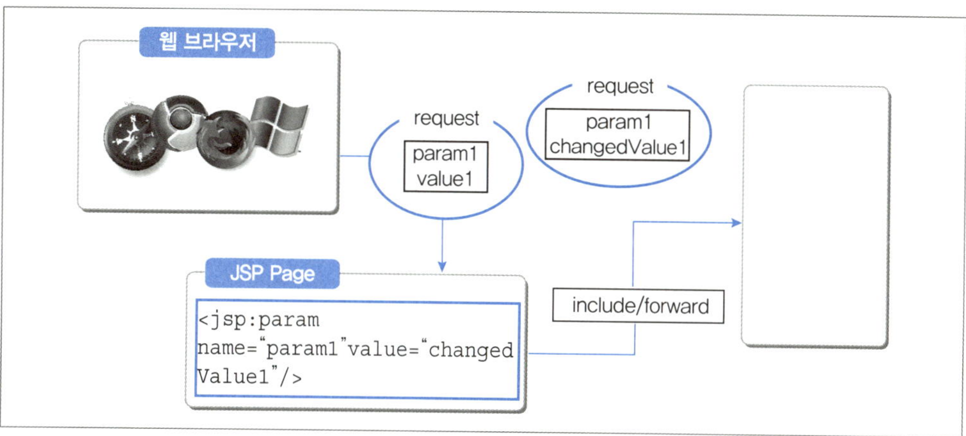

▲ param 액션 태그로 이미 지정된 파라미터를 가로챌 수 있다.

2.2 자바 빈(Java Bean) 사용

자바 빈 클래스는 게시판의 글 정보나 회원정보와 같이 웹 서비스에서 여러 종류의 데이터가 하나의 정보를 구성할 때 각 데이터를 관리하기 위해 제작하는 클래스이다. useBean, setProperty, getProperty 액션 태그를 사용하면 JSP 페이지 내 자바 코드 사용 없이 간단히 자바 빈 클래스의 객체를 생성하여 활용할 수 있다. 우선 자바 빈 클래스에 대해 알아본 후 액션 태그를 통해 활용하는 방법을 살펴보도록 하겠다.

(1) 자바 빈(Java Bean) 클래스

자바 빈 클래스는 웹 애플리케이션의 특정 기능을 수행하기 위한 다양한 데이터를 한 번에 관리 및 활용하기 위해 제작하는 클래스이다. 웹 서비스에서는 이후 웹 애플리케이션을 데이터베이스에 연동하여 JSP 페이지와 데이터베이스 사이에서 전송되어야 할 데이터를 담는 방식으로 많이 활용한다.

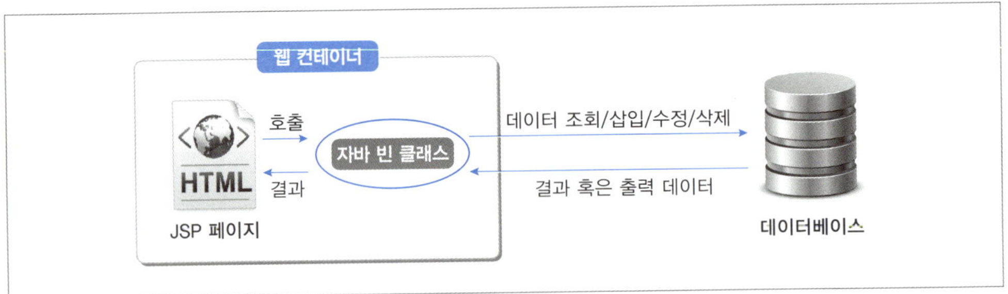

▲ JSP 페이지와 자바 빈 클래스

자바 빈 클래스는 애플리케이션 내 데이터 관리라는 목적을 가진 클래스이므로, 제작 시 지켜야 할 사항이 몇 가지 존재하며 이를 자바 빈 규약이라고 한다. 자바 빈 규약은 아래와 같다.

- 자바 빈 클래스는 입력 파라미터가 없는 기본 생성자를 포함해야 한다.
- 자바 빈 클래스의 프로퍼티는 get/set/is 메서드로 접근하며, 메서드명은 표준 명명 규칙을 따라 만든다. set 메서드의 경우, 입력 파라미터를 하나 이상 가질 수 있다.
- 자바 빈 클래스는 객체의 직렬화를 위해 java.io.Serializable 인터페이스를 구현한다.

표준 명명 규칙을 이용한 get/set/is 메서드명 정의

표준 명명 규칙을 사용하여 메서드를 제작할 경우 아래와 같은 사항을 따른다.

- 자바 빈 클래스에서 명시할 프로퍼티는 변수로 선언되며 소문자로 시작한다.
- 메서드 이름은 get/set/is 시작되며 소문자로 시작한다.
- get/set/is로 시작된 메서드 이름 이후 붙는 단어는 프로퍼티, 즉 변수명과 일치해야 하며, 첫 글자는 대문자로 시작한다.

위 규약과 더불어 자바 빈 클래스는 프로퍼티가 될 변수를 private로 선언하고, 해당 변수의 값을 불러오거나 저장하기 위해 사용하는 set/get/is 메서드들은 public으로 선언한다. 이는 접근 제어자를 통해 변수의 접근을 메서드만을 통해 허용하기 위함이다.

get~으로 시작되는 메서드는 변수의 값을 불러오는 역할을 하며 'getter 메서드'라 부른다. set~으로 시작되는 메서드는 private으로 선언된 변수에 값을 지정주기 위해 사용하는 메서드이며 'setter 메서드'라 부른다. is~로 시작되는 메서드는 getter 메서드의 변형으로 변수의 데이터 타입이 boolean일 경우 사용된다.

자바의 접근 제어자

자바의 접근 제어자는 클래스와 멤버 메서드, 멤버 변수에 사용되는 구문으로 public, default, protected, private가 있으며, 사용 종류에 따라 해당 개체의 접근 수준을 조절해줄 때 사용한다.

접근 제어자	설명
Public	모든 곳에서 접근 가능
Protected	상속받은 클래스와 동일 패키지 내부에서 접근 가능
Default	동일 패키지에서 접근 가능
private	외부에서 접근 불가능

따라서 자바 빈 규약을 통해 자바 빈 클래스를 제작하면 아래와 같은 형태를 띠게 된다. 다음 자바 빈 클래스는 자바 빈 클래스를 제작 방법을 알아보기 위한 예제 클래스로 실제 예제 실습에 사용되지는 않는다. private으로 선언된 변수들이 자바 빈 클래스 내 프로퍼티이며, 아래 생성자 및 각 프로퍼티에 접근하기 위해 사용될 메서드가 정의되었다.

SOURCE CODE : JavaBeanClassName.java

```
import java.io.Serializable;

public class JavaBeanClassName implements Serializable{
// java.io.Serializable 인터페이스를 구현

  private int beanPropertyInt;
  private String beanPropertyString;
  private double beanPropertyDouble;
  private boolean beanPropertyBoolean;

    public JavaBeanClassName(){ // 입력 파라미터가 없는 생성자
    }

  // 프로퍼티의 get/set/is 메서드
  public int getBeanPropertyInt() {
    return beanPropertyInt;
  }

  public void setBeanPropertyInt(int beanPropertyInt) {
```

```
        this.beanPropertyInt = beanPropertyInt;
    }

    public String getBeanPropertyString() {
        return beanPropertyString;
    }

    public void setBeanPropertyString(String beanPropertyString) {
        this.beanPropertyString = beanPropertyString;
    }

    public double getBeanPropertyDouble() {
        return beanPropertyDouble;
    }

    public void setBeanPropertyDouble(double beanPropertyDouble) {
        this.beanPropertyDouble = beanPropertyDouble;
    }

    public boolean isBeanPropertyBoolean() {
        return beanPropertyBoolean;
    }

    public void setBeanPropertyBoolean(boolean beanPropertyBoolean) {
        this.beanPropertyBoolean = beanPropertyBoolean;
    }
}
```

이후 JSP 페이지에서는 이렇게 제작된 자바 빈 클래스의 객체를 생성하여 getter 혹은 setter와 같은 메서드를 사용하여 자바 빈 클래스 내부에 선언된 프로퍼티, 즉 변수들을 사용하게 될 것이다. JSP 액션 태그는 이렇게 규약에 맞게 제작된 자바 빈 클래스를 사용하기 위한 몇 가지 기능을 제공하고 있다.

(2) useBean 액션 태그

useBean 액션 태그는 자바 빈 클래스의 객체를 생성하기 위해 사용하는 액션 태그이다. JSP 페이지에서 일반적으로 특정 클래스를 사용하려면 page 지시자의 import 속성을 이용하여 사용할 클래스를 JSP 페이지에 명시한 후 참조 변수와 생성자를 통해 객체를 생성하지만, useBean 액션 태그를 사용할 경우 자바 빈 클래스의 객체 생성을 태그 형식으로 간단히 사용할 수 있다.

useBean 액션 태그를 사용하여 객체를 생성하기 위해 아래와 같이 자바 빈 클래스를 먼저 제작하도록 하자. Member 클래스는 beans 패키지에 위치시키며 id 및 password 두 개의 프로퍼티를 포함한다.

SOURCE CODE : Member.java

```
package beans;

public class Member {

  private String id;
  private String password;

  public String getId() {
    return id;
  }
  public void setId(String id) {
    this.id = id;
  }
  public String getPassword() {
    return password;
  }
  public void setPassword(String password) {
    this.password = password;
  }
}
```

이제 앞에서 제작한 자바 빈 클래스를 useBean 액션 태그를 통해 객체로 생성하도록 하자. useBean 액션 태그에서 사용할 수 있는 속성은 아래와 같으며 일반적으로 id와 class 두 가지 속성을 지정하여 자바 빈 클래스의 객체를 생성한다.

속성	의미
id	scope 범위에서 사용될 자바 빈 객체의 변수명
class	객체 생성을 위한 클래스의 패키지를 포함한 클래스명의 경로
scope	• 자바 빈 객체가 사용될 수 있는 범위를 기술 • page(기본값), request, session, application의 값을 가질 수 있음
beanName	객체 생성을 위한 클래스명
type	• 객체의 데이터 타입을 지정 • class 속성에 사용된 클래스(기본값) 혹은 해당 클래스의 부모 클래스나 인터페이스로 지정

따라서 useBean 액션 태그를 사용한 객체 생성은 아래와 같이 id 속성에 생성할 객체명을 지정하고, class 속성에는 객체를 생성할 자바 빈 클래스를 지정하는 형태로 작성할 수 있다.

```
<jsp:useBean id="myMember" class="Member"/>

Member myMember = New Member();
```

▲ useBean 액션 태그와 자바 코드로 객체 생성하기

이제 useBean 액션 태그를 사용할 ActionTaguseBean.jsp 페이지를 제작하도록 하자. 앞서 제작한 Mcmbcr 클래스의 경우, beans 패키지에 클래스가 위치하여 있으므로 이 경우는 class 속성에 beans.Member로 클래스가 포함된 패키지 경로를 함께 작성할 것이다. useBean 액션 태그를 사용하여 자바 빈 클래스의 객체를 생성하고, 자바 빈 클래스에 정의된 id 및 password 변수에 setter 메서드를 사용하여 값을 지정한 후 getter 메서드를 사용하여 출력한다.

SOURCE CODE : ActionTagUseBean.jsp

```
<%@ page language="java" contentType="text/html; charset=utf-8" %>

<html>
    <head>
        <title>useBean 액션태그 사용</title>
    </head>
    <body>

        <jsp:useBean id="myMember" class="beans.Member"/>
        <%
            myMember.setId("OKJSP");
            myMember.setPassword("OKPassword");
        %>
        ID : <%= myMember.getId() %> <br/>
        Password : <%=myMember.getPassword() %>

    </body>
</html>
```

제작한 ActionTagUseBean.jsp 페이지의 실행 결과는 아래와 같다. useBean 액션 태그를 사용하여 지정한 객체명을 통해 setter 메서드로 id와 password의 값을 지정하고 getter 메서드를 사용하여 지정한 값들의 출력이 모두 정상적으로 이루어지고 있음을 확인하도록 하자.

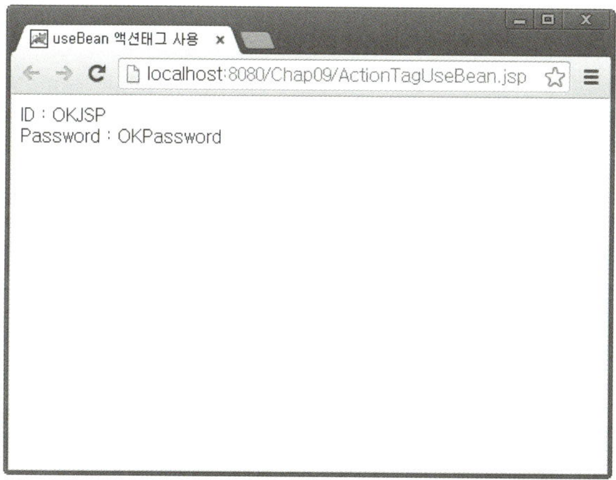

▲ ActionTagUseBean.jsp의 결과 화면

위와 같이 useBean 액션 태그를 사용하여 생성한 객체는 일반적인 방법으로 생성한 객체와 마찬가지로 JSP의 스크립팅 요소를 사용하여 활용이 가능하다.

(3) setProperty 액션 태그

setProperty 액션 태그는 자바 빈 객체의 속성값을 지정하기 위해 사용되며, JSP의 스크립팅 요소를 이용하여 자바 빈 클래스의 setter 메서드를 통해 자바 빈 객체 내 변수의 값을 할당하는 기능과 동일한 기능을 제공한다. setProperty 액션 태그에서 사용 가능한 태그의 속성은 다음과 같다.

속성	의미
name	자바 빈 객체의 변수명
property	값을 지정해줄 name으로 지정된 객체 내 멤버 변수명
value	property에 지정된 멤버 변수에 지정할 값
param	property에 지정된 멤버 변수에 지정할 값을 request 내장객체에 담긴 파라미터명을 사용해 해당 파라미터의 값으로 지정하기 위해 사용

일반적으로 setProperty 액션 태그를 사용하여 자바 빈 객체의 프로퍼티에 값을 설정할 경우 value 속성이 자주 사용되며, request 내장객체 내 파라미터의 값을 지정하려할 때는 param 속성을 사용할 수 있다. 여기서는 value 속성을 사용하여 값을 직접 지정하는 예제

를 살펴보도록 할 것이다. 따라서 setProperty 액션 태그의 형태는 아래와 같이 구성될 것이다.

```
<jsp:setPty name="자바 빈 객체명" property="속성(변수명)" value="지정할 속성값" />
```

이렇게 setProperty를 사용하였을 때 수행될 기능을 자바 코드로 표현하면 아래와 같이 비교할 수 있다.

```
<jsp:setProperty name="myMember" property="id" value="OKJSP"/>

            myMember.setId("OKJSP")
```

▲ setProperty 액션 태그와 자바 코드로 빈 객체 변수의 값 설정

이제 Member 자바 빈 클래스의 객체를 생성하여 setProperty 액션 태그를 통해 id와 password의 값을 지정해보자. 객체 생성은 앞서 살펴보았던 useBean 액션 태그를 활용할 것이다.

SOURCE CODE : ActionTagSetProperty.jsp

```
<%@ page language="java" contentType="text/html; charset=utf-8" %>

<html>
    <head>
        <title>setProperty 액션태그 사용</title>
    </head>
    <body>
        <jsp:useBean id="myMember" class="beans.Member"/>

        <jsp:setProperty name="myMember" property="ID" value="OKJSP" />
        <jsp:setProperty name="myMember" property="password" value=
        "OKPassword" />

        ID : <%= myMember.getId() %> <br/>
        Password : <%=myMember.getPassword() %>
    </body>
</html>
```

이제 ActionTagSetProperty.jsp 페이지를 호출해보자. 앞서 useBean 액션 태그를 사용한 후 자바 빈 객체에 포함된 id와 password 변수에 값을 setter 메서드로 설정한 것과 마찬가지로 setProperty 액션 태그를 이용하면 자바 빈 객체에 프로퍼티 값을 태그 형식으로 지정할 수 있음을 확인할 수 있다.

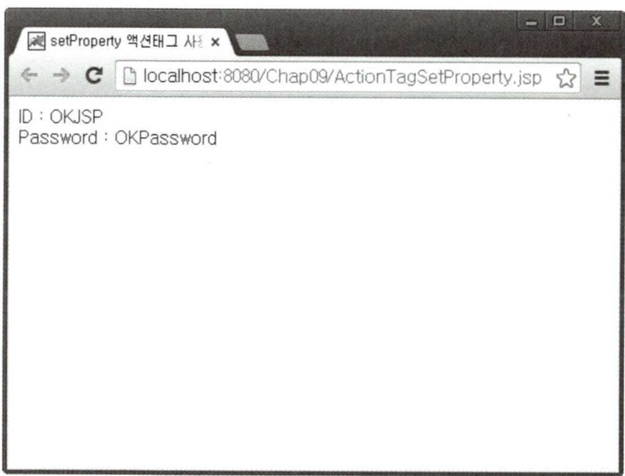

▲ ActionTagSetProperty.jsp의 결과 화면

(4) getProperty 액션 태그

위에서 살펴본 setProperty와는 반대로 자바 빈 클래스의 getter 메서드와 동일한 기능을 하는 getProperty 액션 태그는 자바 빈 객체에 지정된 속성의 값을 불러온 후 바로 출력에 사용할 수 있으며 아래의 속성을 사용할 수 있다.

속성	의미
name	자바 빈 객체의 변수명
property	값을 불러올 name으로 지정된 객체 내 멤버 변수명

아래는 getProperty 액션 태그를 사용하기 위한 일반 형태이다. 아래 getProperty 기능을 자바 코드와 비교했을 때를 참고하길 바란다.

```
<jsp:getProperty name="자바 빈 객체명" property="속성(변수명)" />
```

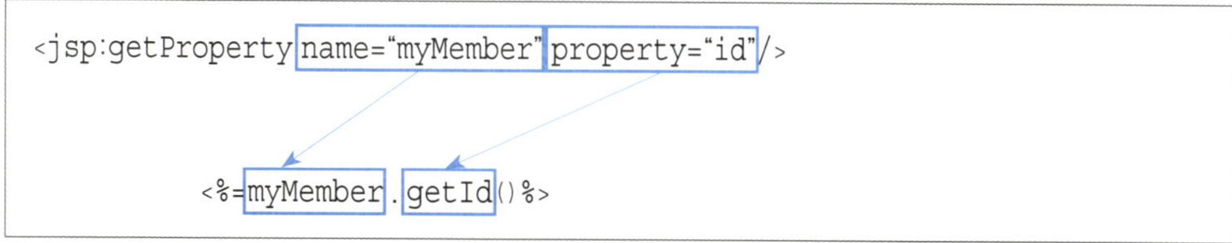

▲ getProperty 액션 태그와 자바 코드로 자바 빈 객체의 변수값 가져오기

이제 getProperty 액션 태그를 사용하여 자바 빈 객체에 지정된 프로퍼티의 값을 출력해보자. 이번에는 앞서 살펴보았던 useBean 액션 태그를 사용하여 Member 자바 빈 클래스의 객체를 생성하고, setProperty 액션 태그로 id 및 password 에 값을 지정한 후 최종적으로 getProperty 액션 태그를 사용할 것이다. 액션 태그를 사용함으로써 자바 빈 객체를 사용하기 위한 자바 코드가 어떻게 변경되어 가는지를 확인하도록 하자.

SOURCE CODE : ActionTagGetProperty.jsp

```
<%@ page language="java" contentType="text/html; charset=utf-8" %>

<html>
    <head>
        <title>getProperty 액션태그 사용</title>
    </head>
    <body>
        <jsp:useBean id="myMember" class="beans.Member"/>
        <jsp:setProperty name="myMember" property="ID" value="OKJsp" />
        <jsp:setProperty name="myMember" property="password" value=
        "OKPassword" />

        ID : <jsp:getProperty name="myMember" property="ID"/> <br/>
        Password : <jsp:getProperty name="myMember" property="password"/>
    </body>
</html>
```

ActiontagGetProperty.jsp 페이지를 호출한 결과는 아래와 같다. 결과적으로만 보았을 때 앞서 살펴본 예제들과 전혀 차이가 없다. 그러나 JSP 페이지를 구성하는 내부 수행 코드들의 형식은 액션 태그를 통해 많은 변화가 일어났음에 주목하자.

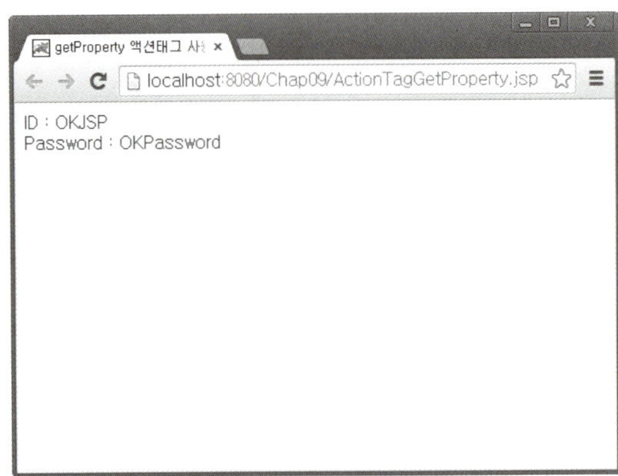

▲ ActionTagGetProperty.jsp의 결과 화면

물론 자바 문법을 직접 JSP 페이지에서 사용하여 자바 빈 클래스를 사용하는 방법도 존재하므로, useBean, setProperty, getProperty와 같이 자바 빈 클래스를 다루기 위한 액션 태그를 사용하지 않아도 자바 빈 클래스 사용에는 아무런 문제가 없다. 그러나 자바 빈 클래스와 같이 특정 기능을 위해 사용하는 클래스를 태그 형식으로 사용할 수 있다는 것은 JSP 페이지 작성 시 자주 사용되는 자바 코드를 줄이고, 태그 형태의 코드를 사용함으로써 가독성을 높이는 효과를 볼 수 있다는 점을 기억하길 바란다.

2.3 스크립팅 요소

JSP 페이지의 스크립팅 요소들, 즉 스크립틀릿, 표현식, 선언문 역시 액션 태그를 이용하여 사용할 수 있다. 스크립틀릿을 사용하기 위해서는 scriptlet 액션 태그를, 표현식을 사용하기 위해서는 expression 액션 태그를 사용하며, 선언문을 정의하기 위해서는 declaration 액션 태그를 사용한다. JSP 페이지의 스크립팅 요소들을 사용하기 위한 액션 태그들을 살펴보도록 하자.

(1) scriptlet 액션 태그

스크립틀릿 액션 태그는 스크립팅 요소 중 스크립틀릿과 동일한 기능을 수행하는 태그로 액션 태그 바디 영역에 사용된 내용은 이후 서블릿 클래스 변환 시 _jspService( ) 메서드 내에 자바 코드로 삽입된다. scriptlet 액션 태그는 다음과 같이 사용한다.

```
<jsp:scriptlet>
  바디 영역
</jsp:scriptlet>
```

따라서 scriptlet 액션 태그 바디 영역에는 자바 코드 사용이 가능하다. 아래 ActionTagScriptlet.jsp 페이지를 통해 scriptlet 액션 태그 사용법을 익히도록 하자. 여기서는 scriptlet 액션 태그 내부에 자바 문법을 사용하여 두 개의 String 타입 변수를 선언하고, 각 변수에 할당된 값을 출력할 것이다.

SOURCE CODE : ActionTagScriptlet.jsp

```
<%@ page language="java" contentType="text/html; charset=utf-8" %>
<html>
    <head>
        <title>scriptlet 액션태그</title>
    </head>
    <body>
```

```
        <jsp:scriptlet>
            String hello = "Hello!";
            String world = "Action Tag!";
            out.print(hello + " " + world);
        </jsp:scriptlet>
    </body>
</html>
```

ActionTagScriptlet.jsp 페이지를 호출한 결과는 아래와 같다. 기존 스크립틀릿과 동일한 기능을 수행하므로, 자바 문법을 사용하고 out 내장객체의 print( ) 메서드를 사용한 출력이 정상적으로 동작하였음을 알 수 있다.

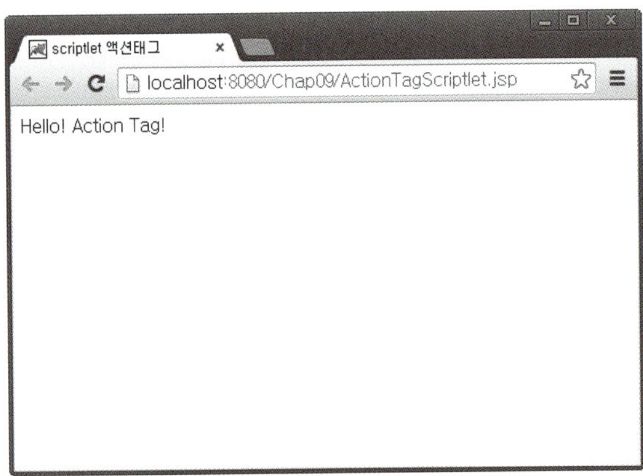

▲ ActionTagScriptlet.jsp의 결과 화면

(2) expression 액션 태그

expression 액션 태그는 JSP 페이지의 스크립팅 요소 중 자바의 변수에 저장된 값이나 메서드의 반환값 혹은 특정 연산식의 결과값을 바로 HTML 상에 출력해주는 표현식과 동일한 기능을 수행한다. scriptlet 태그와 마찬가지로 바디 영역에 출력할 요소를 위치시키며 아래와 같이 사용한다.

```
<jsp:expression>
  바디 영역
</jsp:expression>
```

다음 ActionTagExpression.jsp 페이지를 통해 expression 액션 태그를 사용해보도록 하자. scriptlet 액션 태그를 통해 선언한 String 타입의 변수에 저장된 값들을 "+" 연산자를 통해 문자열을 합쳐서 출력하도록 할 것이다.

SOURCE CODE : ActionTagExpression.jsp

```
<%@ page language="java" contentType="text/html; charset=utf-8" %>
<html>
    <head>
        <title>expression 액션태그</title>
    </head>
    <body>
        <jsp:scriptlet>
            String hello = "Hello!";
            String expression = "Expression!";
        </jsp:scriptlet>
        <jsp:expression>hello + " " + expression</jsp:expression>
    </body>
</html>
```

ActionTagExpression.jsp 페이지를 호출한 결과는 아래와 같다. 선언되어 있는 String 변수들의 결합을 통해 하나의 문자열 결과값이 expression 태그를 통해 출력되고 있다.

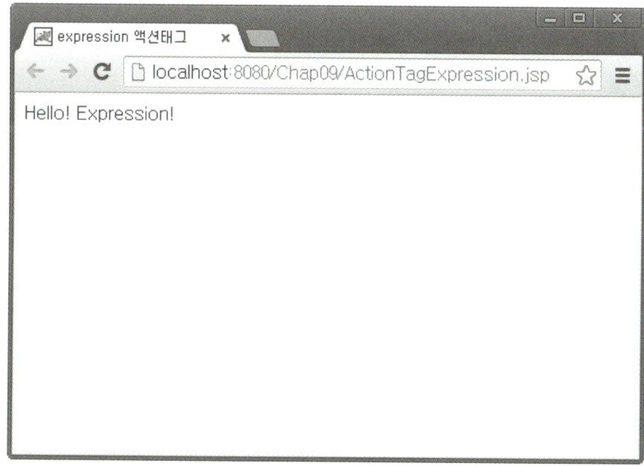

▲ ActionTagExpression.jsp의 결과 화면

expression 액션 태그는 위와 같이 JSP 페이지의 스크립팅 요소 중 표현식 "<%= ~ %>"과 동일하게 수행되며, 서블릿 형태의 클래스로 변환될 때도 표현식과 동일하게 적용된다. 앞서 scriptlet 액션 태그 예제와 마찬가지로 ActionTagExpression.jsp 페이지가 변환된 서블릿 형태의 클래스도 확인해보길 바란다.

(3) declaration 액션 태그

declaration 액션 태그는 JSP 선언문과 동일하게 멤버 변수나 멤버 메서드를 선언하기 위한 목적으로 다음과 같이 사용한다.

```
<jsp:declaration>
  바디 영역
</jsp:declaration>
```

declaration 액션 태그의 본문 내용은 서블릿 변환 시 _jspService( ) 메서드에 삽입되지 않는 코드들이므로 내장객체를 사용할 수 없다. 다음 ActionTagDeclaration.jsp 페이지를 제작하면서 declaration 액션 태그의 사용법을 살펴보도록 하자. declaration 액션 태그 내에는 두 개의 int 타입의 데이터를 파라미터로 입력받아 두 개의 값을 더한 값을 반환하는 add 메서드를 작성하고, 해당 메서드를 사용하도록 해보자. JSP 기본 문법에서 살펴보았던 선언문과 사용법은 동일하다.

SOURCE CODE : ActionTagDeclaration.jsp

```
<%@ page language="java" contentType="text/html; charset=utf-8" %>

<jsp:declaration>
    public int add (int a, int b){
        return a+b;
    }
</jsp:declaration>

<html>
    <head>
        <title>declaration 액션태그</title>
    </head>
    <body>
        declaration 액션 태그를 사용하여 선언된 메서드를 호출 <hr>
        int num = add(2,3) ; <jsp:scriptlet> int num = add(2, 3) ; </jsp:scriptlet>
        <br/>
        결과 : <jsp:expression>num</jsp:expression>
    </body>
</html>
```

ActionTagDeclaration.jsp 페이지를 호출한 결과값은 아래와 같다. declaration 액션 태그를 통해 정의한 멤버는 동일 JSP 페이지 내에서 바로 사용이 가능하다. 선언문에 대해 잘 이해했다면 declaration 액션 태그 역시 어려움 없이 활용이 가능할 것이다.

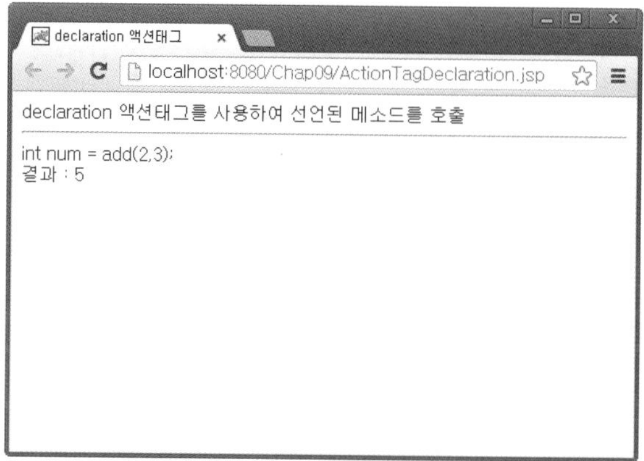

▲ ActionTagDeclaration.jsp의 결과 화면

지금까지 JSP 페이지에서 사용할 수 있는 여러 액션 태그들의 사용 방법과 예제를 다루어 보았다. 방금 살펴보았던 스크립팅 요소 처리를 위한 액션 태그들은 기존 사용 방식보다 타이핑할 문자가 많아 오히려 불편함을 유발할 수도 있지만, 기본적으로 JSP 페이지의 가독성을 높이고 개발 효율을 높일 수 있다는 장점이 있어 여러 방면에서 활용되고 있다. JSP 페이지의 기능을 구현함에 있어 사용할 수 있는 다양한 방법들을 활용할 수 있도록 잘 숙지하길 바란다.

CHAPTER 09 **Level Up! Coding**

01 아래와 같이 간단한 회원가입 Join.html 페이지와 회원가입 정보를 관리하기 위한 beans.Join 자바 빈 클래스(beans는 패키지명)를 제작한다. Join.html 페이지에서 [회원가입] 버튼을 누르면 회원가입 시 기입된 정보를 Join 자바 빈 객체에 저장한 후 저장된 정보를 출력하기 위한 Join.jsp 페이지를 제작하도록 한다. 제작 시 아래의 조건을 만족시켜야 한다.

> 1) Join 자바 빈 클래스의 객체 생성, 회원가입 정보 저장 및 정보의 출력은 액션 태그를 활용한다.
> 2) 성별과 취미 정보 출력의 경우 액션 태그를 사용하지 않는다.
> 3) 취미의 경우 아무것도 선택하지 않았을 경우 선택한 취미가 없음을 출력한다.

02 01번의 Join.html 및 Join.jsp 페이지와 동일하게 회원가입 정보를 자바 빈 객체를 활용하여 저장 및 출력하는 JoinNoActionTag.html 페이지와 JoinNoActionTag.jsp 페이지를 제작한다. 단, JoinNoActionTag.jsp 페이지는 01번의 Join.jsp와는 달리 액션 태그를 사용하지 않고 기능을 구현한다.

03 아래와 같이 GET 방식을 통해 move 파라미터의 값에 따라 페이지가 이동할 PageMoving.jsp 페이지를 제작한다. 제작 시 아래의 조건을 만족하도록 구현한다.

> 1) 포워드 방식 및 인클루드 방식의 사용은 모두 액션 태그를 활용한다.
> 2) 포워드 및 인클루드 방식을 사용할 때 아래 그림과 같이 새로운 파라미터 param1, param2과 각각의 값을 할당하여 출력한다.

move 파라미터의 값	대상 페이지	이동 방식
forward	PageMovingForward.jsp	포워드 방식
include	PageMovingInclude.jsp	인클루드 방식

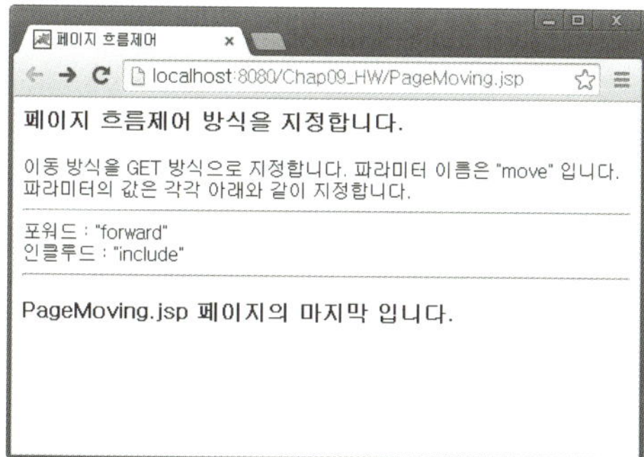

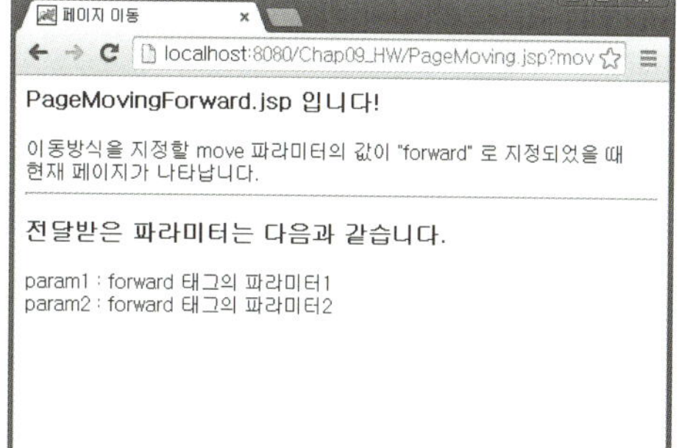

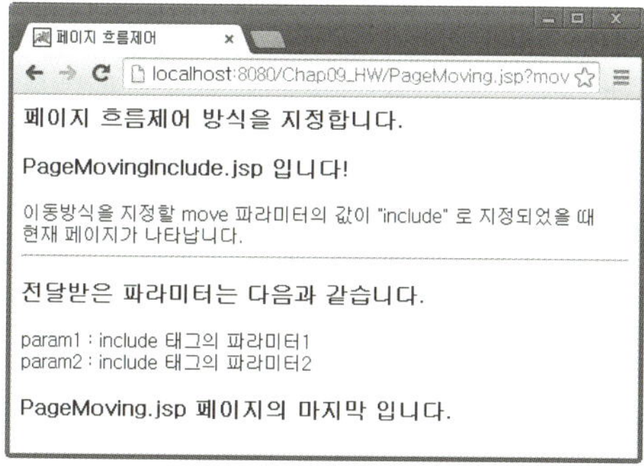

10 CHAPTER

데이터베이스 프로그래밍

데이터베이스 프로그래밍은 서비스 제공에 필요한 여러 데이터의 저장 및 관리에 사용되는 데이터베이스에 접속하여 필요한 작업을 수행하기 위해 사용된다. 웹 애플리케이션 제작 시 구현되는 대부분의 기능은 데이터베이스를 활용하므로 데이터베이스 프로그래밍은 웹 애플리케이션 구축에 있어서도 중요한 부분을 차지한다. 이번 장에서는 데이터베이스의 개념과 사용법을 살펴본 후 웹 애플리케이션 구현에 사용되는 데이터베이스 프로그래밍에 대해 알아보도록 하겠다.

01 | 웹 애플리케이션과 데이터베이스(Database)

웹 애플리케이션 제작 시 서비스할 여러 기능은 데이터와 연관되어 있는 경우가 대부분이다. 회원가입 처리, 로그인에 필요한 아이디 및 비밀번호의 검사, 게시판 글의 작성, 작성된 글의 수정 혹은 삭제와 같이 일상적으로 사용되는 웹 애플리케이션의 기능 외에도 기업에게 필요한 고객 정보, 상품 정보, 공공기관에서 사용되는 다양한 공공 정보 등을 데이터베이스로 처리해야 한다.

데이터베이스는 여러 가지 작업에 사용될 데이터를 해당 작업에 관련된 사용자가 동시에 공유하며 사용하기 위한 데이터의 집합을 의미한다. 이러한 데이터베이스의 효과적인 사용과 관리를 위해 사용하는 시스템을 DBMS(Database Management System)라고 하며, 웹 애플리케이션은 DBMS와의 연동을 통해 서비스 제공에 필요한 데이터를 사용하게 된다. Java로 제작한 프로그램이 DBMS를 통해 데이터베이스를 사용하기 위해서는 양측을 연결하는 매개체 역할을 해줄 프로그램인 JDBC(Java Database Connectivity)가 필요하다.

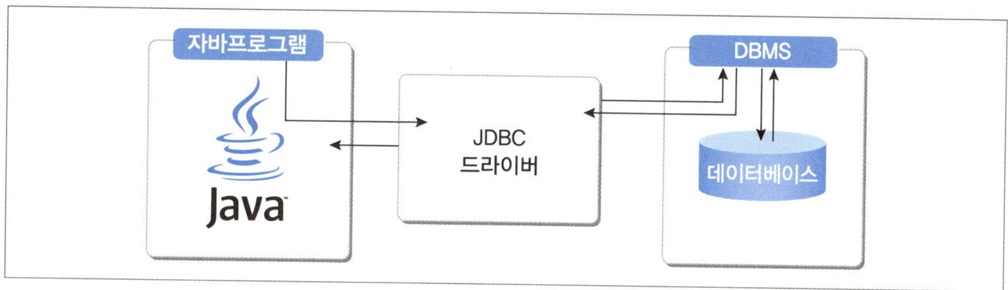

▲ 자바 프로그램은 JDBC 드라이버를 통해 DBMS를 이용한다.

데이터베이스는 데이터의 관리 방식에 따라 여러 방식으로 분류되며, 그중 웹 애플리케이션 제작 시 일반적으로 많이 사용되는 데이터베이스는 관계형 데이터베이스(Relational Database)이다. 이러한 관계형 데이터베이스를 관리하는 시스템을 RDBMS(Relational Database Management System)라고 하는데 RDBMS에는 오라클, MS-SQL, DB2 그리고 이 책에서 사용할 MySQL 등과 같은 다양한 종류가 존재한다.

관계형 데이터베이스는 데이터를 2차원 표 형태로 저장하고 관리하는데, 이 표 형태의 데이터 저장소를 테이블(Table)이라고 부른다. 테이블은 엑셀과 같은 스프레드시트 프로그램에서 데이터를 작성할 때처럼 세로줄을 표시하는 컬럼(Column)과 가로줄을 표시하는 로우(Row)로 구성되며, 하나의 컬럼은 테이블 내에 들어갈 데이터의 타입과 길이를 지정하고, 로우에는 각 컬럼에 지정된 규칙에 맞게 들어가 있는 데이터들의 덩어리로 구성되며 레코드(Record)라고 부르기도 한다. 가령 회원 아이디와 이름을 저장하는 회원 테이블이 있다면 회원 테이블의 데이터는 아래와 같이 저장 된다.

member_id	member_name
hong	홍길동
jihoonie	이지훈
okjsp	허광남

테이블에 저장될 수 있는 데이터들은 자바와 마찬가지로 테이블 생성 시 지정한 데이터 타입을 준수해야 하며, 정해진 길이를 넘어서는 데이터는 저장할 수 없다. 데이터가 저장될 테이블은 자동으로 생성되는 것이 아니라 사용될 용도에 따라 생성하여 사용하게 된다. 테이블 생성 시 저장될 데이터들의 타입과 길이, 그리고 데이터 저장에 필요한 다양한 정보를 컬럼을 통해 명시하게 되며, 이러한 테이블 구조 관련 정보를 스키마(Schema)라고 한다. 예를 들어 앞서 살펴보았던 회원 아이디와 이름을 저장하기 위한 테이블의 스키마는 다음과 같이 지정할 수 있다. 스키마는 기본적으로 테이블을 구성할 컬럼의 이름과 해당 컬럼에 저장될 데이터의 타입 그리고 길이 정보를 포함한다.

컬럼명	데이터 타입	길이
member_id	VARCHAR	12
member_name	VARCHAR	10

이후에 다시 설명하겠지만, VARCHAR은 자바의 String 타입과 같이 문자열을 저장할 수 있는 데이터 타입을 의미하며, 길이로 정의된 값들은 해당 컬럼에 저장될 수 있는 데이터의 길이를 의미한다. 따라서 위 표에 명시된 스키마대로 테이블이 구성될 경우, 회원 테이블은 12자리 문자열을 저장할 수 있는 member_id 컬럼과 10자리 문자열을 저장할 수 있는 member_name 컬럼으로 생성된다.

테이블을 구성하는 컬럼 중 각 로우를 구분할 수 있는 유일한 식별자로서의 의미를 지닌 값을 저장하는 컬럼을 기본키(Primary Key)라고 하며, 기본키로 지정된 컬럼의 데이터는 중복되거나 널(Null) 값을 가질 수 없다. 위에서 보았던 간단한 회원정보 테이블을 예로 든다면 회원들이 가입할 때 사용하는 아이디 정보가 저장될 member_id 컬럼이 기본키가 될 것이다. 기본키는 테이블의 특정 데이터의 검색을 위한 유일 값을 가지므로 데이터베이스 내에서 데이터 관리를 위한 핵심 컬럼이 된다.

이 책에서는 웹 서비스 구현에 필요한 데이터를 다루기 위해 MySQL이라는 RDBMS를 사용할 것이며, MySQL을 설치하고 웹 애플리케이션에서 데이터를 다루기 위해 필수적으로 필요한 기술인 SQL문을 예제와 함께 살펴볼 것이다. 그럼 이제 MySQL을 설치해보도록 하자.

02 | MySQL 설치와 데이터베이스 생성

MySQL은 대표적인 RDBMS로 오픈 소스 프로그램이므로 별다른 구매 과정 없이 인터넷에서 다운로드 받아 바로 사용할 수 있다. 설치와 사용이 다른 상용 DBMS 제품군에 비해 간단하고, 가볍게 사용이 가능하여 실무에서도 많이 사용된다. 여기서는 데이터베이스 프로그래밍에 앞서 MySQL을 설치하고 실습에 사용할 데이터베이스를 생성하도록 하자.

2.1 MySQL 설치

MySQL은 별도의 설치 버전을 제공하고 있으며 http://dev.mysql.com\downloads에서 MySQL Community Server 메뉴를 클릭하여 페이지 하단의 Windows(x86, 64-bit), mySQL Installer MSI를 찾아 다운로드하도록 한다. 이 책이 집필되고 있는 현재 MySQL 최신 버전은 5.6.16이다.

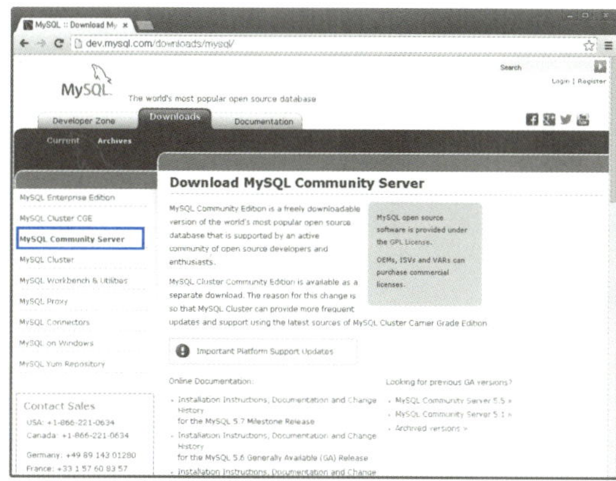

MySQL 다운로드

현재 MySQL은 'Community Edition'과 'Enterprise Edition'의 두 가지 버전을 제공하고 있다. Enterprise Edition의 경우 회원가입을 통해 라이선스를 구매해야 사용이 가능하므로 이 책에서는 Community Edition을 이용해서 작업을 진행하겠다.

다운로드 받은 msi 파일(mysql-installer-web-community-5.6.16.0.msi)을 실행하면 다음과 같이 MySQL 설치가 시작된다. 'Install MySQL Products'를 클릭하자.

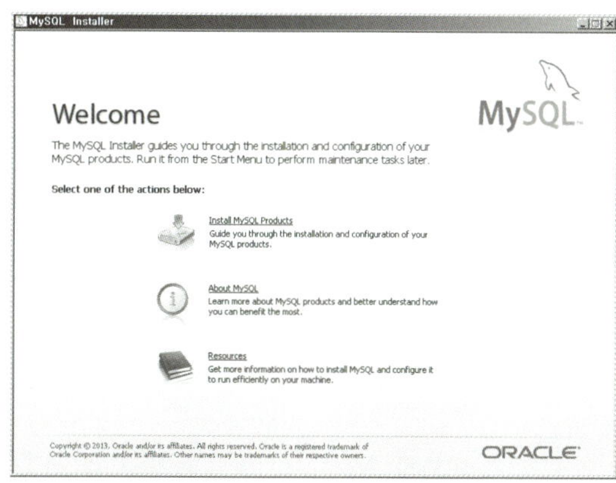

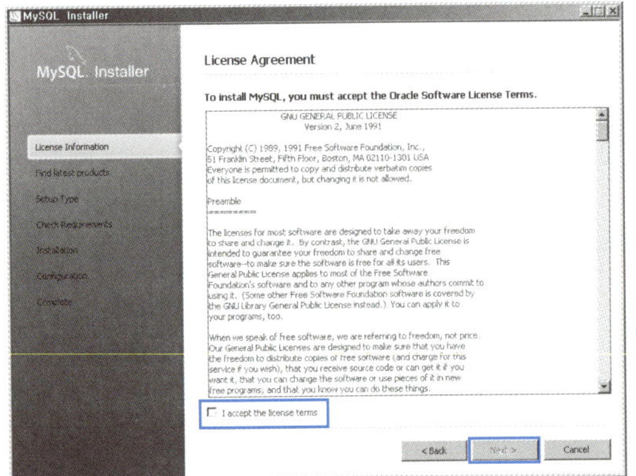

왼쪽 화면에서는 MySQL 사용 라이선스 안내문이 나타난다. 하단의 'I accept the license terms'를 클릭하여 라이선스에 동의한 후 [Next] 버튼을 클릭하자.

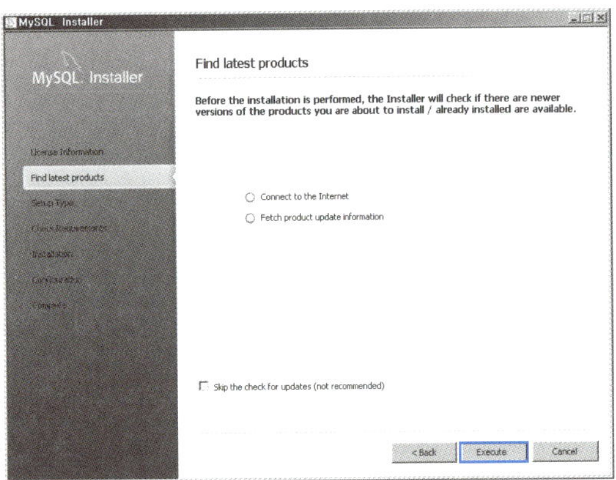

라이선스에 동의하면, MySQL 설치에 앞서 새로운 버전 확인을 선택할 수 있다. 업데이트를 확인하려면 하단의 [Execute] 버튼을 클릭하고 확인 없이 설치를 진행하려면 'Skip the check for updates'를 선택한 후 [Next] 버튼을 클릭한다.

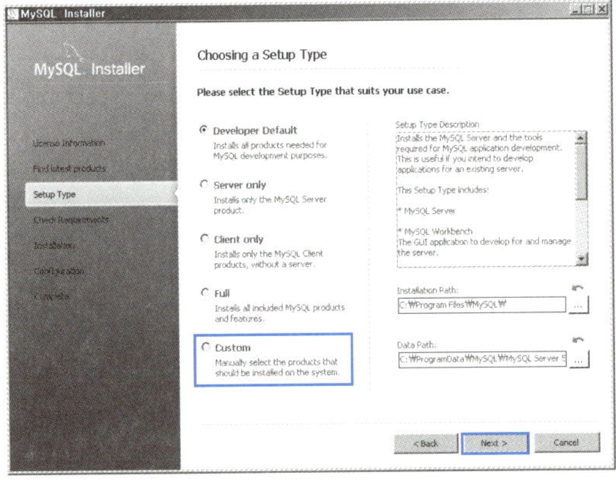

업데이트 확인 후 MySQL의 설치 타입을 선택할 수 있다. 일반적으로 'Developer Default'를 선택하면 학습에 필요한 MySQL의 구성요소를 모두 설치하지만, 여기서는 MySQL 구성요소들을 살펴보기 위해 'Custom' 옵션을 선택하고 [Next] 버튼을 클릭하도록 하자.

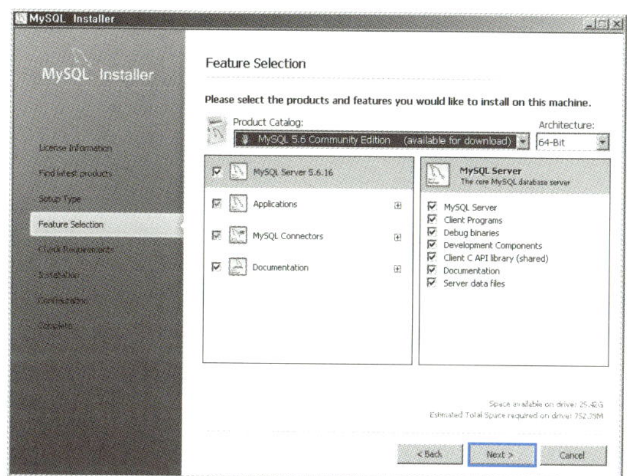

왼쪽과 같이 설치 구성요소를 확인한 후 [Next] 버튼을 클릭하자. Applications 옵션은 MySQL을 사용하면서 활용할 수 있는 여러 유틸리티 제품군을 포함하고 있고, Documentation 옵션에는 MySQL에 관련된 문서와 샘플들이 포함되어 있다. 두 개의 옵션이 필요하지 않을 경우 선택하지 않아도 상관없다.

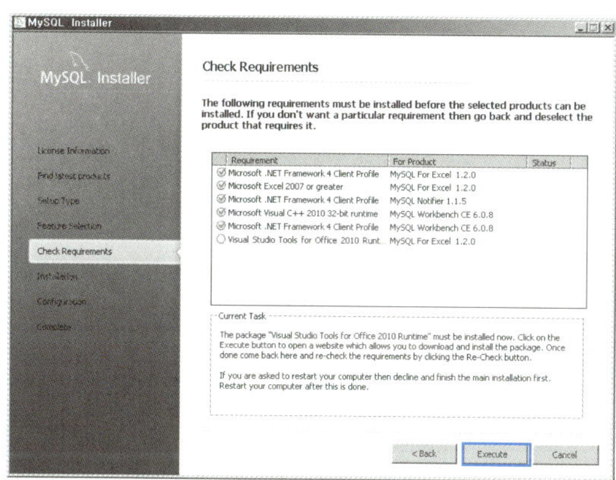

선택한 구성요소가 설치되기 전에 설치되어야 할 제품이 있을 경우 그림과 같이 리스트가 나타날 수 있다. [Execute]를 클릭하면 필요 구성요소가 설치된다.

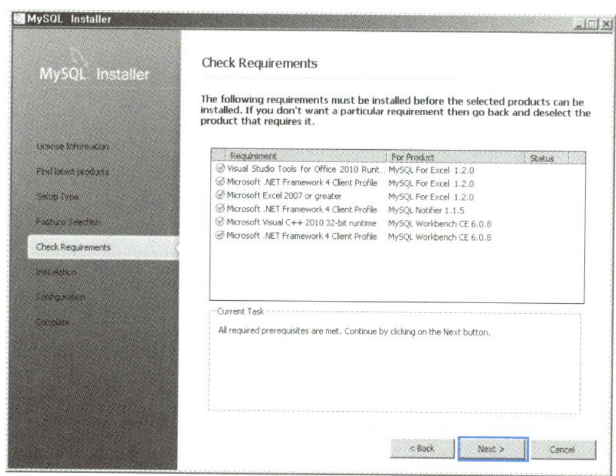

필요 구성요소가 설치되고 나면 그림과 같이 [Execute] 버튼 대신 [Next] 버튼이 활성화된다. 클릭하여 다음 화면으로 넘어가도록 한다.

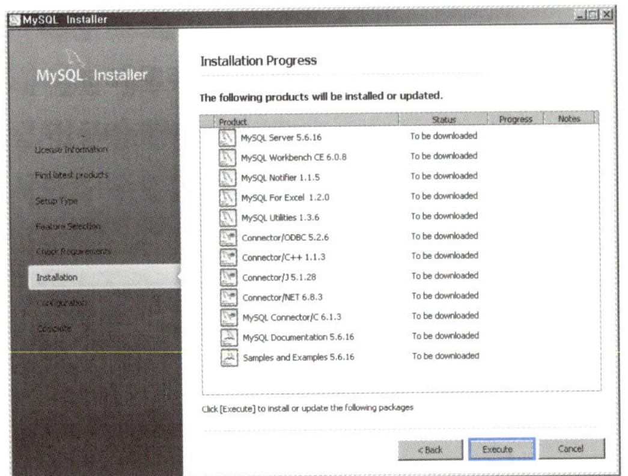

이제 MySQL 설치가 시작된다. 설치될 항목을 확인한 후 [Execute] 버튼을 눌러 설치를 시작하자.

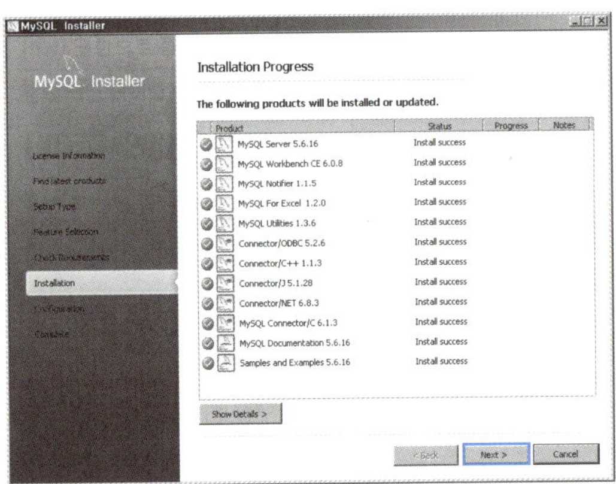

모든 항목이 왼쪽과 같이 'Install success'로 바뀌었다면 설치가 완료된 것이다. [Next] 버튼을 클릭하도록 하자 .

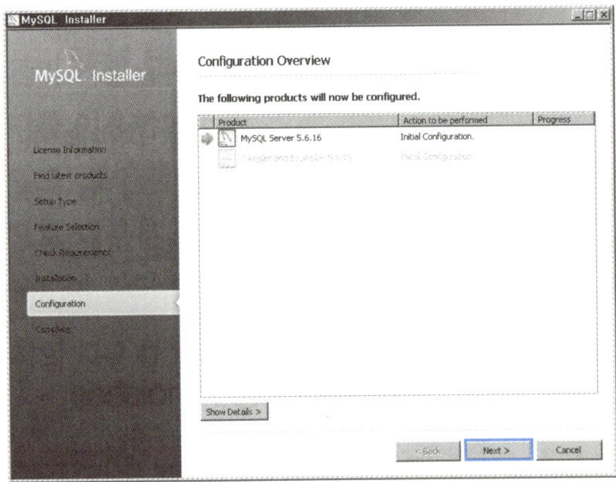

설치가 완료되면 설정해야 할 항목이 나타난다. [Next] 버튼을 눌러 서버 설정 단계로 넘어간다.

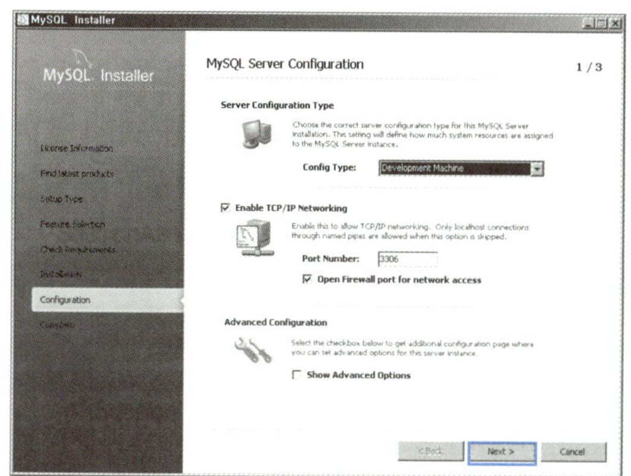

서버 설정 단계는 서버의 활용에 따른 설정 방식을 선택할 수 있다. 이 책에서는 예제 실습을 위해 Config Type을 'Development Machine'으로 선택할 것이다. 포트 번호는 MySQL 기본 포트인 3306을 그대로 사용할 것이므로 체크되어 있는 그대로 유지한다. [Next] 버튼을 클릭하도록 한다.

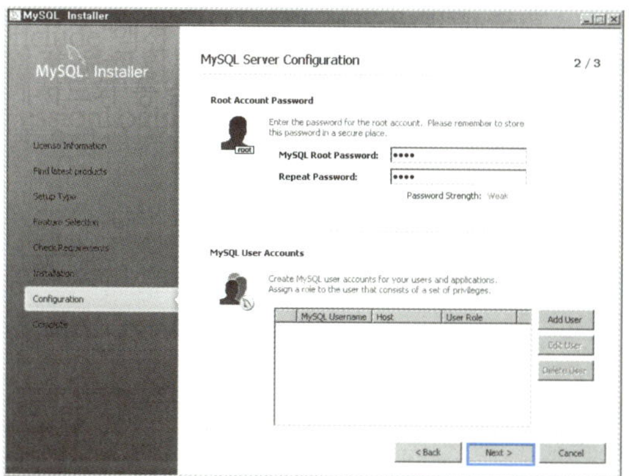

MySQL을 사용할 루트 계정의 암호를 설정하도록 한다. 학습용으로 사용한다면 가급적 외우기 쉬운 간단한 암호를 설정하도록 하자. 데이터베이스 실습에 필요한 계정은 설치 이후 직접 생성할 것이므로 여기서는 아래 추가 계정을 생성하지 않고 바로 [Next] 버튼을 누르도록 하자.

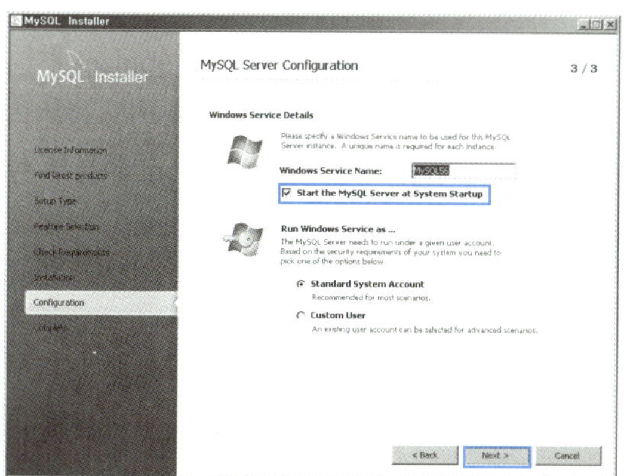

MySQL의 윈도우 서비스 설정 화면이다. 윈도우 시작 시 MySQL 서버가 시작되길 원한다면 'Start the MySQL Server at System Startup' 옵션을 체크하도록 한다. [Next] 버튼을 눌러 다음 화면으로 이동하자.

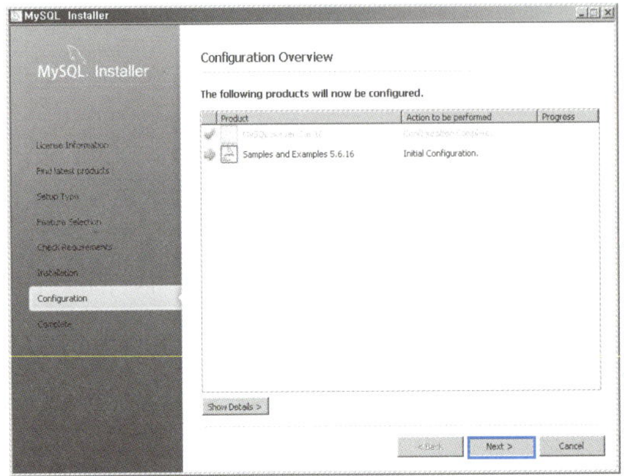

여기까지 진행하였다면 MySQL 서버의 주요한 설정은 완료된 것이다. 나머지 설정은 별다른 지정 없이 [Next] 버튼을 눌러 진행하도록 하자.

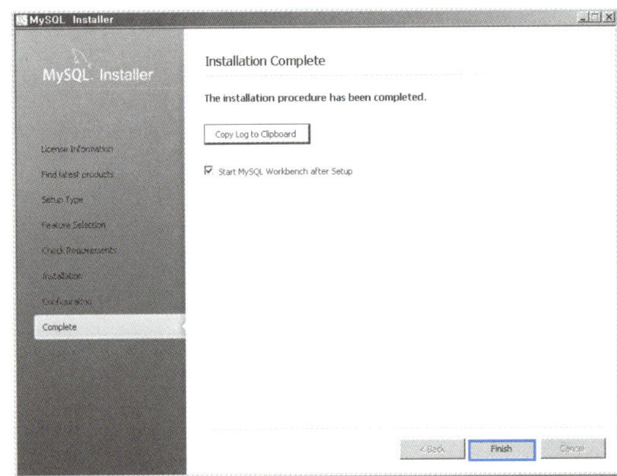

왼쪽 그림과 같은 화면이 나왔다면 MySQL 서버의 모든 설치과정이 완료된 것이다. [Finish] 버튼을 눌러 설치 프로그램을 종료하도록 하자.

```
MySQL 5.6 Command Line Client
Enter password: ****
Welcome to the MySQL monitor.  Commands end with ; or \g.
Your MySQL connection id is 3
Server version: 5.6.16 MySQL Community Server (GPL)

Copyright (c) 2000, 2014, Oracle and/or its affiliates. All rights reserved.

Oracle is a registered trademark of Oracle Corporation and/or its
affiliates. Other names may be trademarks of their respective
owners.

Type 'help;' or '\h' for help. Type '\c' to clear the current input statement.

mysql>
```

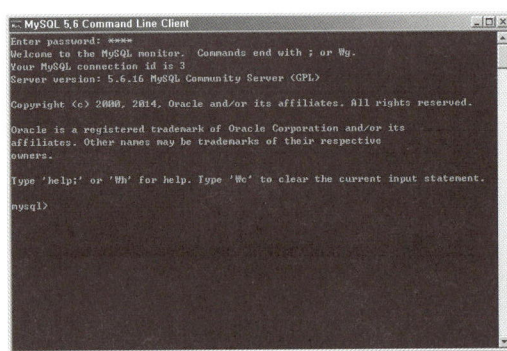

마지막으로 MySQL 서버의 정상적인 설치 여부를 확인해보도록 하자. [시작] 버튼을 눌러 [MySQL]-[MySQL Server 5.6]-[Command Line Client]를 실행한 후 생성되는 창에서 루트 계정에 설정했던 암호를 입력하면 명령어 라인 클라이언트를 통해 설치를 완료한 MySQL 서버에 접속할 수 있다.

이제 MySQL 서버의 설치가 완료되었다. MySQL 서버의 버전은 여러분이 이 책을 읽는 시점의 버전과 다른 경우도 있지만 대부분의 설정은 유사하므로 참고하길 바란다.

2.2 데이터베이스 생성하기

이제 MySQL 데이터베이스를 사용하기 위해 데이터베이스를 생성하고, 해당 데이터베이스를 사용하기 위한 계정을 지정하도록 하겠다. MySQL 데이터베이스의 모든 권한을 가진 root 계정을 직접 사용하여 웹 애플리케이션에 사용할 데이터베이스를 운용하는 것은 보안상의 위험을 내포하고 있으므로 일반적으로 특정 목적의 데이터베이스 사용을 위한 계정을 따로 지정하여 이용한다.

명령어 프롬프트([시작]-[모든 프로그램]-[보조 프로그램]-[명령어 프롬프트])를 실행하여 아래와 같이 MySQL이 설치되어 있는 폴더 내 MySQL Server 5.6\bin 폴더에서 mysql 명령어를 사용하여 root 계정에 접속할 수 있다. 명령어 프롬프트에서의 폴더 이동은 아래와 같이 수행한다.

```
cd C:/Program Files/MySQL/MySQL Server 5.6/bin
```

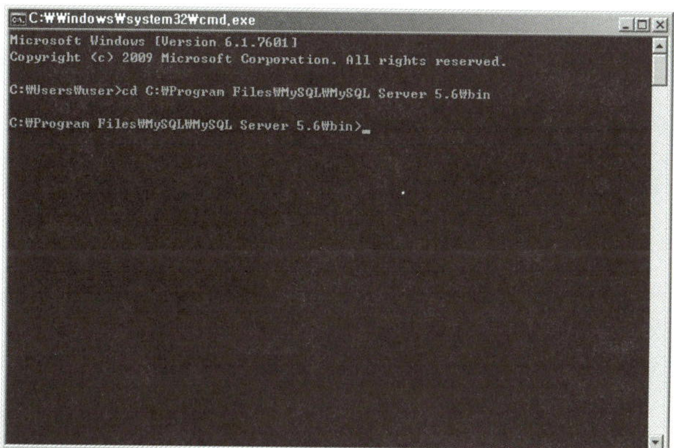

▲ MySQL 실행을 위한 폴더 이동

TIP

MySQL 환경 변수 설정

기본적으로 mysql의 여러 기능은 MySQL 설치 폴더 내 MySQL Server 5.6/bin 폴더의 실행 파일을 사용하게 된다. 명령어 프롬프트를 실행하여 어느 폴더에서나 MySQL 관련 실행 파일을 사용하려면 bin 디렉터리를 환경 변수로 지정하면 간편하게 사용 가능하다. 이 책과 동일하게 설치 과정을 진행했다면 경로는 C:\Program Files\MySQL\MySQL Server 5.6\bin\가 되며 필요하다면 이 경로를 환경변수 Path에 추가하도록 하자.

이제 root 계정으로 MySQL 데이터베이스에 접속하기 위해 아래 명령어를 실행하도록 하자. -p 옵션은 mysql 명령 실행 후 비밀번호를 입력하겠다는 의미이며, -u 옵션은 바로 뒤에 붙은 계정, 즉 root 계정으로 접속할 것임을 의미한다.

```
mysql -p -u root
```

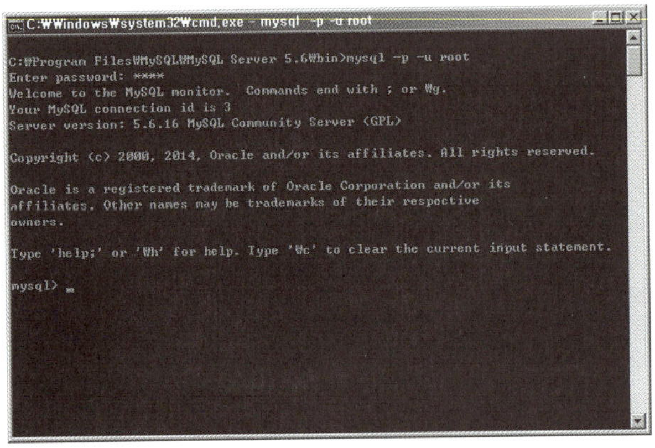

▲ root 계정으로 MySQL 접속

만약 접속할 데이터베이스가 원격지에 설치되어 있다면, 아래와 같이 -h 옵션을 통해 원격지 주소를 사용하여 접속할 수 있으니 참고하길 바란다.

```
mysql -h [원격지주소] -p -u root
```

mysql〉 프롬프트가 나타나면 MySQL 데이터베이스에 정상적으로 접속을 완료한 것이다. 아래와 같이 version( ) 함수를 select 명령을 통해 조회하면 MySQL 버전을 확인할 수 있다. show databases 명령을 사용하면 현재 등록되어 있는 데이터베이스 목록을 확인할 수 있다. 각 명령어들은 세미콜론(;)을 사용하여 명령어 종료를 명시해야 한다.

```
select version();
show databases;
```

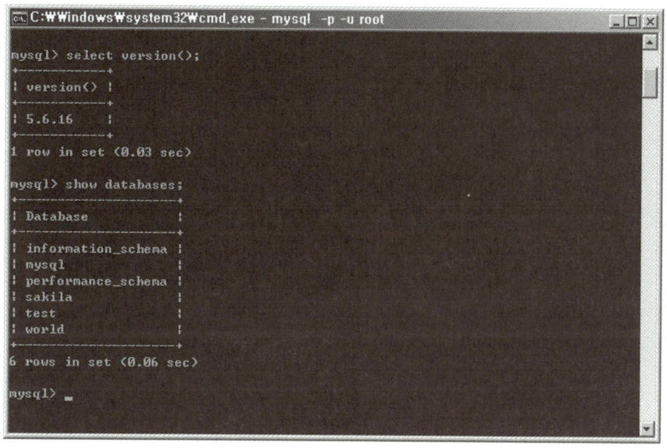

```
C:\Windows\system32\cmd.exe - mysql -p -u root

mysql> select version();
+------------+
| version()  |
+------------+
| 5.6.16     |
+------------+
1 row in set (0.03 sec)

mysql> show databases;
+--------------------+
| Database           |
+--------------------+
| information_schema |
| mysql              |
| performance_schema |
| sakila             |
| test               |
| world              |
+--------------------+
6 rows in set (0.06 sec)

mysql> _
```

▲ 설치된 MySQL 버전과 데이터베이스 목록 확인

MySQL의 버전 및 설치된 데이터베이스의 목록 출력이 정상적으로 수행됨을 확인하였다면 이제 예제 실습에 사용할 데이터베이스를 아래와 같이 create 명령어를 사용하여 생성하도록 하자. create 명령어는 데이터베이스를 구성하는 여러 요소를 생성할 때 사용하는 명령어이며, 여기서는 데이터베이스명을 'jspbook'으로, 데이터베이스의 기본 문자셋을 'utf-8'(명령어에서는 'utf8'로 명시한다)로 지정하여 생성하도록 한다.

```
create database jspbook default character set utf8;
```

위 명령어를 통해 생성한 데이터베이스를 사용할 계정을 추가하도록 하자. 계정 추가 명령어는 아래의 구조를 가진다. grant절 이후에 추가할 계정이 사용할 수 있는 명령의 권한을 지정 후 on~to절에 계정이 사용할 데이터베이스명과 계정명 및 서버를 입력하고 identified by절에 암호를 지정해준다.

```
grant [부여할 권한(복수 가능)]
on [데이터베이스명] to [계정명]@[서버]
identified by [계정암호]
```

위 구조에 맞게 jspbook 데이터베이스를 사용할 계정을 생성하도록 하자. 사용할 계정명은 jspbook으로 지정하며 아래 명령어를 사용한다. 여기서는 localhost의 jspbook 계정을 생성하고 사용할 데이터베이스명은 jspbook이다. 해당 데이터베이스의 select, insert, update, delete, create, alter, drop 명령 권한을 주고 비밀번호는 jspbook으로 설정하였다.

```
grant select, insert, update, delete, create, alter, drop
on jspbook.* to 'jspbook'@'localhost'
identified by 'jspbook';
```

데이터베이스 생성과 사용 계정의 지정을 실행한 결과는 아래와 같다.

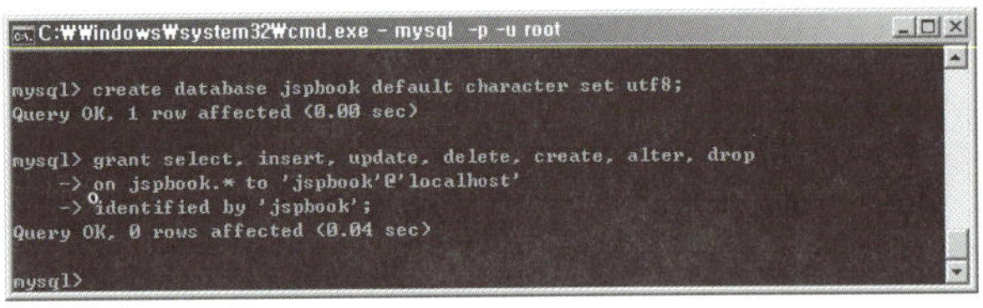

```
C:\Windows\system32\cmd.exe - mysql -p -u root

mysql> create database jspbook default character set utf8;
Query OK, 1 row affected (0.00 sec)

mysql> grant select, insert, update, delete, create, alter, drop
    -> on jspbook.* to 'jspbook'@'localhost'
    -> identified by 'jspbook';
Query OK, 0 rows affected (0.04 sec)

mysql>
```

▲ 실습을 위한 데이터베이스 및 계정 생성

데이터베이스와 사용 계정 생성이 정상적으로 수행되었다면 이제 quit 혹은 exit 명령을 사용하여 mysql을 빠져나온 후 새로 생성한 jspbook 계정으로 MySQL에 접속해보도록 하자. 계정의 비밀번호는 계정명과 동일한 'jspbook'으로 지정하였으므로 접속 후 "Enter password:"에 jspbook을 입력한다.

```
mysql -p -u jspbook
```

show databses 명령을 사용하여 현재 jspbook 계정이 사용할 수 있는 데이터베이스 목록을 확인하도록 한다. 데이터베이스 목록에는 앞서 생성하였던 jspbook 데이터베이스가 출력된다.

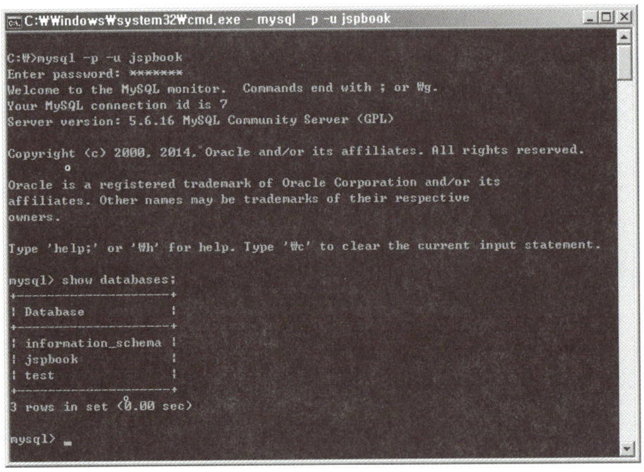

```
C:\Windows\system32\cmd.exe - mysql -p -u jspbook

C:\>mysql -p -u jspbook
Enter password: *******
Welcome to the MySQL monitor.  Commands end with ; or \g.
Your MySQL connection id is 7
Server version: 5.6.16 MySQL Community Server (GPL)

Copyright (c) 2000, 2014, Oracle and/or its affiliates. All rights reserved.

Oracle is a registered trademark of Oracle Corporation and/or its
affiliates. Other names may be trademarks of their respective
owners.

Type 'help;' or '\h' for help. Type '\c' to clear the current input statement.

mysql> show databases;
+--------------------+
| Database           |
+--------------------+
| information_schema |
| jspbook            |
| test               |
+--------------------+
3 rows in set (0.00 sec)

mysql>
```

▲ jspbook 계정으로 MySQL 접속

접속 후 생성한 jspbook 데이터베이스를 사용하기 위해서는 use 명령을 통해 사용할 데이터베이스를 지정한다. jspbook 데이터베이스를 지정한 후 show tables 명령을 사용하면 현재 jspbook 데이터베이스에 존재하는 테이블 목록을 확인할 수 있다. 아직 테이블을 생성하지 않았으므로 테이블 목록 출력 시 Empty set 메시지가 출력될 것이다.

```
use jspbook;
show tables;
```

```
C:\Windows\system32\cmd.exe - mysql -p -u jspbook
mysql> use jspbook;
Database changed
mysql> show tables;
Empty set (0.00 sec)

mysql> _
```

▲ jspbook 데이터베이스를 사용 데이터베이스로 지정

이렇게 MySQL 접속 후 사용 데이터베이스를 지정하지 않고, 접속과 동시에 사용 데이터베이스를 지정하려면 아래와 같이 접속 명령어에 사용 데이터베이스를 명시해줄 수도 있다. 아래 명령어에서는 -u 옵션 뒤에 붙은 jspbook이 접속할 계정명이고 바로 뒤에 붙은 jspbook이 데이터베이스명이 된다.

```
mysql -p -u jspbook jspbook
```

지금까지 앞서 설치하였던 MySQL 데이터베이스에 실습에 사용할 데이터베이스 및 계정 생성이 완료되었다. 이제 데이터베이스를 사용하기 위한 SQL을 살펴보도록 하자.

03 | SQL 기초

SQL은 Structured Query Language의 약자로, 데이터베이스의 데이터 검색 및 관리 등에 필요한 작업을 수행하는 질의 명령어이다. 여기서는 앞서 설치한 MySQL 데이터베이스를 통해 웹 애플리케이션 제작 시 필수적으로 필요한 SQL문의 기초 사용법을 살펴보도록 하겠다.

3.1 SQL 종류와 데이터 타입

웹 애플리케이션 제작 시 데이터베이스 내 데이터 관련 작업을 수행하기 위해 주로 사용되는 SQL은 기능에 따라 다음과 같이 분류된다.

분류	설명
데이터 정의어 (DDL ; Data Definition Language)	데이터베이스 내 테이블과 같은 여러 구성요소들을 생성, 변경, 삭제하기 위한 기능을 제공
데이터 검색어 (DQL ; Data Query Language)	데이터베이스 내 저장된 데이터를 검색하여 조회하기 위한 기능을 제공
데이터 조작어 (DML ; Data Manipulation Language)	데이터베이스 내 테이블에 데이터를 삽입, 수정, 삭제하기 위한 기능을 제공

웹 애플리케이션에서의 데이터베이스 사용은 먼저 데이터가 저장될 장소인 테이블이 생성되어야 한다. 생성된 테이블에 새로운 데이터를 삽입하고 기존 데이터를 수정 혹은 삭제하거나 필요에 따라 데이터를 조회하는 기능을 수행하게 된다. 데이터베이스 내 데이터 역시 자바의 데이터 타입과 마찬가지로 저장되는 데이터의 종류에 따라 데이터 타입을 지정해야 하며 표준 SQL 데이터 타입은 아래와 같다.

SQL 데이터 타입	설명
CHAR	고정 길이 문자열 데이터
VARCHAR	가변 길이 문자열 데이터
LONG VARCHAR	긴 가변 길이 문자열 데이터
NUMERIC	숫자 데이터
INTEGER	정수 데이터
TIMESTAMP	날짜와 시간 데이터
TIME	시간 데이터
DATE	날짜 데이터

표준 SQL 데이터 타입은 위에서 명시한 타입 외에도 CLOB, BLOB과 같은 대량 데이터 저장을 위한 타입이 존재한다. 일반적으로 MySQL, Oracle 등의 DBMS는 위와 같은 표준 SQL 데이터 타입 외에도 추가적으로 데이터 타입을 제공하므로 관련 서적이나 인터넷을 통해 참고하길 바란다. 이제 SQL을 사용하여 데이터베이스에서 수행할 수 있는 기능들에 대해 알아보도록 하자.

3.2 데이터 정의어(DDL ; Data Definition Language)

데이터 정의어는 데이터베이스를 구성하는 테이블(table), 뷰(view), 인덱스(index) 등과 같은 데이터베이스 내 여러 개체들을 정의하거나 변경 또는 삭제할 때 사용하며 종류는 다음과 같다.

종류	기능
CREATE	데이터베이스 내 구성요소 생성
ALTER	생성되어 있는 데이터베이스 구성요소 변경
DROP	생성되어 있는 데이터베이스 구성요소 삭제

(1) CREATE문을 이용한 테이블 생성

CREATE문을 사용하면 데이터가 저장될 테이블을 생성할 수 있으며, 테이블을 생성하기 위한 CREATE문은 아래와 같은 형식으로 사용할 수 있다.

```
CREATE TABLE TABLENAME(
   COLUMN_NAME1 COLUMN_TYPE1(SIZE1),
   COLUMN_NAME2 COLUMN_TYPE2(SIZE2),
   ...
   COLUMN_NAMEn COLUMN_TYPEn(SIZEn),
);
```

CREATE문을 구성하는 각 요소는 아래와 같다.

구성요소	설명
TABLENAME	데이터가 저장될 테이블의 이름 지정
COLUMN_NAME	테이블을 구성하는 컬럼의 이름 지정
COLUMN_TYPE	각 컬럼에 저장될 데이터 타입 지정
SIZE	저장될 데이터의 길이 지정

이제 CREATE문을 사용하여 학생 데이터를 저장할 수 있는 STUDENT 테이블과 학과 정보를 저장하기 위한 DEPARTMENT 테이블을 제작해보도록 하겠다. 이 두 테이블은 이후 살펴볼 다른 SQL에서도 함께 사용할 것이다.

학생 데이터는 학생의 아이디를 저장하기 위한 STUDENT_ID 컬럼과 학생의 이름을 저장할 STUDENT_NAME 컬럼, 학생의 이메일 주소를 저장할 STUDENT_EMAIL 컬럼, 학생의 전화번호를 저장하기 위한 STUDENT_TEL 컬럼으로 구성된다. 이 경우 학생 데이터를 구분하기 위한 유일 값을 가지는 컬럼, 즉 기본키는 STUDENT_ID가 되며, 이에 따른 create문은 아래와 같이 작성한다. create문을 비롯한 모든 SQL은 실행하기 위해 SQL의 종료를 알리는 세미콜론(;)을 마지막에 입력해야 한다.

```
CREATE TABLE STUDENT(
    STUDENT_ID VARCHAR(10) NOT NULL PRIMARY KEY,
    STUDENT_NAME VARCHAR(10) NOT NULL,
    STUDENT_EMAIL VARCHAR(50),
    STUDENT_TEL VARCHAR(50)
);
```

STUDENT_ID 컬럼은 기본키임을 명시하기 위해 PRIMARY KEY 옵션을 추가하였고, STUDENT_NAME 컬럼에 NOT NULL 옵션을 추가하였다. NOT NULL 옵션은 해당 컬럼의 데이터는 NULL이 될 수 없음을 지정하는 옵션이다.

CREATE문을 사용하기 위해서는 MySQL에 접속해야 한다. 여기서는 앞서 MySQL 데이터베이스를 생성하며 사용한 jspbook 계정을 통해 jspbook 데이터베이스에 접속해 CREATE 문을 실행할 것이다. 아래는 위 CREATE문을 MySQL에 접속하여 실행한 화면이다.

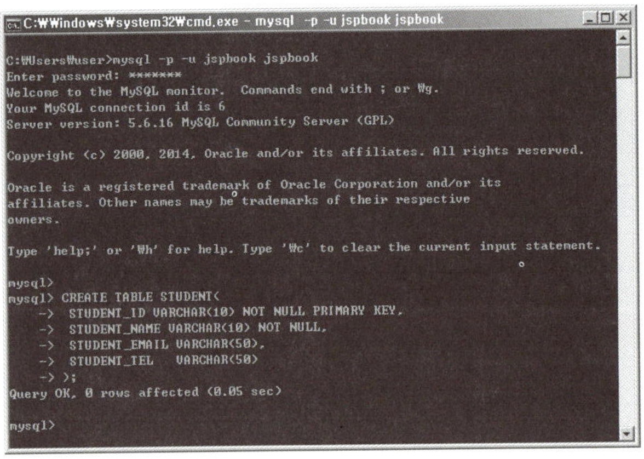

```
C:₩Windows₩system32₩cmd.exe - mysql -p -u jspbook jspbook

C:₩Users₩user>mysql -p -u jspbook jspbook
Enter password: *******
Welcome to the MySQL monitor.  Commands end with ; or ₩g.
Your MySQL connection id is 6
Server version: 5.6.16 MySQL Community Server (GPL)

Copyright (c) 2000, 2014, Oracle and/or its affiliates. All rights reserved.

Oracle is a registered trademark of Oracle Corporation and/or its
affiliates. Other names may be trademarks of their respective
owners.

Type 'help;' or '₩h' for help. Type '₩c' to clear the current input statement.

mysql>
mysql> CREATE TABLE STUDENT(
    -> STUDENT_ID VARCHAR(10) NOT NULL PRIMARY KEY,
    -> STUDENT_NAME VARCHAR(10) NOT NULL,
    -> STUDENT_EMAIL VARCHAR(50),
    -> STUDENT_TEL   VARCHAR(50)
    -> );
Query OK, 0 rows affected (0.05 sec)

mysql>
```

▲ CREATE문을 사용하여 STUDENT 테이블을 생성

CREATE문이 정상적으로 실행되었다면 생성했던 jspbook 데이터베이스 내 STUDENT 테이블이 생성된다. show tables 명령을 사용하여 테이블이 잘 생성되었는지 확인하도록 하자.

```
C:₩Windows₩system32₩cmd.exe - mysql -p -u jspbook jspbook

mysql> show tables;
+-------------------+
| Tables_in_jspbook |
+-------------------+
| student           |
+-------------------+
1 row in set (0.07 sec)

mysql>
```

▲ show tables 명령을 사용하여 STUDENT 테이블 생성을 확인

만약 생성된 테이블의 정보를 조회하고 싶을 경우 DESC 명령어 이후 조회하고자 하는 테이블명을 사용하여 정보 열람이 가능하다. 방금 생성한 STUDENT 테이블의 정보를 조회하기 위해 DESC STUDENDT; 명령어를 실행하면 아래와 같이 STUDENT 테이블을 구성하는 컬럼들과 해당 컬럼에 지정된 옵션들을 확인할 수 있다.

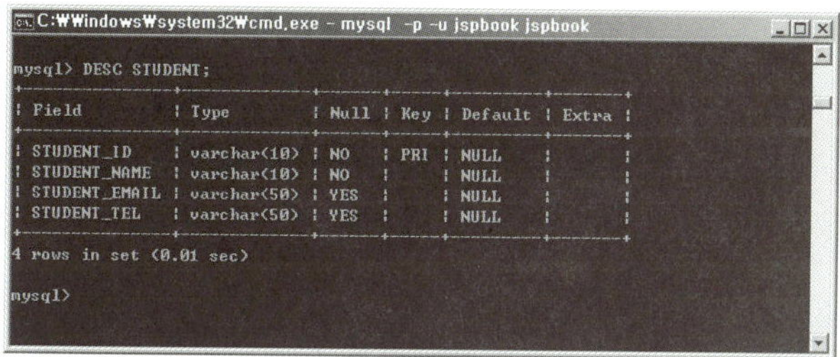

```
mysql> DESC STUDENT;
+---------------+-------------+------+-----+---------+-------+
| Field         | Type        | Null | Key | Default | Extra |
+---------------+-------------+------+-----+---------+-------+
| STUDENT_ID    | varchar(10) | NO   | PRI | NULL    |       |
| STUDENT_NAME  | varchar(10) | NO   |     | NULL    |       |
| STUDENT_EMAIL | varchar(50) | YES  |     | NULL    |       |
| STUDENT_TEL   | varchar(50) | YES  |     | NULL    |       |
+---------------+-------------+------+-----+---------+-------+
4 rows in set (0.01 sec)

mysql>
```

▲ DESC 명령어를 사용한 STUDENT 테이블 정보 조회

이제 학과에 관련된 데이터를 저장하기 위한 DEPARTMENT 테이블을 생성하도록 하자. DEPARTMENT 테이블은 학과 아이디가 저장될 DEPARTMENT_ID 컬럼, 학과명이 저장될 DEPARTMENT_NAME 컬럼, 학과 대표 전화번호를 저장할 DEPARTMENT_TEL 컬럼으로 구성되며, 아래와 같이 CREATE문을 사용하여 생성하도록 한다.

```
CREATE TABLE DEPARTMENT(
    DEPARTMENT_ID VARCHAR(20) NOT NULL PRIMARY KEY,
    DEPARTMENT_NAME VARCHAR(20) NOT NULL,
    DEPARTMENT_TEL VARCHAR(20)
);
```

위 CREATE문을 사용하여 DEPARTMENT 테이블을 생성한 후 show tables 및 DESC DEPARTMENT 명령어를 사용하여 테이블이 정상적으로 생성되었는지를 함께 확인하도록 하자.

(2) ALTER문을 이용한 테이블 변경

create문과 함께 데이터 정의어로 분류되는 ALTER문은 데이터베이스 내 생성된 테이블과 같은 개체에 지정된 속성을 변경하고자 할 때 사용한다. ALTER문을 이용한 TABLE의 변경은 다음과 같이 ALTER TABLE 명령 이후 변경할 테이블 이름을 명시하고, 수행할 작업 유형(WORK_TYPE)과 작업이 적용될 컬럼 이름(COLUMN_NAME), 컬럼에 변경할 속성(COLUMN_ATTRIBUTE)을 명시해준다. WORK_TYPE에는 컬럼의 추가를 의미하는 ADD, 컬럼의 삭제를 수행하는 DROP, 컬럼의 속성을 변경하기 위한 MODIFY 등의 작업 유형을 지정할 수 있다.

```
ALTER TABLE TABLENAME
  WORK_TYPE COLUMN_NAME COLUMN_ATTRIBUTE;
```

이제 ALTER문을 사용하여 테이블에 컬럼을 추가해보도록 하자. STUDENT 테이블은 학생 정보를 저장하기 위한 테이블이지만, 학과와 관련된 데이터를 저장하기 위한 컬럼은 존재하지 않으므로 학과 아이디 데이터를 저장하기 위한 DEPARTMENT_ID 컬럼을 STUDENT 테이블에서 추가해보도록 하자. ALTER문을 사용하여 테이블에 컬럼을 추가하기 위해서는 WORK_TYPE에 ADD를 사용하며 아래와 같이 작성한다.

```
ALTER TABLE STUDENT
  ADD DEPARTMENT_ID VARCHAR(10);
```

ALTER문을 사용하기 전에 먼저 DESC 명령어를 사용하여 STUDENT 테이블이 변경되기 전 상태를 확인한 후 위 ALTER문을 실행하도록 하자. 이후 DESC문을 사용하여 STUDENT 테이블을 조회하면 DEPARTMENT_ID 컬럼이 추가된 것을 확인할 수 있다.

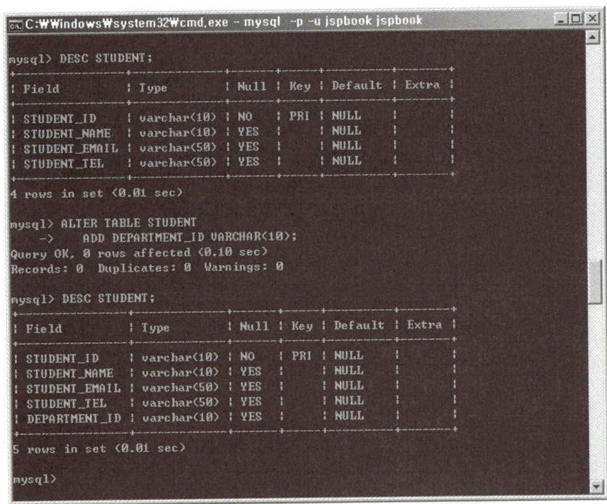

▲ ALTER문을 이용한 컬럼 추가

DEPARTMENT 테이블에 생성되어 있는 DEPARTMENT_ID 컬럼의 사이즈는 20으로 지정되었지만, 방금 STUDENT 테이블에 생성한 DEPARTMENT_ID 컬럼의 사이즈는 10으로 생성하였으므로 ALTER문을 이용하여 컬럼의 사이즈를 20으로 변경해보도록 하자. 테이블에 이미 존재하는 컬럼의 속성을 변경하기 위해서는 MODIFY를 사용하며, 다음과 같이 작성하여 컬럼의 사이즈를 변경시킬 수 있다.

```
ALTER TABLE STUDENT
  MODIFY DEPARTMENT_ID VARCHAR(20);
```

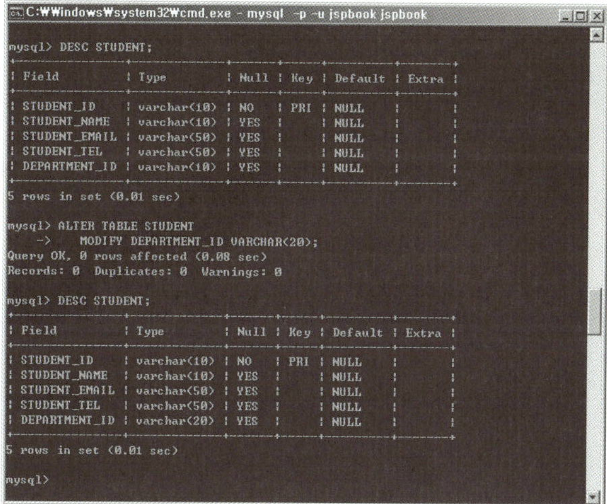

▲ ALTER문을 이용한 컬럼의 속성 변경

ALTER문에 WORK_TYPE을 DROP으로 지정하면 테이블 내 컬럼의 삭제도 수행이 가능하다. 위에서 생성하였던 STUDENT 테이블의 DEPARTMENT_ID 컬럼을 삭제하려면 아래와 같이 ALTER문을 실행한다. ALTER문 실행 후 DESC 명령을 통해 STUDENT 테이블의 DEPARTMENT_ID 컬럼이 삭제되었음을 확인할 수 있다.

```
ALTER TABLE STUDENT
  DROP DEPARTMENT_ID;
```

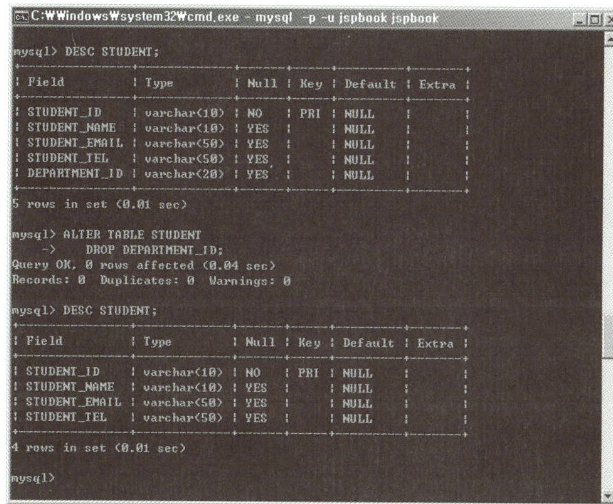

▲ ALTER문을 이용한 컬럼의 삭제

(3) DROP문을 이용한 테이블 삭제

DROP문은 데이터베이스 내 테이블 등의 구성요소를 삭제하기 위해 사용되는 구문이다. DROP문을 사용한 테이블의 삭제는 아래와 같이 DROP TABLE 명령 이후 삭제할 테이블의 이름을 명시하여 작성한다.

```
DROP TABLE TABLENAME;
```

여기서는 앞서 생성한 STUDENT 테이블을 삭제해보도록 하자. DROP문을 아래와 같이 작성하여 실행한 후 show tables 명령을 사용하여 테이블의 삭제를 확인하도록 하자.

```
DROP TABLE STUDENT;
```

```
C:\Windows\system32\cmd.exe - mysql -p -u jspbook jspbook
mysql> show tables;
+-------------------+
| Tables_in_jspbook |
+-------------------+
| department        |
| student           |
+-------------------+
2 rows in set (0.00 sec)

mysql> DROP TABLE STUDENT;
Query OK, 0 rows affected (0.03 sec)

mysql> show tables;
+-------------------+
| Tables_in_jspbook |
+-------------------+
| department        |
+-------------------+
1 row in set (0.00 sec)

mysql>
```

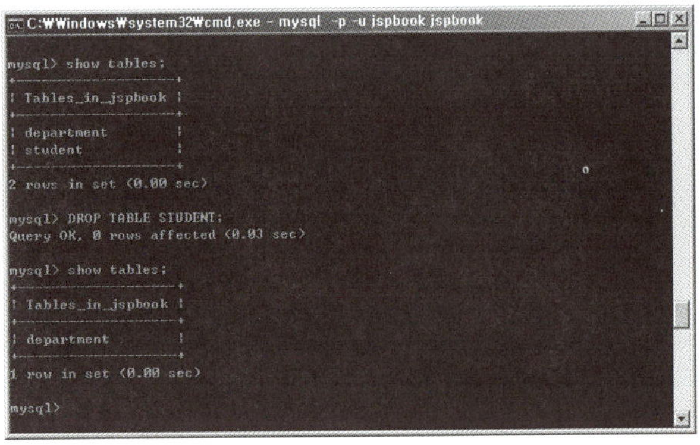

▲ DROP문을 이용한 STUDENT 테이블 삭제

DROP문이 실행되어 STUDENT 테이블이 삭제된 것을 확인할 수 있다. DROP문을 이용해 테이블을 삭제하면 테이블에 저장된 데이터도 모두 삭제되므로 사용에 주의를 기울여야 한다. 이후 삭제했던 STUDENT 테이블은 다른 SQL을 살펴보기 위해 다시 생성하도록 할 것이다.

3.3 데이터 조작어(DML ; Data Manipulation Language)

데이터 조작어는 특정 테이블에 새로운 데이터를 저장하거나 이미 저장되어 있는 데이터를 수정 혹은 삭제하는 등의 테이블 내 데이터를 다루기 위해 사용하는 SQL로, 일반적으로 사용되는 데이터 조작어의 종류는 다음과 같다.

종류	기능
INSERT	테이블에 새로운 데이터를 삽입하는 기능
UPDATE	테이블에 저장된 데이터를 수정하는 기능
DELETE	테이블에 저장된 데이터를 삭제하는 기능

따라서 앞서 제작한 STUDENT 테이블이나 DEPARTMENT 테이블에 학생 정보나 학과 정보가 저장되어야 할 경우 INSERT문을, 이미 저장되어 있는 학생 정보 혹은 학과 정보를 수정하거나 삭제하기 위해서는 UPDATE나 DELETE문을 사용하게 될 것이다.

(1) INSERT문을 이용한 데이터 삽입

INSERT문은 테이블에 새로운 데이터를 삽입할 때 사용하며 INSERT문의 일반적인 형태는 아래와 같다. INSERT INTO 이후 데이터가 저장될 테이블명을 지정하고, 입력할 데이터에 해당하는 컬럼명을 순서대로 괄호로 묶어 명시한다. 이후 VALUES 명령을 명시하고 괄호 내에 명시한 컬럼의 순서대로 데이터를 지정해준다.

```
INSERT INTO TABLENAME (COLUMN_NAME1, COLUMN_NAME2 ... COLUMN_NAMEn)
    VALUES (COKUMN_VALUE1, COLUMN_VALUE2 ... COLUMN_VALUEn) ;
```

위 INSERT 구문에서 입력할 데이터의 컬럼명은 생략이 가능하며, 이 경우 테이블 생성 때 정의된 컬럼 순서대로 VALUES 이후 지정된 데이터들이 입력될 것이다. INSERT INTO 구문을 이용하여 DEPARTMENT 테이블에 학과 아이디를 'M001', 학과명을 '사회체육학과', 학과 전화번호를 '1588-0001'로 지정해보도록 하자.

```
INSERT INTO DEPARTMENT (DEPARTMENT_ID, DEPARTMENT_NAME, DEPARTMENT_TEL)
VALUES ('M001', '사회체육학과', '1588-0001') ;
```

위 INSERT 구문이 잘 실행되었는지 확인하기 위해 DEPARTMENT 테이블의 데이터를 SELECT 문을 사용하여 조회해보도록 하자. DEPARTMENT 테이블을 조회하기 위한 SELECT 문은 아래와 같이 사용하며 이후 자세히 다루도록 할 것이다. 아래 명령은 DEPARTMENT 테이블의 모든 컬럼 (*) 데이터를 조회를 의미한다.

```
SELECT * FROM DEPARTMENT
```

```
C:\Windows\system32\cmd.exe - mysql -p -u jspbook jspbook

mysql> INSERT INTO DEPARTMENT (DEPARTMENT_ID, DEPARTMENT_NAME, DEPARTMENT_TEL)
    -> VALUES ('M001', '사회체육학과', '1588-0001');
Query OK, 1 row affected (0.00 sec)

mysql> SELECT * FROM DEPARTMENT;
+---------------+-----------------+----------------+
| DEPARTMENT_ID | DEPARTMENT_NAME | DEPARTMENT_TEL |
+---------------+-----------------+----------------+
| M001          | 사회체육학과    | 1588-0001      |
+---------------+-----------------+----------------+
1 row in set (0.00 sec)

mysql>
```

▲ INSERT문을 이용하여 DEPARTMENT 테이블에 데이터를 삽입

INSERT문을 실행한 후 SELECT 문을 통해 DEPARTMENT 테이블을 조회하면 INSERT문을 통해 삽입한 학과 데이터가 정상적으로 입력되었음을 확인할 수 있다. INSERT문을 사용하여 아래와 같이 두 개의 데이터를 더 추가로 삽입한 후 SELECT문을 사용하여 DEPARTMENT 테이블에 삽입된 데이터를 확인하도록 하자.

```
INSERT INTO DEPARTMENT (DEPARTMENT_ID, DEPARTMENT_NAME, DEPARTMENT_TEL)
VALUES ('M002', '소방방재학과', '1588-0002') ;

INSERT INTO DEPARTMENT (DEPARTMENT_ID, DEPARTMENT_NAME, DEPARTMENT_TEL)
VALUES ('M003', '컴퓨터공학과', '1588-0003') ;
```

```
C:\Windows\system32\cmd.exe - mysql -p -u jspbook jspbook

mysql> INSERT INTO DEPARTMENT (DEPARTMENT_ID, DEPARTMENT_NAME, DEPARTMENT_TEL)
    -> VALUES('M002', '소방방재학과', '1588-0002');
Query OK, 1 row affected (0.00 sec)

mysql> INSERT INTO DEPARTMENT (DEPARTMENT_ID, DEPARTMENT_NAME, DEPARTMENT_TEL)
    -> VALUES('M003', '컴퓨터공학과', '1588-0003');
Query OK, 1 row affected (0.00 sec)

mysql> SELECT * FROM DEPARTMENT;
+---------------+-----------------+----------------+
| DEPARTMENT_ID | DEPARTMENT_NAME | DEPARTMENT_TEL |
+---------------+-----------------+----------------+
| M001          | 사회체육학과    | 1588-0001      |
| M002          | 소방방재학과    | 1588-0002      |
| M003          | 컴퓨터공학과    | 1588-0003      |
+---------------+-----------------+----------------+
3 rows in set (0.00 sec)

mysql>
```

▲ INSERT문을 이용하여 DEPARTMENT 테이블에 데이터를 추가로 삽입

(2) UPDATE문을 이용한 데이터 수정

UPDATE문은 테이블에 저장되어 있는 데이터를 변경하기 위해 사용한다. UPDATE문은 다음과 같이 변경할 데이터가 속한 테이블 이름을 지정하고, 변경할 컬럼을 SET을 통해 지정한 후 해당 컬럼의 데이터를 '=' 기호로 대입한다. 변경할 컬럼은 한 번에 여러 개 지정이 가능하며 ','로 구분한다. 마지막에 WHERE는 어떤 데이터가 지워질지에 대한 조건을 명시하여 준다. WHERE를 통해 변경될 데이터를 정확히 지정하지 않으면 테이블 내 모든

데이터의 컬럼 값이 한꺼번에 변경될 수 있으므로 변경될 데이터 범위를 주의하여 지정하여야 한다.

```
UPDATE TABLENAME
SET COLUMN_NAME1 = DATA1,
   COLUMN_NAME2 = DATA2
   ...
   COLUMN_NAMEn = DATAn
WHERE CONDITION
```

이제 앞서 INSERT문을 사용하여 DEPARTMENT 테이블에 삽입하였던 학과 데이터에서 '소방방재학과'를 '전기소방학부'로, 학과의 전화번호는 '1588-0004'로 변경하는 UPDATE문을 구현해보도록 하자. UPDATE문은 아래와 같이 구현할 수 있으며, WHERE 조건이 DEPARTMENT_ID = 'M002'로 지정하였으므로 학과 아이디가 M002인 데이터, 즉 두 번째 삽입하였던 로우만 UPDATE 문을 적용받아 데이터가 변경될 것이다.

```
UPDATE DEPARTMENT
SET DEPARTMENT_NAME='전기소방학부',
   DEPARTMENT_TEL='1588-0004'
WHERE DEPARTMENT_ID='M002';
```

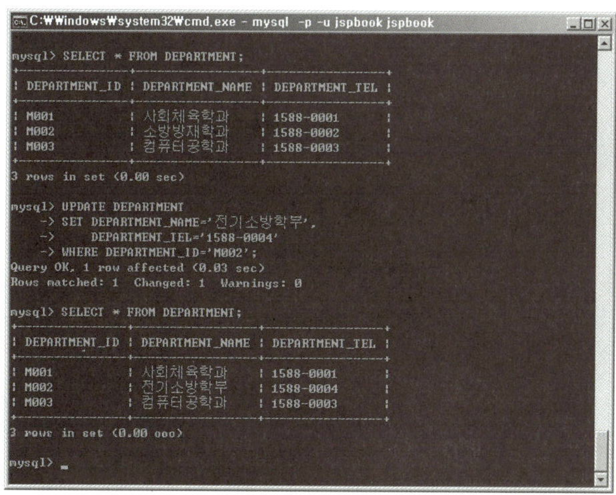

▲ UPDATE문을 이용하여 DEPARTMENT 테이블의 데이터를 변경

UPDATE문을 실행하고 SELECT문을 통해 DEPARTMENT 테이블을 조회하면 UPDATE문에 지정한대로 M002 아이디를 가지는 학과의 이름과 학과의 전화번호가 변경되었음을 확인할 수 있다.

(3) DELETE문을 이용한 데이터 삭제

INSERT문과 UPDATE문과 더불어 데이터 조작어를 구성하는 DELETE문은 테이블에 저장되어 있는 데이터, 즉 로우를 삭제하기 위해 사용한다. 사용 방법은 아래와 같이 데이터를 삭제할 테이블을 지정하고, UPDATE문에서와 마찬가지로 WHERE절을 통해 삭제 대상이 될 데이터를 조건을 통해 지정해야 한다.

```
DELETE FROM TABLENAME
WHERE CONDITION
```

DELETE문을 WHERE절 없이 실행하면 해당 테이블의 모든 로우가 삭제되므로 테이블의 데이터를 모두 삭제해야 하는 경우가 아니면 반드시 WHERE절을 통해 삭제될 로우의 조건을 명시해야 한다.

이제 앞서 UPDATE문을 통해 변경하였던 전기소방학부를 DELETE문을 통해 DEPARTMENT 테이블에서 삭제해보자. 학과 아이디를 의미하는 DEPARTMENT_ID 컬럼이 기본키이므로 WHERE절 조건에 학과 아이디가 M002인 학과를 삭제하도록 명시한다.

```
DELETE FROM DEPARTMENT
WHERE   DEPARTMENT_ID='M002';
```

위 DELETE문을 실행한 후 SELECT문을 사용하여 DEPARTMENT 테이블을 조회하면 WHERE절 조건에 지정한대로 M002 아이디를 가진 학과가 삭제되었음을 확인할 수 있다.

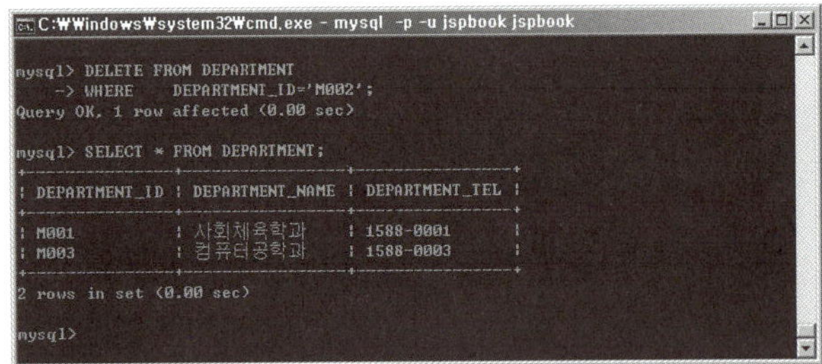

▲ DELETE문을 이용하여 DEPARTMENT 테이블의 데이터를 삭제

3.4 데이터 검색어(DQL ; Data Query Language)

데이터 검색어는 특정 테이블에 있는 데이터를 조회하기 위해 사용한다. 앞서 INSERT, UPDATE, DELETE문을 실행한 후 테이블 내 데이터의 변경사항을 살펴보기 위해 사용했던 SELECT문이 이에 해당한다. 웹 애플리케이션 제작 시 데이터베이스 관련 수행에 있어 가장 빈번히 사용되는 SELECT문에 대해 알아보도록 하자.

(1) SELECT문의 기본 형태

SELECT문은 여러 개의 절로 이루어지며 SELECT절과 FROM절을 사용한 SELECT문이 가장 기본적인 형태이다. FROM절에는 조회할 테이블을 명시하고, SELECT절에는 FROM절에 명시한 테이블의 컬럼을 직접 명시하거나 컬럼 간 또는 컬럼과 특정 값, 특정 값 등의 조합이나 연산의 결과값을 출력하기 위한 용도로 사용한다. SELECT절이나 FROM절 모두 여러 개의 요소 지정이 가능하다.

```
SELECT COLUMN_NAME1, COLUMN_NAME2, ... , COLUMN_NAMEn
 FROM TABLE_NAME1, TABLE_NAME2, ... , TABLE_NAMEn
```

앞서 데이터 조작어를 다룰 때 테이블 내 데이터의 변경 결과를 확인하기 위해 사용했던 SELECT문 역시 SELECT문의 기본 형태를 사용하고 있으며 SELECT절에 지정하였던 '*' 기호는 FROM 절에 지정한 테이블 내 모든 컬럼을 조회하고자 할 때 사용한다.

```
SELECT *
 FROM DEPARTMENT;
```

만약 DEPARTMENT 테이블의 DEPARTMENT_ID 컬럼과 DEPARTMENT_NAME 컬럼만을 조회하고 싶을 경우 아래와 같이 SELECT문을 구현한다.

```
SELECT DEPARTMENT_ID, DEPARTMENT_NAME
 FROM DEPARTMENT;
```

아래는 위 두 SELECT문을 실행한 결과이다. '*'를 이용했을 때와는 달리 두 번째 SELECT문은 명시한 두 개의 컬럼만을 출력하고 있음을 확인할 수 있다.

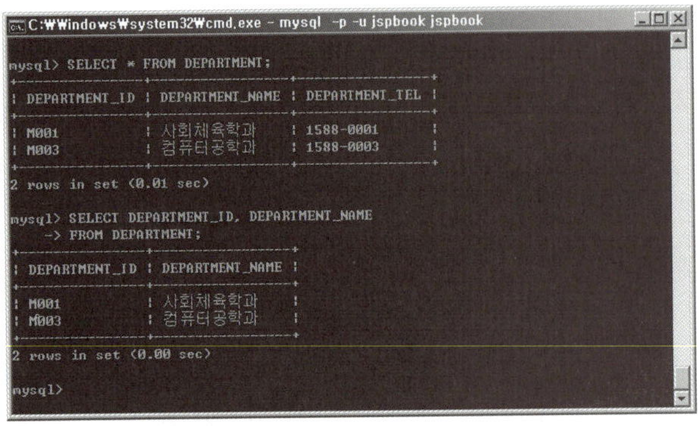

```
C:\Windows\system32\cmd.exe - mysql -p -u jspbook jspbook

mysql> SELECT * FROM DEPARTMENT;
+---------------+-----------------+----------------+
| DEPARTMENT_ID | DEPARTMENT_NAME | DEPARTMENT_TEL |
+---------------+-----------------+----------------+
| M001          | 사회체육학과    | 1588-0001      |
| M003          | 컴퓨터공학과    | 1588-0003      |
+---------------+-----------------+----------------+
2 rows in set (0.01 sec)

mysql> SELECT DEPARTMENT_ID, DEPARTMENT_NAME
    -> FROM DEPARTMENT;
+---------------+-----------------+
| DEPARTMENT_ID | DEPARTMENT_NAME |
+---------------+-----------------+
| M001          | 사회체육학과    |
| M003          | 컴퓨터공학과    |
+---------------+-----------------+
2 rows in set (0.00 sec)

mysql>
```

▲ SELECT문을 이용한 DEPARTMENT 테이블 데이터 조회

(2) WHERE절을 사용한 조건 검색

SELECT절과 FROM절만으로 구성된 SELECT문은 지정된 테이블 내 모든 로우 데이터를 조회하게 된다. 웹 애플리케이션에서 검색 기능을 통해 조건에 맞는 로우만을 조회하고자 할 때는 WHERE절을 함께 사용한다. WHERE절은 SELECT문을 이용해서 데이터를 조회할 때 조건식을 지정하여 해당 조건에 만족하는 로우만을 조회할 수 있는 필터 역할을 수행한다.

WHERE절의 사용 방법을 알아보기 위해 앞서 데이터 정의어 DROP 명령을 통해 삭제하였던 STUDENT 테이블을 다시 생성하고 INSERT문을 통해 데이터를 추가하도록 하자. STUDENT 테이블 생성과 데이터 추가 SQL문은 아래와 같다.

```
DROP TABLE STUDENT;

CREATE TABLE STUDENT(
    STUDENT_ID VARCHAR(10) NOT NULL PRIMARY KEY,
    STUDENT_NAME VARCHAR(10) NOT NULL,
    STUDENT_EMAIL VARCHAR(50),
    STUDENT_TEL   VARCHAR(50),
     DEPARTMENT_ID VARCHAR(20)
);

INSERT INTO STUDENT VALUES ('20140001', '홍길동', 'hong@email.com', '010-001-0001', 'M001');
INSERT INTO STUDENT VALUES ('20140002', '이순신', 'sslee@email.com', '010-002-0002', 'M003');
INSERT INTO STUDENT VALUES ('20140003', '성춘향', 'sch@email.com', '010-003-0003', 'M001');
INSERT INTO STUDENT VALUES ('20120004', '허광남', 'okjsp@email.com', '010-004-0004', 'M003');
INSERT INTO STUDENT VALUES ('20130005', '이지훈', 'groovysunday@email.com', '010-005-
0005', 'M003');
```

위 SQL문이 정상적으로 실행되었다면 SELECT문을 통해 STUDENT 테이블을 조회하였을 때 결과는 아래와 같이 출력될 것이다.

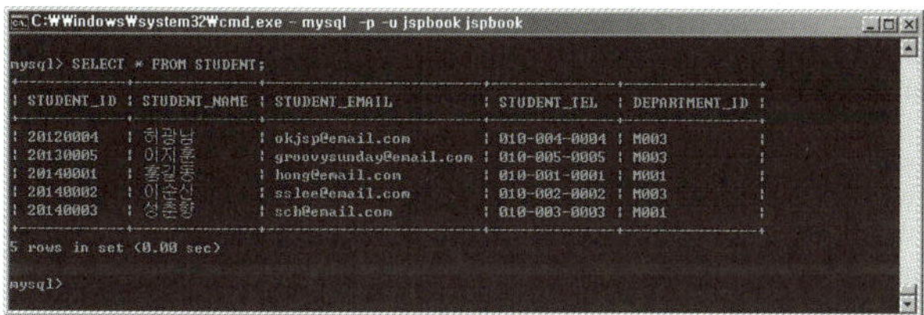

▲ SELECT문으로 STUDENT 테이블 조회

WHERE절은 SELECT문에서 SELECT절, FROM절 이후 작성되는 절이며 순서를 지켜야 한다. WHERE절에는 특정 로우만을 검색하기 위한 다양한 조건식을 사용할 수 있다, 가령 위 STUDENT 테이블에서 학생 이름이 '이지훈'인 학생만을 검색하고자 할 경우, WHERE 조건은 아래와 같이 학생 이름 데이터를 가지고 있는 STUDENT_NAME 컬럼에 문자열 '이지훈'을 '=' 기호를 사용하여 검색하면 동일한 값을 가진 로우만을 검색해온다.

```
SELECT * FROM STUDENT
WHERE STUDENT_NAME = '이지훈';
```

▲ WHERE절의 '=' 조건을 이용한 조회

SQL에서의 '='

자바 문법에서 '=' 기호는 대입 연산자의 의미를 지녔지만, SQL 문법에서의 '='은 양측 요소가 같은 값을 가지는지 여부를 검사하기 위해 사용한다. 즉, 자바의 '=='과 동일한 기능이라 볼 수 있다.

만약 학생 이름이 '이'인 사람만을 출력할 경우 아래와 같이 '=' 기호가 아닌 LIKE 조건을 사용하게 된다. LIKE 조건은 컬럼 값의 형태를 지정하기 위해 사용하며, '%' 기호는 이후 어떤 문자가 와도 상관없음을 명시한다.

```
SELECT * FROM STUDENT
WHERE STUDENT_NAME LIKE '이%';
```

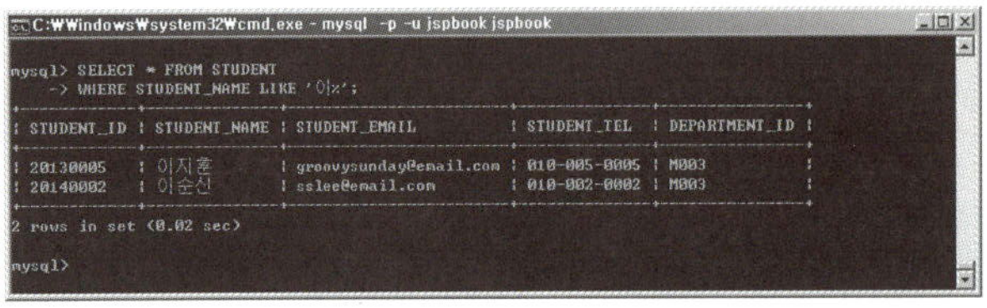

```
C:\Windows\system32\cmd.exe - mysql -p -u jspbook jspbook

mysql> SELECT * FROM STUDENT
    -> WHERE STUDENT_NAME LIKE '이%';
+------------+--------------+-----------------------+---------------+---------------+
| STUDENT_ID | STUDENT_NAME | STUDENT_EMAIL         | STUDENT_TEL   | DEPARTMENT_ID |
+------------+--------------+-----------------------+---------------+---------------+
| 20130005   | 이지훈       | groovysunday@email.com | 010-005-0005 | M003          |
| 20140002   | 이순신       | sslee@email.com       | 010-002-0002  | M003          |
+------------+--------------+-----------------------+---------------+---------------+
2 rows in set (0.02 sec)

mysql>
```

▲ WHERE절의 LIKE 조건을 이용한 조회

특정 값과 일치하는 조건과는 반대로 어떤 값이 아닌 로우들만 조회하고 싶을 경우, '〈〉' 혹은 '!='를 사용할 수 있다. 학과 아이디가 'M003'이 아닌 학생들의 목록을 검색하고 싶다면 아래와 같이 사용한다.

```
SELECT * FROM STUDENT
WHERE DEPARTMENT_ID <> 'M003';
```

```
C:\Windows\system32\cmd.exe - mysql -p -u jspbook jspbook

mysql> SELECT * FROM STUDENT
    -> WHERE DEPARTMENT_ID <> 'M003';
+------------+--------------+----------------+--------------+---------------+
| STUDENT_ID | STUDENT_NAME | STUDENT_EMAIL  | STUDENT_TEL  | DEPARTMENT_ID |
+------------+--------------+----------------+--------------+---------------+
| 20140001   | 홍길동       | hong@email.com | 010-001-0001 | M001          |
| 20140003   | 성춘향       | sch@email.com  | 010-003-0003 | M001          |
+------------+--------------+----------------+--------------+---------------+
2 rows in set (0.00 sec)

mysql>
```

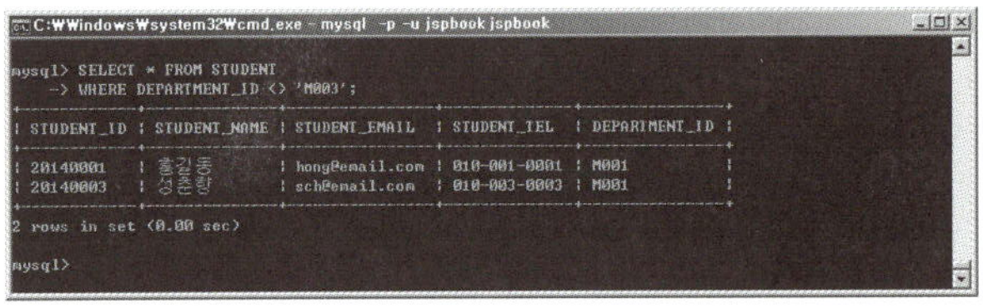

▲ WHERE절의 '〈〉' 조건을 이용한 조회

WHERE절에서 여러 개의 조건을 지정할 경우는 AND 및 OR 연산자를 사용하여 지정한다. AND 연산을 사용하면 양측의 조건 모두가 만족되어야 결과가 출력되고, OR 연산을 사용하면 양측의 조건 중 하나 이상의 조건만 만족되면 결과가 출력될 것이다. 만약, 학과 아이디가 'M003'이면서 이름이 '이지훈'이 아닌 학생들의 목록을 출력하고 싶을 경우 아래와 같이 사용할 수 있다.

```
SELECT * FROM STUDENT
WHERE DEPARTMENT_ID = 'M003'
  AND STUDENT_NAME <> '이지훈';
```

```
C:\Windows\system32\cmd.exe - mysql -p -u jspbook jspbook

mysql> SELECT * FROM STUDENT
    -> WHERE DEPARTMENT_ID = 'M003'
    ->   AND STUDENT_NAME <> '이지훈';
+------------+--------------+-----------------+--------------+---------------+
| STUDENT_ID | STUDENT_NAME | STUDENT_EMAIL   | STUDENT_TEL  | DEPARTMENT_ID |
+------------+--------------+-----------------+--------------+---------------+
| 20120004   | 허광남       | okjsp@email.com | 010-004-0004 | M003          |
| 20140002   | 이순신       | sslee@email.com | 010-002-0002 | M003          |
+------------+--------------+-----------------+--------------+---------------+
2 rows in set (0.01 sec)

mysql>
```

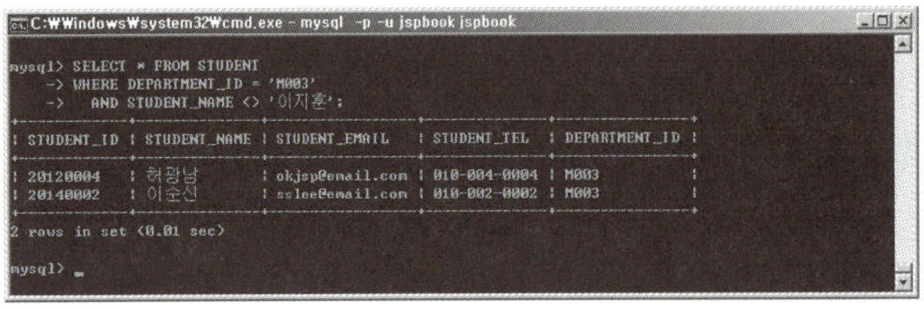

▲ WHERE절의 다중 조건을 이용한 조회

특정 컬럼의 값이 NULL인지 여부를 검사하여 조회할 경우 특별한 조건식을 사용하게 된다. 컬럼값이 NULL인 경우만을 조회하고자 할 경우 IS NULL, NULL이 아닌 데이터를 조회하고자 할 경우 IS NOT NULL을 사용하게 된다. 아래 학생의 전화번호가 NULL인지 여부에 따라 학생 데이터를 출력하고자 할 경우 아래와 같이 사용할 수 있다. 현재 STUDENT 테이블의 학생 데이터는 모두 전화번호를 가지고 있으므로 IS NULL을 사용했을 경우 아무런 데이터가 출력되지 않을 것이다.

```
SELECT * FROM STUDENT
WHERE STUDENT_TEL IS NULL;

SELECT * FROM STUDENT
WHERE STUDENT_TEL IS NOT NULL;
```

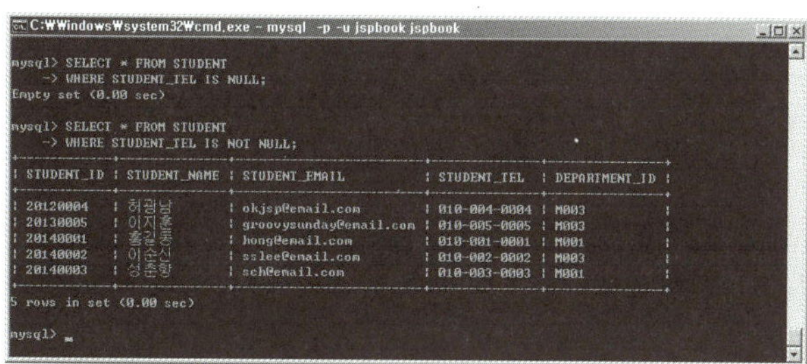

▲ WHERE절의 IS NULL, IS NOT NULL 조건을 이용한 조회

특정 값의 일치 여부와는 달리 값의 범위에 따른 조건을 통해 데이터를 조회할 경우 자바에서 사용했던 대소비교 연산자('<', '>', '<=', '>=')를 사용할 수 있다. 학생 아이디를 구성하는 데이터 앞 네 글자가 입학년도를 의미한다고 할 경우, 2014년 이후 입학자를 조회한다면 아래와 같이 구현할 수 있다.

```
SELECT * FROM STUDENT
WHERE STUDENT_ID >= '20140000';
```

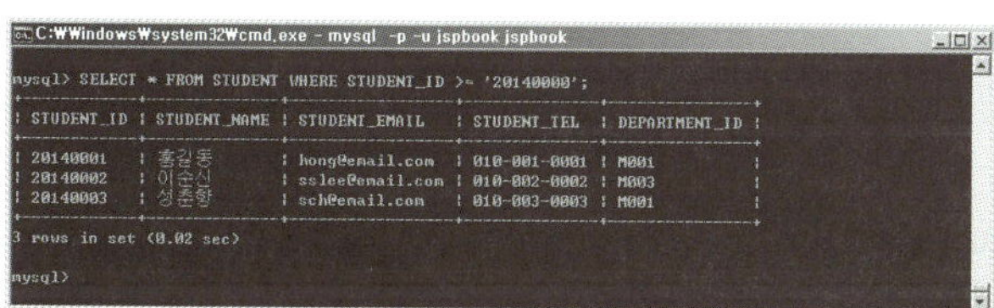

▲ WHERE절의 대소비교 연산자를 이용한 조회

여기서 주목할 점은 STUDEND_ID 컬럼이 문자열 데이터를 저장하기 위한 컬럼이라는 것이다. 일반적으로 대소비교 연산자는 숫자형 데이터에 주로 적용하지만, SQL문에서는 숫자형 타입의 데이터는 물론 위와 같이 문자열 타입의 데이터에도 적용하여 유용하게 사용할 수 있다. 만약 2012년부터 2013년까지 입학한 학생을 조회하고자 할 경우, 아래와 같이 BETWEEN A AND B 조건을 사용할 수 있다.

```
SELECT * FROM STUDENT
WHERE STUDENT_ID BETWEEN '20120000' AND '20139999';
```

```
C:\Windows\system32\cmd.exe - mysql -p -u jspbook jspbook
mysql> SELECT * FROM STUDENT
    -> WHERE STUDENT_ID BETWEEN '20120000' AND '20139999';
+------------+--------------+-------------------------+---------------+---------------+
| STUDENT_ID | STUDENT_NAME | STUDENT_EMAIL           | STUDENT_TEL   | DEPARTMENT_ID |
+------------+--------------+-------------------------+---------------+---------------+
| 20120004   | 허광남       | okjsp@email.com         | 010-004-0004  | M003          |
| 20130005   | 이지훈       | groovysunday@email.com  | 010-005-0005  | M003          |
+------------+--------------+-------------------------+---------------+---------------+
2 rows in set (0.01 sec)

mysql>
```

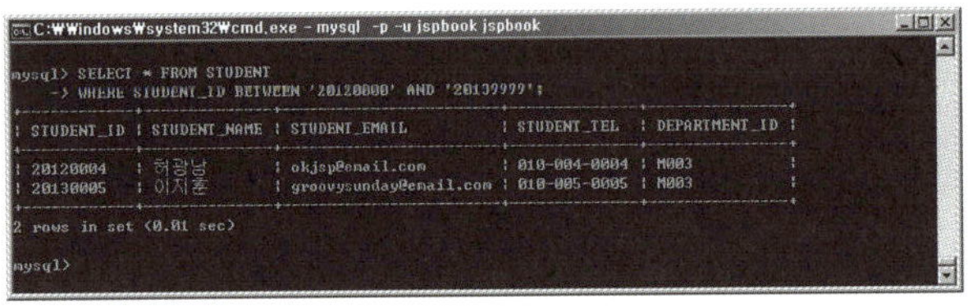

▲ WHERE절의 BETWEEN A AND B 조건을 이용한 조회

(3) ORDER BY절을 이용한 정렬

ORDER BY절은 SELECT문을 통해 조회한 데이터를 정렬하여 출력하기 위해 사용한다. SELECT문을 이용한 데이터 조회는 기본적으로 출력되는 데이터의 순서를 보장하지 못하므로, 최근 데이터부터 정렬하여 보여주어야 하는 게시판의 글 목록과 같은 기능을 구현하기 위해 많이 사용된다.

ORDER BY절은 정렬할 컬럼을 명시함으로써 사용 가능하며, 복수의 컬럼을 명시할 경우 먼저 지정한 컬럼이 정렬의 우선순위를 가진다. 또한 컬럼명 이후 ASC 옵션을 통해 오름차순, DESC 옵션을 통해 내림차순으로 정렬 순서를 지정해줄 수 있다. ORDER BY절을 사용한 SELECT문은 아래의 형태를 띠며, ORDER BY절은 항상 SELECT문의 마지막에 위치한다.

```
SELECT COLUMN-_NAME1, COLUMN_NAME2, ... , COLUMN_NAMEn
  FROM TABLE_NAME
ORDER BY COLUMN_NAME ASC (또는 DESC), COLUMN_NAME ASC(또는 DESC) ... ;
```

ORDER BY절을 이용한 정렬은 데이터의 대소비교와 마찬가지로 숫자형 데이터에 국한되지 않고 문자열 데이터가 저장되는 컬럼에도 적용되며, 이 경우 알파벳 순서로 정렬하게 된다. DEPARTMENT 테이블을 학과 아이디로 정렬할 경우 아래와 같이 구현한다.

```
SELECT * FROM DEPARTMENT
ORDER BY DEPARTMENT_ID ASC;

SELECT * FROM DEPARTMENT
ORDER BY DEPARTMENT_ID DESC;
```

두 개의 SELECT문의 실행 결과는 아래와 같다. ORDER BY절의 옵션에 따라 정렬이 되었음을 확인할 수 있다.

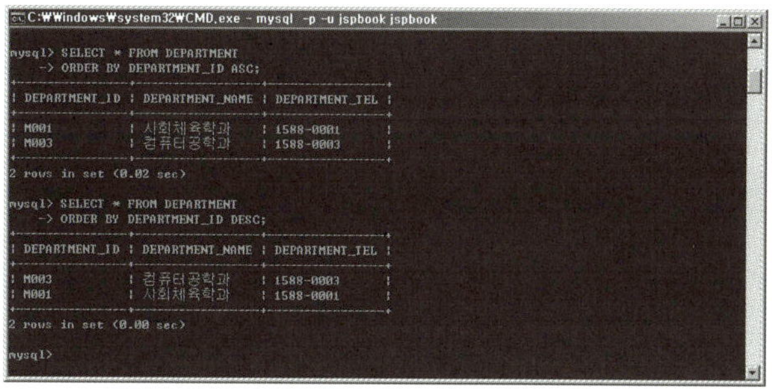

```
C:\Windows\system32\CMD.exe - mysql -p -u jspbook jspbook
mysql> SELECT * FROM DEPARTMENT
    -> ORDER BY DEPARTMENT_ID ASC;
+---------------+-----------------+----------------+
| DEPARTMENT_ID | DEPARTMENT_NAME | DEPARTMENT_TEL |
+---------------+-----------------+----------------+
| M001          | 사회체육학과    | 1588-0001      |
| M003          | 컴퓨터공학과    | 1588-0003      |
+---------------+-----------------+----------------+
2 rows in set (0.02 sec)

mysql> SELECT * FROM DEPARTMENT
    -> ORDER BY DEPARTMENT_ID DESC;
+---------------+-----------------+----------------+
| DEPARTMENT_ID | DEPARTMENT_NAME | DEPARTMENT_TEL |
+---------------+-----------------+----------------+
| M003          | 컴퓨터공학과    | 1588-0003      |
| M001          | 사회체육학과    | 1588-0001      |
+---------------+-----------------+----------------+
2 rows in set (0.00 sec)

mysql>
```

▲ ORDER BY절을 이용한 정렬

(4) 조인(Join)

조인은 두 개 이상의 테이블을 조합하여 하나의 테이블처럼 관련된 데이터들을 조회하기 위해 사용하는 기법이다. FROM절에 조합할 테이블의 이름을 명시하고, SELECT절에 '테이블 이름.컬럼' 형식으로 테이블에서 조회하고자 하는 컬럼을 테이블명과 함께 지정해준다. 또한 WHERE절에 테이블끼리 관련된 컬럼을 지정해준다.

```
SELECT TABLE_NAME1.COLUMN_NAMEs, TABLE_NAME2.COLUMN_NAMEs
FROM TABLE_NAME1, TABLE_NAME2
WHERE TABLE_NAME1.COLUMN_NAME = TABLE_NAME2.COLUMN_NAME
```

앞서 예제를 다루면서 사용해온 STUDENT 테이블과 DEPARTMENT 테이블의 경우 학과 아이디인 DEPARTMENT_ID가 두 테이블의 관계를 맺기 위해 필요한 컬럼이다. 학생의 정보와 학생의 과에 대한 정보를 함께 표시한다면 아래와 같이 작성할 수 있다.

```
SELECT STUDENT.STUDENT_NAME, DEPARTMENT.DEPARTMENT_NAME
FROM STUDENT, DEPARTMENT
WHERE STUDENT.DEPARTMENT_ID = DEPARTMENT.DEPARTMENT_ID;
```

테이블명이 길어 사용이 불편할 경우 다음과 같이 FROM절에 명시된 테이블에 AS 옵션을 통해 별칭을 주어 사용할 수도 있다. 테이블에 별칭이 지정되면 SELECT문에서는 테이블을 해당 별칭으로 사용할 수 있게 된다.

```
SELECT S.STUDENT_NAME, S.DEPARTMENT_ID, D.DEPARTMENT_NAME
FROM STUDENT AS S, DEPARTMENT AS D
WHERE S.DEPARTMENT_ID = D.DEPARTMENT_ID;
```

위 두 개의 SELECT문을 실행한 결과는 아래와 같다. STUDENT 테이블과 DEPARTMENT 테이블의 데이터들을 DEPARTMENT_ID 컬럼의 값이 동일한 데이터들로 조합하여 학생 정보와 학생이 속한 학과 데이터를 하나의 테이블의 데이터처럼 출력하고 있다.

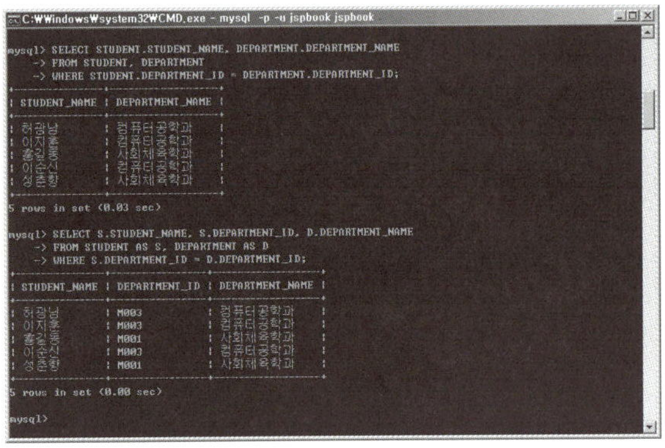

```
C:\Windows\system32\CMD.exe - mysql -p -u jspbook jspbook

mysql> SELECT STUDENT.STUDENT_NAME, DEPARTMENT.DEPARTMENT_NAME
    -> FROM STUDENT, DEPARTMENT
    -> WHERE STUDENT.DEPARTMENT_ID = DEPARTMENT.DEPARTMENT_ID;
+--------------+-----------------+
| STUDENT_NAME | DEPARTMENT_NAME |
+--------------+-----------------+
| 허광남       | 컴퓨터공학과    |
| 이지훈       | 컴퓨터공학과    |
| 홍길동       | 사회체육학과    |
| 이순신       | 컴퓨터공학과    |
| 성춘향       | 사회체육학과    |
+--------------+-----------------+
5 rows in set (0.03 sec)

mysql> SELECT S.STUDENT_NAME, S.DEPARTMENT_ID, D.DEPARTMENT_NAME
    -> FROM STUDENT AS S, DEPARTMENT AS D
    -> WHERE S.DEPARTMENT_ID = D.DEPARTMENT_ID;
+--------------+---------------+-----------------+
| STUDENT_NAME | DEPARTMENT_ID | DEPARTMENT_NAME |
+--------------+---------------+-----------------+
| 허광남       | M003          | 컴퓨터공학과    |
| 이지훈       | M003          | 컴퓨터공학과    |
| 홍길동       | M001          | 사회체육학과    |
| 이순신       | M003          | 컴퓨터공학과    |
| 성춘향       | M001          | 사회체육학과    |
+--------------+---------------+-----------------+
5 rows in set (0.00 sec)

mysql>
```

▲ JOIN을 이용한 조회

지금까지 데이터베이스의 데이터를 다루기 위해 사용되는 SQL 명령들을 살펴보았다. 이 책에서 다루었던 SQL 문법들은 웹 애플리케이션 제작 시 필수적으로 알고 있어야 하는 기본적인 내용이다. 프로그래밍 전반적인 분야에서 활용되는 SQL문은 더 다양하고 복잡한 기능을 수행하기 위한 여러 방법들을 제공하므로 이 책에서 다루지 않는 SQL문의 추가적인 학습을 병행한다면 웹 애플리케이션 제작에 많은 도움이 될 것이다.

04 | JDBC 프로그래밍

JDBC는 Java Database Connectivity의 약자로 자바로 제작한 애플리케이션이 데이터베이스와 연동되어 데이터와 관련된 다양한 기능을 수행하기 위해 사용한다. 따라서 자바에서 데이터베이스 프로그래밍을 한다는 것은 JDBC 프로그래밍을 한다는 것과 동일한 의미로 볼 수 있으며, 이는 자바를 이용하여 동적 웹 애플리케이션을 제작하는 기술인 JSP에서도 동일하게 적용된다.

4.1 JDBC 프로그래밍의 개요

JDBC는 자바 애플리케이션이 데이터베이스를 이용하기 위해 사용하는 API로, MySQL 데이터베이스에 SQL문을 수행할 때 사용했던 SQL 프롬프트 없이 간단한 JDBC 관련 프로그래밍 코드를 추가함으로써 자바 애플리케이션에 데이터 관련 기능을 구현할 수 있다.

(1) JDBC 동작 구조

JDBC 프로그래밍의 가장 큰 장점이자 특성은 사용하려는 DBMS에 알맞은 JDBC 드라이버만 있으면 어떤 종류의 DBMS를 사용하더라도 독립적인 데이터베이스 프로그래밍이 가능하다는 것이다. 이는 각 DBMS의 JDBC 드라이버 클래스가 java.sql.Driver 인터페이스를 구현하여 아래와 같은 구조로 동작하기 때문이다. 자바 애플리케이션에 데이터베이스 관련 작업 수행을 위한 기능을 프로그래밍할 경우 JDBC API에 정의되어 있는 대로 구현해 주면 이후 데이터베이스의 연결 과정부터 SQL문이 실행된다. 그 결과 반환 등의 과정들이 각 DBMS에 대응되는 JDBC 드라이버를 통해 이루어진다.

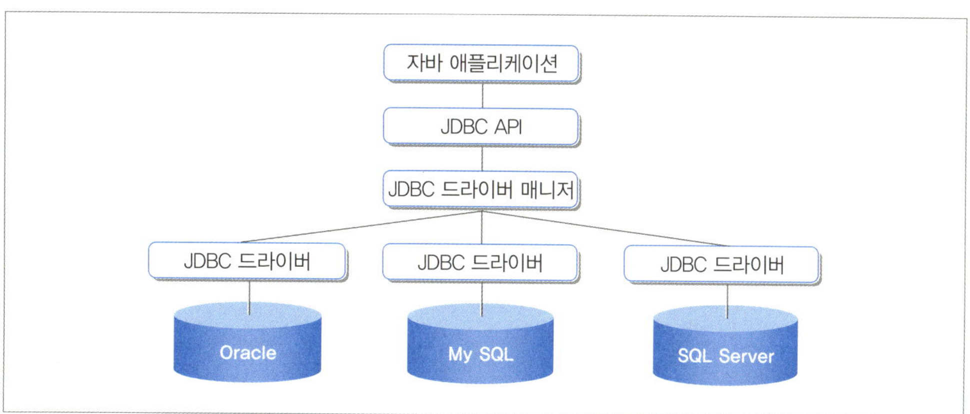

▲ JDBC의 동작 구조

이 책에서 사용할 MySQL을 비롯한 오라클, MS-SQL, DB2 등 대부분의 DBMS가 자바 애플리케이션에서 사용될 JDBC 드라이버를 제공하고 있다. 프로그래머는 사용 중인 DBMS에 맞는 JDBC 드라이버를 다운로드 받아 설치만 해주면 DBMS 종류에 상관없이 동일한 방식으로 SQL문을 사용할 수 있다.

(2) JDBC 드라이버 다운로드 및 설치

자바 애플리케이션에서 MySQL을 사용하기 위한 JDBC 드라이버는 Connector/J이며, 현재 책이 집필되고 있는 시점에서 가장 최신 버전은 5.1.29 버전이다. MySQL JDBC 드라이버는 http://dev.mysql.com/downloads/connector/j/에서 다운로드 받을 수 있다. 해당 웹 페이지 하단에 [Download] 버튼을 눌러 mysql-connector-java-gpl-5.1.29.msi 파일을 다운로드받은 후 설치하도록 하자.

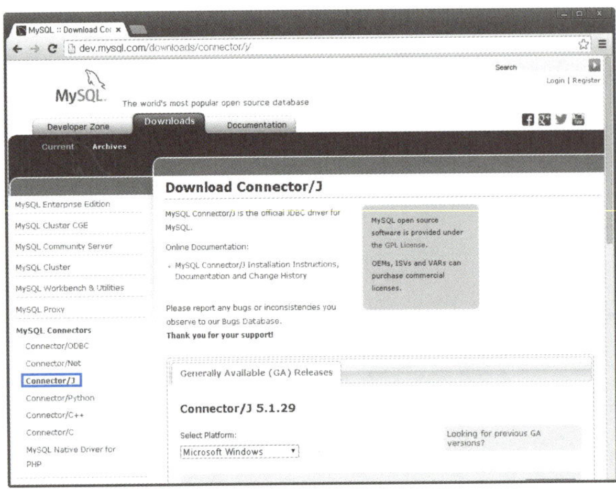

설치가 끝나면 C:\Program Files (x86)\MySQL\MySQL Connector J\ 디렉터리에 설치된 mysql-connector-java-5.1.29-bin.jar 파일이 있을 것이다. 이 jar 파일에는 MySQL용 JDBC 드라이버가 포함되어 있다. 해당 파일을 아래와 같이 이클립스 웹 프로젝트의 WebContent\WEB-INF\lib\ 디렉터리에 복사하면 설치가 완료된다.

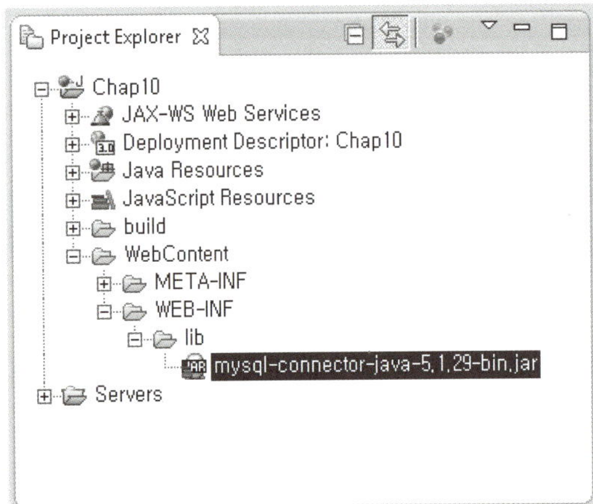

▲ 이클립스에 JDBC 드라이버 복사

JDBC 드라이버의 설치

이클립스를 사용하지 않는 실제 서버와 같은 환경에서는 JDBC 드라이버를 해당 웹 애플리케이션 디렉터리 내 WEB-INF/lib 디렉터리에 복사하면 사용이 가능하며, 이클립스를 사용하는 환경에서는 위 방법 외에도 톰캣의 라이브러리 디렉터리에 JDBC 드라이버를 복사하거나 이클립스 외부 라이브러리 추가 기능 등을 이용할 수도 있다.

(3) JDBC 프로그래밍의 작성 순서

JDBC 드라이버를 통한 데이터베이스 프로그래밍은 기본적으로 JDBC 드라이버를 로딩하고, 자바 애플리케이션과 데이터베이스를 연결한다. 다음 SQL문 실행을 통한 데이터베이스 작업을 수행하고 데이터베이스와의 연결을 종료하는 순서로 구현된다.

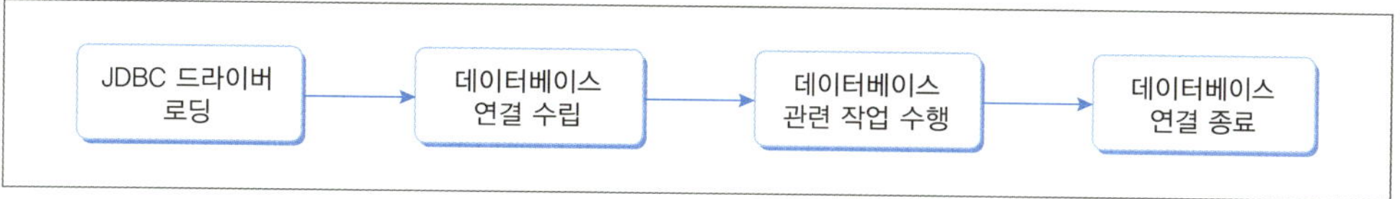

▲ JDBC 드라이버를 이용한 데이터베이스 프로그래밍 순서

다음은 JDBC 프로그래밍을 구현하는 과정을 조금 더 상세하게 분류하고, 해당 과정에 필요한 프로그래밍 요소를 나열한 표이다. 데이터베이스 작업을 위한 기능 구현은 SQL문 실행 결과의 사용 여부에 따라 추가적인 프로그래밍이 필요하다.

과정	설명	구현
JDBC 드라이버 로딩	데이터베이스 작업에 필요한 JDBC 드라이버 로딩	Class.forName( )을 사용하여 JDBC 드라이버 로딩
데이터베이스 연결 수립	자바 애플리케이션을 데이터베이스에 연결	JDBC URL과 접속 계정정보를 지정하여 Connection 객체 생성
데이터베이스 관련 작업 수행	연결된 데이터베이스에 SQL 실행	SQL 실행을 위한 Statement 객체 생성
		SQL 실행
	SQL 실행 결과 사용 (필요시 사용)	ResultSet 객체를 통해 SQL 실행 결과를 저장한 후 사용
데이터베이스 연결 종료	자바 애플리케이션과 데이터베이스와의 연결을 끊음	사용했던 ResultSet, Statement 객체를 종료한 후 Connection 객체를 종료시킴

이제 위 순서에 따라 JSP 페이지에 JDBC 프로그래밍에 사용되는 실제 코드를 살펴보고 간단한 예제를 완성해보도록 하자.

4.2 JDBC 프로그래밍 구현

이제 MySQL 데이터베이스에 접속하여 데이터 관련 기능을 수행할 웹 애플리케이션을 구현해보도록 하자. JDBC 프로그래밍은 앞서 살펴보았던 데이터베이스의 이해, SQL문의 구현 그리고 자바 애플리케이션에서의 JDBC 드라이버를 통한 데이터베이스 프로그래밍 방법이 모두 포함되므로 이전 내용들이 모두 숙지하고 있어야 한다.

(1) JDBC 프로그래밍 코드

서블릿과 같은 자바 클래스 파일이나 JSP 페이지 모두 JDBC 프로그래밍을 하기 위해서는 먼저 JDBC 프로그래밍에 필요한 요소들을 포함하는 java.sql 패키지를 임포트해주어야 한다. page 지시자를 통해 java.sql 패키지를 아래와 같이 임포트한다.

```
<%@ page import="java.sql.*" %>
```

자바 애플리케이션이 데이터베이스에 접근하기 위해서는 사용하는 DBMS에 적합한 JDBC 드라이버를 로딩해주어야 하며, Class 클래스의 forName( ) 메서드를 이용하여 다음과 같이 MySQL JDBC 드라이버를 로딩한다.

Java.lang.Class의 forName 메서드

java.lang.Class의 forName 메서드를 사용하면 입력된 클래스 정보를 찾아서 로드할 수 있다. forName 메서드를 이용하여 MySQL 드라이버가 로드되면 MySQL 데이터베이스와 연결할 수 있는 준비가 된 것이다. 위의 MySQL JDBC 로딩 시 "com.mysql.jdbc.Driver"은 mysql-connector-java-5.1.29-bin.jar 파일 내 패키지 구조의 클래스를 명시하며 com 패키지 내 mysql 패키지 내 jdbc 패키지 내 Driver 클래스를 로딩함을 의미한다.

MySQL 데이터베이스를 사용하기 위한 JDBC 드라이버 로딩이 끝났다면 접속할 데이터베이스의 DB 정보를 JDBC URL 작성을 통해 지정해야 한다. JDBC URL은 접속할 데이터베이스의 정보를 나타내며 JDBC URL 작성은 ":"을 통해 3구간으로 분류되고 아래와 같이 첫 번째 구간에는 웹 서비스 주소에 http와 마찬가지로 프로토콜을 입력한다. 첫 구간은 DBMS 종류에 상관없이 'jdbc'로 입력한다. 두 번째 구간 subprotocol은 DBMS 종류에 따라 달라지며 MySQL에서는 'mysql'로 지정한다. 세 번째 구간인 subname 구간에는 현재 자바 애플리케이션에서 사용할 데이터베이스를 지정하고, 사용할 데이터베이스의 주소와 port를 명시한 후 '/데이터베이스명'을 함께 작성하여 사용할 데이터베이스 이름까지 지정해준다.

```
protocol:subprotocol:subname
```

위 형식에 맞게 앞서 설치한 MySQL의 jspbook 데이터베이스에 접근하기 위한 JDBC URL은 아래와 같이 작성한다.

```
jdbc:mysql:localhost:3306/jspbook
```

JDBC URL과 사용할 데이터베이스의 계정과 비밀번호를 지정하여 데이터베이스 작업 수행을 위해 데이터베이스 세션을 얻는 역할을 하는 Connection 인스턴스를 다음과 같이 DriverManger 클래스의 getConnection 메서드를 통해 생성한다. DriverManager 클래스는 JDBC 드라이버의 관리를 위해 사용하며, JDBC URL을 통해 Connection 인스턴스를 생성할 수 있다. getConnection 메서드의 첫 번째 입력 파라미터는 앞서 보았던 JDBC URL을 입력하고, 두 번째 세 번째 입력 파라미터는 데이터베이스 접속을 위한 계정정보로 각각 계정 아이디, 비밀번호를 다음과 같이 지정한다. getConnection( ) 메서드를 통해 생성된 Connection 인스턴스는 Connection conn에 할당하도록 하여, 이후 JDBC 프로그래밍에 사용할 것이다.

```
Connection conn = DriverManager.getConnection("jdbc:mysql://localhost:
3306/jspbook", "root", "jspbook");
```

위 과정까지 정상적으로 동작한다면 자바 애플리케이션은 이제 데이터베이스와의 연결이 이루어진 것이다. 이제 SQL문을 사용하여 데이터베이스 내 작업을 명령할 수 있다. SQL문 실행을 위해 사용하는 java.sql 패키지의 Statement 인터페이스는 SQL문을 데이터베이스에 전달하고 그 실행 결과를 ResultSet 인터페이스로 전달하는 역할을 한다. ResultSet은 실행된 SQL문의 질의 결과를 처리하기 위해 사용하며, Statement 인스턴스는 앞서 생성한 Connection 인스턴스의 createStatement( ) 메서드를 사용하여 아래와 같이 획득할 수 있다.

```
Statement stmt = conn.createStatement();
```

Statement를 통해 SQL문을 데이터베이스에 전달하기 위해서는 SQL문의 종류에 따라 아래의 메서드를 사용한다. 각 메서드에 입력 파라미터로 사용될 SQL문은 Java 문자열 형태, 즉 String 타입으로 입력한다.

메서드	설명
int executeUpdate(String sql)	INSERT, UPDATE, DELETE 쿼리에 사용되며 실행 결과로 변경되거나 삽입된 로우의 개수를 리턴한다.
ResultSet executeQuery(String sql)	SELECT 쿼리에 사용되며 실행 결과로 조회된 데이터들을 ResultSet 객체에 저장하여 리턴한다.
Boolean execute(String sql)	모든 쿼리를 사용할 수 있고 boolean을 리턴한다.

Statement를 통한 SQL문 실행은 ResultSet과 연동되어 사용된다. ResultSet 인터페이스를 통해 데이터베이스에 전달한 SQL문에 결과 데이터를 처리할 수 있으며, Statement의 executeQuery( ) 메서드로 반환되는 인스턴스로 할당된다.

만약 STUDENT 테이블의 데이터를 조회하고 싶을 경우, 아래와 같이 Stament의 execyte Query( ) 메서드를 통해 SQL문을 지정하고 그 결과값을 ResultSet 타입의 참조 변수 rs에 할당하는 방식으로 구현할 수 있다.

```
ResultSet rs = stmt.executeQuery("SELECT * FROM STUDENT");
```

이렇게 데이터베이스를 조회한 결과를 담은 ResultSet 인스턴스 rs에는 위 SQL문의 결과, 즉 STUDENT 테이블의 데이터가 저장되어 있으며, next( ) 메서드를 통해 하나의 로우 단위로 저장된 데이터 사용이 가능하다.

```
rs.next();
```

ResultSet의 next( ) 메서드는 결과 로우가 더 남아있을 경우 true를, 더 이상 반환할 로우가 남아있지 않을 경우 false를 리턴하므로 여러 로우로 반환된 결과를 반복하여 사용하고 싶을 경우 아래와 같이 while 반복문과 함께 사용된다.

```
while (rs.next()){
   // ResultSet에 담긴 조회 결과 데이터를 로우 단위로 사용
}
```

ResultSet의 next( ) 메서드를 통해 전달되는 로우의 데이터들은 자바에서 사용되는 데이터 타입으로 변환과정이 필요하며, 조회한 데이터의 컬럼별로 각각 데이터 타입을 지정해준다. MySQL에서 사용되는 데이터 타입에 호환되는 자바의 데이터 타입은 아래와 같다.

Mysql의 데이터 타입	호환 가능한 java 데이터 타입
CHAR, VARCHAR, BLOB, TEXT, ENUM, and SET	java.lang.String, java.io.InputStream, java.io.Reader, java.sql.Blob, java.sql.Clob
FLOAT, REAL, DOUBLE PRECISION, NUMERIC, DECIMAL, TINYINT, SMALLINT, MEDIUMINT, INTEGER, BIGINT	java.lang.String, java.lang.Short, java.lang.Integer, java.lang.Long, java.lang.Double, java.math.BigDecimal
DATE, TIME, DATETIME, TIMESTAMP	java.lang.String, java.sql.Date, java.sql.Timestamp

따라서 문자열로 표현되는 VARCHAR 데이터 타입은 일반적으로 자바에서는 ResultSet의 getString( ) 메서드를 사용하여 아래와 같이 사용할 수 있다. getString( ) 메서드 내 숫자는 결과 데이터의 컬럼 번호를 의미하며 아래와 같이 1을 사용할 경우 첫 번째 컬럼을 자바의 String 타입으로 변환하여 리턴하게 된다.

```
rs.getString(1)
```

SQL문을 Statement를 통해 전달하고, 그 결과값을 ResultSet을 통해 사용하는 등의 데이터베이스 관련 작업 수행이 끝나면, 반드시 DriverManger를 통해 획득한 Connection 객체를 종료시켜 사용 중인 자원을 반환해주어야 한다. 접속 종료는 close( ) 메서드를 사용하며 아래와 같이 관련 인스턴스를 획득한 순서와 반대로 ResultSet, Statement, Connection 순서로 종료한다.

```
rs.close();
stmt.close();
conn.close();
```

이제 위 코드들을 사용하여 STUDENT 테이블의 데이터를 출력하기 위한 JSP 페이지를 제작하도록 하자. FirstJDBC.jsp 페이지는 JDBC 프로그래밍을 통해 앞서 MySQL 내 jspbook 데이터베이스에 생성한 STUDENT 테이블의 데이터를 조회할 것이다. 페이지에 사용된 각각의 문법들은 앞서 JDBC 프로그래밍 요소에서 설명한 코드들과 동일하다. 일반적으로 JDBC 프로그래밍에 필요한 Connection, Statement, ResultSet의 참조 변수는 미리 선언해 두는 경우도 많지만, 여기서는 JDBC 프로그래밍의 순서를 익히기 위해 선언과 동시에 인스턴스의 메서드들을 사용할 것이다.

SOURCE CODE : FirstJDBC.jsp

```
<%@ page language="java" contentType="text/html; charset=utf-8" %>
<%@ page import = "java.sql.*" %>

<html>
    <head>
        <title>JDBC 첫 실행</title>
    </head>
    <body>
    <%
        // JDBC 드라이버 로딩
```

```
            Class.forName("com.mysql.jdbc.Driver");

        // JDBC URL 및 계정과 비밀번호를 지정하여 Connection 인스턴스를 통해 데이터베이스에 접속
        Connection conn = DriverManager.getConnection("jdbc:mysql://
        localhost:3306/jspbook", "jspbook", "jspbook");

            // SQL문을 실행하기 위한 Statement 인스턴스 획득
            Statement stmt = conn.createStatement();

            // Statement 인스턴스를 통해 실행한 SQL문의 결과를 ResuleSet에 반환
            ResultSet rs = stmt.executeQuery("SELECT * FROM STUDENT");

            // 반한된 결과를 ResultSet의 메서드와 while 반복문을 통해 출력
            while(rs.next()) {
                out.println(rs.getString(1) + " | ");
                out.println(rs.getString(2) + " | ");
                out.println(rs.getString(3) + " | ");
                out.println(rs.getString(4) + " | ");
                out.println(rs.getString(5) + " <br/>");
            }

            // 반환된 데이터의 사용이 종료되면 close() 메서드를 사용하여 각각의 인스턴스를 종료
            rs.close();
            stmt.close();
            conn.close();
        %>
        </body>
</html>
```

FirstJDBC.jsp 페이지를 호출한 결과는 다음과 같다. while 반복문 내에서 getString( ) 메서드를 사용하여 각각의 컬럼의 데이터들을 구분하기 위해 '|'를 추가하고, 하나의 로우 출력이 완료되면 〈br/〉 태그를 통해줄 바꿈을 적용하였다.

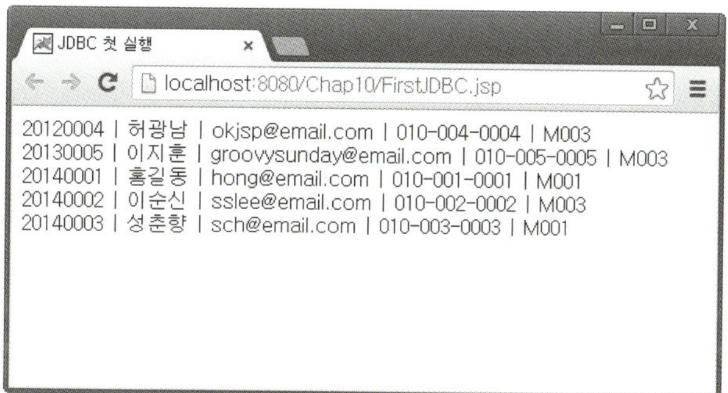

▲ JDBC 프로그래밍을 통한 데이터 조회 및 출력

위와 같이 결과가 정상적으로 출력되었다면, 첫 JDBC 프로그래밍이 성공적으로 구현된 것이다. 이제 SQL문 종류에 따른 JDBC 프로그래밍을 구현해보도록 하자.

(2) JDBC 프로그래밍을 이용한 데이터 삽입

이번에는 JDBC 프로그래밍을 통해 데이터베이스에 새로운 데이터를 삽입하는 기능을 구현해보도록 하자. 데이터베이스에 새로운 데이터를 삽입한다는 것은 데이터베이스 내 테이블에 INSERT문을 사용하여 데이터를 추가함을 의미하며 이는 신규 회원가입, 게시판 글 등록 등 웹 애플리케이션의 다양한 영역에서 활용된다. JDBC 프로그래밍을 통해 INSERT문을 실행할 경우는 앞서 살펴본 SELECT문을 위해 사용한 executeQuery( )와는 달리 Statement의 executeUpdate( ) 메서드를 사용한다.

```
stmt.executeUpdate( INSERT문 )
```

executeUpdate( ) 메서드는 실행 후 int 타입의 값을 리턴하며, 이는 실행된 INSERT문으로 인해 추가된 로우의 수를 의미한다. 다음 InsertStudent.jsp 페이지는 STUDENT 테이블에 학생을 추가하기 위한 페이지이다. INSERT문을 실행하기 위해 executeUpdate( ) 메서드를 사용하고 있다. INSERT가 성공한 후 결과 확인을 위해 앞서 제작하였던 FirstJDBC.jsp 페이지를 〈a〉 태그를 통해 링크해두었다. InsertStudent.jsp 페이지의 경우 먼저 제작한 FirstJDBC.jsp 페이지와는 달리 JDBC 프로그래밍 시 필요한 참조 변수를 먼저 선언하였고, 해당 기능의 구현에 try ~ catch 구문을 사용하였다. 마지막에 자원을 반환하기 위한 close( ) 메서드는 finally절에 작성하여 기능 수행에 오류가 발생하였더라도 Connection 및 Statement 인스턴스가 종료되도록 구현하였다.

SOURCE CODE : InsertStudent.jsp

```
<%@ page language="java" contentType="text/html; charset=utf-8" %>
<%@ page import = "java.sql.*" %>

<html>
    <head>
        <title>JDBC Insert</title>
    </head>
    <body>
    <%
        // 변수 선언
        Connection conn = null;
        Statement stmt = null;
        int rowNum;

        try{
            // JDBC 드라이버 로딩
            Class.forName("com.mysql.jdbc.Driver");

            // 데이터베이스 접속
            conn = DriverManager.getConnection("jdbc:mysql://localhost:
            3306/jspbook", "jspbook", "jspbook");

            // SQL문을 실행하기 위한 Statement 인스턴스 획득
            stmt = conn.createStatement();

            // Statement 인스턴스를 통해 실행한 SQL문 실행
            rowNum = stmt.executeUpdate("INSERT INTO STUDENT (STUDENT_ID,
            STUDENT_NAME, STUDENT_EMAIL, STUDENT_TEL, DEPARTMENT_ID) " + "
            VALUES ('20140006', '김연아', 'yunakim@email.com', '010-006-0006', 'M001')");

            out.println(rowNum + "개의 행이 삽입되었습니다." + "<hr/>");
        }catch (SQLException e){
            // 에러 발생
        }finally {
    // 반환된 데이터의 사용이 종료되면 close() 메서드를 사용하여 각각의 인스턴스를 종료
            if (stmt != null) try{ stmt.close(); } catch (SQLException e){}
            if (conn != null) try{ conn.close(); } catch (SQLException e){}
        }
    %>
    <a href="http://localhost:8080/Chap10/FirstJDBC.jsp">결과 확인</a>
    </body>
</html>
```

InsertStudent.jsp 페이지를 실행한 결과는 아래와 같다. INSERT문을 통해 한 명의 학생 정보가 삽입되었으므로 executeUpdate( ) 메서드를 사용한 후 리턴되는 값은 1이 된다. '결과 확인'을 클릭해보자.

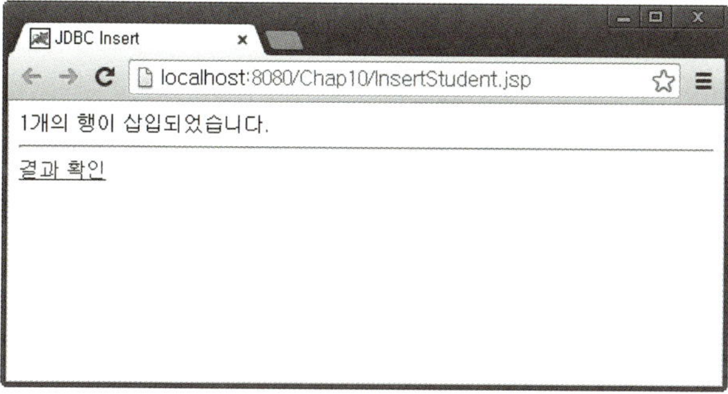

▲ JDBC 프로그래밍을 통한 INSERT문 실행

〈a〉 태그를 통해 링크된 FirstJDBC.jsp 페이지가 호출되면 InsertStudent.jsp 페이지를 통해 삽입된 데이터가 정상적으로 출력되고 있음을 확인할 수 있다.

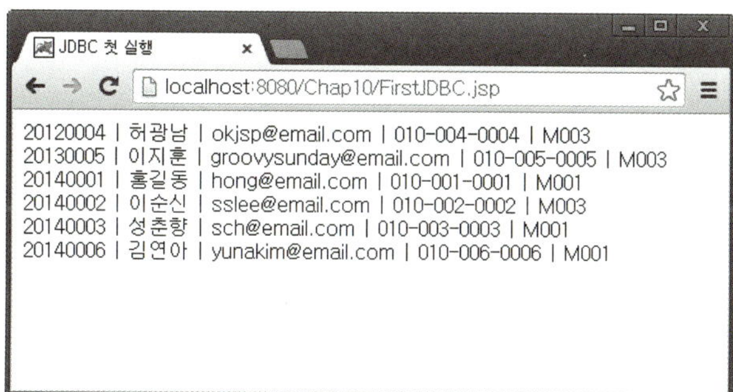

▲ JDBC 프로그래밍을 통한 INSERT문 실행 후 결과

InsertStudent.jsp 페이지의 중복 실행 시 에러

위에서 제작한 페이지 호출은 성공한 이후 다시 호출할 경우 에러가 발생한다. 이는 동일한 STUDENT_ID 데이터를 입력하려고 할 때 기본키가 중복되기 때문에 발생하는 에러로 JSP 페이지의 문법과는 관련 없는 에러이다.

MySQL 데이터베이스에 직접 접속하여 확인하였을 때에도 데이터가 정상적으로 추가되었음을 확인할 수 있다.

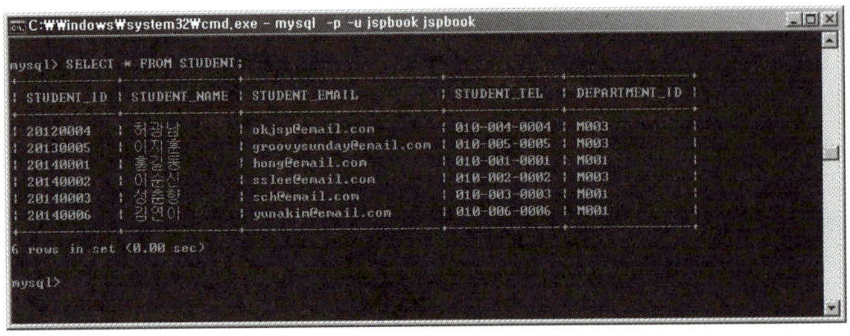

```
C:₩Windows₩system32₩cmd.exe - mysql -p -u jspbook jspbook

mysql> SELECT * FROM STUDENT;
+------------+--------------+-------------------------+---------------+---------------+
| STUDENT_ID | STUDENT_NAME | STUDENT_EMAIL           | STUDENT_TEL   | DEPARTMENT_ID |
+------------+--------------+-------------------------+---------------+---------------+
| 20120004   | 허광남       | okjsp@email.com         | 010-004-0004  | M003          |
| 20130005   | 이지훈       | groovysunday@email.com  | 010-005-0005  | M003          |
| 20140001   | 홍길동       | hong@email.com          | 010-001-0001  | M001          |
| 20140002   | 이순신       | sslee@email.com         | 010-002-0002  | M003          |
| 20140003   | 성춘향       | sch@email.com           | 010-003-0003  | M001          |
| 20140006   | 김연아       | yunakim@email.com       | 010-006-0006  | M001          |
+------------+--------------+-------------------------+---------------+---------------+
6 rows in set (0.00 sec)

mysql>
```

▲ JDBC 프로그래밍을 통한 INSERT문이 적용된 결과

(3) JDBC 프로그래밍을 이용한 데이터 수정

이번에는 앞서 추가한 학생 데이터의 학과를 컴퓨터공학과 번호인 'M003'으로 변경해보도록 하겠다. 테이블에 저장되어 있는 데이터를 변경하기 위해서는 UPDATE문을 사용하며, 위에서 추가한 데이터를 변경하기 위한 UPDATE문은 아래와 같다.

```
UPDATE STUDENT SET DEPARTMENT_ID = 'M003'
WHERE STUDENT_ID = '20140006'
```

UPDATE문 역시 INSERT문과 마찬가지로 Statement의 executeUpdate( ) 메서드를 사용하며, 사용 방법은 동일하다. 아래 UpdateStudent.jsp 페이지는 추가했던 학생의 학과 정보를 변경하는 기능을 한다.

SOURCE CODE : UpdateStudent.jsp

```
<%@ page language="java" contentType="text/html; charset=utf-8" %>
<%@ page import = "java.sql.*" %>

<html>
    <head>
        <title>JDBC Update</title>
    </head>
    <body>
    <%
        // 변수 선언
        Connection conn = null;
        Statement stmt = null;
        int rowNum;

        try{
            // JDBC 드라이버 로딩
```

```
            Class.forName("com.mysql.jdbc.Driver");

            // 데이터베이스 접속
            conn = DriverManager.getConnection("jdbc:mysql://localhost:
            3306/jspbook", "jspbook", "jspbook");

            // SQL문을 실행하기 위한 Statement 인스턴스 획득
            stmt = conn.createStatement();

            // Statement 인스턴스를 통해 실행한 SQL문 실행
            rowNum = stmt.executeUpdate("UPDATE STUDENT SET DEPARTMENT_ID =
            'M003' " + "WHERE STUDENT_ID = '20140006' ");

            out.println(rowNum + "개의 행이 수정되었습니다." + "<hr/>");
        }catch (SQLException e){
            // 에러 발생
        }finally {
        // 반환된 데이터의 사용이 종료되면 close() 메서드를 사용하여 각각의 인스턴스를 종료
            if (stmt != null) try{ stmt.close(); } catch (SQLException e){}
            if (conn != null) try{ conn.close(); } catch (SQLException e){}
        }
    %>
    <a href="http://localhost:8080/Chap10/FirstJDBC.jsp">결과 확인</a>
    </body>
</html>
```

UpdateStudent.jsp 페이지를 호출해보도록 하자. UPDATE문이 성공적으로 실행되었다면, 학생번호가 '20140006'인 학생은 한 명이므로 executeUpdate( ) 메서드를 통해 수정된 데이터는 하나의 로우뿐일 것이다.

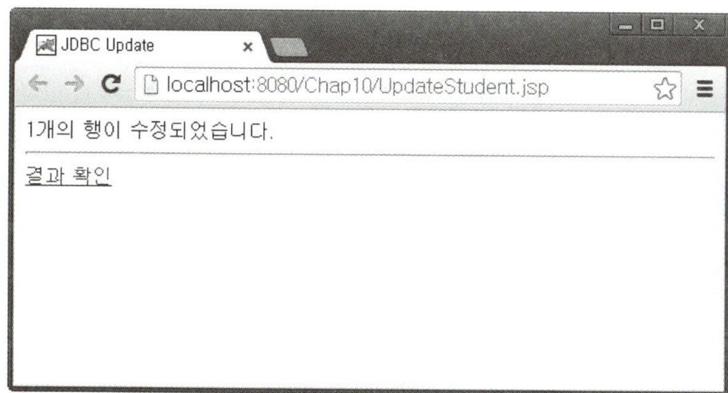

▲ JDBC 프로그래밍을 통한 UPDATE문 실행

결과 확인을 클릭하여 결과를 조회하면, 학과가 'M001'에서 'M003'으로 변경되었음을 확인할 수 있다.

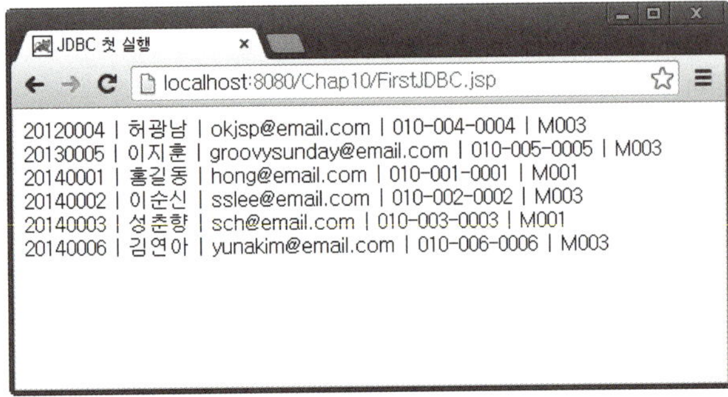

▲ JDBC 프로그래밍을 통한 UPDATE문 실행 후 테이블 데이터 출력

(4) JDBC 프로그래밍을 이용한 데이터 삭제

이제 테이블에 저장되어 있는 데이터를 삭제하기 위한 JSP 페이지를 제작해보도록 하자. 테이블에 저장된 데이터를 삭제하기 위해 사용되는 SQL문은 DELETE문이다. 앞서 추가한 데이터를 삭제하기 위한 DELETE문은 아래와 같다.

```
DELETE FROM STUDENT WHERE STUDENT_ID = '20140006'
```

아래 DeleteStudent.jsp 페이지는 위 DELETE문을 실행하여 STUDENT 테이블에 있는 학생 데이터 중 학생 아이디가 '20140006'인 학생 데이터를 삭제할 것이다. INSERT, UPDATE문 실행과 마찬가지로 Statement의 executeUpdate( ) 메서드를 사용한다.

SOURCE CODE : DeleteStudent.jsp

```
<%@ page language="java" contentType="text/html; charset=utf-8" %>
<%@ page import = "java.sql.*" %>

<html>
    <head>
        <title>JDBC Update</title>
    </head>
    <body>
    <%
        // 변수 선언
        Connection conn = null;
        Statement stmt = null;
```

```
        int rowNum;

        try{
            // JDBC 드라이버 로딩
            Class.forName("com.mysql.jdbc.Driver");

            // 데이터베이스 접속
            conn = DriverManager.getConnection("jdbc:mysql://localhost:
            3306/jspbook", "jspbook", "jspbook");

            // SQL문을 실행하기 위한 Statement 인스턴스 획득
            stmt = conn.createStatement();

            // Statement 인스턴스를 통해 실행한 SQL문 실행
            rowNum = stmt.executeUpdate("UPDATE STUDENT SET DEPARTMENT_ID =
            'M003' " + "WHERE STUDENT_ID = '20140006' ");

            out.println(rowNum + "개의 행이 수정되었습니다." + "<hr/>");
        }catch (SQLException e){
            // 에러 발생
        }finally {
        // 반환된 데이터의 사용이 종료되면 close() 메서드를 사용하여 각각의 인스턴스를 종료
            if (stmt != null) try{ stmt.close(); } catch (SQLException e){}
            if (conn != null) try{ conn.close(); } catch (SQLException e){}
        }
    %>
    <a href="http://localhost:8080/Chap10/FirstJDBC.jsp">결과 확인</a>
    </body>
</html>
```

DeleteStudent.jsp 페이지를 호출한 결과는 다음과 같다. 학생 아이디가 '20140006'인 데이터는 하나이므로, 앞서 다루어왔던 다른 예제들과 마찬가지로 하나의 행이 삭제되었음을 출력하고 있다.

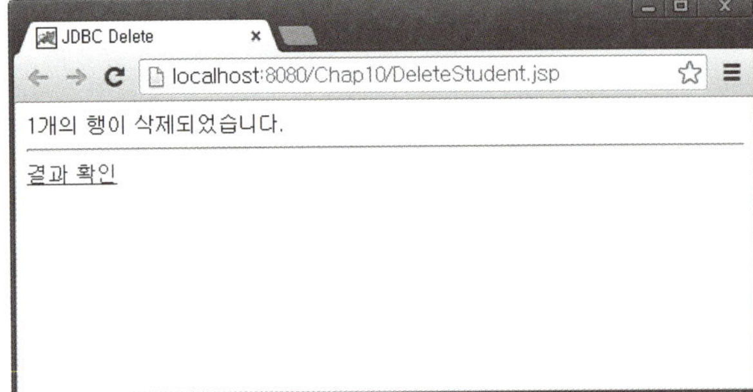

▲ JDBC 프로그래밍을 통한 DELETE문 실행

'결과 확인'을 클릭하여 FirstJDBC.jsp 페이지가 호출되면 추가 및 변경했었던 데이터의 삭제가 일어났음을 확인할 수 있다.

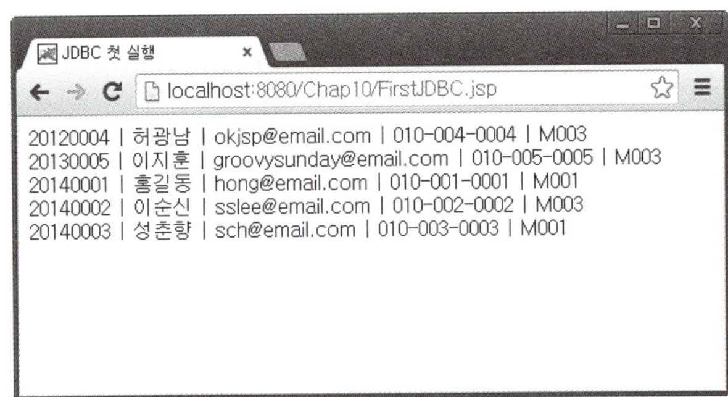

▲ JDBC 프로그래밍을 통한 DELETE문 실행 후 테이블 데이터 출력

지금까지 JDBC 프로그래밍을 활용해 데이터베이스에 SELECT, INSERT, UPDATE, DELETE 문으로 데이터베이스 관련 작업을 수행하는 간단한 JSP 페이지들을 구현해보았다. JDBC 프로그래밍은 실행되는 SQL문의 종류가 다르더라도 그 기능 구현의 순서나 사용되는 코드 대부분 대동소이함을 알 수 있다.

JDBC 프로그래밍을 활용한 데이터 정의어 사용

JDBC 프로그래밍을 활용하여 데이터 정의어(DDL ; Data Definition Language)를 사용하면 데이터베이스 내 테이블을 추가하거나 이미 생성되어 있는 테이블을 변경, 삭제하는 기능을 구현하는 것도 가능하다. 그러나 일반적으로 데이터베이스 내 요소들을 생성하거나 수정, 삭제하는 기능을 웹 애플리케이션 내에서 다루는 경우는 흔치 않으므로 이 책에서는 해당 내용을 다루지 않는다.

4.3 PreparedStatement 사용

java.sql.PreparedStatement는 java.sql.Statement 인터페이스를 확장한 인터페이스로 기존 Statement보다 효과적으로 SQL문을 구현할 수 있다. SQL문을 미리 컴파일하여 사용하므로 Statement를 사용한 SQL문 실행보다 실행 속도 면에서 이점을 가진다. PreparedStatement는 Statement와 마찬가지로 다양한 SQL문을 사용할 수 있으며, Connection 객체의 prepareStatement( ) 메서드에 실행할 SQL문을 지정하는 방식으로 획득한다.

```
PreparedStatement pstmt = conn.prepareStatement( SQL문 );
```

prepareStatement( ) 메서드 내에 지정하는 SQL문의 경우 Statement에서의 사용과 차이를 보이는데 SQL문 내에는 위치 표시자라 불리는 물음표 '?' 사용이 가능하다. PreparedStatement에 정의된 set~ 형태의 메서드를 통해 이후 값을 아래와 같이 지정해줄 수 있다.

```
PreparedStatement pstmt = conn.prepareStatement( "SELECT * FROM STUDENT
WHERE DEPARTMENT_ID = ? AND STUDENT_ID LIKE ?" );

pstmt.setString(1, "M001");
pstmt.setString(2, "2014%");
```

setString( ) 메서드는 문자열 타입의 데이터를 SQL문 물음표에 넣어준다는 의미이며 메서드 내 첫 번째 입력 파라미터 숫자는 SQL문의 물음표를 지칭한다. 위와 같이 1로 지정되어 있을 경우 두 번째 입력 파라미터인 "M001" 문자열은 DEPARTMENT_ID와 비교될 첫 번째 물음표에 대입되는 것이다. 따라서 위에서 구현한대로 PreparedStatement를 사용했을 경우 최종적으로 SQL문은 아래와 같이 완성되어 실행될 것이다.

```
SELECT * FROM STUDENT
WHERE DEPARTMENT_ID = 'M001'
  AND STUDENT_ID LIKE '2014%'
```

이제 PreparedStatement를 사용하여 SELECT문을 실행하는 JSP 페이지를 제작해보도록 하자. 위에서 설명했던 코드를 활용하여 여기서는 SQL문에 두 개의 위치 표시자를 사용하며 WHERE절 조건에 사용될 실제 값은 이후 setString( ) 메서드를 사용하여 각각 지정한다. 여기서는 STUDENT 테이블에서 학과 아이디가 'M001'이고, 학생 아이디의 값의 도입부에 '2014'가 들어가는 데이터를 조회할 것이다. SELECT문을 사용할 것이므로 PreparedStatement의 executeQuery( ) 메서드를 사용하고 있다는 것도 확인하도록 하자.

SOURCE CODE : PreparedSelect.jsp

```
<%@ page language="java" contentType="text/html; charset=utf-8" %>
<%@ page import = "java.sql.*" %>

<html>
    <head>
        <title>JDBC PreparedStatement</title>
    </head>
    <body>
    <%
        // 변수 선언
        Connection conn = null;
        ResultSet rs = null;
        PreparedStatement pstmt = null;

        try{
            // JDBC 드라이버 로딩
            Class.forName("com.mysql.jdbc.Driver");

            // 데이터베이스 접속
        conn = DriverManager.getConnection("jdbc:mysql://localhost:3306/
        jspbook", "jspbook", "jspbook");

            // SQL문을 실행하기 위한 PreparedStatement 사용
            pstmt = conn.prepareStatement( "SELECT * FROM STUDENT WHERE
            DEPARTMENT_ID = ? AND STUDENT_ID LIKE ? " );

            pstmt.setString(1, "M001");
            pstmt.setString(2, "2014%");

            // PreparedStatement 인스턴스를 통해 실행한 SQL문 실행 결과를 ResultSet에 반환
            rs = pstmt.executeQuery();

            // 반환된 결과를 ResultSet의 메서드와 while 반복문을 통해 출력
            while(rs.next()){
                out.println(rs.getString(1) + " | ");
                out.println(rs.getString(2) + " | ");
                out.println(rs.getString(3) + " | ");
                out.println(rs.getString(4) + " | ");
                out.println(rs.getString(5) + " <br/>");
            }
```

```
        }catch (SQLException e){
            out.println(e.getMessage());
        }finally {
        // 반환된 데이터의 사용이 종료되면 close() 메서드를 사용하여 각각의 인스턴스를 종료
            if (pstmt != null) try{ pstmt.close(); } catch (SQLException e){}
            if (conn != null) try{ conn.close(); } catch (SQLException e){}
        }
    %>
    </body>
</html>
```

PreparedSelect.jsp 페이지를 호출한 결과는 아래와 같다. 기존에 사용했던 Statement과 비교해 보았을때 SQL문 제작을 제외한 부분의 사용법은 유사하다.

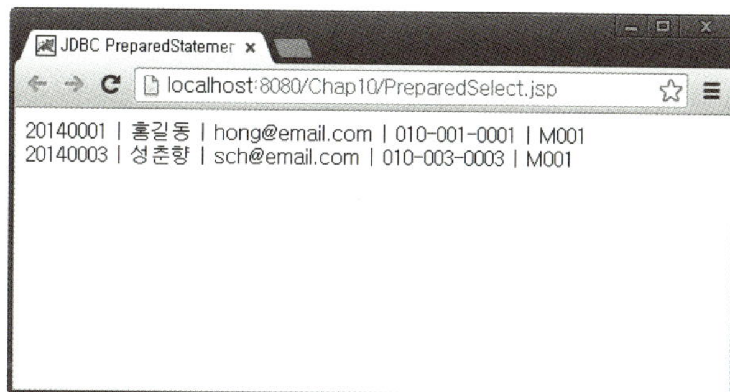

▲ PreparedStatement를 이용한 SELECT문 사용

PreparedStatement를 이용한 데이터 조작어(INSERT, UPDATE, DELETE)의 수행 역시 위치 표시자 사용이 가능하다. 다음 PreparedInsert.jsp 페이지를 구현해보도록 하자. INSERT문 역시 물음표를 사용하여 SQL문에 추가로 지정할 값들을 setString( ) 메서드로 지정해준 후 executeUpdate( ) 메서드를 사용하여 SQL문을 실행한다.

SOURCE CODE : PreparedInsert.jsp

```
<%@ page language="java" contentType="text/html; charset=utf-8" %>
<%@ page import = "java.sql.*" %>

<html>
    <head>
        <title>JDBC PreparedStatement</title>
    </head>
    <body>
    <%
        // 변수 선언
        Connection conn - null;
        PreparedStatement pstmt = null;
        int rowNum;

        try{
            // JDBC 드라이버 로딩
            Class.forName("com.mysql.jdbc.Driver");

            // 데이터베이스 접속
            conn = DriverManager.getConnection("jdbc:mysql://localhost:
            3306/jspbook", "jspbook", "jspbook");

            // SQL문을 실행하기 위한 PreparedStatement 사용
            pstmt = conn.prepareStatement("INSERT INTO STUDENT (STUDENT_
            ID, STUDENT_NAME, STUDENT_EMAIL, STUDENT_TEL, DEPARTMENT_ID) " + "
            VALUES (?, ?, ?, ?, ?)");

            pstmt.setString(1, "20140006");
            pstmt.setString(2, "김연아");
            pstmt.setString(3, "yunakim@email.com");
            pstmt.setString(4, "010-006-0006");
            pstmt.setString(5, "M001");

            // PreparedStatement 인스턴스를 통해 실행한 SQL문 실행 결과를 ResultSet에 반환
            rowNum = pstmt.executeUpdate();

            out.println(rowNum + "개의 행이 삽입되었습니다." + "<hr/>");
        }catch (SQLException e){
            out.println(e.getMessage());
        }finally {
```

```
            // 반환된 데이터의 사용이 종료되면 close() 메서드를 사용하여 각각의 인스턴스를 종료
                if (pstmt != null) try{ pstmt.close(); } catch (SQLException e){}
                if (conn != null) try{ conn.close(); } catch (SQLException e){}
            }
    %>
        <a href="http://localhost:8080/Chap10/FirstJDBC.jsp">결과 확인</a>
    </body>
</html>
```

PreparedInsert.jsp 페이지를 호출하도록 하자. Statement에서의 executeUpdate( ) 메서드와 마찬가지로 INSERT문 수행을 통해 삽입된 행의 개수는 하나이므로 1개의 행이 삽입되었음이 출력된다. '결과 확인'을 클릭하여 INSERT문을 통해 추가된 데이터를 확인하도록 하자.

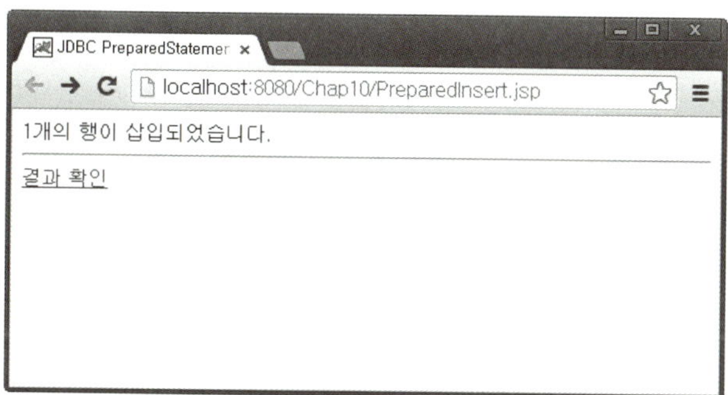

▲ PreparedStatement를 이용한 INSERT문 사용

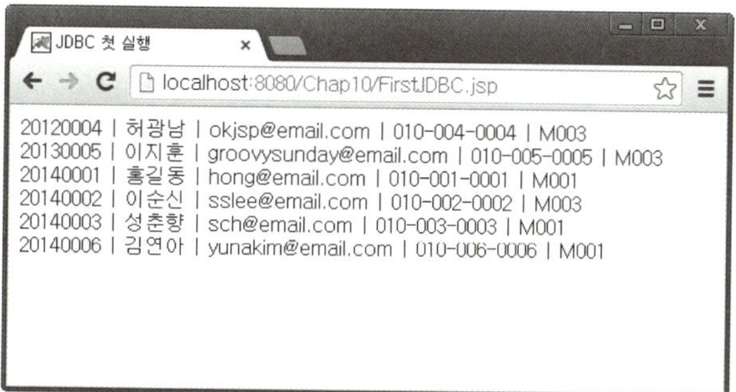

▲ PreparedStatement를 이용한 INSERT문 사용 후 결과 출력

Statement를 통해 사용했던 SQL문들은 완전하게 완성되어 있는 상태였지만 웹 애플리케이션 제작 시 사용되는 SQL문의 대부분은 사용자의 요청에 따라 입력된 값들이 SQL문에 포함되는 형식으로 제작되며 입력된 값들은 미리 선언된 자바의 변수에 담긴 상태로 사용되

는 경우가 많다. 따라서 String 타입의 SQL문에 해당 변수들의 값을 추가할 경우, Statement와 같이 완성된 상태의 SQL문을 제작하거나 수정해야 할 때 SQL문과 여러 변수들이 혼합되어 작업 능률이 떨어뜨리는 원인이 된다.

그에 반해 PreparedStatement는 위와 같이 추가될 값들에 대해서는 위치 표시자를 사용하여 값을 추후에 따로 지정하는 형태로 SQL문을 사용하므로, 여러 개의 동적인 변수를 통한 값의 할당이 한결 손쉬워진다는 장점을 가진다. SQL문 실행 효율성 측면뿐만 아니라, 프로그래밍의 효율도 높일 수 있는 것이다.

05 | 커넥션 풀(Connection Pool)

지금까지 살펴보았던 JDBC를 이용한 데이터베이스 프로그래밍은 데이터 관련 작업이 필요할 때마다 JSP 페이지 내에서 Connection 객체를 생성하는 방식으로 구현되었다. Connection 객체를 통한 데이터베이스 연결과 종료는 일반 Java 클래스에 비해 훨씬 많은 시간 및 자원을 필요로 하므로, 웹 애플리케이션 이용자가 늘어날 경우 웹 서비스 전체 효율을 낮추는 원인이 된다. 커넥션 풀은 이러한 JDBC를 통한 데이터베이스 연결의 성능을 향상시키기 위해 사용하는 일반적인 방식이며 여기서는 커넥션 풀의 원리를 살펴본 후 사용법을 알아보도록 하겠다.

5.1 커넥션 풀의 개요

커넥션 풀은 JDBC를 사용한 데이터베이스 연동 시 가장 많은 시간을 필요로 하는 Connection 객체를 미리 여러 개 생성해두고, 데이터베이스 관련 작업 수행 시 생성해둔 Connection 객체를 빌려준 후 사용이 끝나면 반환받는 방식으로 데이터베이스 연결 효율을 높인다. 따라서 커넥션 풀을 사용한 웹 애플리케이션의 데이터베이스 작업 수행은 아래와 같은 순서로 이루어진다.

① 웹 애플리케이션 내 데이터베이스 관련 작업이 수행되어야 할 경우 커넥션 풀에서 미리 생성되어 있는 커넥션을 빌려온다.
② 커넥션 풀로부터 받아온 커넥션을 통해 데이터베이스 관련 작업을 수행한다.
③ 데이터베이스 관련 작업 수행이 끝나면 커넥션을 반환한다.

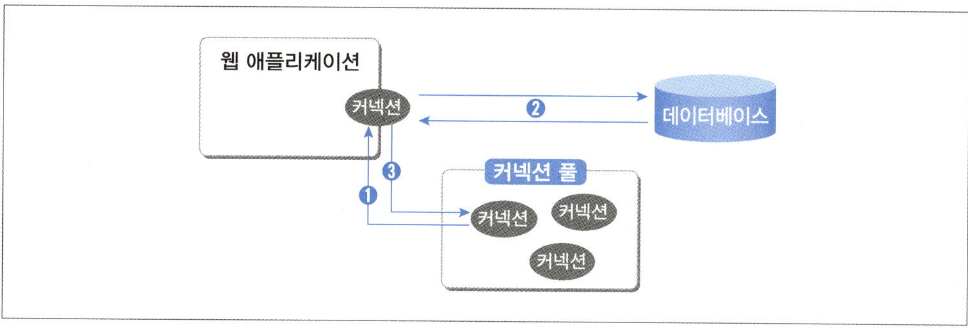

▲ 커넥션 풀의 동작 과정

웹 애플리케이션은 데이터베이스와 연동되는 작업이 주를 이룬다. 웹 애플리케이션과 데이터베이스 간의 연결을 위해 Connection 인스턴스를 생성 및 종료하는 과정은 JDBC를 통한 데이버베이스 관련 작업 과정 중 가장 시간이 많이 소요되는 부분이다. 커넥션 풀을 활용하면 이러한 Connection 인스턴스 생성 및 종료에 관련된 처리 시간이 필요치 않아 웹 서비스의 성능 향상에 도움을 주므로 일반적으로 대부분의 웹 애플리케이션은 커넥션 풀을 사용하여 제작한다.

예전에는 커넥션 풀 기능을 수행하기 위한 클래스를 직접 구현하기도 하였으나 최근에는 커넥션 풀 기능을 제공하는 다양한 오픈 소스 라이브러리가 많이 존재하므로 해당 라이브러리를 다운로드 받아 사용한다. 이 책에서는 톰캣에서 제공하는 JNDI를 사용하여 커넥션 풀 기능을 사용해 볼 것이다. 이후 데이터베이스 프로그래밍을 활용한 14장의 게시판 구현 역시 JNDI 커넥션 풀을 사용할 것이다.

5.2 JNDI를 이용한 커넥션 풀 사용

JNDI(Java Namaing and Directory Interface)는 애플리케이션 구현 시 필요한 클래스와 파일과 같은 데이터를 명명하고 디렉터리 서비스를 사용하기 위한 API이다. JNDI를 통한 데이터베이스 접속 시 커넥션 풀 방식을 사용할 수 있고 톰캣에서 기본적으로 제공되므로 별다른 다운로드 및 설치 과정 없이 커넥션 풀 기능을 구현할 수 있다.

(1) 커넥션 풀 사용을 위한 설정

JNDI의 커넥션 풀 기능을 사용하려면 톰캣의 server.xml, context.xml, web.xml 파일에 추가로 작성해야 하며 여기서는 톰캣 내 context.xml 파일의 설정 내용 지정 방식을 사용할 것이다. 톰캣의 context.xml 파일은 톰캣 설치 경로 내 conf 디렉터리에 있으며 2장의 개발환경과 동일하게 환경을 구축하였을 경우 다음 경로에서 찾을 수 있다.

```
C:\jspbook\apache-tomcat-7.0.33\conf
```

이 책에서 사용하고 있는 이클립스 환경에서는 [Servers]−[Tomcat v7.0 Server at localhost−config] 내 context.xml 파일을 수정하여 커넥션 풀을 사용할 것이다.

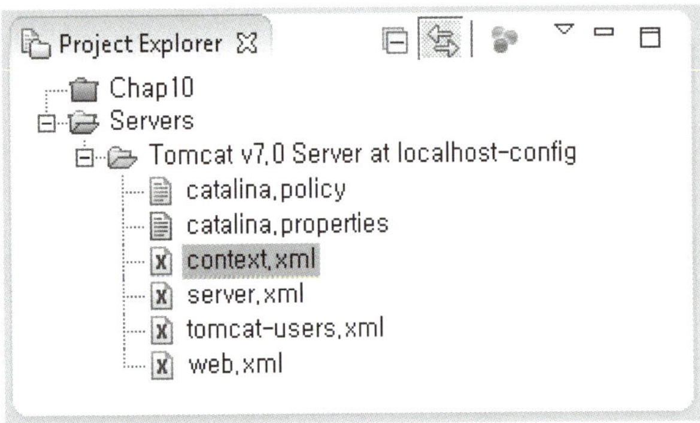

▲ 커넥션 풀의 동작 과정

context.xml에 JNDI 커넥션 풀 설정을 위해서는 〈Resource〉 태그를 사용하며, auth 속성이 "Container"로 지정된 것은 데이터베이스 접속 인증을 톰캣 컨테이너가 처리하도록 하기 위함이다. driverClassName 속성에 사용할 드라이버명과 url 속성에 데이터베이스 URL 그리고 username, password 속성에 각각 접속할 데이터베이스 계정 정보를 지정한다. name 속성에는 이후 Java 코드에서 데이터 소스를 가리킬 이름을 지정한다. type에는 Java 코드에서 사용할 DataSource를 명시하고 maxActive 속성은 최대 커넥션 수를 지정하며 아래와 같이 20을 지정할 경우 총 20개의 커넥션까지 동시접속을 허용함을 의미한다. 만약 maxActive 속성을 "−1"로 둘 경우 커넥션의 제한을 두지 않는다. maxWait 속성은 커넥션이 남아있지 않을 경우 ms 단위로 대기할 시간을 지정한다. 아래와 같이 10000으로 지정할 경우 커넥션을 얻기 위해 10초간 대기함을 의미한다.

SOURCE CODE : context.xml

```
<?xml version="1.0" encoding="UTF-8"?>
<!--
  Licensed to the Apache Software Foundation (ASF) under one or more
  contributor license agreements.  See the NOTICE file distributed with
  this work for additional information regarding copyright ownership.
  The ASF licenses this file to You under the Apache License, Version 2.0
  (the "License"); you may not use this file except in compliance with
  the License.  You may obtain a copy of the License at
```

```
    http://www.apache.org/licenses/LICENSE-2.0

  Unless required by applicable law or agreed to in writing, software
  distributed under the License is distributed on an "AS IS" BASIS,
  WITHOUT WARRANTIES OR CONDITIONS OF ANY KIND, either express or implied.
  See the License for the specific language governing permissions and
  limitations under the License.
-->
<!-- The contents of this file will be loaded for each web application -->
<Context>

   <!-- Default set of monitored resources -->
   <WatchedResource>WEB-INF/web.xml</WatchedResource>

   <!-- Uncomment this to disable session persistence across Tomcat
   restarts -->
   <!--
   <Manager pathname="" />
   -->

   <!-- Uncomment this to enable Comet connection tacking (provides events
      on session expiration as well as webapp lifecycle) -->
   <!--
   <Valve className="org.apache.catalina.valves.CometConnectionManager
   Valve" />
   -->

   <Resource
   auth="Container"
   driverClassName="com.mysql.jdbc.Driver"
   url="jdbc:mysql://localhost:3306/jspbook"
   username="jspbook"
   password="jspbook"
   name="jdbc/mysql"
   type="javax.sql.DataSource"
   maxActive="20"
   maxWait="10000"
   />

</Context>
```

(2) 커넥션 풀 사용을 위한 유틸 클래스 제작

앞서 커넥션 풀의 설정이 끝났다면 서블릿 및 JSP 페이지에서 커넥션 풀을 사용할 수 있으며, 데이터베이스 접속을 위하여 커넥션 풀의 Connection 인스턴스를 제공할 유틸 클래스를 제작한다.

db 패키지 내 ConnectionPool 클래스를 아래와 같이 제작한다. ConnectionPool 클래스는 Connection 인스턴스를 관리하기 위한 용도로 사용되며 서블릿 및 JSP 페이지에서는 ConnectionPool 클래스의 정적 메서드인 getConnection( ) 메서드를 사용하여 간단히 Connection 인스턴스를 사용할 수 있다. getConnection( ) 메서드는 이미 Connection 객체가 생성되어 있는 상태일 경우 해당 Connection 객체를 리턴한다. 그렇지 않을 경우 DataSource 객체를 얻기 위해 InitialContext 객체를 사용한다. lookup( ) 메서드를 통해 "java:comp/env/"를 입력 파라미터로 사용하여 initContext 인스턴스를 얻은 후 context.xml에 지정했던 "jdbc/mysql" 값을 입력 파라미터로 생성된 DataSource 객체의 getConnection( ) 메서드를 사용하여 Connection 객체를, 메서드를 호출한 측으로 반환한다.

SOURCE CODE : ConnectionPool.java

```
package db;

import java.sql.*;
import javax.naming.*;
import javax.sql.DataSource;

public class ConnectionPool {

   private static Connection conn = null;

   public static Connection getConnection(){
      if (conn != null){
         return conn;
      }else{
         try{
            Context initContext = (Context)new InitialContext().
            lookup("java:comp/env/");
            DataSource ds = (DataSource)initContext.lookup("jdbc/mysql");
            conn = ds.getConnection();
         }catch(Exception e){
            e.printStackTrace();
         }
         return conn;
      }
   }
}
```

이렇게 제작한 ConnectionPool 클래스를 사용하면 JSP 및 서블릿 페이지에서 커넥션 풀을 이용한 데이터베이스 작업 수행이 가능해진다.

(3) 커넥션 풀을 이용한 JSP 페이지

이제 앞서 제작한 ConnectionPool 클래스를 이용하여 데이터베이스 작업을 수행할 간단한 JSP 페이지를 제작해보도록 하자. ConnectionPoolSelect.jsp 페이지는 앞서 살펴보았던 PreparedStatement를 사용하여 STUDENT 테이블의 학생 데이터를 조회한다. Connection 인스턴스를 직접 생성하지 않고 앞서 제작한 ConnectionPool 클래스의 getConnection( ) 메서드를 사용한다는 점을 제외하면 기존 PreparedStatement 및 ResultSet 사용 방식에는 차이가 없음을 확인하도록 하자.

SOURCE CODE : ConnectionPoolSelect.jsp

```
<%@ page language="java" contentType="text/html; charset=utf-8" %>
<%@ page import="java.sql.*" %>
<%@ page import="db.ConnectionPool" %>

<html>
    <head>
        <title>Connection Pool을 이용한 JSP페이지</title>
    </head>
    <body>
    <%
        Connection conn = null;
        PreparedStatement pstmt = null;
        ResultSet rs = null;

        try{
            conn = ConnectionPool.getConnection();
            pstmt = conn.prepareStatement( "SELECT * FROM STUDENT WHERE
            DEPARTMENT_ID = ? AND STUDENT_ID LIKE ? " );
            pstmt.setString(1, "M001");
            pstmt.setString(2, "2014%");
            rs = pstmt.executeQuery();

            while(rs.next()){
                out.println(rs.getString(1) + " | ");
                out.println(rs.getString(2) + " | ");
                out.println(rs.getString(3) + " | ");
                out.println(rs.getString(4) + " | ");
                out.println(rs.getString(5) + " <br/>");
```

```
            }

        }catch (SQLException e){
            out.println(e.getMessage());
        }finally {
            if (pstmt != null) try{ pstmt.close(); } catch (SQLException e){}
            if (conn != null) try{ conn.close(); } catch (SQLException e){}
        }
    %>
    </body>
</html>
```

호출 결과는 아래와 같이 기존 Connection 사용 시 결과와 동일하다. ConnectionPool 클래스d,; 커넥션 풀을 통해 Connection 인스턴스를 획득하는 방식을 사용하므로, JSP 페이지 내 Connection 관련 코드가 다소 단순화된 것도 확인하도록 하자.

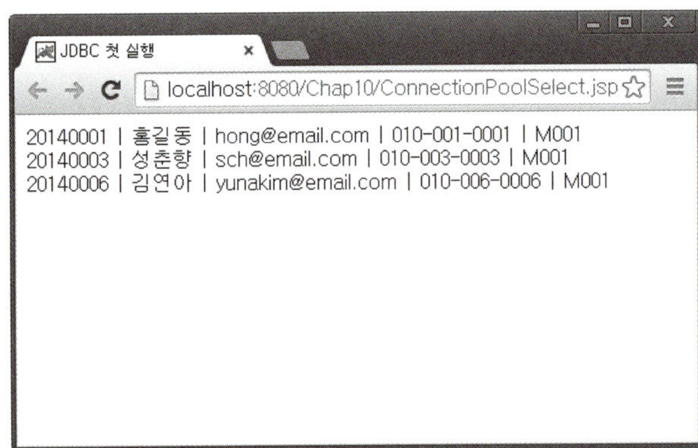

▲ ConnectionPoolSelect.jsp 페이지의 호출 결과

(4) @Resource 어노테이션을 통한 서블릿 페이지 커넥션 풀 사용

서블릿 페이지의 경우 ConnectionPool 클래스와 같은 유틸 클래스 없이 @Resource 어노테이션을 이용한 커넥션 풀 사용이 가능하다. ConnectionPool 클래스를 사용하진 않지만 이 경우도 context.xml 파일에 설정이 선행되어야 한다.

@Resource 어노테이션을 사용한 ConnectionPoolSelect.java 서블릿 페이지를 이클립스에서 다음과 같이 생성하여 코드를 추가해준다. @Resource 어노테이션을 사용하기 위해서는 javax.annotation.Resource를 임포트해야 하며, name 속성에는 context.xml 파일에 설정한 name="jdbc/mysql"을 지정하고 DataSource 객체의 참조 변수명을 ds로 지정한다. 이후 Connection 인스턴스인 conn을 ds 인스턴스의 getConnection( ) 메서드를 사

용하여 생성해주면 앞서 제작한 ConnectionPool.jsp와 동일하게 커넥션 풀을 사용하게 된다. 이후 데이터베이스 작업은 동일하게 구현할 수 있다.

SOURCE CODE : ConnectionPoolSelect.java

```
import java.io.IOException;
import java.io.PrintWriter;

import javax.servlet.ServletException;
import javax.servlet.annotation.WebServlet;
import javax.servlet.http.HttpServlet;
import javax.servlet.http.HttpServletRequest;
import javax.servlet.http.HttpServletResponse;

import javax.annotation.Resource;
import java.sql.*;

/**
 * Servlet implementation class ConnectionPoolSelect
 */
@WebServlet("/ConnectionPoolSelect")
public class ConnectionPoolSelect extends HttpServlet {
    private static final long serialVersionUID = 1L;

  /**
   * @see HttpServlet#HttpServlet()
   */
  public ConnectionPoolSelect() {
     super();
     // TODO Auto-generated constructor stub
  }

    /**
     * @see HttpServlet#doGet(HttpServletRequest request, HttpServlet
     Response response)
     */
    protected void doGet(HttpServletRequest request, HttpServletResponse
    response) throws ServletException, IOException {
        // TODO Auto-generated method stub
        doPost(request, response);
    }
```

```
    /**
     * @see HttpServlet#doPost(HttpServletRequest request, HttpServlet
     Response response)
     */
    @Resource (name="jdbc/mysql") javax.sql.DataSource ds;
    protected void doPost(HttpServletRequest request, HttpServlet
    Response response) throws ServletException, IOException {
        // TODO Auto-generated method stub

        response.setContentType("text/html; charset=utf-8");
        PrintWriter out = response.getWriter();

        Connection conn = null;
        PreparedStatement pstmt = null;
        ResultSet rs = null;

        try{
            conn = ds.getConnection();
            pstmt = conn.prepareStatement( "SELECT * FROM STUDENT WHERE
            DEPARTMENT_ID = ? AND STUDENT_ID LIKE ? " );
            pstmt.setString(1, "M001");
            pstmt.setString(2, "2014%");
            rs = pstmt.executeQuery();

            out.println("<html><body>");

            while(rs.next()){
                out.println(rs.getString(1) + " | ");
                out.println(rs.getString(2) + " | ");
                out.println(rs.getString(3) + " | ");
                out.println(rs.getString(4) + " | ");
                out.println(rs.getString(5) + " <br/>");
            }
            out.println("</body></html>");

        }catch (SQLException e){
            out.println(e.getMessage());
        }finally {
            if (pstmt != null) try{ pstmt.close(); } catch (SQLException e){}
            if (conn != null) try{ conn.close(); } catch (SQLException e){}
        }
    }
}
```

ConnectionPoolSelect 서블릿 페이지의 호출 결과는 앞서 실행한 ConnectionPoolSelect.jsp 페이지와 동일하다. 데이터베이스 연결 수립을 위한 코드는 약간 달랐지만, 실질적으로 수행한 데이터베이스 작업 및 출력 내용은 동일하기 때문이다.

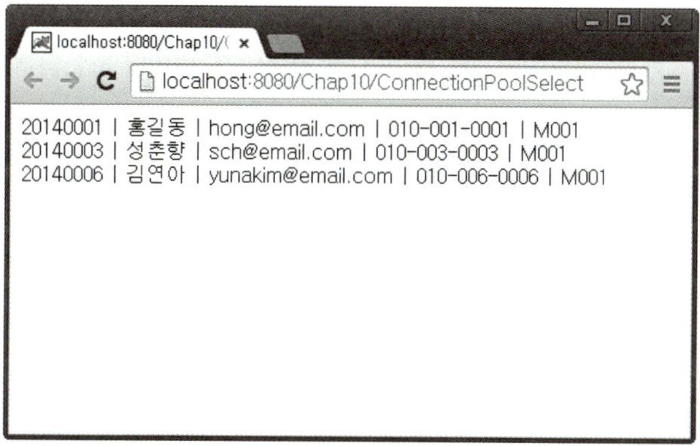

▲ ConnectionPoolSelect 서블릿 페이지의 호출 결과

지금까지 웹 애플리케이션 제작에 필수적으로 사용되는 데이터베이스 프로그래밍에 대해 알아보았다. 웹 애플리케이션의 데이터베이스 프로그래밍은 기존 웹 애플리케이션 제작 방식과 Java를 통한 데이터베이스 접근 및 작업에 대한 기능 구현이 함께 이루어져 다소 복잡하게 느껴질 수도 있다. 그러나 웹 애플리케이션이 웹 브라우저를 통해 사용자에게 제공하는 서비스의 중심에는 항상 데이터베이스라는 정보저장소가 중요한 역할을 담당하므로 반드시 숙지하길 바란다.

CHAPTER 10 **Level Up! Coding**

01 아래와 같이 회원정보를 저장하는 Member 테이블을 활용한 로그인 및 회원가입 기능을 구현한다. 회원가입을 위한 Member 테이블은 아래와 같이 필드를 가지며 각 필드의 데이터 타입을 지정하여 생성해보자.

컬럼	설명
id	회원가입 ID(Primary Key)
password	비밀번호
name	이름
gender	성별
address	주소
phone	전화번호
email	이메일 주소

Member 테이블에 존재하지 않는 ID 및 비밀번호로 [로그인] 버튼을 클릭하거나 로그인 화면에서 [회원가입]을 누를 경우 회원가입 화면으로 이동하여 회원가입 정보를 입력한 후 [회원가입완료] 버튼을 통해 회원을 등록하자. 이렇게 등록된 아이디는 로그인이 가능하고, 로그인 이후 로그아웃 기능도 함께 구현하며 아이디 저장 기능도 제작하도록 한다.

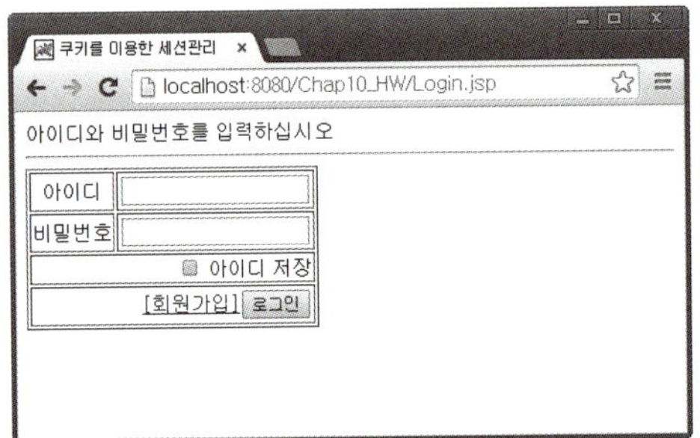

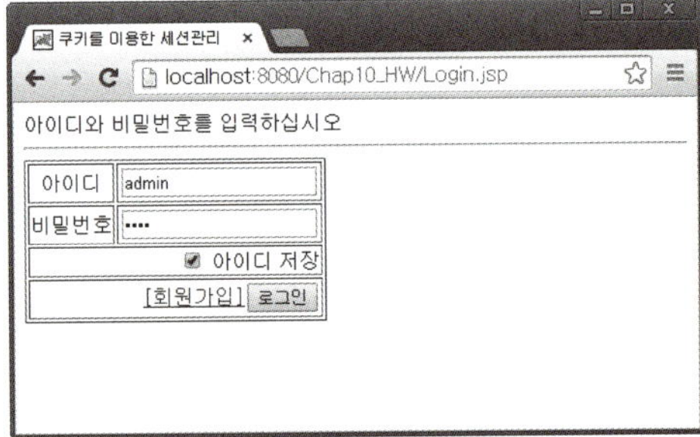

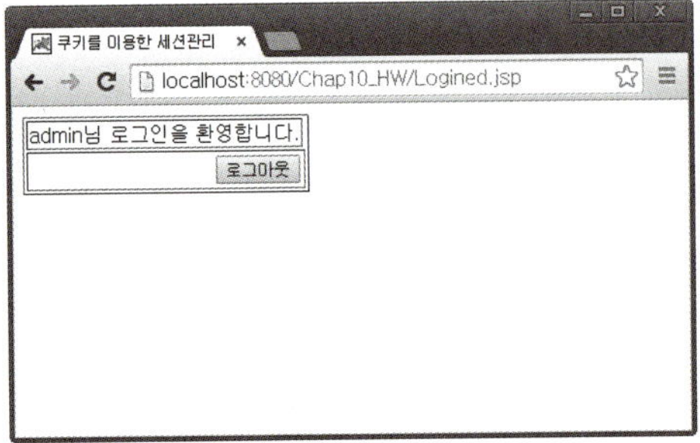

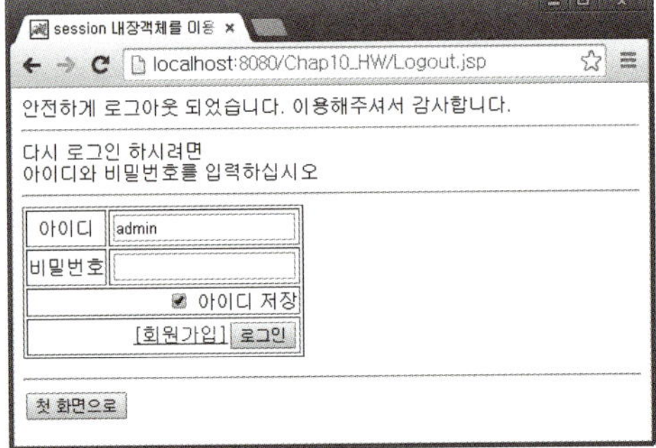

02 위 01번 문제에 추가 기능을 구현한다.

(1) 회원가입 시 비밀번호 및 비밀번호 확인 정보가 일치하지 않은 채 [회원가입완료] 버튼을 눌렀을 경우 비밀번호 정보가 일치하지 않음을 알리는 메시지와 함께 다시 회원가입 화면이 나타나도록 추가로 구현해보자.

(2) 로그인 시 아이디 및 비밀번호가 정확하지 않을 경우 접속 정보가 올바르지 않음을 알리는 메시지와 함께 다시 로그인 화면이 나타나도록 추가 구현해보자.

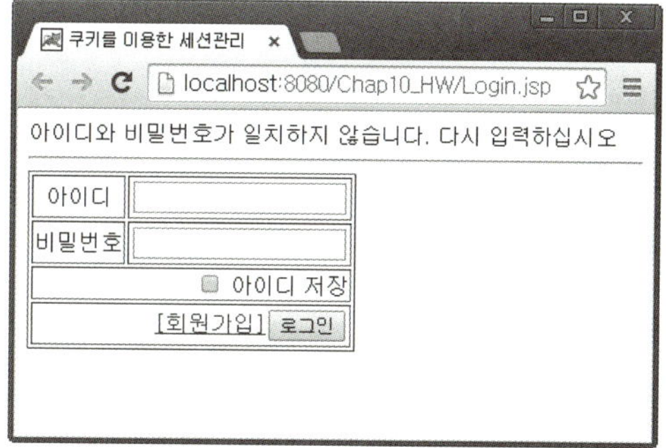

11 CHAPTER

EL(Expression Language)

EL은 Expression Language의 약자로 JSP 2.0 버전부터 지원되는 특수한 형태를 가지는 스크립트 언어이다. 여러 속성값들을 JSP 스크립트보다 함축적인 코드를 통해 간결하고 편리하게 사용할 수 있다. 이번 장에서는 EL이 무엇인지와 EL의 사용법을 함께 알아보도록 하겠다.

01 | EL의 개요

EL(Expression Language)은 JSP의 표현식보다 간단한 방법으로 특정 데이터의 값을 웹 페이지에 출력할 수 있게 해주며, 다음과 같이 '$' 기호와 '{ }' 괄호 안에 출력되길 원하는 식을 포함하는 형태로 구현한다. EL식에 사용되는 문자열을 출력용으로 사용하고자 할 때에는 '\'를 사용할 수 있다.

```
$식
```

EL의 역할은 특정식을 통한 데이터의 값 출력 및 다른 구성요소에 값을 지정하는 데에 있으므로 EL이 없어도 JSP 프로그래밍이 불가능한 것은 아니다. EL은 JSP 2.0 버전부터 지원하므로 이전 버전의 JSP에서는 사용할 수 없다. 그러나 EL을 사용하면 JSP의 표현식에 비해 간결한 형태의 코드 사용이 가능하고, 기능 수행의 효율성 면에서도 이점이 있기 때문에 웹 애플리케이션 제작 시 자주 사용되는 방식이다. 다음 예제를 통해 JSP의 표현식을 사용한 데이터의 출력과 EL을 사용한 데이터의 출력 기능의 구현 방식을 비교해보도록 하자.

우선 일반적으로 알고 있는 JSP 페이지의 표현식을 사용한 데이터 출력 기능을 가진 JSP 페이지를 작성하도록 하자.

SOURCE CODE : StartWithoutEL.jsp

```
<%@ page contentType="text/html; charset=utf-8"%>
<html>
    <head>
        <title>EL 없이 데이터 출력</title>
    </head>
    <body>
        전달받은 데이터는 [<%=request.getParameter("data")%>]
    </body>
</html>
```

위 페이지는 전송된 파라미터를 JSP의 표현식을 사용하여 출력하고 있다. 우리가 익히 알고 있는 방식이다. GET 방식을 이용해 data 파라미터에 'test' 값을 전달하고 페이지를 호출해보도록 하자.

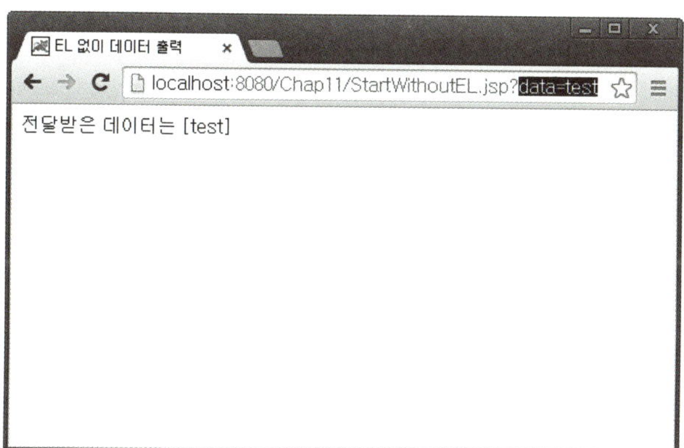

▲ StartWithoutEL.jsp의 결과 화면

이제 EL을 사용하여 앞서 제작한 JSP 페이지와 동일하게 전송된 파라미터를 출력하는 JSP 페이지를 작성해보자.

SOURCE CODE : StartWithEL.jsp

```
<%@ page contentType="text/html; charset=utf-8"%>
<html>
    <head>
        <title>EL 없이 데이터 출력</title>
    </head>
    <body>
        전달받은 데이터는 [${param.data}]
    </body>
</html>
```

EL은 전송된 파라미터의 이름을 request 내장객체를 이용하지 않고 바로 호출하여 사용할 수 있다. 결과는 앞서 제작한 JSP 페이지와 동일함을 확인할 수 있다.

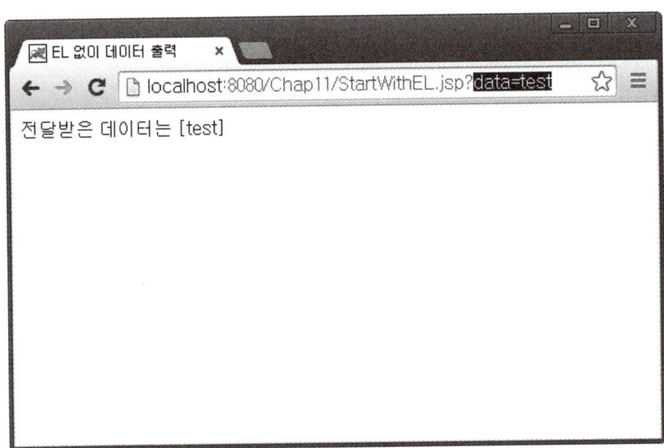

▲ StartWithEL.jsp의 결과 화면

위 두 예제에서 확인할 수 있듯이 간단한 형태의 데이터 출력 기능 구현에서도 JSP의 표현식을 사용한 출력 수행에 비해 EL을 통한 구현이 다소 간결해짐을 알 수 있다. 이제 본격적으로 EL을 사용하기 위한 문법에 대해 알아보도록 하자.

02 | EL의 문법

EL은 특정 식을 통한 데이터의 출력을 수행하기 위해 사용하는 언어이므로, 이러한 식의 사용에 필요한 문법들이 존재한다. EL 문법과 사용 방법을 쓰임새에 따라 나누어 살펴보도록 하자.

2.1 EL식의 데이터 이름

앞서 EL의 개요에서 사용한 예제에서 보았듯이 EL에서는 출력을 위한 데이터를 지칭하기 위해 데이터의 이름을 사용할 수 있다. 데이터의 이름은 set/get/removeAttribute 메서드를 사용하는 page, request, session, application 내장객체에 지정된 데이터들을 의미하며 동일한 데이터의 이름이 여러 내장객체에 존재할 경우 데이터의 이름은 아래와 같이 사용범위가 작은 곳부터 우선 해석된다.

← 사용범위 작음 　　　　사용범위 넓음 →
page → request → session → application

이를 확인하기 위해 동일한 이름의 데이터명을 포함한 두 가지 내장객체를 EL을 통해 출력하는 예제를 제작해보도록 하자. 다음 예제는 request 내장객체와 application 내장객체에 동일한 애트리뷰트명과 각각의 데이터 값을 지정하고 EL을 통해 해당 데이터명을 식에 넣어 출력하는 기능을 수행하는 웹 페이지이다.

SOURCE CODE : ELNameScope.jsp

```
<%@ page contentType="text/html; charset=utf-8"%>

<%
    request.setAttribute("dataname", "request Attribute");
    application.setAttribute("dataname", "application Attribute");
%>

<html>
    <head>
        <title>EL 데이터 이름 사용</title>
    </head>
    <body>
        <h3>request 내장객체의 dataname 속성값 : </h3>
        [<%=request.getAttribute("dataname") %>] <hr/>
        <h3>application 내장객체의 dataname 속성값 : </h3>
        [<%=application.getAttribute("dataname") %>] <hr/>
        <h3>EL 에서 출력되는 dataname 의 값 </h3>
        [${dataname}]
    </body>
</html>
```

위 예제의 경우 앞서 사용 범위에 따른 해석 우선순위에 따라 request 내장객체가 application 내장객체보다 상대적으로 사용 범위가 좁고 EL 처리 우선순위가 높기 때문에 request 내장객체에 지정한 애트리뷰트 값이 출력됨을 알 수 있다.

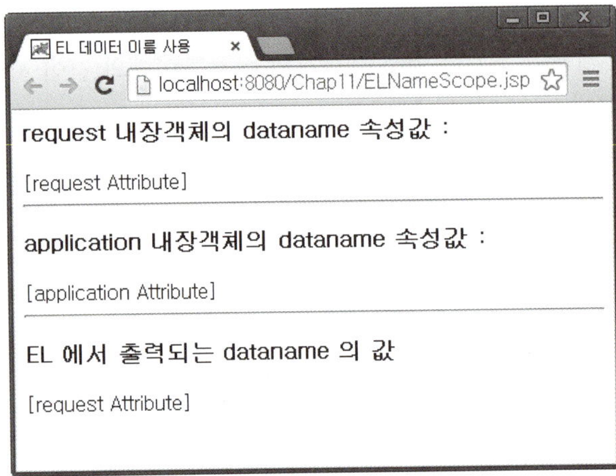

▲ ELNameScope.jsp의 결과 화면

만약 이 우선순위를 따르지 않고 특정 개체의 애트리뷰트 데이터 값을 출력하고 싶을 경우 EL식에서 제공하는 내장객체를 지정하여 접근이 가능하다.

2.2 EL의 내장객체

EL은 JSP 내장객체처럼 웹 애플리케이션 제작에 필요한 데이터의 접근을 위해 사용할 수 있는 내장객체가 정의되어 있다. 그러나 EL에 정의된 내장객체는 다른 JSP 스크립팅 요소에서는 사용할 수 없으므로 사용에 주의가 필요하다. EL에서 제공하는 내장객체는 아래와 같다.

분류	내장객체	설명	타입
JSP 내장객체	pageScope	JSP의 page 내장객체와 동일	Map
	requestScope	JSP의 request 내장객체와 동일	Map
	sessionScope	JSP의 session 내장객체와 동일	Map
	applicationScope	JSP의 application 내장객체와 동일	Map
	pageContext	JSP의 pageContext 내장객체와 동일	PageContext
파라미터	param	요청 파라미터 데이터 접근 시 사용 request.getParameter(paramName)와 동일	Map
	paramValues	요청 파라미터 데이터들을 배열로 접근 시 사용 request.getParameterValues(paramName)와 동일	Map

파라미터	initParam	컨텍스트 초기화 파라미터 접근 시 사용 application.getInitParameter(paramName)와 동일	Map
쿠키	cookie	쿠키 객체 참조 시 사용	Map
헤더	header	요청 헤더 정보 데이터 접근 시 사용 request.getHeader(headerName)와 동일	Map
	headerValues	요청 헤더 정보 데이터들을 배열로 접근 시 사용 request.getHeaders(headerName)와 동일	Map

(1) EL을 이용한 JSP 내장객체 데이터 출력

EL의 내장객체는 JSP 내장객체를 지칭할 수 있는 방법을 제공하여 JSP 내장객체에 설정된 데이터의 출력에 사용된다. EL 내장객체를 통해 아래의 형식에 맞춰 JSP 내장객체를 지칭하면 데이터명을 내장객체별 중복 여부에 관계없이 선택하여 출력할 수 있다.

식	설명
$pageScope.ATTRIBUTE	page 내장객체의 데이터 출력
$requestScope.ATTRIBUTE	request 내장객체의 데이터 출력
$sessionScope.ATTRIBUTE	session 내장객체의 데이터 출력
$applicationScope.ATTRIBUTE	application 내장객체의 데이터 출력

이제 앞서 EL 데이터 이름의 해석 우선순위를 알아보기 위한 예제를 활용해 EL 내장객체를 사용하여 JSP 내장객체에 지정한 데이터를 출력해보도록 하자. 이번에도 앞에서 다룬 예제와 마찬가지로 request 내장객체와 application 내장객체의 속성을 지정하고, 앞서 살펴본 EL 내장객체를 활용하여 JSP 내장객체에 접근해보도록 하겠다.

SOURCE CODE : ELImplicitObject.jsp

```
<%@ page contentType="text/html; charset=utf-8"%>

<%
    request.setAttribute("dataname", "request Attribute");
    application.setAttribute("dataname", "application Attribute");
%>

<html>
    <head>
        <title>EL을 이용한 JSP 내장객체 사용</title>
    </head>
    <body>
```

```
            <h3>request 내장객체의 dataname 속성값 : </h3>
            [<%=request.getAttribute("dataname") %>] <hr/>
            <h3>application 내장객체의 dataname 속성값 : </h3>
            [<%=application.getAttribute("dataname") %>] <hr/>
            <h3>EL에서 출력되는 dataname 의 값 </h3>
            [${dataname}] <hr/>
            <h3>EL에서 출력되는 request JSP 내장객체의 dataname 의 값 </h3>
            [${requestScope.dataname}] <hr/>
            <h3>EL 에서 출력되는 application JSP 내장객체의 dataname 의 값 </h3>
            [${ applicationScope.dataname}]

    </body>
</html>
```

${dataname}은 앞 예제와 마찬가지로 request 내장객체를 우선순위에 따라 출력하지만, requestScope 혹은 applicationScope와 같은 EL 내장객체를 이용하면 아래 출력 결과에서 알 수 있듯이, 우선순위에 상관없이 JSP의 특정 내장객체에 바로 접근 가능함을 알 수 있다.

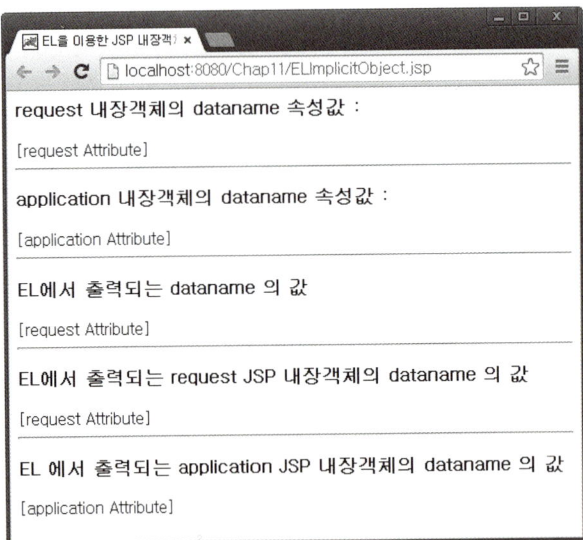

▲ ELImplicitObject.jsp의 결과 화면

(2) 요청 파라미터 데이터 출력

이번에는 EL식을 통해 요청 파라미터의 출력을 사용해보도록 하자. 요청 파라미터가 단일 값을 가지는 데이터인지, 여러 개의 값을 가질 수 있는 데이터인지에 따라 각각 다음과 같이 두 가지 방식을 선택하여 사용할 수 있다.

파라미터의 종류	사용 구분
단일값을 가지는 파라미터	${param.ParamName}
	${param["ParamName"]}
다중값을 가지는 파라미터	${paramValues.ParamName[index]}
	${paramValues"ParamName[index]"}

이제 요청 파라미터를 EL식으로 출력하는 예제를 다뤄보도록 하자. 이름을 입력 받고 사용 언어를 선택하기 위한 체크박스를 사용한 HTML 페이지를 먼저 구현하도록 하자.

SOURCE CODE : ELRequestParam.html

```
<html>
  <head>
    <meta http-equiv="Content-Type" content="text/html; charset=utf-8">
    <title>EL에 요청 파라미터 데이터 전달하기</title>
  </head>
  <body>
    <form action="ELRequestParam.jsp" method="post">
      이름 <input type="text" name="name"><hr/>
      사용언어
      <table>
        <tr>
          <td><input type="checkbox" name="language" value="java"></td>
          <td>Java</td>
        </tr>
        <tr>
          <td><input type="checkbox" name="language" value="C#"></td>
          <td>C#</td>
        </tr>
        <tr>
          <td><input type="checkbox" name="language" value="Phython">
          </td>
          <td>Phython </td>
        </tr>
        <tr>
          <td><input type="checkbox" name="language" value="Ruby"></td>
          <td>Ruby</td>
        </tr>
      </table><hr/>
      <input type="submit" value="전송">
    </form>
  </body>
</html>
```

이제 앞의 HTML 페이지에 결과 내용을 출력하기 위한 JSP 페이지를 제작하도록 하자. 여기서는 앞서 살펴보았던 요청 파라미터의 표현 방식을 두 가지 모두 사용해보도록 하겠다.

SOURCE CODE : ELRequestParam.jsp

```
<%@ page contentType="text/html; charset=utf-8"%>
<%
    request.setCharacterEncoding("utf-8");
%>
<html>
    <head>
        <title>EL 요청 파라미터 데이터 사용</title>
    </head>
    <body>
        이름 : ${param.name}<br/>
        선택 언어:${paramValues.language[0]}
                ${paramValues.language[1]}
                ${paramValues.language[2]}
                ${paramValues.language[3]}
    </body>
</html>
```

이제 제작한 HTML 페이지를 실행해보도록 하자. 이름란에 이름을 입력한 후 사용 언어를 체크하고 [전송] 버튼을 클릭한다.

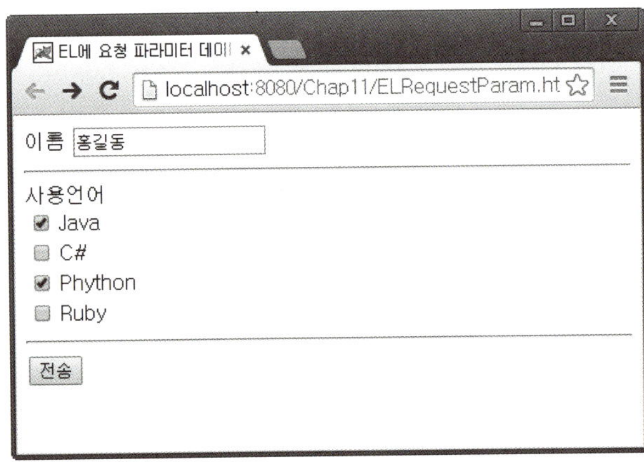

▲ ELRequestParam.html 실행

다음 결과 그림을 통해 알 수 있듯이 EL식을 사용하면 request 내장객체를 사용하지 않고도 요청 파라미터값을 출력할 수 있다. paramValues의 경우 선택되지 않은 인덱스는 에러가 발생하는 것이 아니라 단지 출력되지 않는 식으로 동작하는 점을 기억하자.

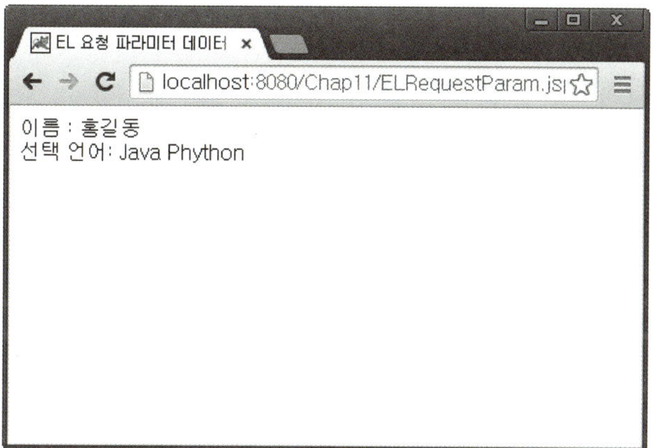

▲ ELRequestParam.jsp의 결과 화면

요청 파라미터 외에도 EL은 initParam식을 사용하여 웹 애플리케이션의 초기화 파라미터를 출력할 수도 있다. 웹 애플리케이션 초기화 파라미터 등록을 위해 이번 장 웹 프로젝트 폴더 내 WEB-INF 폴더에 다음과 같이 web.xml 파일을 작성한다.

SOURCE CODE : web.xml

```
<?xml version="1.0" encoding="UTF-8"?>

<web-app xmlns="http://java.sun.com/xml/ns/javaee"
 xmlns:xsi="http://www.w3.org/2001/XMLSchema-instance"
 xsi:schemaLocation="http://java.sun.com/xml/ns/javaee
           http://java.sun.com/xml/ns/javaee/web-app_3_0.xsd"
 version="3.0"
 metadata-complete="true">

 <context-param>
   <param-name>initParamName</param-name>
   <param-value>initParamValue</param-value>
 </context-param>

</web-app>
```

web.xml에 지정된 웹 애플리케이션 초기화 파라미터를 EL의 iniParam 식을 통해 가져오는 방법은 다음과 같이 두 가지 방법을 사용한다.

```
${initParam.PARAM_NAME}
${initParam["PARAM_NAME"]}
```

여기서는 이 두 가지 방법을 모두 사용하여 초기화 파라미터를 출력하는 JSP 페이지를 구현해보도록 하자.

SOURCE CODE : ELInitParam.jsp

```
<%@ page contentType="text/html; charset=utf-8"%>
<html>
    <head>
        <title>EL 웹 애플리케이션 초기화 파라미터 사용</title>
    </head>
    <body>
        초기화 파라미터  initParamName 값 출력<hr/>
        [${initParam.initParamName}]<br/>
        [${initParam["initParamName"]}]<br/>
    </body>
</html>
```

위 페이지를 실행하면 다음과 같이 초기화 파라미터 출력을 위한 두 가지 방법 모두 동일한 결과가 나타난다.

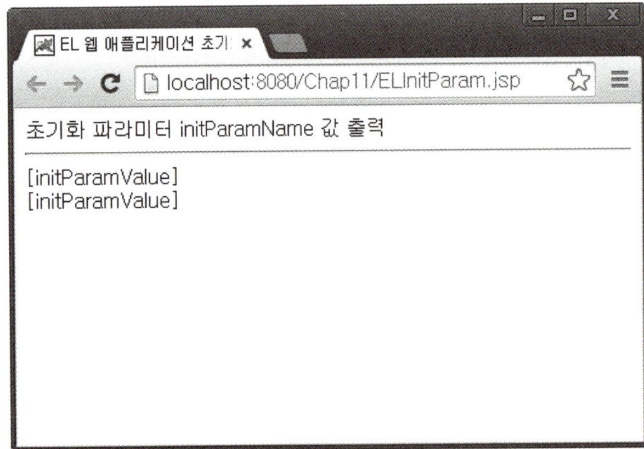

▲ ELInitParam.jsp의 결과 화면

(3) 쿠키 정보 출력

이번에는 EL식을 통한 쿠키 정보의 출력 방식을 알아보도록 하자. 쿠키는 EL의 cookie식으로 사용 가능하며, EL식에서 사용되는 cookie는 JSP의 쿠키 내장객체를 의미하므로 쿠키 내부의 속성값에 접근하기 위해 앞서 살펴본 다른 EL식들과는 조금 다른 형태의 식을 구현한다. 예를 들어, "COOKIE_NAME" 이름을 가진 쿠키의 속성 "property" 값을 출력하기 위해서는 다음과 같이 네 가지 방식을 사용할 수 있다.

```
${ cookie.COOKIE_NAME.property}

${ cookie.COOKIE_NAME["property"]}

${ cookie["COOKIE_NAME"].property}

${ cookie["COOKIE_NAME"]["property"]}
```

지금까지 사용해왔던 EL식을 이해했다면 위의 방식은 금방 이해가 될 것이다. 앞서 이야기한대로 cookie EL 내장객체에서 호출한 쿠키명은 JSP 쿠키 내장객체 자체를 지칭하므로, 쿠키 내장객체 내부의 추가적인 속성값을 가져오기 위해서는 식을 한 단계 더 구체적으로 표현해주어야 한다.

이제 EL식의 쿠키 내장객체를 사용하는 예제를 만들어보도록 하자. 여기서는 간단히 쿠키 하나를 생성하여 해당 쿠키의 몇몇 속성들을 출력해보는 형태의 JSP 페이지를 제작할 것이다. 우선 쿠키를 생성하는 간단한 JSP 페이지를 제작하도록 하자.

SOURCE CODE : ELMakeCookie.jsp

```
<%@ page contentType="text/html; charset=utf-8"%>
<%
    Cookie cookie = new Cookie("cookieName", "cookieValue");
    response.addCookie(cookie);
%>

<html>
    <head>
        <title>EL 쿠키 생성</title>
    </head>
    <body>
        쿠키 생성이 완료되었습니다.
    </body>
</html>
```

아래 예제는 위 JSP 페이지에서 생성한 쿠키 데이터를 출력하기 위한 JSP 페이지이다. cookie만 작성했을 경우와 cookie에 지정한 이름까지 작성한 경우 마지막으로 쿠키의 값을 가져오기 위한 value식을 사용한 네 가지 경우를 함께 작성하도록 한다.

SOURCE CODE : ELPrintCookie.jsp

```
<%@ page contentType="text/html; charset=utf-8"%>
<html>
    <head>
        <title>EL 쿠키 출력</title>
    </head>
    <body>
        <h3>cookie 작성 후 출력</h3>
        ${cookie} <hr/>

        <h3>cookie.cookieName 작성 후 출력</h3>
        ${cookie.cookieName} <hr/>

        <h3>cookie.cookieName의 value 출력</h3>
        ${cookie.cookieName.value}<br/>
        ${cookie.cookieName["value"]}<br/>
        ${cookie["cookieName"].value}<br/>
        ${cookie["cookieName"]["value"]}<br/>

    </body>
</html>
```

이제 ELMakeCookie.jsp 페이지를 실행한 후 ELPrintCookie.jsp 페이지를 바로 실행해보도록 하자.

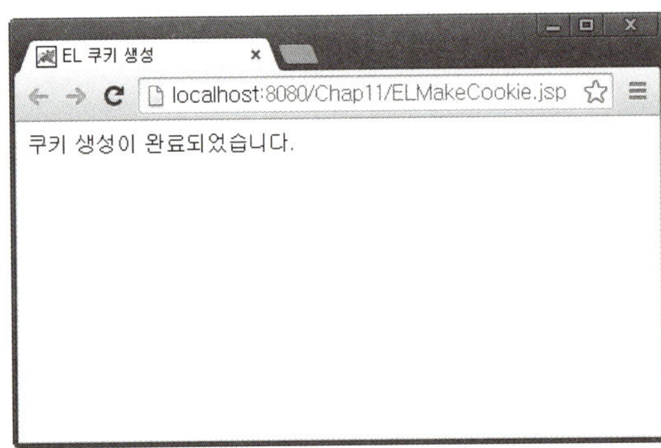

▲ ELMakeCookie.jsp 실행

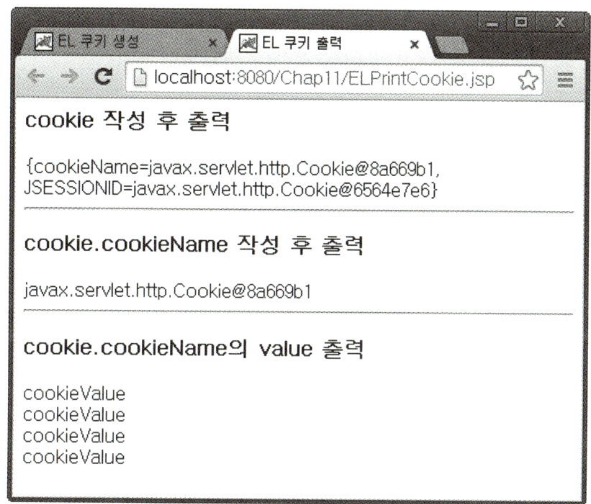

▲ ELPrintCookie.jsp 실행

위와 같이 쿠키의 속성을 지정하지 않고 EL을 통해 출력할 경우 출력되는 값은 쿠키 내장객체의 참조값이며 이 값은 출력용으로는 의미가 없다. 따라서 생성된 쿠키 자체의 값을 출력하기 위해서는 쿠키의 이름과 출력에 원하는 속성값이 명시되어야 한다. 여기서는 지정한 쿠키의 값을 보기 위해 value 속성을 사용하였으며, 네 가지 방식 모두 동일한 결과가 출력됨을 확인할 수 있다.

(4) EL의 pageContext 내장객체

EL의 pageContext 내장객체를 사용하면 java.servlet.PageContext 클래스에 정의된 기능들을 통해 JSP 내장객체들에 설정되어 있는 JSP 페이지 내 여러 정보에 아래와 같이 EL식을 사용하여 접근할 수 있다.

사용	설명
${pageContext.request} ${pageContext["request"]}	• request 내장객체를 가져옴 • PageContext 클래스의 getRequest( ) 메서드와 동일
${pageContext.response} ${pageContext["response"]}	• response 내장객체를 가져옴 • PageContext 클래스의 getResponse( ) 메서드와 동일
${pageContext.page} ${pageContext["page"]}	• page 내장객체를 가져옴 • PageContext 클래스의 getPage( ) 메서드와 동일
${pageContext.exception} ${pageContext["exception"]}	• exception 내장객체를 가져옴 • PageContext 클래스의 getException( ) 메서드와 동일
${pageContext.errorData} ${pageContext["errorData"]}	• 에러 정보를 가져옴 • PageContext 클래스의 getErrorData( ) 메서드와 동일
${pageContext.servletConfig} ${pageContext["servletConfig"]}	• servletConfig 인스턴스를 가져옴 • PageContext 클래스의 getServletConfig( ) 메서드와 동일
${pageContext.servletContext} ${pageContext["servletContext"]}	• servletContext 인스턴스를 가져옴 • PageContext 클래스의 getServletContext( ) 메서드와 동일

${pageContext.session} ${pageContext["session"]}	• session 내장객체를 가져옴 • PageContext 클래스의 getSession( ) 메서드와 동일

앞서 살펴보았던 EL의 내장객체와 마찬가지로 위 표에 나온 pageContext 내장객체의 식들은 각각 해당하는 객체의 참조값에 접근하므로 내부에 설정된 데이터에 접근하기 위해서는 아래와 같이 한 단계를 더 표현해준다.

```
${pageContext.내장객체.내부구성요소}
${pageContext.내장객체["내부구성요소"]}
${pageContext["내장객체"].내부구성요소}
${pageContext["내장객체"]["내부구성요소"]}
```

이제 EL의 pageContext 내장객체를 사용하여 request 내장객체에 설정된 값을 출력하는 JSP 페이지를 구현해보도록 하자. 이번 예제에서는 pageContext 내장객체를 통해 request 내장객체 내 메서드와 매칭되는 값들을 출력해보도록 하겠다.

SOURCE CODE : ELPageContext.jsp

```
<%@ page contentType="text/html; charset=utf-8"%>
<html>
    <head>
        <title>EL pageContext 사용</title>
    </head>
    <body>
        <h3>pageContext.request</h3>
        ${pageContext.request}<hr/>

        <h3>pageContext.request.requestURI</h3>
        ${pageContext.request.requestURI}<hr/>

        <h3>pageContext.request["requestURI"]</h3>
        ${pageContext.request["requestURL"]}<hr/>

        <h3>pageContext["request"]["requestedSessionId"]</h3>
        ${pageContext["request"]["requestedSessionId"]}<hr/>

        <h3>pageContext["request"].queryString</h3>
        ${pageContext["request"].queryString}
    </body>
</html>
```

페이지 실행 시 queryString 속성값을 출력하기 위해 페이지 주소 후 GET 방식의 파라미터를 추가하여 실행해보도록 하자. 다음과 같이 페이지를 실행했을 때 request만 지정한 부분은 페이지 내 request 내장객체의 참조값만을 출력하고 있음을 알 수 있다.

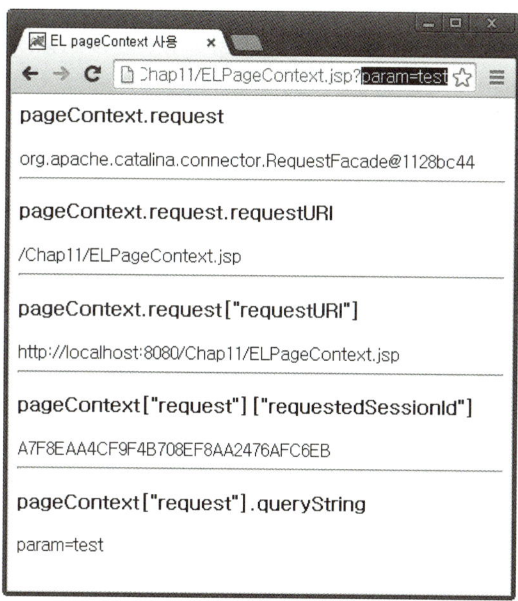

▲ ELPageContext.jsp의 실행

EL의 pageContext 내장객체를 사용하여 JSP 내장객체에 접근할 때 사용되는 마지막 속성값들은 각 내장객체의 get 메서드에서 get 접두어만 떼고 사용한 것도 눈여겨봐두길 바란다.

03 | EL 연산자

EL은 출력을 위한 데이터 간 연산을 지원한다. EL에서 사용하는 연산자는 기본적으로 자바 연산자와 동일한 방식으로 사용되는 것들이 대부분이지만, 연산자에 따라 수행되는 기능은 자바의 연산자와 조금 상이한 것도 있다.

3.1 산술 연산자

EL에서는 다음과 같이 다섯 가지의 산술 연산에 사용되는 연산자를 제공한다.

연산자	기능
+	덧셈
−	뺄셈

*	곱셈
/	나눗셈
div	
%	나머지 연산
mod	

산술 연산자의 사용 방법은 자바의 산술 연산자와 동일하며 나눗셈과 나머지 연산의 경우 'div'나 'mod' 연산자를 사용할 수도 있다. 그럼 각 수치 연산자를 활용할 예제 코드를 구현하여 실행해보자. 다음은 요청 파라미터 param1과 param2에 지정된 두개의 값을 산술 연산자를 사용하는 예제이다.

SOURCE CODE : ELArithmeticOp.jsp

```
<%@ page contentType="text/html; charset=utf-8"%>
<html>
    <head>
        <title>EL의 산술연산자</title>
    </head>
    <body>
        <h3>param1 + param2</h3> $param.param1 + param.param2<hr/>

        <h3>param1 - param2</h3>
        $param.param1 - param.param2<hr/>

        <h3>param1 * param2</h3>
        $param.param1 * param.param2<hr/>

        <h3>param1 / param2</h3>
        $param.param1 / param.param2<hr/>

        <h3>param1 div param2</h3>
        $param.param1 div param.param2<hr/>

        <h3>param1 % param2</h3>
        $param.param1 % param.param2<hr/>

        <h3>param1 mod param2</h3>
        $param.param1 mod param.param2

    </body>
</html>
```

이제 ELArithmeticOp.jsp 페이지를 실행하도록 하자. HTTP 요청 메시지에 GET 방식으로 파라미터를 집어넣도록 하겠다. 아래는 param1 요청 파라미터에는 10값을, param2에는 3을 지정하여 호출한 페이지의 결과이다.

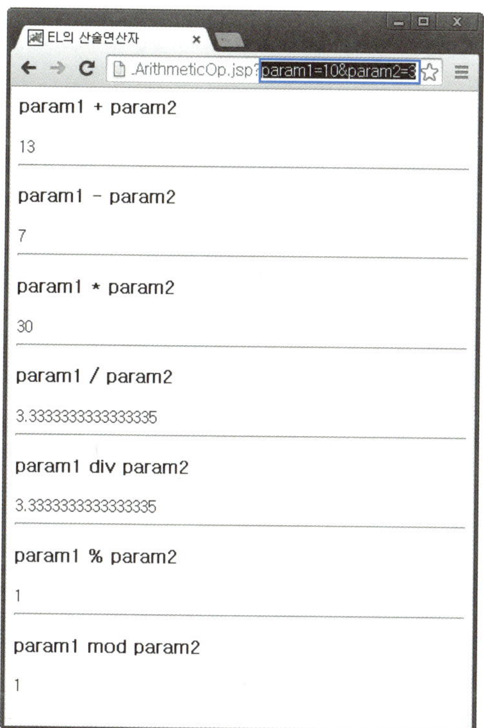

▲ ELArithmeticOp.jsp의 실행

EL의 산술 연산자들의 사용 방법은 자바와 동일했지만, 여기서 주목해야 할 점은 EL의 수치 연산자는 자바의 산술 연산자와는 달리 데이터 타입에 대해 조금 더 유연하게 동작한다는 점이다. GET 방식으로 전송된 파라미터는 그 값이 숫자 형태를 띠더라도 그 데이터의 타입은 문자열로 전송되어 자바에서는 반드시 해당 파라미터의 데이터 타입을 숫자 형태로 바꿔주어야 한다. 그러나 EL 산술 연산자는 데이터의 값이 숫자로 자동 변환되어 연산을 수행한다. 만약 숫자로 변경할 수 없는 텍스트 문자열과 같은 데이터가 올 경우 에러가 발생한다. 피연산자가 null일 경우 EL의 산술 연산자를 적용하면 해당 null을 0으로 처리하여 연산을 수행한다는 점과 정수형 데이터끼리의 나눗셈의 결과가 실수형 데이터로 출력되는 것도 특이한 점이다.

3.2 비교 연산자

비교 연산자는 양측 피연산자의 결과값을 비교하기 위해 사용하는 연산자로, EL에서 사용할 수 있는 비교 연산자는 아래와 같다.

연산자	설명
== eq	양측 피연산자의 결과값이 같으면 true, 아니면 false 반환
!= ne	양측 피연산자의 결과값이 다르면 true, 아니면 false 반환
> gt	왼쪽 피연산자의 결과값이 오른쪽 피연산자의 결과값보다 크면 true, 아니면 false 반환
>= ge	왼쪽 피연산자의 결과값이 오른쪽 피연산자의 결과값과 같거나 크면 true, 아니면 false 반환
< lt	왼쪽 피연산자의 결과값이 오른쪽 피연산자의 결과값보다 작으면 true, 아니면 false 반환
<= le	왼쪽 피연산자의 결과값이 오른쪽 피연산자의 결과값과 같거나 작으면 true, 아니면 false 반환

EL의 비교 연산자를 사용하는 예제 코드를 작성해보도록 하자. 사용 방식은 자바의 비교 연산자와 동일하므로 간단히 구현이 가능하다.

SOURCE CODE : ELComparisonOp1.jsp

```
<%@ page contentType="text/html; charset=utf-8"%>
<html>
    <head>
        <title>EL의 비교연산자</title>
    </head>
    <body>

        <h3>param.param == 3 : $param.param == 3</h3>
        <h3>param.param eq 3 : $param.param eq 3</h3><hr/>

        <h3>param.param != 3 : $param.param != 3</h3>
        <h3>param.param ne 3 : $param.param ne 3</h3><hr/>

        <h3>param.param > 3 : $param.param > 3</h3>
        <h3>param.param gt 3 : $param.param gt 3</h3><hr/>
```

```
        <h3>param.param >= 3 : $param.param >= 3</h3>
        <h3>param.param ge 3 : $param.param ge 3</h3><hr/>

        <h3>param.param < 3 : $param.param < 3</h3>
        <h3>param.param lt 3 : $param.param lt 3</h3><hr/>

        <h3>param.param <= 3 : $param.param <= 3</h3>
        <h3>param.param le 3 : $param.param le 3</h3>

    </body>
</html>
```

비교 연산자에 사용되는 "〈 〉" 등의 기호는 HTML 및 JSP 문법에도 사용되는 문자이므로 자바에서 사용하던 비교 연산자와 동일한 기능을 하는 eq, ne, gt, ge, lt, le로도 사용 가능함을 숙지하길 바란다. 아래는 위 JSP 페이지를 호출한 결과이다. param 파라미터를 GET 방식으로 값을 주어 실행하였다.

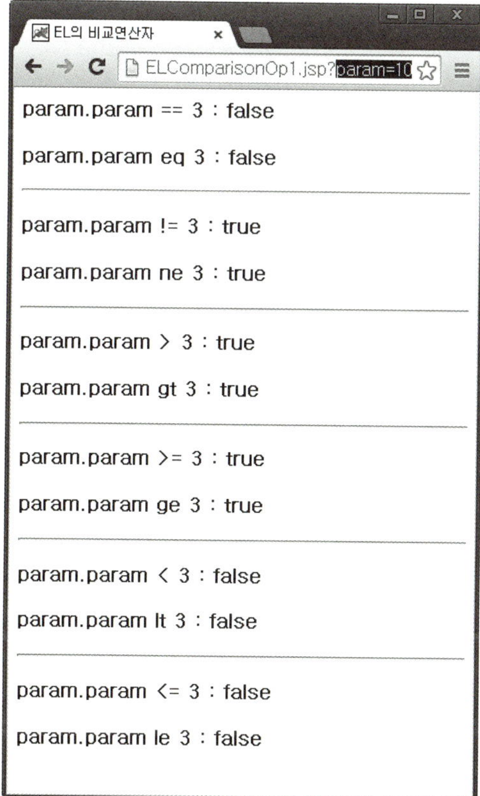

▲ ELComparisonOp1.jsp의 실행

EL에서의 비교 연산자는 숫자 데이터의 값 비교뿐만 아니라 문자열의 비교도 가능하다. 문자열을 비교연산자를 통해 비교할 때는 유니코드 순서에 따른 사전식 비교가 일어난다.

SOURCE CODE : ELComparisonOp2.jsp

```
<%@ page contentType="text/html; charset=utf-8"%>
<html>
    <head>
        <title>EL의 비교연산자</title>
    </head>
    <body>

        <h3>param.skill == "Jsp" : $param.skill == "Jsp"</h3>
        <h3>param.skill eq "Jsp" : $param.skill eq "Jsp"</h3><hr/>

        <h3>param.skill != "Jsp" : $param.lang1 != "Jsp"</h3>
        <h3>param.skill ne "Jsp" : $param.lang1 ne "Jsp"</h3><hr/>

        <h3>param.skill > "Jsp" : $param.skill > "Jsp"</h3>
        <h3>param.skill gt "Jsp" : $param.skill gt "Jsp"</h3><hr/>

        <h3>param.skill >= "Jsp" : $param.skill >= "Jsp"</h3>
        <h3>param.skill ge "Jsp" : $param.skill ge "Jsp"</h3><hr/>

        <h3>param.skill < "Jsp" : $param.param < "Jsp"</h3>
        <h3>param.skill lt "Jsp" : $param.param lt "Jsp"</h3><hr/>

        <h3>param.skill <= "Jsp" : $param.skill <= "Jsp"</h3>
        <h3>param.skill le "Jsp" : $param.skill le "Jsp"</h3>

    </body>
</html>
```

'skill' 요청 파라미터에 'SERVLET'을 GET 방식으로 전달하면 'JSP'가 'SERVLET'보다 먼저이므로 다음과 같이 결과가 출력된다.

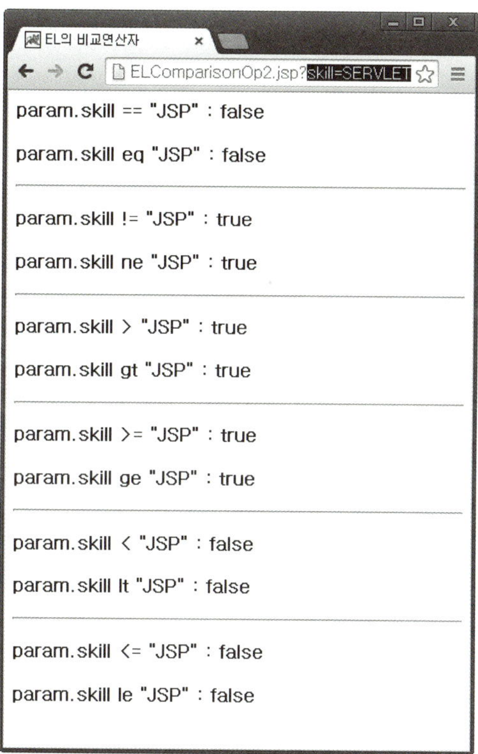

▲ ELComparisonOp2.jsp의 실행

3.3 논리 연산자

EL에서 사용할 수 있는 논리 연산자는 아래와 같다. 자바에서 사용되는 연산자와 사용법은 동일하다.

연산자	기능
&& and	논리 AND 연산자로 양측 피연산자의 결과값이 모두 true일때 true, 아니면 false를 반환
|| or	논리 OR 연산자로 양측 피연산자의 결과값이 모두 false일때 false, 아니면 true를 반환
! not	논리 부정 연산자로 피연산자의 결과값이 true이면 false, false이면 true를 반환

이제 EL의 논리 연산자를 사용하는 예제 코드를 실행해보도록 하자.

SOURCE CODE : ELLogicalOp.jsp

```
<%@ page contentType="text/html; charset=utf-8"%>
<html>
    <head>
        <title>EL의 논리연산자</title>
    </head>
    <body>

        <h3>(param.param1 > 3) && (param.param2 > 3) :
        $(param.param1 > 3) && (param.param2 > 3)</h3>
        <h3>(param.param1 > 3) and (param.param2 > 3) :
        $(param.param1 > 3) and (param.param2 > 3)</h3><hr/>

        <h3>(param.param1 < 10) && (param.param2 < 10) :
        $(param.param1 < 10) && (param.param2 < 10)</h3>
        <h3>(param.param1 < 10) and (param.param2 < 10) :
        $(param.param1 < 10) and (param.param2 < 10)</h3><hr/>

        <h3>(param.param1 < 5) || (param.param2 < 5) :
        $(param.param1 < 5) || (param.param2 < 5)</h3>
        <h3>(param.param1 < 5) or (param.param2 < 5) :
        $(param.param1 < 5) or (param.param2 < 5)</h3><hr/>

        <h3>(param.param1 < 3) || (param.param2 < 3) :
        $(param.param1 < 3) || (param.param2 < 3)</h3>
        <h3>(param.param1 < 3) or (param.param2 < 3) :
        $(param.param1 < 3) or (param.param2 < 3)</h3><hr/>

        <h3>!(param.param1 == param.param2) :
        $!(param.param1 == param.param2)</h3>
        <h3>not(param.param1 == param.param2) :
        $not(param.param1 == param.param2)</h3>

    </body>
</html>
```

위 예제에서 알 수 있듯이, 'and', 'or', 'not'과 같이 동일한 기능을 수행하는 연산자를 추가로 사용할 수 있다는 점 외에는 사용상에 별다른 차이가 없다. 요청 파라미터 param1과 param2에 GET 방식으로 각각 값을 지정해준 후 페이지를 호출해보도록 하자.

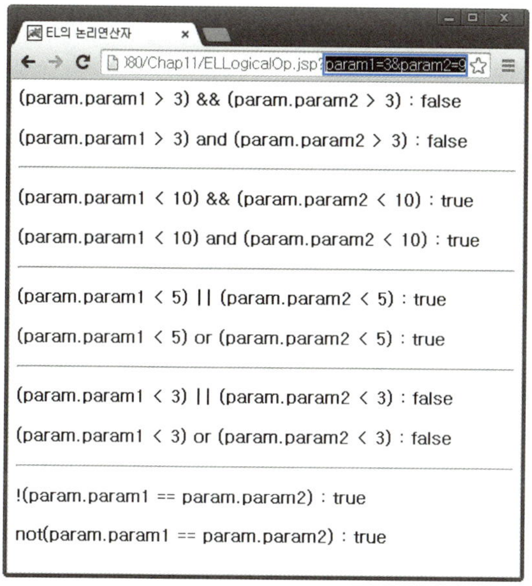

EL의 논리연산자
:80/Chap11/ELLogicalOp.jsp?param1=3¶m2=9

```
(param.param1 > 3) && (param.param2 > 3) : false
(param.param1 > 3) and (param.param2 > 3) : false

(param.param1 < 10) && (param.param2 < 10) : true
(param.param1 < 10) and (param.param2 < 10) : true

(param.param1 < 5) || (param.param2 < 5) : true
(param.param1 < 5) or (param.param2 < 5) : true

(param.param1 < 3) || (param.param2 < 3) : false
(param.param1 < 3) or (param.param2 < 3) : false

!(param.param1 == param.param2) : true
not(param.param1 == param.param2) : true
```

▲ ELLogicalOp.jsp의 실행

3.4 삼항 연산자

삼항 연산자는 자바에서 사용되는 삼항 연산자와 동일한 기능을 수행하며, EL 연산자를 사용한 결과값이 true 혹은 false일 때 사용할 값을 지정해줄 수 있다. 아래는 요청 파라미터 "gender"에 성별 값을 입력한 후 입력된 데이터에 따라 한글로 "남자", "여자"를 출력하는 간단한 예제이다.

SOURCE CODE : ELTernaryOp.jsp

```
<%@ page contentType="text/html; charset=utf-8"%>
<html>
    <head>
        <title>EL의 삼항연산자</title>
    </head>
    <body>

        param.gender == "male" ? "남자" : "여자" <br/>
        <h3>결과 : ${param.gender == "male" ? "남자" : "여자"}</h3>

    </body>
</html>
```

JSP 페이지 호출 시 요청 파라미터 gender에 "male" 값을 지정해주었을 때와 "female" 값을 지정해주었을 때 해당 gender에 지정된 값에 따라 삼항 연산자의 조건을 통해 출력되는 값이 달라짐을 확인할 수 있다.

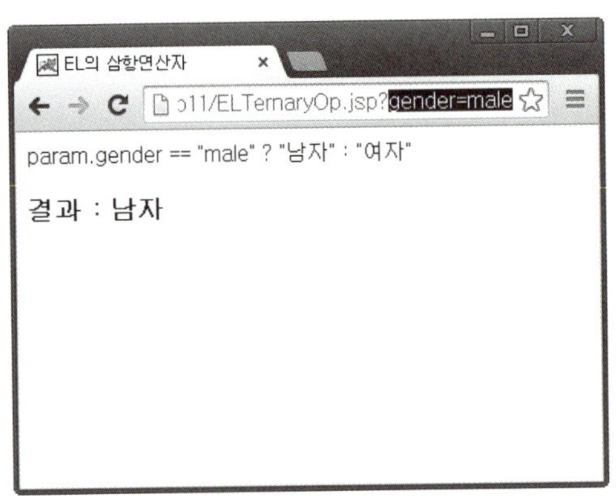

▲ ELTernaryOp.jsp의 실행

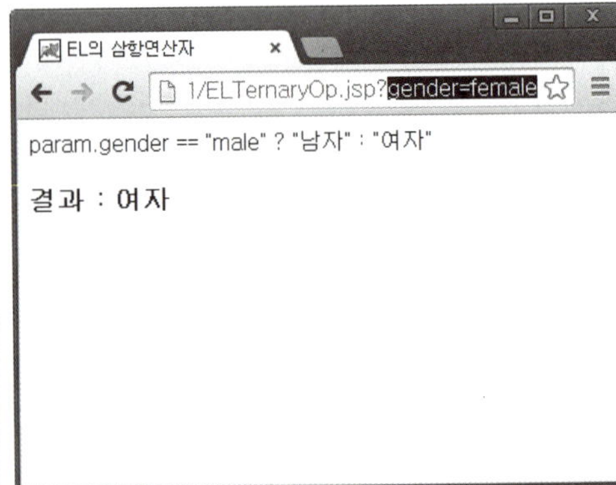

▲ ELTernaryOp.jsp의 실행

3.5 empty 연산자

EL의 empty 연산자는 데이터의 값이 null과 같이 빈 값을 가지는지를 검사하는 연산자이며, 다음과 같이 사용한다.

```
$empty DATA
```

위에서 명시된 DATA가 null 혹은 공백 문자열(" "), 비어 있는 Collection일 경우 true가 반환되며, 그 반대의 경우 모두 false가 반환된다. empty 연산자를 사용한 간단한 JSP 페이지를 구현해보도록 하자.

SOURCE CODE : ELEmptyOp.jsp

```
<%@ page contentType="text/html; charset=utf-8"%>
<html>
    <head>
        <title>EL의 empty 연산자</title>
    </head>
    <body>

        <h3>요청 파라미터 param1 데이터가 빈 상태(empty) 입니까? <br/>
        $empty param.param1</h3><hr/>
```

```
        <h3>요청 파라미터 param2 데이터가 빈 상태(empty) 입니까? <br/>
        $empty param.param2</h3>
    </body>
</html>
```

이 예제를 실습하기 위해 위 예제에 작성된 요청 파라미터인 param1과 param2 중 param1 파라미터만 GET 방식으로 값을 지정해준 후 실행하도록 하자.

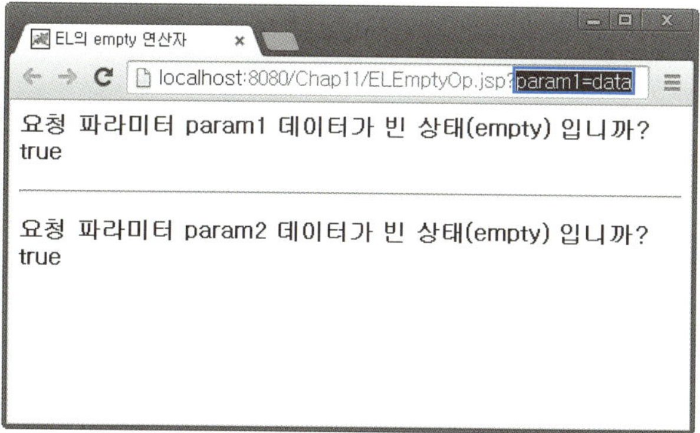

▲ ELEmptyOp.jsp의 실행

empty 연산자는 데이터의 존재 유무를 알기 위해 사용하는 연산자이지만, 데이터가 존재할 때 true가 반환되는 것이 아니라 데이터가 존재하지 않을 때 true가 반환된다.

EL의 empty 연산자를 사용하면 데이터 값의 존재 유무를 파악할 수 있다. empty 연산자는 true/false로 결과값이 반환되므로, EL의 삼항 연산자와 함께 사용 시 값의 존재 유무에 따라 출력값을 달리해줄 수 있다. empty 연산자와 삼항 연산자를 사용하여 ID 값의 존재 유무에 따라 출력을 달리하는 간단한 예제를 구현해보도록 하자.

SOURCE CODE : ELEmptyOp2.jsp

```
<%@ page contentType="text/html; charset=utf-8"%>
<html>
    <head>
        <title>EL의 empty 연산자</title>
    </head>
    <body>
        <h3>$empty param.id ? "방문자" : param.id님, 환영합니다.</h3>
    </body>
</html>
```

위 예제에서 확인할 수 있듯이 EL의 empty 연산자의 결과는 true/false이므로 삼항 연산자에 적용하면 조금 더 다양한 출력이 가능해진다. id 요청 파라미터의 값을 지정해주지 않았을 때와 GET 방식으로 직접 지정해주었을 경우를 확인해보도록 하자.

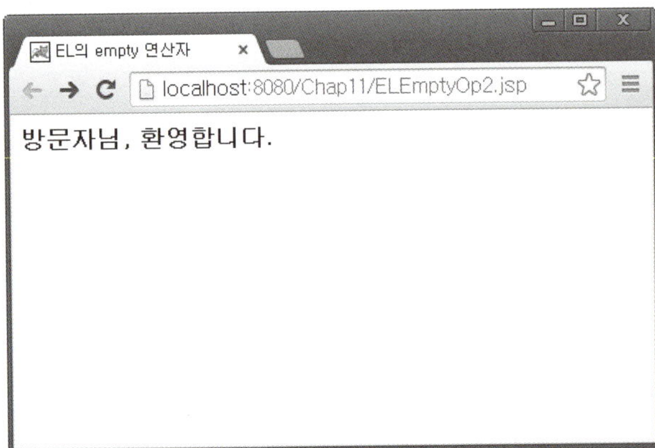

▲ ELEmptyOp2.jsp의 실행(요청 파라미터 지정하지 않음)

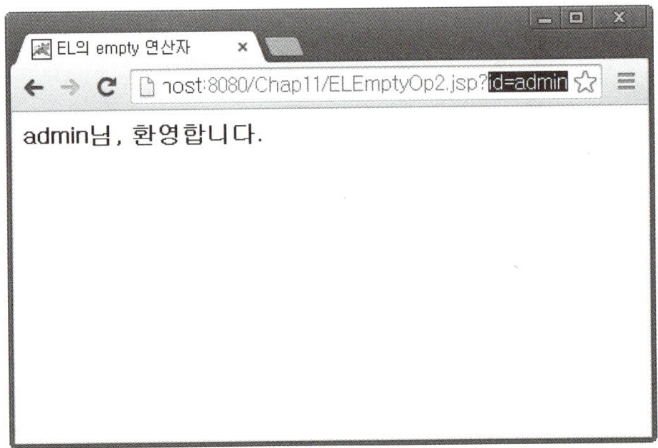

▲ ELEmptyOp2.jsp의 실행(요청 파라미터 id에 admin 값 지정)

이와 같이 EL의 간략한 구현만으로도 파라미터에 대한 조건 출력이 가능해졌다.

3.6 연산자의 우선순위

마지막으로 EL에서 사용되는 연산자들은 기본적으로 우선순위가 정해져 있으며 다음과 같다.

연산자	우선순위
[ ]	높음
( )	↑
-(단항) ! not empty	
* / div % mod	
+ -	
< > <= >= lt gt le ge	
== != eq ne	
&& and	
|| or	↓
? :	낮음

우선순위가 같은 연산자의 경우 기본적으로 왼쪽에서 오른쪽으로 연산이 수행되며, 괄호( )를 사용하면 기본 우선순위를 바꾸어줄 수 있다.

04 | EL을 이용한 자바 메서드 사용

JSP 2.1 이하 버전에서는 EL을 통해 정적(static) 메서드만 사용 가능했지만, JSP 2.2 버전에 대응되는 EL 버전 2.2부터는 클래스의 인스턴스(instance) 메서드도 사용이 가능하다. 이번에는 EL을 사용하여 자바로 정의한 메서드를 사용하는 방법을 알아보도록 하겠다.

4.1 EL을 이용한 자바 인스턴스 메서드 사용

JSP 2.2 버전에서 사용이 가능한 EL 2.2 버전은 자바의 인스턴스 메서드 사용이 가능해졌다. 우선 다음과 같이 인스턴스 메서드를 정의한 클래스를 제작해보도록 하자.

SOURCE CODE : InstanceMethod.java

```
package MethodTest;

public class InstanceMethod {

    private int data;

    public void setData(int data) {
        this.data = data;
    }

    public int getData() {
        return data;
    }

    public int getAddData(int a, int b){
        this.data = (a + b);
        return this.data;
    }

    public int[] getArrayData (int a, int b){
        int[] result = new int[2];
        result[0] = a;
        result[1] = b;
        return result;
    }
}
```

위 클래스에서 정의해 놓은 메서드는 입력 파라미터를 통해 블록 내 코드를 실행만 하는 void 타입의 메서드, 입력 파라미터가 없이 결과값을 리턴해주는 메서드, 여러 개의 입력 파라미터가 정의되어 결과값이 단일 변수의 값으로 리턴되는 메서드, 배열 데이터를 리턴하는 메서드로 이루어져 있다. 이러한 다양한 형태의 메서드를 리턴 타입과 파라미터의 유무 및 개수에 상관없이 EL을 통해 사용할 수 있으며 이를 JSP 페이지에 구현해보도록 하겠다.

SOURCE CODE : ELInstanceMethod.jsp

```
<%@ page contentType="text/html; charset=utf-8"%>
<%@ page import="MethodTest.InstanceMethod" %>

<%
  InstanceMethod instanceMethod = new InstanceMethod();
  request.setAttribute("usingMethod", instanceMethod);
%>

<html>
  <head>
    <title>EL의 인스턴스 메서드 사용</title>
  </head>
  <body>

    <h3>instanceMethod 객체의 setData 메서드 사용<br/>
    $usingMethod.setData(10)
    메서드 호출 완료 </h3><hr/>

    <h3>instanceMethod 객체의 getData 메서드 사용<br/>
    메서드 호출 결과 : $usingMethod.getData()</h3><hr/>

    <h3>instanceMethod 객체의 다중 입력 파라미터를 사용하는 getAddData 메서드 사용
    <br/>
    메서드 호출 결과 : $usingMethod.getAddData( usingMethod.getData(), 3 )
    </h3><hr/>

    <h3>instanceMethod 객체의 배열 반환 getArrayData 메서드 사용<br/>
    메서드 호출 결과 : $usingMethod.getArrayData( usingMethod.getData(), 3)
    </h3><hr/>

    <h3>instanceMethod 객체의 getArrayData 메서드를 통해 반환된 배열 사용<br/>
    0번 인덱스 값 : $usingMethod.getArrayData( usingMethod.getData(), 3) [0]
    <br/>
    1번 인덱스 값 : $usingMethod.getArrayData( usingMethod.getData(), 3) [1]
    <br/>
    2번 인덱스 값 : $usingMethod.getArrayData( usingMethod.getData(), 3) [2]
    </h3>

  </body>
</html>
```

데이터 출력을 위한 용도로 주로 사용하는 EL을 통해 void 메서드나 파라미터 입력이 필요한 메서드와 반환되는 여러 데이터 타입을 모두 사용할 수 있다는 것은 흥미로운 일이며 다양한 활용이 가능해질 것이다. 이제 위 JSP 페이지를 실행해보도록 하자.

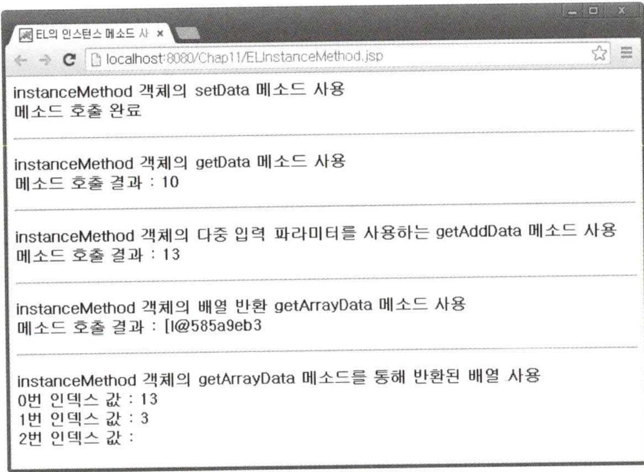

▲ ELInstanceMethod.jsp의 실행

setData 메서드와 같이 출력될 데이터 값을 반환하지 않는 void 메서드의 경우 아무런 메시지 출력 없이 메서드만 실행된다. getData 메서드는 입력 파라미터를 받은 후 결과값을 반환하였고, 해당 결과값 10이 출력되었다. getAddData 메서드 사용 시에는 getData 메서드를 다시 입력 파라미터로 사용하였고, 두 번째 파라미터에 3을 집어넣어 13이 결과값으로 반환되어 출력됨을 확인할 수 있다. 마지막 getArrayData 메서드의 경우 정수형 배열을 리턴하므로 addArrayData 메서드의 결과값을 출력할 경우 해당 객체의 참조 주소가 나타나게 되고, 배열 내 값을 출력하기 위해 배열의 인덱스 번호를 사용할 수도 있다.

4.2 EL을 이용한 자바 정적 메서드 사용

JSP 2.1 이하 버전에서는 EL을 이용하여 자바의 정적 메서드(static method)만을 사용할 수 있으며 자바의 정적 메서드를 EL 함수로 등록하는 작업이 병행되어야 한다. 우선 EL을 통해 사용할 정적 메서드가 정의된 클래스를 제작하도록 하자. 이번에 제작하는 정적 메서드는 호출 시 입력한 정수형 데이터를 가공 없이 그대로 반환하는 간단한 메서드이다.

SOURCE CODE : StaticMethod.java

```
package MethodTest;

public class StaticMethod {

    public static int getData(int data) {
        return data;
    }
}
```

위에서 제작한 클래스의 정적 메서드를 EL을 통해 사용하기 위해선 TLD 파일 내에 EL 함수를 등록해주는 절차가 필요하다. TLD 파일은 아래와 같이 작성한다.

SOURCE CODE : static-method.tld

```
<taglib xmlns="http://java.sun.com/xml/ns/javaee" version="2.1">
  <description>EL의 자바 정적 메서드 사용</description>
  <tlib-version>1.0</tlib-version>
  <short-name>ELStaticMethod</short-name>

  <function>
    <name>useStaticMethod</name>
    <function-class>MethodTest.StaticMethod</function-class>
    <function-signature>int getData(int)</function-signature>
  </function>
</taglib>
```

최상단의 〈taglib〉 태그에는 xmlns에 TLD 문법의 식별자와 version 속성에 TLD 문법의 버전을 작성한다. 〈description〉 태그에는 사용할 태그 라이브러리에 대한 간략한 설명을 넣고, 〈tlib-version〉에 태그 라이브러리 버전이 지정된다. 〈short-name〉 태그에는 현재 태그 라이브러리명을 지정해준다. 〈function〉 태그는 우리가 현재 태그 라이브러리에서 호출할 수 있는 함수를 제작하기 위한 태그로 〈name〉 태그에 사용될 함수의 이름, 〈function-class〉는 사용할 정적 메서드가 정의되어 있는 자바 클래스의 풀네임, 〈function-signature〉 태그에 등록한 정적 메서드의 리턴 타입, 메서드명, 메서드의 입력 파라미터의 데이터 타입을 작성해주어야 한다.

TLD

TLD는 Tag Library Descriptor의 약자로, 태그 라이브러리 정보 설정을 위해 작성한다. 여기서 태그는 액션 태그를 의미하며 EL 함수 등록에도 사용이 가능하다. TLD 사용법에 대해서는 이후 커스텀 태그 챕터를 통해 자세히 알아보도록 하겠다.

이렇게 작성한 TLD 파일에 등록해준 EL 함수를 사용하려면 TLD 파일을 웹 컨테이너에 인식시켜주어야 한다. 즉, web.xml에 TLD 파일을 등록해주어야 한다는 의미이다. web.xml 파일에 아래와 같이 TLD 파일을 등록하도록 하자. 등록을 위해 〈taglib〉 태그를 작성하여 TLD 파일의 식별자를 지정하기 위한 〈taglib-uri〉 태그와 TLD 파일의 경로명을 지정해주기 위한 〈taglib-location〉 태그를 작성하도록 한다. 여기서는 식별자와 파일의 경로명이 모두 동일하게 작성되었다.

SOURCE CODE : web.xml

```
<?xml version="1.0" encoding="UTF-8"?>

<web-app xmlns="http://java.sun.com/xml/ns/javaee"
  xmlns:xsi="http://www.w3.org/2001/XMLSchema-instance"
  xsi:schemaLocation="http://java.sun.com/xml/ns/javaee
            http://java.sun.com/xml/ns/javaee/web-app_3_0.xsd"
  version="3.0"
  metadata-complete="true">

    <jsp-config>
        <taglib>
            <taglib-uri>/WEB-INF/tlds/static-method.tld</taglib-uri>
            <taglib-location>/WEB-INF/tlds/static-method.tld</taglib-
            location>
        </taglib>
    </jsp-config>
</web-app>
```

이제 등록된 EL 함수를 사용하는 JSP 페이지를 작성해보도록 하자. 우선 JSP 페이지에 EL 함수 호출을 위해 taglib 지시자를 사용해야 한다. taglib 지시자는 JSP 다른 지시자와 마찬가지로 〈%@ ~ %〉 내에 지정하며, 일반적인 형태는 아래와 같다.

```
<%@ taglib prefix="태그라이브러리 구분용 접두어" uri="TLD 파일의 URI" %>
```

이렇게 taglib 지시자를 지정한 후 실제 EL식을 통해 사용하려면 아래와 같이 사용할 수 있다.

```
$ 접두어 : TLD 파일의 <function> 태그 내 <name> 태그로 지정된 함수명 ( 입력 파라미터 )
```

등록한 EL 함수를 사용하여 작성한 JSP 페이지는 아래와 같다.

SOURCE CODE : ELStaticMethod.jsp

```
<%@ page contentType="text/html; charset=utf-8"%>
<%@ taglib prefix="elstaticmethod" uri="/WEB-INF/tlds/static-method.tld"
%>

<html>
    <head>
        <title>EL의 정적 메서드 사용</title>
    </head>
    <body>
        <h3>StaticMethod 클래스의 getData 정적 메서드 호출 결과<br/>
        $elstaticmethod:useStaticMethod(10)</h3>
    </body>
</html>
```

ELStaticMethod.jsp 페이지를 호출해보도록 하자.

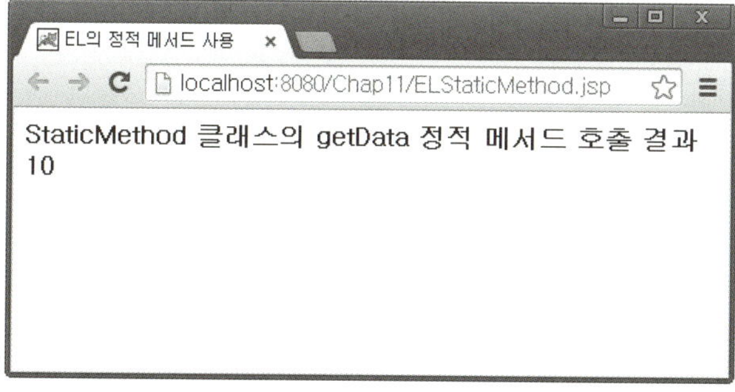

▲ ELInstanceMethod.jsp의 실행

입력 파라미터의 값으로 10을 주고 getData 메서드가 간접적으로 실행되어 입력값 그대로 출력이 이루어짐을 알 수 있다. EL을 통한 자바의 정적 메서드 호출은 이처럼 다소 번거로운 작업이 병행되어야 하지만 JSP 2.1 이하 버전에서 자바의 메서드를 호출하는 방식은 이 방법이 유일하므로 기억해두길 바란다.

05 | EL의 비활성화

EL은 모든 JSP 버전에서 사용할 수 있는 기술이 아니므로, JSP 1.2 이하 버전에서 제작된 웹 애플리케이션에 $와 같은 문자가 포함되어 있고, 이를 JSP 2.0 이상 버전을 처리하는 웹 컨테이너를 통해 구동할 경우 문제가 발생할 수 있다. 따라서 경우에 따라 JSP 페이지 내 EL을 비활성화해주는 방법에 대해 알아보도록 하겠다.

5.1 page 지시자를 이용한 비활성화

가장 간단한 방법은 EL 사용을 원치 않는 JSP 페이지마다 아래와 같이 page 지시자의 isELIgnored 속성에 true 값을 지정해주는 방식이다.

```
<%@ page isELIgnored="true" %>
```

isELIgnored 속성의 기본값은 false이며 몇몇의 페이지에서만 EL 실행을 비활성화하기 위해 간편하게 사용할 수 있는 방식이다. JSP 2.1 버전부터 사용이 가능한 #[ ] 형식의 EL 구문 실행을 막기 위해서는 아래와 같이 deferredSyntaxAllowrdAsLiteral 속성값을 true로 지정해준다.

```
<%@ page deferredSyntaxAllowrdAsLiteral ="true" %>
```

5.2 web.xml의 〈jsp-property-group〉 태그를 이용한 비활성화

〈jsp-property-group〉 태그는 〈jsp-config〉 태그 내에 위치하는 내부 태그로 지정한 JSP 페이지에 설정값을 적용해줄 수 있다. EL을 비활성화할 대상 페이지의 URL 패턴을 지정하는 〈url-pattern〉 태그와 〈el-ignored〉 태그의 값을 true로 지정해주며 아래와 같이 작성한다.

```
<jsp-config>
   <jsp-property-group>
      <url-pattern>/notUsingEL.jsp</url-pattern>
      <el-ignored>true</el-ignored>
   </jsp-property-group>
</jsp-config>
```

모든 JSP 페이지의 EL을 비활성화해야 한다면 〈url-pattern〉 태그 내에 *.jsp를 지정해줄 수도 있다. 두 가지 방법 중 page 지시자를 이용한 비활성화가 우선시됨을 기억하도록 하자. web.xml을 통해 JSP 페이지에 EL을 비활성화시켜도 page 지시자를 통해 EL을 사용할 수 있도록 하면 EL은 사용이 가능하다. 반대의 경우에도 page 지시자를 통해 EL을 비활성화하면 EL은 해석되지 않는다. EL의 비활성화는 앞에서 다룬 예제들을 통해 직접 실습해 보길 바란다.

CHAPTER 11 **Level Up! Coding**

01 아래와 같이 간단한 회원가입 Join.html 페이지와 회원가입 시 입력한 내용을 출력하기 위한 Join.jsp 페이지를 EL을 활용하여 제작해보자.

02 다음과 같이 쿠키 및 세션을 이용하여 아이디와 비밀번호를 저장할 수 있는 간단한 로그인 기능 및 로그아웃 기능을 제작해보도록 하자. 웹 브라우저 종료 이후, 5분 동안 접속하지 않을 경우 저장된 아이디와 비밀번호는 사용이 불가능하다. 로그인에 사용될 jsp 페이지와 각 페이지의 기능은 아래와 같다.

JSP 페이지	설명
Login.jsp	로그인이 시작될 페이지. [아이디/비밀번호 저장]을 선택하여 로그인할 경우 이후 호출 시 아이디와 비밀번호가 자동 입력된다.
Logined.jsp	로그인 환영 메시지 및 [로그아웃] 버튼이 출력될 페이지. 아이디와 비밀번호의 유효성 검사는 이 예제에서 제외되며, [로그아웃] 버튼을 누르면 로그아웃이 실행된다.
Logout.jsp	로그아웃 페이지. 로그아웃되었음을 출력하며, 다시 로그인을 위한 화면을 포함하고, [첫 화면으로] 버튼을 통해 첫 로그인 화면으로 이동한다.

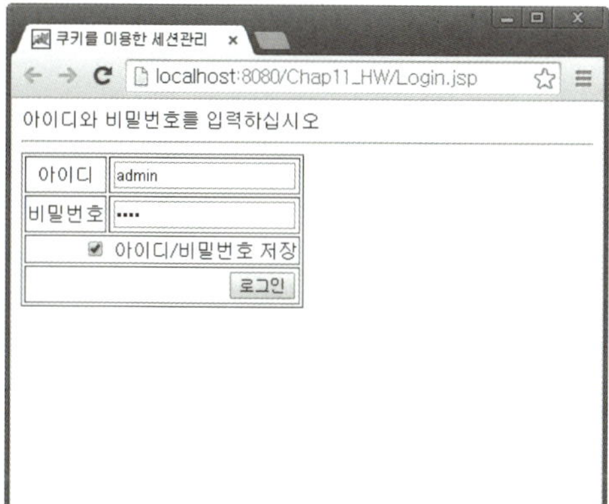

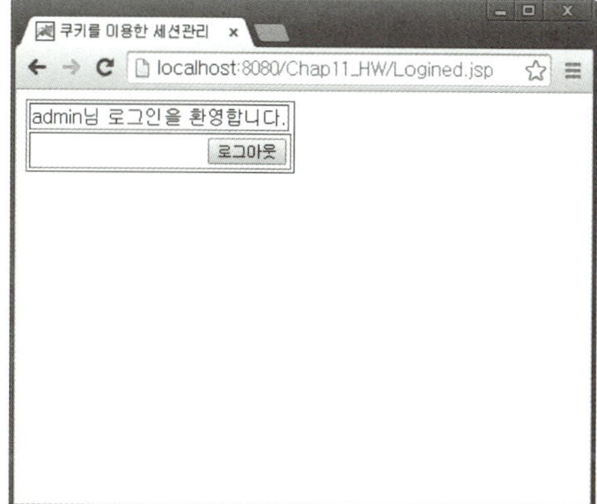

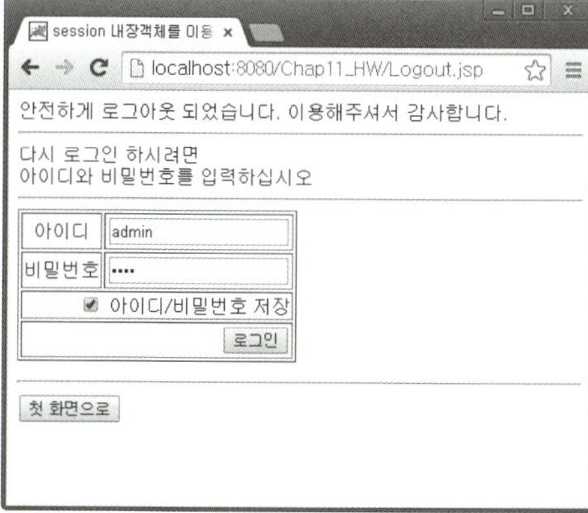

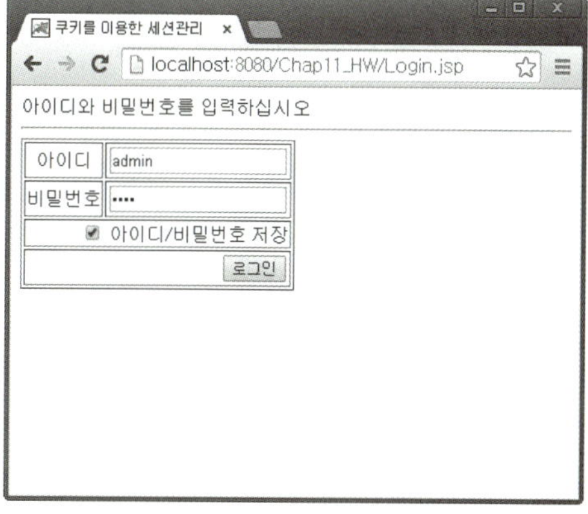

12 CHAPTER

커스텀 태그

JSP의 커스텀 태그는 JSP 페이지 내에서 사용할 목적으로 프로그래머가 직접 정의한 태그를 뜻한다. 이번 장에서는 심플 태그 핸들러와 태그 파일을 이용한 기본적인 커스텀 태그를 제작하는 방법들을 예제와 함께 알아보도록 하겠다.

01 | 커스텀 태그의 개요

앞서 살펴보았던 액션 태그는 자바 빈 클래스에 정의된 값들에 접근하기 위한 기능을 제공하지만, 다른 기능으로의 활용면에서는 제한적이다. 따라서 액션 태그를 사용하더라도 JSP 페이지에는 여전히 기능 구현을 위한 자바 코드가 많이 필요하다. 커스텀 태그를 제작하면 자바를 이용해 원하는 기능을 미리 태그로 정의해 놓음으로써 JSP 페이지에 작성해야 하는 자바 코드를 줄이고, 기능의 유지관리 측면에서도 이득을 볼 수 있다.

1.1 커스텀 태그의 제작 방식

현재 커스텀 태그의 제작은 다음 세 가지 방법을 사용할 수 있다.

제작 방식	필요 요소	사용가능 버전
클래식 커스텀 태그	Tag, IterationTag, BodyTag	JSP 1.2
심플 태그 핸들러를 사용한 커스텀 태그	SimpleTag, SimpleTagSupport	JSP 2.0 이상
태그 파일을 사용한 커스텀 태그	태그 지시자	JSP 2.0 이상

클래식 커스텀 태그와 심플 태그 핸들러를 이용한 커스텀 태그 제작은 자바 기술을 이용하여 태그 핸들러 클래스를 제작하는 방식으로 커스텀 태그를 정의한다. 이 중 클래식 커스텀 태그는 제작 과정이 까다로워 JSP 2.0 버전부터는 커스텀 태그를 좀 더 간편하게 제작할 수 있는 SimpleTag 인터페이스가 추가되어 현재 많이 사용되고 있다.

태그 파일을 이용한 커스텀 태그 제작 방식은 JSP 페이지가 서블릿으로 변환되어 실행되는 원리와 비슷하다. 태그 파일의 문법을 사용하면 커스텀 태그 클래스 제작을 위한 여러 과정을 간단히 처리할 수 있다. 따라서 이 책에서는 심플 태그 핸들러를 이용한 커스텀 태그 제작 방식과 태그 파일을 사용한 커스텀 태그 제작 방식에 대해 알아볼 것 이다.

1.2 커스텀 태그의 구성요소와 동작

커스텀 태그는 JSP 페이지에서 사용할 태그를 직접 정의하는 작업이므로 제작 시 필요한 구성요소가 갖추어져야 하며 각 구성요소는 아래와 같다.

구성요소	역할
태그 핸들러 클래스	커스텀 태그 기능을 정의
TLD(Tag Library Descriptor)	커스텀 태그를 명시하고 태그 핸들러 클래스와 연결. XML 형식을 따름
태그를 사용하는 JSP	사용할 커스텀 태그가 명시된 TLD 를 명시하고, 커스텀 태그를 사용

커스텀 태그 제작에 필요한 위 세 가지 구성요소는 일반적으로 다음과 같은 순서로 제작하게 된다.

① 태그 핸들러 클래스를 통해 사용할 커스텀 태그의 기능을 정의
② TLD에 태그 핸들러 클래스를 등록
③ JSP 페이지에 커스텀 태그 사용을 위해 TLD의 위치와 접두어를 지정한 후 사용

▲ 커스텀 태그의 제작 순서

따라서 JSP 페이지에서 사용되는 커스텀 태그의 동작은 제작 순서와는 반대로 진행되며 기능 수행의 순서는 다음과 같다.

① JSP 페이지에서 접두어와 함께 커스텀 태그를 사용
② JSP 페이지에 명시된 위치를 통해 TLD 파일의 정보에 접근
③ JSP 페이지에서 사용한 커스텀 태그의 기능을 TLD에서 정의된 태그 핸들러 클래스를 통해 실행 후 태그의 처리 및 결과를 JSP 페이지에 반환

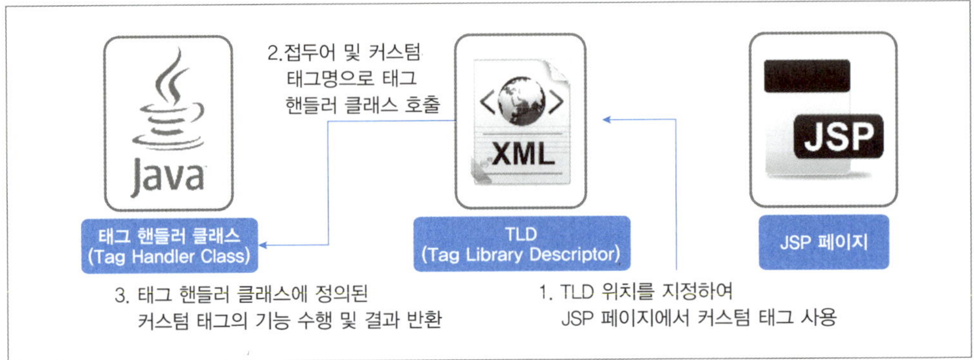

▲ 커스텀 태그의 동작 순서

태그 파일을 사용할 경우에는 제작 과정이 위에서 살펴보았던 것보다 간단해지지만 JSP가 서블릿 클래스로 변환되어 페이지 기능이 수행되듯이 결과적으로 커스텀 태그의 구성요소들과 동작 원리는 동일하다.

1.3 커스텀 태그의 장점

커스텀 태그는 제작 과정 측면에서 보았을 때 JSP 페이지에 기능 수행을 위해 자바 코드를 삽입하는 기존 형식에 비해 절차가 복잡하지만 사용 시 다음과 같은 여러 장점을 가지므로 웹 애플리케이션 제작의 효율을 높일 수 있다.

장점	설명
태그의 확장	기본적으로 제공되는 태그 기능을 직접 제작할 수 있으므로 기존 태그의 한계를 극복할 수 있다.
재사용성 증가	제작한 커스텀 태그를 라이브러리로 저장해두면 웹 컨테이너 제품군에 상관없이 등록하여 사용이 가능하다.
생산성 향상	커스텀 태그 제작 이후의 사용은 JSP 페이지 내 태그 사용만으로 복잡한 기능도 간단히 처리할 수 있으므로 생산성이 높아진다.
가독성 향상	JSP에 포함된 여러 자바 코드를 활용한 기능들을 직관적인 태그를 이용하여 구현할 수 있으므로 가독성이 향상된다.

웹 애플리케이션의 규모가 커지고 수행되어야 할 기능이 커질수록 JSP 페이지에는 점점 더 많은 자바 코드를 포함하게 되며, 커스텀 태그는 이러한 JSP 페이지의 복잡성을 해소하고 개발 효율을 높일 수 있다는 점에서 의의가 있다. 이제 커스텀 태그를 제작하는 방법들을 알아보도록 하자.

02 | 심플 태그 핸들러를 이용한 커스텀 태그 제작

심플 태그 핸들러는 JSP 2.0 버전부터 추가된 javax.servlet.jsp.tagext 패키지의 SimpleTag 인터페이스를 구현하여 작성하는 클래스이다. 기존 클래식 핸들러를 이용한 커스텀 태그 제작에 비해 쉽게 제작이 가능하며, 일반적으로 많이 사용되는 기능을 모두 구현할 수 있고 성능면에서도 클래식 커스텀 태그와 비교해 손색이 없어 많이 사용되고 있다.

2.1 심플 태그 핸들러 방식의 커스텀 태그 제작 순서

커스텀 태그를 제작하기 위해서는 우선 태그의 기능을 정의하기 위한 태그 핸들러 클래스를 제작한 후 TLD 파일에 정의한 태그 핸들러 클래스를 등록하고 JSP 페이지에서 사용하는 과정을 거치게 된다.

심플 태그 핸들러 방식으로 커스텀 태그를 정의할 경우 원칙적으로 javax.servlet.jsp.tagext 패키지의 SimpleTag 인터페이스를 구현하는 클래스를 작성해야 하지만, 동일 패키지 내 SimpleTagSupport 클래스를 사용하면 제작 과정을 단순화시킬 수 있다.

> TIP
>
> **SimpleTagSupport 클래스**
>
> SimpleTagSupport 클래스는 javax.servlet.jsp.tagext 패키지에 포함된 SimpleTag 인터페이스를 직접 구현하고 있는 클래스이다. 즉, SimpleTagSupport 클래스는 SimpleTag 인터페이스에 정의된 메서드들의 기본적인 기능들을 정의해 놓은 보조 클래스라고 볼 수 있다. 일반적으로 심플 태그 핸들러 클래스를 제작할 때 SimpleTag 인터페이스를 직접 구현하는 클래스를 제작하기보다는 SimpleTagSupport 클래스를 상속받는 방식이 많이 사용된다.

따라서 우리는 심플 태그 핸들러 클래스를 제작할 때 SimpleTagSupport 클래스를 상속받는 클래스로 커스텀 태그 제작을 진행하도록 하겠다. 심플 태그 핸들러 작성 순서는 아래와 같다.

① SimpleTagSupport 클래스를 상속받는 심플 태그 핸들러 클래스를 제작
　→ doTag( ) 메서드를 구현
② TLD에 심플 태그 핸들러를 등록
③ JSP에서 커스텀 태그 사용

2.2 심플 태그 핸들러 방식의 커스텀 태그 제작하기

심플 태그 핸들러 방식을 사용한 커스텀 태그는 일반적으로 사용되는 태그의 모든 형식을 제작할 수 있다. 여기서는 심플 태그 핸들러 방식을 이용한 커스텀 태그 제작 시 자주 사용되는 body 부분이 필요 없는 단일 태그와 body 부분을 사용하는 태그, 속성을 사용할 수 있는 태그를 간단한 예제를 통해 다루어보겠다.

(1) body 없이 사용하는 단일 커스텀 태그

태그의 body 영역은 태그 사이에 특정 값을 입력할 때 작성되는 영역으로 아래와 같은 형태를 가진다.

```
<tag> body </tag>
```

따라서 body 영역을 사용하지 않는 태그는 JSP 페이지에서 단일 태그만으로 사용된다. 이제 body를 사용하지 않고, 미리 정의해둔 메시지만을 출력하는 간단한 단일 커스텀 태그를 제작하도록 하자. 먼저 태그의 기능을 정의하기 위한 심플 태그 핸들러 클래스를 제작하도록 하겠다.

SimpleTag 패키지에 클래스를 생성하고, doTag( ) 메서드를 정의한다. doTag( ) 메서드는 작성 시 아래 내용을 지켜주어야 한다.

- 메서드는 public으로 선언
- 입력 파라미터가 없는 형태로 제작
- 메서드 외부로 throw할 수 있는 예외는 javax.servlet.jsp.JspException과 java.io.IOException

커스텀 태그를 통한 출력은 SimpleTagSupport에서 상속받은 getJspContext( ) 메서드를 통해 JSP 페이지 관련 정보를 포함하고 있는 javax.servlet.jsp.JspContext 객체를 획득한 후 JspContext 내 getOut( ) 메서드를 호출하여 리턴되는 javax.servlet.jsp.JspWritter 객체를 통해 사용 가능하다. 따라서 출력에 필요한 객체들을 참조 변수에 할당하여 사용할 수도 있고, 메서드 자체로도 사용할 수 있으므로 아래의 커스텀 태그 사용 시 출력 기능을 사용하기 위해 일반적으로 사용되는 세 가지 방법을 참고하길 바란다.

사용 방법	코드 예시
참조 변수를 사용하지 않고 메서드만으로 출력	getJspContext( ).getOut( ).println("출력 내용")
JspContext 타입의 객체 내 getOut( ) 메서드를 호출하여 출력	JspContext jspContext = getJspContext( ); jspContext.getOut( ).println("출력 내용");
JspContext 객체의 getOut( ) 메서드를 통해 획득한 JspWritter 객체를 참조하여 출력	JspContext jspContext = getJspContext( ); JspWriter out = jspContext.getOut( ); out.println("출력 내용");

이제 심플 태그 핸들러 클래스를 제작해보도록 하자.

SOURCE CODE : NobodyTagHandler.java

```
package SimpleTag;

import java.io.*;
import javax.servlet.jsp.*;
import javax.servlet.jsp.tagext.*;

public class NobodyTagHandler extends SimpleTagSupport {

    public void doTag() throws JspException, IOException {

        getJspContext().getOut().println("<h3>[getJspContext().getOut().
        println()] 사용<br/>");
        getJspContext().getOut().println("body 영역없이 사용하는 커스텀 태그1
        </h3><br/>");

        JspContext jspContext = getJspContext();
        jspContext.getOut().println("<h3>[jspContext.getOut().println()] 사용
        <br/>");
        jspContext.getOut().println("body 영역없이 사용하는 커스텀 태그2</h3><br/>");

        JspWriter out = jspContext.getOut();
        out.println("<h3>[out.println()] 사용<br/>");
        out.println("body 영역없이 사용하는 커스텀 태그3</h3>");

    }
}
```

이번 예제에서는 출력을 위해 사용되는 일반적인 세 가지 방법을 모두 사용하였다. 다음 예제부터는 한 가지 방법만을 사용할 것이다.

이제 태그 핸들러를 등록하기 위해 TLD 파일을 작성해야 한다. TLD 파일은 Tag Library Descriptor의 약자로, 태그 핸들러 클래스를 등록하기 위해 사용하는 XML 형식의 문서이며 WEB-INF 디렉터리 아래에 위치한다. TLD 파일은 〈taglib〉 태그 내에 〈tag〉를 사용하여 커스텀 태그를 등록하며 기본 형식은 아래와 같다.

```
<taglib xmlns="http://java.sun.com/xml/ns/j2ee" xmlns:xsi="http://www.
w3.org/2001/XMLSchema-instance"
    xsi:schemaLocation=
```

```
    "http://java.sun.com/xml/ns/j2ee web-jsptaglibrary_2_1.xsd"
    version="2.1">
  <description>TLD 파일의 설명</description>
  <short-name>TLD 파일의 이름</short-name>
  <tlib-version>TLD 파일의 버전</tlib-version>

  <tag>
    <name>커스텀 태그 이름</name>
    <tag-class>태그 핸들러 클래스 경로</tag-class>
    <body-content>body 영역의 형태</body-content>
  </tag>
</taglib>
```

이번에 구현하고자 하는 커스텀 태그는 body 영역 없이 사용할 태그이므로 〈body-content〉 태그 사이에 'empty' 값을 주어 body 영역을 사용하지 않는 태그임을 명시한다. 이제 제작한 태그 핸들러 클래스를 TLD 파일에 등록하도록 하자.

SOURCE CODE : NobodyTagTLD.tld

```
<?xml version="1.0" encoding="UTF-8"?>
<taglib xmlns="http://java.sun.com/xml/ns/j2ee" xmlns:xsi="http://www.
w3.org/2001/XMLSchema-instance" xsi:schemaLocation=
"http://java.sun.com/xml/ns/j2ee web-jsptaglibrary_2_1.xsd" version="2.1">

    <description>
        SimpleTag Example without body
    </description>
    <tlib-version>1.0</tlib-version>
  <short-name>SimpleTag without body</short-name>
  <tag>
    <name>nobodyTag</name>
    <tag-class>SimpleTag.NobodyTagHandler</tag-class>
        <body-content>empty</body-content>
  </tag>
</taglib>
```

TLD 파일은 이전 버전의 환경에서는 web.xml 파일의 taglib를 추가하여 등록하는 방법을 사용할 수도 있으나 현재 우리가 사용하고 있는 환경에서는 web.xml 파일에 TLD 파일을 등록하는 과정이 필요 없으므로 생략하겠다.

이제 앞서 제작한 커스텀 태그를 사용하는 JSP 페이지를 작성하자. JSP 페이지에서 외부 태그를 사용하기 위해서는 TLD 파일을 taglib 지시자를 사용하여 명시해주고, 사용할 접두사를 지정해주어야 한다.

SOURCE CODE : UsingNobodyTag.jsp

```
<%@ page contentType="text/html; charset=utf-8" %>
<%@ taglib prefix="ct" uri="/WEB-INF/NobodyTagTLD.tld" %>

<ct:nobodyTag/>
<hr/>
<ct:nobodyTag></ct:nobodyTag>
```

이번에 제작한 커스텀 태그는 body 영역이 존재하지 않으므로 위와 같이 태그만을 명시하였다. 이제 UsingNobodyTag.jsp 페이지를 호출해보도록 하자.

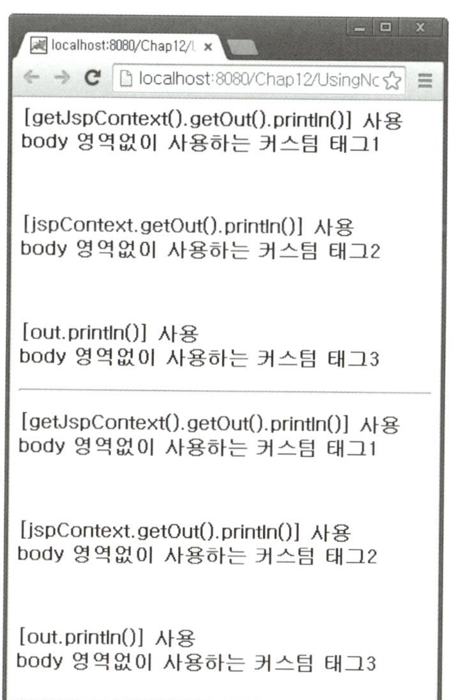

▲ UsingNobodyTag.jsp 결과 화면

UsingNobodyTag.jsp 페이지는 〈ct:nobodyTag/〉 태그를 두 번 호출한 간략한 페이지였지만, 태그 핸들러 클래스에 정의된 내용을 통해 많은 내용이 출력됨을 확인할 수 있다. 각 페이지별로 공통적으로 사용되는 기능들을 커스텀 태그를 통해 구현하면 이처럼 JSP 페이지 내 작성할 소스 코드를 줄일 수 있다.

(2) body를 사용하는 커스텀 태그

body를 사용하는 태그의 제작 과정은 body를 사용하지 않는 태그와 동일하지만, body 영역 사용을 위한 추가 작업이 필요하며 이는 SimpleTagSupport의 getJspBody( ) 메서드를 호출하면 가능하다. 앞서 getJspContext( ) 메서드와 getOut( ) 메서드 사용과 같이 getJsp-Body( ) 메서드는 호출 시 body 영역 처리를 위한 JspFragment 타입의 객체를 반환하므로 참조 변수를 통해 사용하거나 직접 메서드를 호출하여 바로 사용할 수도 있다.

사용 방법	코드 예시
참조 변수를 사용하지 않고 body 영역에 접근	getJspBody( ).invoke(null);
getJspBody( ) 메서드의 반환 객체를 참조 변수에 할당한 후 body 영역에 접근	JspFragment body = getJspBody( ); body.invoke(null);

body 영역에 명시된 값을 출력하기 위해서는 JspFragment의 invoke( ) 메서드를 사용하게 되며, 사용 시 출력에 사용할 출력 스트림을 파라미터로 입력해야 한다. 출력 스트림은 첫 예제에서 보았던 out 참조 변수와 같이 정의해 놓은 출력 스트림을 사용할 수 있고 null로 명시할 경우 JSP 페이지에서 사용되는 출력 스트림을 사용하게 된다.

```
body.invoke(out); // out으로 명시된 출력 스트림을 사용하여 출력
body.invoke(null); // JSP 페이지와 동일한 출력 스트림을 사용하여 출력
```

이제 태그 사용 시 body 영역에 작성될 문자열과 커스텀 태그 내 정의한 문자열을 함께 출력하기 위한 태그 핸들러 클래스를 제작해보도록 하겠다. 아래 태그 핸들러 클래스는 태그 사용 시 body 부분 이후 환영 메시지와 날짜와 시간을 함께 출력해주는 기능을 수행할 것이다.

SOURCE CODE : WithbodyTagHandler.java

```
package SimpleTag;

import java.io.*;
import java.text.SimpleDateFormat;
import java.util.Date;

import javax.servlet.jsp.*;
import javax.servlet.jsp.tagext.*;

public class WithbodyTagHandler extends SimpleTagSupport{

    public void doTag() throws JspException, IOException {

        JspContext jspContext = getJspContext();
```

```
        JspWriter out = jspContext.getOut();
        JspFragment body = getJspBody();

        out.print("<h3>[");
        body.invoke(out);
        out.print("]님 환영합니다!</br>");

        Date today = new Date();
        SimpleDateFormat date = new SimpleDateFormat("yyyy/MM/dd");
        SimpleDateFormat time = new SimpleDateFormat("hh:mm:ss a");
        out.print("[");
        getJspBody().invoke(null);
        out.print("]님 현재 날짜와 시간은 " + date.format(today) + " " + time.
        format(today) + "입니다.</h3>");

    }
}
```

첫 예제와 마찬가지로 태그 핸들러를 등록하기 위한 TLD 파일을 작성하도록 한다. 태그 사용 시 body 영역을 사용하기 위해 〈body-content〉 태그에 'scriptless' 값을 작성한 것에 주목하도록 하자.

SOURCE CODE : WithbodyTagTLD.tld

```
<?xml version="1.0" encoding="UTF-8"?>
<taglib xmlns="http://java.sun.com/xml/ns/j2ee" xmlns:xsi="http://www.
w3.org/2001/XMLSchema-instance" xsi:schemaLocation="http://java.sun.com/
xml/ns/j2ee web-jsptaglibrary_2_1.xsd" version="2.1">

    <description>
        SimpleTag Example with body
    </description>
    <tlib-version>1.0</tlib-version>
  <short-name>SimpleTag with body</short-name>
  <tag>
     <name>withbodyTag</name>
     <tag-class>SimpleTag.WithbodyTagHandler</tag-class>
        <body-content>scriptless</body-content>
  </tag>
</taglib>
```

<body-content> 태그에 지정할 수 있는 값들

커스텀 태그 제작 시 body 영역의 사용 유무를 지정하기 위해 작성하는 <body-content> 태그에 지정할 수 있는 값은 아래와 같다.

지정값	설명
empty	body 영역 사용하지 않음
scriptless	JSP 페이지의 스크립팅 요소를 사용하지 않는 body 영역 사용 허가
tagdependent	body 영역에 작성된 그대로 텍스트 값으로 사용되는 body 영역 사용 허가

심플 태그 방식으로 구현한 커스텀 태그는 body 영역에 포함된 JSP 스크립팅 요소를 처리할 수 없다. scriptless로 값이 지정된 경우 body 영역에는 스크립팅 요소를 포함하지 않은 데이터를 지정하며, tagdependent로 값이 지정된 경우 스크립팅 요소를 지정한다 해도 해당 스크립팅 요소의 처리 없이 작성된 문자열 그대로의 내용이 body 영역으로 지정된다.

커스텀 태그 body 영역에 스크립팅 요소를 사용하려면 JSP 1.2 방식의 클래식 커스텀 태그 구현 방식을 통해 구현이 가능하지만 현재는 JSP 페이지 내 스크립팅 요소를 사용하지 않는 추세이다. 여기서는 클래식 커스텀 태그 제작에 대한 내용을 다루지 않으므로 해당 방식에 대한 설명은 생략하겠다.

body 영역을 가지는 태그의 경우 시작 태그와 종료 태그를 작성하고 그 사이에 body 영역 데이터를 입력한다.

SOURCE CODE : UsingWithbodyTag.jsp

```
<%@ page contentType="text/html; charset=utf-8" %>
<%@ taglib prefix="ct" uri="/WEB-INF/WithbodyTagTLD.tld" %>

<ct:withbodyTag>관리자</ct:withbodyTag>
<hr/>
<ct:withbodyTag>홍길동</ct:withbodyTag>
```

아래는 UsingWithbodyTag.jsp 페이지를 호출한 결과이다.

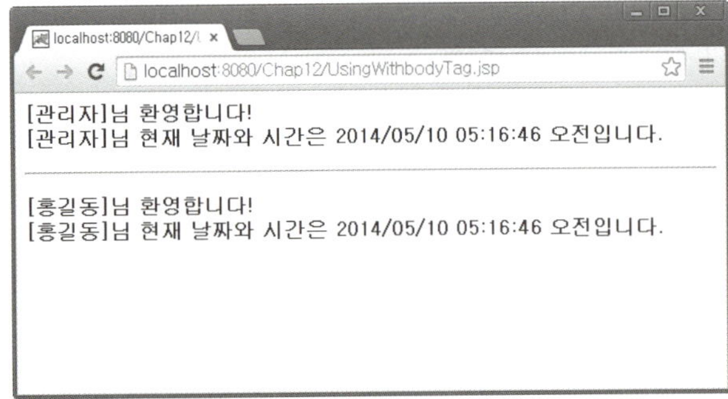

▲ UsingWithbodyTag.jsp 결과 화면

body 영역에 문자열을 입력하여 태그를 호출하면 위와 같이 환영 메시지와 함께 현재 날짜와 시간을 body 영역에 문자열과 함께 출력해줌을 알 수 있다.

(3) 속성을 사용하는 커스텀 태그

커스텀 태그에 사용할 속성을 지정하기 위해서는 태그 핸들러 클래스 내 속성명으로 사용할 자바 변수를 선언한 후 자바 빈즈 클래스에서 보았던 setter 형태의 메서드를 사용하여 구현할 수 있다. 아래는 사용할 속성명을 'attr'이라고 할 경우 커스텀 태그 내 속성을 정의하여 사용하기 위한 일반적인 형태이다. 속성값을 할당하기 위한 setter 형태의 메서드는 public으로 선언되어야 한다.

```
public class 태그 핸들러 클래스 extends SimpleTagSupport{

  private String attr;
...

  public void setAttr(String attr){
    this.attr = attr;
  }

  public void doTag() throws JspException, IOException{
    attr 사용
}
}
```

이제 앞서 body 영역에 입력받은 사용자명과 속성값을 지정하여 사용자의 이름과 함께 환영 메시지 혹은 날짜 및 시간을 출력하는 태그 핸들러 클래스를 제작해보도록 하자.

SOURCE CODE : AttributeTagHandler.java

```
package SimpleTag;

import java.io.*;
import java.text.SimpleDateFormat;
import java.util.Date;

import javax.servlet.jsp.*;
import javax.servlet.jsp.tagext.*;

public class AttributeTagHandler extends SimpleTagSupport{

   private String msg="";
```

```
    public void setMsg (String msg){
        this.msg = msg;
    }

    public void doTag() throws JspException, IOException {

        JspContext jspContext = getJspContext();
        JspWriter out = jspContext.getOut();
        JspFragment body = getJspBody();

        if ( msg.equals("welcome") ){
            out.print("<h3>[");
            body.invoke(out);
            out.print("]님 환영합니다!</h3>");
        } else if ( msg.equals("time") ){
            Date today = new Date();
            SimpleDateFormat date = new SimpleDateFormat("yyyy/MM/dd");
            SimpleDateFormat time = new SimpleDateFormat("hh:mm:ss a");

            out.print("<h3>[");
            getJspBody().invoke(null);
            out.print("]님 현재 날짜와 시간은 " + date.format(today) + " " +
            time.format(today) + "입니다.</h3>");
        } else {
            out.print("<h3>[");
            body.invoke(out);
            out.print("]님 msg 속성이 지정되지 않았습니다.</h3>");
        }
    }
}
```

이제 위 태그 핸들러 클래스를 등록하기 위한 TLD 파일을 작성하자. 커스텀 태그 내 속성을 사용하기 위해서는 TLD 내 〈tag〉 태그 내 〈attribute〉 태그를 아래와 같이 작성해야 한다.

```
<tag>
  ...
  <attribute>
    <name>속성명</name>
    <type>속성의 타입</type>
  </attribute>
</tag>
```

여기서는 태그 핸들러 클래스에 선언한 변수명과 동일하게 'msg'로 속성명을 지정하고, 속성의 타입은 java.lang.String을 사용하도록 하겠다.

SOURCE CODE : AttributeTagTLD.tld

```
<?xml version="1.0" encoding="UTF-8"?>
<taglib xmlns="http://java.sun.com/xml/ns/j2ee" xmlns:xsi="http://www.
w3.org/2001/XMLSchema-instance" xsi:schemaLocation=
"http://java.sun.com/xml/ns/j2ee web-jsptaglibrary_2_1.xsd" version="2.1">

    <description>
        SimpleTag Example with attribute
    </description>
    <tlib-version>1.0</tlib-version>
  <short-name>SimpleTag with attribute</short-name>
  <tag>
    <name>attributeTag</name>
    <tag-class>SimpleTag.AttributeTagHandler</tag-class>
       <body-content>scriptless</body-content>
       <attribute>
           <name>msg</name>
           <type>java.lang.String</type>
       </attribute>
  </tag>
</taglib>
```

속성이 포함된 커스텀 태그를 사용하는 JSP 페이지는 아래와 같이 구현한다. 속성 msg는 "welcome", "time" 그리고 그 값 외의 값이 나올 경우 출력이 다르게 나오도록 태그 핸들러 클래스를 구현하였으므로, msg 속성을 각각 달리 사용하여 커스텀 태그를 사용하도록 하겠다.

SOURCE CODE : UsingAttributeTag.jsp

```
<%@ page contentType="text/html; charset=utf-8" %>
<%@ taglib prefix="ct" uri="/WEB-INF/AttributeTagTLD.tld" %>

<ct:attributeTag msg="welcome">관리자</ct:attributeTag>
<ct:attributeTag msg="time">관리자</ct:attributeTag>
<ct:attributeTag>관리자</ct:attributeTag>
```

아래는 UsingAttributeTag.jsp 페이지를 호출한 결과 화면이다. 태그 핸들러 클래스에 속성값을 처리할 변수와 setter 메서드 그리고 TLD 파일에 〈attribute〉 태그를 추가하여 커스텀 태그 내 속성을 정의하고 사용하는 기능을 어렵지 않게 구현할 수 있다.

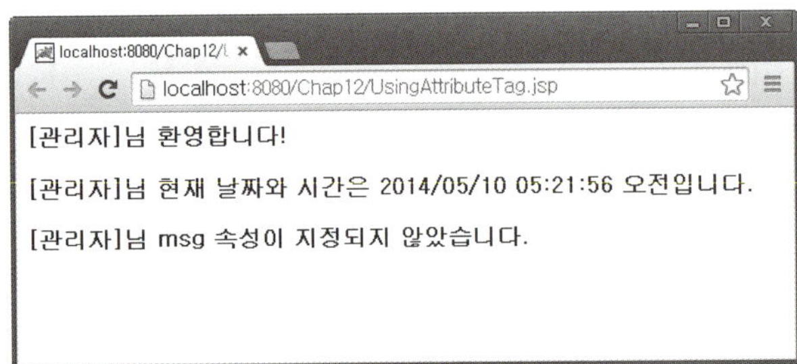

▲ UsingAttributeTag.jsp 결과 화면

03 | 태그 파일을 사용한 커스텀 태그 제작

태그 파일은 JSP 2.0부터 등장한 커스텀 태그 제작 방식이다. 태그 핸들러 클래스와 TLD 제작 없이 JSP와 동일한 문법을 사용한 단일 페이지 제작만으로 간편하게 커스텀 태그를 정의할 수 있어 대중적인 제작 방식이 되어가고 있다.

3.1 태그 파일 개요

기존 커스텀 태그는 태그 핸들러 클래스와 TLD 파일을 제작한 후 JSP 페이지에서 사용하는 방식으로 정의하였다. 따라서 하나의 커스텀 태그를 정의할 때도 여러 파일을 제작하여 등록하는 다소 번거로운 작업이 필요하며 이는 구현이 조금 간편해졌을 뿐 심플 태그 방식과 큰 차이가 없었다.

하지만 JSP 2.0 버전부터는 이러한 기존 커스텀 태그 제작 방식의 복잡성을 해소하고, JSP 페이지와 동일한 문법을 사용하여 파일 하나로 커스텀 태그를 정의할 수 있는 태그 파일 방식을 제공하고 있다. 태그 파일을 이용한 커스텀 태그 이용은 JSP와 서블릿의 관계처럼 커스텀 태그의 동작 과정이 근본적으로 변했다기보다 커스텀 태그 제작을 간편하게 하기 위해 등장한 방식이라 볼 수 있다. 태그 파일은 아래와 같은 특징을 가진다.

- JSP와 동일한 문법을 사용하는 파일
  → 따로 제작해야 했던 자바 클래스가 없음
- TLD 작성이 필요 없음
  → 태그 파일명이 JSP 페이지에서 사용되는 커스텀 태그명이 되므로 등록 과정이 필요 없음
- 태그 파일은 웹 컨테이너에 의해 태그 핸들러 형태로 변환하여 사용하거나 태그 파일을 바로 해석하여 실행할 수 있음
  → 별도의 컴파일 과정이 필요 없음

태그 파일은 웹 애플리케이션 내 WEB-INF\tags에 위치해야 하고, tag, tagx 확장자를 가지며 공통 코드를 포함하는 태그 파일의 경우 tagf 확장자로 저장한다. 태그 파일은 JSP 페이지처럼 선언하지 않고 바로 사용할 수 있는 내장객체를 제공하며 아래와 같다.

내장객체	타입	설명
request	javax.servlet.http.HttpServletRequest	• HTTP 요청 관련 정보 관리 • JSP 페이지의 request와 동일
response	javax.servlet.http.HttpServletResponse	• HTTP 응답 관련 정보 관리 • JSP 페이지의 response와 동일
out	javax.servlet.jsp.JspWriter	• 결과 출력 스트림 • JSP 페이지의 out과 동일
session	javax.servlet.http.HttpSession	• HTTP Session 관련 정보 관리 • JSP 페이지의 session과 동일
application	javax.servlet.ServletContext	• 웹 애플리케이션 처리 정보 관리 • JSP 페이지의 application과 동일
config	javax.servlet.ServletConfig	• 서블릿 설정 정보 관리 • JSP 페이지의 config와 동일
jspContext	javax.servlet.jsp.JspContext	• 페이지 내 사용될 정보를 관리 • JSP 페이지의 pageContext와 유사

태그 파일의 내장객체의 사용법은 기본적으로 JSP 페이지의 내장객체와 동일하므로 자세한 설명은 생략하도록 한다.

태그 파일을 자세히 알아보기 전에 특정 데이터를 출력하는 간단한 태그 파일을 먼저 제작해보도록 하겠다. 웹 애플리케이션 WEB-INF\tag 디렉터리에 PrintTime.tag 파일을 생성하도록 하자. 이 태그 파일은 JSP 페이지에서 태그 호출 시 현재 날짜와 시간을 출력해주는 단순한 기능을 한다.

SOURCE CODE : PrintTime.tag

```
<%@ tag body-content="empty" pageEncoding="UTF-8" %>
<%@ tag import = "java.text.SimpleDateFormat" %>
<%@ tag import = "java.util.Date" %>

<%
    Date today = new Date();
    SimpleDateFormat date = new SimpleDateFormat("yyyy/MM/dd");
    SimpleDateFormat time = new SimpleDateFormat("hh:mm:ss a");
%>

<h3>현재 시각은 <%= date.format(today) %> <%=time.format(today) %> 입니다.</h3>
```

위 태그 파일을 작성하면서 느꼈겠지만, 태그 파일 작성 방식은 JSP 페이지와 매우 유사하다. 앞서 설명한 대로 태그 파일을 통한 커스텀 태그 제작은 위와 같이 단 하나의 태그 파일을 정의하면 끝난다. 이제 위에서 정의한 태그를 사용하는 JSP 페이지를 작성해보도록 하자.

JSP 페이지에서 태그 파일 방식으로 제작된 커스텀 태그를 사용하려면 taglib 지시자를 이용하여 접두어와 태그 파일의 경로를 지정해주게 되며 tagdir 속성에 태그 파일이 위치한 경로를 지정해주면 된다.

SOURCE CODE : PrintTimeTagFile.jsp

```
<%@ page contentType="text/html; charset=UTF-8" %>
<%@ taglib prefix="tf" tagdir="/WEB-INF/tags" %>

<html>
    <head>
        <title>시간을 출력하는 태그 파일 사용</title>
    </head>
    <body>
        <tf:PrintTime/>
    </body>
</html>
```

태그 파일을 지정한 후 JSP 페이지 본문에서 태그를 사용하는 방식을 눈여겨보길 바란다. 기존 커스텀 태그 제작 시 사용할 태그명을 TLD에 등록해주었던 것에 반해 태그 파일에 선언된 태그명은 확장자를 없앤 태그 파일의 이름이 JSP 페이지에서 사용되는 태그명이 되는 것을 알 수 있다.

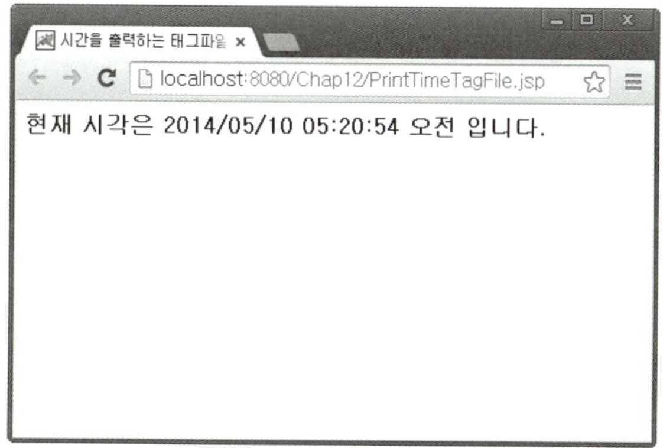

▲ PrintTimeTagFile.jsp 결과 화면

이제 태그 파일 사용 시 설정할 수 있는 태그 파일의 지시자들을 통해 태그 파일 제작 방법을 좀 더 자세히 알아보도록 하자.

3.2 태그 파일의 지시자

태그 파일은 JSP 페이지와 마찬가지로 지시자를 사용할 수 있으며 사용 방법도 다음과 같이 JSP 페이지에서 사용하는 방식과 동일하다.

```
<%@ 지시자 속성1="값1" 속성2="값2" … %>
```

아래는 태그 파일에서 사용 가능한 지시자의 목록이다. JSP 페이지에서 사용하는 page 지시자 대신 tag 지시자를 사용하고 있음을 확인하자.

지시자	설명
tag	• 태그 파일의 여러 속성과 정보를 지정 • JSP 페이지 page 지시자와 동일
include	• 태그 파일에 포함할 파일을 지정 • JSP 페이지 include 지시자와 동일
taglib	• 태그 파일에 사용할 태그 라이브러리를 지정 • JSP 페이지 taglib 지시자와 동일
attribute	• 태그 파일의 속성을 지정 • 커스텀 태그 사용 시 속성으로 사용됨
variable	• JSP 페이지에서 사용될 변수를 선언 • EL 변수로 사용

(1) tag 지시자

태그 파일의 tag 지시자는 JSP 페이지의 page 지시자와 동일하게 볼 수 있으며, 태그 파일에 관련된 여러 정보들을 지정하기 위한 속성들을 가지고 있다. tag 지시자의 속성들은 import를 제외하면 태그 파일 전반에 걸쳐 중복 작성할 수 없다. 아래는 tag 지시자의 속성들이다.

속성	설명
display-name	• XML 툴에서 표시할 태그 파일의 이름을 지정 • 기본값은 태그 파일의 확장자를 제외한 파일명
body-content	• 태그의 body 종류를 지정(empty, tagdependent, scriptless) • 기본값은 scriptless
small-icon	XML 툴에서 태그 파일을 표시할 작은 이미지 파일 경로
large-icon	XML 툴에서 태그 파일을 표시할 큰 이미지 파일 경로
description	태그에 대한 설명을 지정
example	태그의 사용 예제를 문자열로 지정
language	• 태그 파일에 사용할 언어를 지정 • JSP 페이지에서는 'java' 속성만 가능
dynamic-attribute	• 태그의 동적 속성 지원을 위해 사용 • 속성의 이름, 속성의 값으로 지정
import	• 자바의 필요 클래스, 패키지를 임포트하기 위해 사용 • JSP 페이지 page 지시자의 import 속성과 동일
pageEncoding	• 태그 파일의 문자 인코딩 지정 • JSP 페이지 page 지시자의 pageEncoding 속성과 동일
isELIgnored	• 태그 파일 내 EL 표현식의 사용 여부를 지정(기본값은 'false') • JSP 페이지 page 지시자의 isELIgnored 속성과 동일

tag 지시자의 속성들은 필수항목이 없으므로 모두 생략이 가능하며, 이후 태그 파일 예제를 다루어보면서 설명이 더 필요한 부분을 짚어가도록 하겠다.

(2) include 지시자

태그 파일의 include 지시자는 JSP 페이지의 include 지시자와 동일한 기능을 하므로, 여러 태그 파일을 제작할 때 공통적인 내용이 작성된 파일을 include 지시자를 사용하여 포함시켜줄 수 있다. include 지시자를 사용하는 간단한 태그 파일을 제작하여 사용해보도록 하자.

우선 태그 파일에 포함될 tagf 파일을 제작하도록 하겠다. tagf 파일은 앞서 언급했듯이 태그 파일에 포함되는 공통 내용을 담은 파일을 저장할 때 사용하는 확장자이며, 일반 태그 파일과 내부적으로 차이는 없다. 이번에 작성할 tagf 파일은 간단히 출력할 내용을 포함하고 있는 HTML 태그만으로 이루어진 파일이다.

SOURCE CODE : included.tagf

```
<%@ tag pageEncoding="UTF-8" %>

<html>
<body>
    <h4>현재 출력되는 내용은 included.tagf 파일에 포함된 내용입니다.</h4>
</body>
</html>
```

다음으로 위에 작성한 tagf 파일을 include 지시자를 사용하여 포함시키는 태그 파일을 제작하도록 하자.

SOURCE CODE : IncludeTagFile.tag

```
<%@ tag body-content="empty" pageEncoding="UTF-8" %>

<h3>include 지시자 사용 (included.tagf) </h3>
<%@ include file="included.tagf" %>
```

이제 제작한 태그 파일을 호출하는 JSP 페이지를 제작하겠다. 앞의 예제와 마찬가지로, JSP 페이지에서 태그 파일을 통해 제작한 커스텀 태그를 호출할 때의 태그명은 확장자를 제외한 태그 파일의 파일명이 되므로 여기서는 IncludeTagFile이 태그명이 된다.

SOURCE CODE : IncludeTagFile.jsp

```
<%@ page contentType="text/html; charset=UTF-8" %>
<%@ taglib prefix="tf" tagdir="/WEB-INF/tags" %>

<tf:IncludeTagFile/>
```

이제 작성한 IncludeTagFile.jsp를 호출해보도록 하자.

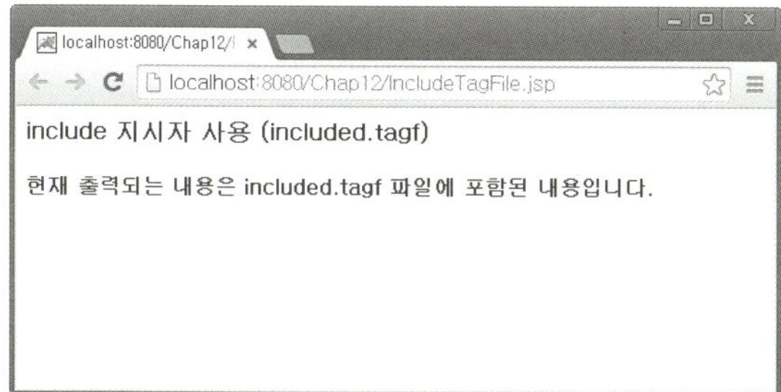

▲ IncludeTagFile.jsp 결과 화면

위 결과를 통해 알 수 있듯이 include 지시자를 사용하면 태그 파일 내 특정 파일을 포함시켜 커스텀 태그를 제작할 수 있다. 여기서 문제가 되는 것은 태그 파일 내 HTML 문서를 포함시킬 때이다. 문제 부분을 논의하기 전에 우선 아래 HTML 문서를 제작하고 위에서 제작한 태그 파일이 HTML 문서를 포함하도록 include 지시자를 사용하도록 수정하자.

SOURCE CODE : included.html

```
<html>
<body>
    <h4>현재 출력되는 내용은 included.html 페이지에 포함된 내용입니다.</h4>
</body>
</html>
```

이제 위에 제작한 HTML 문서를 include 지시자를 통해 포함하도록 IncludeTagFile.tag 파일에 소스 코드를 추가해보도록 하자.

SOURCE CODE : IncludeTagFile.tag

```
<%@ tag body-content="empty" pageEncoding="UTF-8" %>

<h3>include 지시자 사용 (included.tagf) </h3>
<%@ include file="included.tagf" %>
<!-- 이 부분부터 추가 -->
<hr/>
<h3>include 지시자 사용 (included.html) </h3>
<%@ include file="included.html" %>
```

JSP 페이지에서는 동일하게 태그를 사용할 것이므로 수정할 부분이 없다. 다시 IncludeTagFile.jsp 페이지를 호출해보도록 하자.

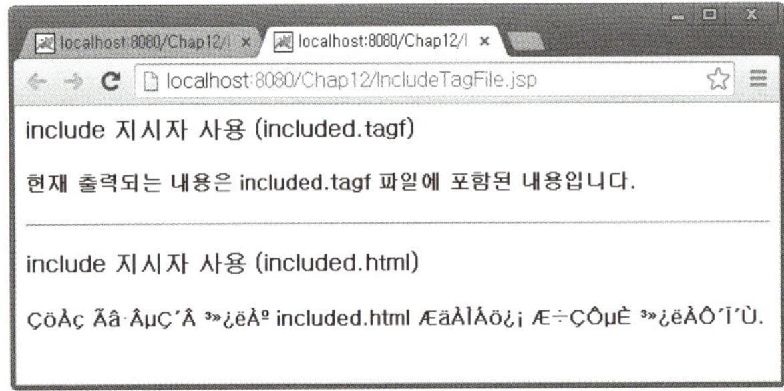

▲ IncludeTagFile.jsp 결과 화면

위의 결과를 보면 두 번째 include 지시자를 사용하여 출력된 부분에서 한글이 깨졌음을 알 수 있다. 태그 파일 내에서 include 지시자를 사용해 HTML 문서를 포함할 때 해당 문서에 한글이 포함되어 있을 경우, JSP 페이지에서 해당 태그를 사용할 때 한글이 정상적으로 출력되지 않는다.
이 문제는 HTML 문서 내에 〈%@ tag pageEncoding="UTF-8" %〉 태그 파일에 사용되는 tag 지시자 속성을 사용하여 해결할 수 있으나 이렇게 HTML 문서 내에 태그 파일에 사용되는 지시자를 통해 문자셋 인코딩을 지정해줄 경우 해당 HTML 문서는 태그 파일 외에 JSP 페이지 등에서는 제대로 사용할 수 없는 페이지가 되므로 권장할만한 방법이 아니다. 따라서 HTML 태그만으로 이루어진 내용이라 할지라도 한글이 포함된 문서일 경우, 앞서 사용한 tagf 파일과 같이 태그 파일 형태로 제작하길 권한다.

(3) taglib 지시자

태그 파일의 taglib 지시자는 태그 파일 내에서 이미 정의된 커스텀 태그를 사용하고자 할 때 유용하며, JSP 페이지에서 taglib 지시자를 지정할 때와 동일하게 사용할 수 있다. 우선 기존에 정의된 태그 파일을 taglib 지시자를 통해 태그 파일 내에서 사용해보도록 하자.

```
<%@ taglib prefix="접두어" tagdir="태그 파일의 경로"%>
```

여기서는 이번 절에서 처음 제작하였던 시간 출력 기능을 하는 PrintTime.tag 태그 파일을 새로운 태그 파일에서 taglib 지시자를 통해 사용해보자. prefix 속성과 tagdir 속성은 JSP 페이지에서 사용하던 방식과 동일하게 값을 지정하면 된다.

SOURCE CODE : TaglibTagFile1.tag

```
<%@ tag body-content="empty" pageEncoding="UTF-8" %>
<%@ taglib prefix="tf" tagdir="/WEB-INF/tags"%>
<tf:PrintTime/>
```

이미 정의되어 있는 태그 파일을 새로운 태그 파일에서 다시 사용할 수 있으므로 재사용성을 높일 수 있다. 이제 위 태그 파일을 사용할 JSP 페이지를 제작하도록 하자. JSP 페이지에서 위 태그 파일을 사용하는 방법은 기존의 태그 파일을 사용하는 방법과 완전히 동일하다.

SOURCE CODE : TaglibTagFile1.jsp

```
<%@ page contentType="text/html; charset=UTF-8" %>
<%@ taglib prefix="tf" tagdir="/WEB-INF/tags" %>
<tf:TaglibTagFile1/>
```

태그 파일에는 별다른 기능을 추가로 작성하지 않고, 기존의 태그 파일만을 가져왔으므로 최초 사용했던 PrintTime.tag에 정의된 대로 현재 시간을 출력됨을 확인할 수 있다.

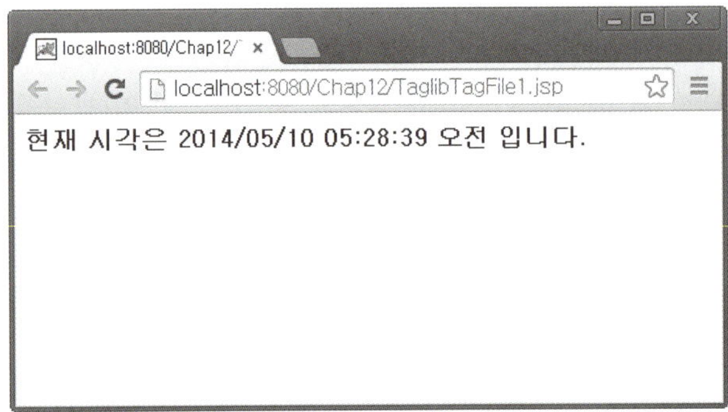

▲ TaglibTagFile1.jsp 결과 화면

태그 파일에 taglib 지시자를 이용하면 태그 파일뿐만 아니라, 앞서 살펴보았던 심플 태그와 같은 tld 파일을 통해 등록된 커스텀 태그도 사용이 가능하며 JSP 페이지에서와 사용 방법은 아래와 같이 동일하다.

```
<%@ taglib prefix="접두어" uri="태그라이브러리 경로"%>
```

이번에는 이번 절에서 다룬 PrintTimg.tag 태그 파일과 이전 절에서 사용했던 body 영역이 없는 NobodyTagHandler.java 핸들러 클래스로 정의했던 커스텀 태그를 하나의 태그 파일에서 taglib 지시자를 통해 함께 사용해보도록 하겠다.

아래 TaglibTagFile2.tag 파일은 taglib 지시자를 통해 앞서 사용했던 방식으로 태그 파일을 사용함을 선언하고 이전 절에서 정의한 NobodyTagTLD.tld 파일도 접두어 "ct"를 지정해 사용하고 있다. taglib 지시자를 사용하면 기존 클래식 커스텀 태그, 심플 핸들러 방식의 커스텀 태그, 태그 파일로 구현된 커스텀 태그를 종류와 개수에 상관없이 사용할 수 있어 편리하다.

SOURCE CODE : TaglibTagFile2.tag

```
<%@ tag body-content="empty" pageEncoding="UTF-8" %>
<%@ taglib prefix="ct" uri="/WEB-INF/NobodyTagTLD.tld" %>
<%@ taglib prefix="tf" tagdir="/WEB-INF/tags"%>
<tf:PrintTime/>
<ct:nobodyTag/>
```

JSP 페이지 내에서는 태그 파일 내부에 어떤 커스텀 태그를 몇 가지나 재사용하고 있는지 알 필요가 없으므로 앞서 제작한 JSP 페이지와 동일하게 사용할 태그 파일만을 명시하여 간단히 사용할 수 있다. 다음과 같이 TaglibTagFile2.jsp 페이지를 제작한 후 호출해보면 내부적으로 두 가지의 커스텀 태그 모두 그 기능을 정상적으로 수행하여 현재 시간과 body 영역 없이 커스텀 태그를 사용하는 세 가지 방식의 출력이 모두 이루어짐을 확인할 수 있다.

SOURCE CODE : TaglibTagFile2.jsp

```
<%@ page contentType="text/html; charset=UTF-8" %>
<%@ taglib prefix="tf" tagdir="/WEB-INF/tags" %>
<tf:TaglibTagFile2/>
```

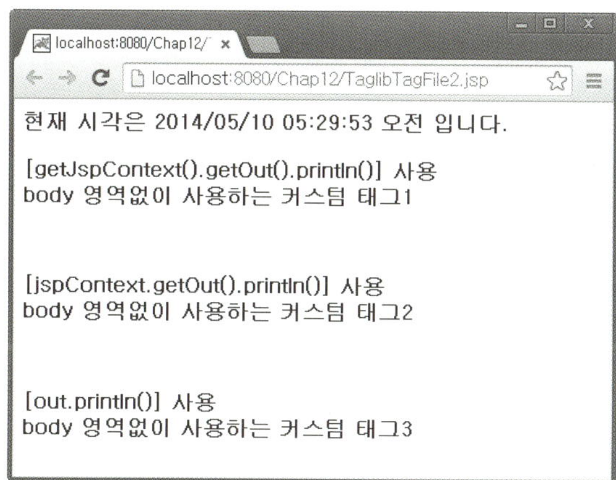

▲ TaglibTagFile2.jsp 결과 화면

taglib 지시자를 통해 기존에 정의된 커스텀 태그를 사용하고, 추가적인 기능을 더 구현할 수 있다는 점은 커스텀 태그의 재사용성뿐만 아니라 기능의 확장면에서도 많은 이점을 가지므로 잘 숙지하길 바란다.

(4) attribute 지시자

attribute 지시자는 태그 파일에서만 사용 가능한 지시자로 커스텀 태그의 속성을 지정해주기 위해 사용하며 TLD의 〈attribute〉와 동일한 역할을 한다. attribute 지시자는 다른 지시자와 마찬가지로 속성명과 속성에 지정할 값을 작성해주는 방식으로 제작한다.

```
<%@ attribute attributeName1="value1" attributeName2="value2" ... %>
```

attribute 지시자의 속성은 다음과 같으며 제작한 태그 사용 시 속성의 이름으로 사용될 name 속성은 필수 속성이다.

속성	설명
description	속성에 대한 설명
name	• 사용될 속성의 이름으로 동일 태그 파일 내에서 고유한 값으로 지정 • attribute 지시자 사용 시 필수 속성
required	속성의 필수 여부를 true, false로 지정(기본값을 false)
rtexprvalue	속성값의 표현식 사용 여부를 true, false로 지정(기본값은 true)
type	속성값의 타입을 지정(기본값은 java.lang.String)
fragment	• 속성이 태그 핸들러에서 처리되는 fragment 속성인지(true), 태그 핸들러 전달 이전에 컨테이너가 처리할 일반 속성인지(false) 여부 지정(기본값은 false) • true로 지정될 경우 rtexprvalue 속성값은 false로 자동 지정

이제 attribute 지시자를 이용하여 지정할 수 있는 속성을 포함한 태그 파일을 제작해보도록 하겠다. 아래 태그 파일은 str와 repeat라는 이름의 두 개의 속성을 정의한다. str 속성에 지정된 값은 출력 용도로 사용하고, repeat에 지정된 정수형 값은 지정해준 만큼 str 속성에 지정된 문자열을 반복하여 출력할 것이다.

SOURCE CODE : AttributeTagFile.tag

```
<%@ tag body-content="empty" pageEncoding="UTF-8" %>

<%@ attribute name="str" required="true" %>
<%@ attribute name="repeat" required="true" type="java.lang.Integer"%>

<h3>[<%=str%>] 문자열이 지정되었습니다.<br/>
<%=repeat%>번 반복 출력합니다.<hr/>
<%
    for (int i=0 ; i< repeat ; i++){
        out.println(str + "<br/>");
    }
%>
<hr/>
반복 출력이 종료되었습니다.
</h3>
```

이제 위에서 제작한 태그 파일을 JSP 페이지에서 사용하도록 하자. 앞서 다룬 예제들과 마찬가지로 실제 기능의 구현은 태그 파일에서 처리되어 있으므로, JSP 페이지는 작성 소스 코드면에서 매우 경량화되어 있다. 태그 파일에서 str과 repeat 속성 모두 required 속성을 사용하여 두 속성을 필수 입력 속성으로 지정하였으므로 JSP 페이지에서 위 태그 파일 사용 시 두 개의 속성을 입력하지 않으면 에러가 발생한다.

SOURCE CODE : AttributeTagFile.jsp

```
<%@ page contentType="text/html; charset=UTF-8" %>
<%@ taglib prefix="tf" tagdir="/WEB-INF/tags" %>

<tf:AttributeTagFile str="str 속성에 지정한 반복될 문장입니다." repeat="5"/>
```

아래는 AttributeTagFile.jsp 페이지의 호출 결과이다.

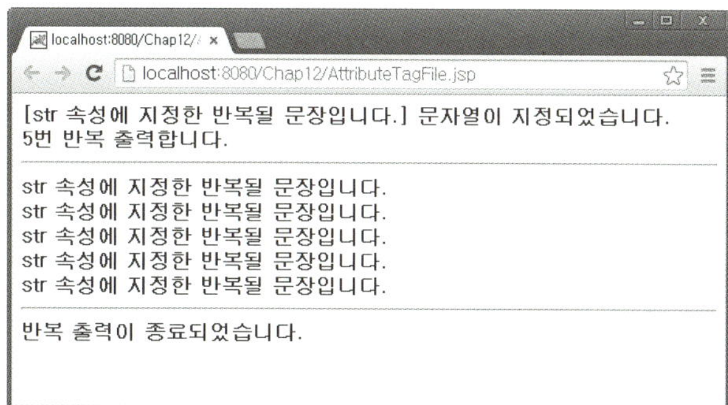

▲ AttributeTagFile.jsp 결과 화면

속성으로 지정한 값을 출력에만 사용하는 것이 아니라 그 값 자체로 기능 수행에 관여할 수 있는 요소가 될 수도 있다는 점은 매우 인상적이다. attribute 지시자를 이용하여 생성한 속성은 Java에서 지원하는 데이터 타입을 지정하므로 아래와 같이 속성의 데이터 타입을 java.lang.Object로 지정한 후 JSP 페이지에서 배열을 속성값으로 넘겨주는 것도 가능하다.

SOURCE CODE : ArrayAttributeTagFile.tag

```
<%@ tag body-content="empty" pageEncoding="UTF-8" %>
<%@ attribute name="array" required="true" type="java.lang.Object"%>
<h3>
속성으로 지정된 배열 내 지정된 값을 출력합니다.
<hr/>
<%
    String[] str = (String[]) array;

    for (int i=0 ; i < str.length ; i++){
```

```
            out.println(str[i] + "<br/>");
        }
%>
<hr/>
출력이 종료되었습니다.
</h3>
```

아래는 JSP 페이지에서 생성된 String 배열을 array 속성에 지정하는 JSP 페이지이다.

SOURCE CODE : ArrayAttributeTagFile.jsp

```
<%@ page contentType="text/html; charset=UTF-8" %>
<%@ taglib prefix="tf" tagdir="/WEB-INF/tags" %>

<%
    String[] str = new String[5];
    str[0] = "str 문자열 배열의 [0] 인덱스에 할당된 문자열";
    str[1] = "str 문자열 배열의 [1] 인덱스에 할당된 문자열";
    str[2] = "str 문자열 배열의 [2] 인덱스에 할당된 문자열";
    str[3] = "str 문자열 배열의 [3] 인덱스에 할당된 문자열";
    str[4] = "str 문자열 배열의 [4] 인덱스에 할당된 문자열";
%>
<tf:ArrayAttributeTagFile array="<%=str %>"/>
```

ArrayAttributeTagFile.jsp 페이지를 호출하면 아래와 같이 JSP 페이지를 통해 생성된 String 배열의 참조 변수도 태그 파일로 전달하여 기능 수행이 가능하다. 이는 JSP 페이지와 태그 파일 모두 밑바탕에 Java 기술을 사용하기 때문임을 기억하도록 하자.

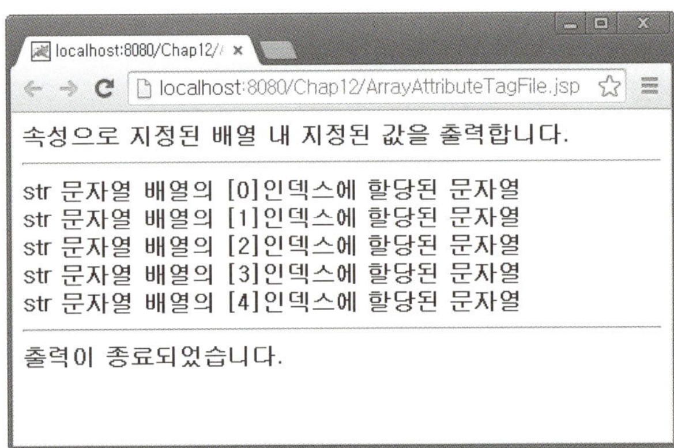

▲ ArrayAttributeTagFile.jsp 실행 결과

속성으로 단순한 값이 아닌 Java의 다양한 데이터 타입의 참조 변수도 지정이 가능하므로, 필요에 따라 다양한 활용이 가능하다.

(5) variable 지시자

태그 파일의 variable 지시자는 JSP 페이지에서 태그 파일의 값을 사용하고자 할 때 사용하며, variable 지시자를 통해 선언된 변수명은 JSP 페이지에서 스크립팅 요소들이나 EL을 통해 사용 가능하다. variable 지시자의 속성은 아래와 같다.

속성	설명
name-given	• JSP 페이지에서 출력을 위해 사용할 변수명 • name-from-attribute 속성과 함께 사용할 수 없고, 태그 파일의 다른 속성명과 중복되지 않는 값으로 지정
name-from-attribute	• 태그 파일의 특정 속성의 값을 변수명으로 사용하기 위해 지정 • name-given 속성과 함께 사용할 수 없음 • 태그 파일 내에서 사용할 변수명은 alias 속성을 이용하여 지정
alias	태그 파일 내에서만 사용할 변수의 별칭을 지정
variable-class	지정할 변수의 타입(기본값은 java.lang.String)
declare	• 변수의 선언이 태그 파일인지, JSP 페이지인지를 지정 • 기본값은 true로 태그 파일 선언을 의미
scope	• 선언된 변수의 유효 범위 지정 • AT_BEGIN, AT_END, NESTED 세 가지 중 하나를 지정할 수 있으며 기본값은 NESTED
description	변수에 대한 설명을 지정

아래는 variable 지시자를 이용하여 태그 내에서 날짜와 시간 정보를 저장하고 있는 변수를 사용할 수 있도록 제작한 태그 파일이다. variable 지시자를 사용하여 날짜와 시간 저장을 위한 date 변수와 time 변수를 선언하고, jspContext 내장객체를 통해 각 변수에 값을 할당한다. 태그의 body 호출을 위해 〈jsp:doBody/〉 액션 태그를 호출한다.

SOURCE CODE : VariableTagFile.tag

```
<%@ tag pageEncoding="UTF-8" %>
<%@ tag import = "java.text.SimpleDateFormat" %>
<%@ tag import = "java.util.Date" %>

<%@ variable name-given="date" %>
<%@ variable name-given="time" %>

<%
    Date today = new Date();
```

```
    SimpleDateFormat date = new SimpleDateFormat("yyyy/MM/dd");
    SimpleDateFormat time = new SimpleDateFormat("hh:mm:ss a");

    jspContext.setAttribute("date", date.format(today) );
    jspContext.setAttribute("time", time.format(today) );
%>
<jsp:doBody/>
```

jspContext.setAttribute( )

jspContext 내장객체의 setAttribute 메서드를 사용하면 variable 지시자를 통해 생성된 변수에 값을 할당해줄 수 있으며, JSTL의 〈c:set 〉 태그를 사용해서도 변수에 값을 할당해줄 수 있다.

이제 VariableTagFile.tag 태그 파일을 사용하는 JSP 페이지를 아래와 같이 제작하도록 하자. variable 지시자로 생성한 변수는 아래와 같이 JSP 페이지 내 EL을 사용하여 간편하게 출력해줄 수 있다. 변수의 사용 영역을 위해 태그 내외부에서 모두 호출해보도록 하자.

SOURCE CODE : VariableTagFile.jsp

```
<%@ page contentType="text/html; charset=UTF-8" %>
<%@ taglib prefix="tf" tagdir="/WEB-INF/tags" %>

<tf:VariableTagFile>
    <h3>오늘 날짜 : ${date} <br/>
    현재 시각 : ${time}</h3>
</tf:VariableTagFile>
    <h3>오늘 날짜 : ${date} <br/>
    현재 시각 : ${time}</h3>
```

VariableTagFile.jsp 페이지의 호출 결과는 다음과 같다.

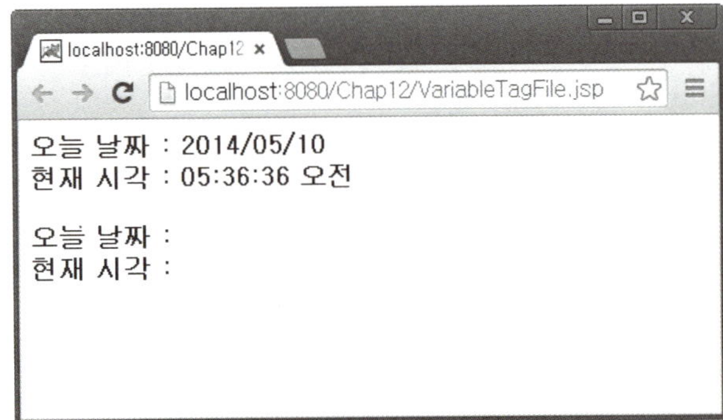

▲ VariableTagFile.jsp 실행 결과

태그 내부에서 EL을 사용하였을 경우 date, time 변수가 정상적으로 출력되지만 태그 외부에서는 출력되지 않는다. 이는 변수의 유효범위가 정해져 있기 때문이다. variable 지시자의 scope 속성은 지정해주지 않을 경우 "NESTED"가 기본값이고 이 값은 변수의 사용 범위를 태그 내부로 제한한다. "AT_END"의 경우 종료 태그 이후 변수 사용이 가능하며, "AT_BEGIB" 속성값을 지정하면 시작 태그부터 종료 태그 이후까지 변수의 유효 범위가 늘어난다.

```
NESTED :   <tag>
             [변수 사용 가능 영역]
           </tag>
-----------------------------------
AT_END :   <tag>

           </tag>
           [변수 사용 가능 영역]
-----------------------------------
AT_BEGIN : <tag>
             [변수 사용 가능 영역]
           </tag>
             [변수 사용 가능 영역]
```

▲ scope 속성에 따른 변수의 유효 범위

그럼 앞서 제작한 VariableTagFile.tag 내 date 변수와 time 변수에 scope 값을 각각 "AT_BEGIN", "AT_END"로 지정해보도록 하겠다.

SOURCE CODE : VariableTagFile.tag

```
<%@ tag pageEncoding="UTF-8" %>
<%@ tag import = "java.text.SimpleDateFormat" %>
<%@ tag import = "java.util.Date" %>

<%@ variable name-given="date" scope="AT_BEGIN" %>
<%@ variable name-given="time" scope="AT_END" %>

<%
    Date today = new Date();
    SimpleDateFormat date = new SimpleDateFormat("yyyy/MM/dd");
    SimpleDateFormat time = new SimpleDateFormat("hh:mm:ss a");

    jspContext.setAttribute("date", date.format(today) );
    jspContext.setAttribute("time", time.format(today) );
%>
<jsp:doBody/>
```

JSP 페이지는 변경사항이 없으므로 바로 호출해보도록 하자. date 변수는 scope에 "AT_BEGIN" 값을 지정하였으므로 태그 내외부에서 모두 출력이 되고, time 변수는 "AT_END" 값으로 지정되어 태그 외부에서만 출력됨을 확인할 수 있다.

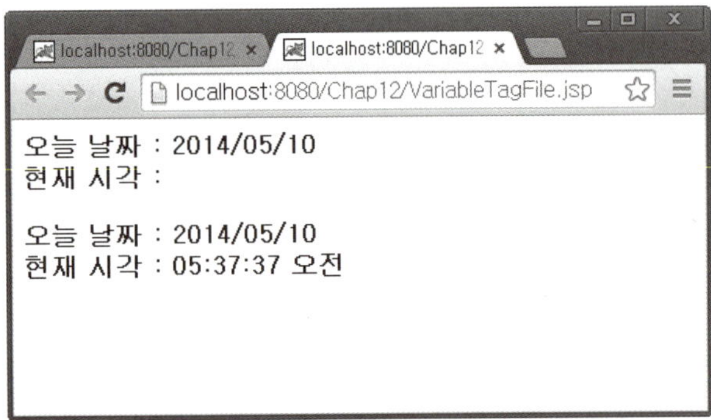

▲ scope 속성을 지정한 VariableTagFile.jsp 결과 화면

variable 지시자를 이용하여 생성하는 변수명은 name-given을 통해 지정할 수도 있지만, 이는 사용 변수명의 중복 문제가 발생할 수 있으므로 JSP 페이지에서 태그 사용 시 변수명을 직접 지정하도록 해줄 수도 있다. 이러한 경우 variable 지시자의 name-from-attribute 속성을 사용하며 required 속성을 "true"로 지정하여 필수 속성으로 지정하고, rtexprvalue 속성을 "false"로 지정하여 스크립팅 요소 및 EL을 사용할 수 없도록 설정한 attribute 지시자와 함께 제작해야 한다. 아래 태그 파일은 태그 속성값으로 변수명과 num 속성을 통해 정수형 숫자를 입력받고, 지정한 변수에 홀수/짝수 여부 문자열을 저장하는 태그 파일이다.

SOURCE CODE : VarFromAttrTagFile.tag

```
<%@ tag pageEncoding="UTF-8" %>

<%@ attribute name="var" required="true" rtexprvalue="false" %>
<%@ attribute name="num" required="true" type="java.lang.Integer" %>
<%@ variable name-from-attribute="var" alias="tfvar" scope="AT_BEGIN" %>


<%
    if ( num % 2 == 0){
        jspContext.setAttribute("tfvar", "짝수" );
    }else{
        jspContext.setAttribute("tfvar", "홀수" );
    }
%>
<jsp:doBody/>
```

위 태그를 사용할 때 attribute 지시자로 선언된 "var" 속성에 지정된 값이 variable 지시자의 name-from-attribute 속성에 의해 변수명이 될 것이다. alias에 지정된 "tfvar"는 위 태그 파일에서만 사용하기 위한 변수명이다.

이제 위 태그 파일을 사용하는 JSP 페이지를 제작하도록 하자. num 속성과 var 속성 모두 필수 속성이므로 값을 반드시 지정해야 한다. 태그 내 var에 지정한 값은 앞서 언급한대로, 사용자가 직접 지정한 변수명이 되므로 EL을 사용한 출력이 가능해진다.

SOURCE CODE : VarFromAttrTagFile.jsp

```
<%@ page contentType="text/html; charset=UTF-8"%>
<%@ taglib prefix="tf" tagdir="/WEB-INF/tags"%>

<html>
    <head>
        <title>태그 내 변수명 지정</title>
    </head>
    <body>
        <h3>
        <tf:VarFromAttrTagFile num="4" var="evenodd">
            num 속성에 지정해주신 값은<br />
            [${evenodd }] 입니다.
            <hr />
        </tf:VarFromAttrTagFile>
        <tf:VarFromAttrTagFile num="7" var="evenodd">
            num 속성에 지정해주신 값은<br />
        </tf:VarFromAttrTagFile>
        [${evenodd }] 입니다.
        </h3>
    </body>
</html>
```

아래는 VarFromAttrTagFile.jsp 페이지의 호출 결과이다.

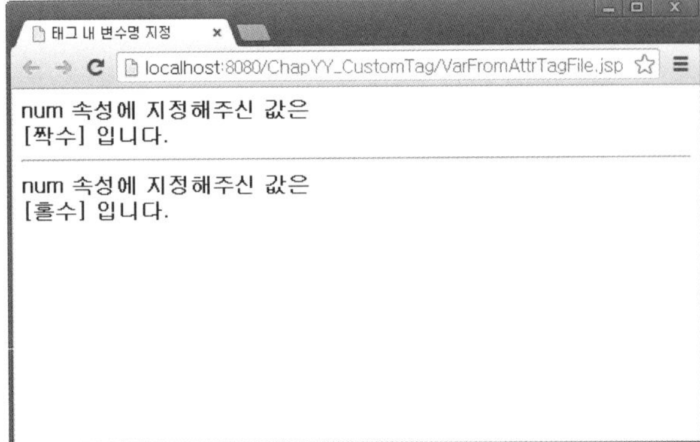

▲ VarFromAttrTagFile.jsp 실행 결과

지금까지 심플 태그 핸들러와 태그 파일을 이용한 커스텀 태그의 기본적인 구현 방법들을 알아보았다. JSP의 커스텀 태그 제작은 JSP 페이지와 마찬가지로 Java 기술을 이용하므로 다양한 방법으로 활용이 가능하다. 지면상 사용되는 모든 커스텀 태그 제작 방식을 언급하진 못했지만, 나머지 부분은 위에서 다룬 기본적인 커스텀 태그 제작 방식을 활용하여 구현할 수 있는 내용이므로 커스텀 태그의 소개는 여기서 마치도록 하겠다.

CHAPTER 12 Level Up! Coding

01 심플 태그 핸들러를 사용한 커스텀 태그 제작 방식과 태그 파일을 이용한 커스텀 태그 제작 방식에 대해 설명하고, 두 방식의 차이점을 기술하시오.

02 심플 태그 핸들러를 사용한 커스텀 태그 제작 시 doTag( ) 메서드 작성의 유의점에 대해 기술하시오.

03 태그 파일에서 사용 가능한 내장객체의 종류와 특징에 대해 설명하시오.

04 아래 빈칸에 알맞은 값을 채워 넣으시오.

> 태그 파일의 variable 지시자의 scope 속성은 [(1)] 로 지정하면 종료 태그 이후 변수 사용이 가능하고, 지정해주지 않을 경우 [(2)] 가 기본값으로 지정된다. [(2)]가 scope 속성값으로 지정될 경우 변수의 사용 범위는 [(3)]로 제한된다. 만약 variable 지시자를 사용한 변수를 시작 태그부터 종료 태그 이후까지 사용해야 할 경우 scope 속성값으로 [(4)]로 지정한다.

13 CHAPTER

JSTL

JSTL은 JSP Standard Tag Library의 약자로 앞서 살펴보았던 커스텀 태그 중 빈번히 사용되는 태그들을 모아둔 라이브러리이다. JSP 페이지 제작 시 복잡한 자바 코드를 줄이고 태그 형태로 기존에 제공되지 않는 기능을 구현하려면 직접 커스텀 태그를 제작해야 하는 불편함이 있으나 JSTL을 사용하면 자주 사용되는 많은 기능이 이미 구현되어 있어 편리하게 활용이 가능하다.

01 | JSTL 다운로드 및 설치

JSTL을 사용하기 위해서는 먼저 라이브러리 파일을 다운로드 받은 후 설치해야 한다. 이 책에서는 JSTL 최신 버전인 1.2.1 버전을 기준으로 설치와 사용법을 설명할 것이다. 먼저 다운로드를 위해 https://jstl.java.net에 접속한다. 이동한 웹 페이지에서 화면 하단의 [Download]를 클릭하자.

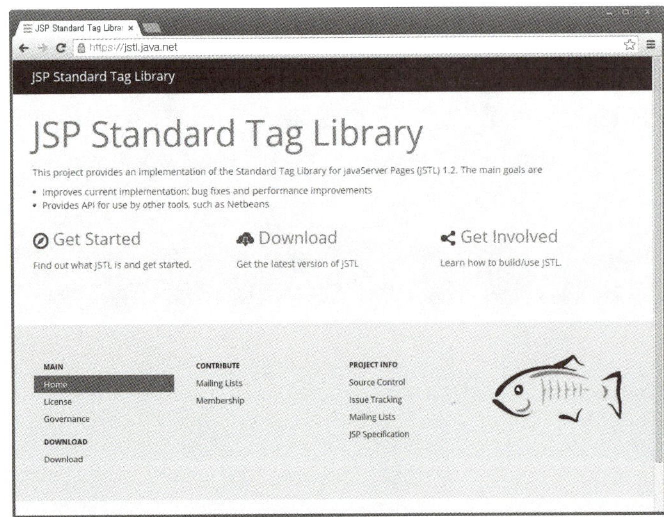

화면 상단의 [JSTL API] 및 [JSTL Implementation]에서 각각 라이브러리를 다운로드 받을 것이다. 먼저 [JSTL API]를 클릭하자.

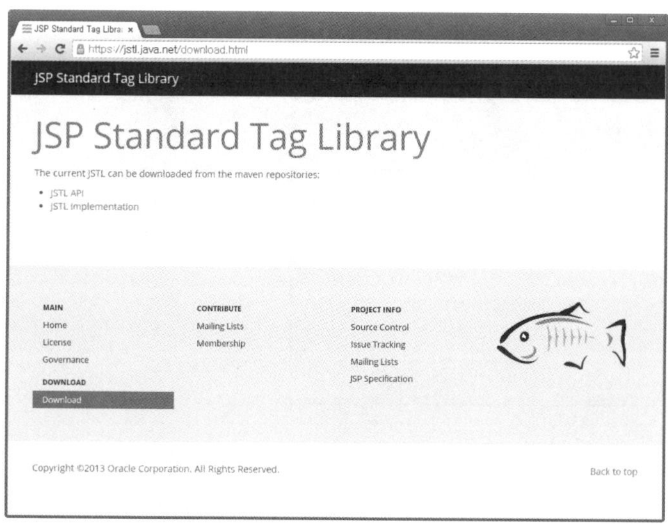

다운로드 가능 파일 목록이 아래와 같이 출력되면 javax.servlet.jsp.jstl-api-1.2.1.jar 파일을 다운로드 받도록 한다.

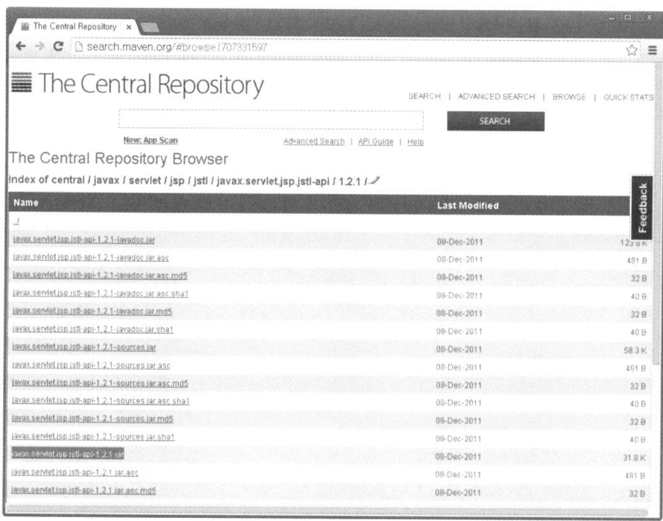

다운로드가 완료되면 이전 페이지의 [JSTL Implementation]를 클릭하여 아래 페이지에서 javax.servlet.jsp.jstl-1.2.1.jar 파일을 다운로드 받는다.

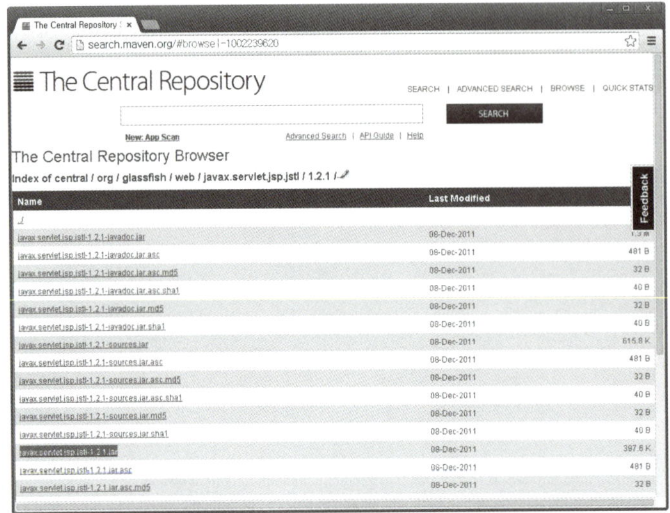

JSTL 1.1 이하 버전 다운로드

JSTL은 1.2 버전부터 파일 다운로드를 Maven Repository에서 관리하고 있으며, 이전 버전은 자카르타(jakarta) 프로젝트 사이트인 'http://jakarta.apache.org'에서 다운로드가 가능하다.

이렇게 다운로드 받은 두 개의 파일을 WEB-INF 폴더 내 lib 폴더에 저장하면 설치가 완료된다. Apache Tomcat 환경에서 직접 웹 애플리케이션을 구동할 경우에는 tomcat 폴더의 lib 폴더에 복사하도록 한다. 이렇게 라이브러리 파일을 복사하면 JSP 페이지에서 JSTL 라이브러리가 제공하는 태그 라이브러리를 사용할 수 있다.

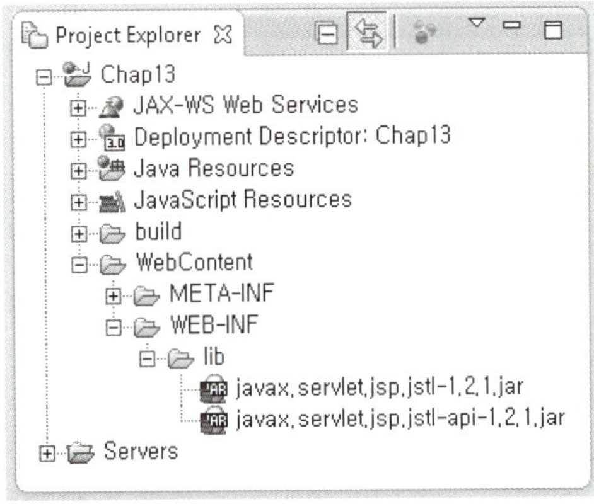

이제 JSTL 학습에 앞서 JSTL을 사용하기 위해 JSP 페이지에 작성해야 하는 내용과 사용 예제를 살펴보도록 하자. 우선, 스크립틀릿을 이용하여 화면에 문자열을 출력하고 for문을 이용하여 숫자를 반복 출력하는 예제 구현을 위해 아래 startJSTL1.jsp 페이지를 구현하자.

SOURCE CODE : startJSTL1.jsp

```
<%@ page language="java" contentType="text/html; charset=UTF-8" pageEn-
coding= "UTF-8"%>
<html>
    <head>
        <title>스크립틀릿 사용</title>
    </head>
    <body>
        <% out.print("Hello, Scriptlet"); %><br/>
        <table border="1">
        <%
            for(int i=1; i<=5; i++){
        %>
            <tr>
                <td><%=i %></td>
            </tr>
        <%
            }
        %>
        </table>
    </body>
</html>
```

JSP의 스크립팅 요소를 사용한 출력은 일반적으로 스크립틀릿(〈% ~ %〉) 내 out 내장객체의 print 메서드를 이용하거나 표현식(〈%= ~ %〉)을 통해 웹 브라우저에 내용을 출력하고, 반복 처리의 경우 Java의 for문과 같은 반복문을 사용하여 스크립틀릿과 HTML코드 및 표현식을 함께 사용한다.

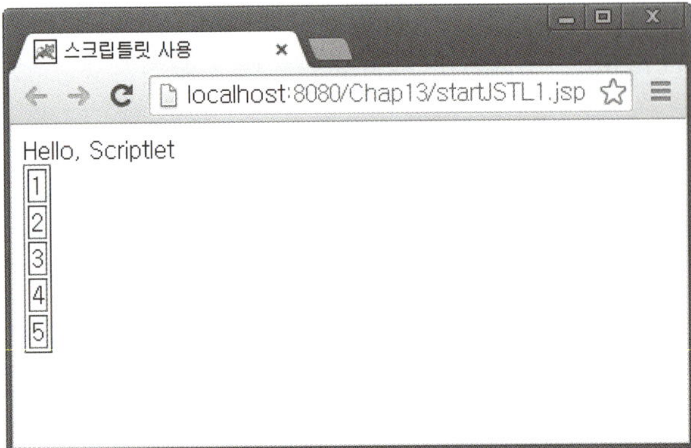

▲ startJSTL1.jsp 페이지 호출 결과

만약 위 예제와 같이 문자열을 출력하고 반복 구문을 사용한 HTML 테이블을 JSTL을 이용하여 제작할 경우 출력을 위한 out 태그 및 반복에 사용되는 forEach 태그를 활용하여 아래와 같이 제작할 수 있다. JSTL을 JSP 페이지에서 사용하려면 taglib 지시자를 사용하여 prefix 속성을 이용한 접두어 지정 및 uri 지정이 필요하다는 것을 확인하도록 하자.

```
<%@ taglib prefix="c" uri="http://java.sun.com/jsp/jstl/core" %>
```

SOURCE CODE : startJSTL2.jsp

```
<%@ page language="java" contentType="text/html; charset=UTF-8" pageEn-
coding= "UTF-8"%>
<%@ taglib prefix="c" uri="http://java.sun.com/jsp/jstl/core" %>
<html>
    <head>
        <title>JSTL 사용</title>
    </head>
    <body>
        <c:out value="Hello, JSTL"/>
        <table border='1'>
        <c:forEach var="i" begin="1" end="5">
            <tr><td><c:out value="${i}"/></td></tr>
        </c:forEach>
        </table>
    </body>
</html>
```

JSTL을 사용한 startJSTL2.jsp 페이지의 호출 결과는 아래와 같다. 동일한 출력 결과를 만들어냈지만, JSTL을 사용한 JSP 페이지는 Java를 통해 구현하는 기능을 태그를 사용하여 HTML 태그와의 구분이 따로 필요치 않으므로 JSP 스크립팅 요소를 사용할 때보다 코드가 간결해졌음을 확인할 수 있다.

▲ startJSTL2.jsp 페이지 호출 결과

지금까지 작성한 코드가 정상적으로 동작하였다면 JSTL의 사용 준비가 완료된 것이다. 이제 JSTL의 사용법을 알아보도록 하자.

02 | JSTL 라이브러리의 종류

JSTL은 내부적으로 다섯 가지 종류의 라이브러리로 구성되며, 각각의 라이브러리에 따라 다른 접두어를 사용한다. 다음 표는 JSTL에서 제공하는 다섯 가지 라이브러리의 종류와 특징들을 나타내고 있다. JSTL 라이브러리는 기능별로 코어(Core), XML 처리, 포매팅(Formatting), 데이터베이스(Database), 함수(Function)로 구분된다.

유형	URI 식별자	접두어	기능
코어(Core)	http://java.sun.com/jsp/jstl/core	c	변수선언, 제어문, URL 처리 기능
XML 처리	http://java.sun.com/jsp/jstl/xml	x	XML 문서 처리
포매팅 (Formatting)	http://java.sun.com/jsp/jstl/fmt	fmt	국제화 및 다국어지원 기능, 날짜, 시간, 숫자 형식 관련 기능
데이터베이스 (Database)	http://java.sun.com/jsp/jstl/sql	sql	데이터베이스 내 데이터 처리를 위한 기능
함수 (Function)	http://java.sun.com/jsp/jstl/functions	fn	문자열 및 컬렉션 함수

앞의 표에서 JSTL 라이브러리를 구분하기 위해 사용되는 것은 URI 식별자이다. JSP 페이지는 JSTL의 URI 식별자를 taglib 지시자를 통해 지정한 후 접두어와 연결해야 한다. JSTL 라이브러리의 코어 태그 라이브러리를 사용할 경우 JSP 페이지는 다음과 같이 URI 식별자를 taglib 지시자를 통해 지정해준다.

```
<%@taglib prefix="c" uri="http://java.sun.com/jsp/jstl/core" %>
```

taglib 지시자를 통해 코어 태그 라이브러리의 접두어를 "c"로 지정하였으므로, JSP 페이지에서는 아래와 같이 사용할 수 있다.

```
<c:tagName attribute1=value1, attribute2=value2, . . . . attributeN=valueN
  . . .
</c:tagName>
```

이 책에서는 JSTL의 다섯 개 라이브러리 중 일반적으로 많이 사용되는 코어 태그 라이브러리의 사용법에 대해 살펴보도록 하겠다.

03 | JSTL 코어 태그 라이브러리 사용

JSTL 코어 태그 라이브러리는 자바 언어로 사용할 수 있는 다양한 프로그래밍적 기능을 제공하여 스크립틀릿의 많은 기능을 대체할 수 있다. JSTL 라이브러리 중 실질적으로 많이 사용되는 태그 라이브러리로는 다음과 같은 기능을 구현할 수 있다.

기능 유형	태그	역할
출력	Out	JspWriter Stream의 내용 출력
예외 처리	Catch	예외 처리에 사용
변수 처리	Set	변수 설정
	remove	변수 제거
제어문	If	기존 if문과 동일
	Choose	기존 case문과 동일
	forEach	컬렉션 같은 객체 요소를 반복할 때 사용
	forTokens	구분자로 토큰을 만들 때 사용
URL	Import	url에 지정한 클래스를 추가
	redirect	url의 출력 스트림을 재정의
	url	url을 재작성

코어 태그 라이브러리는 앞서 살펴보았던 대로 taglib 지시자를 통해 URI 식별자를 JSP 페이지에 등록해야 한다.

```
<%@taglib prefix="c" uri="http://java.sun.com/jsp/jstl/core" %>
```

이제 코어 태그 라이브러리에서 제공하는 각 태그들의 사용법을 알아보도록 하자.

3.1 출력 처리

코어 태그 라이브러리의 out 태그는 JspWriter 스트림의 내용 출력을 위해 사용되는 태그로 다음의 형식으로 구현한다.

```
<c:out value="출력할 내용" escapeXml="[true | false]" default="출력할 내용"/>
```

각 속성은 표현식과 EL로 지정이 가능하며 각 속성의 특성은 아래 표를 참고하길 바란다.

<table>
<tr><th>속성</th><th>설명</th></tr>
<tr><td>value</td><td>out 태그를 통해 출력할 값의 지정 및 문자열 지정이 가능하며 속성의 값이 java.io.Reader 타입일 경우 Reader 데이터를 읽어 JspWriter 스트림에 값을 출력</td></tr>
<tr><td>escapeXml</td><td>HTML 작성에 사용되는 문자들을 다음 표와 같이 변환하여 브라우저가 문자로 출력하도록 지정할지 여부를 지정. 기본값은 true이다.
<table>
<tr><th>HTML 문자</th><th>변환 후 내용</th></tr>
<tr><td><</td><td><</td></tr>
<tr><td>></td><td>gt;</td></tr>
<tr><td>&</td><td>&</td></tr>
<tr><td>‘</td><td>'</td></tr>
<tr><td>“</td><td>"</td></tr>
<tr><td>공백</td><td> </td></tr>
</table>
</td></tr>
<tr><td>default</td><td>value 속성의 값이 null일 경우 사용될 값을 지정</td></tr>
</table>

이제 속성의 값을 지정하여 out 태그가 어떻게 동작하는지 살펴보도록 하자. 먼저 out 태그를 통해 출력할 HelloJSTL.jsp 페이지를 HTML 태그와 함께 출력될 문자열을 다음과 같이 작성하도록 한다.

SOURCE CODE : HelloJSTL.jsp

```
<%@ page language="java" contentType="text/html; charset=UTF-8" %>
<html>
    <body>
        Hello, JSTL!
    </body>
</html>
```

다음은 HelloJSTL.jsp 페이지의 내용을 출력하기 위해 coreOutTag1.jsp 페이지 내 out 태그의 escapeXml 속성을 "true"로 지정하여 아래와 같이 작성한다.

SOURCE CODE : coreOutTag1.jsp

```
<%@ page language="java" contentType="text/html; charset=UTF-8" %>
<%@ taglib prefix="c" uri="http://java.sun.com/jsp/jstl/core" %>

<%@ page import="java.io.FileReader"%>

<html>
   <% FileReader reader = new FileReader(application.getRealPath
   ("HelloJSTL.jsp")); %>
   <body>
      <pre>
         <c:out value="<%=reader%>" escapeXml="true" />
      </pre>
   </body>
</html>
```

out 태그 내 escapeXml 속성을 true로 지정한 coreOutTag1.jsp 페이지를 호출한 결과는 다음과 같다. 출력할 파일 내부의 문자들을 태그로 인식하지 않고 데이터로 바로 출력한 것을 확인할 수 있다.

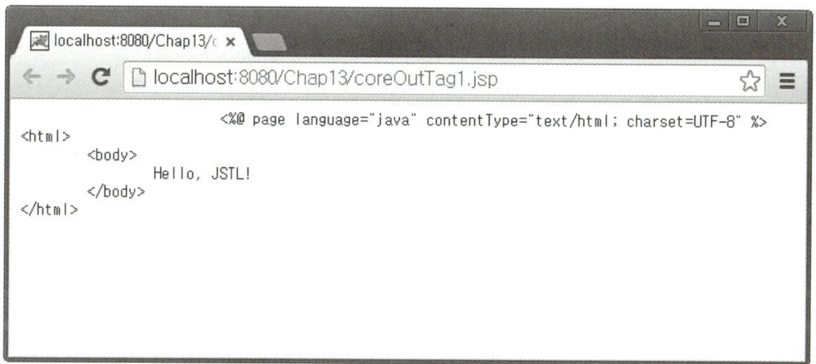

▲ coreOutTag1.jsp 페이지 호출 결과

만약 다음 coreOutTag2.jsp 페이지처럼 out 태그 내 value 속성으로 지정한 값이 null일 경우 default 속성에 지정한 값이 출력된다.

SOURCE CODE : coreOutTag2.jsp

```
<%@ page language="java" contentType="text/html; charset=UTF-8" %>
<%@ taglib prefix="c" uri="http://java.sun.com/jsp/jstl/core" %>
<%@ page import="java.io.FileReader"%>

<html>
    <% FileReader reader = null; %>
    <body>
        <pre>
            <c:out value="<%=reader%>" escapeXml="true" default="출력값이 존재
            하지 않습니다."/>
        </pre>
    </body>
</html>
```

out 태그의 value 속성에는 표현식과 EL로 지정이 가능하며, 이는 value 속성에 전달되는 값이 null일 경우도 있다는 것을 의미한다. 일반적으로 위와 같이 out 태그를 사용하지 않고 출력해야 하는 값이 null인 경우 출력하고자 할 값을 지정하려면 스크립틀릿을 통해 자바의 if 구문과 같은 조건문을 사용해야 한다. 하지만 out 태그의 default 속성을 사용하면 이러한 출력 값의 null 처리를 간단하게 속성만으로 처리 가능하다.

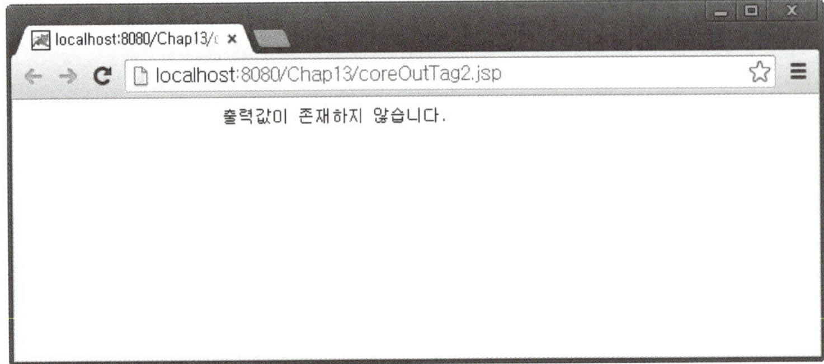

▲ coreOutTag2.jsp 페이지 호출 결과

3.2 예외 처리

코어 태그 라이브러리의 catch 태그는 JSP 페이지의 여러 기능 수행 시 발생할 수 있는 예외 처리를 위해 사용하는 태그이다. 다음과 같이 〈c:catch〉 태그 내 코드에서 예외가 발생할 경우 해당 예외 객체를 catch 태그의 var 속성에 지정한 변수에 할당하고, 이후 해당 변수를 사용하는 방식으로 구현한다.

```
<c:catch var="exceptionName">
 예외발생 가능 코드
</c:catch>
 …
$exceptionName
```

JSP 페이지에서 catch 태그가 실제로 사용되는 방식을 살펴보도록 하자. 다음 coreCatchTag.jsp 페이지는 "NoParameter" 이름으로 지정된 파라미터의 값을 strParameter 변수에 할당하고 length( ) 메서드를 사용하고 있다. 해당 이름으로 전송된 파라미터가 존재하지 않으므로 이 JSP 페이지는 NullPointerException이 발생할 것이다.

SOURCE CODE : coreCatchTag.jsp

```
<%@ page language="java" contentType="text/html; charset=UTF-8" %>
<%@ taglib prefix="c" uri="http://java.sun.com/jsp/jstl/core" %>

<%@ page import="java.io.FileReader"%>

<html>
    <c:catch var="reqParameterEx">
        <%
```

```
            String strParameter = request.getParameter("NoParameter");
            out.println(strParameter.length());
        %>
    </c:catch>
    <body>
        <pre>
            <c:out value="$reqParameterEx" />
        </pre>
    </body>
</html>
```

coreCatchTag.jsp 페이지를 호출하면 스크립틀릿 내에서 발생한 예외 객체가 catch 태그의 var 속성으로 지정했던 reqParameterEx에 할당된다. 따라서 out 태그를 사용한 결과가 아래와 같이 출력됨을 확인할 수 있다.

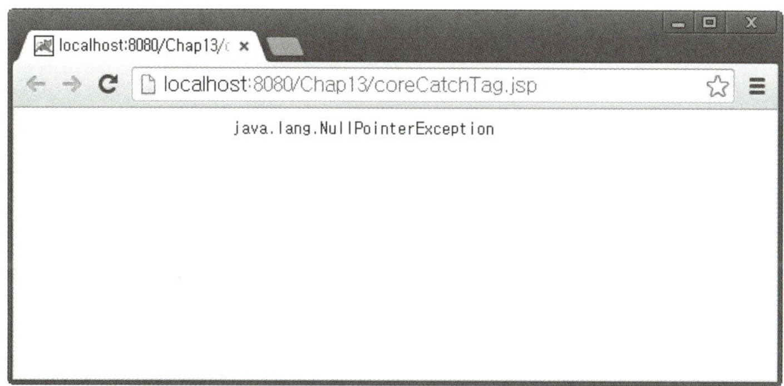

▲ 〈c:catch〉 태그를 사용하면 예외 처리가 가능하다.

3.3 변수 처리

앞서 catch 태그 내 var 속성에서 보았듯이 JSTL에서 제공하는 태그들은 EL 변수로 사용 가능한 값을 지정해줄 수 있다. 코어 태그 라이브러리에서는 이러한 EL의 변수의 값이나 EL 변수 내 프로퍼티 값을 지정하기 위한 set 태그와 지정한 변수를 제거하기 위한 remove 태그를 제공하고 있다.

(1) set 태그를 이용한 변수 및 프로퍼티 값 설정

코어 태그 라이브러리의 set 태그는 EL 변수 및 EL 변수의 프로퍼티 값을 지정하기 위해 사용한다. EL 변수를 지정하여 값을 지정할 경우 다음과 같은 형식으로 구현된다.

```
<c:set var="변수명" value="변수값" scope="영역"/>
```

위의 형식으로 구현된 set 태그 내 각 속성의 종류는 다음 표와 같으며, scope 속성의 경우 생략이 가능하다.

속성	설명
var	값을 지정할 변수명을 지정
value	var 속성에 지정한 변수의 값을 지정하며 표현식, EL, 문자열 데이터로 지정이 가능
scope	var 속성에 지정한 변수의 사용 범위를 지정하며 page, request, session, application 지정이 가능. 지정하지 않을 경우 기본값은 page이다.

위에서 살펴본 set 태그의 형식을 사용하여 변수를 선언하고 값을 할당하는 기능을 하는 coreSetTag1.jsp 페이지를 제작해보며 익히도록 하자. set 태그를 이용하여 var 속성에 num1, num2 변수를 지정하고 value 속성을 이용하여 각각 100, 30 값을 할당한다. 이후 set 태그를 사용하여 생성된 변수를 EL 및 out 태그를 통해 사용할 수 있다.

SOURCE CODE : coreSetTag1.jsp

```
<%@ page language="java" contentType="text/html; charset=UTF-8" %>
<%@ taglib prefix="c" uri="http://java.sun.com/jsp/jstl/core" %>

<c:set var="num1" value="100" />
<c:set var="num2" value="30" />

<html>
    <body>
        <h2>${num1} + ${num2} = <c:out value="${num1+num2}"/></h2>
    </body>
</html>
```

coreSetTag1.jsp 페이지를 호출해보자. set 태그를 이용하여 지정한 이름의 변수를 EL 그대로 사용할 수 있으며, out 태그의 value 속성을 이용해서도 사용이 가능함을 확인할 수 있다.

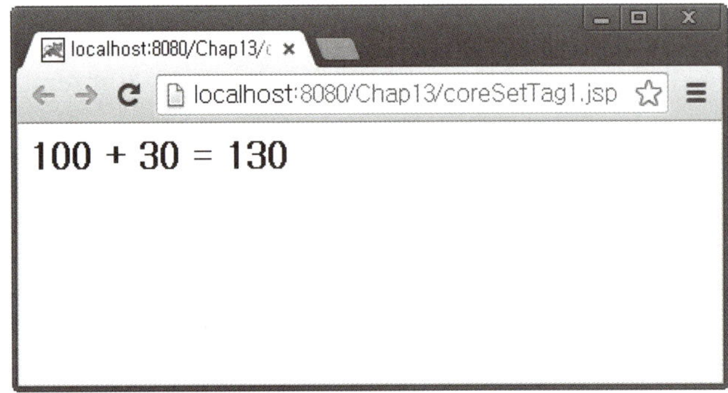

▲ <c:set> 태그를 이용한 변수 생성 및 사용

이 외에도 set 태그는 객체의 프로퍼티 값도 설정이 가능하며, 이 경우 다음 형식으로 구현한다.

```
<c:set target="대상객체" property="프로퍼티명" value="프로퍼티값"/>
```

프로퍼티 값을 설정하기 위해 사용되는 set 태그의 각 속성들의 특성은 다음 표와 같다.

속성	설명
target	프로퍼티를 지정할 객체를 지정. 표현식 및 EL 변수로 지정 가능
property	설정할 프로퍼티명을 지정. target 속성에 명시된 객체가 자바 빈 객체일 경우 setter 메서드가 존재하는 프로퍼티일 경우 사용 가능
value	property 속성에 명시한 프로퍼티의 값을 지정

이제 set 태그를 사용하여 객체의 프로퍼티 값을 지정해보도록 하자. 우선 JSP 페이지에서 사용할 간단한 자바 빈 클래스 Member 클래스를 제작하도록 하자. Member 클래스는 다음과 같이 name 변수 하나만 선언하고 getter와 setter 메서드를 갖추어 간단히 구현한다.

SOURCE CODE : Member.java

```java
package core;

import java.io.Serializable;

public class Member implements Serializable {

    private String name;

    public String getName() {
        return name;
    }

    public void setName(String name) {
        this.name = name;
    }
}
```

위 Memeber 클래스를 set 태그를 사용하여 name 프로퍼티의 값을 지정할 coreSetTag2.jsp 페이지를 구현해보도록 하자. 여기서는 Member 클래스의 객체를 액션 태그와 스크립틀릿을 사용해 두 가지 방식으로 각각 생성한다. set 태그를 사용하여 각 객체의 name 프로퍼티의 값을 지정한 후 out 태그 및 EL을 사용하여 출력할 것이다.

SOURCE CODE : coreSetTag2.jsp

```
<%@ page language="java" contentType="text/html; charset=UTF-8" %>
<%@ taglib prefix="c" uri="http://java.sun.com/jsp/jstl/core" %>
<%@ page import="core.Member" %>

    <jsp:useBean id="member1" class="core.Member"/>
    <% Member member2 = new Member(); %>
<html>
    <body>
        <c:set target="<%=member1%>" property="name" value="이지훈1"/>

        <c:set var="mem2" value="<%=member2%>"/>
        <c:set target="$mem2" property="name" value="이지훈2"/>

        <h2>member1 : <c:out value="$member1.name"/></h2>
        <h2>member2 : $mem2.name</h2>
    </body>
</html>
```

이제 coreSetTag2.jsp 페이지를 호출해보도록 하자. coreSetTag2.jsp 페이지에서 여러 방식으로 생성한 Member 객체의 name 프로퍼티를 set 태그를 통해 지정하여 정상적으로 값이 출력됨을 확인할 수 있다. set 태그의 target 속성에 지정할 값이 EL 변수일 경우에는 속성의 값을 반드시 EL로 지정해야 한다.

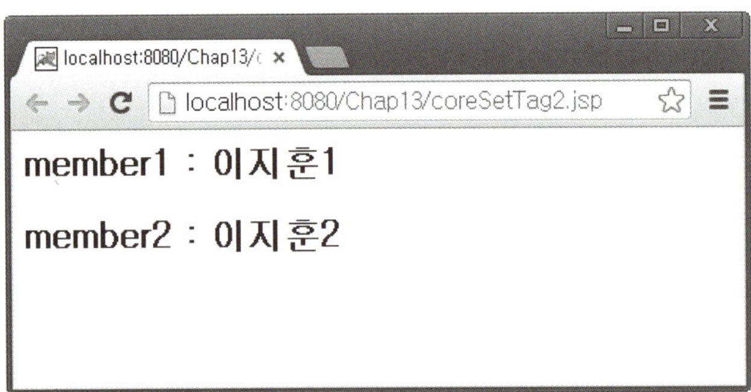

▲ 〈c:set〉 태그를 이용한 객체 프로퍼티 지정

(2) remove 태그를 이용한 변수 제거

remove 태그는 set 태그로 지정한 변수를 제거하기 위해 사용하며 다음 형식으로 사용한다.

```
<c:remove var="변수명" scope="영역"/>
```

remove 태그에 사용되는 속성은 다음과 같으며, set 태그에 사용된 속성들과 동일한 값을 지정할 수 있다. scope 속성의 경우 변수에 지정된 범위에 따라 제거 영역을 지정해줄 수 있으며, 만약 지정하지 않을 경우 var 속성에 명시되어 있는 모든 변수가 제거되므로 주의해야 한다.

속성	설명
var	제거할 변수명을 지정
scope	제거할 변수가 포함된 영역을 지정하며 page, request, session, application 지정 가능. 지정하지 않을 경우 var에 명시된 모든 변수 제거

먼저 remove 태그의 간단한 사용법을 익히기 위해 coreRemoveTag1.jsp 페이지를 제작해보자. coreRemoveTag1.jsp 페이지에서는 set 태그를 이용하여 설정한 name 변수를 session 영역의 remove 태그의 사용 전후 그리고 영역을 지정하지 않은 remove 태그의 사용 전후에 한 번씩 출력해 볼 것이다.

SOURCE CODE : coreRemoveTag1.jsp

```
<%@ page language="java" contentType="text/html; charset=UTF-8" %>
<%@ taglib prefix="c" uri="http://java.sun.com/jsp/jstl/core" %>

<c:set var="name" value="이지훈(session scope)" scope="session"/>
<c:set var="name" value="이지훈(page scope)" scope="page"/>

<html>
  <body>
    <h2>remove 태그 실행 전</h2><hr/>
    name(session) : <c:out value="$sessionScope.name"/><br/>
    name(page) : <c:out value="$pageScope.name"/><hr/>
    <h2>remove 태그 실행 후 (session 영역)<c:remove var="name" scope="session"/>
    </h2><hr/>
    name(session) : <c:out value="$sessionScope.name"/><br/>
    name(page) : <c:out value="$pageScope.name"/><hr/>
    <h2>remove 태그 실행 (영역지정 없음)<c:remove var="name"/></h2><hr/>
    name(session) : <c:out value="$sessionScope.name"/><br/>
    name(page) : <c:out value="$pageScope.name"/>
  </body>
</html>
```

이제 coreRemoveTag1.jsp 페이지를 실행해보도록 하자. 첫 출력 후 session 영역의 name 변수를 remove 태그를 사용하여 제거하였을 경우 page 영역에 지정한 name 변수는 계속 출력되지만, 영역을 지정하지 않고 remove 태그를 사용했을 경우 page 영역의 name 변수도 제거됨을 확인할 수 있다.

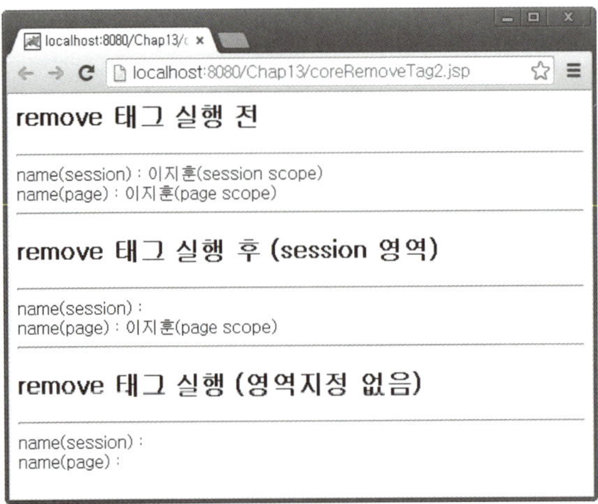

▲ <c:remove> 태그를 이용한 변수 제거

3.4 흐름 제어 처리

JSTL에서는 스크립틀릿 내부의 자바 코드로 구현되는 제어문을 대체할 수 있는 흐름 제어 처리 태그를 제공한다. 스크립틀릿에 사용되는 조건문과 반복문은 코드블록이 복잡하게 얽혀 코드의 가독성을 떨어뜨리는 원인이 된다. JSTL에서 제공하는 제어문 태그를 사용하면 이러한 코드의 복잡성을 다소 해소할 수 있다. JSTL에서 제공하는 제어문 태그는 if 태그, choose 태그, forEach 태그, forTokens 태그가 있으며 예제를 통해 각각 태그의 사용법을 살펴볼 것이다.

(1) if 태그

if 태그는 자바의 if 조건문 역할을 하는 태그로 조건을 통해 JSP 페이지 내 수행 흐름을 제어하고 싶을 경우 사용한다. 자바의 if문과는 달리 여러 조건을 중첩시킨 if ~ else if ~ else 구문과 같은 방식은 사용이 불가능하다. 다음과 같이 태그 내 test 속성을 사용하여 조건을 지정하고 조건이 참인 경우 수행되어야 할 내용이 태그 사이에 위치한다.

```
<c:if test="조건" var="조건의 결과값을 저장할 EL 변수" >
  조건이 참인 경우 수행할 내용
</c:if>
```

위 형식에 명시된 if 태그에 사용되는 속성들은 다음과 같으며, 각 속성별 특징을 익히도록 하자.

속성	설명
test	조건을 지정하며 표현식 및 EL 사용 가능
var	조건의 결과값이 저장될 EL 변수

if 태그의 사용법을 익히기 위해 다음 coreIfTag.jsp 페이지를 구현해보도록 하자. coreIftag.jsp 페이지에는 세 개의 if 태그가 사용되고 있다. 첫 번째 태그에는 test 속성에 "true"를 지정한다. 두 번째, 세 번째 if 태그에는 set 태그로 지정한 "value" 변수의 값에 따른 조건을 지정해주고 var 태그를 사용하여 조건의 결과를 할당할 것이다.

SOURCE CODE : coreIfTag.jsp

```
<%@ page language="java" contentType="text/html; charset=UTF-8" %>
<%@ taglib prefix="c" uri="http://java.sun.com/jsp/jstl/core" %>

<c:set var="value" value="10"/>

<html>
  <body>
    <c:if test="true">
      <h4>이 문장은 항상 출력됩니다.</h4><hr/>
    </c:if>

    <h3>value의 값이 10 이상인지 검사</h3>
    <c:if test="${value >= 10}" var="over10">
      <h4>- value : <c:out value="${value}"/></h4>
      <h4>- value의 값은 10 이상? : <c:out value="${over10}"/></h4><hr/>

    </c:if>

    <h3>value의 값이 10 미만인지 검사</h3><br/>
    <c:if test="${value < 10}" var="under10">
      <h4>- value : <c:out value="${value}"/></h4>
      <h4>- value의 값은 10 미만? : <c:out value="${under10}"/></h4><hr/>

    </c:if>
  </body>
</html>
```

coreIfTag.jsp 페이지의 호출 결과는 다음과 같다. 첫 번째 if 태그의 경우 test 속성값이 "true"로 지정되어 조건을 만족하므로 내부 문자열이 출력된다. 두 번째 if 태그는 value 변수에 지정된 값이 10이므로 10 이상의 조건을 만족하여 value 변수의 값 10과 조건의 결과를 할당받을 over10 변수의 값이 true가 출력된다. 마지막 if 태그의 경우 10 미만인 조건을 만족하지 못하므로 내부에 명시한 데이터들이 출력되지 않음을 알 수 있다.

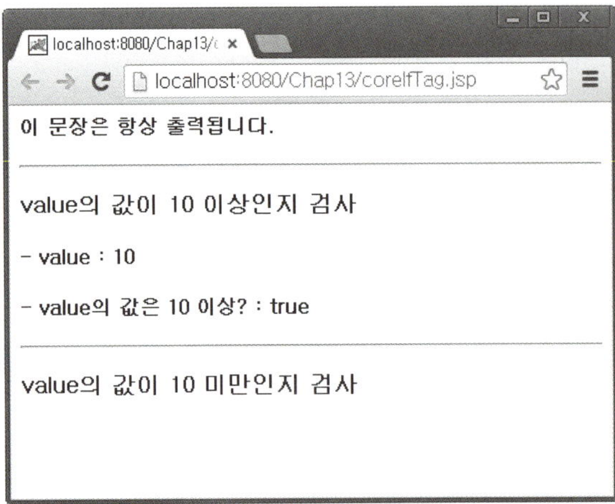

▲ <c:if> 태그를 이용한 조건처리

(2) choose 태그

choose 태그는 앞서 살펴보았던 if 태그만으로 구현이 불가능했던 자바의 if ~ else if ~ else와 같은 다중 분기 기능을 구현할 수 있는 태그이다. 하위 태그로 when 태그와 otherwise 태그를 함께 사용한다. 다음은 choose 태그의 구현 방식을 나타내고 있다.

```
<c:choose>
   <c:when test="조건1">
      조건1을 만족할 경우 수행될 내용
   </c:when>
   <c:when test="조건2">
      조건2를 만족할 경우 수행될 내용
   </c:when>
   .
   .
   .
   <c:when test="조건N">
      조건N을 만족할 경우 수행될 내용
   </c:when>
   <c:otherwise>
      상단 when 태그의 조건에 부합하지 않는 경우 수행될 내용
   </c:otherwise>
</c:choose>
```

조건 수행 구현 시 choose 태그가 상위 태그가 되고 이후 각 조건을 처리하기 위해 when 태그가 하위 태그로 입력된다. otherwise 태그에서 when 태그의 조건을 만족하지 않는 상황을 처리하게 될 것이다. 즉, 자바 문법과 비교해본다면 when 태그가 if, else if 구문과 대응된다면 otherwise 태그가 else 구문이라고 볼 수 있으며 구현 방식에 있어 switch ~ case문과도 유사한 형태를 가진다.

이제 choose 태그를 사용한 조건 처리를 구현해보도록 하자. 먼저 set 태그를 이용하여 score 변수를 생성하고 점수를 지정한 후 choose 태그 내 when 태그와 otherwise 태그를 이용하여 성적을 출력하도록 다음 coreChooseTag.jsp 페이지를 구현하자.

SOURCE CODE : coreChooseTag.jsp

```
<%@ page language="java" contentType="text/html; charset=UTF-8" %>
<%@ taglib prefix="c" uri="http://java.sun.com/jsp/jstl/core" %>

<c:set var="score" value="93"/>

<html>
  <body>
    <c:choose>
      <c:when test="${score >= 90}">
        <h3>A학점 입니다.</h3>
      </c:when>
      <c:when test="${score >= 80}">
        <h3>B학점 입니다.</h3>
      </c:when>
      <c:when test="${score >= 70}">
        <h3>C점 입니다.</h3>
      </c:when>
      <c:when test="${score >= 60}">
        <h3>D학점 입니다.</h3>
      </c:when>
      <c:otherwise>
        <h3>F학점 입니다.</h3>
      </c:otherwise>
    </c:choose>
  </body>
</html>
```

앞서 JSP 페이지 스크립틀립에서 사용해보았던 조건문을 생각해보면 결과는 어렵지 않게 예상할 수 있다. coreChooseTag.jsp 페이지를 호출한 결과는 다음과 같다. otherwise 태그는 불필요할 경우 생략이 가능하며 조건에 맞는 하나의 when 태그 내 데이터를 출력하고 난 후 다른 when 태그의 조건 검사는 무시된다.

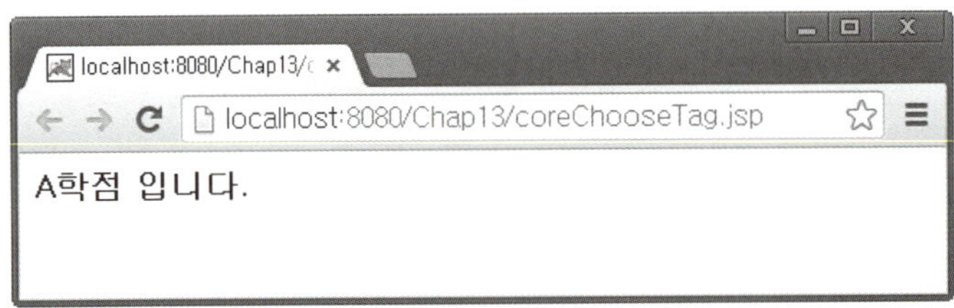

▲ 〈c:choose〉 태그를 이용한 다중 조건 처리

(3) forEach 태그

forEach 태그는 배열, Map, 컬렉션 객체들과 같이 여러 값을 저장할 수 있는 요소들을 반복 처리할 때 사용하는 태그이다. Java의 for 및 while 반복문과 같은 역할을 하고, 일반적으로 상황에 따라 다음 네 가지 방식으로 구현하며, 태그에 사용되는 속성들은 다음과 같다.

<table>
<tr><th>속성</th><th>설명</th></tr>
<tr><td>var</td><td>태그 내에서 사용할 EL 변수명 지정</td></tr>
<tr><td>items</td><td>실제 반복 처리될 데이터 지정</td></tr>
<tr><td>varStatus</td><td>반복 상태를 저장할 EL 변수명을 지정하고, 관련 프로퍼티 사용 가능
<table>
<tr><th>프로퍼티</th><th>설명</th></tr>
<tr><td>index</td><td>반복 실행 중인 인덱스</td></tr>
<tr><td>count</td><td>반복 실행 횟수</td></tr>
<tr><td>begin</td><td>forEach 태그의 begin 속성에 지정된 값</td></tr>
<tr><td>end</td><td>forEach 태그의 end 속성에 지정된 값</td></tr>
<tr><td>step</td><td>forEach 태그의 step 속성에 지정된 값</td></tr>
<tr><td>first</td><td>현재 반복 시작 실행일 경우 true</td></tr>
<tr><td>last</td><td>현재 반복 종료 실행일 경우 true</td></tr>
<tr><td>current</td><td>현재 반복에서 사용할 컬렉션 내 객체</td></tr>
</table>
</td></tr>
<tr><td>begin</td><td>시작 인덱스 값 지정</td></tr>
<tr><td>end</td><td>종료 인덱스 값 지정</td></tr>
<tr><td>step</td><td>인덱스의 증감 값 지정</td></tr>
</table>

다음 첫 번째 방식의 경우 반복에 사용될 데이터 없이 시작 인덱스와 종료 인덱스만을 명시하여 수행할 문장을 단순 반복하여 처리할 수 있다. step 속성은 필요치 않을 경우 생략해도 무방하다.

```
<c:forEach begin="시작 인덱스" end="종료 인덱스" step="인덱스 증감값" >
  반복 처리 부분
</c:forEach>
```

두 번째 방식은 첫 번째 방식과 비슷하며 var 속성을 이용해 현재 반복 중인 인덱스 값이 할당될 EL 변수명을 지정할 수 있다.

```
<c:forEach var="변수명" begin="시작인덱스" end="종료인덱스" step="인덱스 증감값" >
  반복 처리 부분
</c:forEach>
```

items 속성에 배열이나 Map 및 컬렉션 객체와 같이 여러 데이터를 저장하는 요소를 지정할 수 있으며 현재 반복 대상 데이터를 가리킬 EL 변수명을 var 속성으로 지정하게 된다.

```
<c:forEach var="변수명" items="반복 데이터" >
  반복 처리 부분
</c:forEach>
```

만약 반복될 문장 내에 반복에 관련된 데이터가 활용되어야 할 경우 다음과 같이 varStatus 속성을 이용할 수도 있다.

```
<c:forEach var="변수명" items="반복 데이터" varStatus="반복 상태 변수명"
        begin="시작 인덱스" end="종료 인덱스" step="인덱스 증감값" >
  반복 처리 부분
</c:forEach>
```

이제 앞서 살펴본 forEach 태그를 사용한 다양한 반복 수행을 구현해보도록 하자. 다음 coreChooseTag.jsp 페이지는 앞서 살펴보았던 네 가지 방식의 forEach 태그의 사용 방법을 순서대로 구현하였다. 첫 번째 forEach 태그는 단순히 태그 내 문장을 5번 수행하기 위해 begin 및 end 속성만 지정하였다. 두 번째 태그에서는 var 속성을 통해 begin 및 end 속성에 지정된 숫자가 태그 내부의 연산에 관여할 수 있도록 지정하였다. 세 번째 태그에서는 HashMap을 사용하여 두 개의 키(key)와 값을 각각 입력한 후 items 속성을 이용하여 해당 HashMap 객체를 지정하고 지정한 데이터를 출력한다. 마지막 네 번째 forEach 태그에서는 살펴보았던 varStatus 속성을 이용해 현재 반복 중인 인덱스와 실행 횟수 및 인덱스에 저장된 값을 출력할 것이다.

SOURCE CODE : coreForEachTag.jsp

```
<%@ page language="java" contentType="text/html; charset=UTF-8" %>
<%@ taglib prefix="c" uri="http://java.sun.com/jsp/jstl/core" %>

<%@ page import="java.util.HashMap" %>

<html>
   <body>
      <c:forEach begin="1" end="5">
         이 문장은 5번 출력됩니다 <br/>
      </c:forEach><hr/>

      <c:set var="sum" value="0"/>
      <c:forEach var="i" begin="1" end="5">
         ${sum} + ${i} = <c:set var="sum" value="${sum + i}"/> ${sum} <br/>
      </c:forEach><hr/>

      <%
         HashMap<String, String> hashMap = new HashMap<String, String>();
         hashMap.put("name","okjsp");
         hashMap.put("web","http://www.okjsp.net");
      %>
      <c:set var="map" value="<%=hashMap%>"/>
      <c:forEach var="inMap" items="${map}">
         ${inMap.key} : ${inMap.value}<br/>
      </c:forEach><hr/>

      <%
         int[] array = {93,87,75};
      %>
      <c:set var="arr" value="<%=array%>"/>
      <c:forEach var="inArr" items="${arr}" begin="0" end="2" varStatus=
      "varStatus">
         <c:if test="${varStatus.first}">
            - ${varStatus.begin}번 인덱스부터 반복을 시작합니다.<br/>
         </c:if>
         현재 인덱스 : ${varStatus.index}, 현재 실행 횟수 : ${varStatus.count},
         현재 인덱스에 저장된 배열의 값 : ${inArr}<br/>
         <c:if test="${varStatus.last}">
            - ${varStatus.end}번 인덱스까지 반복을 종료합니다.<br/>
         </c:if>
      </c:forEach>
   </body>
</html>
```

각각의 구현 방법에 따른 coreForEachTag.jsp 페이지의 출력은 다음과 같다. 앞서 설명한 대로 첫 번째 forEach 태그는 단순히 태그 내 데이터를 반복하여 출력하고, 두 번째의 경우 반복 인덱스의 계산식에 var 속성을 사용하여 숫자의 합이 출력되었다. 세 번째 및 네 번째 forEach 태그에서는 HashMap과 배열을 사용하고 필요에 따라 varStatus 속성을 사용하여 반복 상태 변수를 통해 추가적으로 기능을 수행하고 있다.

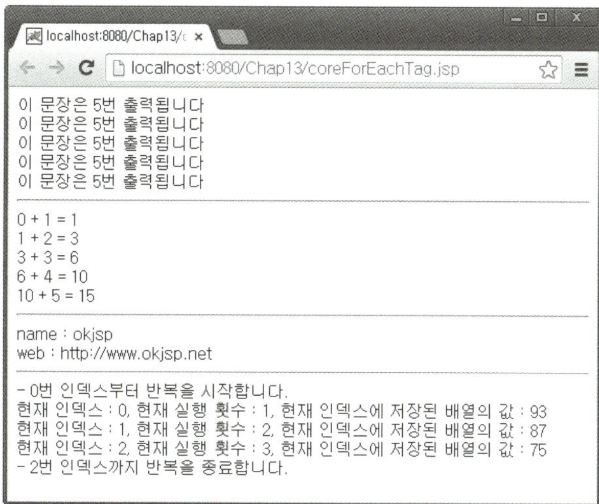

▲ 〈c:forEach〉 태그를 이용한 반복 수행 처리

(4) forTokens 태그

forTokens 태그는 Java의 for문과 java.util.StringTokenizer를 사용하여 문자열에 포함된 특정 문자를 토큰으로 지정한 후 반복 수행시키는 기능처럼 문자열에 특정 문자를 기준으로 원본 문자열을 부분 문자열로 나누어주기 위한 기능을 제공한다. 따라서 전화번호 및 주민등록번호와 같이 데이터 자체에 구분 문자가 포함되거나 데이터베이스의 내용을 CSV 파일로 추출했을 때 유용하게 사용할 수 있다. forTokens 태그의 사용 방식은 다음과 같다.

```
<c:forTokens var="토큰이 대입될 변수" items="토큰을 포함한 원본 문자열" delims="토큰 문자">
  ...
</c:forTokens>
```

CSV

데이터베이스 내 데이터가 Comma-Separated Values, 즉 셀의 각 값들이 콤마(,)로 구분되어 있는 파일이다. ','로 데이터를 구분하는 일반 텍스트 파일로 많은 분야에서 활용된다.

forTokens 태그에 사용되는 각 속성은 다음 표와 같다.

속성	설명
var	토큰 문자로 분리된 각 문자열 저장 변수 지정
items	토큰으로 지정될 문자를 포함한 원본 문자열 지정
delims	구분 문자로 사용할 문자를 지정. 복수 개의 문자 지정 가능

이제 forTokens 태그를 사용한 간단한 예제를 구현해보도록 하자. 다음 세 개의 forTokens 태그를 이용하여 각 데이터를 구분 문자의 delims 속성을 통해 지정한다. 각 태그별 구분 문자는 여러 개 지정이 가능하다.

SOURCE CODE : coreForTokensTag.jsp

```
<%@ page language="java" contentType="text/html; charset=UTF-8" %>
<%@ taglib prefix="c" uri="http://java.sun.com/jsp/jstl/core" %>

<html>
  <body>
    "-" 기호를 구분 문자로 사용<br/>
    <c:forTokens items="010-1234-5678" delims="-" var="tokens">
      ${tokens}
    </c:forTokens><hr/>
    ")", "-" 기호를 구분 문자로 사용<br/>
    <c:forTokens items="02)1234-5678" delims=")-" var="tokens">
      ${tokens}
    </c:forTokens><hr/>
    ",", ".", "-" 기호를 구분 문자로 사용<br/>
    <c:forTokens items="가,나,다.라,마,바-사,아.자-차-카,타,파.하" delims=",.-" var=
    "tokens">
      ${tokens}
    </c:forTokens>
  </body>
</html>
```

coreForTokensTag.jsp 페이지의 호출 결과는 다음과 같다. delims 속성에 지정한 문자들을 구분 문자로 하여 원본 문자열이 나누어지고 해당 문자열을 tokens 변수에 저장하여 반복 출력됨을 확인할 수 있다.

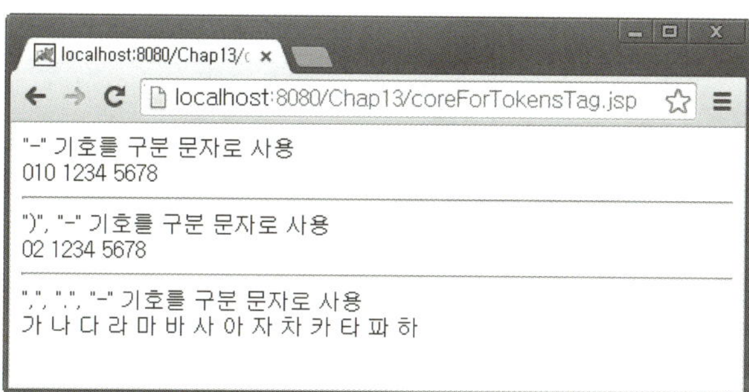

▲ <c:forTokens> 태그를 이용한 토큰 처리

3.5 URL 처리

JSTL 코어 태그 라이브러리에서는 URL 처리를 위해 URL을 생성하기 위한 url 태그와 리다이렉트 처리를 위한 redirect 태그, 인클루드 방식과 유사한 import 태그를 제공하고 있다. JSTL에서 제공하는 이러한 URL 처리 태그들은 기존에 사용했던 스크립틀릿, 표현식, 액션 태그 등의 사용 방식에 비해 내외부 자원의 활용도가 높고 구조적 구현이 가능하여 유용하게 활용된다.

(1) redirect 태그

redirect 태그는 response 내장객체의 sendRedirect( ) 메서드처럼 태그에 지정한 페이지로의 리다이렉트 기능을 제공한다. 따라서 redirect 태그를 사용하면 JSP 페이지 외의 웹 자원 그리고 다른 웹 서버의 자원도 호출이 가능하다.

redirect 태그는 다음과 같이 구현하며 url 속성에는 호출할 URL을, context 속성에는 콘텍스트 경로를 지정할 수 있으나 일반적으로 url 속성만 사용한다. 리다이렉트될 페이지에 전송할 파라미터가 있을 경우 param 태그를 사용하여 지정해주며 파라미터는 여러 개 지정이 가능하다.

```
<c:redirect url="호출할 URL" context="컨텍스트 경로">
  <c:param name="파라미터명1" value="값1"/>
  …
  <c:param name="파라미터명N" value="값N"/>
</c:redirect>
```

다음 coreRedirectTag.jsp 페이지는 redirect 태그를 사용하여 페이지 호출 시 redirect 파라미터의 값이 “okjsp”로 지정될 경우에만 OKJSP 사이트 내 Java\JSP QnA 게시판 페이지로 리다이렉트를 수행할 것이다.

SOURCE CODE : coreRedirectTag.jsp

```
<%@ page language="java" contentType="text/html; charset=UTF-8" %>
<%@ taglib prefix="c" uri="http://java.sun.com/jsp/jstl/core" %>

<html>
    <body>
        <c:set var="target" value="okjsp"/>
        <c:if test="${param.redirect == target}">
            <c:redirect url="http://okjsp.net/bbs" >
                <c:param name="act" value="LIST"/>
                <c:param name="bbs" value="bbs3"/>
            </c:redirect>
        </c:if>
        <h2>리다이렉트 페이지가 지정되지 않았습니다.</h2>
    </body>
</html>
```

다음 결과에서 알 수 있듯이 coreRedirectTag.jsp 페이지를 파라미터 지정 없이 호출했을 경우 아래와 같이 페이지가 표시된다.

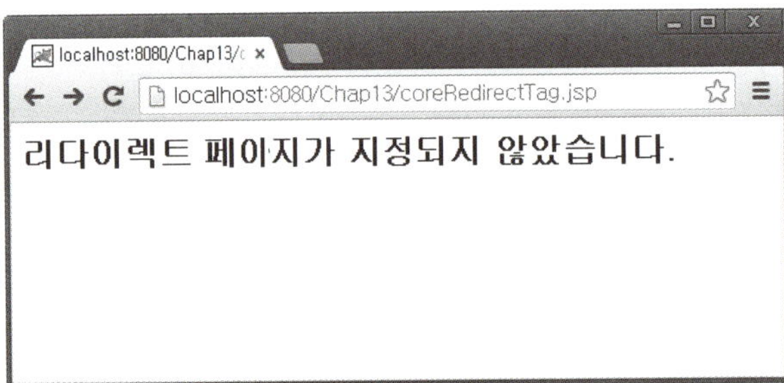

▲ redirect 파라미터가 지정되지 않았을 경우

redirect 파라미터의 값을 "okjsp"로 지정하여 coreRedirectTag.jsp 페이지를 호출하도록 하자.

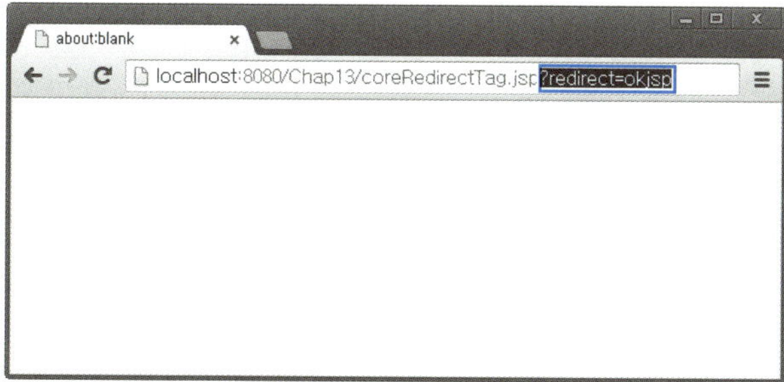

▲ redirect 파라미터를 okjsp로 지정

if 태그를 통해 redirect 파라미터의 값이 "okjsp"임이 확인되면 아래와 같이 redirect 태그 url에 지정했던 okjsp 주소로 이동하며, param 태그를 통해 지정했던 파라미터 값에 따라 JAVA/JSP QnA 게시판으로 이동되는 것을 확인할 수 있다.

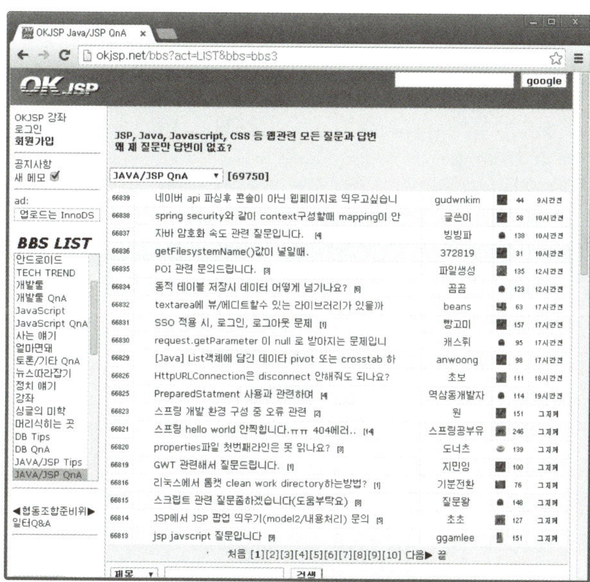

▲ redirect 파라미터가 okjsp로 지정되면 리다이렉트가 수행된다.

(2) import 태그

import 태그는 〈jsp:include〉 액션 태그와 유사하게 현재 JSP 페이지에 다른 웹 페이지의 결과를 포함시키는 기능을 수행한다. 그러나 import 태그는 JSP 페이지가 아닌 다른 종류의 웹 페이지 및 다른 서버의 웹 페이지도 불러올 수 있다는 점에서 차이가 있다. import 태그는 다음 형식으로 구현한다.

```
<c:import url="포함할 URL" var="URL 데이터를 저장할 EL 변수명" scope="영역"
charEncoding= "문자셋">
 <c:param name="파라미터명1" value="값1"/>
 …
 <c:param name="파라미터명N" value="값N"/>
</c:import>
```

url 속성에는 현재 JSP 페이지에 포함할 URL을 지정하고 var 속성에는 url 속성에 지정한 URL로부터 읽어온 데이터를 저장할 EL 변수명을 지정한다. var 속성이 지정되지 않을 경우 읽어온 데이터를 바로 출력하게 된다. scope 속성에는 var 속성이 지정되었을 경우 해당 EL 변수가 저장될 영역을 지정할 수 있으며 charEncoding 속성에는 데이터를 읽어올 때 사용할 문자셋을 지정할 수 있다. param 태그에는 import 대상 URL에 전송할 파라미터를 지정해줄 수 있으며 여러 개의 파라미터 지정이 가능하다.

다음 coreImportTag1.jsp 페이지는 import 태그 사용의 한 예를 보여주고 있다. 앞서 제작한 coreRedirectTag.jsp 페이지를 포함하도록 import 태그의 url 속성을 명시해주고 var 속성을 coreRedirectTag로 지정하도록 한다.

SOURCE CODE : coreRedirectTag1.jsp

```
<%@ page language="java" contentType="text/html; charset=UTF-8" %>
<%@ taglib prefix="c" uri="http://java.sun.com/jsp/jstl/core" %>

<html>
    <body>
        <h2>import 태그 시작</h2><hr/>
        <c:import url="/coreRedirectTag.jsp" var="coreRedirectTag"/>
            <pre>
                <c:out value="${coreRedirectTag }"/>
            </pre>
        <hr/>
        <h2>import 태그 종료</h2>
    </body>
</html>
```

coreRedirectTag1.jsp 페이지의 호출 결과는 다음과 같다. 포함될 coreRedirectTag.jsp 페이지의 데이터가 coreRedirectTag EL 변수에 할당되어 있으므로, 포함된 페이지가 출력될 위치를 간편하게 지정할 수 있다. out 태그가 〈pre〉 태그 내에 있어 내부 〈html〉 코드가 해석되지 않은 상태로 출력되었다. 이번 예제에서는 coreRedirectTag.jsp 페이지에 파라미터를 지정하지 않았지만, param 태그를 사용하여 redirect 파라미터에 값을 "okjsp"로 지정했을 경우도 확인해보기 바란다.

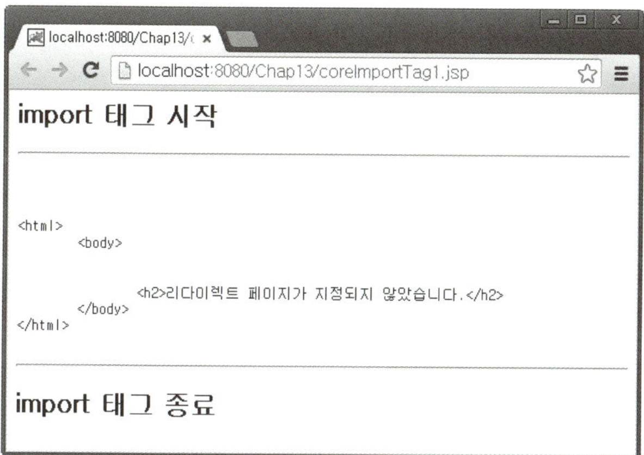

▲ import 태그의 var 속성을 지정

만약 위와 같이 import 태그의 var 속성을 지정하지 않았을 경우 결과는 다음과 같이 import 처리된 페이지가 바로 출력됨을 확인할 수 있다.

SOURCE CODE : coreRedirectTag2.jsp

```
<%@ page language="java" contentType="text/html; charset=UTF-8" %>
<%@ taglib prefix="c" uri="http://java.sun.com/jsp/jstl/core" %>

<html>
    <body>
        <h2>import 태그 시작</h2><hr/>
        <c:import url="/coreRedirectTag.jsp"/><hr/>
        <h2>import 태그 종료</h2>
    </body>
</html>
```

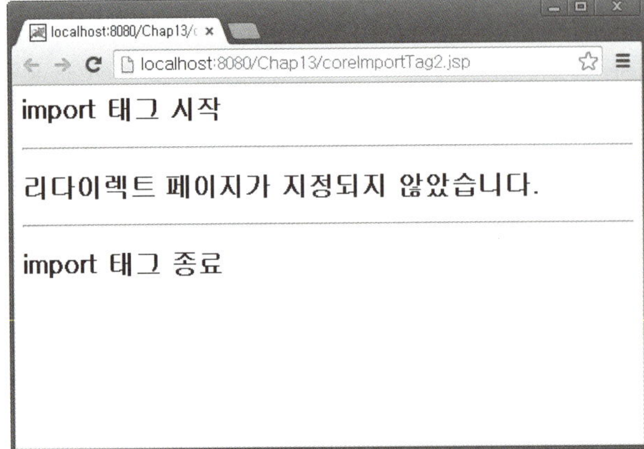

▲ import 태그의 var 속성 미지정

(3) url 태그

url 태그는 간단히 말해 URL 전용 set 태그라고 볼 수 있는 태그이다. 즉, 특정 URL 및 전송 파라미터를 설정한 내용을 변수에 저장하는 용도로 사용하며 파라미터 지정도 가능하다. url 태그는 다음과 같이 구현한다. url 태그 역시 앞서 살펴보았던 redirect나 import 태그와 마찬가지로 param 태그를 사용하여 대상 URL 주소에 전송할 파라미터를 지정할 수 있다.

```
<c:url var="지정된 URL 내용을 저장하기 위한 변수명" value="대상 URL" scope="변수 저장 영역">
  <c:param name="파라미터명1" value="값1"/>
  ...
  <c:param name="파라미터명N" value="값N"/>
</c:url>
```

따라서 이후에 url 태그의 var 속성에 지정된 변수를 사용하면, value 속성에 지정한 URL 정보에 param 태그에 지정한 파라미터 데이터가 추가되어 한 번에 사용이 가능하다. url 태그 사용 시 저장되는 값을 확인하기 위해 coreUrlTag.jsp 페이지를 구현하도록 하자. value 속성에 앞서 제작한 coreRedirectTag.jsp 페이지를 지정하고 param 태그를 통해 파라미터를 지정한다. var 속성으로 지정한 coreRedirectTag 변수는 최종적으로 완성된 URL을 저장하게 된다.

SOURCE CODE : coreUrlTag.jsp

```
<%@ page language="java" contentType="text/html; charset=UTF-8" %>
<%@ taglib prefix="c" uri="http://java.sun.com/jsp/jstl/core" %>

<html>
    <body>
        <c:url var="coreRedirectTag" value="/coreRedirectTag.jsp">
            <c:param name="redirect" value="none"/>
        </c:url>
        <c:out value="${coreRedirectTag }"/>
    </body>
</html>
```

coreUrlTag.jsp 페이지를 호출한 결과는 다음과 같다. coreRedirectTag 변수를 out 태그를 통해 출력해보면 url 태그를 통해 지정한 최종 URL이 완성되어 있다. 이렇게 url 태그로 지정된 변수는 redirect 태그 혹은 import 태그의 url 속성에 사용할 수 있으며, scope 속성을 통해 영역 지정이 가능하다.

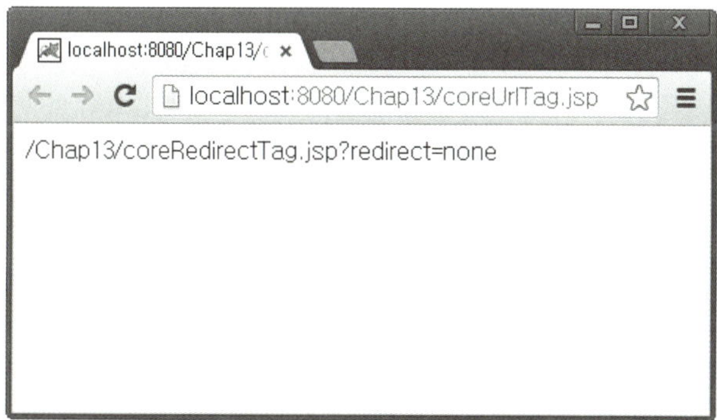

▲ url 태그의 사용

CHAPTER 13 Level Up! Coding

01 JSTL 및 EL을 사용하여 아래와 같이 구구단을 출력해보자.

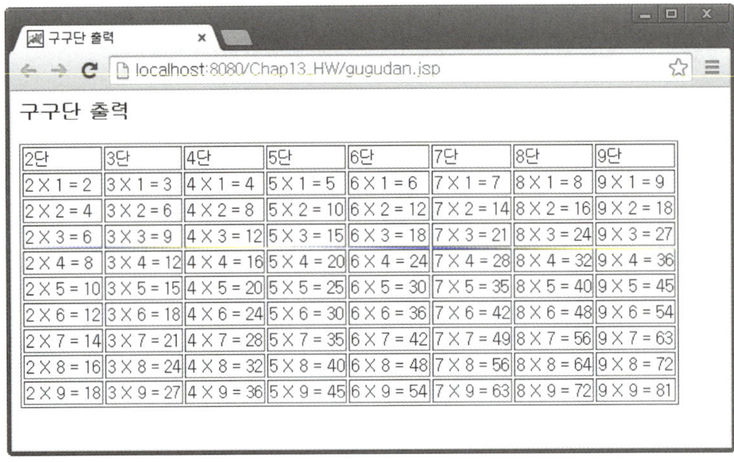

2단	3단	4단	5단	6단	7단	8단	9단
2 X 1 = 2	3 X 1 = 3	4 X 1 = 4	5 X 1 = 5	6 X 1 = 6	7 X 1 = 7	8 X 1 = 8	9 X 1 = 9
2 X 2 = 4	3 X 2 = 6	4 X 2 = 8	5 X 2 = 10	6 X 2 = 12	7 X 2 = 14	8 X 2 = 16	9 X 2 = 18
2 X 3 = 6	3 X 3 = 9	4 X 3 = 12	5 X 3 = 15	6 X 3 = 18	7 X 3 = 21	8 X 3 = 24	9 X 3 = 27
2 X 4 = 8	3 X 4 = 12	4 X 4 = 16	5 X 4 = 20	6 X 4 = 24	7 X 4 = 28	8 X 4 = 32	9 X 4 = 36
2 X 5 = 10	3 X 5 = 15	4 X 5 = 20	5 X 5 = 25	6 X 5 = 30	7 X 5 = 35	8 X 5 = 40	9 X 5 = 45
2 X 6 = 12	3 X 6 = 18	4 X 6 = 24	5 X 6 = 30	6 X 6 = 36	7 X 6 = 42	8 X 6 = 48	9 X 6 = 54
2 X 7 = 14	3 X 7 = 21	4 X 7 = 28	5 X 7 = 35	6 X 7 = 42	7 X 7 = 49	8 X 7 = 56	9 X 7 = 63
2 X 8 = 16	3 X 8 = 24	4 X 8 = 32	5 X 8 = 40	6 X 8 = 48	7 X 8 = 56	8 X 8 = 64	9 X 8 = 72
2 X 9 = 18	3 X 9 = 27	4 X 9 = 36	5 X 9 = 45	6 X 9 = 54	7 X 9 = 63	8 X 9 = 72	9 X 9 = 81

02 아래와 같이 간단한 회원가입 Join.html 페이지와 회원가입 시 입력한 내용을 출력하기 위한 Join.jsp 페이지를 JSTL 및 EL을 사용하여 제작해보자(단, 취미에서 아무것도 선택하지 않았을 경우 선택한 취미가 없음을 출력하도록 한다).

CHAPTER 14

Model2 방식의 게시판 설계 및 구축

Model2 방식은 MVC 패턴에 기반을 둔 개발 방식으로 지금까지 보아왔던 하나의 JSP에 포함되어야 할 화면 출력, 데이터베이스 연동 기능 등을 적절히 나누어 구현하는 방법이다. 이번 장에서는 Model2 방식에 대해 먼저 알아본 후 앞서 살펴보았던 웹 애플리케이션 구현 방법들을 활용하여 Model2 방식의 게시판을 설계하고 구현해보도록 하겠다.

01 | 웹 애플리케이션의 설계 모델

프로그램을 역할에 따라 분류하여 제작하기 위한 모듈화 방법을 설계 모델이라고 한다. 웹 애플리케이션 설계 모델에는 Model1 방식과 Model2 방식이 사용되고 있으며, 그중에서도 Model2 방식은 여러 프레임워크(Framework)에서도 기반이 되는 설계 모델이다. 설계에 앞서 먼저 각 설계 방식을 간략히 알아보도록 하자.

1.1 Model1 방식

Model1 방식은 웹 애플리케이션 구현 시 서비스 제공에 필요한 데이터의 입력 및 결과 출력에 관련된 기능을 JSP 페이지에서 구현하고, 데이터베이스의 데이터와 같은 외부 데이터 처리를 담당하는 자바 빈 클래스나 요청 처리에 필요한 비즈니스 로직 처리를 위한 서비스 클래스를 사용하게 된다.

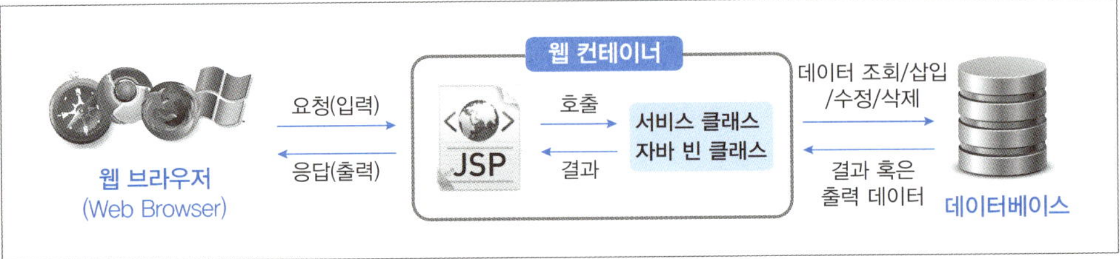

▲ Model1 방식을 사용한 웹 애플리케이션의 구성

그럼 Model1 방식을 사용하여 간단한 웹 애플리케이션을 제작해보도록 하자. 앞서 데이터베이스 프로그래밍을 위해 생성했던 STUDENT 테이블의 학생 정보를 출력할 웹 애플리케이션을 Model1 방식으로 제작해볼 것이다.

우선 STUDENT 테이블을 조회한 데이터를 담을 수 있는 StudentBean 자바 빈 클래스를 model1 패키지에 생성하도록 하자. STUDENT 테이블의 컬럼들을 자바 변수로 선언하고, selectStudent( ) 메서드를 통해 학생 아이디를 입력받아 데이터베이스에 접속한 후 입력받은 학생 아이디를 통해 컬럼 각각의 값을 선언해둔 자바 변수에 대입하게 된다.

SOURCE CODE : StudentBean.java

```
package model1;
import java.sql.*;

import javax.servlet.*;

public class StudentBean {

   private String studentId;
   private String studentName;
   private String studentEmail;
   private String studentTel;
   private String departmentId;

   public String getStudentId() { return studentId; }
   public void setStudentId(String studentId)
   { this.studentId = studentId; }

   public String getStudentName() { return studentName; }
   public void setStudentName(String studentName)
   { this.studentName = studentName; }

   public String getStudentEmail() { return studentEmail; }
   public void setStudentEmail(String studentEmail)
   { this.studentEmail = studentEmail; }
```

```
    public String getStudentTel() { return studentTel; }
    public void setStudentTel(String studentTel)
    { this.studentTel = studentTel; }

    public String getDepartmentId() { return departmentId; }
    public void setDepartmentId(String departmentId) { this.departmentId =
    departmentId; }

    public void selectStudent(String studentId) throws ServletException{

        Connection conn = null;
        Statement stmt = null;
        ResultSet rs = null;

        try {
            Class.forName("com.mysql.jdbc.Driver");
            conn = DriverManager.getConnection("jdbc:mysql://localhost:3306/
            jspbook", "jspbook", "jspbook");
            stmt = conn.createStatement();
            rs = stmt.executeQuery("SELECT * FROM STUDENT WHERE STUDENT_ID = " +
            studentId);

            if (rs.next()){
                this.studentId = rs.getString("STUDENT_ID");
                this.studentName = rs.getString("STUDENT_NAME");
                this.studentEmail = rs.getString("STUDENT_EMAIL");
                this.studentTel = rs.getString("STUDENT_TEL");
                this.departmentId = rs.getString("DEPARTMENT_ID");
            }
        } catch (ClassNotFoundException e) {
            e.printStackTrace();
        } catch (SQLException e) {
            e.printStackTrace();
        } catch (Exception e){
            throw new ServletException(e);
        } finally {
            try{
                rs.close();
                stmt.close();
                conn.close();
            }catch(Exception e){}
        }
    }
}
```

아래 Model1.jsp는 StudentBean 클래스에서 조회한 학생 데이터를 출력할 것이다. Model1 방식의 구조를 살펴보기 위해 여기서는 GET 방식을 이용해 학생 아이디를 직접 지정하는 간단한 방식으로 구현한다. request 내장객체를 통해 전달받은 학생 아이디를 StudentBean 클래스의 selectStudent( ) 메서드의 입력 파라미터로 지정하여 실행한 후 그 결과값들을 get~ 메서드를 통해 〈table〉 태그 내 출력한다. 학생 아이디를 직접 지정하므로, 결과는 한 로우 데이터가 된다.

SOURCE CODE : Model1.jsp

```
<%@ page language="java" contentType="text/html; charset=utf-8" %>
<%@ page import = "model1.StudentBean" %>

<%
    String studentId = request.getParameter("studentId");
    StudentBean studentBean = new StudentBean();
    studentBean.selectStudent(studentId);
%>

<html>
    <head>
        <title>Model1 방식</title>
    </head>
    <body>
        <h3> 학번 [<%=studentId %>] 학생 정보</h3>
        <table border="1">
            <tr align="center">
                <td>학생 아이디</td>
                <td>학생 이름</td>
                <td>학생 이메일</td>
                <td>학생 전화번호</td>
                <td>학과 아이디</td>
            </tr>
            <tr align="center">
                <td><%=studentBean.getStudentId() %></td>
                <td><%=studentBean.getStudentName() %></td>
                <td><%=studentBean.getStudentEmail() %></td>
                <td><%=studentBean.getStudentTel() %></td>
                <td><%=studentBean.getDepartmentId() %></td>
            </tr>
        </table>
    </body>
</html>
```

이제 제작한 Model1.jsp 페이지를 실행하도록 하자. 학생 아이디를 GET 방식으로 지정하기 위해 'studentId=20130005'를 함께 지정하도록 한다. 학생 아이디를 직접 지정했으므로, 해당 학생 아이디와 일치하는 하나의 로우가 조회되며, 조회된 데이터들을 StudentBean.java 클래스에 선언한 변수, 즉 프로퍼티에 저장한 후 최종적으로 Model1.jsp 페이지에서 그 결과값을 출력해주고 있다. 이렇게 Model1 방식을 이용한 웹 애플리케이션은 입력 및 출력을 담당하는 JSP 페이지 그리고 실제 비즈니스 로직을 처리하기 위한 클래스로 구성된다.

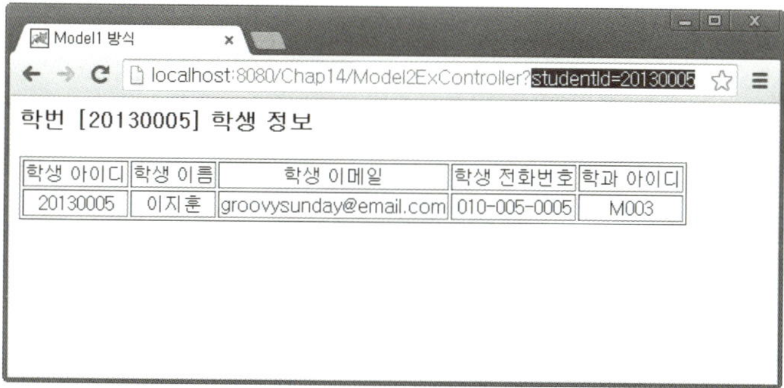

▲ Model1 방식을 사용한 Model1.jsp 페이지 호출 결과

위에서 살펴본 것과 같이 Model1 방식은 웹 애플리케이션 개발 속도가 빠르다는 장점을 가지지만, 실무에서 사용할 웹 애플리케이션의 경우 디자인 영역에 사용되는 코드들과 프로그래밍 영역의 코드는 매우 복잡하고 많은 분량을 차지한다. 이러한 각 영역에 필요한 코드들이 하나의 JSP 페이지에 혼재하게 되면 이후의 시스템 유지보수를 어렵게 하는 원인으로 작용한다.

1.2 Model2 방식

Model2 방식은 MVC 패턴을 기반으로 한 방식으로 Model1 방식에 비해 상대적으로 복잡한 구조를 가진다. MVC 패턴은 비즈니스 로직을 처리하기 위한 Model, 요청된 서비스의 응답 출력을 담당하는 View 그리고 클라이언트의 요청을 처리하기 위한 데이터 입력 처리와 Model과 View를 적절히 연결해주고 관리하는 등의 흐름 제어를 담당하는 Controller로 구성되는 패턴이다. 다음 그림과 같이 Controller가 클라이언트의 요청을 받은 후 요청 처리에 필요한 Model을 호출하고 그 결과를 출력할 View를 지정하여 응답하는 형태로 구성된다.

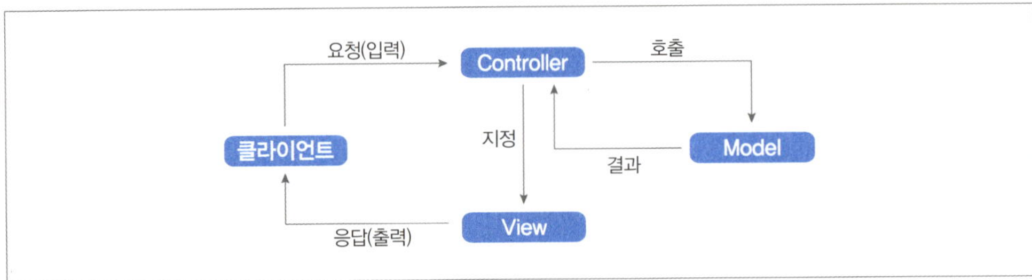

▲ MVC 패턴의 구성

MVC 패턴에 대응되는 Model2 방식을 통해 제작되는 웹 애플리케이션 역시 MVC 패턴과 거의 동일한 형태로 구성된다. 서블릿에서 웹 클라이언트의 요청을 받고 데이터베이스 관련 기능과 요청을 처리하기 위한 비즈니스 로직이 담긴 로직 클래스를 호출하여, 결과 데이터 필요시 자바 빈 객체에 담아 최종적으로 출력할 JSP 페이지를 지정한 후 응답하는 구성을 가진다.

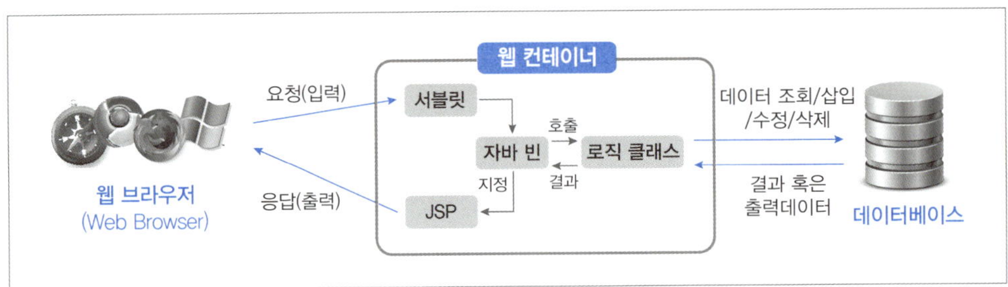

▲ Model2 방식을 사용한 웹 애플리케이션의 구성

따라서 MVC 패턴을 구성하는 구성요소들과 Model2 방식의 구성요소는 다음과 같이 정확히 일치하여 매칭된다. 실질적으로 웹 애플리케이션 구현에 있어 Model2 방식은 MVC 모델과 동일하게 취급하기도 한다.

MVC 패턴의 구성요소	Model2 방식의 구성요소
Model	로직 클래스
View	JSP 페이지
Controller	서블릿

앞서 Model1 방식으로 구현했던 예제와 같이 학생 아이디를 GET 방식으로 지정하여 그 학생의 정보를 출력하기 위한 예제를 Model2 방식으로 구현해보도록 하자. 이번 예제에서도 데이터베이스에 학생 데이터를 조회하고, 학생 데이터를 담기 위한 자바 빈 클래스는 StudentBean 클래스를 이용할 것이다.

우선, Controller에 해당하는 Model2ExController.java 서블릿 클래스를 다음과 같이 이클립스에서 생성하여 doGet( ) 메서드를 정의해주도록 하자. Model2ExController 서블릿 클래스는 Model1 방식에서 사용하였던 Model1.jsp 페이지의 입력 부분을 담당하고 수행되어야 할 기능을 지시한 후 응답 출력 페이지를 지정한다.

request 내장객체의 getParameter( ) 메서드를 사용하여 학생 아이디를 입력받고 StudentBean 자바 빈 객체를 생성한다. selectStudent( ) 메서드를 통해 입력받은 학생 아이디와 동일한 학생의 정보를 STUDENT 테이블에서 조회하고 각 변수에 저장한다. 이후 request 내장객체의 setAttribute( ) 메서드와 RequestDispatcher 객체를 통해 전달될 StudentBean 자바 빈 객체는 응답 출력을 담당할 Model2.jsp 페이지에서 사용할 것이다.

SOURCE CODE : Model2ExController.java

```
package model2;

import java.io.IOException;
import javax.servlet.RequestDispatcher;
import javax.servlet.ServletException;
import javax.servlet.annotation.WebServlet;
import javax.servlet.http.HttpServlet;
import javax.servlet.http.HttpServletRequest;
import javax.servlet.http.HttpServletResponse;

import model1.*;

/**
 * Servlet implementation class Model2ExController
 */
@WebServlet("/Model2ExController")
public class Model2ExController extends HttpServlet {
    private static final long serialVersionUID = 1L;

   /**
    * @see HttpServlet#HttpServlet()
    */
   public Model2ExController() {
      super();
   }

     /**
      * @see HttpServlet#doGet(HttpServletRequest request,
     HttpServletResponse response)
      */
```

```
    protected void doGet(HttpServletRequest request, HttpServletResponse
    response) throws ServletException, IOException {
        String studentId = request.getParameter("studentId");
        StudentBean studentBean = new StudentBean();
        studentBean.selectStudent(studentId);
        request.setAttribute("student", studentBean);
        RequestDispatcher dispatcher = request.getRequestDispatcher
        ("Model2.jsp");
        dispatcher.forward(request, response);
    }

    /**
     * @see HttpServlet#doPost(HttpServletRequest request,
    HttpServletResponse response)
     */
    protected void doPost(HttpServletRequest request,
    HttpServletResponse response) throws ServletException, IOException {
    }
}
```

자바 빈 클래스인 StudentBean.java는 앞서 Model1 방식에서 사용된 예제와 동일한 역할을 하므로 이번 예제에서의 설명은 생략하도록 한다.

마지막 출력을 담당할 Model2.jsp 페이지를 구현해보도록 하자. Model2.jsp 페이지의 경우 Model2ExController 서블릿 클래스에서 사용자의 요청을 먼저 처리하므로 Model1.jsp 페이지와는 달리 기능 수행에 필요한 입력 파라미터의 처리나 자바 빈 객체의 생성 혹은 비즈니스 로직 처리를 위한 메서드 호출과 같은 코드가 사라졌음을 알 수 있다.

SOURCE CODE : Model2.jsp

```
<%@ page language="java" contentType="text/html; charset=utf-8" %>
<%@ page import = "model1.StudentBean" %>

<%
    StudentBean student = (StudentBean) request.getAttribute("student");
%>

<html>
    <head>
        <title>Model2 방식</title>
    </head>
```

```
    <body>
        <h3> 학번 [<%=student.getStudentId() %>] 학생 정보</h3>
        <table border="1">
            <tr align="center">
                <td>학생 아이디</td>
                <td>학생 이름</td>
                <td>학생 이메일</td>
                <td>학생 전화번호</td>
                <td>학과 아이디</td>
            </tr>
            <tr align="center">
                <td><%=student.getStudentId() %></td>
                <td><%=student.getStudentName() %></td>
                <td><%=student.getStudentEmail()%></td>
                <td><%=student.getStudentTel() %></td>
                <td><%=student.getDepartmentId()%></td>
            </tr>
        </table>
    </body>
</html>
```

이제 Model2ExController 서블릿 클래스를 GET 방식으로 다음과 같이 호출해보도록 하자.

```
http://localhost:8080/Chap14/Model2ExController?studentId=20130005
```

출력되는 형식은 앞서 제작한 Model1 방식과 동일함을 확인할 수 있다. 두 가지 방식의 간략한 예제에서 Model1.jsp 페이지와 Model2.jsp 페이지만을 놓고 보면 별다른 차이를 느끼지 못할 수도 있다. 오히려 Model2 방식의 경우 입력과 기능수행 지시를 담당하는 서블릿 클래스의 제작이 번거롭게 느껴질 수도 있을 것이다. 그러나 Model1.jsp 페이지에서와 같이 JSP 한 페이지 내에서 입력을 처리하고 원하는 기능을 수행할 클래스의 객체를 생성하며 메서드를 사용하는 방법은 콘텐츠가 커지면 JSP 페이지가 처리할 자바 코드가 기하급수적으로 늘어난다는 문제를 가진다. JSP 페이지 내 자바 코드가 많아진다는 것은 디자인 영역과 자바 코드의 영역이 복잡하게 얽힌다는 것을 의미하고 이는 이후 유지보수의 효율을 낮추는 주요 원인이 된다.

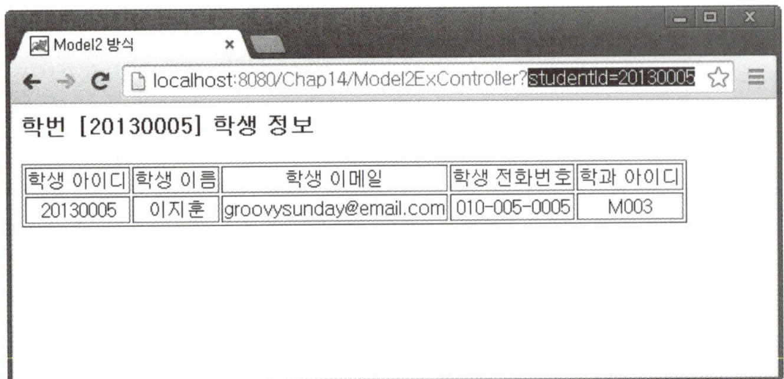

▲ Model2 방식을 사용한 Model2ExController 서블릿 호출 결과

과거 Model1 방식은 비교적 간단한 웹 애플리케이션 구현에 적합한 개발 방식이라 여겨졌으나 근래 제작되는 대부분의 웹 애플리케이션은 일정 이상의 규모로 제작되는 경우가 많다. Model1 방식에 비해 다소 복잡하지만 각 기능의 영역을 분리시켜 독립적인 제작이 가능하고 유지보수 면에서도 유리한 Model2 방식이 많이 이용된다. 또한, Spring, Struts 등과 같이 웹 애플리케이션 제작에 사용되는 프레임워크 대부분이 MVC 기반 Model2 방식의 아키텍쳐로 구현되므로 Model2 방식의 동작에 대한 이해는 필수적이다.

02 | Model2 방식의 게시판 설계

데이터베이스를 활용하는 웹 애플리케이션은 대부분 데이터의 삽입, 수정, 삭제 기능과 더불어 저장되어 있는 데이터를 조회하는 기능으로 구현된다. 게시판은 글의 목록 조회, 게시글의 열람, 글의 수정 및 삭제와 같이 웹 애플리케이션이 목표로 하는 기본적인 기능을 두루 갖춘 콘텐츠로, 대부분의 웹 애플리케이션 기능은 게시판을 응용하는 것으로 구현이 가능하다. 이제 앞서 살펴본 Model2 방식으로 게시판을 구현하기 위한 각 요소를 설계해보도록 하자.

2.1 게시판 테이블 설계

웹 애플리케이션의 제작 순서는 일반적으로 구현할 기능을 분석하여 수행에 필요한 데이터베이스 내 테이블 설계로 시작된다. 대개의 웹 애플리케이션이 그렇듯이 출력 화면에 보이는 데이터 외에도 추가적인 데이터의 정의가 필요하다.

여기서 제작할 게시판의 테이블명은 BOARD이며 다음과 같은 구조를 가진다. BOARD 테이블의 NUM 컬럼을 기본키로 사용할 것이다.

컬럼명	데이터 타입	설명
NUM	INTEGER(8)	글 순번
NAME	VARCHAR(20)	글 작성자
PASSWORD	VARCHAR(20)	글 비밀번호
SUBJECT	VARCHAR(50)	글 제목
CONTENT	VARCHAR(500)	글 본문
WRITE_DATE	DATE	글 작성일자
WRITE_TIME	TIME	글 작성시간
REF	INTEGER(8)	답변 글의 참조 원문 글 번호
STEP	INTEGER(4)	답변 글의 출력 순서
LEV	INTEGER(4)	답변 글의 들여쓰기 레벨
READ_CNT	INTEGER(8)	글 조회 수
CHILD_CNT	INTEGER(4)	글의 답변 글 수

위 테이블 구조로 테이블을 생성하도록 하자. 테이블을 생성하기 위해 CREATE문을 MySQL에서 아래와 같이 실행한다.

```
CREATE TABLE BOARD(
    NUM             INTEGER(8)      NOT NULL,
    NAME            VARCHAR(20)     NOT NULL,
    PASSWORD        VARCHAR(20)     NOT NULL,
    SUBJECT         VARCHAR(50)     NOT NULL,
    CONTENT         VARCHAR(500)    NOT NULL,
    WRITE_DATE      DATE            NOT NULL,
    WRITE_TIME      TIME            NOT NULL,
    REF             INTEGER(8)      NOT NULL,
    STEP            INTEGER(4)      NOT NULL,
    LEV             INTEGER(4)      NOT NULL,
    READ_CNT        INTEGER(8)      NOT NULL,
    CHILD_CNT       INTEGER(4)      NOT NULL,
    PRIMARY KEY(NUM)
);
```

만약 테이블 생성이 잘못되었을 경우 'DROP TABLE BOARD;' 명령을 사용하여 테이블을 삭제한 후 다시 생성할 수 있다. DESC 명령을 통해 BOARD 테이블이 생성되었다면 게시판 제작을 위한 데이터베이스 테이블은 준비가 완료된 것이다.

```
C:\Windows\system32\cmd.exe - mysql -p -u jspbook jspbook

mysql> DESC BOARD;
+------------+--------------+------+-----+---------+-------+
| Field      | Type         | Null | Key | Default | Extra |
+------------+--------------+------+-----+---------+-------+
| NUM        | int(8)       | NO   | PRI | NULL    |       |
| NAME       | varchar(20)  | NO   |     | NULL    |       |
| PASSWORD   | varchar(20)  | NO   |     | NULL    |       |
| SUBJECT    | varchar(50)  | NO   |     | NULL    |       |
| CONTENT    | varchar(500) | NO   |     | NULL    |       |
| WRITE_DATE | date         | NO   |     | NULL    |       |
| WRITE_TIME | time         | NO   |     | NULL    |       |
| REF        | int(8)       | NO   |     | NULL    |       |
| STEP       | int(4)       | NO   |     | NULL    |       |
| LEV        | int(4)       | NO   |     | NULL    |       |
| READ_CNT   | int(8)       | NO   |     | NULL    |       |
| CHILD_CNT  | int(4)       | NO   |     | NULL    |       |
+------------+--------------+------+-----+---------+-------+
12 rows in set (0.03 sec)

mysql> _
```

▲ DESC 명령을 통한 BOARD 테이블 명세 확인

2.2 프론트 컨트롤러(FrontController) 서블릿 설계

프론트 컨트롤러는 웹 애플리케이션 내에서 웹 클라이언트의 요청을 가장 먼저 전달받는 역할을 하는 Controller이다. 웹 클라이언트의 요청은 웹 컨테이너를 거쳐 적합한 처리가 가능한 서블릿을 web.xml 파일의 설정 내용을 참조하여 전달되며 요청 정보를 전달받은 프론트 컨트롤러는 웹 클라이언트의 요청을 분류하여 요청에 적합한 기능을 수행할 클래스를 사용한 후 응답할 JSP 페이지 View로 지정하게 된다.

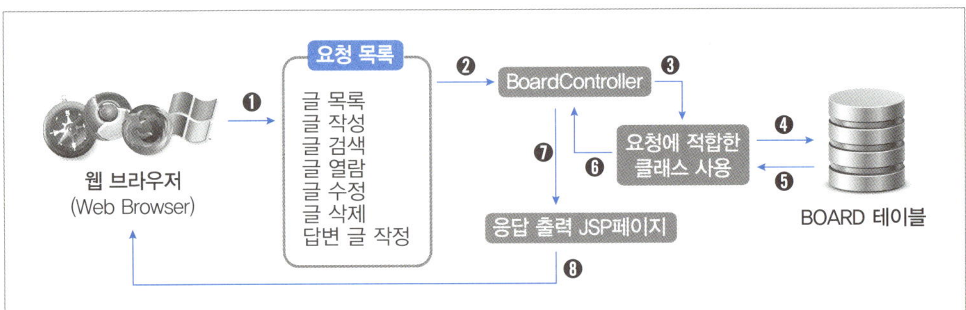

▲ 게시판에서 BoardController 서블릿의 역할

따라서 BoardFrontController 서블릿은 게시판 구현에 가장 핵심적인 역할을 하는 클래스이며, 웹 클라이언트의 요청 종류를 분석하고 사용 클래스를 지정하기 위해 간단한 형태의 커맨드(Command) 패턴을 사용할 것이다. 커맨드 패턴은 웹 클라이언트의 요청을 처리할 별도의 클래스를 제작하여 사용하는 것으로 이후 게시판을 구현하며 더 자세히 살펴보도록 하겠다.

FrontController	설명
BoardFrontController	Controller 역할을 할 서블릿. 게시판 목록 조회, 글 작성, 글 열람, 글 수정, 글 삭제, 답변 글 작성 등의 요청에 따라 각 기능을 수행할 객체를 생성한 후 응답 출력에 사용될 JSP 페이지를 지정

2.3 Model 클래스 설계

Model 클래스는 웹 클라이언트에 의해 요청된 게시판 기능이 실제 처리되는 비즈니스 로직이 담긴 클래스들이다. Model 영역의 클래스들은 Controller 서블릿인 BoardController에 의해 동작하며 데이터베이스 관련 기능을 수행할 DAO 클래스와 게시판의 여러 기능을 수행하기 위한 데이터를 담기 위한 DTO 클래스를 사용하게 된다.

Model	설명
BoardDAO	게시판의 데이터베이스 관련 기능을 실제 수행하는 클래스
BoardDTO	게시판의 데이터베이스 관련 기능 수행 시 게시판 글 데이터를 저장하는 클래스

이후 예제에서 다룰 커맨드 패턴을 사용할 경우 Controller 서블릿과 DAO 및 DTO 클래스 사이에서 분류된 요청을 처리하기 위한 클래스들은 다음과 같이 구성된다. 게시판의 각 기능별 요청을 처리할 클래스들은 BoardCmd 인터페이스를 구현(implements)하여 제작될 것이다.

Model	설명
BoardCmd	• 게시판 Model 클래스들을 커맨드 패턴으로 사용하기 위한 인터페이스 • 이하 Model 클래스들은 BoardCmd 인터페이스를 구현한다.
BoardListCmd	게시판 목록 보기 기능을 수행할 클래스
BoardWriteCmd	게시판 새로운 글쓰기 기능을 수행할 클래스
BoardReadCmd	게시판 글 열람 기능을 수행할 클래스
BoardUpdateCmd	게시판 글 수정 기능을 수행할 클래스
BoardUpdatePasswordCmd	게시판 글 수정에 필요한 비밀번호 검사 페이지를 호출하기 위한 클래스
BoardUpdateCheckCmd	게시판 글 수정에 필요한 비밀번호 검사를 수행하는 클래스
BoardupdateFormCmd	게시판 글 수정 폼 JSP 페이지를 호출하기 위한 클래스
BoardDeleteCmd	게시판 글 삭제 기능을 수행할 클래스
BoardDeletePasswordCmd	게시판 그 삭제에 필요한 비밀번호 검사 페이지를 호출하기 위한 클래스
BoardDeleteCheckCmd	게시판 글 삭제에 필요한 비밀번호 검사를 수행하는 클래스
BoardReplyCmd	게시판 답글 쓰기 기능을 수행할 클래스
BoardReplyFormCmd	게시판 답글 쓰기 폼 JSP 페이지를 호출하기 위한 클래스
BoardSearchCmd	게시판 글 검색 기능을 수행할 클래스

2.4 View JSP 페이지 설계

JSP 페이지는 웹 클라이언트의 요청을 처리한 후 해당 결과를 출력해주기 위한 View 영역을 담당하게 된다. Model2 방식에서의 JSP 페이지 내부에는 요청에 따른 데이터의 출력을 위한 간소한 자바 코드만 포함될 것이다. 각 JSP 페이지의 파일과 담당하는 기능은 아래와 같다.

View	설명
boardList.jsp	게시판 글 목록을 조회하기 위한 JSP 페이지
boardRead.jsp	게시판 글 열람을 위한 JSP 페이지
boardWrite.jsp	게시판 새 글 등록을 위한 JSP 페이지
boardSerachList.jsp	게시판 글 검색 목록을 조회하기 위한 JSP 페이지
boardUpdateForm.jsp	게시판 글 수정 화면을 위한 JSP 페이지
boardUpdatePassword.jsp	게시판 글 수정 비밀번호를 입력받는 JSP 페이지
boardUpdateError.jsp	게시판 글 수정 비밀번호가 틀렸을 경우 출력되는 JSP 페이지
boardDeletePassword.jsp	게시판 글 삭제 비밀번호를 입력받는 JSP 페이지
boardDeleteError.jsp	게시판 글 삭제 비밀번호가 틀렸을 경우 출력되는 JSP 페이지
boardReply.jsp	게시판 답글 입력 화면을 위한 JSP 페이지

이제 게시판 구현을 위한 데이터베이스의 테이블, Controller 서블릿, Model 클래스, View JSP 페이지의 설계가 끝났다. 최종적으로 각 파일들은 아래와 같이 구성되어 동작할 것이다.

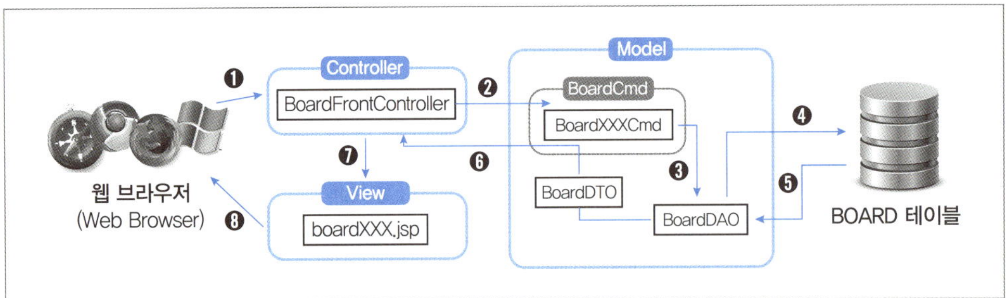

▲ BOARD 게시판의 구성

① 웹 브라우저를 통해 웹 클라이언트가 게시판 관련 기능을 요청
② BoardFrontController는 웹 클라이언트의 요청을 분석하여, 요청 기능을 수행할 BoardXXXCmd 형태의 클래스를 사용
③ BoardXXXCmd 클래스는 BoardDAO에 정의된 메서드를 호출
④ 데이터베이스 관련 기능을 수행
⑤ 데이터베이스는 수행한 기능에 따라 적합한 결과를 반환

⑥ BoardDAO를 통해 데이터베이스에서 반환된 데이터를(필요에 따라 BoardDTO 클래스에 담기도 함) request 내장객체의 애트리뷰트로 지정
⑦ BoardFrontController는 Model 영역의 비즈니스 로직 수행이 끝나면 웹 클라이언트에게 응답하기 위한 boardXXX.jsp View 페이지를 지정하여 응답 지시

게시판의 동작과 구성을 꼼꼼히 읽어보았다면, 게시판 구현에 큰 도움이 될 것이다. 이제 게시판을 구현하도록 하자.

03 | Model2 방식의 게시판 구현

게시판은 웹 애플리케이션에 필요한 대부분의 기능을 포함하므로, 지금까지 다뤄왔던 예제들에 비해 애플리케이션을 구성하는 파일의 개수 및 프로그래밍 분량이 많아져 자칫 어려워 보일 수 있다. 그러나 게시판을 구성하는 각각의 기능은 이미 앞에서 다루어본 내용들이므로 하나의 기능 부분을 완성해 나가며 합친다는 생각으로 구현하도록 하자.

3.1 게시판 글 데이터 저장을 위한 자바 빈 클래스 제작

BoardDTO 클래스는 게시판의 글 하나의 데이터를 저장하기 사용하는 자바 빈 클래스로 BOARD 테이블의 각 컬럼에 대응되는 멤버 변수가 선언되고, 해당 변수에 접근하여 값을 설정하거나 값을 얻어오기 위해 getter/setter 메서드를 가지고 있다. 하나의 BoardDTO 인스턴스는 BOARD 테이블 내 하나의 로우 데이터를 담을 수 있으며, 이후 ArrayList를 통해 여러 개의 BoardDTO 객체, 즉 여러 글을 담을 경우에도 유용하게 사용할 수 있다.

BoardDTO 클래스는 board.model 패키지를 생성하여 해당 패키지 아래 아래와 같이 구현하도록 한다.

SOURCE CODE : BoardDTO.java

```
package board.model;
import java.sql.*;

public class BoardDTO {

    private int num;
    private String name;
    private String password;
    private String subject;
    private String content;
```

```
    private Date writeDate;
    private Time writeTime;
    private int ref;
    private int step;
    private int lev;
    private int readCnt;
    private int childCnt;

    public int getNum() { return num; }
    public void setNum(int num) { this.num = num; }
    public String getName() { return name; }
    public void setName(String name) { this.name = name; }

    public String getPassword() { return password; }
    public void setPassword(String password) { this.password = password; }

    public String getSubject() { return subject; }
    public void setSubject(String subject) { this.subject = subject; }

    public String getContent() { return content; }
    public void setContent(String content) { this.content = content; }

    public Date getWriteDate() { return writeDate; }
    public void setWriteDate(Date writeDate) { this.writeDate = writeDate;
}

    public Time getWriteTime() { return writeTime; }
    public void setWriteTime(Time writetime) { this.writeTime = writetime;
}

    public int getRef() { return ref; }
    public void setRef(int ref) { this.ref = ref; }

    public int getStep() { return step; }
    public void setStep(int step) { this.step = step; }

    public int getLev() { return lev; }
    public void setLev(int lev) { this.lev = lev; }

    public int getReadCnt() { return readCnt; }
    public void setReadCnt(int readCnt) { this.readCnt = readCnt; }

    public int getChildCnt() { return childCnt; }
    public void setChildCnt(int childCnt) { this.childCnt = childCnt; }
}
```

3.2 게시판 기능 구현

우리가 제작할 게시판의 기능은 크게 글 목록 조회, 글 열람, 글 수정, 글 삭제, 글 검색, 답글 작성으로 요약할 수 있다. 웹 클라이언트는 JSP 페이지에서 각 기능 수행을 위한 요청을 하게 되고 해당 요청은 웹 컨테이너에 의해 BoardFrontController 서블릿이 1차적으로 전달받을 것이다.

요청을 전달받은 BoardFrontController 서블릿은 해당 요청, 즉 커맨드를 분석하여 요청에 적합한 기능을 수행할 BoardXXXCmd의 인스턴스를 사용하게 되며, BoardXXXCmd 객체들은 BoardDAO 클래스를 통해 비즈니스 로직을 수행한다. 이렇게 요청을 커맨드로 분류하고 요청 처리를 위한 클래스를 제작하여 웹 애플리케이션을 구현하는 것이 바로 커맨드 패턴이다. 이러한 커맨드 패턴은 BoardDAO 클래스가 실제 데이터베이스 관련 기능을 수행하기 위한 코드를 포함하므로 타 클래스에 비해 방대한 작업처리를 하게 될 것이다.

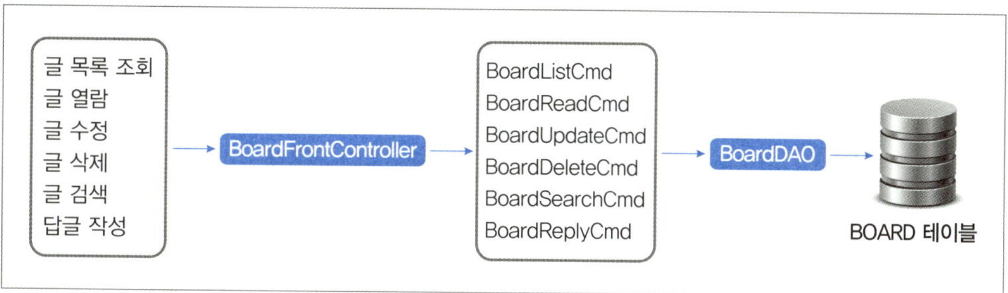

▲ 게시판 기능 흐름도

여기서는 게시판의 각 기능별로 BoardFrontController 서블릿과 각 요청을 처리하기 위한 BoardXXXCmd 커맨드 클래스 그리고 실제 비즈니스 로직을 수행할 BoardDAO 클래스를 구현한 후 최종 응답을 하게 될 View인 JSP 페이지를 구현하는 순서로 진행할 것이다. 먼저 BoardFrontController 서블릿과 BoardDAO 클래스의 구성을 살펴보도록 하자.

(1) BoardFrontController 및 BoardDAO의 구성

다음 BoardFrontControllerShell.java 서블릿 클래스는 최종적으로 완성될 BoardFrontController 서블릿의 구성을 보여준다. 실질적으로 동작하는 코드는 없지만, BoardFrontController 서블릿의 실행 과정을 보기에 유용할 것이다. BoardFrontController 서블릿은 board 패키지에 위치할 것이다. 캐릭터셋을 UTF-8로 지정하고, requset 내장객체의 getRequestURI( ) 메서드와 getContextPath( ) 메서드를 통해 접근 주소 BoardFrontController 이후의 문자들, 즉 커맨드를 해석하게 된다. 이후 해당 커맨드와 일치하는 문자열인지를 if문을 통해 검사하여 적합한 기능 수행을 위한 커맨드 클래스를 호출할 것이다. 상단의 @WebServlet("*.bbs")는 BoardFrontController 서블릿이 .bbs로 이루어진 요청을 처리할 것이라 지정한 것이다. web.xml 통해 지정할 수 있는 방법도 있으나 Tomcat 7부터는 이와 같이 어노테이션(Annotation)을 통해 간단한 서블릿 설정을 지정해줄 수 있다.

SOURCE CODE : BoardFrontControllerShell.java (설명용 코드)

```
package board;

import java.io.IOException;
import javax.servlet.ServletException;
import javax.servlet.annotation.WebServlet;
import javax.servlet.http.HttpServlet;
import javax.servlet.http.HttpServletRequest;
import javax.servlet.http.HttpServletResponse;

import javax.servlet.RequestDispatcher;
import board.command.*;

@WebServlet("*.bbs")
public class BoardFrontControllerShell extends HttpServlet {
    private static final long serialVersionUID = 1L;

   /**
    * @see HttpServlet#HttpServlet()
    */
   public BoardFrontControllerShell() {
      super();
   }

     /**
      * @see HttpServlet#doGet(HttpServletRequest request,
      HttpServletResponse response)
      */
     protected void doGet(HttpServletRequest request, HttpServletResponse
     response) throws ServletException, IOException {
         doPost(request, response);
     }

     /**
      * @see HttpServlet#doPost(HttpServletRequest request,
      HttpServletResponse response)
      */
```

```
protected void doPost(HttpServletRequest request,
HttpServletResponse response) throws ServletException, IOException {

    request.setCharacterEncoding("UTF-8");
    String requestURI = request.getRequestURI();
    String contextPath = request.getContextPath();
    String cmdURI = requestURI.substring(contextPath.length());

    BoardCmd cmd = null;
    String viewPage = null;

    // 글 목록 조회 처리
    if(cmdURI.equals("/boardList.bbs")){}

    // 글 작성 화면 제공
    if(cmdURI.equals("/boardWriteForm.bbs")){}

    // 글 작성 처리
    if(cmdURI.equals("/boardWrite.bbs")){}

    // 글 열람 처리
    if(cmdURI.equals("/boardRead.bbs")){}

    // 글 수정 비밀번호 확인 화면 제공
    if(cmdURI.equals("/boardUpdatePassword.bbs")){}

    // 글 수정 비밀번호 확인 처리
    if(cmdURI.equals("/boardUpdateCheck.bbs")){}

    // 글 수정 비밀번호 오류 화면 제공
    if(cmdURI.equals("/boardUpdateError.bbs")){}

    // 글 수정 화면 제공
    if(cmdURI.equals("/boardUpdateForm.bbs")){}

    // 글 수정 처리
    if(cmdURI.equals("/boardUpdate.bbs")){}

    // 글 삭제 비밀번호 확인 화면 제공
    if(cmdURI.equals("/boardDeletePassword.bbs")){}

    // 글 삭제 비밀번호 확인 처리
    if(cmdURI.equals("/boardDeleteCheck.bbs")){}

    // 글 작세 비밀번호 오류 화면 제공
    if(cmdURI.equals("/boardDeleteError.bbs")){}
```

```
            // 글 삭제 처리
            if(cmdURI.equals("/boardDelete.bbs")){}

            // 글 검색 처리
            if(cmdURI.equals("/boardSearch.bbs")){}

            // 답글 작성 화면 제공
            if(cmdURI.equals("/boardReplyForm.bbs")){}

            // 답글 작성 처리
            if(cmdURI.equals("/boardReply.bbs")){}

            RequestDispatcher dis = request.getRequestDispatcher(viewPage);
            dis.forward(request, response);
        }
    }
```

TIP

BoardFrontControllerShell.java

BoardFrontControllerShell.java 서블릿을 실제로 프로젝트 폴더에 생성할 경우 게시판이 제대로 동작하지 않을 수도 있다. 이는 BoardFrontControllerShell 서블릿 역시 @WebServlet("*.bbs") 어노테이션이 지정되어 있어 .bbs로 구성된 요청을 처리하려고 하기 때문이다. 따라서 실제 예제 사용 시에는 BoardFrontControllershell.java 파일을 프로젝트 폴더에 생성하지 않길 권한다.

이후 주석 처리되어 있는 각 요청을 처리하는 내용들을 하나씩 완성해 나갈 것이다. 다음 BoardDAOShell.java 클래스 또한 최종적으로 완성될 BoardDAO.java 클래스의 구성을 보여준다. 생성자를 통해 JNDI 커넥션 풀 사용 준비를 한 후 실제 기능이 수행될 메서드에서 커넥션을 얻어 올 것이다. BoardDAO 클래스의 메서드들은 아래 주석과 같이 게시판 기능을 수행하기 위한 비즈니스 로직이 구현될 것이다.

SOURCE CODE : BoardDAOShell.java (설명용 코드)

```
package board.model;

import java.sql.*;
import java.util.ArrayList;
import javax.naming.*;
import javax.sql.DataSource;

public class BoardDAOShell {

    DataSource ds;
    public static final int WRITING_PER_PAGE = 10;

    public BoardDAOShell(){
        try{
            Context initContext = (Context)new InitialContext().lookup
            ("java:comp/env/");
            ds = (DataSource)initContext.lookup("jdbc/mysql");
        }catch(Exception e){
            e.printStackTrace();
        }
    }

    // 게시판 목록 조회 기능 수행
    public ArrayList<BoardDTO> boardList(String curPage){
        ArrayList<BoardDTO> list = new ArrayList<BoardDTO>();
        return list;
    }

    // 게시판의 페이징 처리를 위한 기능 수행
    public int boardPageCnt(){
        int pageCnt = 0;
        return pageCnt;
    }

    // 게시글 등록 기능 수행
    public void boardWrite(String name, String subject, String content,
    String password){
    }
```

```
// 게시글 열람 기능 수행
public BoardDTO boardRead(String inputNum){
    BoardDTO writing = new BoardDTO();
    return writing;
}

// 게시글 수정 기능 수행
public void boardUpdate(String inputNum, String inputSubject, String
inputContent, String inputName, String inputPassword){
}

// 게시글 수정 및 삭제를 위한 비밀번호 확인 기능 조회
public boolean boardPasswordCheck(String inputNum, String
inputPassword){
    boolean passwordOk = false;
    return passwordOk;
}

// 글 수정 화면에 필요한 원글 데이터 조회 기능
public BoardDTO boardUpdateForm(String inputNum){
    BoardDTO writing = new BoardDTO();
    return writing;
}

// 게시글 삭제 기능 수행
public void boardDelete(String inputNum){
}

// 삭제 대상인 게시글에 답글의 존재 유무를 검사
public boolean boardReplyCheck(String inputNum){
    boolean replyCheck = false;
    return replyCheck;
}

// 게시글이 답글일 경우, 원글들의 답글 개수를 줄여주는 기능 수행
public void boardDeleteChildCntUpdate(int ref, int lev, int step){
}

// 검색 기능 수행
public ArrayList<BoardDTO> boardSearch(String searchOption, String
searchWord){
```

```
        ArrayList<BoardDTO> list = new ArrayList<BoardDTO>();
        return list;
    }

    // 답글 작성에 필요한 원글 데이터 조회 기능
    public BoardDTO boardReplyForm(String inputNum){
        BoardDTO writing = new BoardDTO();
        return writing;
    }

    // 답글 등록 기능 수행
    public void boardReply(String num, String name, String subject, String
    content, String password, String ref, String step, String lev){
    }

    // 답글의 출력 위치(step) 선정 기능 수행
    public int boardReplySearchStep(String ref, String lev, String step){
        int replyStep=0;
        return replyStep;
    }

    // 답글 작성 후 원글들의 답글 개수를 늘려주는 기능 수행
    public void boardReplyChildCntUpdate(String ref, String lev,
    int replyStep){
    }
}
```

(2) BoardCmd 인터페이스 제작과 사용 방식

BoardCmd.java 인터페이스는 다음과 같이 board.command 패키지에 생성하여 제작하도록 하자. BoardCmd 인터페이스는 커맨드 패턴을 통해 BoardDAO 클래스를 이용하여 비즈니스 로직 처리를 지시할 커맨드 클래스(BoardXXXCmd.java)들이 구현해야 하는 인터페이스이며, execute( ) 메서드를 통해 HttpServletRequest, HttpServletResponse 인스턴스를 BoardFrontController 서블릿으로부터 전달받아 필요 기능을 수행할 것이다.

SOURCE CODE : BoardCmd.java

```
package board.command;

import javax.servlet.http.*;

public interface BoardCmd {
    public void execute(HttpServletRequest request, HttpServletResponse
    response);
}
```

따라서 이후 제작할 커맨드 클래스들은 아래 BoardSampleCmd.java와 같이 모두 BoardCmd 인터페이스에서 정의된 execute( ) 메서드를 구현하게 된다. BoardSampleCmd는 각 커맨드 클래스가 구현되는 방식의 이해를 돕기 위해 제작한 샘플 클래스이므로 실제 사용되지는 않는다.

SOURCE CODE : BoardSampleCmd.java (설명용 코드)

```
package board.command;

import javax.servlet.http.*;
// 필요 클래스 임포트

public class BoardSampleCmd implements BoardCmd{

    public void execute(HttpServletRequest request, HttpServletResponse
    response) {
        // 각 커맨드 클래스 기능에 맞게 execute() 메서드를 구현
    }
}
```

아래의 코드는 BoardFrontController 서블릿의 doPost 메서드 내부를 커맨드 클래스의 사용의 이해를 위해 만든 임시 코드이며, 위 코드와 마찬가지로 실제 BoardFrontController 서블릿에는 존재하지 않는 코드이다.

커맨드 클래스들은 BoardFrontController 서블릿에서 요청에 따라 선택되어 동작한다. 일반적으로 다음과 같이 BoardCmd 인터페이스의 참조 변수에 커맨드 클래스(코드에서는 BoardSampleCmd)의 인스턴스를 대입하고, execute 메서드를 호출한다. execute 메서드는 내부적으로 BoardDAO 클래스에서 정의한 메서드를 이용하여 실제 비즈니스 로직

을 수행하게 할 것이다. 마지막 viewPage 변수에는 모든 요청 처리를 위한 비즈니스 로직을 수행한 후 출력될 응답 JSP 페이지를 지정하고, 이후 request 내장객체의 getRequest Dispatcher 메서드를 통해 포워딩될 것이다.

SOURCE CODE : BoardFrontController.java (설명용 코드)

```
protected void doPost(HttpServletRequest request, HttpServletResponse
response) throws ServletException, IOException {

        request.setCharacterEncoding("UTF-8");
        String requestURI = request.getRequestURI();
        String contextPath = request.getContextPath();
        String cmdURI = requestURI.substring(contextPath.length());

        BoardCmd cmd = null;
        String viewPage = null;

        if(cmdURI.equals("/boardSample.bbs")){
            cmd = new BoardSampleCmd();
            cmd.execute(request, response);
            viewPage = "boardSample.jsp";
        }

        // 이후 각 커맨드별 기능이 추가됨

        RequestDispatcher dis = request.getRequestDispatcher(viewPage);
        dis.forward(request, response);
    }
```

TIP

자바의 다형성(Polymorphism)

자바에서는 위 코드와 같이 인터페이스의 참조 변수에 해당 인터페이스를 구현하는 클래스의 인스턴스 대입이 가능하다. 이러한 방식의 인스턴스 대입은 커맨드 클래스가 BoardCmd 인터페이스를 implements하고 있기 때문에 가능하며, 이러한 특성을 자바 언어에서는 다형성(polymorphism)이라고 부른다.

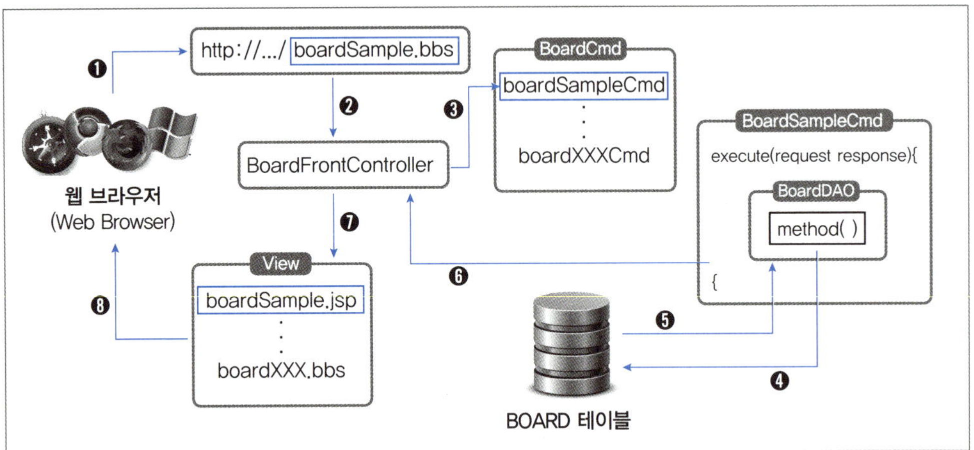

▲ 커맨드 패턴을 이용한 기능 흐름도

이제 앞서 제작한 BoardDTO 클래스와 BoardCmd 인터페이스 및 위에서 살펴보았던 구성 파일들을 기능별로 하나씩 구현해나가도록 하자.

(3) 게시판 목록 기능 구현

게시판 목록은 게시판에 등록된 글들을 리스트 형태로 출력하며, 웹 클라이언트에서 게시판 목록을 보기 위해서는 boardList.bbs 커맨드를 사용한다. 먼저 BoardFrontController 서블릿을 다음과 같이 제작하도록 하자. GET 방식으로의 요청이 올 경우 doGet( ) 메서드는 바로 doPost( ) 메서드를 호출하게 된다. 모든 요청 처리는 결론적으로 doPost( ) 메서드에서 시작될 것이다.

게시판 목록 조회는 요청 커맨드가 boardList.bbs일 경우 수행되며, 이를 위해 BoardListCmd( ) 인스턴스를 사용하게 된다. 최종 응답 JSP 페이지는 boardList.jsp 페이지로 지정한다. 다음 주석으로 "//글 목록 조회 처리" 부분의 if문이 글 목록 조회 기능을 커맨드 패턴으로 구현하는 부분이며, 이후 다른 기능 구현 시 관련 기능 외의 커맨드 패턴 구현 부분은 주석과 최초 진입 코드만 남겨놓을 것이다.

SOURCE CODE : BoardFrontController.java

```
package board;

import java.io.IOException;
import javax.servlet.ServletException;
import javax.servlet.annotation.WebServlet;
import javax.servlet.http.HttpServlet;
import javax.servlet.http.HttpServletRequest;
import javax.servlet.http.HttpServletResponse;

import javax.servlet.RequestDispatcher;
import board.command.*;

@WebServlet("*.bbs")
public class BoardFrontController extends HttpServlet {
    private static final long serialVersionUID = 1L;

  /**
   * @see HttpServlet#HttpServlet()
   */
  public BoardFrontController() {
    super();
  }

    /**
     * @see HttpServlet#doGet(HttpServletRequest request,
     HttpServletResponse response)
     */
    protected void doGet(HttpServletRequest request, HttpServletResponse
    response) throws ServletException, IOException {
        doPost(request, response);
    }

    /**
     * @see HttpServlet#doPost(HttpServletRequest request,
     HttpServletResponse response)
     */
    protected void doPost(HttpServletRequest request,
    HttpServletResponse response) throws ServletException, IOException {
```

```
        request.setCharacterEncoding("UTF-8");
        String requestURI = request.getRequestURI();
        String contextPath = request.getContextPath();
        String cmdURI = requestURI.substring(contextPath.length());

        BoardCmd cmd = null;
        String viewPage = null;

        // 글 목록 조회 처리
        if(cmdURI.equals("/boardList.bbs")){
            cmd = new BoardListCmd();
            cmd.execute(request, response);
            viewPage = "boardList.jsp";
        }

        RequestDispatcher dis = request.getRequestDispatcher(viewPage);
        dis.forward(request, response);
    }
}
```

이제 게시판 목록을 가져오기 위한 BoardDAO 클래스의 boardList( ) 메서드와 boardPageCnt( ) 메서드를 구현하도록 하자. BoardDAO 클래스는 board.model 패키지에 생성하며, BoardFrontController 서블릿과 마찬가지로 이후 타 기능 구현 시 기능과 관련이 없는 부분은 주석과 메서드 구조만 남겨놓을 것이다.

boardList( ) 메서드는 입력 파라미터로 현재 표시할 페이지 번호를 받은 후 아래 SQL문을 통해 BOARD 테이블을 조회한다. ref 컬럼과 step 컬럼은 이후 답변글을 처리하기 위한 컬럼이며, MySQL에서는 LIMIT를 사용하여 SELECT문의 결과 출력 범위를 지정해줄 수 있다.

```
SELECT num, name, password, subject, content, write_date, write_time, ref, step,
lev, read_cnt, child_cnt
 FROM BOARD ORDER BY ref desc, step asc
 LIMIT [시작 번호], [출력 개수]
```

게시판 목록에서 한 페이지당 출력할 글은 10개로 WRITING_PER_PAGE 변수를 통해 지정해둔다. 조회된 글 데이터는 BoardDTO 인스턴스에 저장한 후 ArrayList에 담아 리턴하게 된다. 이렇게 생성된 ArrayList 인스턴스인 list는 이후 boardList.jsp 페이지에 전달되어 목록 출력에 사용될 것이다.

boardPageCnt( ) 메서드는 게시판 목록의 페이지를 표시하기 위한 기능을 수행한다. 아래의 SELECT문을 이용해 게시판에 등록된 글 개수를 구한 후 한 페이지에서 표시할 글의 개수(10개)를 통해 제작되어야 할 페이지 수를 반환하게 된다.

```
SELECT COUNT(*) AS num FROM BOARD
```

SOURCE CODE : Board DAO.java

```
package board.model;

import java.sql.*;
import java.util.ArrayList;
import javax.naming.*;
import javax.sql.DataSource;

public class BoardDAO {

   DataSource ds;
   public static final int WRITING_PER_PAGE = 10;

   public BoardDAO(){
      try{
         Context initContext = (Context)new InitialContext().lookup
         ("java:comp/env/");
         ds = (DataSource)initContext.lookup("jdbc/mysql");

      }catch(Exception e){
         e.printStackTrace();
      }
   }

   // 게시판 목록 조회 기능 수행
   public ArrayList<BoardDTO> boardList(String curPage){

      ArrayList<BoardDTO> list = new ArrayList<BoardDTO>();

      Connection conn = null;
      PreparedStatement pstmt = null;
      ResultSet rs = null;

      try{
```

```
conn = ds.getConnection();
String sql = "SELECT num, name, password, subject, content, write_date,
write_time, ref, step, lev, read_cnt, child_cnt";
sql += " FROM BOARD ORDER BY ref desc, step asc ";
sql += " LIMIT ?, ?";

pstmt = conn.prepareStatement(sql);
pstmt.setInt(1, WRITING_PER_PAGE * (Integer.parseInt(curPage) -1));
pstmt.setInt(2, WRITING_PER_PAGE);

rs = pstmt.executeQuery();

while(rs.next()){

    int num = rs.getInt("num");
    String name = rs.getString("name");
    String password = rs.getString("password");
    String subject = rs.getString("subject");
    String content = rs.getString("content");
    Date writeDate = rs.getDate("write_date");
    Time writeTime = rs.getTime("write_time");
    int ref = rs.getInt("ref");
    int step = rs.getInt("step");
    int lev = rs.getInt("lev");
    int readCnt = rs.getInt("read_cnt");
    int childCnt = rs.getInt("child_cnt");

    BoardDTO writing = new BoardDTO();
    writing.setNum(num);
    writing.setName(name);
    writing.setPassword(password);
    writing.setSubject(subject);
    writing.setContent(content);
    writing.setWriteDate(writeDate);
    writing.setWriteTime(writeTime);
    writing.setRef(ref);
    writing.setStep(step);
    writing.setLev(lev);
    writing.setReadCnt(readCnt);
    writing.setChildCnt(childCnt);

    list.add(writing);
}
```

```
        } catch (Exception e){
            e.printStackTrace();
        }finally{
            try{
                if(rs != null) rs.close();
                if(pstmt != null) pstmt.close();
                if(conn != null) conn.close();
            }catch (SQLException e){
                e.printStackTrace();
            }
        }
        return list;
    }

    // 게시판의 페이징 처리를 위한 기능 수행
    public int boardPageCnt(){

        int pageCnt = 0;

        Connection conn = null;
        PreparedStatement pstmt = null;
        ResultSet rs = null;

        try{
            conn = ds.getConnection();
            String sql = "SELECT COUNT(*) AS num FROM BOARD";
            pstmt = conn.prepareStatement(sql);
            rs = pstmt.executeQuery();

            if (rs.next()){
                pageCnt = rs.getInt("num") / WRITING_PER_PAGE + 1;
            }
        } catch (Exception e){
            e.printStackTrace();
        }finally{
            try{
                if(rs != null) rs.close();
                if(pstmt != null) pstmt.close();
                if(conn != null) conn.close();
            }catch (SQLException e){
                e.printStackTrace();
            }
        }
        return pageCnt;
    }
}
```

이제 앞에서 제작한 게시판 목록 출력을 위한 메서드를 사용할 BoardListCmd.java 클래스를 제작하도록 하자. BoardListCmd.java 클래스는 BoardFrontController에 의해 인스턴스가 생성되며, BoardCmd 인터페이스를 implements 하여 execute 메서드를 구현하게 된다. 앞서 제작한 BoardDAO 클래스의 boardList( ), boardPageCnt( ) 두 메서드를 사용하여 지정된 페이지에 표시될 목록과 페이지 정보를 request 내장객체의 setAttribute 메서드를 통해 "boardList", "pageCnt" 이름을 가진 애트리뷰트로 지정한다. 이렇게 지정된 애트리뷰트는 이후 BoardFrontController를 통해 boardList.jsp 페이지로 포워딩될 것이다.

SOURCE CODE : BoardListCmd.java

```
package board.command;

import javax.servlet.http.*;
import java.util.ArrayList;
import board.model.*;

public class BoardListCmd implements BoardCmd{

    public void execute(HttpServletRequest request, HttpServletResponse
    response) {
        BoardDAO dao = new BoardDAO();
        ArrayList<BoardDTO> list;

        int pageCnt=0;
        String curPage = request.getParameter("curPage");

        if (curPage == null) curPage = "1";

        list = dao.boardList(curPage);

        request.setAttribute("boardList", list);

        pageCnt = dao.boardPageCnt();
        request.setAttribute("pageCnt", pageCnt);
    }
}
```

마지막으로 게시판 목록을 출력할 boardList.jsp 페이지를 구현한다. 목록과 페이지는 다음과 같이 JSTL과 EL을 사용하여 가능한한 JSP 페이지에 사용될 자바 코드를 줄이도록 한다. BoardListCmd 클래스에서 지정한 "boardList", "pageCnt" 애트리뷰트를 사용하여 목록과 페이징 처리를 하도록 하자. 새글쓰기 및 검색에 관련된 기능은 이후 하나씩 구현해 나갈 것이다.

SOURCE CODE : boardList.jsp

```
<%@ page language="java" contentType="text/html; charset=utf-8" %>
<%@ taglib prefix="c" uri="http://java.sun.com/jsp/jstl/core" %>

<html>
    <head>
        <title>게시판 목록 조회</title>
    </head>
    <body>
        <h3>게시판 목록 조회</h3>

        <table border="1">
            <tr>
                <td colspan="7" align="right">
                    <a href="boardWriteForm.bbs">[새글쓰기]</a>
                </td>
            </tr>
            <tr>
                <td>글 번호</td>
                <td>글 제목</td>
                <td>작성자</td>
                <td>작성일</td>
                <td>작성시간</td>
                <td>조회수</td>
                <td>답글수</td>
            </tr>
            <c:forEach items="${boardList }" var="dto">
                <tr>
                    <td><a href="boardRead.bbs?num=${dto.num }">${dto.num }
                    </a></td>

                    <td>
                        <c:forEach begin="1" end="${dto.lev }">
                            <%= "  " %>
                        </c:forEach>
                        <a href="boardRead.bbs?num=${dto.num }">${dto.subject}
</a></td>
```

```
                    <td>${dto.name }</td>
                    <td>${dto.writeDate }</td>
                    <td>${dto.writeTime }</td>
                    <td>${dto.readCnt }</td>
                    <td>${dto.childCnt }</td>
                </tr>
            </c:forEach>

            <tr>
                <td colspan="7">
                <a href="boardList.bbs">[첫 페이지로]</a>
                    <c:forEach var ="i" begin="1" end ="${pageCnt}">
                        <a href="boardList.bbs?curPage=${i}">[${i}]</a>
                    </c:forEach>
                </td>

            </tr>

            <tr>
                <td colspan="7" align="center">
                    <form action="boardSearch.bbs" method="post">
                        <select name="searchOption">
                            <option value="subject">제목</option>
                            <option value="content">본문</option>
                            <option value="both">제목+본문</option>
                            <option value="name">작성자</option>
                        </select>
                        <input type="text" name="searchWord">
                        <input type="submit" value="검색">
                    </form>
                </td>
            </tr>
        </table>
    </body>
</html>
```

boardList.jsp 페이지까지 완성했다면 게시판 목록 기능은 구현이 완료된 것이다. 게시판 목록은 다음과 같이 boardList.bbs 커맨드를 인터넷 주소에 붙여 호출한다.

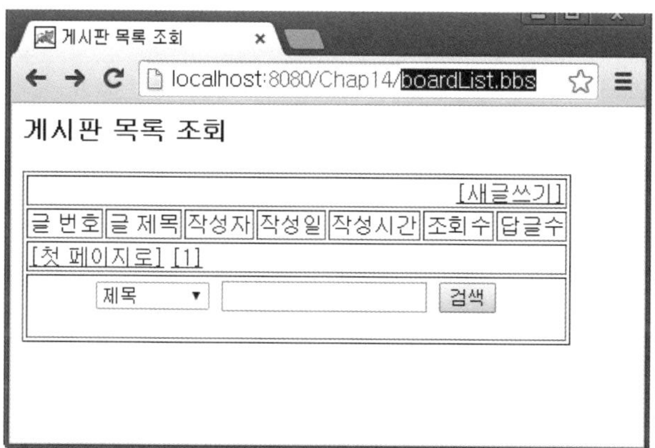

▲ 게시판 목록 출력

현재는 등록된 글이 없으므로 빈 상태의 목록이 출력될 것이다. HTML 태그와 필요 기능을 구현하기 위한 간단한 로직만으로 제작하여 다소 투박해 보일 수도 있지만, 디자인적 측면과 추가 기능이 많이 들어가게 되면 그에 따라 JSP 페이지 내에 여러 요소가 혼합되어 오히려 이 책에서 목표로 하는 웹 애플리케이션 구현 학습에 방해가 될 수도 있으므로 양해해주기 바란다. 이후 구현할 기능들은 모두 위와 같은 순서로 구현해 나갈 것이며, 따로 설명이 필요한 부분을 제외한 공통적인 부분은 더 이상 언급하지 않을 것이므로 위 구현 순서 및 방식을 잘 이해하고 넘어가길 바란다.

(4) 게시판 글 작성 기능 구현

게시판 목록 조회 화면(boardList.jsp)에서 [새글쓰기]를 클릭하면, 〈a〉 태그로 링크된 boardWriteForm.bbs 커맨드를 통해 새로운 글 작성 화면이 출력된다. 글 작성 화면에서 [글 올리기] 버튼을 클릭하면 boardWrite.bbs 커맨드를 통해 작성한 글이 BOARD 테이블에 INSERT될 것이다. 글 작성을 위한 커맨드 처리를 위해 BoardFronController 서블릿에 "/boardWriteForm.bbs" 커맨드와 "/boardWrite.bbs" 커맨드를 다음과 같이 작성한다. BoardFronController 서블릿의 구현 코드는 지금부터는 doPost( ) 메서드의 내부만을 명시할 것이므로 혼동이 없길 바란다.

SOURCE CODE : BoardFrontController.java

```
package board;

// 생략

@WebServlet("*.bbs")
public class BoardFrontController extends HttpServlet {

// 생략

    /**
     * @see HttpServlet#doPost(HttpServletRequest request,
    HttpServletResponse response)
     */
    protected void doPost(HttpServletRequest request,
    HttpServletResponse response) throws ServletException, IOException {

        request.setCharacterEncoding("UTF-8");
        String requestURI = request.getRequestURI();
        String contextPath = request.getContextPath();
        String cmdURI = requestURI.substring(contextPath.length());

        BoardCmd cmd = null;
        String viewPage = null;

        // 글 목록 조회 처리
        if(cmdURI.equals("/boardList.bbs")){} // 생략

        // 글 작성 화면 제공
        if(cmdURI.equals("/boardWriteForm.bbs")){
            viewPage = "boardWrite.jsp";
        }

        // 글 작성 처리
        if(cmdURI.equals("/boardWrite.bbs")){
            cmd = new BoardWriteCmd();
            cmd.execute(request, response);
            viewPage = "boardList.bbs";
        }

        RequestDispatcher dis = request.getRequestDispatcher(viewPage);
        dis.forward(request, response);
    }
}
```

다음은 BoardDAO 클래스에 글 작성을 위한 메서드들을 아래와 같이 작성한다. BoardDAO 클래스 역시 글 작성 기능을 위한 메서드를 제외한 중복되는 부분은 생략하였으므로 혼동이 없길 바란다. 게시판에 새로운 글 등록은 글의 작성자, 글의 제목, 본문 그리고 비밀번호를 필수로 입력받은 후 SELECT문의 MAX 함수를 이용하여 게시판의 가장 높은 글 번호를 찾아 1을 더해준다. 등록될 글의 번호를 구한 후 BOARD 테이블에 INSERT해주게 된다. 만약 최초 글일 경우 MAX 함수를 통해 글 번호가 NULL 값으로 나오므로 IFNULL 함수를 이용하여 글 번호 최대값이 NULL일 경우 0으로 반환하여 최초 글 번호가 1이 되도록 한다. 글 작성 날짜 및 시간은 curdate( ) 함수와 curtime( ) 함수를 통해 지정하며, ref 컬럼은 현재 작성된 글이 새 글이므로 먼저 구했던 글 번호를 그대로 사용한다. step, lev, read_cnt, child_cnt 컬럼의 경우는 새 글 작성의 경우 0으로 지정한다.

SOURCE CODE : BoardDAO.java

```
package board.model;

//생략

public class BoardDAO {

        // 생략
    public BoardDAO(){}

    // 게시판 목록 조회 기능 수행
    public ArrayList<BoardDTO> boardList(String curPage){} // 생략

    // 게시판의 페이징 처리를 위한 기능 수행
    public int boardPageCnt(){} // 생략

    // 게시글 등록 기능 수행
    public void boardWrite(String name, String subject, String content,
    String password){
        Connection conn = null;
        PreparedStatement pstmt = null;
        ResultSet rs = null;
        int num = 1;

        try{
            conn = ds.getConnection();
            String sql = "SELECT IFNULL(MAX(num),0)+1 AS NUM FROM BOARD";
            pstmt = conn.prepareStatement(sql);
```

```
            rs = pstmt.executeQuery();

            if (rs.next()){
                num = rs.getInt("num");
            }

            sql = "INSERT INTO BOARD (num, name, password, subject, content,
            write_date, write_time, ref, step, lev, read_cnt, child_cnt) values
            (?, ?, ?, ?, ?, curdate(), curtime(), ?, 0, 0, 0, 0)";
            pstmt = conn.prepareStatement(sql);

            pstmt.setInt(1, num);
            pstmt.setString(2, name);
            pstmt.setString(3, password);
            pstmt.setString(4, subject);
            pstmt.setString(5, content);
            pstmt.setInt(6, num);

            pstmt.executeUpdate();
        } catch (Exception e){
            e.printStackTrace();
        }finally{
            try{
                if(rs != null) rs.close();
                if(pstmt != null) pstmt.close();
                if(conn != null) conn.close();
            }catch (SQLException e){
                e.printStackTrace();
            }
        }
    }
}
```

BoardFrontController 서블릿에 의해 인스턴스가 생성되는 BoardWriteCmd 클래스는 위에서 제작한 BoardDAO의 boardWrite 메서드를 사용하여 글의 등록을 지시하게 될 것이다. request 내장객체를 통해 글 작성에 필요한 name, subject, content, password 항목을 boardWrite 메서드에 입력 파라미터로 지정한다.

SOURCE CODE : BoardWriteCmd.java

```
package board.command;

import javax.servlet.http.*;
import board.model.*;

public class BoardWriteCmd implements BoardCmd{

    public void execute(HttpServletRequest request, HttpServletResponse
    response) {
        String name = request.getParameter("name");
        String subject = request.getParameter("subject");
        String content = request.getParameter("content");
        String password = request.getParameter("password");

        BoardDAO dao = new BoardDAO();
        dao.boardWrite(name, subject, content, password);
    }
}
```

마지막으로 글 작성 화면을 표시할 boardWrite.jsp 페이지를 제작하도록 하자. boardWrite.jsp 페이지는 글 입력이 완료되어 [글 올리기]를 클릭하면 boardWrite.bbs 커맨드로 요청을 보내고 이후 앞서 작성했던 구성요소들이 작동하게 된다. 작성한 글이 BOARD에 INSERT가 되면 자동으로 게시판 글 목록으로 다시 이동하게 될 것이다.

SOURCE CODE : boardWrite.jsp

```
<%@ page language="java" contentType="text/html; charset=utf-8" %>
<%@ taglib prefix="c" uri="http://java.sun.com/jsp/jstl/core" %>

<html>
    <head>
        <title>게시판 새글 쓰기</title>
    </head>
    <body>
        <h3>게시판 새글 쓰기</h3>
        <form action="boardWrite.bbs" method="post">
            <table>
                <tr>
```

```
                <td colspan="4" align="right"><a href="boardList.bbs">
                [목록으로] </a></td>
            </tr>
            <tr>
                <td>글 제목</td>
                <td colspan="3"><input type="text" name="subject"
                maxlength="50" size="50"></td>
            </tr>
            <tr>
                <td>작성자</td>
                <td><input type="text" name="name" maxlength="20" size="20">
                </td>
                <td>비밀번호</td>
                <td><input type="password" name="password" maxlength="20"
                size="12"></td>
            </tr>
            <tr>
                <td>본문</td>
                <td colspan="3"><textarea name="content" rows="8"
                cols="45"></textarea></td>
            </tr>
            <tr>
                <td colspan="4" align="right">
                    <input type="submit" value="글 올리기">
                </td>
            </tr>
        </table>
    </form>
  </body>
</html>
```

앞서 제작했던 게시판 목록을 boardList.bbs 커맨드를 통해 호출하도록 하자. 상단의 [새 글쓰기]를 클릭하면 다음과 같이 게시판 새글 쓰기 화면으로 이동한다. 글의 제목, 작성자, 비밀번호, 본문을 작성하고 [글 올리기]를 클릭하도록 하자.

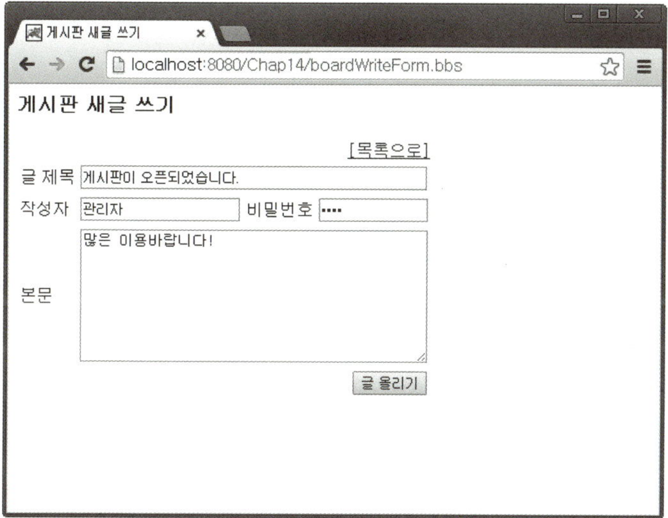

▲ 게시판 새글 쓰기 화면

[글 올리기]를 클릭하면 바로 아래와 같이 작성된 글이 목록에 출력된다. 아직 글 열람 기능은 제작되지 않았으므로 글 제목이나 글 번호가 동작하지 않는다.

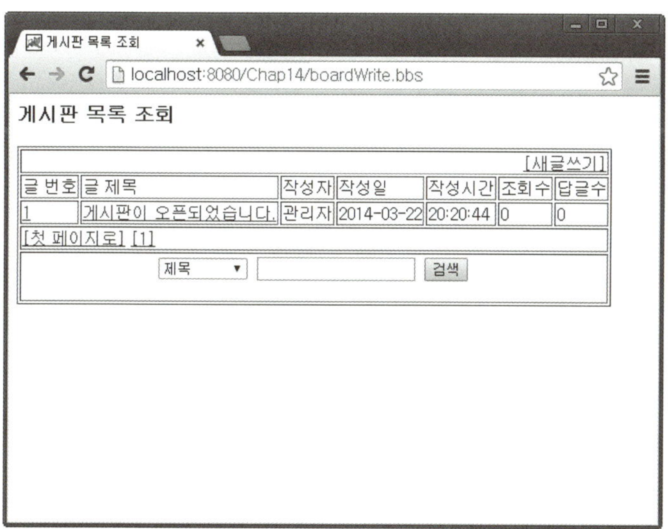

▲ 게시판의 새 글 작성 후의 게시판 목록

이후 예제 테스트를 위해 새 글을 여러 개 작성하여 올려두도록 하자.

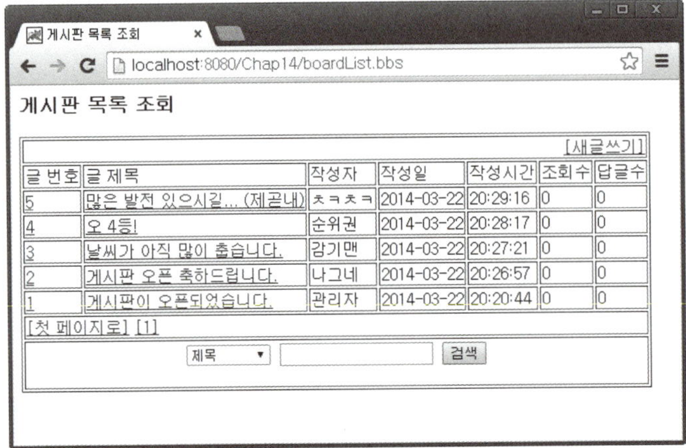

▲ 게시판에 여러 새 글을 올린 후의 목록 조회

(5) 게시판 글 열람 기능 구현

게시판 기능은 이미 작성되어진 글의 본문을 읽기 위해 사용하는 기능으로 게시판 목록에서 글의 번호나 글의 제목을 클릭할 경우 boardRead.bbs 커맨드로 요청이 전송되도록 구현한다. boardList.jsp 페이지에 〈a〉 태그를 통해 아래와 같이 명시된 글 번호를 파라미터로 하여 전송되는 부분을 참고하도록 하자.

SOURCE CODE : boardList.jsp(일부)

```
<c:forEach items="${boardList }" var="dto">
    <tr>
        <td><a href="boardRead.bbs?num=${dto.num }">${dto.num }</a></td>

        <td>
            <c:forEach begin="1" end="${dto.lev }">
                <%= "  " %>
            </c:forEach>
            <a href="boardRead.bbs?num=${dto.num }">${dto.subject }</a></td>
        <td>${dto.name }</td>
        <td>${dto.writeDate }</td>
        <td>${dto.writeTime }</td>
        <td>${dto.readCnt }</td>
        <td>${dto.childCnt }</td>
    </tr>
</c:forEach>
```

boardFrontController 서블릿에 글 열람을 위한 "/boardRead.bbs" 커맨드 부분을 아래와 같이 추가하도록 한다.

SOURCE CODE : BoardFrontController.java

```
package board;

// 생략

@WebServlet("*.bbs")
public class BoardFrontController extends HttpServlet {

// 생략

    /**
     * @see HttpServlet#doPost(HttpServletRequest request,
    HttpServletResponse response)
     */
    protected void doPost(HttpServletRequest request,
    HttpServletResponse response) throws ServletException, IOException {

        request.setCharacterEncoding("UTF-8");
        String requestURI = request.getRequestURI();
        String contextPath = request.getContextPath();
        String cmdURI = requestURI.substring(contextPath.length());

        BoardCmd cmd = null;
        String viewPage = null;

        // 글 목록 조회 처리
        if(cmdURI.equals("/boardList.bbs")){} // 생략

        // 글 작성 화면 제공
        if(cmdURI.equals("/boardWriteForm.bbs")){} // 생략

        // 글 작성 처리
        if(cmdURI.equals("/boardWrite.bbs")){} // 생략

        // 글 열람 처리
        if(cmdURI.equals("/boardRead.bbs")){
            cmd = new BoardReadCmd();
            cmd.execute(request, response);
            viewPage = "boardRead.jsp";
        }

        RequestDispatcher dis = request.getRequestDispatcher(viewPage);
        dis.forward(request, response);
    }
}
```

글 열람 비즈니스 로직을 구현할 BoardDAO 클래스 내 boardRead 메서드를 아래와 같이 추가하도록 한다. 글을 열람할 경우 UPDATE 문을 통해 해당 글의 조회수를 1 올려준 후 SELECT 문을 통해 열람 대상인 글 번호를 통해 해당 글의 데이터를 BoardDTO 인스턴스에 저장하여 리턴하게 된다. 이후 boardRead.jsp 페이지에서 이 글 데이터를 사용할 것이다.

SOURCE CODE : BoardDAO.java

```
package board.model;

//생략

public class BoardDAO {

        // 생략
    public BoardDAO(){}

    // 게시판 목록 조회 기능 수행
    public ArrayList<BoardDTO> boardList(String curPage){} // 생략

    // 게시판의 페이징 처리를 위한 기능 수행
    public int boardPageCnt(){} // 생략

    // 게시글 등록 기능 수행
    public void boardWrite(String name, String subject, String content,
    String password){} // 생략

    // 게시글 열람 기능 수행
    public BoardDTO boardRead(String inputNum){

        BoardDTO writing = new BoardDTO();

        Connection conn = null;
        PreparedStatement pstmt = null;
        ResultSet rs = null;

        try{
            conn = ds.getConnection();
            String sql = "UPDATE BOARD SET READ_CNT = READ_CNT +1 WHERE NUM = ?";
            pstmt = conn.prepareStatement(sql);
            pstmt.setInt(1, Integer.parseInt(inputNum));
            pstmt.executeUpdate();

            sql = "SELECT num, name, password, subject, content, write_date, write_
            time, ref, step, lev, read_cnt, child_cnt FROM BOARD WHERE NUM = ?";
            pstmt = conn.prepareStatement(sql);
            pstmt.setInt(1, Integer.parseInt(inputNum));
            rs = pstmt.executeQuery();
```

```
            if (rs.next()){
                int num = rs.getInt("num");
                String name = rs.getString("name");
                String password = rs.getString("password");
                String subject = rs.getString("subject");
                String content = rs.getString("content");
                Date writeDate = rs.getDate("write_date");
                Time writeTime = rs.getTime("write_time");
                int ref = rs.getInt("ref");
                int step = rs.getInt("step");
                int lev = rs.getInt("lev");
                int readCnt = rs.getInt("read_cnt");
                int childCnt = rs.getInt("child_cnt");

                writing.setNum(num);
                writing.setName(name);
                writing.setPassword(password);
                writing.setSubject(subject);
                writing.setContent(content);
                writing.setWriteDate(writeDate);
                writing.setWriteTime(writeTime);
                writing.setRef(ref);
                writing.setStep(step);
                writing.setLev(lev);
                writing.setReadCnt(readCnt);
                writing.setChildCnt(childCnt);
            }
        } catch (Exception e){
            e.printStackTrace();
        }finally{
            try{
                if(rs != null) rs.close();
                if(pstmt != null) pstmt.close();
                if(conn != null) conn.close();
            }catch (SQLException e){
                e.printStackTrace();
            }
        }
        return writing;
    }
}
```

BoardFrontController 서블릿을 통해 글 열람 처리를 수행할 커맨드 클래스는 BoardReadCmd 클래스이다. 아래와 같이 전달받은 글 번호 'num' 파라미터를 BoardDAO 클래스의 boardRead 메서드의 입력 파라미터로 사용한 후 반환된 글 정보인 BoardDTO 타입 writing 인스턴스를 request 내장객체의 setAttribute 메서드를 통해 "boardRead" 이름의 애트리뷰트로 등록한다.

SOURCE CODE : BoardReadCmd.java

```
package board.command;

import javax.servlet.http.*;

import board.model.*;

public class BoardReadCmd implements BoardCmd{

    public void execute(HttpServletRequest request, HttpServletResponse
    response) {
        String inputNum = request.getParameter("num");
        BoardDAO dao = new BoardDAO();
        BoardDTO writing = dao.boardRead(inputNum);

        request.setAttribute("boardRead", writing);

    }
}
```

마지막으로 열람될 글을 출력해줄 boardRead.jsp 페이지의 구성은 다음과 같다. BoardReadCmd의 인스턴스에서 지정한 "boardRead" 애트리뷰트를 EL을 이용하여 출력한다. 열람되고 있는 글은 각 〈input〉 태그에 disabled 옵션을 사용하여 글 내용의 수정을 막도록 하자. 글 열람 시에는 글의 비밀번호를 표시하지 않고 조회수와 답글수를 표시하게 될 것이다.

SOURCE CODE : boardRead.jsp

```
<%@ page language="java" contentType="text/html; charset=utf-8" %>
<%@ taglib prefix="c" uri="http://java.sun.com/jsp/jstl/core" %>

<%@ page import = "board.model.*" %>
<%@ page import = "java.util.*" %>

<html>
  <head>
    <title>게시판 글 열람</title>
  </head>
  <body>
    <h3>게시판 글 열람</h3>
    <table>
      <tr>
        <td colspan="4" align="right"><a href="boardList.bbs">[목록으로]
        </a></td>
      </tr>
      <tr>
        <td>글 제목</td>
        <td colspan="3"><input type="text" name="subject" maxlength="50"
        size="50" value="${boardRead.subject}" disabled="disabled"></td>
      </tr>
      <tr>
        <td>작성자</td>
        <td><input type="text" name="name" maxlength="20" size="20"
        value="${boardRead.name}" disabled="disabled"></td>
        <td>조회수:${boardRead.readCnt},</td>
        <td>답글수:${boardRead.childCnt}</td>
      </tr>
      <tr>
        <td>본문</td>
        <td colspan="3"><textarea name="content" rows="8" cols="45"
        disabled="disabled">${boardRead.content}</textarea></td>
      </tr>
      <tr>
        <td colspan="4" align="right">
          <a href="boardUpdatePassword.bbs?num=${boardRead.num}">
          [수정]</a>
          <a href="boardDeletePassword.bbs?num=${boardRead.num}">
          [삭제]</a>
```

```
                <a href="boardReplyForm.bbs?num=${boardRead.num}">[답글]</a>
            </td>
        </tr>
    </table>
  </body>
</html>
```

이제 게시판 목록에서 작성한 글의 번호나 제목을 클릭해보도록 하자. 여기서는 1번 글을 선택해보도록 하겠다.

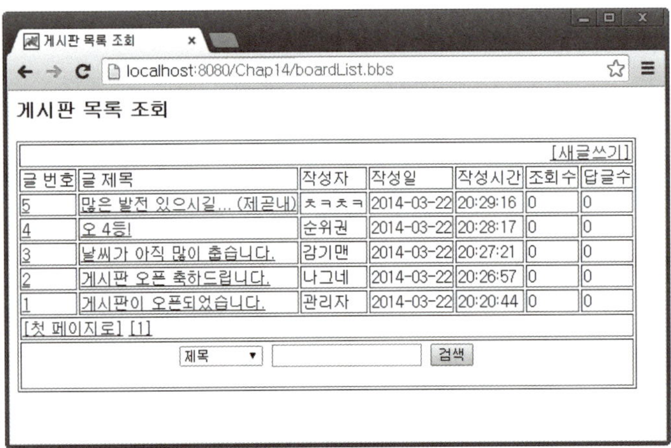

▲ 게시판의 글 목록

정상적으로 구현이 완료되었다면 아래와 같이 작성된 글의 열람 화면에 작성했던 글의 제목, 작성자, 본문이 출력되고 조회수 증가도 확인이 가능하다.

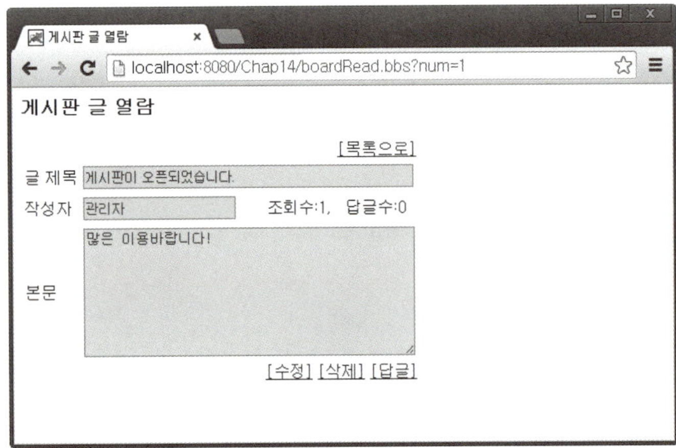

▲ 게시판 글 열람

게시판 글 열람 화면 하단의 [수정], [삭제], [답글] 기능은 아직 구현되지 않았으므로 동작하지 않는다. [목록으로]를 클릭하면 게시판 목록으로 다시 돌아갈 수 있다.

(6) 게시판 글 수정 기능 구현

게시판 글 수정 기능은 이미 작성되어 있는 글의 제목이나 내용, 작성자를 변경하기 위해 사용한다. 여기서 제작할 글 수정 기능은 글 열람 화면에서 [수정]을 클릭하여 사용하며 글 작성 시 사용했던 비밀번호를 입력받은 후 비밀번호가 맞을 경우에만 수정 화면으로 진입하게 된다. 글 수정 시 새로운 비밀번호를 입력하게 되며 글 번호와 글 조회수, 답글수 등은 변경되지 않는다.

게시판 글 수정 기능을 위해 BoardFrontController 서블릿에 아래 내용을 추가하도록 하자. 글의 수정은 글 열람 화면에서 [수정]을 클릭하면 되고, 이때 사용되는 커맨드는 글 수정 비밀번호를 먼저 확인하기 위해 boardUpdatePassword.bbs를 사용한다. 이후 글 수정 비밀번호 입력 화면에서 비밀번호를 입력한 후 [입력] 버튼을 누른다. 비밀번호가 틀렸을 경우 boardUpdateError.bbs 커맨드를 통해 비밀번호 오류 화면으로 이동하며, 비밀번호가 맞을 경우 boardUpdateForm.bbs 커맨드를 통해 실제 글 수정 화면으로 이동하게 될 것이다. 글 수정의 경우 앞서 다루어왔던 기능들에 비해 비밀번호 검사 기능이 추가되어 커맨드 처리 부분이 다소 증가하였으므로 꼼꼼히 구현하도록 한다.

SOURCE CODE : BoardFrontController.java

```
package board;

// 생략

@WebServlet("*.bbs")
public class BoardFrontController extends HttpServlet {

// 생략

    /**
     * @see HttpServlet#doPost(HttpServletRequest request,
    HttpServletResponse response)
     */
    protected void doPost(HttpServletRequest request, HttpServletResponse
    response) throws ServletException, IOException {

        request.setCharacterEncoding("UTF-8");
        String requestURI = request.getRequestURI();
```

```
String contextPath = request.getContextPath();
String cmdURI = requestURI.substring(contextPath.length());

BoardCmd cmd = null;
String viewPage = null;

// 글 목록 조회 처리
if(cmdURI.equals("/boardList.bbs")){} // 생략

// 글 작성 화면 제공
if(cmdURI.equals("/boardWriteForm.bbs")){} // 생략

// 글 작성 처리
if(cmdURI.equals("/boardWrite.bbs")){} // 생략

// 글 열람 처리
if(cmdURI.equals("/boardRead.bbs")){} // 생략

// 글 수정 비밀번호 확인 화면 제공
if(cmdURI.equals("/boardUpdatePassword.bbs")){
   cmd = new BoardUpdatePasswordCmd();
   cmd.execute(request, response);
   viewPage = "boardUpdatePassword.jsp";
}

// 글 수정 비밀번호 확인 처리
if(cmdURI.equals("/boardUpdateCheck.bbs")){
   cmd = new BoardUpdateCheckCmd();
   cmd.execute(request, response);

   BoardUpdateCheckCmd checkCmd = (BoardUpdateCheckCmd) cmd;
   if (checkCmd.password_check){
      viewPage = "boardUpdateForm.bbs";
   } else {
      viewPage = "boardUpdateError.bbs";
   }
}

// 글 수정 비밀번호 오류 화면 제공
if(cmdURI.equals("/boardUpdateError.bbs")){
   viewPage = "boardUpdateError.jsp";
}
```

```
        // 글 수정 화면 제공
        if(cmdURI.equals("/boardUpdateForm.bbs")){
            cmd = new BoardUpdateFormCmd();
            cmd.execute(request, response);
            viewPage = "boardUpdateForm.jsp";
        }

        // 글 수정 처리
        if(cmdURI.equals("/boardUpdate.bbs")){
            cmd = new BoardUpdateCmd();
            cmd.execute(request, response);
            viewPage = "boardList.bbs";
        }

        RequestDispatcher dis = request.getRequestDispatcher(viewPage);
        dis.forward(request, response);
    }
}
```

글 수정에 필요한 비즈니스 로직 수행을 위한 BoardDAO 클래스의 메서드를 다음과 같이 추가하도록 한다. boardUpdate 메서드는 최종적으로 글의 수정을 완료하기 위해 수정할 대상 글의 번호, 제목, 본문, 작성자, 비밀번호를 입력 파라미터로 받게 된다. 이후 해당 입력 파라미터를 통해 기존 글 데이터를 UPDATE하게 될 것이다. boardPasswordCheck 메서드는 글 삭제 시에도 사용될 메서드이며, 글 번호와 비밀번호를 입력받은 후 해당 글 번호의 비밀번호가 정확한지 여부를 확인하게 된다. 비밀번호가 정확할 경우 passwordOk 변수의 값이 true로 반환되고, 비밀번호가 틀렸을 경우 false로 반환되어 이후 비밀번호 정확성 여부에 따라 수행할 기능이 분기될 것이다. boardUpdateForm 메서드는 글의 비밀번호를 올바르게 입력하여 글의 수정화면에서 기존 글의 내용을 가져오기 위해 사용되는 메서드이다. 글 수정에 사용되는 BoardDAO 클래스의 각 메서드의 종류와 역할은 아래 표를 추가로 참고하길 바란다.

메서드	설명	사용 SQL
boardUpdate	글의 수정 기능 최종 수행	UPDATE
boardPasswordCheck	글의 수정 전 비밀번호 확인	SELECT
boardUpdateForm	글의 수정 화면을 위한 기존 글 데이터 조회	SELECT

SOURCE CODE : BoardDAO.java

```
package board.model;

//생략

public class BoardDAO {

    // 생략
    public BoardDAO(){}

    // 게시판 목록 조회 기능 수행
    public ArrayList<BoardDTO> boardList(String curPage){} // 생략

    // 게시판의 페이징 처리를 위한 기능 수행
    public int boardPageCnt(){} // 생략

    // 게시글 등록 기능 수행
    public void boardWrite(String name, String subject, String content,
    String password){} // 생략

    // 게시글 열람 기능 수행
    public BoardDTO boardRead(String inputNum){} // 생략

    // 게시글 수정 기능 수행
    public void boardUpdate(String inputNum, String inputSubject, String
    inputContent, String inputName, String inputPassword){
        Connection conn = null;
        PreparedStatement pstmt = null;

        try{
            conn = ds.getConnection();
            String sql = "UPDATE BOARD SET subject=?, content=?, name=?,
            password=? WHERE num=?";
            pstmt = conn.prepareStatement(sql);

            pstmt.setString(1, inputSubject);
            pstmt.setString(2, inputContent);
            pstmt.setString(3, inputName);
            pstmt.setString(4, inputPassword);
            pstmt.setInt(5, Integer.parseInt(inputNum));
```

```
        pstmt.executeUpdate();

    }catch (Exception e){
        e.printStackTrace();
    }finally{
        try{
            if(pstmt != null) pstmt.close();
            if(conn != null) conn.close();
        }catch (SQLException e){
            e.printStackTrace();
        }
    }
}

// 게시글 수정 및 삭제를 위한 비밀번호 확인 기능 조회
public boolean boardPasswordCheck(String inputNum, String
inputPassword){

    boolean passwordOk = false;
    int passwordCheck = 0;

    Connection conn = null;
    PreparedStatement pstmt = null;
    ResultSet rs = null;

    try{
        conn = ds.getConnection();
        String sql = "SELECT COUNT(*) AS password_check FROM BOARD WHERE
        num=? and password=?";
        pstmt = conn.prepareStatement(sql);
        pstmt.setInt(1, Integer.parseInt(inputNum));
        pstmt.setString(2, inputPassword);
        rs = pstmt.executeQuery();

        if (rs.next()) passwordCheck = rs.getInt("password_check");

        if (passwordCheck > 0) passwordOk = true;

    }catch (Exception e){
        e.printStackTrace();
    }finally{
```

```
        try{
            if(pstmt != null) pstmt.close();
            if(conn != null) conn.close();
        }catch (SQLException e){
            e.printStackTrace();
        }
    }
    return passwordOk;
}

// 글 수정 화면에 필요한 원글 데이터 조회 기능
public BoardDTO boardUpdateForm(String inputNum){

    BoardDTO writing = new BoardDTO();

    Connection conn = null;
    PreparedStatement pstmt = null;
    ResultSet rs = null;

    try{
        conn = ds.getConnection();

        String sql = "SELECT num, name, password, subject, content, write_date,
        write_time, ref, step, lev, read_cnt, child_cnt FROM BOARD WHERE NUM =
        ?";
        pstmt = conn.prepareStatement(sql);
        pstmt.setInt(1, Integer.parseInt(inputNum));
        rs = pstmt.executeQuery();

        if (rs.next()){
            int num = rs.getInt("num");
            String name = rs.getString("name");
            String password = rs.getString("password");
            String subject = rs.getString("subject");
            String content = rs.getString("content");
            Date writeDate = rs.getDate("write_date");
            Time writeTime = rs.getTime("write_time");
            int ref = rs.getInt("ref");
            int step = rs.getInt("step");
            int lev = rs.getInt("lev");
            int readCnt = rs.getInt("read_cnt");
            int childCnt = rs.getInt("child_cnt");
```

```
            writing.setNum(num);
            writing.setName(name);
            writing.setPassword(password);
            writing.setSubject(subject);
            writing.setContent(content);
            writing.setWriteDate(writeDate);
            writing.setWriteTime(writeTime);
            writing.setRef(ref);
            writing.setStep(step);
            writing.setLev(lev);
            writing.setReadCnt(readCnt);
            writing.setChildCnt(childCnt);
        }

    } catch (Exception e){
        e.printStackTrace();
    }finally{
        try{
            if(rs != null) rs.close();
            if(pstmt != null) pstmt.close();
            if(conn != null) conn.close();
        }catch (SQLException e){
            e.printStackTrace();
        }
    }
    return writing;
  }

}
```

글 수정 처리를 위한 커맨드 클래스는 BoardFrontController 서블릿에서 처리할 각 커맨드 별로 4개의 클래스로 제작되며 역할은 아래와 같다.

커맨드 클래스	설명
BoardupdatePassword Cmd	글 열람 화면에서 [수정]을 누를 경우, 최초 실행되는 커맨드 "/boardUpdate Password.bbs"에 의해 생성. 이후 비밀번호 체크를 위한 기존 글의 번호를 전송
BoardUpdateCheckCmd	수정 비밀번호 입력 화면에서 비밀번호 입력 후 [입력] 버튼을 누를 시 "/board updateCheck.bbs" 커맨드에 의해 동작하고 비밀번호 검사를 지시
BoardUpdateFormCmd	수정 비밀번호를 올바르게 입력했을 경우 "/boardUpdateForm.bbs" 커맨드에 의해 글 수정 화면 내 원본 글의 데이터 조회를 지시

BoardUpdateCmd	게시판 글 수정 화면에서 [수정완료] 버튼 클릭 시 "/boardUpdate.bbs" 커맨드에 의해 동작하여 글의 수정 작업을 지시

비밀번호가 틀렸을 경우에는 "\boardUpdateError.bbs" 커맨드로 요청이 발생하며, 이 경우 따로 커맨드 클래스의 처리 없이 바로 boarUpdateError.jsp 페이지로 이동하게 될 것이다. 각 커맨드 클래스를 제작하도록 하자.

BoardUpdatePasswordCmd 클래스는 수정 대상이 될 글 번호를 전달하기 위해 사용하며, 아래와 같이 "num" 파라미터를 전달하도록 간단히 구현한다.

SOURCE CODE : BoardUpdatePasswordCmd.java

```
package board.command;

import javax.servlet.http.*;

public class BoardUpdatePasswordCmd implements BoardCmd{

   public boolean password_check;

   public void execute(HttpServletRequest request, HttpServletResponse
   response) {

      String inputNum = request.getParameter("num");
      request.setAttribute("num", inputNum);
   }
}
```

BoardUpdateCheckCmd 클래스는 BoardDAO 클래스의 boardPasswordCheck 메서드를 사용하여 비밀번호를 확인한 후 password_check 변수를 통해 BoardFrontController 서블릿 처리 여부를 결정하기 위한 boolean 값을 설정한다.

SOURCE CODE : BoardUpdateCheckCmd.java

```
package board.command;

import javax.servlet.http.*;

import board.model.*;

public class BoardUpdateCheckCmd implements BoardCmd{

  public boolean password_check;

  public void execute(HttpServletRequest request, HttpServletResponse
  response) {

    String inputNum = request.getParameter("num");
    String inputPassword = request.getParameter("password");

    request.setAttribute("num", inputNum);

    BoardDAO dao = new BoardDAO();
    password_check = dao.boardPasswordCheck(inputNum, inputPassword);

  }
}
```

BoardUpdateFormCmd 클래스는 글 수정 비밀번호가 올바르게 입력되었을 경우 BoardDAO 클래스의 boardUpdateForm 메서드를 사용하여 대상 원본 글의 데이터를 BoardDTO 타입의 writing 인스턴스에 대입하고 이후 글 수정 화면(boardUpdateForm.jsp)에서 사용할 "boardUpdateForm" 애트리뷰트로 지정한다.

SOURCE CODE : BoardUpdateFormCmd.java

```
package board.command;

import javax.servlet.http.*;

import board.model.*;

public class BoardUpdateFormCmd implements BoardCmd{
```

```
    public void execute(HttpServletRequest request, HttpServletResponse
    response) {

        String inputNum = request.getParameter("num");
        BoardDAO dao = new BoardDAO();
        BoardDTO writing = dao.boardUpdateForm(inputNum);

        request.setAttribute("boardUpdateForm", writing);
    }
}
```

BoardUpdateCmd 클래스는 수정된 글의 번호, 제목, 본문, 작성자, 비밀번호를 BoardDAO 클래스의 boardUpdate 메서드에 입력하여 최종 글 수정을 지시하게 된다.

SOURCE CODE : BoardUpdateCmd.java

```
package board.command;

import javax.servlet.http.*;

import board.model.*;

public class BoardUpdateCmd implements BoardCmd{

    public void execute(HttpServletRequest request, HttpServletResponse
    response) {

        String inputNum = request.getParameter("num");
        String inputSubject = request.getParameter("subject");
        String inputContent = request.getParameter("content");
        String inputName = request.getParameter("name");
        String inputPassword = request.getParameter("password");

        BoardDAO dao = new BoardDAO();
        dao.boardUpdate(inputNum, inputSubject, inputContent, inputName,
        inputPassword);
    }
}
```

글 수정 관련 커맨드 클래스 구현이 완료되었다면 이제 글 수정을 진행하기 위한 JSP 페이지들을 제작하도록 하자. 글 수정에 사용되는 JSP 페이지는 아래와 같이 3개로 구성되며 각 페이지의 역할을 참고하길 바란다.

JSP 페이지	설명
boardUpdatePassword.jsp	글 열람 화면에서 [수정] 버튼을 클릭했을 때 비밀번호를 입력받기 위한 페이지
boardUpdateError.jsp	입력한 비밀번호가 틀렸을 경우 출력될 페이지
boardUpdateForm.jsp	입력한 비밀번호가 맞았을 경우 글 수정을 위해 출력될 페이지

boardUpdatePassword.jsp 페이지는 글 수정을 위해 비밀번호를 입력하는 페이지이다. 이후 [입력] 버튼을 눌러 비밀번호를 검사하기 위해 "boardUpdateCheck.bbs" 요청을 전송한다.

SOURCE CODE : boardUpdatePassword.jsp

```
<%@ page language="java" contentType="text/html; charset=utf-8" %>
<%@ taglib prefix="c" uri="http://java.sun.com/jsp/jstl/core" %>

<html>
   <head>
      <title>비밀번호 확인</title>
   </head>
   <body>
      <h3>게시글 수정을 위한 비밀번호 확인</h3>
      <form action="boardUpdateCheck.bbs" method="post">
         <input type="password" name="password">
         <input type="hidden" name="num" value="${num}">
         <input type="submit" value="입력">
      </form>
   </body>
</html>
```

boardUpdateError.jsp 페이지는 입력한 비밀번호가 맞지 않을 경우 출력되는 페이지로, 비밀번호가 맞지 않음을 알리고 [목록으로]를 클릭하여 게시판 목록 조회 화면으로 돌아가는 기능으로 구성된다.

SOURCE CODE : boardUpdateError.jsp

```
<%@ page language="java" contentType="text/html; charset=utf-8" %>
<%@ taglib prefix="c" uri="http://java.sun.com/jsp/jstl/core" %>

<html>
   <head>
      <title>게시판 글 수정 에러</title>
   </head>
   <body>
      <h3>비밀번호가 맞지 않아 수정할 수 없습니다.</h3>
      <a href="boardList.bbs">[목록으로]</a>
   </body>
</html>
```

boardUpdateForm.jsp 페이지는 입력된 비밀번호가 정확했을 경우 실제 글을 수정하기 위한 페이지로, 기존 글의 내용이 입력되어 있는 상태로 출력될 것이다. 이후 [수정완료] 버튼을 클릭하면 수정한 내용이 기존 글에 반영될 것이다.

SOURCE CODE : boardUpdateForm.jsp

```
<%@ page language="java" contentType="text/html; charset=utf-8" %>
<%@ taglib prefix="c" uri="http://java.sun.com/jsp/jstl/core" %>

<html>
   <head>
      <title>게시판 글 수정</title>
   </head>
   <body>
      <h3>게시판 글 수정</h3>
      <form action="boardUpdate.bbs" method="post">
         <table>
            <tr>
               <td colspan="4" align="right">
               <input type="hidden" name="num" value="${boardUpdateForm.num}"
               ><a href="boardList.bbs">[목록으로]</a></td>
            </tr>
            <tr>
               <td>글 제목</td>
               <td colspan="3"><input type="text" name="subject" maxlength="50"
               size="50" value="${boardUpdateForm.subject}"></td>
```

```
            </tr>
            <tr>
              <td>작성자</td>
              <td><input type="text" name="name" maxlength="20" size="20"
              value="${boardUpdateForm.name}" ></td>
              <td>비밀번호</td>
              <td><input type="password" name="password" maxlength="20"
              size="12"></td>
            </tr>
            <tr>
              <td>본문</td>
              <td colspan="3"><textarea name="content" rows="8" cols="45">
              ${boardUpdateForm.content}</textarea></td>
            </tr>
            <tr>
              <td colspan="4" align="right">
                <input type="submit" value="수정완료">
              </td>
            </tr>
          </table>
        </form>
      </body>
    </html>
```

위 JSP 페이지까지 제작했다면 글 수정 기능 구현이 완료된 것이다. 이제 게시판 목록에서부터 수정을 원하는 글을 선택해보도록 하자. 여기서는 최초 입력했던 1번 글을 선택하도록 하겠다.

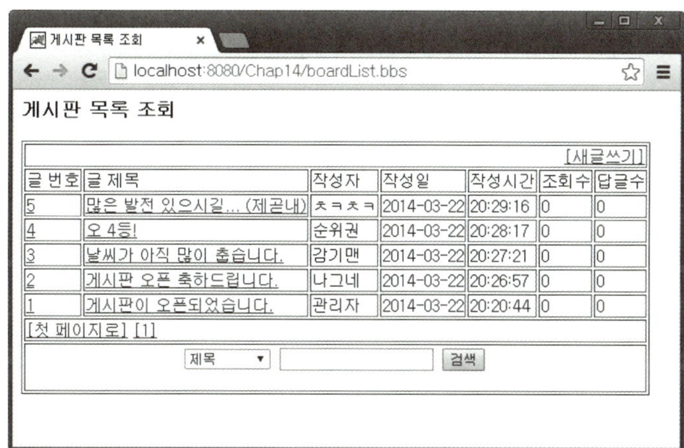

▲ 게시판의 글 목록

선택한 글의 열람 화면에서 하단의 [수정] 버튼을 누르도록 한다.

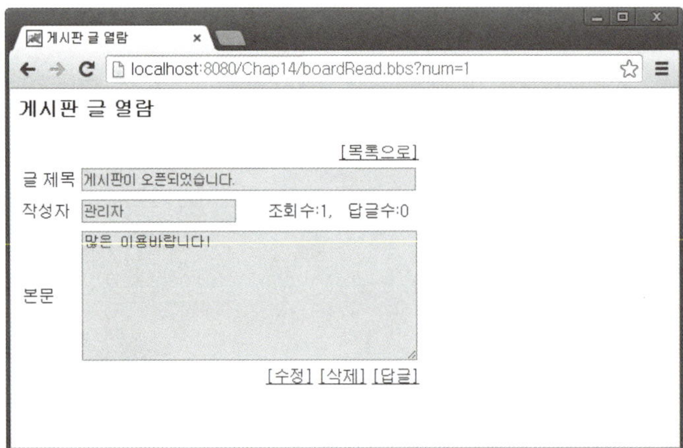

▲ 게시판 글 열람

비밀번호 확인 화면이 출력되면 비밀번호를 입력하고 [입력] 버튼을 누른다.

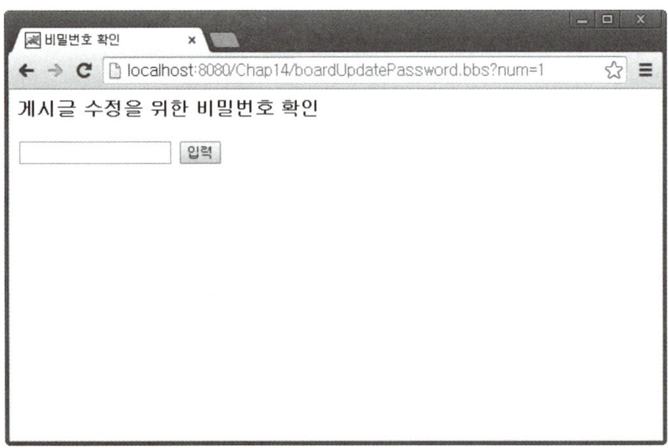

▲ 글 수정 비밀번호 입력

만약 비밀번호가 맞지 않을 경우 다음과 같이 비밀번호가 맞지 않음을 알리고 게시판 목록으로 돌아가기 위한 링크가 출력된다.

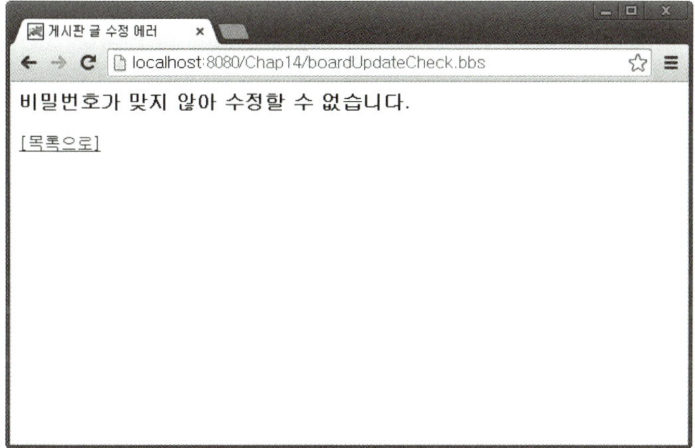

▲ 글 수정 비밀번호가 틀렸을 경우

비밀번호가 올바를 경우 아래와 같이 수정 대상인 글의 내용이 입력된 상태로 글 수정 화면이 출력된다.

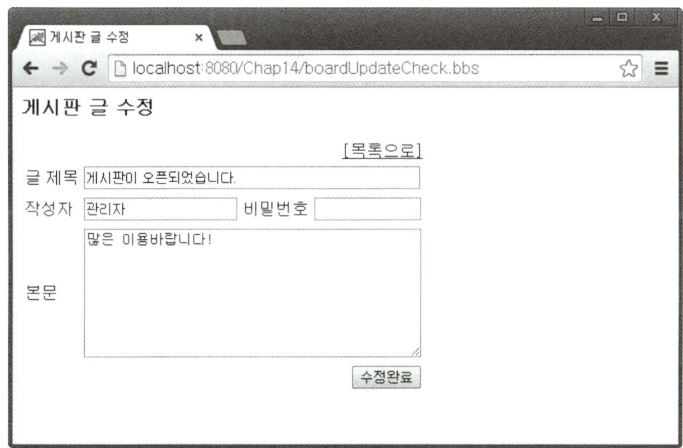

▲ 글 수정 비밀번호를 올바르게 입력했을 경우

글의 제목, 작성자, 비밀번호, 본문을 수정 및 입력하여 [수정완료] 버튼을 클릭하도록 하자.

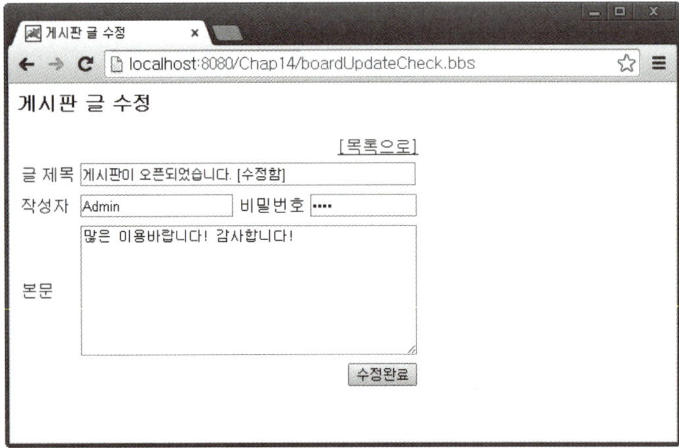

▲ 글의 내용을 수정

글 수정이 완료되면 아래와 같이 게시판 목록 조회 화면에서 글이 수정되었음을 확인할 수 있다.

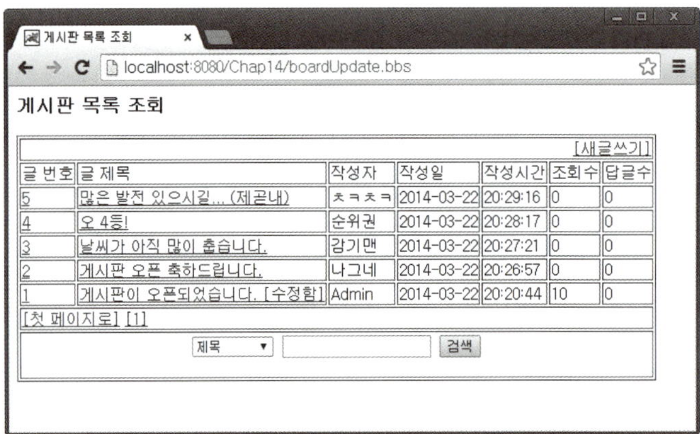

▲ 글의 수정이 완료된 후의 게시판 목록

(7) 게시판 글 삭제 기능 구현

게시판 글 삭제 기능은 작성된 글을 지우기 위해 사용한다. 글 삭제 기능은 글 열람 화면에서 [삭제]를 클릭하여 사용한다. 글 수정 기능과 마찬가지로 비밀번호를 입력받은 후 삭제 여부를 판단하지만 삭제 기능은 비밀번호가 올바르게 입력되고 삭제 대상 글에 답글이 달려있지 않은 상태여야 삭제가 이루어진다는 점에서 수정 기능과 차이를 가진다.

글 삭제 기능의 동작 과정은 글 수정 기능과 매우 유사하게 구현되며, 아래 글 삭제에 사용될 커맨드와 커맨드 클래스 그리고 사용될 BoardDAO의 메서드를 참조하여 구현해나가도록 하자.

커맨드	설명	대응 커맨드 클래스	사용 BoardDAO 메서드
/boardDeletePassword.bbs	글 열람 화면에서 [삭제] 클릭 시 요청 커맨드	BoardDeletePasswordCmd	없음
/boardDeleteCheck.bbs	글 삭제 비밀번호 입력 시 요청 커맨드	BoardDeleteCheckCmd	boardPasswordCheck, boardReplyCheck, boardDeleteChildCntupdate
/boardDeleteError.bbs	글 삭제 비밀번호가 틀렸을 경우 요청 커맨드	없음	없음
/boardDelete.bbs	글 삭제 비밀번호가 일치할 경우 요청 커맨드	BoarDeleteCmd	boardDelete

먼저 BoardFrontController 서블릿에 아래와 같이 글 삭제 기능에 필요한 커맨드 처리를 각각 추가하도록 한다. 기본적으로 글 삭제 기능 구현은 글 수정과 거의 동일하게 진행되며, 이 중 "/boardDeleteCheck.bbs" 커맨드 처리에서는 비밀번호의 확인뿐만 아니라, 삭제 대상 글에 답글이 달려있는지 여부도 함께 확인하여 삭제를 진행하게 된다는 점을 주목하길 바란다. 그 외 비밀번호 입력 화면의 제공과 삭제가 불가능함을 알리는 페이지의 경우는 글 수정 기능과 동일하게 진행된다.

SOURCE CODE : BoardFrontController.java

```
package board;

// 생략

@WebServlet("*.bbs")
public class BoardFrontController extends HttpServlet {

// 생략

    /**
     * @see HttpServlet#doPost(HttpServletRequest request,
    HttpServletResponse response)
     */
    protected void doPost(HttpServletRequest request, HttpServletResponse
response) throws ServletException, IOException {

        request.setCharacterEncoding("UTF-8");
        String requestURI = request.getRequestURI();
```

```
String contextPath = request.getContextPath();
String cmdURI = requestURI.substring(contextPath.length());

BoardCmd cmd = null;
String viewPage = null;

// 글 목록 조회 처리
if(cmdURI.equals("/boardList.bbs")){} // 생략

// 글 작성 화면 제공
if(cmdURI.equals("/boardWriteForm.bbs")){} // 생략

// 글 작성 처리
if(cmdURI.equals("/boardWrite.bbs")){} // 생략

// 글 열람 처리
if(cmdURI.equals("/boardRead.bbs")){} // 생략

// 글 수정 비밀번호 확인 화면 제공
if(cmdURI.equals("/boardUpdatePassword.bbs")){} // 생략

// 글 수정 비밀번호 확인 처리
if(cmdURI.equals("/boardUpdateCheck.bbs")){} // 생략

// 글 수정 비밀번호 오류 화면 제공
if(cmdURI.equals("/boardUpdateError.bbs")){} // 생략

// 글 수정 화면 제공
if(cmdURI.equals("/boardUpdateForm.bbs")){} // 생략

// 글 수정 처리
if(cmdURI.equals("/boardUpdate.bbs")){} // 생략

// 글 삭제 비밀번호 확인 화면 제공
if(cmdURI.equals("/boardDeletePassword.bbs")){
    cmd = new BoardDeletePasswordCmd();
    cmd.execute(request, response);
    viewPage = "boardDeletePassword.jsp";
}

// 글 삭제 비밀번호 확인 처리
```

```
        if(cmdURI.equals("/boardDeleteCheck.bbs")){
            cmd = new BoardDeleteCheckCmd();
            cmd.execute(request, response);

            BoardDeleteCheckCmd checkCmd = (BoardDeleteCheckCmd) cmd;
            if (checkCmd.password_check && checkCmd.reply_check){
                viewPage = "boardDelete.bbs";
            } else {
                viewPage = "boardDeleteError.bbs";
            }
        }

        // 글 삭제 비밀번호 오류 화면 제공
        if(cmdURI.equals("/boardDeleteError.bbs")){
            viewPage = "boardDeleteError.jsp";
        }

        // 글 삭제 처리
        if(cmdURI.equals("/boardDelete.bbs")){
            cmd = new BoardDeleteCmd();
            cmd.execute(request, response);
            viewPage = "boardList.bbs";
        }


        RequestDispatcher dis = request.getRequestDispatcher(viewPage);
        dis.forward(request, response);
    }
}
```

다음으로 글 삭제 기능의 비즈니스 로직을 처리한 BoardDAO 클래스의 메서드들을 추가하도록 하자. boardDelete 메서드는 글 번호 입력 파라미터를 받아 실제 글을 DELETE문을 통해 삭제하는 기능을 담당한다. 만약 삭제하려는 글이 다른 글의 답글일 경우를 대비하여 글의 삭제를 수행하기 전에 대상 글들의 답글수 컬럼(CHILD_CNT)의 값을 1 줄여주기 위한 boardDeleteChildCntUpdate 메서드를 호출한다. boardReplyCheck 메서드는 삭제하려는 글에 답글이 달려있는지 여부를 검사하기 위한 메서드이며, 답글이 달려 있는 글의 경우에는 비밀번호를 올바르게 입력해도 글의 삭제가 이루어지지 않을 것이다.

SOURCE CODE : BoardDAO.java

```
package board.model;

//생략

public class BoardDAO {

        // 생략
    public BoardDAO(){}

    // 게시판 목록 조회 기능 수행
    public ArrayList<BoardDTO> boardList(String curPage){} // 생략

    // 게시판의 페이징 처리를 위한 기능 수행
    public int boardPageCnt(){} // 생략

    // 게시글 등록 기능 수행
    public void boardWrite(String name, String subject, String content,
    String password){} // 생략

    // 게시글 열람 기능 수행
    public BoardDTO boardRead(String inputNum){} // 생략

    // 게시글 수정 기능 수행
    public void boardUpdate(String inputNum, String inputSubject, String
    inputContent, String inputName, String inputPassword){} // 생략

    // 게시글 수정 및 삭제를 위한 비밀번호 확인 기능 조회
    public boolean boardPasswordCheck(String inputNum,
    String inputPassword){} // 생략

    // 글 수정 화면에 필요한 원글 데이터 조회 기능
    public BoardDTO boardUpdateForm(String inputNum){} // 생략

    // 게시글 삭제 기능 수행
    public void boardDelete(String inputNum){
        Connection conn = null;
        PreparedStatement pstmt = null;
        ResultSet rs = null;

        try{
```

```
            conn = ds.getConnection();

            String sql = "SELECT ref, lev, step FROM BOARD WHERE num = ?";
            pstmt = conn.prepareStatement(sql);
            pstmt.setInt(1, Integer.parseInt(inputNum));
            rs = pstmt.executeQuery();

            if(rs.next()){
                int ref = rs.getInt(1);
                int lev = rs.getInt(2);
                int step = rs.getInt(3);
                boardDeleteChildCntUpdate(ref, lev, step);
            }

            sql = "DELETE FROM BOARD WHERE num=?";
            pstmt = conn.prepareStatement(sql);
            pstmt.setInt(1, Integer.parseInt(inputNum));

            pstmt.executeUpdate();

        }catch (Exception e){
            e.printStackTrace();
        }finally{
            try{
                if(pstmt != null) pstmt.close();
                if(conn != null) conn.close();
            }catch (SQLException e){
                e.printStackTrace();
            }
        }
    }

    // 삭제 대상인 게시글에 답글의 존재 유무를 검사
    public boolean boardReplyCheck(String inputNum){
        boolean replyCheck = false;
        int replyCnt = 0;

        Connection conn = null;
        PreparedStatement pstmt = null;
        ResultSet rs = null;
```

```
    try{
        conn = ds.getConnection();
        String sql = "SELECT child_cnt AS reply_check FROM BOARD WHERE num = 
        ?";
        pstmt = conn.prepareStatement(sql);
        pstmt.setInt(1, Integer.parseInt(inputNum));

        rs = pstmt.executeQuery();

        if (rs.next()) replyCnt = rs.getInt("reply_check");
        if (replyCnt == 0) replyCheck = true;

    }catch (Exception e){
        e.printStackTrace();
    }finally{
        try{
            if(pstmt != null) pstmt.close();
            if(conn != null) conn.close();
        }catch (SQLException e){
            e.printStackTrace();
        }
    }

    return replyCheck;
}

// 게시글이 답글일 경우, 원글들의 답글 개수를 줄여주는 기능 수행
public void boardDeleteChildCntUpdate(int ref, int lev, int step){
    Connection conn = null;
    PreparedStatement pstmt = null;
    ResultSet rs = null;
    String sql = null;

    try{
        conn = ds.getConnection();
        for (int updateLev = lev-1 ; updateLev>= 0 ; updateLev--){
            sql = "SELECT MAX(step) FROM BOARD WHERE ref = ? and lev = ? and 
            step < ?";
            pstmt = conn.prepareStatement(sql);
            pstmt.setInt(1, ref);
            pstmt.setInt(2, updateLev);
            pstmt.setInt(3, step);
```

```
            rs = pstmt.executeQuery();
            int maxStep = 0;

            if (rs.next()) maxStep = rs.getInt(1);
            sql = "UPDATE BOARD SET child_cnt = child_cnt - 1 where ref = ? and 
            lev = ? and step = ?";
            pstmt = conn.prepareStatement(sql);
            pstmt.setInt(1, ref);
            pstmt.setInt(2, updateLev);
            pstmt.setInt(3, maxStep);
            pstmt.executeUpdate();
          }

      } catch (Exception e){
          e.printStackTrace();
      }finally{
          try{
            if(rs != null) rs.close();
            if(pstmt != null) pstmt.close();
            if(conn != null) conn.close();
          }catch (SQLException e){
            e.printStackTrace();
          }
      }
    }
}
```

이제 각 커맨드에 대응되는 커맨드 클래스를 제작하도록 하자. BoardDeletePasswordCmd 클래스는 삭제 대상 글 번호를 전달하며 아래와 같이 구현한다.

SOURCE CODE : BoardDeletePasswordCmd.java

```
package board.command;

import javax.servlet.http.*;

public class BoardDeletePasswordCmd implements BoardCmd{

  public boolean password_check;

  public void execute(HttpServletRequest request, HttpServletResponse 
  response) {
```

```
        String inputNum = request.getParameter("num");
        request.setAttribute("num", inputNum);
    }
}
```

BoardDeleteCheckCmd 클래스는 삭제 글 번호와 사용자가 입력한 비밀번호를 BoardDAO 클래스 내 boardPasswordCheck 메서드에 입력파라미터로 사용하여 비밀번호를 확인하게 된다. 이후 boardReplyCheck 메서드를 통해 현재 삭제하려는 글에 답글의 존재 유무를 파악한 후 password_check 및 reply_check 변수에 boolean 타입 결과를 대입한다. 삭제 대상인 글은 사용자의 입력 비밀번호가 올바르고 답글이 달려있지 않은 글일 경우에 삭제가 가능하다.

SOURCE CODE : BoardDeleteCheckCmd.java

```
package board.command;

import javax.servlet.http.*;

import board.model.*;

public class BoardDeleteCheckCmd implements BoardCmd{

    public boolean password_check;
    public boolean reply_check;

    public void execute(HttpServletRequest request, HttpServletResponse
    response) {

        String inputNum = request.getParameter("num");
        String inputPassword = request.getParameter("password");

        request.setAttribute("num", inputNum);

        BoardDAO dao = new BoardDAO();

        password_check = dao.boardPasswordCheck(inputNum, inputPassword);
        reply_check = dao.boardReplyCheck(inputNum);

        System.out.println("password_check : " + password_check);
        System.out.println("reply_check : " + reply_check);
    }
}
```

BoardDelete 클래스는 최종적으로 글을 삭제하기 위해 BoardDAO 클래스의 boardDelete 메서드를 호출하며 아래와 같이 구현한다.

SOURCE CODE : BoardDeleteCmd.java

```
package board.command;

import javax.servlet.http.*;

import board.model.*;

public class BoardDeleteCmd implements BoardCmd{

    public void execute(HttpServletRequest request, HttpServletResponse
    response) {

        String inputNum = request.getParameter("num");

        BoardDAO dao = new BoardDAO();
        dao.boardDelete(inputNum);
    }
}
```

마지막으로 글 삭제 기능이 진행되는 동안 사용될 JSP 페이지를 제작하도록 하자. boardDeletePassword.jsp 페이지는 글 삭제를 위해 비밀번호를 입력받으며 [입력] 버튼을 눌러 비밀번호를 검사하기 위해 "boardDeleteCheck.bbs" 요청을 전송한다.

SOURCE CODE : boardDeletePassword.jsp

```
<%@ page language="java" contentType="text/html; charset=utf-8" %>
<%@ taglib prefix="c" uri="http://java.sun.com/jsp/jstl/core" %>

<html>
    <head>
        <title>비밀번호 확인</title>
    </head>
    <body>
        <h3>게시글 삭제를 위한 비밀번호 확인</h3>
        <form action="boardDeleteCheck.bbs" method="post">
            <input type="password" name="password">
            <input type="hidden" name="num" value="${num}">
            <input type="submit" value="입력">
```

```
        </form>
    </body>
</html>
```

boardDeleteError.jsp 페이지는 입력한 비밀번호가 맞지 않을 경우 호출되는 페이지이며, 비밀번호가 틀렸음을 확인하고 [목록으로]를 클릭하여 게시판 목록 조회 화면으로 돌아가는 기능으로 구현한다.

SOURCE CODE : boardDeleteError.jsp

```
<%@ page language="java" contentType="text/html; charset=utf-8" %>
<%@ taglib prefix="c" uri="http://java.sun.com/jsp/jstl/core" %>

<html>
    <head>
        <title>게시판 글 삭제 에러</title>
    </head>
    <body>
        <h3>비밀번호가 맞지 않거나, 답글이 존재할 경우 삭제할 수 없습니다.</h3>
        <a href="boardList.bbs">[목록으로]</a>
    </body>
</html>
```

이제 지금까지 제작한 파일 삭제 기능을 사용해보도록 하자. 먼저 게시판 목록 조회 화면을 아래와 같이 호출한 후 삭제할 글을 선택한다. 여기서는 4번 글을 선택하여 글 열람 화면으로 이동하였다.

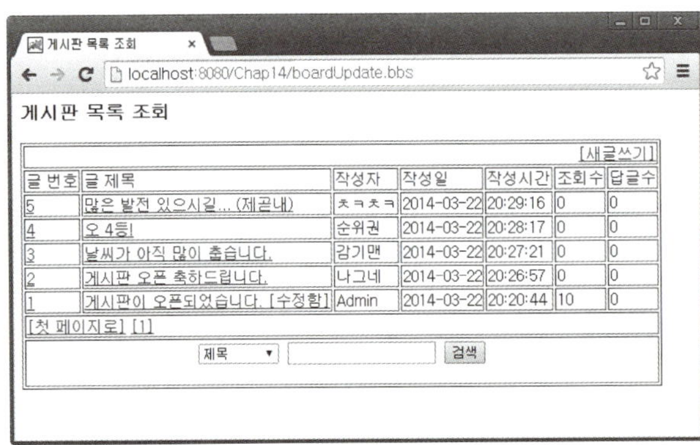

▲ 게시판 글 목록

열람 화면 하단의 [삭제]를 클릭한다.

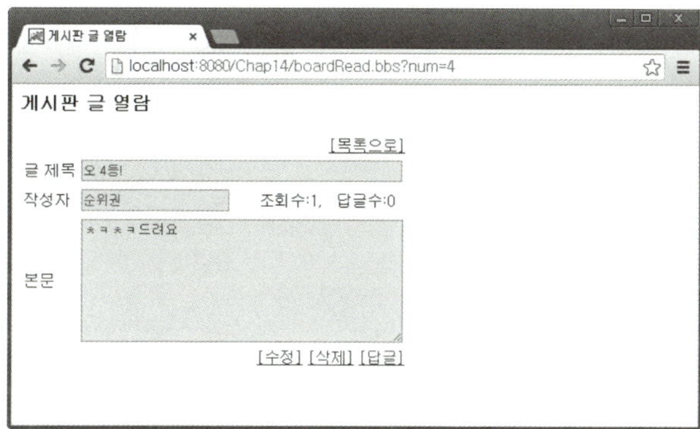

▲ 삭제하기 위한 글 열람

삭제를 위한 비밀번호를 입력하면 내부적으로 게시판 글 삭제 가능 여부를 체크하게 된다.

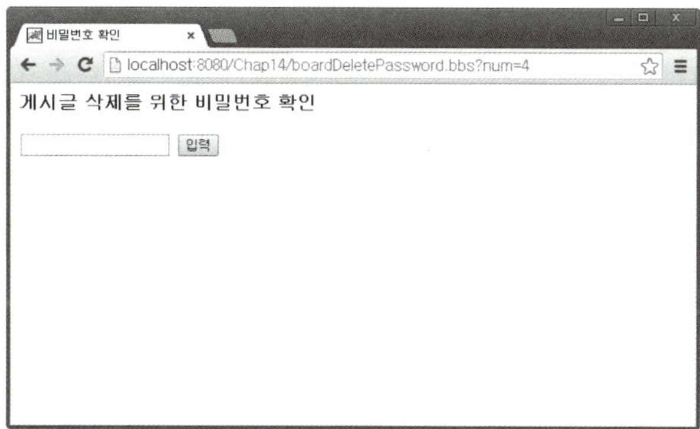

▲ 삭제 비밀번호 입력

만약 비밀번호가 맞지 않거나 삭제하려는 글에 답글이 달려있을 경우 삭제가 불가능하다.

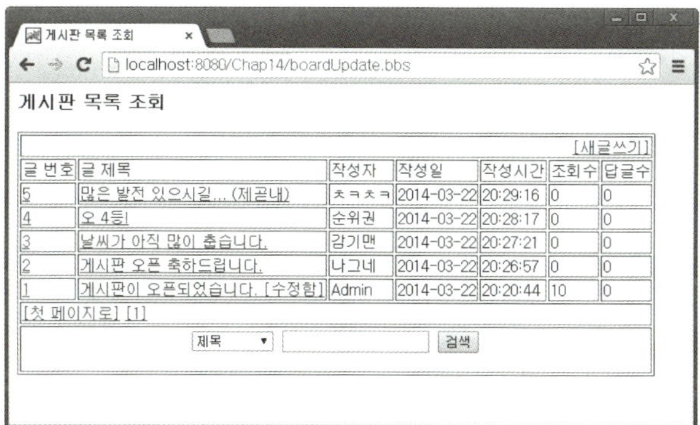

▲ 비밀번호가 맞지 않거나 답글이 존재하는 글일 경우 삭제 불가

비밀번호를 올바르게 입력했을 때 4번 글에는 답글이 달려있지 않았으므로 삭제가 진행되어 최종적으로 게시판 목록 화면으로 이동되었고, 4번 글이 삭제되어 목록에 출력되지 않음을 확인할 수 있다.

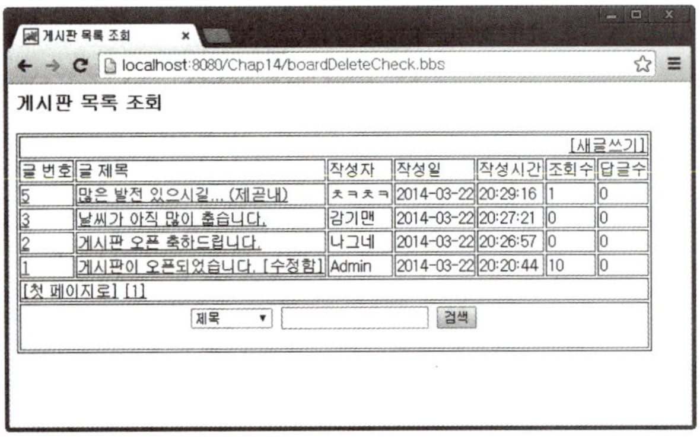

▲ 삭제 완료 후 게시판 목록

(8) 게시판 글 검색 기능 구현

게시판 글 검색 기능은 게시판에 작성된 글의 제목이나 본문의 내용, 작성자에 포함되는 단어를 통해 검색하는 기능으로 게시판 목록 화면의 하단에 위치한다. 검색 기능의 경우 게시판 목록 기능과 마찬가지로 BOARD 테이블의 데이터 목록을 출력하지만, 지정된 검색어가 포함된 글을 조회하기 위해 WHERE 절을 포함하게 된다. 글의 검색은 게시판 목록 화면 하단의 [검색] 버튼을 눌러 이루어지며 "/boardSearch.bbs" 커맨드로 요청된다. 검색을 위한 커맨드 처리 부분을 BoardFrontController 서블릿에 추가하도록 하자.

SOURCE CODE : BoardFrontController.java

```
package board;

// 생략

@WebServlet("*.bbs")
public class BoardFrontController extends HttpServlet {

// 생략

   /**
    * @see HttpServlet#doPost(HttpServletRequest request, HttpServletRe-
sponse response)
    */
```

```
protected void doPost(HttpServletRequest request, HttpServletResponse
response) throws ServletException, IOException {

    request.setCharacterEncoding("UTF-8");
    String requestURI = request.getRequestURI();
    String contextPath = request.getContextPath();
    String cmdURI = requestURI.substring(contextPath.length());

    BoardCmd cmd = null;
    String viewPage = null;

    // 글 목록 조회 처리
    if(cmdURI.equals("/boardList.bbs")){} // 생략

    // 글 작성 화면 제공
    if(cmdURI.equals("/boardWriteForm.bbs")){} // 생략

    // 글 작성 처리
    if(cmdURI.equals("/boardWrite.bbs")){} // 생략

    // 글 열람 처리
    if(cmdURI.equals("/boardRead.bbs")){} // 생략

    // 글 수정 비밀번호 확인 화면 제공
    if(cmdURI.equals("/boardUpdatePassword.bbs")){} // 생략


    // 글 수정 비밀번호 확인 처리
    if(cmdURI.equals("/boardUpdateCheck.bbs")){} // 생략

    // 글 수정 비밀번호 오류 화면 제공
    if(cmdURI.equals("/boardUpdateError.bbs")){} // 생략

    // 글 수정 화면 제공
    if(cmdURI.equals("/boardUpdateForm.bbs")){} // 생략

    // 글 수정 처리
    if(cmdURI.equals("/boardUpdate.bbs")){} // 생략

    // 글 삭제 비밀번호 확인 화면 제공
    if(cmdURI.equals("/boardDeletePassword.bbs")){} // 생략
```

```
        // 글 삭제 비밀번호 확인 처리
        if(cmdURI.equals("/boardDeleteCheck.bbs")){} // 생략

        // 글 삭제 비밀번호 오류 화면 제공
        if(cmdURI.equals("/boardDeleteError.bbs")){} // 생략

        // 글 삭제 처리
        if(cmdURI.equals("/boardDelete.bbs")){} // 생략

        // 글 검색 처리
        if(cmdURI.equals("/boardSearch.bbs")){
          cmd = new BoardSearchCmd();
          cmd.execute(request, response);
          viewPage = "boardSearchList.jsp";
        }

        RequestDispatcher dis = request.getRequestDispatcher(viewPage);
        dis.forward(request, response);
    }
}
```

게시판 목록 화면인 boardList.jsp 페이지에는 검색 기능 사용을 위한 〈form〉 태그가 구성되어 있으며, 사용자가 검색 옵션으로 선택한 값에 따라 SELECT문의 WHERE절이 변경되어야 한다.

SOURCE CODE : boardList.jsp

```
<form action="boardSearch.bbs" method="post">
  <select name="searchOption">
    <option value="subject">제목</option>
    <option value="content">본문</option>
    <option value="both">제목+본문</option>
    <option value="name">작성자</option>
  </select>
  <input type="text" name="searchWord">
  <input type="submit" value="검색">
</form>
```

검색 후 목록을 조회하기 위해 BoardDAO 클래스에 아래와 같이 boardSearch 메서드를 추가하도록 한다. 제목, 본문, 작성자 검색의 경우 각각 BOARD 테이블의 subject, content, name 컬럼과 비교하도록 WHERE 조건을 설정한다. "제목+본문"을 선택했을 경우 OR 연산자를 사용하여 subejct, content 두 개의 컬럼에 검색어를 지정하도록 하자.

SOURCE CODE : BoardDAO.java

```
package board.model;

//생략

public class BoardDAO {

        // 생략
    public BoardDAO(){}

    // 게시판 목록 조회 기능 수행
    public ArrayList<BoardDTO> boardList(String curPage){} // 생략

    // 게시판의 페이징 처리를 위한 기능 수행
    public int boardPageCnt(){} // 생략

    // 게시글 등록 기능 수행
    public void boardWrite(String name, String subject, String content,
    String password){} // 생략

    // 게시글 열람 기능 수행
    public BoardDTO boardRead(String inputNum){} // 생략

    // 게시글 수정 기능 수행
    public void boardUpdate(String inputNum, String inputSubject, String
    inputContent, String inputName, String inputPassword){} // 생략

    // 게시글 수정 및 삭제를 위한 비밀번호 확인 기능 조회
    public boolean boardPasswordCheck(String inputNum, String inputPass-
    word){} // 생략

    // 글 수정 화면에 필요한 원글 데이터 조회 기능
    public BoardDTO boardUpdateForm(String inputNum){} // 생략

    // 게시글 삭제 기능 수행
    public void boardDelete(String inputNum){} // 생략

    // 삭제 대상인 게시글에 답글의 존재 유무를 검사
    public boolean boardReplyCheck(String inputNum){} // 생략
```

```
// 게시글이 답글일 경우, 원글들의 답글 개수를 줄여주는 기능 수행
public void boardDeleteChildCntUpdate(int ref, int lev, int step)
{ // 생략}

// 검색 기능 수행
public ArrayList<BoardDTO> boardSearch(String searchOption, String
searchWord){
  ArrayList<BoardDTO> list = new ArrayList<BoardDTO>();

  Connection conn = null;
  PreparedStatement pstmt = null;
  ResultSet rs = null;

  try{
    conn = ds.getConnection();
    String sql = "SELECT num, name, password, subject, content, write_date,
    write_time, ref, step, lev, read_cnt, child_cnt FROM BOARD";

    if(searchOption.equals("subject")){
      sql += "WHERE subject LIKE ?";
      sql += "ORDER BY ref desc, step asc";
      pstmt = conn.prepareStatement(sql);
      pstmt.setString(1, "%" + searchWord + "%");

    }else if(searchOption.equals("content")){
      sql += "WHERE content LIKE ?";
      sql += "ORDER BY ref desc, step asc";
      pstmt = conn.prepareStatement(sql);
      pstmt.setString(1, "%" + searchWord + "%");

    }else if(searchOption.equals("name")){
      sql += "WHERE name LIKE ?";
      sql += "ORDER BY ref desc, step asc";
      pstmt = conn.prepareStatement(sql);
      pstmt.setString(1, "%" + searchWord + "%");

    }else if(searchOption.equals("both")){
      sql += "WHERE subject LIKE ? OR content LIKE ? ";
      sql += "ORDER BY ref desc, step asc";
      pstmt = conn.prepareStatement(sql);
      pstmt.setString(1, "%" + searchWord + "%");
      pstmt.setString(2, "%" + searchWord + "%");
    }
```

```
        rs = pstmt.executeQuery();

        while(rs.next()){

            int num = rs.getInt("num");
            String name = rs.getString("name");
            String password = rs.getString("password");
            String subject = rs.getString("subject");
            String content = rs.getString("content");
            Date writeDate = rs.getDate("write_date");
            Time writeTime = rs.getTime("write_time");
            int ref = rs.getInt("ref");
            int step = rs.getInt("step");
            int lev = rs.getInt("lev");
            int readCnt = rs.getInt("read_cnt");
            int childCnt = rs.getInt("child_cnt");

            BoardDTO writing = new BoardDTO();
            writing.setNum(num);
            writing.setName(name);
            writing.setPassword(password);
            writing.setSubject(subject);
            writing.setContent(content);
            writing.setWriteDate(writeDate);
            writing.setWriteTime(writeTime);
            writing.setRef(ref);
            writing.setStep(step);
            writing.setLev(lev);
            writing.setReadCnt(readCnt);
            writing.setChildCnt(childCnt);

            list.add(writing);
        }

    } catch (Exception e){
        e.printStackTrace();
    }finally{
        try{
            if(rs != null) rs.close();
            if(pstmt != null) pstmt.close();
            if(conn != null) conn.close();
        }catch (SQLException e){
            e.printStackTrace();
```

```
            }
        }

        return list;
    }

}
```

검색 기능이 요청되었을 때 사용될 커맨드 클래스인 BoardSearchCmd 클래스는 검색 옵션인 "searchOption" 파라미터와 검색 단어인 "searchWord" 파라미터를 request 내장객체를 통해 얻어온 후 앞서 제작한 BoardDAO 클래스의 boardSearch 메서드에 입력 파라미터로 사용한다. SELECT문을 통해 조회된 검색 글 목록들을 ArrayList를 사용하여 저장한 후 request 내장객체의 setAttribute 메서드를 통해 "boardList" 애트리뷰트로 지정한다. "boardList" 애트리뷰트는 이후 boardSearchList.jsp 페이지에서 검색된 글의 목록을 출력하기 위해 사용할 것이다.

SOURCE CODE : BoardSearchCmd.java

```
package board.command;

import javax.servlet.http.*;
import board.model.*;
import java.util.ArrayList;

public class BoardSearchCmd implements BoardCmd{

    public void execute(HttpServletRequest request, HttpServletResponse
    response) {
        BoardDAO dao = new BoardDAO();
        String searchOption = request.getParameter("searchOption");
        String searchWord = request.getParameter("searchWord");

        ArrayList<BoardDTO> list = dao.boardSearch(searchOption,
        searchWord);
        request.setAttribute("boardList", list);

    }
}
```

마지막으로 검색된 결과 글의 목록을 출력해줄 boardSearchList.jsp 페이지를 제작하도록 하자. boardSearchList.jsp 페이지는 기존 게시글 목록과 유사하게 제작되며, 페이징 처리와 검색 처리 부분 없이 검색된 글들의 목록만을 출력하도록 아래와 같이 구현한다.

SOURCE CODE : boardSearchList.jsp

```
<%@ page language="java" contentType="text/html; charset=utf-8" %>
<%@ taglib prefix="c" uri="http://java.sun.com/jsp/jstl/core" %>

<html>
  <head>
    <title>게시판 검색 결과 조회</title>
  </head>
  <body>
    <h3>게시판 검색 결과 조회</h3>

    <table border="1">
      <tr>
        <td colspan="7" align="right">
          <a href="boardWriteForm.bbs"> [새글쓰기] </a>
        </td>
      </tr>
      <tr>
        <td>글 번호</td>
        <td>글 제목</td>
        <td>작성자</td>
        <td>작성일</td>
        <td>작성시간</td>
        <td>조회수</td>
        <td>답글수</td>
      </tr>
      <c:forEach items="${boardList }" var="dto">
        <tr>
          <td><a href="boardRead.bbs?num=${dto.num }">${dto.num }</a></td>

          <td>
            <c:forEach begin="1" end="${dto.lev }">
              <%= "  " %>
            </c:forEach>
            <a href="boardRead.bbs?num=${dto.num }">${dto.subject }</a>
          </td>
```

```
                <td>${dto.name }</td>
                <td>${dto.writeDate }</td>
                <td>${dto.writeTime }</td>
                <td>${dto.readCnt }</td>
                <td>${dto.childCnt }</td>
            </tr>
        </c:forEach>
        <tr>
            <td colspan="7" align="center">
                <a href="boardList.bbs">[첫 페이지로]</a>
            </td>
        </tr>
    </table>
  </body>
</html>
```

boardSearchList.jsp 페이지까지 완성되었다면 boardList.bbs 커맨드를 사용하여 게시판 목록 화면에서 적절한 검색어를 입력한 후 [검색] 버튼을 클릭하자. 여기서는 검색 옵션을 [제목]으로 선택하고 검색 단어를 "게시판"으로 입력하였다.

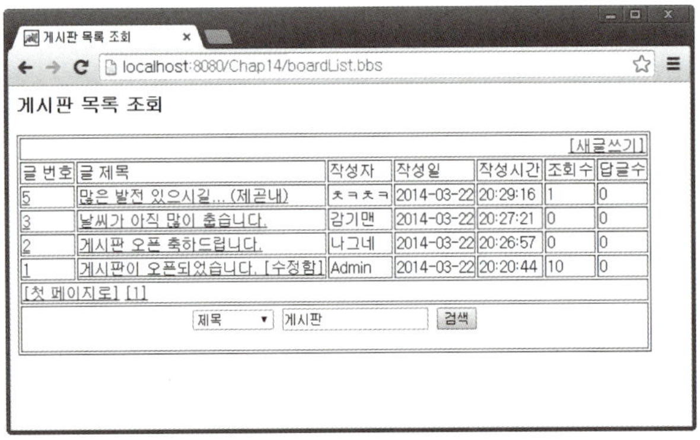

▲ 게시판 목록 화면에서 검색어를 입력한 후 [검색] 버튼을 클릭

[검색] 버튼을 누르면 아래와 같이 "게시판" 단어를 포함하는 제목의 글들이 결과로 출력됨을 확인할 수 있다.

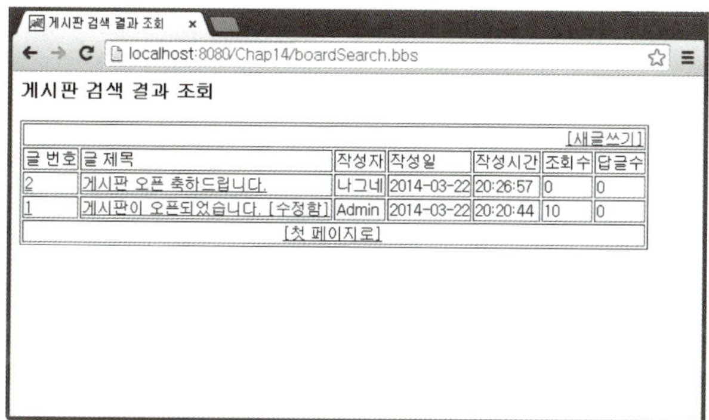

▲ 검색을 지정한 결과 출력 화면

(9) 게시판 답글 작성 기능 구현

이제 게시판의 마지막 기능인 답글 작성 기능을 구현해보도록 하자. 답글은 기존에 작성되어져 있던 글 아래에 연결되어 출력되며, 특정 글의 답글에도 추가적으로 답글 게시가 가능하다. 게시판 목록과 게시판 검색 후 결과 목록을 보여줄 때 사용된 SELECT문의 ORDER BY절에 명시된 BOARD 테이블의 ref, step, lev 컬럼 및 child_cnt 컬럼을 사용하여 구현된다.

답글 기능의 구현에 들어가기 전에 먼저 답글의 동작 과정 이해를 위해 아래의 진행 상황을 먼저 살펴보도록 하자. 먼저 게시판에 아래와 같이 작성되어 있는 글이 세 개가 있는 상황을 고려해보자. 아래 표는 BOARD 테이블에서 답글과 관련되어 있는 컬럼만을 명시하며 출력 순서는 게시판 목록에서 출력되는 순서와 동일하다.

num	subject	ref	step	lev	child_cnt
3	3번 글	3	0	0	0
2	2번 글	2	0	0	0
1	1번 글	1	0	0	0

만약 위와 같은 상황에서 1번 글에 답글을 작성할 경우 BOARD 게시판에 추가된 글의 데이터와 출력 순서는 아래와 같이 진행된다.

1번의 답글로 작성된 글의 번호는 가장 큰 번호인 3번 이후의 번호, 즉 4번으로 할당되며, 참조하고 있는 원글 번호가 저장되는 ref 컬럼에는 1 값이 할당된다. step 컬럼은 ref가 동일한, 즉 참조하고 있는 글 번호가 동일한 데이터들 간의 순서를 나타내기 위해 1번 글의 step 값보다 1 높은 1 값이 할당된다. lev 컬럼에는 현재 작성된 답글이 어느 수준의 답글인지를 나타낸다. 즉, 원글에 답글일 경우 1 값이 되며, 원글에 달린 답글에 달린 답글의 경우 2 값을 가지는 식으로 답글의 깊이에 따라 값이 지정된다. 이 숫자는 이후 답글을 나타내기 위한 들여쓰기에 활용될 것이다. child_cnt 컬럼의 경우 글에 달린 답글의 개수를 의미한다. 따라서 아래와 같이 4번 글이 1번 글에 답글로 작성될 경우 1번 글의 child_cnt 컬럼은 1 값이 된다. 4번 글에 달린 답글은 없으므로 0 값을 가진다.

num	subject	ref	step	lev	child_cnt
3	3번 글	3	0	0	0
2	2번 글	2	0	0	0
1	1번 글	1	0	0	1
4	RE: 1번 글의 답글	1	1	1	0

마찬가지로 3번 글에 답글이 달린 경우, 5번 글이 3번 글과 2번 글 사이에 위치하여 출력되며, 값들은 다음 표와 같이 지정될 것이다. 1번 글에 답글이 달린 경우와 동일하게 5번 글이 3번 글 바로 아래에 다음과 같은 값이 지정되어 출력된다.

num	subject	ref	step	lev	child_cnt
3	3번 글	3	0	0	1
5	RE: 3번 글의 답글	3	1	1	0
2	2번 글	2	0	0	0
1	1번 글	1	0	0	1 (0+1)
4	RE: 1번 글의 답글	1	1	1	0

만약 1번 글에 답글이 하나 더 추가된다면 BOARD 게시판의 데이터 및 게시판 목록의 출력은 아래와 같이 이루어진다. 6번 글의 ref 컬럼은 1번 글에 대한 답글이므로 여전히 1 값을 가지며, step의 경우 4번 글보다 상대적으로 늦게 달린 답글이므로 출력 위치 계산을 위해 1 늘어난 2로 들어간다. lev 컬럼의 경우 동일한 수준의 답글이므로 1 값이 지정되며, 1번 글의 child_cnt 값은 답글이 두 개가 되어 2로 지정된다.

num	subject	ref	step	lev	child_cnt
3	3번 글	3	0	0	1 (0+1)
5	RE: 3번 글의 답글	3	1	1	0
2	2번 글	2	0	0	0
1	1번 글	1	0	0	2 (1+1)
4	RE: 1번 글의 답글	1	1	1	0
6	RE: 1번 글의 답글 (2)	1	2	1	0

추가적으로 4번 글(1번의 답글)에 답글이 달릴 경우를 생각해보자. 이 경우 7번 글은 4번 글과 6번 글 사이에 위치해야 한다. 따라서 4번 글의 step 컬럼의 값은 2가 되어야 하며, 그 아래에 위치할 답글은 step 컬럼의 값이 1 증가되어야 한다. 만약 해당 위치에 답글이 여러 개일 경우 각각의 답글은 모두 step 컬럼의 값이 1 증가될 것이다. lev 컬럼은 4번 글보다 깊이가 1 높아야 하므로, 2 값을 가지게 된다. 7번 글 역시 최초 1번 글에 파생된 답글로 분류할 수 있으므로 ref 컬럼의 값은 1 값을 가지며, 7번 글이 작성되어 4번 글은 답글의 수가 늘어났으므로 child_cnt 컬럼의 값이 1 늘어난 1 값을 가진다. 마찬가지로 1번 글은 이제 관련 답글이 3개가 되었으므로, child_cnt 컬럼의 값이 3이 된다.

num	subject	ref	step	lev	child_cnt
3	3번 글	3	0	0	1
5	RE: 3번 글의 답글	3	1	1	0
2	2번 글	2	0	0	0
1	1번 글	1	0	0	3 (2+1)
4	RE: 1번 글의 답글	1	1	1	1 (0+1)
7	RE: RE: 1번 글의 답글의 답글	1	2	2	0
6	RE: 1번 글의 답글 (2)	1	3 (2+1)	1	0

답글이 삭제 될 경우 앞서 제작한 글의 삭제 기능이 사용되며, 4번 글과 같이 답글이 달린 (7번 글) 경우 삭제가 불가능하다. 6번 글의 경우 1번의 답글이지만 자기 자신에게 달린 답글은 없으므로, 글 작성 시 기재한 비밀번호만 맞으면 삭제가 가능하다. 또한 7번 글이 삭제될 경우 6번 글과 같이 7번 글 아래에 위치한 글들의 step 크기가 감소되며, 답글이 삭제될 때마다 답글의 대상인 원글들의 child_cnt 컬럼의 값도 감소하게 될 것이다. 이러한 내용은 이미 삭제 기능에 구현이 되어 있는 상태이므로 자세한 내용은 앞의 삭제 기능 코드를 참조하길 바란다.

이제 답글 구현을 위해 BoardFrontController 서블릿 클래스의 커맨드 처리 구문을 다음과 같이 추가한다. 답글 기능은 작성된 글 열람 화면 하단의 [답글]을 클릭하여 시작되며, 해당 답글의 번호를 파라미터를 통해 "/boardReplyForm.bbs" 커맨드로 요청하여 답글 입력 화면으로 이동한다. 답글 작성이 완료되면 "/boardReply.bbs" 커맨드를 통해 실제 답글의 입력을 위한 작업이 동작할 것이다.

SOURCE CODE : BoardFrontController.java

```
package board;

// 생략

@WebServlet("*.bbs")
public class BoardFrontController extends HttpServlet {

// 생략

    /**
     * @see HttpServlet#doPost(HttpServletRequest request,
     HttpServletResponse response)
     */
    protected void doPost(HttpServletRequest request, HttpServletResponse
    response) throws ServletException, IOException {

        request.setCharacterEncoding("UTF-8");
        String requestURI = request.getRequestURI();
        String contextPath = request.getContextPath();
        String cmdURI = requestURI.substring(contextPath.length());
        BoardCmd cmd = null;
        String viewPage = null;

        // 글 목록 조회 처리
        if(cmdURI.equals("/boardList.bbs")){}  // 생략

        // 글 작성 화면 제공
        if(cmdURI.equals("/boardWriteForm.bbs")){} // 생략

        // 글 작성 처리
        if(cmdURI.equals("/boardWrite.bbs")){} // 생략

        // 글 열람 처리
        if(cmdURI.equals("/boardRead.bbs")){} // 생략

        // 글 수정 비밀번호 확인 화면 제공
        if(cmdURI.equals("/boardUpdatePassword.bbs")){} // 생략

        // 글 수정 비밀번호 확인 처리
        if(cmdURI.equals("/boardUpdateCheck.bbs")){} // 생략
```

```
		// 글 수정 비밀번호 오류 화면 제공
		if(cmdURI.equals("/boardUpdateError.bbs")){} // 생략

		// 글 수정 화면 제공
		if(cmdURI.equals("/boardUpdateForm.bbs")){} // 생략

		// 글 수정 처리
		if(cmdURI.equals("/boardUpdate.bbs")){} // 생략

		// 글 삭제 비밀번호 확인 화면 제공
		if(cmdURI.equals("/boardDeletePassword.bbs")){} // 생략

		// 글 삭제 비밀번호 확인 처리
		if(cmdURI.equals("/boardDeleteCheck.bbs")){} // 생략

		// 글 삭제 비밀번호 오류 화면 제공
		if(cmdURI.equals("/boardDeleteError.bbs")){} // 생략

		// 글 삭제 처리
		if(cmdURI.equals("/boardDelete.bbs")){} // 생략

		// 글 검색 처리
		if(cmdURI.equals("/boardSearch.bbs")){} // 생략

		// 답글 작성 화면 제공
		if(cmdURI.equals("/boardReplyForm.bbs")){
			cmd = new BoardReplyFormCmd();
			cmd.execute(request, response);
			viewPage = "boardReply.jsp";
		}

		// 답글 작성 처리
		if(cmdURI.equals("/boardReply.bbs")){
			cmd = new BoardReplyCmd();
			cmd.execute(request, response);
			viewPage = "boardList.bbs";
		}

		RequestDispatcher dis = request.getRequestDispatcher(viewPage);
		dis.forward(request, response);
	}
}
```

이제 BoardDAO 클래스에 답글 기능을 수행하기 위한 메서드를 추가하도록 하자. 답글 기능은 앞서 설명했던 바와 같이 기존 게시판 기능들에 비해 구현 메커니즘이 복잡하여 코드가 어려워 보일수도 있지만, 하나하나의 메서드가 구현되는 방식은 기존 메서드들과 동일하며, 각 메서드에 구현되는 기능들은 앞서 보았던 답글 기능 예시 표를 참조하여 이해하길 바란다.

boardReplyForm 메서드는 답변 글을 입력하기 위한 화면에 출력될 기존 데이터를 조회한다. 따라서 원글의 번호가 WHERE 조건절이 되어 조회되며, 답글에 표시될 제목은 기본적으로 "RE: 원글제목" 형식이 될 것이다. 본문의 경우 원 글의 본문 작성 일자 및 작성 일지와 함께 기존 글의 본문을 화면에 출력해줄 것이다. 답글 등록을 수행할 boardReplay 메서드는 boardReplySearchStep 메서드를 통해 작성될 답글의 step 값을 계산하게 된다. 동일한 ref 값, 즉 원글에 달린 답글들 중 lev 값이 답글 대상이 될 글보다 작거나 같은 글의 가장 작은 step 값이 바로 작성될 답글의 step 값, 즉 답글이 위치할 순서가 된다. 이렇게 답글의 순서값(step)이 정해지면 해당 순서값보다 아래에 위치해야 할 글들의 step 값은 각각 1씩 증가하게 된다. 이후 답글이 INSERT문을 통해 BOARD 테이블에 저장되면 답글의 대상이 되는 원글들의 답글 개수(child_cnt)를 늘려주기 위해 boardReplyChildCntUpdate 메서드를 호출하게 된다.

SOURCE CODE : BoardDAO.java

```
package board.model;

//생략

public class BoardDAO {

        // 생략
    public BoardDAO(){}

    // 게시판 목록 조회 기능 수행
    public ArrayList<BoardDTO> boardList(String curPage){} // 생략

    // 게시판의 페이징 처리를 위한 기능 수행
    public int boardPageCnt(){} // 생략

    // 게시글 등록 기능 수행
    public void boardWrite(String name, String subject, String content,
    String password){} // 생략
```

```
// 게시글 열람 기능 수행
public BoardDTO boardRead(String inputNum){} // 생략

// 게시글 수정 기능 수행
public void boardUpdate(String inputNum, String inputSubject, String
inputContent, String inputName, String inputPassword){} // 생략

// 게시글 수정 및 삭제를 위한 비밀번호 확인 기능 조회
public boolean boardPasswordCheck(String inputNum, String inputPass
word){} // 생략

// 글 수정 화면에 필요한 원글 데이터 조회 기능
public BoardDTO boardUpdateForm(String inputNum){} // 생략

// 게시글 삭제 기능 수행
public void boardDelete(String inputNum){} // 생략

// 삭제 대상인 게시글에 답글의 존재 유무를 검사
public boolean boardReplyCheck(String inputNum){} // 생략

// 게시글이 답글일 경우, 원글들의 답글 개수를 줄여주는 기능 수행
public void boardDeleteChildCntUpdate(int ref, int lev, int step){}
// 생략

// 검색 기능 수행
public ArrayList<BoardDTO> boardSearch(String searchOption, String
searchWord){} // 생략

// 답글 작성에 필요한 원글 데이터 조회 기능
public BoardDTO boardReplyForm(String inputNum){
  BoardDTO writing = new BoardDTO();

  Connection conn = null;
  PreparedStatement pstmt = null;
  ResultSet rs = null;

  try{
    conn = ds.getConnection();
    String sql = "SELECT num, name, password, subject, content, write_date,
    write_time, ref, step, lev, read_cnt, child_cnt FROM BOARD WHERE NUM = ?";
    pstmt = conn.prepareStatement(sql);
    pstmt.setInt(1, Integer.parseInt(inputNum));
```

```
        rs = pstmt.executeQuery();

        if (rs.next()){
            int num = rs.getInt("num");
            String name = rs.getString("name");
            String password = rs.getString("password");
            String subject = "RE:" + rs.getString("subject");
            Date writeDate = rs.getDate("write_date");
            Time writeTime = rs.getTime("write_time");
            String content = "[원문:" + writeDate + " " + writeTime +" 작성됨]₩n" +
            rs.getString("content");
            int ref = rs.getInt("ref");
            int step = rs.getInt("step");
            int lev = rs.getInt("lev");
            int readCnt = rs.getInt("read_cnt");
            int childCnt = rs.getInt("child_cnt");

            writing.setNum(num);
            writing.setName(name);
            writing.setPassword(password);
            writing.setSubject(subject);

            writing.setContent(content);
            writing.setWriteDate(writeDate);
            writing.setWriteTime(writeTime);
            writing.setRef(ref);
            writing.setStep(step);
            writing.setLev(lev);
            writing.setReadCnt(readCnt);
            writing.setChildCnt(childCnt);
        }

    } catch (Exception e){
        e.printStackTrace();
    }finally{
        try{
            if(rs != null) rs.close();
            if(pstmt != null) pstmt.close();
            if(conn != null) conn.close();
        }catch (SQLException e){
            e.printStackTrace();
        }
```

```
        }

        return writing;
    }

    // 답글 등록 기능 수행
    public void boardReply(String num, String name, String subject, String
    content, String password, String ref, String step, String lev){

        Connection conn = null;
        PreparedStatement pstmt = null;
        ResultSet rs = null;

        int replyNum = 0;
        int replyStep = 0;
        String sql = null;

        try{
            conn = ds.getConnection();

            replyStep = boardReplySearchStep(ref, lev, step);
            // 답글이 위치할 step 값을 가져옴

            if (replyStep > 0){
                sql = "UPDATE BOARD SET step = step + 1 where ref = ? and step >= ?";
                pstmt = conn.prepareStatement(sql);
                pstmt.setInt(1, Integer.parseInt(ref));
                pstmt.setInt(2, replyStep);
                pstmt.executeUpdate();
            } else {
                sql = "SELECT MAX(STEP) FROM BOARD WHERE ref = ?";
                pstmt = conn.prepareStatement(sql);
                pstmt.setInt(1, Integer.parseInt(ref));
                rs = pstmt.executeQuery();
                if (rs.next()) replyStep = rs.getInt(1) + 1;
            }

            sql = "SELECT MAX(num)+1 AS NUM FROM BOARD";
            pstmt = conn.prepareStatement(sql);
            rs = pstmt.executeQuery();
            if (rs.next()) replyNum = rs.getInt("num");
```

```
        sql = "INSERT INTO BOARD";
        sql += " (num, name, password, subject, content, write_date, write_time,
        ref, step, lev, read_cnt, child_cnt)";
        sql += " values(?, ?, ?, ?, ?, curdate(), curtime(), ?, ?, ?, 0, 0)";

        pstmt = conn.prepareStatement(sql);
        pstmt.setInt(1, replyNum);
        pstmt.setString(2, name);
        pstmt.setString(3, password);
        pstmt.setString(4, subject);
        pstmt.setString(5, content);
        pstmt.setInt(6, Integer.parseInt(ref));
        pstmt.setInt(7, replyStep);
        pstmt.setInt(8, Integer.parseInt(lev)+1);
        pstmt.executeUpdate();
        boardReplyChildCntUpdate(ref, lev, replyStep);

    } catch (Exception e){
        e.printStackTrace();
    }finally{
        try{

            if(rs != null) rs.close();
            if(pstmt != null) pstmt.close();
            if(conn != null) conn.close();
        }catch (SQLException e){
            e.printStackTrace();
        }
    }
}

// 답글의 출력 위치 (step) 선정 기능 수행
public int boardReplySearchStep(String ref, String lev, String step){
    Connection conn = null;
    PreparedStatement pstmt = null;
    ResultSet rs = null;
    int replyStep=0;

    try{
        conn = ds.getConnection();
        String sql = "SELECT IFNULL(MIN(step), 0) from BOARD WHERE ref = ? and
        lev <= ? and step > ?";
```

```
            pstmt = conn.prepareStatement(sql);
            pstmt.setInt(1, Integer.parseInt(ref));
            pstmt.setInt(2, Integer.parseInt(lev));
            pstmt.setInt(3, Integer.parseInt(step));
            rs = pstmt.executeQuery();

            if (rs.next()) replyStep = rs.getInt(1);

        } catch (Exception e){
            e.printStackTrace();
        }finally{
            try{
                if(rs != null) rs.close();
                if(pstmt != null) pstmt.close();
                if(conn != null) conn.close();
            }catch (SQLException e){
                e.printStackTrace();
            }
        }
        return replyStep;
    }

// 답글 작성 후 원글들의 답글 개수를 늘려주는 기능 수행
    public void boardReplyChildCntUpdate(String ref, String lev,
    int replyStep){
        Connection conn = null;
        PreparedStatement pstmt = null;
        ResultSet rs = null;
        String sql = null;

        try{
            conn = ds.getConnection();
            for (int updateLev = Integer.parseInt(lev) ; updateLev>= 0 ;
            updateLev--){
                sql = "SELECT MAX(step) FROM BOARD WHERE ref = ? and lev = ? and
                step < ?";
                pstmt = conn.prepareStatement(sql);
                pstmt.setInt(1, Integer.parseInt(ref));
                pstmt.setInt(2, updateLev);
                pstmt.setInt(3, replyStep);

                rs = pstmt.executeQuery();
                int maxStep = 0;
```

```
            if (rs.next()) maxStep = rs.getInt(1);
            sql = "UPDATE BOARD SET child_cnt = child_cnt + 1 where ref = ? and
            lev = ? and step = ?";
            pstmt = conn.prepareStatement(sql);
            pstmt.setInt(1, Integer.parseInt(ref));
            pstmt.setInt(2, updateLev);
            pstmt.setInt(3, maxStep);
            pstmt.executeUpdate();
          }
        } catch (Exception e){
          e.printStackTrace();
        }finally{
          try{
            if(rs != null) rs.close();
            if(pstmt != null) pstmt.close();
            if(conn != null) conn.close();
          }catch (SQLException e){
            e.printStackTrace();
          }
        }
      }

}
```

답글 기능을 수행하기 위한 커맨드 클래스는 다음과 같이 작성한다. BoardReplyFormCmd 커맨드 클래스는 답변글 작성 화면에 필요한 원글의 데이터를 BoardDAO 클래스의 boardReplyForm 메서드를 통해 BoardDTO 인스턴스에 저장한 후 "boardReplyForm" 파라미터로 지정한다. 이 데이터는 boardReply.jsp 페이지에서 활용된다.

SOURCE CODE : BoardReplyFormCmd.java

```
package board.command;

import javax.servlet.http.*;
import board.model.*;

public class BoardReplyFormCmd implements BoardCmd{

  public void execute(HttpServletRequest request, HttpServletResponse
response) {
      String inputNum = request.getParameter("num");
```

```
        BoardDAO dao = new BoardDAO();

        BoardDTO writing = dao.boardReplyForm(inputNum);
        request.setAttribute("boardReplyForm", writing);
    }
}
```

BoardReplyCmd 커맨드 클래스는 답변 글 작성이 완료되었을 때 사용되며, BoardDAO 클래스의 boardReply 메서드를 사용하여 답변 글의 INSERT 및 답변글과 관련된 다른 글들의 값을 조정하기 위한 기능 수행을 지시한다.

SOURCE CODE : BoardReplyCmd.java

```
package board.command;

import javax.servlet.http.*;
import board.model.*;


public class BoardReplyCmd implements BoardCmd{

    public void execute(HttpServletRequest request, HttpServletResponse
    response) {
        String num = request.getParameter("num");
        String name = request.getParameter("name");
        String password = request.getParameter("password");
        String subject = request.getParameter("subject");
        String content = request.getParameter("content");
        String ref = request.getParameter("ref");
        String lev = request.getParameter("lev");
        String step = request.getParameter("step");

        BoardDAO dao = new BoardDAO();
        dao.boardReply(num, name, subject, content, password, ref, step, lev);
    }
}
```

이제 실제 답글을 작성하기 위해 사용할 boardReply.jsp 페이지를 제작하도록 하자. BoardReplyFormCmd 커맨드 클래스를 통해 전달된 "boardReplyForm" 파라미터를 통해 기존 원글에 해당하는 값들을 출력해주고, 답변글의 작성이 완료되면 [답글 올리기]를 클릭하여 BoardFrontController 서블릿으로 "/boardReply.bbs" 커맨드를 통해 답글 입력을 요청하게 된다.

SOURCE CODE : boardReply.jsp

```
<%@ page language="java" contentType="text/html; charset=utf-8" %>
<%@ taglib prefix="c" uri="http://java.sun.com/jsp/jstl/core" %>

<html>
  <head>
    <title>게시판 답글 작성</title>
  </head>
  <body>
    <h3>게시판 답글 작성</h3>
    <form action="boardReply.bbs" method="post">
      <table>
        <tr>
          <td colspan="4" align="right">
            <input type="hidden" name="num" value="${boardReplyForm.num
            }"/>
            <input type="hidden" name="ref" value="${boardReplyForm.ref
            }"/>
            <input type="hidden" name="step" value="${boardReplyForm.
            step }"/>
            <input type="hidden" name="lev" value="${boardReplyForm.lev
            }"/>
            <a href="boardList.bbs">[목록으로]</a>
          </td>
        </tr>
        <tr>
          <td>글 제목</td>
          <td colspan="3"><input type="text" name="subject" maxlength="50"
          size="50" value="${boardReplyForm.subject}"></td>
        </tr>
        <tr>
          <td>작성자</td>
          <td><input type="text" name="name" maxlength="20" size="20">
          </td>
          <td>비밀번호</td>
          <td><input type="password" name="password" maxlength="20"
          size="12"></td>
        </tr>
```

```
            <tr>
              <td>본문</td>
              <td colspan="3"><textarea name="content" rows="8" cols="45">
              ${boardReplyForm.content}</textarea></td>
            </tr>
            <tr>
              <td colspan="4" align="right">
                <input type="submit" value="답글 올리기">
              </td>
            </tr>
          </table>
        </form>
      </body>
    </html>
```

이제 답글 기능 구현이 완료되었다. "/boardList.bbs" 커맨드를 통해 게시판 목록 조회 화면에서 답글을 달기 위한 글을 선택해보도록 하자. 여기서는 2번 글을 선택해보도록 하겠다.

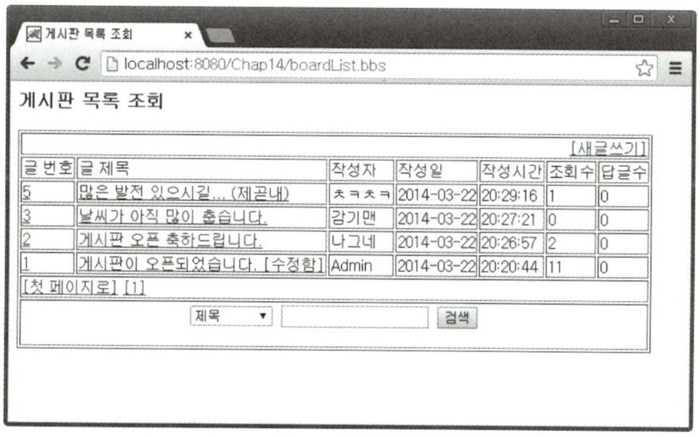

게시판 목록 조회

localhost:8080/Chap14/boardList.bbs

게시판 목록 조회

[새글쓰기]

글 번호	글 제목	작성자	작성일	작성시간	조회수	답글수
5	많은 발전 있으시길... (제곧내)	ㅊㅋㅊㅋ	2014-03-22	20:29:16	1	0
3	날씨가 아직 많이 춥습니다.	감기맨	2014-03-22	20:27:21	0	0
2	게시판 오픈 축하드립니다.	나그네	2014-03-22	20:26:57	2	0
1	게시판이 오픈되었습니다. [수정함]	Admin	2014-03-22	20:20:44	11	0

[첫 페이지로] [1]

제목 ▼ 검색

▲ 게시판 목록 조회 화면

2번 글을 선택하여 글 열람 화면이 나오면 화면 하단 [답글]을 클릭하여 답글 작성 화면으로 이동한다.

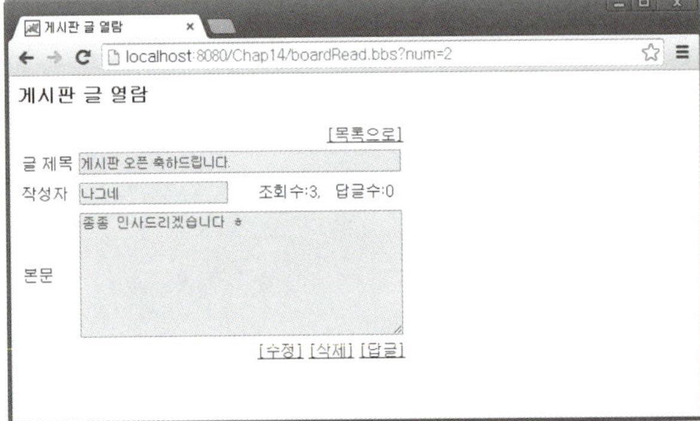

▲ 답글이 작성될 원글 열람 화면

게시판 답글 작성 화면은 아래와 같이 답글 대상이 되는 원글의 제목에 "RE:"가 함께 붙어 있으며, 원글의 본문 내용과 작성 시기가 함께 출력된다.

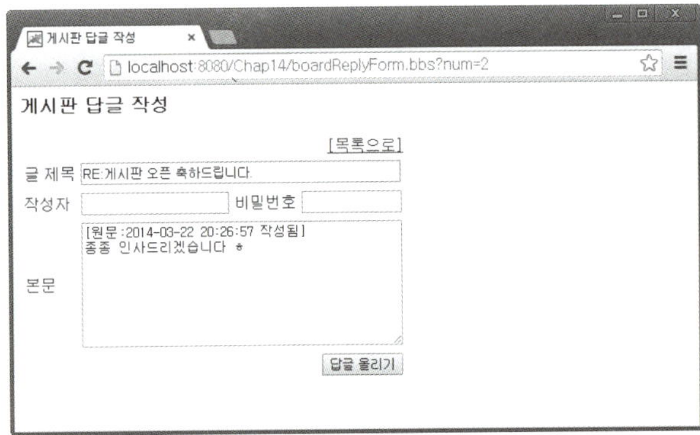

▲ 답글 작성 화면

이제 답글을 작성하도록 하자. 답글 역시 기존 글 작성과 마찬가지로 작성자와 비밀번호를 입력한 후 아래 [답글 올리기]를 클릭하도록 하자.

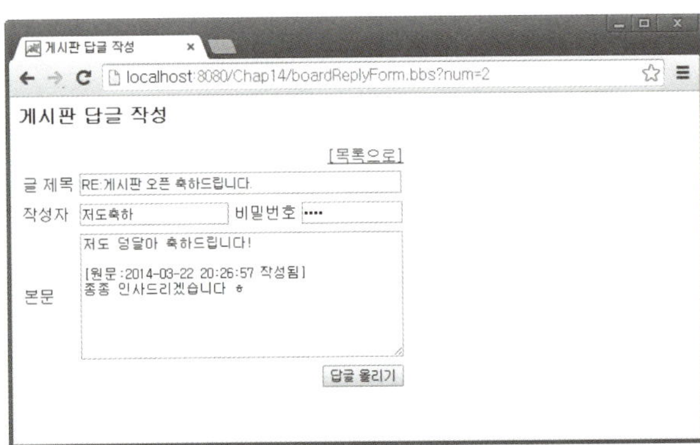

▲ 답글 작성 완료 화면

[답글 올리기]를 클릭하면 게시판 목록 화면으로 다시 이동하며, 답글이 정상적으로 등록되었음을 확인할 수 있다. 여기서는 2번 글에 답글로 6번 글이 등록되었으며, 2번 글의 답글수가 1로 늘어났음을 확인할 수 있다.

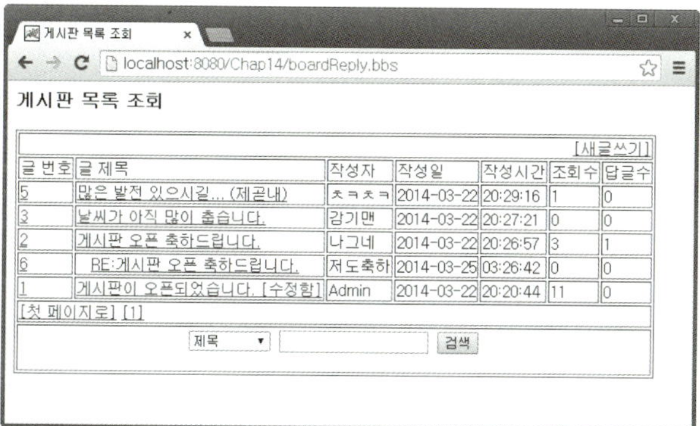

▲ 답글 작성 후 게시판 목록 조회 화면

다음은 답글 작성이 올바르게 동작하는지 확인하기 위해 6번 글(2번 글의 답글)에 추가로 답글(7번 글)을 작성하고, 3번 글에도 답글(8번 글)을 작성해보았다.

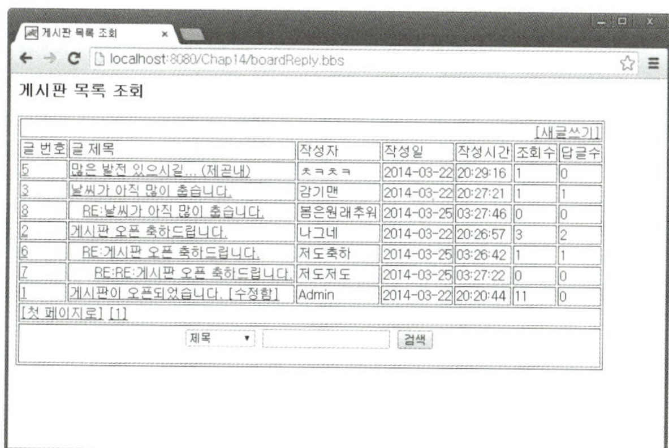

▲ 답글 추가 작성 후 완료 화면

위와 같은 상황에서 답글이 달린 6번과 같은 글은 삭제하기 위해 비밀번호를 올바르게 입력해도 삭제할 수 없다.

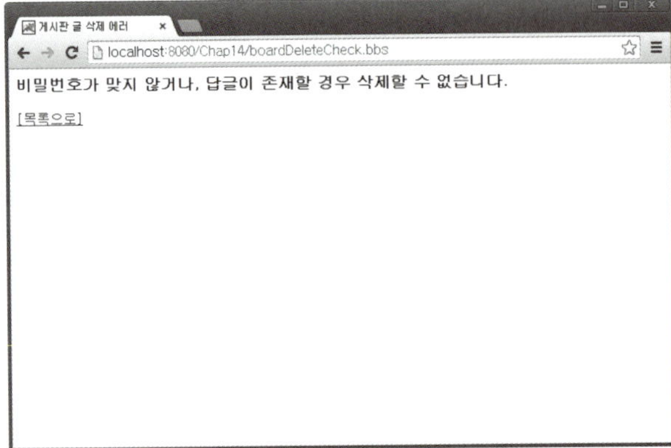

▲ 답글이 달린 글은 삭제가 불가능하다.

7번 글과 같이 답글이 없는 글의 경우 비밀번호만 맞게 입력한다면 삭제가 가능하다. 다음은 답글이 존재하지 않는 6번의 답글이었던 7번 답글을 삭제한 후의 화면이다.

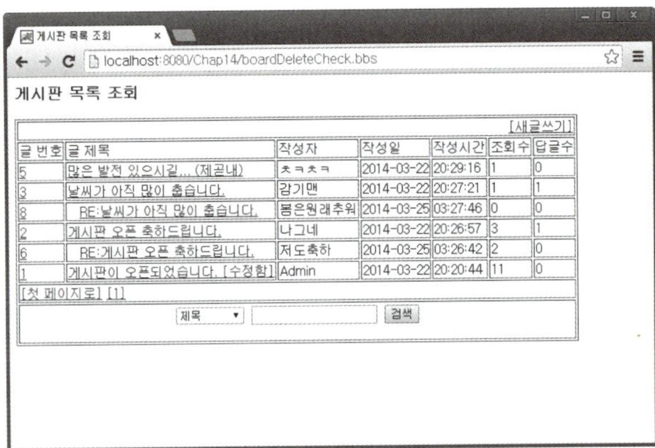

글 번호	글 제목	작성자	작성일	작성시간	조회수	답글수
5	많은 발전 있으시길... (제곧내)	ㅊㅋㅊㅋ	2014-03-22	20:29:16	1	0
3	날씨가 아직 많이 춥습니다.	감기맨	2014-03-22	20:27:21	1	1
8	RE:날씨가 아직 많이 춥습니다.	봄은원래추워	2014-03-25	03:27:46	0	0
2	게시판 오픈 축하드립니다.	나그네	2014-03-22	20:26:57	3	1
6	RE:게시판 오픈 축하드립니다.	저도축하	2014-03-25	03:26:42	2	0
1	게시판이 오픈되었습니다. [수정함]	Admin	2014-03-22	20:20:44	11	0

▲ 답글이 없는 글은 삭제가 가능하다.

지금까지 Model2 방식의 게시판을 설계하고 구현해 보았다. 이번 장에서 구현하고 있는 게시판은 디자인 측면뿐만 아니라 보안성, 기능의 안전성, 효율성면에서 볼 때 실무에서 사용하기에는 다소 부족함이 있는 예제이지만, 이번 장에서 다룬 게시판 작업까지 구현해 보았다면 지금까지 살펴보았던 서블릿과 JSP를 이용한 웹 애플리케이션의 구성과 구현 방법 학습에 많은 도움이 되었으리라 생각한다.

CHAPTER 14

Level Up! Coding

01 **이번 장에서 완성한 게시판에 회원가입 및 로그인 기능을 추가한다. 회원가입 및 로그인에 사용될 데이터는 10장(데이터베이스 프로그래밍) 연습문제에서 사용한 Member 테이블을 활용하고, 아래 상세 기능을 만족하도록 제작한다.**

로그인 화면에서 Member 테이블에 존재하지 않는 ID 및 비밀번호를 입력하여 [로그인] 버튼을 클릭하면 아이디와 비밀번호가 일치하지 않음을 알리고 다시 로그인 요청 화면을 출력한다. [회원가입]을 누를 경우 회원가입 화면으로 이동하여 회원가입 절차를 거친다. 이렇게 등록된 아이디는 로그인이 가능하며, 로그인 이후 로그아웃 기능도 함께 구현하여 아이디 저장 기능도 제작하도록 한다. 이에 추가로 로그인 없이 게시판 열람이 가능한 [손님입장]을 제작하여, 회원 아이디가 없어도 게시판에 접근할 수 있도록 구현한다.

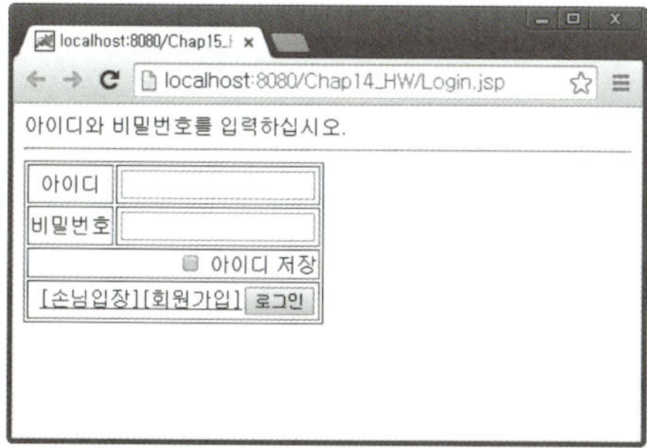

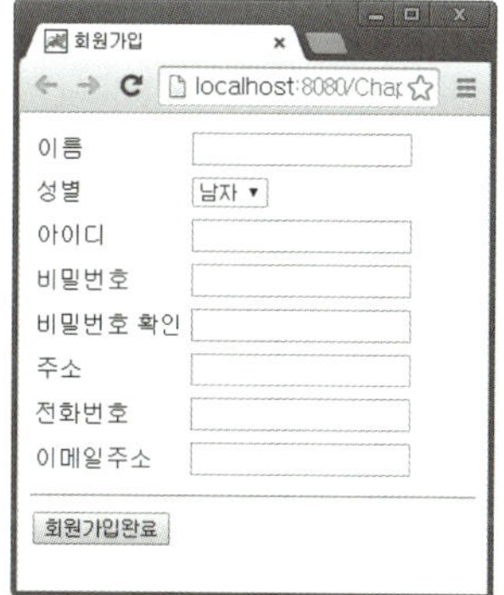

아이디와 비밀번호가 정상적으로 입력되어 로그인이 되거나 손님으로 입장할 경우 게시판 목록 화면으로 이동하며, 이때 게시판의 각 화면 상단에 로그인했을 경우 회원 아이디를 명시하고 로그인했음을 알린다. 손님으로 입장했을 경우 "손님"으로 입장했음을 알리도록 한다. 로그인 메시지 옆에는 로그인 상태에 따라 [로그아웃], [로그인]을 구현한다.

아래 그림처럼 손님으로 게시판에 접속할 경우 글의 열람 및 검색만 가능하며, 게시판에 새글 쓰기, 글의 답변, 글의 수정, 글의 삭제 기능은 사용할 수 없도록 한다.

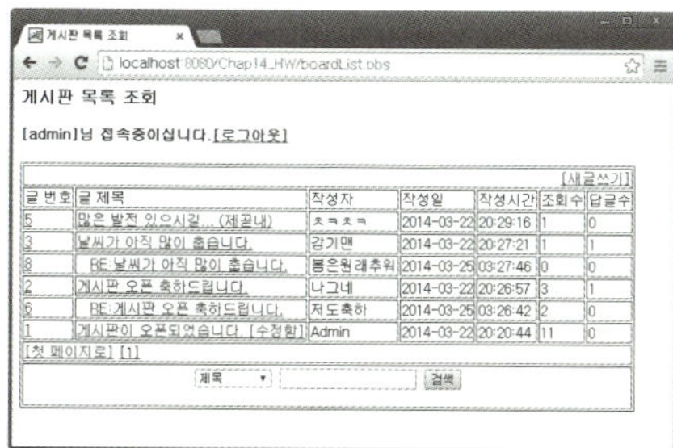

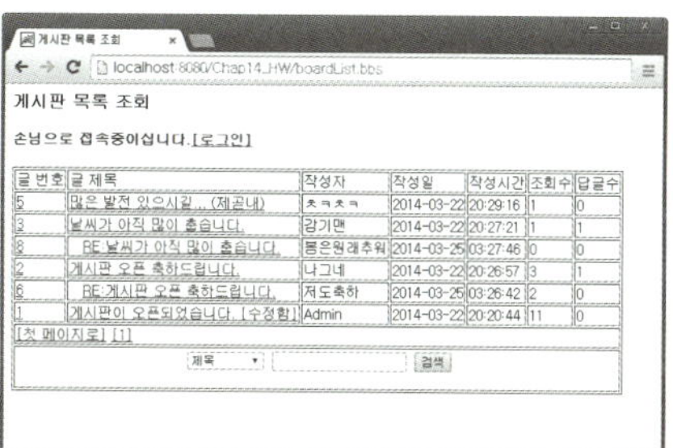

▲ 로그인하지 않을 경우 게시판 일부 기능 사용 불가

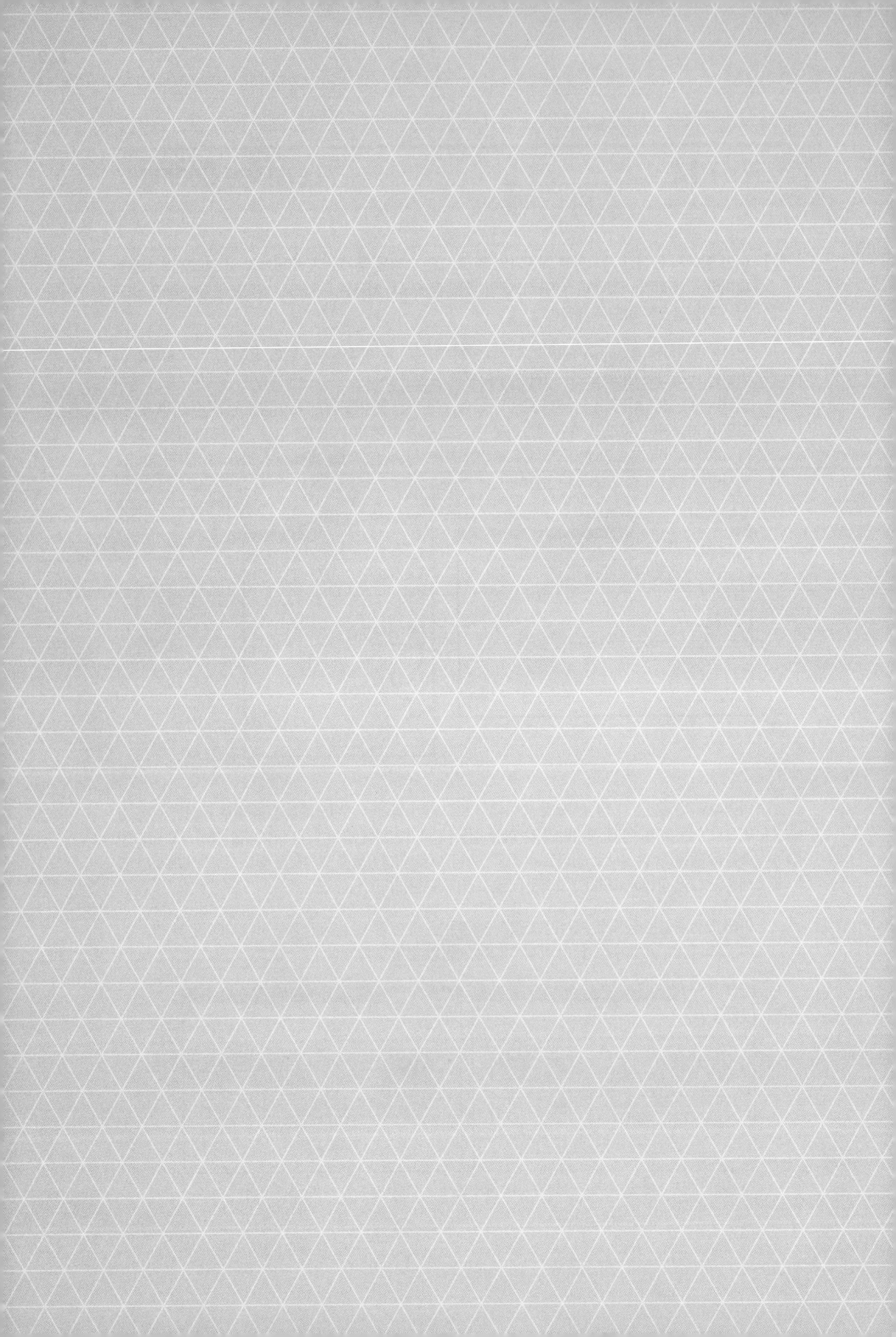

Appendix

어노테이션과 파일 업로드

부록 파트에서는 서블릿 3.0부터 사용하는 어노테이션과 파일 업로드 기능 구현을 간략히 소개한다.

01 APPENDIX

어노테이션

어노테이션은 Java 5 버전부터 지원되는 기술이다. web.xml 파일과 같은 기존의 설정 파일을 사용하지 않고 환경 설정 및 필요 정보를 Java 소스 코드에 직접 지정하는 기술로 '@'로 시작된다. 부록 01에서는 Servlet 3.0에서 사용할 수 있는 javax.sevlet.annotation 패키지 내 어노테이션 타입들을 소개하도록 하겠다.

01 | HandlesTypes

HandlesTypes 어노테이션은 javax.servlet.ServletContainerInitializer의 처리 타입을 value 속성에 클래스 타입으로 지정한다. 아래는 HandlesTypes 어노테이션을 이용하여 서블릿 컨테이너가 초기화될 때 처리할 클래스를 명시하는 예제 코드이다.

```
@HandlesTypes({ javax.servlet.Filter.class, SomeServlet.class })
public class SomeInitializer implements ServletContainerInitializer {
...
}
```

위 코드에서 알 수 있듯이 처리 클래스 타입은 복수 지정이 가능하며 클래스 상단에 '@'를 사용하여 기술한다.

02 | HttpConstraint

HttpConstraint 어노테이션은 HttpMethodConstraint에 지정되지 않은 모든 HTTP 프로토콜 메서드에 적용할 보안 제약 조건을 지정하기 위해 사용하며 ServletSecurity 어노테이션 내부에서 사용된다. HttpConstraint 어노테이션에서 지정할 수 있는 속성은 다음과 같다.

속성	설명
rolesAllowed	인증된 역할의 이름을 String 배열로 지정
transportGuarantee	데이터 보호 요구 사항을 지정
value	rolesAllowed 속성을 지정하지 않았을 경우 접근의 허용 여부를 지정

따라서 특정 서블릿에 'admin' 등급의 사용자만이 접근가능하게 할 경우 아래와 같이 지정할 수 있다.

```
@ServletSecurity(@HttpConstraint(rolesAllowed = "admin"))
public class SomeServlet extends HttpServlet {
...
}
```

03 | HttpMethodConstraint

HttpMethodConstraint 어노테이션은 특정 HTTP 메서드에 적용될 보안 제약 조건을 지정하기 위해 사용한다. HttpConstraint 어노테이션과 마찬가지로 ServletSecurity 어노테이션 내부에서 사용하며 속성은 아래와 같다.

속성	설명
value	필수 속성으로 보안 제약 조건이 적용될 HTTP 프로토콜 메서드를 지정
emptyRoleSemantic	rolesAllowed 속성을 지정하지 않았을 경우 기본 권한을 지정
rolesAllowed	인증된 역할의 이름을 String 배열로 지정
transportGuarantee	데이터 보호 요구 사항을 지정

만약 특정 서블릿이 HTTP GET 메서드 요청 시에는 모든 사용자가 접근 가능하고, 다른 HTTP 메서드 요청 시에는 'admin' 등급의 사용자만이 접근 가능할 경우 아래와 같이 지정할 수 있다.

```
@ServletSecurity(
  value = @HttpConstraint(rolesAllowed = "admin"),
  httpMethodConstraints = { @HttpMethodConstraint("GET") }
)
public class SomeServlet extends HttpServlet {
...
}
```

04 | MultipartConfig

MultipartConfig 어노테이션은 현재 서블릿이 multipart/form-data MIME 타입을 처리할 수 있음을 명시하여 파일 업로드 기능 구현이 가능하다. MultipartConfig 어노테이션의 속성은 아래와 같으며 모두 생략 가능하다.

속성	설명
fileSizeThreshold	업로드 파일 크기가 이 속성의 값보다 클 경우 location 디렉터리에 임시 파일을 생성하고 이 속성의 값보다 작을 경우 메모리에 파일을 저장
location	업로드될 파일의 임시 저장 경로 지정
maxFileSize	파일 업로드 최대 용량 지정. 기본값은 -1이며 업로드 크기 제한을 두지 않음을 의미
maxRequestSize	HTTP 요청 최대 크기 지정. 기본값은 -1이며 요청 크기 제한을 두지 않음을 의미

만약 현재 서블릿에서 파일 업로드 기능 구현 시 3Kb 이하 크기의 파일만 업로드하게 할 경우 아래와 같이 작성할 수 있다.

```
@MultipartConfig( maxFileSize = 3072L )
public class SomeServlet extends HttpServlet {
...
}
```

서블릿 3.0부터 제공되는 MultipartConfig 어노테이션을 이용하면 파일 업로드 기능을 구현할 수 있으나 그 구현이 다소 복잡한 편이므로 이 책에서는 부록 02에서 외부 라이브러리를 이용한 파일 업로드 기능만을 소개하겠다.

05 | ServletSecurity

ServletSecurity 어노테이션은 서블릿 클래스의 보안 제약 조건을 지정하기 위해 사용하며 속성은 아래와 같다.

속성	설명
httpMethodConstraints	HTTP 메서드별 제약 조건 지정을 위한 HttpMethodConstraint 타입 배열 지정
value	HttpMethodConstraint로 지정하지 않은 HTTP 메서드에 적용할 제약 조건을 지정할 HttpConstraint 어노테이션을 지정

06 | WebFilter

WebFilter 어노테이션은 웹 클라이언트와 실제 서블릿과 같은 최종 자원 사이에 위치하여 요청 및 응답 결과를 변경하기 위해 사용하는 서블릿 필터 클래스에 명시한다. WebFilter 어노테이션의 속성은 아래와 같으며 모두 생략 가능하다.

속성	설명
asyncSupported	비동기 작동 모드 지원 여부 지정
description	필터의 설명 지정
dispatcherTypes	필터가 적용될 DispatcherType 배열 지정
displayName	표시명 지정
filterName	필터의 이름
initParams	필터의 초기화 변수 지정
largeIcon	필터의 큰 아이콘 지정
servletNames	필터가 적용될 서블릿 이름 지정
smallIcon	필터의 작은 아이콘 지정
urlPatterns	필터가 적용될 URL 패턴 지정
value	필터가 적용될 값 지정

07 | WebInitParam

WebInitParam 어노테이션은 서블릿 및 필터 클래스에 초기화 파라미터를 전달하기 위해 사용하며 속성은 아래와 같다. name 및 value 속성은 필수 속성이다.

속성	설명
description	초기화 파라미터의 설명
name	초기화 파라미터의 이름
value	초기화 파라미터의 값

08 | WebListener

WebListener 어노테이션은 웹 애플리케이션 시작 종료 시 특정 클래스의 메서드를 실행하기 위해 제작하는 리스너 클래스임을 명시하기 위한 어노테이션이다. WebListener 어노테이션은 리스터 클래스에 대한 설명을 지정하기 위한 value 속성을 가지고 있으며 생략 가능하다.

09 WebServlet

WebServlet 어노테이션은 서블릿 매핑에 사용되며 다음과 같은 속성을 가진다.

속성	설명
asyncSupported	비동기 작동 모드 지원 여부 지정
description	서블릿의 설명 지정
displayName	표시명 지정
initParams	초기화 파라미터 지정
largeIcon	서블릿의 큰 아이콘 지정
loadOnStartup	여러 개 서블릿이 실행되는 애플리케이션일 경우 로딩 순서 지정
name	이름 지정
smallIcon	서블릿의 작은 아이콘 지정
urlPatterns	서블릿 호출 시 사용될 URL 패턴 지정
value	서블릿 호출 시 사용될 값 지정

02 APPENDIX

파일 업로드

파일 업로드 기능은 웹 브라우저를 통해 특정 파일을 선택하여 웹 서버 측으로 파일을 전송하기 위해 사용하며, 이미지 등록, 첨부 파일 처리 등 다양한 웹 서비스에 활용된다. 부록 02에서는 파일 업로드 기능의 파일 전송 방식에 대해 알아본 후 파일 업로드 기능 구현 시 자주 사용되는 라이브러리와 사용법을 소개한다.

01 | 파일 업로드 개요

파일 업로드는 〈form〉 태그를 통해 파라미터를 전송하는 것과 같다. 파일 데이터를 웹 서버에 전달하는 방식 중 HTTP 프로토콜을 사용한 데이터 전송 방식은 앞서 살펴보았듯이 GET 방식과 POST 방식이 있으며, POST 방식은 전송하려는 데이터의 형식에 따라 두 가지 인코딩 방식을 사용할 수 있다.

1.1 POST 방식의 인코딩

POST 방식의 경우 전송할 데이터의 인코딩 방식을 지정하여 서버에 데이터를 전송하게 되는데 POST 방식에서 사용되는 인코딩 방식은 일반적으로 아래 두 가지 방법을 사용하며, 〈form〉 태그 내 enctype 속성의 값으로 지정한다.

- application/x-www-form-urlencoded (기본)
- multipart/form-data

만약 지금까지 구현해왔던 예제들과 같이 enctype 속성을 지정해주지 않을 경우 "application/x-www-form-urlencoded" 인코딩 방식이 자동으로 사용된다.

```
<form action="actionPage" method="post" enctype="application/x-www-form-urlencoded"> …</form>
```

그러나 전송할 데이터의 형식이 단순 문자열이 아닌 파일일 경우 아래와 같이 enctype 속성을 "multipart/form-data"로 인코딩 방식을 지정해주어야 한다.

```
<form action="actionPage" method="post" enctype="multipart/form-data"> ...
</form>
```

1.2 POST 방식의 인코딩 방식에 따른 데이터 전송

이제 POST 방식이 지정한 인코딩 방식에 따라 데이터가 서버로 어떻게 전송되는지 살펴보도록 하자. 〈form〉 태그 POST 방식의 인코딩 방식을 각각 "application/x-www-form-urlencoded", "multipart/form-data"로 지정한 두 개의 JSP 페이지를 제작하고, 두 페이지 모두 동일한 페이지로 파일 데이터를 전송하도록 하겠다.

우선 "application/x-www-form-urlencoded" 인코딩 방식을 사용한 JSP 페이지를 구현해보도록 하자. 업로드할 파일을 지정하기 위해 〈input〉 태그의 type 속성을 "file"로 지정하고, action 페이지는 uploadResult.jsp로 지정하도록 한다.

SOURCE CODE : postEncoding1.jsp

```
<%@ page language="java" contentType="text/html; charset=utf-8" %>

<html>
    <head>
        <title>application/x-www-form-urlencoded</title>
    </head>
    <body>
        <h3>application/x-www-form-urlencoded 방식</h3>
        <form action="uploadResult.jsp" enctype="application/x-www-form-
        urlencoded" method="post">
            temp : <input type="text" name="temp"><br/>
            file : <input type="file" name="file"><br/>
            <input type="submit" value="전송">
        </form>
    </body>
</html>
```

다음 아래 postEncoding2.jsp 페이지를 "multipart/form-data" 인코딩 방식을 통해 파일을 전송하도록 구현한다. 이번 페이지 역시 action 페이지를 uploadResult.jsp 페이지로 지정하도록 하겠다.

SOURCE CODE : postEncoding2.jsp

```
<%@ page language="java" contentType="text/html; charset=utf-8" %>

<html>
    <head>
        <title>multipart/form-data</title>
    </head>
    <body>
        <h3>multipart/form-data 방식</h3>
        <form action="uploadResult.jsp" enctype="multipart/form-data"
        method="post">
            temp : <input type="text" name="temp"><br/>
            file : <input type="file" name="file"><br/>
            <input type="submit" value="전송">
        </form>
    </body>
</html>
```

마지막으로 위에서 제작한 두 페이지로부터 파일을 전송받아 해당 내용을 웹 페이지에 출력하는 uploadResult.jsp 페이지를 제작하도록 하자. uploadResult.jsp 페이지는 전달받은 데이터의 인코딩 방식에 따른 비교를 위해 제작하므로, request 내장객체의 getInputStream( ) 메서드를 통해 ServletInputStream 타입의 변수를 선언하고, 파일의 내용을 출력하도록 한다.

SOURCE CODE : uploadResult.jsp

```
<%@ page language="java" contentType="text/html; charset=utf-8" %>
<%@ page import="java.io.IOException" %>

<html>
    <head>
        <title>전송 결과 출력</title>
    </head>
    <body>
        <h3>전송 결과 출력</h3>
```

```
        <%
            out.println(request.getContentType() + "<hr/>");
            ServletInputStream sis = null;
            int i =0;
            try{
                sis = request.getInputStream();
                int data;
                while ( ( data = sis.read() ) != - 1 ){
                    out.print((char)data);
                }

            } finally {
                if ( sis != null )
                    try {
                        sis.close();
                    }catch(IOException ex){}
            }
        %>
    </body>
</html>
```

먼저 postEncoding1.jsp 페이지를 호출하도록 하자. temp 난에는 임의의 문자열을 넣고, 아래 [파일 선택] 버튼을 눌러 TestImg.jpg 파일을 선택한 후 [전송] 버튼을 클릭한다.

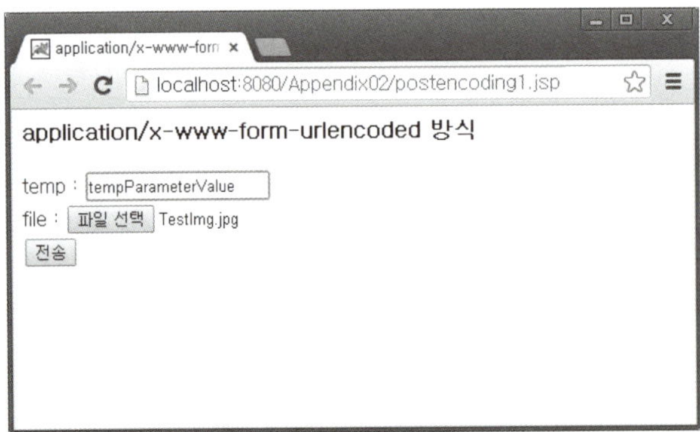

▲ application/x-www-form-urlencoded 방식을 이용한 파일 전송

"application/x-www-form-urlencoded" 방식이 사용된 데이터는 파일 선택보다 먼저 지정된 temp 파라미터의 값을 출력하고, 이후 업로드된 파일의 이름만 출력됨을 알 수 있다.

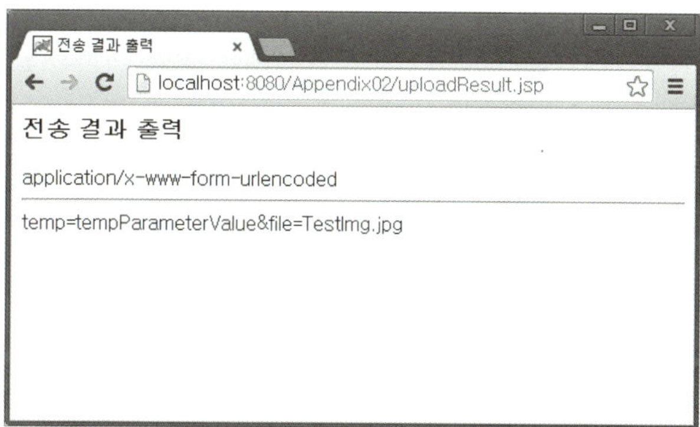

▲ application/x-www-form-urlencoded 방식을 이용한 파일 전송 결과

이번에는 "multipart/form-data" 인코딩 방식을 사용한 postEncoding2.jsp 페이지를 호출하여 동일한 TestImg.jpg 파일을 전송한 결과를 살펴보도록 하자. 앞서 postEncoding1.jsp 페이지와 마찬가지로 temp 난에 문자열 데이터를 입력하고 [파일 선택]을 통해 TestImg.jpg 파일을 선택한 후 [전송] 버튼을 클릭하도록 하자.

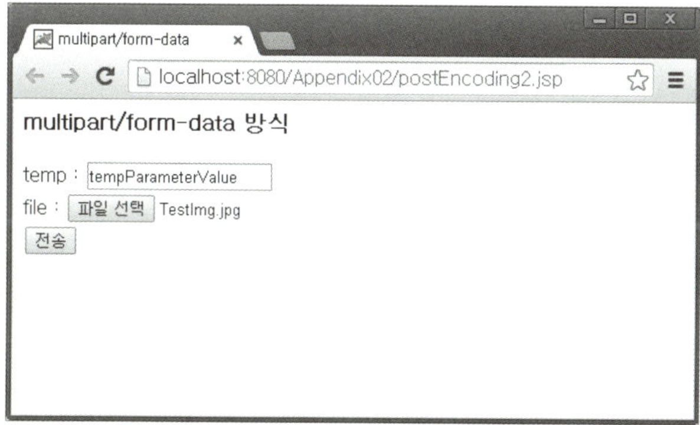

▲ multipart/form-data 방식을 이용한 파일 전송

postEncoding2.jsp 페이지를 통해 파일을 전송할 경우, 다음과 같이 application/x-www-form-urlencoded 방식을 사용했을 때보다 많은 양의 데이터가 출력됨을 확인할 수 있다. 이는 전송한 파일의 이름과 파일에 포함된 내용이 동시에 전송되어 출력되었기 때문이다.

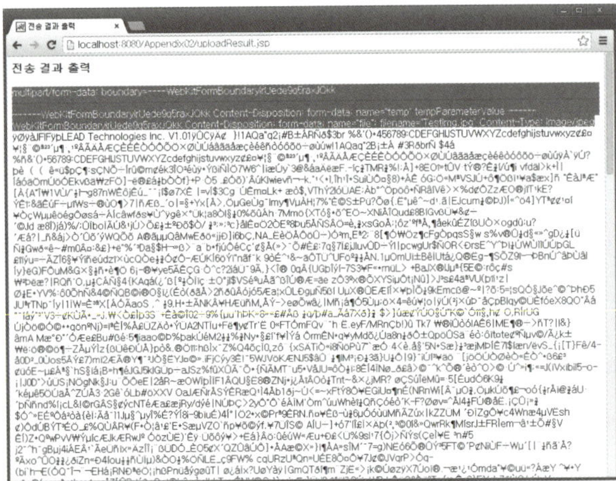
▲ multipart/form-data 방식을 이용한 파일 전송 결과

실제 출력된 결과의 내용은 아래와 같이 전송된 여러 파라미터들과 그에 해당하는 값, 그리고 실제 파일의 내용이 포함된다.

- 최초 출력되는 boundary는 request 내장객체의 getContentType( ) 메서드의 결과로 각 데이터를 분류하기 위한 구분 문자열을 의미한다. 파라미터는 boundary에 지정된 특정 문자열로 구분되며 임의 생성된다.
- Content-Disposition은 전송 파라미터의 이름을 출력하고 "이름=값" 형태로 데이터를 나타낸다(업로드 지정한 파일의 경로명은 filename으로 나타난다).
- Content-Type에는 우리가 전달한 데이터의 타입을 나타낸다(우리가 전송한 데이터는 이미지이므로 image-jpeg 방식으로 표현된다).
- 실제 파일 내부의 내용이 전송된다.

위와 같이 전송된 파일의 내용을 통해 웹 서버에 동일한 파일을 처리하기 위해서는 위 예제에서 사용된 InputStream을 사용하여 파일 내용에 해당하는 부분을 웹 서버에 저장시키는 과정을 거쳐야 한다. 여기서는 이러한 파일 업로드 과정에 필요한 기능을 일반적으로 많이 사용되는 Oreilly에서 제공하는 cos 라이브러리와 Apache에서 제공하는 FileUpload API를 사용하는 두 가지 방법으로 구현해볼 것이다.

02 | cos 라이브러리를 이용한 파일 업로드 구현

앞서 살펴본 파일 전송 인코딩 방식인 multipart/form-data 방식을 이용한 파일 업로드 기능을 cos 라이브러리를 사용하여 구현해보도록 하자. cos 라이브러리는 '빨간책 시리즈'로 유명한 Oreilly 사에서 개발한 컴포넌트로, 앞서 설명한 파일 업로드의 원리를 구현한 라이브러리를 제공하고 있으며 많은 프로그래머들이 활용하고 있다.

2.1 cos 라이브러리 다운로드 및 설치

cos 라이브러리는 http://www.servlets.com에서 다운로드 받을 수 있다. 좌측 메뉴에서 [com.oreilly.servlet]을 클릭하자.

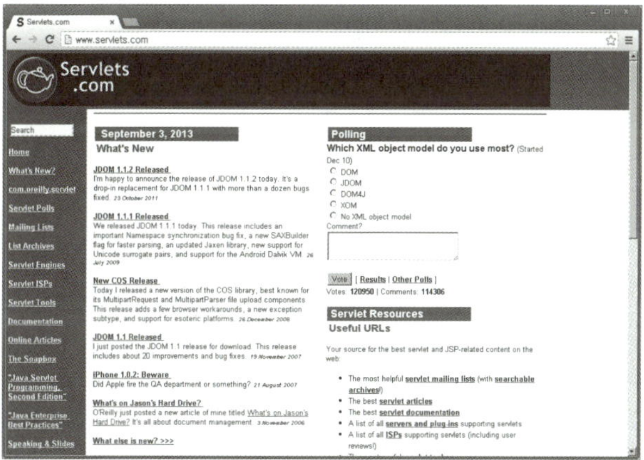

▲ http://www.servlets.com

페이지 하단에서 현재 최신 버전인 cos-26Dec2008.zip를 다운로드 받는다.

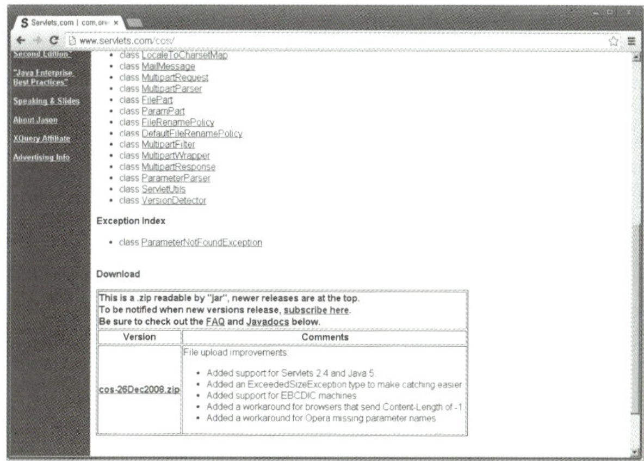

▲ com.oreilly.servlet

다운로드 받은 압축 파일을 해제하면 lib 폴더에서 cos.jar 파일을 찾을 수 있다. 이 파일이 cos 라이브러리가 묶인 jar 파일이다.

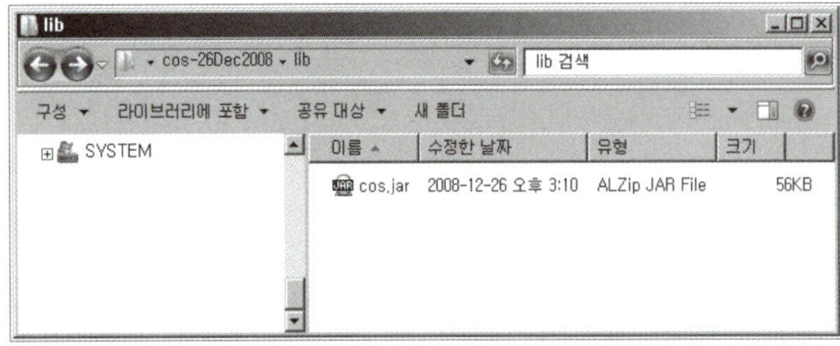

▲ cos.jar

이 파일을 이번 장의 예제로 사용할 웹 프로젝트 내 WebContentINF 폴더에 복사하면 사용 준비가 완료된다.

2.2 파일 업로드 구현

앞서 설치한 cos 라이브러리를 통해 파일 업로드를 구현해보도록 하자. cos 라이브러리에는 파일 업로드 처리를 담당하는 MultipartRequest 클래스를 비롯한 다양한 기능들을 위한 클래스들을 제공하고 있다.

먼저 파일이 업로드될 "FileUpload" 폴더를 WebContent에 생성한 후 업로드할 파일을 선택할 〈form〉 태그를 포함한 JSP 페이지를 제작해보도록 하자. fileSelectCos.jsp 페이지는 앞서 파일 전송 인코딩 방식을 살펴보기 위해 사용했던 예제와 크게 다르지 않으며 아래와 같이 구현한다.

SOURCE CODE : fileSelectCos.jsp

```
<%@ page language="java" contentType="text/html; charset=utf-8" %>

<html>
    <head>
        <title>cos 라이브러리를 이용한 파일 업로드 구현</title>
    </head>
    <body>
        <h3>cos 라이브러리를 이용한 파일 업로드 구현</h3>
        <form action="fileUploadCos.jsp" enctype="multipart/form-data"
        method="post">
            올린이 : <input type="text" name="name"><br/>
            파일명 : <input type="file" name="fileName"><br/>
            <input type="submit" value="전송">
        </form>
    </body>
</html>
```

이제 fileSelectCos.jsp 페이지를 통해 전송받은 파일을 웹 서버에 업로드하기 위해 fileUploadCos.jsp 페이지를 제작해보도록 하자. cos.jar 라이브러리에서 MultipartRequest 클래스는 파일 업로드에 관련된 핵심 기능을 제공하는 클래스로, 이번 예제에서 사용할 MultipartRequest 클래스의 생성자에 사용되는 입력 파라미터 및 제공되는 메서드들은 아래 표를 참조하길 바란다.

파라미터 변수명	데이터 타입	설명
request	HttpServletRequest	MultipartRequest에 전달될 request 객체를 의미
saveDirectory	String	전송된 파일이 저장될 서버의 위치
maxPostSize	int	업로드 파일의 최대 크기를 지정
encoding	String	업로드 파일의 인코딩 방식을 지정
policy	FileRenamePolicy	파일명 중복 처리 정책 지정

메서드명	리턴 타입	설명
getContentType(String name)	String	업로드 파일의 콘텐트 타입을 반환
getFile(String name)	File	업로드 파일 객체 반환
getFileNames( )	Enumeration	업로드된 파일이 여러 개일 때 name 속성이 file인 파라미터들의 이름들을 반환
getFilesystemName (String name)	String	서버에 업로드된 파일명 반환
getOriginalFileName (String name)	String	클라이언트가 업로드한 원본 파일명 반환
getParameter(String name)	String	request 객체의 파라미터값 반환
getParameterNames( )	Enumeration	name 속성이 file이 아닌 파라미터들의 이름들을 반환
getParameterValues (String name)	String[ ]	전송된 파라미터 값들을 배열로 반환

fileUploadCos.jsp 페이지는 전송된 파일의 저장 위치(saveDirectory) 및 최대 업로드 파일의 크기(maxPostSize), 파일의 인코딩 방식(encoding), 파일명의 중복 처리 정책(policy)을 통해 인스턴스를 생성한다. MultipartRequest 클래스에서 제공하는 getFile 메서드를 사용하여 File 타입의 인스턴스를 획득하고 업로드된 파일의 정보를 출력할 것이다.

SOURCE CODE : fileUploadCos.jsp

```
<%@ page language="java" contentType="text/html; charset=utf-8" %>
<%@ page import="com.oreilly.servlet.MultipartRequest" %>
<%@ page import="com.oreilly.servlet.multipart.FileRenamePolicy" %>
<%@ page import="com.oreilly.servlet.multipart.DefaultFileRenamePolicy"
%>
<%@ page import="java.io.File" %>

<html>
   <head>
      <title>cos 라이브러리를 이용한 파일 업로드 구현</title>
   </head>
   <body>
      <h3>cos 라이브러리를 이용한 파일 업로드 구현</h3>

      <%
         String saveDirectory = application.getRealPath("/FileUpload");
         int maxPostSize = 10 * 1024 * 1024;
         String encoding = "utf-8";
         FileRenamePolicy policy = new DefaultFileRenamePolicy();

         String fileName = "fileName";

         MultipartRequest multipartRequest = new MultipartRequest(request,
         saveDirectory, maxPostSize, encoding, policy);
         File file = multipartRequest.getFile(fileName);

         fileName = file.getName();
         long fileSize = file.length();

         if(fileName == null){
            out.println("파일 업로드 실패");
         }else{
      %>
         <table border="1">
            <tr>
               <td>올린이</td>
               <td><%=multipartRequest.getParameter("name")%></td>
            </tr>
            <tr>
               <td>저장 디렉터리</td>
               <td><%=saveDirectory %></td>
```

```
            </tr>
            <tr>
               <td>파일명</td>
               <td width="10"><%=file.getName()%></td>
            </tr>
            <tr>
               <td>파일길이</td>
               <td><%=file.length()%></td>
            </tr>
         </table>
      <%
         }
      %>
   </body>
</html>
```

TIP

cos.jar 라이브러리의 사용 방법

cos.jar 라이브러리는 서블릿, JSP의 공식 사용법이 아닌 Third-party 제공 라이브러리이므로 라이브러리를 구성하는 여러 클래스나 메서드에 관한 자세한 사용 방법을 이 책에서는 모두 다루지 않을 것이다. 자세한 사용 방법은 http://www.servlets.com/cos/javadoc의 cos.jar 라이브러리 API 문서를 참조하길 바란다.

이제 fileSelectCos.jsp 페이지를 호출하여 파일을 업로드해보도록 하자. 아래와 같이 호출된 페이지에서 올린이의 이름을 입력하고 [파일 선택] 버튼을 클릭하여 전송할 파일을 선택한 후 [전송] 버튼을 클릭하자.

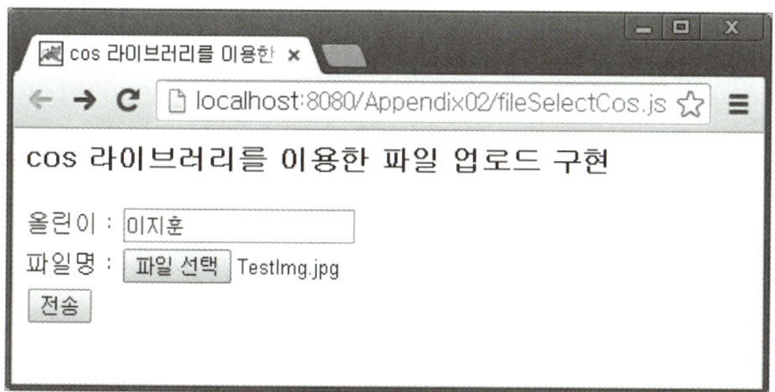

▲ 전송할 파일 선택

전송이 완료되면 파일 업로드 관련 내역이 출력된다. 다음 결과는 이클립스에 연동된 톰캣을 통해 실행하여 파일 저장 디렉터리가 이클립스 내부에서 지정된 디렉터리 구조를 가진다.

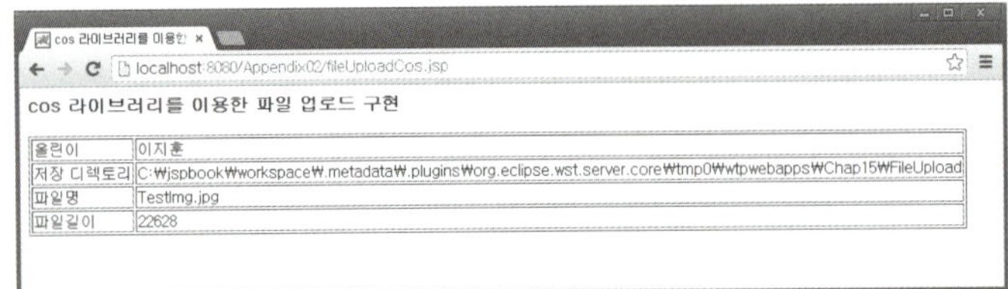

▲ 이클립스 환경에서의 실행 결과

만약 본래 톰캣 디렉터리의 webapps 디렉터리에 웹 애플리케이션 디렉터리를 직접 생성하고 톰캣을 직접 구동하여 페이지를 실행했을 경우 아래와 같이 파일의 경로가 지정되어 파일이 업로드될 것이다.

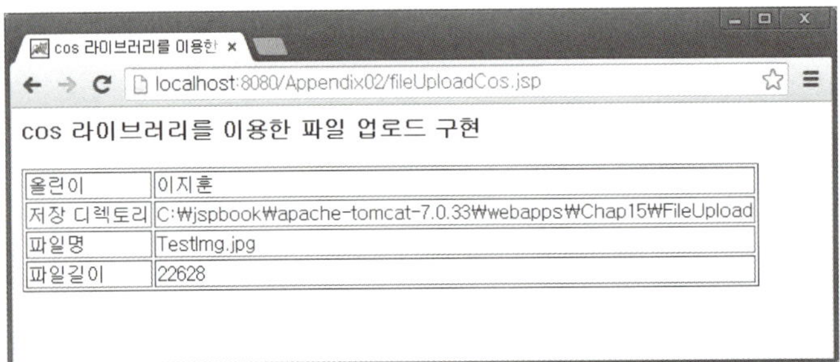

▲ 톰캣에 직접 웹 애플리케이션을 생성하여 실행한 결과

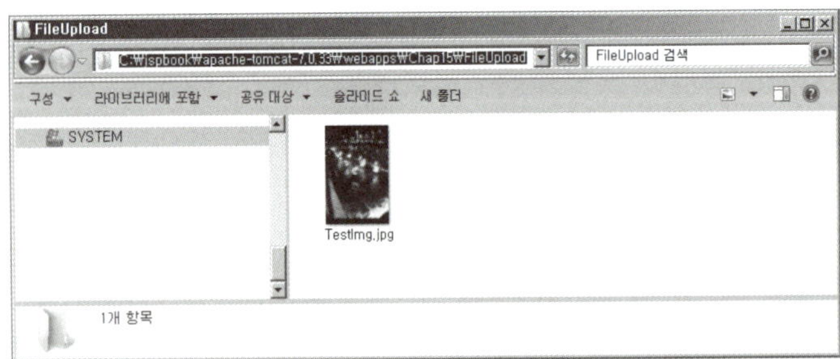

▲ 파일 업로드 완료

03 | FileUpload API를 이용한 파일 업로드 구현

이번에는 cos 라이브러리 못지않게 파일 업로드 기능 구현 시 자주 활용되는 아파치의 FileUpload API를 이용해보도록 하자. 아파치의 오픈 소스 프로젝트인 자카르타 프로젝트는 종료되었지만, FileUpload는 최근까지 꾸준히 업데이트되고 있으며, 다양한 기능 구현이 가능하여 많이 활용되는 라이브러리이다.

3.1 FileUpload API 다운로드 및 설치

FileUploadAPI를 다운로드 하기 위해서 http://jakarta.apache.org에 접속한다. 사이트에 접속하면 좌측 Ex-Jakarta 메뉴에서 [Commons]를 클릭한다.

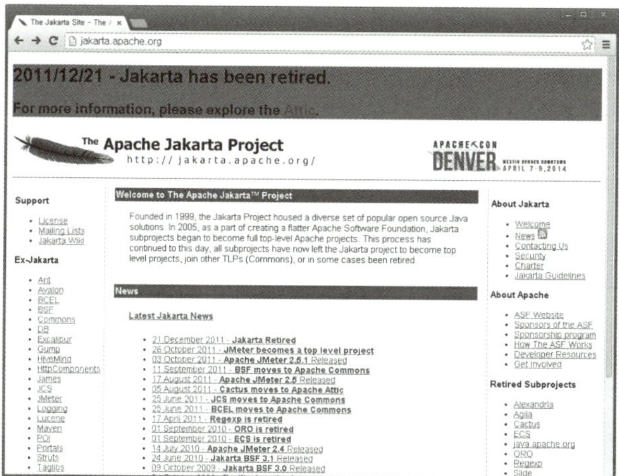

아래와 같이 [Apache Commons] 페이지가 출력되면 화면을 조금 내려 [FileUpload]를 클릭한다. 이 책이 집필되고 있는 시점에서는 FileUpload의 가장 최근 버전은 2014년 02월 07일에 릴리즈된 1.3.1 버전이다.

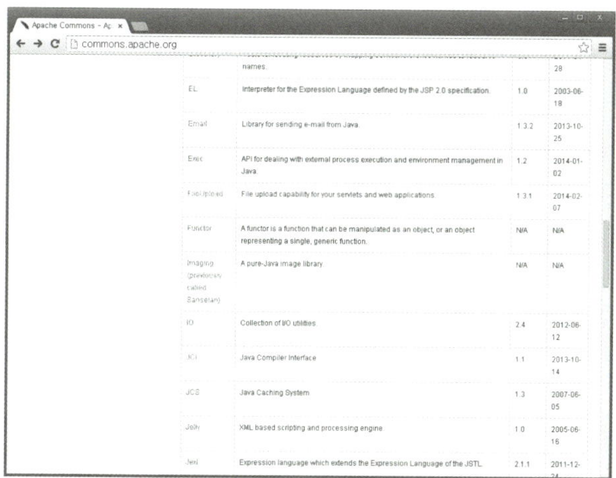

화면을 약간 내려 Downloading 메뉴의 Full Releases 1.3.1의 [here] 링크를 클릭하자.

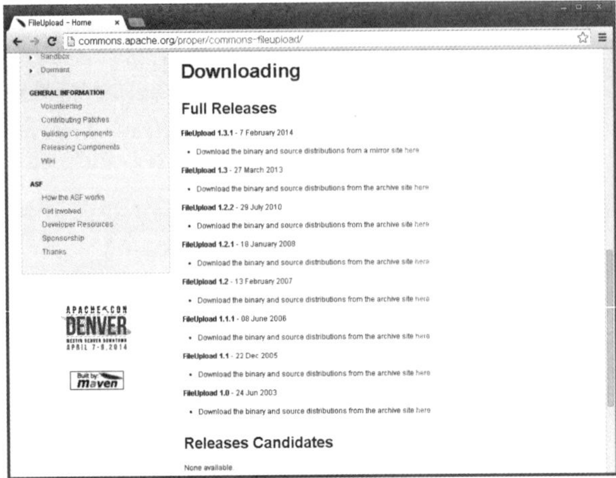

이제 Binaries 메뉴에 commons-fileupload-1.3.1-bin.zip 파일을 다운로드 받도록 하자.

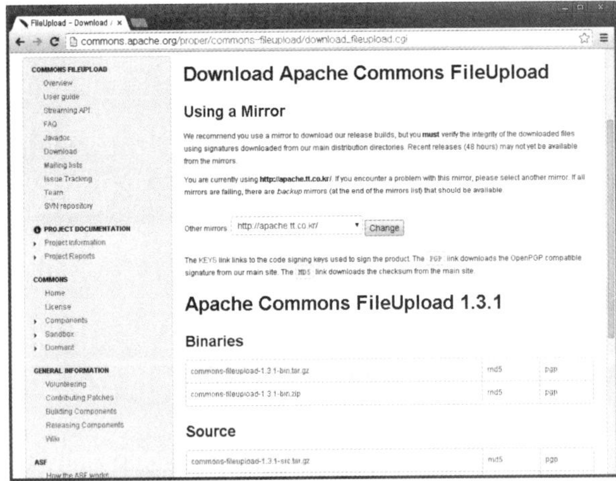

다운로드 받은 압축 파일을 풀면 lib 폴더에 commons-fileupload-1.3.1.jar 파일이 생성되는데, 이것이 우리가 사용할 파일이다. 이 파일을 이클립스에 생성한 다이나믹 웹 프로젝트 내 WebContentINF 폴더에 cos.jar 라이브러리와 마찬가지로 복사하도록 한다.

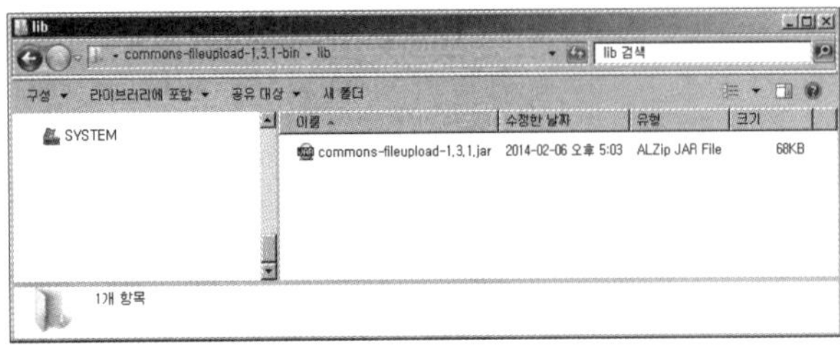

FileUpload API는 아파치에서 제공하는 IO API를 사용하고 있으므로, IO API도 설치가 필요하다. 다운로드 받을 웹 사이트는 동일하며, 진행은 [Jakarta]-[Commons]-[IO]-[IO 2.4]-[commons-io-2.4-bin.zip] 순서로 진행하여 다운로드 받는다. 압축을 풀고 commons-io-2.4.jar 파일을 WEB-INB\lib\ 폴더에 복사하여 설치를 완료하도록 하자.

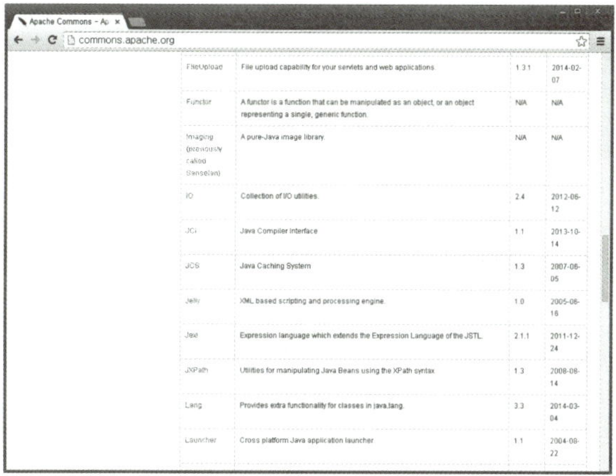

3.2 파일 업로드 구현

이제 FileUpload API를 이용하여 파일 업로드 기능을 구현해보도록 하자. 먼저 아래와 같이 fileSelectApache.jsp 페이지를 업로드할 사용자의 이름과 업로드할 파일을 지정하도록 구현한다.

SOURCE CODE : fileSelectApache.jsp

```
<%@ page language="java" contentType="text/html; charset=utf-8" %>

<html>
    <head>
        <title>Apache FileUpload API를 이용한 파일 업로드 구현</title>
    </head>
    <body>
        <h3>Apache FileUpload API를 이용한 파일 업로드 구현</h3>
        <form  action="fileUploadApache.jsp" enctype="multipart/form-data"
        method="post">
            올린이 : <input type="text" name="name"><br/>
            파일명 : <input type="file" name="fileName"><br/>
            <input type="submit" value="전송">
        </form>
    </body>
</html>
```

다음으로 fileSelectApache.jsp 페이지를 통해 전송된 파일을 Apache FileUpload API를 사용하여 웹 서버에 업로드해줄 fileUploadApache.jsp 페이지를 제작하도록 한다. Apache FileUpload API의 경우 cos.jar 라이브러리에 비해 다소 복잡한 코드가 사용되며, 아래 클래스들을 import해주어야 한다.

Apache FileUpload API 필요 클래스	설명
org.apache.commons.fileupload.FileItem	multipart/form-data로 전송된 파라미터와 파일 정보를 저장하고, 업로드 기능을 제공
org.apache.commons.fileupload.disk.DiskFileItemFactory	전송된 파일을 임시 저장하기 위한 클래스
org.apache.commons.fileupload.servlet.ServletFileUpload	전송 파일의 업로드 크기를 설정하고, 요청 정보의 파라미터 및 파일을 가져오기 위한 클래스

FileItem 클래스의 경우 전송된 데이터가 일반 파라미터 데이터인지 파일인지를 구분하기 위해 isFormfield 메서드를 사용한다. 일반 파라미터일 경우 getFieldName( ) 메서드를 통해 전송된 파라미터의 이름과 getString( ) 메서드를 통해 전송된 인코딩 셋을 입력하여 전송된 파라미터의 값을 호출할 수 있다. 만약 전송된 데이터가 파일일 경우 getSize( ) 메서드를 통해 전송된 파일의 용량과 getName( ) 메서드를 통해 전송된 파일의 이름 등의 파일 정보를 불러올 수 있다.

DiskFileItemFactorey 클래스는 setSizeThreshold(int sizeThresold) 메서드를 사용하여 전송 파일을 메모리에 저장할 수 있는 최대 크기를 지정하고, 이 최대 크기가 넘어갈 경우 setRepository(File repository) 메서드를 통해 파일을 임시로 저장할 디렉터리를 지정하는 것도 가능하다. 이번 예제에서는 임시 디렉터리를 생성하지 않고 웹 서버에 바로 파일을 업로드할 것이므로 해당 메서드들은 사용하지 않는다. ServletFileUpload 클래스는 setSizeMax(long sizeMax) 메서드를 통해 파일의 업로드 최대 크기를 지정해줄 수 있으며, pareseRequest( ) 메서드를 통해 파일을 포함한 요청 정보의 데이터들을 List 타입으로 반환해줄 것이다.

웹 서버에 실질적인 파일 업로드는 페이지 하단 FileItem 클래스의 write( ) 메서드를 사용하여 구현할 수 있으며, Apache FileUpload API에서는 이 외에도 스트림을 사용한 방식도 사용 가능하다.

SOURCE CODE : fileUploadApache.jsp

```
<%@ page language="java" contentType="text/html; charset=utf-8" %>
<%@ page import="java.util.Iterator"%>
<%@ page import="java.util.List"%>
<%@ page import="java.io.File" %>
<%@ page import="org.apache.commons.fileupload.FileItem"%>
<%@ page import="org.apache.commons.fileupload.disk.DiskFileItemFactory"%>
<%@ page import="org.apache.commons.fileupload.servlet.ServletFileUpload"%>

<html>
  <head>
    <title>Apache FileUpload API를 이용한 파일 업로드 구현</title>
  </head>
  <body>
    <h3>Apache FileUpload API를 이용한 파일 업로드 구현</h3>

    <%
      DiskFileItemFactory fileItemFactory = new DiskFileItemFactory();
      ServletFileUpload servletFileupload = new ServletFileUpload
      (fileItemFactory);
      servletFileupload.setSizeMax( 10 * 1024 * 1024);

      List<FileItem> fileItemList = servletFileupload.parseRequest
      (re-quest);
      Iterator<FileItem> fileItemIterator = fileItemList.iterator();

      while(fileItemIterator.hasNext()){
        FileItem fileItem = fileItemIterator.next();

        if (fileItem.isFormField()){
          out.println(fileItem.getFieldName() + " : " + fileItem.
          getString("utf-8") + "<br/>");
        } else {
          if (fileItem.getSize() > 0){

            String fileName = fileItem.getName();
            String fileDir = application.getRealPath("/FileUpload");

            out.println("파일명 : " + fileName + "<br/>");
            out.println("파일크기 : " + fileItem.getSize() + "<br/>");
```

```
                try{
                    File file = new File(fileDir, fileName);
                    fileItem.write(file);
                }catch(Exception e){
                    out.println(e.getMessage());
                }
            }
        }
    }
    %>
  </body>
</html>
```

이제 fileSelectApache.jsp 페이지를 호출하여 전송할 파일을 아래와 같이 선택한 후 [전송] 버튼을 클릭한다.

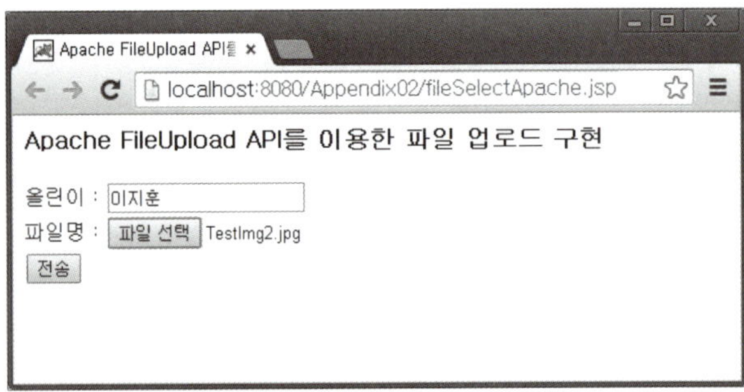

▲ 전송할 파일 선택

파일 전송과 업로드가 정상적으로 완료되었다면 아래와 같이 전송된 파라미터 및 파일의 정보가 출력된다.

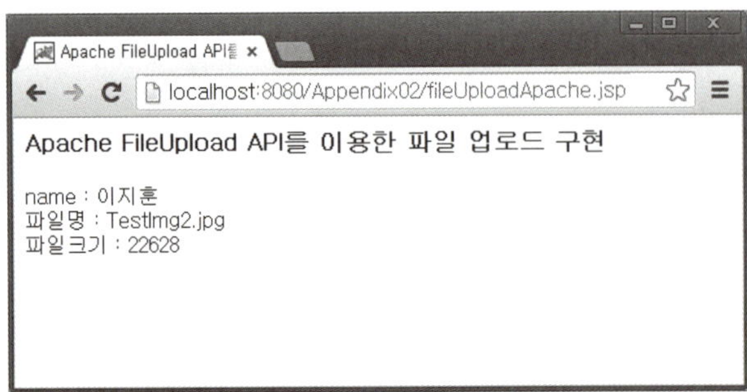

▲ 전송 결과

cos.jar 라이브러리를 사용했을 때와 같이 이클립스 환경에서 위 예제를 실행했을 경우 전송된 파일이 업로드되는 실제 폴더는 이클립스 내에서 설정한 폴더 경로가 된다.

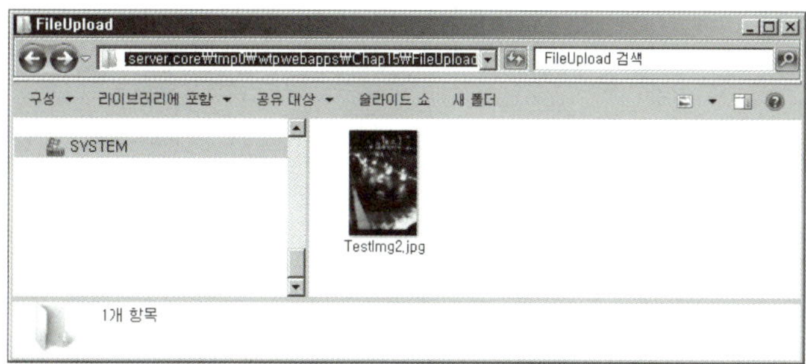

▲ 전송된 파일

이번 예제 역시 톰캣에 웹 애플리케이션 폴더를 직접 생성하여 실행해주면 앞서 cos.jar 라이브러리 사용 예제와 마찬가지로 실제 폴더에 이미지가 업로드되는 것을 확인할 수 있다. Apache FileUpload API의 경우 사용법이 cos.jar 라이브러리보다 다소 까다롭지만 파일 업로드에 관련된 다양한 기능 처리를 구현해줄 수 있어 많은 활용이 가능하다. Apache FileUpload API 역시 서블릿 및 JSP의 multipart/form-data 처리에 대한 정식 규약이 아니므로 파일 업로드에 사용되는 클래스와 메서드를 비롯한 자세한 사용법은 아래 주소를 참고하길 바란다.

http://commons.apache.org/proper/commons-fileupload/apidocs/

INDEX | 색인

기호

A~D

E~H

I~W

웹 서비스 & 애플리케이션 개발을 위한 입문서

JSP Web Programming

발행일 | 2014년 8월 10일 초판 발행
저　자 | 이 지 훈
발행인 | 정 용 수
발행처 | 예문사 YEAMOONSA
주　소 | 경기도 파주시 직지길 460(출판도시)
T E L | 031) 955-0550
F A X | 031) 955-0660
등록번호 | 11-76호

정가 : 28,000원

http://www.yeamoonsa.com

ISBN 978-89-274-1056-0 13000

이 도서의 국립중앙도서관 출판시도서목록(CIP)은 서지정보유통지원시스템 홈페이지(http://seoji.nl.go.kr)와 국가자료공동목록시스템(http://www.nl.go.kr/kolisnet)에서 이용하실 수 있습니다.(CIP제어번호: CIP2014022624)